Kohlhammer

# Bayerisches Polizei- und Sicherheitsrecht

Systematische Darstellung examensrelevanten Wissens

von

**Prof. Dr. Urs Kramer**
Inhaber der Lehrprofessur für Öffentliches Recht
an der Universität Passau

Verlag W. Kohlhammer

1. Auflage 2023
Alle Rechte vorbehalten
© W. Kohlhammer GmbH, Stuttgart

Print:
ISBN 978-3-17-035318-3

E-Book-Formate:
pdf:     978-3-17-035319-0
epub:   978-3-17-035320-6

Dieses Werk einschließlich aller seiner Teile ist urheberrechtlich geschützt. Jede Verwendung außerhalb der engen Grenzen des Urheberrechts ist ohne Zustimmung des Verlags unzulässig und strafbar. Das gilt insbesondere für Vervielfältigungen, Übersetzungen, Mikroverfilmungen und für die Einspeicherung und Verarbeitung in elektronischen Systemen.
Für den Inhalt abgedruckter oder verlinkter Websites ist ausschließlich der jeweilige Betreiber verantwortlich. Die W. Kohlhammer GmbH hat keinen Einfluss auf die verknüpften Seiten und übernimmt hierfür keinerlei Haftung.

# Vorwort zur 1. Auflage

Wozu noch ein weiteres Lehrbuch zum Polizei- und Ordnungsrecht? Diese Frage wird sich vielleicht manche Leserin und mancher Leser (im Folgenden wird einzig aus Gründen der größeren Übersichtlichkeit und besseren Lesbarkeit ab und an auf die Nennung beider Geschlechter verzichtet) gestellt haben, als der Blick auf dieses Werk fiel.

Der Verfasser hatte, als er sich vor vielen Jahren erstmals mit der Konzeption entsprechender Vorlesungen zunächst am Fachbereich Rechtswissenschaften der Philipps-Universität Marburg/Lahn und dann an der Juristischen Fakultät der Universität Passau befasst hat, auch gar nicht vor, aus seinen eigenen Aufzeichnungen später ein Buch zu machen. Erst die permanenten und bohrenden Nachfragen der Studierenden, ob es denn nicht doch ein geeignetes Werk gerade über das hessische bzw. nunmehr das bayerische Polizei- und Ordnung-/Sicherheitsrecht gebe, ließen die Idee reifen, auf der Grundlage der in zahlreichen Durchgängen im Lehrbetrieb erprobten „Skripten" ein Lernbuch zu verfassen. Das Buch, das Sie in Ihren Händen halten, ist nunmehr gleichsam eine Fortführung und „Ableitung" der früher erstellten hessischen Ausgabe, die sich zwar mancherorts an dieser orientiert, nicht zuletzt dank der langjährigen Lehrprofessur des Verfassers an der Universität Passau und der Konzeption des dortigen Examenskurses jedoch gezielt auf die bayerischen Besonderheiten im Polizei- und Sicherheitsrecht zugeschnitten ist.

Damit gebührt den Studierenden der Philipps-Universität der erste Dank für diese Schrift, denn ohne deren häufige Ermunterung und Anregung wäre es vermutlich nie zu ihrem Entstehen gekommen. Die langjährige Beschäftigung an der Universität Passau mit den dortigen Examenskandidatinnen und -kandidaten hat dann ebenfalls ihren Teil zur Entstehung dieses Buches beigetragen, weshalb mein Dank ebenso ihnen gebührt. Zu danken habe ich anfangs aber besonders auch meinem leider in diesem Jahr verstorbenen verehrten akademischen Lehrer, Herrn Prof. Dr. Werner Frotscher, für die vielfältige Unterstützung meines Werdeganges, jedoch ebenso für die Gewährung der nötigen Freiräume, die das Verfassen unter anderem des „Vorläufers" dieses Buches überhaupt erst ermöglicht haben. Ihm widme ich dieses Buch daher im herzlichen Andenken.

Mein besonderer Dank gilt überdies meinen (zum Teil inzwischen bereits früheren) Wissenschaftlichen Mitarbeiterinnen Monika Bauer, Kathrin Bernecker, Silvia Gürtner, Maria Mikhaylova und Ricarda von Meding sowie den damals noch als studentische Hilfskräfte tätigen heutigen Wissenschaftlichen Mitarbeiterinnen Sarah Großkopf und Zamira Gashi, die mich in vielen Phasen bei der Ausarbeitung des Manuskriptes äußerst tatkräftig unterstützt haben, und auch allen anderen ungenannten guten Geistern im Hintergrund.

Aus seiner Entstehungsgeschichte wird schon deutlich, dass dieses Buch primär kein wissenschaftlich vertieftes Nachschlagewerk sein soll, sondern mit dem Ziel geschrieben wurde, eine neue Art des klassischen Lehrbuches, eben ein Lernbuch sowohl für Einsteigerinnen und Einsteiger (seien sie nun Studierende einer Universität, einer Hochschule für Angewandte Wissenschaften oder Menschen aus der Praxis etwa zu Beginn ihrer Laufbahn) als auch für Fortgeschrittene, die ihr Wissen z. B. vor dem Ersten und Zweiten Juristischen Staatsexamen vertiefen und an praktischen Fällen üben wollen, zu sein bzw. zu werden. Eine genauere „Gebrauchsanleitung" dazu findet sich übrigens in der folgenden Einführung auf S. 1.

An dieser Stelle sei nur bereits kurz die Zitierweise der Normen und Gerichtsentscheidungen sowie Literaturstimmen erläutert: Artikel und Paragraphen werden mit der entsprechenden Abkürzung („Art." bzw. „§") versehen. Ihnen folgen dann römische Zahlen für Absätze und arabische Ziffern für allfällige Sätze. Sollte eine Norm nur Sätze und keine Absätze aufweisen wird das durch den Zusatz „S." vor der Zahl verdeutlicht. Bei

## Vorwort zur 1. Auflage

den (wenigen) Zitaten aus Rechtsquellen des europäischen Primärrechts werden die dort zum Teil zusätzlich verwendeten Unterabsätze aus Gründen der besseren Lesbarkeit nur dann gesondert dargestellt, wenn es für das Normverständnis nötig ist. Gerichte werden beim Zitieren ihrer Entscheidungen für eine bessere Erkennbarkeit im Text und in den Fußnoten ebenso wie die Namen von Autorinnen und Autoren kursiv gesetzt, wobei die Literaturquellen in den Fußnoten häufig nur abgekürzt zitiert werden. Nähere Angaben dazu finden sich dann im ausführlichen Literaturverzeichnis, während bei den Gerichtsentscheidungen typischerweise nur eine Fundstelle in einer gängigen Quelle genannt wird. Mit deren Hilfe können aber natürlich auch andere (etwa Online-)Quellen wie Datenbanken etc. zum Nachlesen der Urteile, Beschlüsse und Entscheidungen im Originaltext genutzt werden. Alle verwendeten Internetlinks wurden zuletzt am 28.8.2023 aufgerufen und überprüft.

Naturgemäß besteht bei der Erstauflage eines derartigen Werkes immer die Gefahr, dass noch nicht alles optimal und „mundgerecht" für jede Zielgruppe dargestellt wurde. Von daher richte ich an alle Leserinnen und Leser die herzliche Bitte um Kritik, Anregungen und Verbesserungsvorschläge sowie natürlich gerne auch Lob und Bestätigung für den gewählten Weg, die mich unter folgender Anschrift erreichen:

Prof. Dr. Urs Kramer
Universität Passau
Dr.-Hans-Kapfinger-Straße 14b
94032 Passau
E-Mail: urs.kramer@uni-passau.de

Nunmehr bleibt nur noch, der Hoffnung Ausdruck zu verleihen, dass dieses Buch seinem Zweck gerecht wird und dazu beiträgt, das interessante und spannende Gebiet des bayerischen Polizei- und Sicherheitsrechts denjenigen, die sich damit beschäftigen wollen oder müssen, näher zu bringen und verständlicher zu machen.

Urs Kramer	Passau, im August 2023

# Inhaltsverzeichnis

Vorwort zur 1. Auflage . . . . . . . . . . . . . . . . . . . . . . . . . . . . . . . . . . V
Literaturverzeichnis . . . . . . . . . . . . . . . . . . . . . . . . . . . . . . . . . . . . XI
Abkürzungsverzeichnis . . . . . . . . . . . . . . . . . . . . . . . . . . . . . . . . . XVIII

Einführung . . . . . . . . . . . . . . . . . . . . . . . . . . . . . . . . . . . . . . . . . . . 1

1. Teil: Die Grundzüge des bayerischen Polizei- und Sicherheitsrechts . . . 3

§ 1 Der Begriff der Polizei . . . . . . . . . . . . . . . . . . . . . . . . . . . . . . 3
    I. Die Bedeutung des Polizeibegriffes . . . . . . . . . . . . . . . . . . . . . 3
    II. Das Spiegelbild der Verfassungsgeschichte . . . . . . . . . . . . . . . . 3
    III. Die heutigen verschiedenen Polizeibegriffe . . . . . . . . . . . . . . . 7
    IV. Die Doppelfunktion der Polizei . . . . . . . . . . . . . . . . . . . . . . 8
    Fall 1: Der Streit ums Bad . . . . . . . . . . . . . . . . . . . . . . . . . . . 12

§ 2 Die verfassungsrechtlichen Grundlagen und die Behördenstruktur im Polizei- und Sicherheitsrecht . . . . . . . . . . . . . . . . . . . . . . . . . . 16
    I. Die Verteilung der Gesetzgebungs- und Verwaltungskompetenzen . . . . . . . . . . . . . . . . . . . . . . . . . . . . . . . . . . . 16
        1. Die Bundesgesetze zur Gefahrenabwehr . . . . . . . . . . . . . . 17
        2. Die bayerischen Gesetze zur Gefahrenabwehr . . . . . . . . . . 18
    II. Die Behördenstruktur bei der Gefahrenabwehr . . . . . . . . . . . . . 19
        1. Die Polizeibehörden . . . . . . . . . . . . . . . . . . . . . . . . . . . 19
        2. Die Sicherheitsbehörden . . . . . . . . . . . . . . . . . . . . . . . . 21
    Fall 2: Der Elefant beschädigt ein Auto . . . . . . . . . . . . . . . . . . . 23

§ 3 Das gefahrenabwehrrechtliche Instrumentarium und der Rechtsschutz dagegen . . . . . . . . . . . . . . . . . . . . . . . . . . . . . . . . . . . . . . . 24
    I. Das präventive Verbot mit Erlaubnisvorbehalt . . . . . . . . . . . . . 24
    II. Die gefahrenabwehrrechtlichen Verfügungen und Realakte . . . . . 25
        1. Die gefahrenabwehrrechtlichen Verfügungen . . . . . . . . . . . 25
        2. Die gefahrenabwehrrechtlichen Realakte . . . . . . . . . . . . . . 32
    III. Die Gefahrenabwehrverordnungen . . . . . . . . . . . . . . . . . . . . . 32
    IV. Rechtsschutz gegen gefahrenabwehrrechtliche Maßnahmen . . . . 38
        1. Rechtsschutz gegen polizeiliche Maßnahmen . . . . . . . . . . . 38
        2. Rechtsschutz gegen sicherheitsbehördliche Maßnahmen . . . 41

§ 4 Die polizeilichen Schutzgüter und die verschiedenen Gefahrbegriffe . . 44
    I. Das Schutzgut „öffentliche Sicherheit" . . . . . . . . . . . . . . . . . . 44
    II. Der Begriff der „öffentlichen Ordnung" . . . . . . . . . . . . . . . . . 45
    III. Die Gefahren für die öffentliche Sicherheit und Ordnung . . . . . 46
        1. Der Begriff der (einfachen) „Gefahr" . . . . . . . . . . . . . . . . 46
        2. Besondere Gefahrbegriffe . . . . . . . . . . . . . . . . . . . . . . . . 47
        3. Ungeschriebene Gefahrbegriffe und Fehlprognosen . . . . . . 50
    Fall 3: Die vermeintlichen Selbstmörder . . . . . . . . . . . . . . . . . . . 52

§ 5 Der Pflichtige im Polizei- und Sicherheitsrecht . . . . . . . . . . . . . . . 55
    I. Der Verhaltens- und der Zustandsstörer (Art. 7, 8 PAG, 9 I, II LStVG) . . . . . . . . . . . . . . . . . . . . . . . . . . . . . . . . . . . 56

## Inhaltsverzeichnis

|  |  |  |  |  |
|---|---|---|---|---|
|  |  | 1. | Der Verhaltensstörer . . . . . . . . . . . . . . . . . . . . . . . . . . . . . | 56 |
|  |  | 2. | Der Zustandsstörer . . . . . . . . . . . . . . . . . . . . . . . . . . . . . . | 56 |
|  |  | 3. | Kausalität als weitere Voraussetzung der Haftung . . . . . . . . | 57 |
|  |  | 4. | Die Situation bei unklarer Verantwortlichkeit . . . . . . . . . . | 59 |
|  |  | 5. | Rechtsfolgen für die Störer . . . . . . . . . . . . . . . . . . . . . . | 60 |
|  | II. | Die Verantwortlichkeit aufgrund von Rechtsnachfolge . . . . . . . . | 61 |
|  |  | 1. | Die Rechtsnachfolge in eine noch nicht konkretisierte Pflicht. . . . . . . . . . . . . . . . . . . . . . . . . . . . . . . . . . . . . . . | 61 |
|  |  | 2. | Die Rechtsnachfolge in eine bereits konkretisierte Pflicht . . | 62 |
|  | III. | Die Polizeipflichtigkeit von Hoheitsträgern. . . . . . . . . . . . . . . . | 63 |
|  | IV. | Die Auswahl zwischen mehreren Störern . . . . . . . . . . . . . . . . . | 64 |
|  | V. | Die unmittelbare Ausführung anstelle des Verantwortlichen . . . . | 65 |
|  |  | 1. | Dogmatische Einordnung . . . . . . . . . . . . . . . . . . . . . . . | 65 |
|  |  | 2. | Voraussetzungen. . . . . . . . . . . . . . . . . . . . . . . . . . . . . . | 66 |
|  |  | 3. | Rechtsfolge des Art. 9 PAG bzw. des Art. 7 III LStVG . . . . . | 67 |
|  | VI. | Die Inanspruchnahme eines Nichtverantwortlichen . . . . . . . . . . | 68 |
|  |  | 1. | Voraussetzungen des Art. 10 PAG bzw. Art. 9 III LStVG. . . . | 68 |
|  |  | 2. | Rechtsfolgen der Inanspruchnahme Dritter . . . . . . . . . . . . | 69 |
| § 6 | Die Standardmaßnahmen. . . . . . . . . . . . . . . . . . . . . . . . . . . . . . . . . . . | | | 70 |
|  | I. | Die verschiedenen Befugnisnormen . . . . . . . . . . . . . . . . . . . . . | 70 |
|  | II. | Die einzelnen polizeilichen Standardmaßnahmen . . . . . . . . . . | 71 |
|  |  | 1. | Die Befragung und Auskunftspflicht, Art. 12 PAG . . . . . . | 71 |
|  |  | 2. | Die Identitätsfeststellung, Art. 13 PAG. . . . . . . . . . . . . . . | 72 |
|  |  | 3. | Die erkennungsdienstlichen Maßnahmen, Art. 14 PAG . . . . | 76 |
|  |  | 4. | Die Vorladung, Art. 15 PAG. . . . . . . . . . . . . . . . . . . . . . | 78 |
|  |  | 5. | Der Platzverweis, das Kontaktverbot, die Aufenthalts- und Meldeanordnung, Art. 16 PAG. . . . . . . . . . . . . . . . . . . . . | 79 |
|  |  | 6. | Der Gewahrsam, Art. 17–20 PAG . . . . . . . . . . . . . . . . . . | 82 |
|  | **Fall 4:** | | Der aggressive Bettler . . . . . . . . . . . . . . . . . . . . . . . . . . | 86 |
|  |  | 7. | Die Durchsuchung von Personen, Sachen und Wohnungen, Art. 21–24 PAG . . . . . . . . . . . . . . . . . . . . . . . . . . . . . . . | 90 |
|  |  | 8. | Die Sicherstellung, Verwahrung, Verwertung, Vernichtung und Herausgabe, Art. 25–28 PAG . . . . . . . . . . . . . . . . . . | 94 |
|  |  | 9. | Vorschriften zu den Richtervorbehalten und dem gerichtlichen Verfahren, Art. 94–99 PAG. . . . . . . . . . . . . . . . . . . | 97 |
|  | III. | Die einzelnen sicherheitsrechtlichen Standardmaßnahmen . . . . | 97 |
|  |  | 1. | Bekämpfung verwilderter Tauben, Art. 16 LStVG . . . . . . . | 97 |
|  |  | 2. | Halten von Hunden bzw. Schutz vor gefährlichen Hunden, Art. 18 LStVG . . . . . . . . . . . . . . . . . . . . . . . . . . . . . . . . | 98 |
|  |  | 3. | Veranstaltung von Vergnügungen, Art. 19 LStVG . . . . . . . | 99 |
|  |  | 4. | Menschenansammlungen, Art. 23 LStVG. . . . . . . . . . . . . . | 101 |
|  |  | 5. | Betreten und Befahren von Grundstücken sowie Baden, Betreten und Befahren von Eisflächen, Art. 26 f. LStVG. . . . | 101 |
|  |  | 6. | Verzehr alkoholischer Getränke auf öffentlichen Flächen, Art. 30 LStVG . . . . . . . . . . . . . . . . . . . . . . . . . . . . . . . . | 102 |
|  |  | 7. | Halten gefährlicher Tiere sowie Zucht und Ausbildung von Kampfhunden, Art. 37, 37a LStVG . . . . . . . . . . . . . . . . . | 103 |

# Inhaltsverzeichnis

| | | | |
|---|---|---|---|
| § 7 | | Die Generalklauseln im Polizei- und Sicherheitsrecht | 105 |
| | I. | Die polizeiliche Generalklausel (Art. 11 I, II, 11a PAG) | 105 |
| | II. | Die sicherheitsrechtliche Generalklausel (Art. 7 II LStVG) | 107 |
| § 8 | | Die Vollstreckung im Polizei- und Sicherheitsrecht | 108 |
| | I. | Die Vollstreckung nach Art. 70 ff. PAG | 109 |
| | | 1. Die Zwangsmittel | 109 |
| | |    a) Die Ersatzvornahme, Art. 72 PAG | 109 |
| | |    b) Das Zwangsgeld und die Ersatzzwangshaft, Art. 73, 74 PAG | 110 |
| | |    c) Der unmittelbare Zwang, Art. 75 ff. PAG | 110 |
| | | 2. Das gestreckte Verfahren nach Art. 70 ff. PAG | 112 |
| | | 3. Die Voraussetzungen des abgekürzten Verfahrens | 116 |
| | | 4. Der Sofortvollzug ohne Grundverfügung nach Art. 70 II PAG | 116 |
| | | 5. Die Abgrenzung von Vollstreckung, Sofortvollzug und unmittelbarer Ausführung | 119 |
| | II. | Die Vollstreckung nach dem VwZVG | 122 |
| | | 1. Allgemeines | 122 |
| | | 2. Verhältnis zur Vollstreckung nach dem PAG | 123 |
| | **Fall 5:** | **Der Lkw-Anhänger im Nebel** | 124 |
| § 9 | | Das besondere Polizei- und Sicherheitsrecht – das Versammlungsrecht | 129 |
| | I. | Begrifflichkeiten im Versammlungsrecht | 129 |
| | | 1. Die Versammlung | 129 |
| | | 2. Die Öffentlichkeit der Versammlung | 130 |
| | | 3. Versammlung in geschlossenen Räumen und unter freiem Himmel | 130 |
| | II. | Das Versammlungsgesetz | 130 |
| | | 1. Versammlungen in geschlossenen Räumen | 131 |
| | | 2. Versammlungen unter freiem Himmel | 131 |
| | | 3. Zuständigkeit und Vollstreckung | 133 |
| | | 4. Das Verhältnis zwischen dem PAG und dem BayVersG | 133 |
| **2. Teil:** | | **Die Vertiefung und Wiederholung mittels Fälle** | 135 |
| | **Fall 1:** | **Das Entführungsdrama** (Polizeibegriff, Ermächtigungsgrundlagen) | 135 |
| | **Fall 2:** | **Streit um gefährliche Tauben** (Überprüfung einer Gefahrenabwehrverordnung, Einspruch nach dem OwiG) | 139 |
| | **Fall 3:** | **Behörde versus Behörde** (Einstweiliger Rechtsschutz, formelle und materielle Polizeipflichtigkeit von Hoheitsträgern) | 146 |
| | **Fall 4:** | **Das umkämpfte kommunale Drogenhilfezentrum** (Einstweiliger Rechtsschutz, Aufenthaltsverbot, Gefahrbegriff, Maßnahmen gegen Prostitution) | 152 |
| | **Fall 5:** | **Die gebremste Spritzerin** (Rechtsmittel im einstweiligen Rechtsschutz, Verhältnis des LStVG zum Gewerberecht, Verhältnismäßigkeit) | 164 |
| | **Fall 6:** | **Das Kennzeichenlesegerät** (Verfassungsbeschwerde gegen PAG-Norm, Gesetzgebungskompetenzen bei der Gefahrenabwehr, Allgemeines Persönlichkeitsrecht, Datenschutz) | 175 |

## Inhaltsverzeichnis

| | | |
|---|---|---|
| Fall 7: | Die Identitätsfeststellung bei Lorenz W. (Fortsetzungsfeststellungsklage, Voraussetzungen der Identitätsfeststellung) . . . . . . . | 183 |
| Fall 8: | Die ungeliebten Hütchenspieler (Verhältnis von Standardmaßnahmen und Generalklausel, Platzverweis, Grundsatz der Verhältnismäßigkeit). . . . . . . . . . . . . . . . . . . . . . . . . . . . . . . . . . | 193 |
| Fall 9: | Die Erziehung eines Motorradfahrers (Abschleppmaßnahmen, Konnexitätsgrundsatz, Kostenbescheid, Sicherstellung, Verwahrung) . . . . . . . . . . . . . . . . . . . . . . . . . . . . . . . . . . . . . . . | 197 |
| Fall 10: | Die erboste Universitätspräsidentin (Abgrenzung unmittelbare Ausführung – Vollstreckung, Überprüfung eines Kostenbescheides) . . . . . . . . . . . . . . . . . . . . . . . . . . . . . . . . . . . . . . . . . . . . . . | 209 |
| Fall 11: | Abgeschleppt (Kostenbescheid für eine Vollstreckungsmaßnahme, Probleme der sofortigen Vollziehbarkeit) . . . . . . . . . . . . | 217 |
| Fall 12: | Das tolle Radarwarngerät ist weg! (Einstweiliger Rechtsschutz, Rechtsbehelf gegen Sicherstellung und Vernichtung, öffentliche Sicherheit, Konflikt mit dem Unionsrecht) . . . . . . . . . . . . . . . . | 227 |
| Fall 13: | Der transparente Polizeiapparat (Vorgehen gegen eine Kennzeichnungspflicht für Polizistinnen und Polizisten, Grundrechtsfähigkeit von Beamten, Grundrecht auf informationelle Selbstbestimmung, Popularklage). . . . . . . . . . . . . . . . . . . . . . . . . . . . | 233 |
| Fall 14: | Ein Schreck in der Morgenstunde (Beschwerde gegen einen Gerichtsbeschluss, Vorgehen nach dem VereinsG) . . . . . . . . . . . | 239 |
| Fall 15: | Das Versammlungsverbot gegen rechts (Versammlungsfreiheit, kollidierendes Verfassungsrecht, öffentliche Ordnung) . . . . . . . . | 245 |
| Fall 16: | Tumulte bei der Ehrenpromotion (Fortsetzungsfeststellungsklage, Anscheinsgefahr, Minusmaßnahmen, Grundrechte). . . . . . | 251 |
| Fall 17: | Ab an die Leine (Anforderungen an die Gefahr, Wesenstest, Kampfhunde, kommunale Zusammenarbeit, LStVG) . . . . . . . . . | 259 |
| Fall 18: | Das Brückenverbot zum Jahreswechsel (Popularklage, Bayerisches Verfassungsrecht, Rechtsverordnung, Grundsatz der Verhältnismäßigkeit) . . . . . . . . . . . . . . . . . . . . . . . . . . . . . . . . . . | 265 |
| Fall 19: | Umfangreiche Alkoholprobleme (Allgemeinverfügung gegen einzelne Personen, einstweiliger Rechtsschutz gegen bewehrte Verordnungen, Normenkontrollantrag, Vollstreckung) . . . . . . . . | 274 |

**Anhang:** Die Lösung der Wiederholungsfragen . . . . . . . . . . . . . . . . . . . . . . 285

**Stichwortverzeichnis** . . . . . . . . . . . . . . . . . . . . . . . . . . . . . . . . . . . . . . . . 293

# Literaturverzeichnis

**Bücher**
*Becker/Heckmann/Kempen/Manssen,* Ulrich Becker/Dirk Heckmann/Bernhard Kempen/Gerrit Manssen, Öffentliches Recht in Bayern, 8. Aufl., 2022
*Detterbeck,* Steffen Detterbeck, Allgemeines Verwaltungsrecht mit Verwaltungsprozessrecht, 20. Aufl., 2022
*Frotscher/Kramer,* Werner Frotscher/Urs Kramer, Wirtschaftsverfassungs- und Wirtschaftsverwaltungsrecht, 7. Aufl., 2019
*Gallwas/Lindner/Wolff,* Hans-Ullrich Gallwas/Josef Franz Lindner/Heinrich Amadeus Wolff, Bayerisches Polizei- und Sicherheitsrecht, 4. Aufl., 2015
*Götz/Geis,* Volkmar Götz/Max-Emanuel Geis, Allgemeines Polizei- und Ordnungsrecht, 17. Aufl., 2022
*Gornig/Jahn,* Gilbert-Hanno Gornig/Ralf Jahn, Fälle zum Polizei- und Ordnungsrecht, 4. Aufl., 2014
*Helmke,* André Helmke, Der polizeiliche Platzverweis im Rechtsstaat, 2002
*Huber/Wollenschläger,* Peter M. Huber/Ferdinand Wollenschläger, Landesrecht Bayern, Studienbuch, 2. Aufl., 2021
*Hufen,* Friedhelm Hufen, Verwaltungsprozessrecht, 12. Aufl., 2021
*Ipsen,* Jörn Ipsen, Staatsrecht II: Grundrechte, 24. Aufl., 2021
*Kingreen/Poscher,* Thorsten Kingreen/Ralf Poscher, Grundrechte Staatsrecht II, 38. Aufl., 2022 (zitiert: *Kingreen/Poscher,* Grundrechte)
*Kingreen/Poscher,* Thorsten Kingreen/Ralf Poscher, Polizei- und Ordnungsrecht mit Versammlungsrecht, 12. Aufl., 2022 (zitiert: *Kingreen/Poscher,* Polizei- und Ordnungsrecht)
*Knemeyer,* Franz-Ludwig Knemeyer, Polizei- und Ordnungsrecht, 11. Aufl., 2007
*Knemeyer/Schmidt,* Franz-Ludwig Knemeyer/Thorsten Ingo Schmidt, Polizei- und Ordnungsrecht, 5. Aufl., 2022
*Kniesel/Braun/Keller,* Michael Kniesel/Frank Braun/Christoph Keller, Besonderes Polizei- und Ordnungsrecht, 2018
*Kramer,* Urs Kramer, Allgemeines Verwaltungsrecht und Verwaltungsprozessrecht mit Staatshaftungsrecht, 4. Aufl., 2021
*Lambiris,* Andreas Lambiris, Klassische Standardbefugnisse im Polizeirecht, Boorberg, 2002
*Lisken/Denninger,* Hans F. Lisken/Erhard Denninger (Hrsg.), Handbuch des Polizeirechts, 7. Aufl., 2021
*Maurer/Waldhoff,* Hartmut Maurer/Christian Waldhoff, Allgemeines Verwaltungsrecht, 20. Aufl., 2020
*Pauly,* Johann Christian Pauly, Die Entstehung des Polizeirechts als wissenschaftliche Disziplin, Ein Beitrag zur Wissenschaftsgeschichte des öffentlichen Rechts, Studien zur Policey und Policeywissenschaft, Frankfurt am Main, Klostermann, 2000
*Röger,* Ralf Röger, Schriften zum Öffentlichen Recht, Band 938: Demonstrationsfreiheit für Neonazis?, 2004
*Schenke,* Wolf-Rüdiger Schenke, Verwaltungsprozessrecht, 17. Aufl., 2021
*Schmidbauer/Holzner,* Wilhelm Schmidbauer/Thomas Holzner, Bayerisches Polizei- und Sicherheitsrecht, 2019
*Schwerdtfeger/Schwerdtfeger,* Gunther Schwerdtfeger/Angela Schwerdtfeger, Öffentliches Recht in der Fallbearbeitung, 15. Aufl., 2018
*Seidel/Stendel/Lang,* Achim Seidel/Robert Stendel/Rudi Lang, Besonderes Verwaltungsrecht: Baurecht - Polizei- und Sicherheitsrecht, 4. Aufl., 2023
*Weber/Köppert,* Tobias Weber/Valentin Köppert, Polizei- und Sicherheitsrecht Bayern, 4. Aufl., 2019
*Wehr,* Matthias Wehr, Examens-Repetitorium Polizeirecht, 4. Aufl., 2019
*Wolff/Bachof/Stober/Kluth,* Hans. J. Wolff/Otto Bachof/Rolf Stober/Winfried Kluth, Verwaltungsrecht: Band I, 13. Aufl., 2017

**Zeitschriften**
*Albrecht,* Alkoholverbote in der kommunalen Praxis, VR 2012, S. 41 ff.
*Albrecht,* „BFFB – Bandidos Forever, Forever Bandidos??" Zur vereinsrechtlichen Zulässigkeit des bundesweiten Verbots eines Outlaw Motorcycle Clubs, VR 2013, S. 8 ff.

# Literaturverzeichnis

*Allesch,* Abschlussbericht der PAG-Kommission zur Begleitung des neuen bayerischen Polizeiaufgabengesetzes vom 30. August 2019, BayVBl. 2020, S. 289 ff.
*Arzt,* Europäische Menschenrechtskonvention und polizeilicher Todesschuss, DÖV 2007, S. 230 ff.
*Arzt,* Das Bayerische Versammlungsgesetz von 2008, DÖV 2009, S. 381 ff.
*Augsberg/Höfling,* Grundrechtsdogmatik im Schatten der Vergangenheit, JZ 2010, S. 1088 ff.
*Baldus,* Gefahrenabwehr in Ausnahmelagen – Das Luftsicherheitsgesetz auf dem Prüfstand, NVwZ 2006, S. 532 ff.
*Baumann,* Das Grundrecht auf Leben unter Quantifizierungsvorbehalt?, DÖV 2004, S. 853 ff.
*Baumann,* Der Schutz von Verfassungsorganen gegen terroristische Angriffe aus der Luft, DÖV 2006, S. 331 ff.
*Beckermann/Wenzel,* Ordnungsverfügungen an einzelne Mitberechtigte zwischen Nichtigkeit und Heilbarkeit durch Duldungsverfügung, DVBl. 2017, S. 1345 ff.
*Beckmann,* Die Klassifizierung von Eingriffsnormen als Verwaltungsakt und Realakt – Zugleich kritische Auseinandersetzung hinsichtlich Vollstreckung und Vollzug, NVwZ 2011, S. 842 ff.
*Beljin/Micker,* Besonderes Verwaltungsrecht im ersten Staatsexamen, JuS 2003, S. 660 ff.
*Bethge/Detterbeck,* Der Rechtsreferendar kraft Suspensiveffekts, JuS 1991, S. 226 ff.
*Beyerbach,* Rechtsextreme Versammlungen – (auch) eine dogmatische Herausforderung, JA 2015, S. 881 ff.
*Bickel,* Der Einfluss des Allgemeinen Polizeirechts auf die Auslegung des Bundes-Bodenschutzgesetzes, NVwZ 2004, S. 1210 ff.
*Böhm,* Polizeikosten bei Fußballspielen, NJW 2015, S. 3000 ff.
*Böhm/Hagebölling,* „Das Taubenfütterungsverbot", JA 2014, S. 759 ff.
*Böhm/Kant,* „Big Brother is watching you…" – Automatisierte Kennzeichenerfassung auf hessischen Straßen, LKRZ 2009, S. 116 ff.
*Bösch,* Rechtswidrige polizeiliche Verweisungsmaßnahmen, JURA 2009, S. 650 ff.
*Bonhage/Dieterich,* Jahresfrist für Rechtssatzverfassungsbeschwerden bei Gesetzesänderungen, NVwZ 2017, S. 1352 ff.
*Breder/Przygoda,* Referendarexamensklausur – Öffentliches Recht: Meinungsfreiheit im Eilrechtsschutz – „Freie Rede über fragwürdige Helden", JuS 2010, S. 1004 ff.
*Bredt,* „Gemietete" Demonstranten und „Fuckparade" – Der Versammlungsbegriff bleibt in Bewegung, NVwZ 2007, S. 1358 ff.
*Britz,* Abschied vom Grundsatz fehlender Polizeipflicht von Hoheitsträgern?, DÖV 2002, S. 891 ff.
*Butzer,* Flucht in die polizeiliche Generalklausel, VerwArch 2002, S. 506 ff.
*v. Coelln,* Keine Bundeskompetenz für § 143 StGB, NJW 2001, S. 2834 ff.
*Dietlein,* Anmerkung: Der Bund kann den Soldaten mittels Verwaltungsaktes zur Leistung des Schadensersatzes gem. § 24 SoldatenG verpflichten, DVBl. 1964, S. 923 f.
*Dörr,* Keine Versammlungsfreiheit für Neonazis? Extremistische Demonstrationen als Herausforderung für das geltende Versammlungsrecht, VerwArch 2002, S. 485 ff.
*Drechsler,* Rechtspolitische Aspekte der Polizeikostenbeteiligung bei Sportgroßveranstaltungen, NVwZ 2020, S. 433 ff.
*Drosdowski,* Prozessuale Folgen der Inanspruchnahme des Zustandsstörers ohne verfassungsrechtlich gebotene Haftungsbegrenzung, NVwZ 2007, S. 789 ff.
*Ehmann,* Das Allgemeine Persönlichkeitsrecht, JURA 2011, S. 437 ff.
*Elsner/Schobert,* Gedanken zur Abwägungsresistenz der Menschenwürde – angestoßen durch das Urteil des Bundesverfassungsgerichts zur Verfassungsmäßigkeit der Sicherungsverwahrung DVBl. 2007, S. 278 ff.
*Engels,* Die Feststellungsklage: Entgrenzungen einer Klageart am Beispiel der atypischen Feststellungsklage, NVwZ 2018, S. 1001 ff.
*Enzensperger,* Zulässigkeit und Grenzen behördlicher Bettelverbote im öffentlichen Raum, NJW 2018, S. 3550 ff.
*Erbel,* Öffentliche Sicherheit und Ordnung, DVBl. 2001, S. 1714 ff.
*Finger,* Die Haftung des Anscheins- und Verdachtsstörers für Vollstreckungskosten, DVBl. 2007, S. 798 ff.
*Fischer,* Das polizeiliche Abschleppen von Kraftfahrzeugen, JuS 2002, S. 446 ff.
*Frank,* Die Zukunft der Kostenpflicht für Polizeieinsätze im Umfeld von Fußballspielen, VerwArch 2020, S. 250 ff.
*Frenz,* Die Einschränkung von Gefahrenabwehr und Gefahrenvorsorge, DÖV 2006, S. 718 ff.
*Frenz,* Menschenwürde und Persönlichkeitsrecht versus Opferschutz und Fahndungserfolg, NVwZ 2007, S. 631 ff.

# Literaturverzeichnis

*Frenz*, Das Grundrecht auf informationelle Selbstbestimmung – Stand nach dem Antiterrordatei-Urteil des BVerfG, JA 2013, S. 840 ff.
*Frenzel*, Grundfälle zu Art. 11 GG, JuS 2011, S. 595 ff.
*Froese*, Das Zusammenspiel von Versammlungsfreiheit und Versammlungsgesetz, JA 2015, S. 679 ff.
*Gärditz*, Freiheitsentziehung durch das Bundesverfassungsgericht, NVwZ 2004, S. 693 ff.
*Gebauer*, Zur Grundlage des absoluten Folterverbots, NVwZ 2004, S. 1405 ff.
*Geier*, Konnexität im Polizeirecht, BayVBl. 2004, S. 398 ff.
*Geis/Thirmeyer*, Revision und Beschwerde im Verwaltungsprozess, JuS 2013, S. 799 ff.
*Glaser*, Die „neue Generation" polizeirechtlicher Standardmaßnahmen, JURA 2009, S. 742 ff.
*Glöckner*, Anordnungsbefugnis der Immissionsschutzbehörden gegenüber kommunalen Anlagenbetreibern nach § 24 BImSchG, NVwZ 2003, S. 1207 ff.
*Gromitsaris*, Subjektivierung oder Objektivierung im Recht der Gefahrenabwehr, DVBl. 2005, S. 535 ff.
*Groß*, Pressebeschlagnahme, VR 2009, S. 411 ff.
*Guckelberger*, Zulässigkeit von Polizeifolter?, VBlBW 2004, S. 121 ff.
*Guckelberger*, Zukunftsfähigkeit landesrechtlicher Kennzeichenabgleichsnormen, NVwZ 2009, S. 352 ff.
*Guckelberger*, Der präventiv-polizeiliche Gewahrsam, JURA 2015, S. 926 ff.
*Hamdan*, Das Grundrecht auf Freizügigkeit nach Art. 11 GG, JA 2019, S. 165 ff.
*Hanschmann*, Demontage eines Grundrechts, DÖV 2009, S. 389 ff.
*Hase*, Das Luftsicherheitsgesetz: Abschuss von Flugzeugen als „Hilfe bei einem Unglücksfall", DÖV 2006, S. 213 ff.
*Haurand/Vahle*, Rechtliche Aspekte der Gefahrenabwehr in Entführungsfällen, NVwZ 2003, S. 513 ff.
*Hebeler*, Zulässigkeit des Anknüpfens an die Hautfarbe bei polizeilicher Identitätsfeststellung (sog. „racial profiling"), JA 2019, S. 237 f.
*Hebeler*, Indizierung jugendgefährdender Kunstwerke, JA 2022, S. 87 ff.
*Hebeler/Berg*, Die Grundrechte im Lichte der Digitalisierung – Teil II: Grundrechte zum Schutz persönlicher Daten, JA 2021, S. 617 ff.
*Hebeler/Schäfer*, Die rechtliche Zulässigkeit von Alkoholverboten im öffentlichen Raum, DVBl. 2009, S. 1424 ff.
*Hecker*, Neue Rechtsprechung zu Aufenthaltsverboten im Polizei- und Ordnungsrecht, NVwZ 2003, S. 1334 ff.
*Heidebach*, Der so genannte „Bayerische Aufbau" im Polizeirecht – ein historisches Relikt, BayVBl. 2010, S. 170 ff.
*Heintzen*, Was standardisieren Standardmaßnahmen?, DÖV 2005, S. 1038 ff.
*Höfling/Augsberg*, Grundrechtsdogmatik im Schatten der Vergangenheit – zugleich zum Wunsiedel-Beschluß des BVerfG, JZ 2010, S. 1088 ff.
*Hoffmann-Riem*, Neue Rechtsprechung des BVerfG zur Versammlungsfreiheit, NVwZ 2002, S. 257 ff.
*Hoffmann-Riem*, Demonstrationsfreiheit auch für Rechtsextremisten? – Grundsatzüberlegungen zum Gebot rechtsstaatlicher Toleranz, NJW 2004, S. 2777 ff.
*Hoffmann-Riem*, Freiheitsschutz in den globalen Kommunikationsinfrastrukturen, JZ 2014, S. 53 ff.
*Holzkämpfer*, Die Unterbindung aggressiven Bettelns als Rechtsproblem, NVwZ 1994, S. 146 ff.
*Horn*, Verwaltungsvollstreckung, JURA 2004, S. 447 ff. und S. 597 ff.
*Huber/Unger*, Grundlagen und Grenzen der Zustandsverantwortlichkeit des Grundeigentümers im Umweltrecht, VerwArch 2005, S. 139 ff.
*Hufen*, Grundrechte und Verwaltungsprozessrecht: Kunstfreiheit und Beurteilungsspielraum, JuS 2020, S. 1094 ff.
*Jahn*, Der praktische Fall – Öffentlich-rechtliche Klausur: Piercing mit Folgen, JuS 2002, S. 173 ff.
*Jakobs*, Terrorismus und polizeilicher Todesschuss, DVBl. 2006, S. 83 ff.
*Jochum*, Die polizei- und ordnungsrechtliche Störermehrheit und die beschränkte Kostentragungspflicht des „Nicht-So-Störers" – Warum § 24 II 1 BBodSchG am 16.2.2000 obsolet geworden ist, NVwZ 2003, S. 526 ff.
*Kahl*, Das Innenverhältnis von Verwaltungsgemeinschaft und Mitgliedsgemeinde, BayVBl. 1997, S. 298 ff.
*Kahl/Ellerbrok*, „Willkommenskultur' für Flüchtlinge?", JA 2015, S. 759 ff.
*Kanther*, Obdachlosenmiete? – Rechtsfragen zur Nutzungsentschädigung bei der Einweisung von Obdachlosen, NVwZ 2002, S. 828 ff.

# Literaturverzeichnis

*Kenkmann*, Abschied von der klassischen Fallgruppe des Beurteilungsspielraums von pluralistischen, weisungsfreien Gremien?, DÖV 2020, S. 565 ff.
*Knorr*, Krankenhausrecht, NVwZ, S. 1744 ff.
*Koehl*, Abschleppen von Kraftfahrzeugen, SVR 2014, S. 98 ff.
*Koehl*, Neue Rechtsprechung zum Abschleppen von Kraftfahrzeugen, DAR 2015, S. 224 ff.
*Koehl*, Die Einhaltung der Klagefrist im verwaltungsgerichtlichen Verfahren, VR 2018, S. 217 ff.
*Koehl*, Neues aus dem Verkehrsverwaltungsrecht – Teil 1, SVR 2019, S. 201 ff.
*Kramer*, Kampf dem öffentlichen Alkoholkonsum!, LKRZ 2008, S. 317 ff.
*Kramer*, Die Rechtsprechung des Bundesverfassungsgerichts zum Versammlungsrecht im letzten Jahr – Kontinuität oder fundamentaler Wandel?, MLR 2010, S. 16 ff.
*Kramer/Strube*, Der Streit ums Laserdrom – zugleich kritische Anmerkungen zu neuen Tendenzen in der Rechtsprechung des BVerwG, ThürVBl. 2003, S. 265 ff.
*Krüger*, Der Gefahrbegriff im Polizei- und Ordnungsrecht, JuS 2013, S. 985 ff.
*Krüger*, Die Verwaltungsvollstreckung in der verwaltungsrechtlichen Klausur, VR 2015, S. 217 ff.
*Kümper*, Das Verkehrszeichen als Quelle klassischer Probleme des Verwaltungs- und Verwaltungsprozessrechts, JuS 2017, S. 731 ff.
*Kugelmann/Alberts*, Kosten der Gefahrenabwehr und ihre Erstattung, JURA 2013, S. 898 ff.
*Kunze*, Kampfhunde – Verfassungsrechtliche Aspekte der Gefahrenabwehr, NJW 2001, S. 1608 ff.
*Kutscha*, Das Grundrecht auf Leben unter Gesetzesvorbehalt – ein verdrängtes Problem – In memoriam Hans Lisken, NVwZ 2004, S. 801 ff.
*Kutscha*, Neue Grenzmarken des Polizeiverfassungsrechts, NVwZ 2005, S. 1231 ff.
*Liesching*, Jugendschutz versus Kunstfreiheit – Mutzenbachers Ablösung durch Sonny Black, NJW 2020, S. 735 ff.
*Linke*, Verwaltungsvollstreckungsrechtliche Probleme der Pflicht zur Aufgabe einer bestimmten Willenserklärung, NVwZ 2005, S. 535 ff.
*Linke*, Privatrechtliche Geschäftsführung ohne Auftrag durch die Ordnungsbehörden?, DVBl. 2006, S. 148 ff.
*Löffelmann*, Das Gesetz zur effektiven Überwachung gefährlicher Personen – Sicherheitsrecht am Rande der Verfassungsmäßigkeit und darüber hinaus, BayVBl. 2018, S. 145 ff.
*Malmendier*, Die Zwangsmittelfestsetzung in der Verwaltungsvollstreckung des Bundes und der Länder, VerwArch 2003, S. 25 ff.
*Masing*, Meinungsfreiheit und Schutz der verfassungsrechtlichen Ordnung, JZ 2012, S. 585 ff.
*Michl*, Sicherstellung von Daten durch die Polizei, NVwZ 2019, S. 1631 ff.
*Mohr*, Der Haftungsumfang des bodenschutzrechtlichen Zustandsstörers jenseits des BVerfG, UPR 2013, S. 327 ff.
*Möstl*, Polizeibefugnisse bei drohender Gefahr – Überlegungen zu Reichweite und Verfassungsmäßigkeit des neuen Art. 11 Abs. 3 PAG, BayVBl. 2018, S. 156 ff.
*Möstl*, Eingriffsschwellen in den novellierten Landespolizeigesetzen, GSZ 2021, S. 89 ff.
*Muckel*, Effektiver Rechtsschutz gegen Verkehrszeichen, JA 2011, S. 477 f.
*Muckel*, Verwaltungsvollstreckung in der Klausur, JA 2012, S. 272 ff. und S. 355 ff.
*Muckel*, Automatisierte Erfassung von Kfz-Kennzeichen zum Datenabgleich, JA 2019, S. 311 ff.
*Müller*, Der Amtsermittlungsgrundsatz in der öffentlich-rechtlichen Gerichtsbarkeit, JuS 2014, S. 324 ff.
*Müller*, Das Gesetz zur effektiven Überwachung gefährlicher Personen und die daraus erwachsenen neuen Befugnisse der Bayerischen Polizei, BayVBl. 2018, S. 109 ff.
*Müller/Kepper*, Der praktische Fall: Versammlungsfreiheit ohne Grenzen?, VR 2012, S. 202 ff.
*v. Mutius*, Repetitorium – Öffentliches Recht, JURA 1983, S. 298 ff.
*Numberger*, Hat der Beschluss des BVerfG zur Begrenzung der Zustandsstörerhaftung praktische Konsequenzen?, NVwZ 2005, S. 529 ff.
*Osterloh*, Rechtsprechungsübersicht: Folgenbeseitigung nach Obdachloseneinweisung und Instandsetzung der Wohnung durch die Behörde, JuS 1991, S. 1066 f.
*Palme*, Das Urteil des BVerwG zur bodenschutzrechtlichen Haftung des Gesamtrechtsnachfolgers, NVwZ 2006, S. 1130 ff.
*Papier*, Die Verantwortlichkeit für Altlasten im Öffentlichen Recht, NVwZ 1986, S. 256 ff.
*Papier*, Rechtsstaatlichkeit und Grundrechtsschutz in der digitalen Gesellschaft, NJW 2017, S. 3025 ff.
*Payandeh*, Verwaltungsvertrag und Verwaltungsaktbefugnis, DÖV 2012, S. 590 ff.
*Peters/Markus*, Die Subsidiarität der Verfassungsbeschwerde, JuS 2013, S. 887 ff.
*Pettersson*, Racial Profiling – Eine Systematisierung anhand des Verfassungsrechts, ZAR 2019, S. 301 ff.

# Literaturverzeichnis

*Pham/Pongratz*, Sicherheit um der Freiheit Willen? – Die Novelle des Bayerischen Polizeiaufgabengesetzes, ZJS 2018, S. 396 ff.
*Pieroth/Görisch*, Gewerbliche Lotteriespielvermittlung als Gegenstand der konkurrierenden Bundesgesetzgebungskompetenz, NVwZ 2005, S. 1225 ff.
*Pils*, Zum Wandel des Gefahrenbegriffs im Polizeirecht, DÖV 2008, S. 941 ff.
*Polzin*, Zukunft und Ermessen: Vorberücksichtigung von (potentiellen) zukünftigen Gesetzen, DÖV 2014, S. 1007 ff.
*Poscher*, Eingriffsschwellen im Recht der inneren Sicherheit – Ihr System im Licht der neueren Verfassungsrechtsprechung, Die Verwaltung 2008, S. 345 ff.
*Poseck*, Das Gesetz zur Einführung der nachträglichen Sicherungsverwahrung, NJW 2004, S. 2559 ff.
*Rademacher/Perkowski*, Staatliche Überwachung, neue Technologien und die Grundrechte, JuS 2020, 713 ff.
*Rebler*, Aus der Praxis: Ordnungswidrigkeiten trotz Rechtswidrigkeit der Anordnung eines Verkehrszeichens, JuS 2017, S. 1178 ff.
*Reimer/Zimmermann*, Rechtsgestaltung im Öffentlichen Recht: Gießener Straßenkarneval – „Mehr Spaß ohne Glas"?, LKRZ 2015, S. 81 ff.
*Rick*, Rechtsstaat in Gefahr? – Begriff und Verfassungswidrigkeit der „drohenden Gefahr" in Artikel 11 Absatz 3 BayPAG, StudZR Wissenschaft Online 2018, 232 ff.
*Riedel*, Die Anwesenheit der Polizei bei öffentlichen Versammlungen in geschlossenen Räumen, BayVBl. 2009, S. 391 ff.
*Rösch/Rucireto*, Der Praktische Fall: Der arme Gefährder, VR 2009, S. 239 ff.
*Roßnagel*, Verfassungsrechtliche Grenzen polizeilicher Kfz-Kennzeichenerfassung, NJW 2008, S. 2546 ff.
*Rozek*, Der praktische Fall – Öffentliches Recht: Eine protestreiche Ehrenpromotion, JuS 2002, S. 470 ff.
*Rühl*, „Öffentliche Ordnung" als sonderrechtlicher Verbotstatbestand gegen Neonazis im Versammlungsrecht?, NVwZ 2003, S. 531 ff.
*Sachs*, Käfighaltung von Legehennen, JuS 2000, S. 398 f.
*Sander*, Wiederkehrthema: Die öffentliche Ordnung – das verkannte Schutzgut?, NVwZ 2002, S. 831 ff.
*Schäffer*, Versammlungs- und allgemeines Gefahrenabwehrrecht unter besonderer Berücksichtigung des Zitiergebotes: Die Länder haben noch immer das Wort…, DVBl. 2012, S. 546 ff.
*Schäling*, Zur Haftungsbegrenzung bei Inanspruchnahme des Inhabers der tatsächlichen Gewalt als Verantwortlicher im Sinne des Bundes-Bodenschutzgesetzes, NVwZ 2004, S. 543 ff.
*Scheidler*, Das neue Bayerische Versammlungsgesetz, BayVBl. 2009, S. 33 ff.
*Scheidler*, Bedenken des Bundesverfassungsgerichts gegen das Bayerische Versammlungsgesetz, NVwZ 2009, S. 429 ff.
*Schenke*, Rechtsschutz gegen doppelfunktionale Maßnahmen der Polizei, NJW 2011, S. 2838 ff.
*Schenke*, Verfassungsrechtliche Probleme des polizeilichen Einsatzes von Bodycams, VerwArch 2019, S. 436 ff.
*Scheuring*, 1951 bis 2005 – vom Bundesgrenzschutz zur Bundespolizei, NVwZ 2005, S. 903 f.
*Schieder*, Anforderungen an Alkoholverbotsverordnungen, BayVBl. 2015, S. 439 ff.
*Schoch*, Polizeipflichtigkeit von Hoheitsträgern, JURA 2005, S. 324 ff.
*Schoch*, Der Zweckveranlasser im Gefahrenabwehrrecht, JURA 2009, S. 360 ff.
*Schoch*, Störermehrheit im Polizei- und Ordnungsrecht, JURA 2012, S. 685 ff.
*Schwabenbauer*, Verwertung von Zufallsfunden einer verfassungswidrigen Durchsuchung, NJW 2009, S. 3207 ff.
*Seidl/Bartsch*, »My home is my castle« – Polizeibesuch nicht erwünscht!, JURA 2011, S. 297 ff.
*Selmer*, Gebührenpflicht für polizeilichen Aufwand bei Hochrisiko-Veranstaltung, JuS 2020, S. 93 ff.
*Steenbuck*, Lücken in der Sanierungsverantwortlichkeit für Altlasten, NVwZ 2005, S. 656 ff.
*Stelkens*, Das Verkehrsschild, die öffentliche Bekanntgabe, das BVerfG und der VGH Mannheim, NJW 2010, S. 1184 ff.
*Stückemann*, Die Rechtsnachfolge in die gefahrenabwehrrechtliche Verhaltens- und Zustandsverantwortlichkeit, JA 2015, S. 569 ff.
*Stuttmann*, Der Miteigentümer im Verwaltungsprozess, NVwZ 2004, S. 805 ff.
*Tiedemann*, Die Subsidiarität der bodenschutzrechtlichen Einstandsverantwortlichkeit bei der Auswahlentscheidung zwischen mehreren Störern, NVwZ 2003, S. 1477 ff.
*Tillmanns*, Grundrechte, JA 2002, S. 277 ff.

## Literaturverzeichnis

*Tillmanns*, Tierschutz durch Rechtsverordnung – Die Hennenhaltungsverordnung auf dem Prüfstand des BVerfG, NVwZ 2002, S. 1466 ff.
*Tschentscher*, Versammlungsfreiheit und Eventkultur Unterhaltungsveranstaltungen im Schutzbereich des Art. 8 I GG, NVwZ 2001, S. 1243 ff.
*Ullrich*, Typische Rechtsfragen bei Demonstrationen und Gegendemonstrationen/Gegenreaktion, DVBl. 2012, S. 666 ff.
*Volkmann*, Examensklausur Öffentliches Recht (Polizeirecht) – Die Säuberung des Stadtteils, JURA, Sonderheft Examensklausuren 2000, S. 88 ff.
*Vöneky*, Die Zustandshaftung von Unternehmen – eine Fortführung der Dogmatik des Bundesverfassungsgerichts, DÖV 2003, S. 400 ff.
*Wacke*, Vollstreckbare „Leistungsbescheide" wg. „Eigenschäden" gg. Beamte?, DÖV 1966, S. 311 ff.
*Waldhoff*, Leinen- und Maulkorbzwang für Hunde durch Gefahrenabwehrverordnungen und Anordnungen im Einzelfall, JuS 2018, S. 93 ff.
*Waldhoff*, Polizeikontrollen nach Hautfarbe – „Racial Profiling", JuS 2019, S. 95 f.
*Waldhoff*, Polizeifestigkeit des Versammlungsrechts, JuS 2020, S. 191 f.
*Waldhoff*, Örtliche Zuständigkeit bei Obdachlosenunterbringung, JuS 2020, S. 380 ff.
*Weber*, Zum Verhältnis zwischen Grund-Verwaltungsakt und sich anschließenden Vollstreckungsmaßnahmen, VR 2012, S. 270 ff.
*Weber*, Zur Bekanntgabe und Wirksamkeit unsichtbarer Verkehrszeichen, VR 2018, S. 44 ff.
*Weber*, Zum Abschleppen von Kraftfahrzeugen im öffentlichen Straßenraum und dem nachfolgenden Leistungsbescheid, DAR 2019, S. 63 ff.
*Wege*, Präventive Versammlungsverbote auf dem verfassungsrechtlichen Prüfstand, NVwZ 2005, S. 900 ff.
*Wehr*, Forum: Die Überprüfung polizeilicher Maßnahmen – Anmerkungen zum „bayerischen Prüfungsaufbau", JuS 2006, S. 582 ff.
*Weidemann/Barthel*, Rechtsschutz gegen Verkehrszeichen – Ausgewählte Fragen der Zulässigkeit eines Rechtsbehelfs, JA 2014, S. 115 ff.
*Weißenberger*, Der bayerische Weg zur Bekämpfung des übermäßigen Alkoholkonsums im öffentlichen Raum, BayVBl. 2014, S. 488 ff.
*Wendt*, Recht zur Versammlung auf fremdem Eigentum? – Überlegungen zur mittelbaren Drittwirkung der Versammlungsfreiheit nach dem Fraport-Urteil des BVerfG und unter Berücksichtigung der US-amerikanischen Rechtsprechung, NVwZ 2012, S. 606 ff.
*Wiefelspütz*, Ist die Love-Parade eine Versammlung?, NJW 2002, S. 274 ff.
*Winkler*, Verfassungsmäßigkeit des Luftsicherheitsgesetzes, NVwZ 2006, S. 536 ff.
*Wobst/Ackermann*, Der Zweckveranlasser wird 100 – Ein Grund zum Feiern?, JA 2013, S. 916 ff.
*Wolff/Babiak/Tietze*, Examensklausur: „Du darfst hier (erstmal) nicht weg!" – Teil 1, ZJS 2019, S. 288 ff., Teil 2, ZJS 2019, S. 389 ff.
*Wysk*, Tausche Freiheit gegen Sicherheit? Die polizeiliche Videoüberwachung im Visier des Datenschutzes, VerwArch 2018, S. 141 ff.
*Zimmermann*, Alte Grund- und neue Ansätze – Zum Gesamtschuldner-Innenausgleich bei polizei- und ordnungsrechtlicher Störermehrheit, NVwZ 2015, S. 787 ff.

### Anmerkungen zu Gerichtsentscheidungen
*Bitter/Goos*, Anmerkung zu *VGH Mannheim*, Beschluss vom 2.3.2009 – 5 S 3047/08, JZ 2009, S. 740 ff.
*Durner*, Anmerkung zu *VGH Mannheim*, Urteil vom 8.5.2008 – 1 S 2914/07, JA 2009, S. 748 ff.
*Durner*, Anmerkung zu *VGH München*, Urteil vom 17.4.2008 – 10 B 07.219, JA 2009, S. 911 f.
*Ehlers*, Anmerkung zu *BVerwG*, Urteil vom 3.7.2002 – 6 CN 8/01, DVBl. 2003, S. 336 ff.
*Ehlers*, Anmerkung zu *BVerwG*, Urteil vom 23.9.2010 – 3 C 37/09, JZ 2011, S. 155 ff.
*Gornig*, Abschleppen eines Kfz von privatem Stellplatz – OVG Saarlouis, NJW 1994, 878 ff., JuS 1995, S. 208 ff.
*Gramm*, Der wehrlose Verfassungsstaat? – Anmerkung zu *BVerfG*, Urteil vom 15.2.2006 – 1 BvR 357/05, DVBl. 2006, S. 653 ff.
*Hebeler*, Wirksamkeit von Verkehrszeichen nach dem Sichtbarkeitsgrundsatz, Anmerkung zu *BVerwG*, Urteil vom 6.4.2016 – 3 C 10.15, JA 2016, S. 957 ff.
*Hebeler*, Anmerkung zu *BVerwG*, Beschluss vom 3.5.2019 – 6 B 149/18, JA 2020, S. 239 f.
*Kerkemeyer*, Anmerkung zu *OVG Münster*, Urteil vom 7.8.2018 – 5 A 294/16, NVwZ 2018, S. 1497 ff.
*Kramer*, Wirksamkeit der Hennenhaltungsverordung – BVerfGE 101, 1, JuS 2001, S. 962 ff.
*Mauthofer/Schmid*, Anmerkung zu *BVerfG*, Beschluss vom 18.12.2018 – 1 BvR 142/15, BayVBl. 2019, S. 838 ff.

# Literaturverzeichnis

*Muckel*, Anmerkung zu *BVerfG*, Beschluss vom 8.3.2011 – 1 BvR 47/05, JA 2011, S. 714 ff.
*Sachs*, Anmerkung zu *BVerfG*, Urteil vom 16.3.2004 – 1 BvR 1778/01, JuS 2004, S. 714 ff.
*Schwabe*, Anmerkung zu *BVerwG*, Beschluss vom 18.2.2002 – 3 B 149/01, DVBl. 2002, S. 1560 f.
*Waldhoff*, Anmerkung zu *BVerwG*, Urteil vom 25.9.2008 – 7 C 5/08, JuS 2009, S. 368 f.
*Waldhoff*, Anmerkung zu *BVerwG*, Urteil vom 23.9.2010 – 3 C 37/09, JuS 2011, S. 953 ff.

**Kommentare**

*Anders/Gehle,* Monika Anders/Burkhard Gehle, Zivilprozessordnung, mit GVG und anderen Nebengesetzen, Beck'sche Kurzkommentare, 81. Aufl., 2023
*Berner/Köhler/Käß,* Georg Berner/Gerd Michael Köhler/Robert Käß, Polizeiaufgabengesetz Handkommentar, 20. Aufl., 2010
*Busse/Kraus,* Stefan Kraus/Alfons Simon/Jürgen Busse, Bayerische Bauordnung, Kommentar, 148. Aufl., 2022, Stand: November 2022
*Dreier,* Horst Dreier, Grundgesetz-Kommentar: Band 1, 3. Aufl., 2013
*Dürig/Herzog/Scholz,* Roman Herzog/Rupert Scholz/Matthias Herdegen/Hans H. Klein, Grundgesetz, Kommentar, Loseblatt, 98. Ergänzungslieferung, Stand: März 2022
*Engelhardt/App/Schlatmann,* Hanns Engelhardt/Arne Schlatmann, Verwaltungs-Vollstreckungsgesetz, Verwaltungszustellungsgesetz Kommentar, 12. Aufl., 2021
*Graf,* Jürgen-Peter Graf, BeckOK OWiG, 36. Edition, Stand: 1.10.2022
*Giesberts/Reinhardt,* Ludger Giesberts/Michael Reinhardt, BeckOK Umweltrecht, 64. Edition, Stand: 1.10.2022
*Honnacker/Beinhofer/Hauser,* Heinz Honnacker/Paul Beinhofer/Manfred Hauser, Polizeiaufgabengesetz, 20. Aufl., 2014
*Jarass/Pieroth,* Hans D. Jarass/Martin Kment, Grundgesetz für die Bundesrepublik Deutschland, Kommentar, 17. Aufl., 2022
*Kopp/Schenke,* Ferdinand O. Kopp/Christian Hug/Ralf P. Schenke/Josef Ruthig/Wolf-Rüdiger Schenke, Verwaltungsgerichtsordnung, Kommentar, 28. Aufl., 2022
*Landmann/Rohmer,* Robert von Landmann/Ernst Rohmer, Gewerbeordnung und ergänzende Vorschriften: GewO Band I: Gewerbeordnung-Kommentar, 87. Ergänzungslieferung, Stand: September 2021
*Lindner/Möstl/Wolff,* Josef Franz Lindner/Markus Möstl/Heinrich Amadeus Wolff, Verfassung des Freistaates Bayern, Kommentar, 2. Aufl., 2017
*v. Mangoldt/Klein/Starck,* Hermann Mangoldt/Friedrich Klein/Christian Starck, Kommentar zum GG: Band 1 Präambel-Art. 1–19, 7. Aufl., 2018
*v. Münch/Kunig,* Ingo von Münch/Philip Kunig, Grundgesetz, Kommentar, Band 1 und 2, 7. Aufl., 2021
*Möstl/Schwabenbauer,* Markus Möstl/Thomas Schwabenbauer, BeckOK Polizei- und Sicherheitsrecht Bayern, 20. Edition, Stand: 1.10.2022
*Posser/Wolff,* Herbert Posser/Heinrich Amadeus Wolff, BeckOK VwGO, 63. Edition, Stand: 1.10.2022
*Ruffert,* Matthias Ruffert, BeckOK GG, 42. Edition, Stand: 28.2.2023
*Säcker/Rixecker/Oetker/Limperg,* Franz Jürgen Säcker/Roland Rixecker/Hartmut Oetker/Bettina Limperg, Münchener Kommentar zum Bürgerlichen Gesetzbuch, Band 7, 8. Aufl., 2020
*Schmidbauer/Steiner,* Wilhelm Schmidbauer/Udo Steiner, Landesrecht Freistaat Bayern: Polizeiaufgabengesetz und Polizeiorganisationsgesetz, 6. Aufl., 2023
*Sodan/Ziekow,* Helge Sodan/Jan Ziekow, Verwaltungsgerichtsordnung, Großkommentar, 5. Aufl., 2018

# Abkürzungsverzeichnis

| | |
|---|---|
| a. A. | andere(r) Ansicht |
| a. a. O. | am angegebenen Ort |
| ABl. | Amtsblatt |
| a. E. | am Ende |
| AEUV | Vertrag über die Arbeitsweise der Europäischen Union |
| a. F. | alter Fassung |
| AG | Amtsgericht |
| AGStPO | Gesetz zur Ausführung der Strafprozessordnung |
| AGVwGO | Bayerisches Ausführungsgesetz zur Verwaltungsgerichtsordnung |
| ALR | Allgemeines Landrecht für die Preußischen Staaten |
| Anm. | Anmerkung |
| AoSofVz | Anordnung der sofortigen Vollziehbarkeit |
| AsylVfG | Asylverfahrensgesetz |
| AufenthG | Gesetz über den Aufenthalt, die Erwerbstätigkeit und die Integration von Ausländern im Bundesgebiet (Aufenthaltsgesetz) |
| Aufl. | Auflage |
| Az. | Aktenzeichen |
| BayBG | Bayerisches Beamtengesetz |
| BayBO | Bayerische Bauordnung |
| BayDG | Bayerisches Disziplinargesetz |
| BayGVBl. | Bayerisches Gesetz- und Verordnungsblatt für das Land Bayern |
| BayImSchG | Bayerisches Immissionsschutzgesetz |
| BayObLG | Bayerisches Oberstes Landesgericht |
| BayStrWG | Bayerisches Straßen- und Wegegesetz |
| BayVBl. | Bayerische Verwaltungsblätter (Zeitschrift) |
| BayVerfGH | Bayerischer Verfassungsgerichtshof |
| BayVersG | Bayerisches Versammlungsgesetz |
| BayVwVfG | Bayerisches Verwaltungsverfahrensgesetz |
| BbgPolG | Brandenburgisches Polizeigesetz |
| BBodSchG | Bundesbodenschutzgesetz |
| BeamtStG | Gesetz zur Regelung des Statusrechts der Beamtinnen und Beamten in den Ländern (Beamtenstatusgesetz) |
| BeckRS | Beck-Online Rechtsprechung |
| Beschl. | Beschluss |
| BGB | Bürgerliches Gesetzbuch |
| BGH | Bundesgerichtshof |
| BImSchG | Bundesimmissionsschutzgesetz |
| BKAG | Gesetz über das Bundeskriminalamt und die Zusammenarbeit des Bundes und der Länder in kriminalpolizeilichen Angelegenheiten |
| BMI | Bundesminister des Innern, für Bau und Heimat |
| BPolG | Gesetz über die Bundespolizei (Bundespolizeigesetz) |
| BtMG | Gesetz über den Verkehr mit Betäubungsmitteln (Betäubungsmittelgesetz) |
| BV | Verfassung des Freistaates Bayern |
| BVerfG | Bundesverfassungsgericht |
| BVerfGE | Entscheidungssammlung des Bundesverfassungsgerichts |
| BVerfGK | Entscheidungssammlung der Kammerentscheidungen des Bundesverfassungsgerichts |
| BVerfGG | Gesetz über das Bundesverfassungsgericht (Bundesverfassungsgerichtsgesetz) |
| BVerwG | Bundesverwaltungsgericht |
| BVerwGE | Entscheidungssammlung des Bundesverwaltungsgerichts |
| BVwZustG | Bundesverwaltungszustellungsgesetz |
| BVwVG | Bundesverwaltungsvollstreckungsgesetz |

## Abkürzungsverzeichnis

| | |
|---|---|
| bzw. | beziehungsweise |
| DAR | Deutsches Autorecht (Zeitschrift) |
| ders. | derselbe |
| d. h. | das heißt |
| DÖV | Die Öffentliche Verwaltung (Zeitschrift) |
| DVBl. | Deutsches Verwaltungsblatt (Zeitschrift) |
| EG | Europäische Gemeinschaft; Vertrag zur Gründung der Europäischen Gemeinschaft |
| EGGVG | Einführungsgesetz zum Gerichtsverfassungsgesetz |
| EGMR | Europäischer Gerichtshof für Menschenrechte |
| EGStGB | Einführungsgesetz zum Strafgesetzbuch |
| EMRK | Europäische Konvention zum Schutz der Menschenrechte und Grundfreiheiten |
| Entsch. | Entscheidung (des *BayVerfGH*) |
| EuGRZ | Europäische Grundrechte (Zeitschrift) |
| f./ff. | folgende(r) |
| FamFG | Gesetz über das Verfahren in Familiensachen und in den Angelegenheiten der freiwilligen Gerichtsbarkeit |
| FGG | Gesetz über die Angelegenheiten der freiwilligen Gerichtsbarkeit |
| Fn. | Fußnote(n) |
| FUAG | Gesetz über die Bereitstellung von Funkanlagen auf dem Markt (Funkanlagengesetz) |
| GewO | Gewerbeordnung |
| GewSchG | Gesetz zum zivilrechtlichen Schutz vor Gewalttaten und Nachstellungen (Gewaltschutzgesetz) |
| GG | Grundgesetz |
| ggf. | gegebenenfalls |
| GO | Gemeindeordnung für den Freistaat Bayern |
| GVG | Gerichtsverfassungsgesetz |
| HGB | Handelsgesetzbuch |
| h. M. | herrschende Meinung |
| Hrsg. | Herausgeberin/Herausgeber |
| HuV | Verordnung über Hunde mit gesteigerter Aggressivität und Gefährlichkeit |
| IfSG | Infektionsschutzgesetz |
| i. e. S. | im engeren Sinn |
| i. S. des/der | im Sinn des; im Sinn der |
| i. V. mit | in Verbindung mit |
| JA | Juristische Arbeitsblätter (Zeitschrift) |
| JAPO | Ausbildungs- und Prüfungsordnung für Juristen |
| JURA | Juristische Ausbildung (Zeitschrift) |
| JuS | Juristische Schulung (Zeitschrift) |
| JuSchG | Jugendschutzgesetz |
| JZ | Juristenzeitung (Zeitschrift) |
| KAG | Kommunalabgabengesetz |
| KG | Kammergericht |
| KG | Kostengesetz |
| KommZG | Gesetz über die kommunale Zusammenarbeit |
| Krim. | Kriminalistik (Zeitschrift) |
| L/Leits. | (nur) Leitsatz/Leitsätze |
| LVerfG | Landesverfassungsgericht |
| LG | Landgericht |

## Abkürzungsverzeichnis

| | |
|---|---|
| LKV | Landes- und Kommunalverwaltung (Zeitschrift) |
| LKrO | Landkreisordnung |
| LKRZ | Zeitschrift für Landes- und Kommunalrecht Hessen/Rheinland-Pfalz/Saarland |
| LSA | Land Sachsen-Anhalt |
| LStVG | Landesstraf- und Verordnungsgesetz |
| LuftSiG | Luftsicherheitsgesetz |
| LVerfG | Landesverfassungsgericht |
| | |
| m. w. N. | mit weiteren Nachweisen |
| | |
| n. F. | neuer Fassung |
| NJ | Neue Justiz (Zeitschrift) |
| NJW | Neue Juristische Wochenschrift (Zeitschrift) |
| NPOG | Niedersächsisches Polizei- und Ordnungsbehördengesetz |
| NuR | Natur und Recht (Zeitschrift) |
| NVwZ | Neue Zeitschrift für Verwaltungsrecht (Zeitschrift) |
| NVwZ-RR | NVwZ-Rechtsprechungs-Report (Zeitschrift) |
| | |
| OLG | Oberlandesgericht |
| OVG | Oberverwaltungsgericht |
| OWiG | Gesetz über Ordnungswidrigkeiten |
| | |
| PAG | Polizeiaufgabengesetz |
| PassG | Passgesetz |
| PAuswG | Gesetz über Personalausweise |
| PBefG | Personenbeförderungsgesetz |
| POG | Polizeiorganisationsgesetz |
| PolKV | Polizeikostenverordnung |
| PrOVGE | Entscheidungssammlung des Preußischen Oberverwaltungsgerichts |
| | |
| Rn. | Randnummer(n) |
| RLP | Rheinland-Pfalz |
| | |
| S. | Seite; Satz |
| s. | siehe |
| StGB | Strafgesetzbuch |
| StPO | Strafprozessordnung |
| StRspr. | ständige Rechtsprechung |
| StudZR | Studentische Zeitschrift für Rechtswissenschaft |
| StVG | Straßenverkehrsgesetz |
| StVO | Straßenverkehrsordnung |
| StVollzG | Strafvollzugsgesetz |
| StVR | Straßenverkehrsrecht |
| StVZO | Straßenverkehrs-Zulassungs-Ordnung |
| SVR | Straßenverkehrsrecht (Zeitschrift) |
| | |
| TierSchG | Tierschutzgesetz |
| ThürVBl. | Thüringer Verwaltungsblätter (Zeitschrift) |
| | |
| UmwG | Umwandlungsgesetz |
| UPR | Umwelt- und Planungsrecht (Zeitschrift) |
| Urt. | Urteil |
| | |
| v. | vom |
| VBlBW | Verwaltungsblätter Baden-Württemberg (Zeitschrift) |
| VereinsG | Gesetz zur Regelung des öffentlichen Vereinsrechts (Vereinsgesetz) |
| VersG | Gesetz über Versammlungen und Aufzüge (Versammlungsgesetz) |
| VerwArch | Verwaltungsarchiv (Zeitschrift) |
| VfGHG | Gesetz über den Bayerischen Verfassungsgerichtshof |
| VG | Verwaltungsgericht |

# Abkürzungsverzeichnis

| | |
|---|---|
| VGemO | Verwaltungsgemeinschaftsordnung für den Freistaat Bayern |
| VGH | Verwaltungsgerichtshof |
| vgl. | vergleiche |
| VO | Verordnung(en) |
| VollzB | Vollzugsbekanntmachung des Polizeiaufgabengesetzes |
| VollzBekLStVG | Vollzug des Landesstraf- und Verordnungsgesetzes |
| VR | Verwaltungsrundschau (Zeitschrift) |
| VwGO | Verwaltungsgerichtsordnung |
| VwVfG | Verwaltungsverfahrensgesetz |
| VwZVG | Verwaltungszustellungs- und Vollstreckungsgesetz |
| | |
| WaffG | Waffengesetz |
| | |
| ZAR | Zeitschrift für Ausländerrecht und Ausländerpolitik (Zeitschrift) |
| z. B. | zum Beispiel |
| ZGS | Zeitschrift für Vertragsgestaltung, Schuld- und Haftungsrecht |
| ZJS | Zeitschrift für das juristische Studium |
| ZPO | Zivilprozessordnung |

# Einführung

Nachdem im Vorwort bereits etwas zur Idee des Buches gesagt wurde, soll nunmehr in einer Art „**Gebrauchsanleitung**" erläutert werden, welcher Umgang mit diesem Werk empfohlen wird. Die Darstellung wird bestimmt von der Aufteilung des zu vermittelnden Wissens über das bayerische Polizei- und Sicherheitsrecht in das grundlegende Basiswissen sowie die darauf aufbauende Wiederholung und Vertiefung mittels größerer Fälle.

Der **erste Teil** bringt dem Leser also die nötigen **Grundkenntnisse** näher, nicht aber das volle Detailwissen, wie es sich z. B. in einem Kommentar findet. Denn diese Fülle von Informationen kann ohnehin kaum jemand wirklich im Kopf behalten – und muss es auch überhaupt nicht, denn mit gefestigten Grundkenntnissen verfügt man bereits über das hinreichende Rüstzeug zur Lösung auch komplizierter Fälle. Auf den folgenden Seiten findet sich mithin keine wissenschaftliche „Tiefgründigkeit" in dem Sinn, dass umfangreiche Texte und Fußnoten jedes denkbare Rechtsproblem ausführlich darstellen. Ziel ist vielmehr die Vermittlung des zum Grundverständnis erforderlichen Wissens. Wer eine bestimmte Frage weiter vertiefen will, greife entweder zu einem der gängigen (im Laufe der Darstellung mehrfach erwähnten) Kommentare bzw. Kompendien oder zu einer der speziellen Quellen, die in den entsprechenden Fußnoten dafür genannt werden. Schon die Erläuterung des Stoffes erfolgt dabei mit Hilfe einiger **Fälle**, die zur besseren Hervorhebung im Schriftbild grau unterlegt sind. Sie dienen der Vertiefung und Veranschaulichung des zuvor abstrakt Erläuterten; zum Teil könnten sie aber durchaus schon Beispiele für typische juristische Klausuren oder Hausarbeiten sein. Wer in diesem Stadium der Beschäftigung mit dem bayerischen Polizei- und Sicherheitsrecht darüber hinaus noch selbst die Falllösung üben möchte (was natürlich zu empfehlen ist), sei auf die einschlägigen Ausbildungszeitschriften verwiesen, die auch dafür zumindest ab und zu „Material" liefern. Den Abschluss jedes Kapitels bilden **Wiederholungsfragen** zu dem gerade Gelesenen, deren Antworten sich dann mit dem Verweis auf die genaue Textstelle ganz am Ende des Buches finden. Was die **inhaltliche Gliederung** anbetrifft, werden in diesem ersten Teil nach den allgemeinen polizeirechtlichen Grundsätzen die typischen Maßnahmen zur Gefahrenabwehr und deren Vollstreckung und zuletzt noch kurz das besondere Polizei- und Sicherheitsrecht in Gestalt des für die Praxis und das Studium durchaus wichtigen Versammlungsrechts behandelt, das im Bayerischen Versammlungsgesetz geregelt ist.

Im **zweiten Teil** geht es sodann um die gezielte Anwendung und Wiederholung des erlernten Basiswissens durch die Bearbeitung der insbesondere in der universitären Juristenausbildung üblichen **Fälle**. Deren Lösungen werden dabei allerdings in der für ein solches Werk gebotenen, etwas gerafften Form präsentiert; das heißt, um die Darstellung nicht zu überfrachten und ausufern zu lassen, wird nicht jedes im Fall aufgeworfene Rechtsproblem immer in der für eine Prüfungsarbeit gebotenen Breite erörtert. Von daher bleibt für die eigene Kreativität bei der Ausformulierung immer noch genügend Raum. Außerdem wird teilweise zur angemessenen Verkürzung der Darstellung der in einem juristischen Gutachten an sich „verbotene" Urteilsstil verwendet, was allerdings ausdrücklich keine „Anstiftung" zu dessen vermehrtem Gebrauch sein soll! Der Umfang und der Schwierigkeitsgrad der vorgestellten Fälle orientieren sich an dem Standard der bayerischen Universitäten. Demgemäß werden Fälle, die typische Klausuren aus der „Übung im Öffentlichen Recht für Fortgeschrittene" behandeln, aber auch Sachverhalte präsentiert, die ohne Weiteres eine fünfstündige Examensklausur oder eine Hausarbeit darstellen könnten. Eine Auseinandersetzung damit ist also eine gute Vorbereitung auf die beiden **juristischen Staatsprüfungen.** Denn nicht nur für das Zweite juristische Staatsexamen spielt das Polizei- und Sicherheitsrecht eine große Rolle. Sie kommt ihm entgegen einer weit verbreiteten Ansicht auch schon im Ersten Examen zu. Dennoch oder gerade deshalb ist das Polizeirecht unter Studierenden nicht besonders beliebt. Dabei ist es ein Rechtsgebiet, das in der Praxis „mitten im Leben spielt". Das zeigen schon die zumeist nicht der kruden Phantasie des Autors entsprungenen, sondern der Presse und verschiedenen Gerichtsentscheidungen entnommenen Sachverhalte in diesem Buch. Darüber hinaus ist das Polizei- und Sicherheitsrecht ein Teilgebiet des Besonderen Verwaltungsrechts, das hervorragend dafür geeignet ist, die im Staatsrecht, im Allgemeinen Verwaltungsrecht und im Verwaltungsprozessrecht erworbenen Kenntnisse zu vertiefen und auf lebensnahe Fälle anzuwenden. Selbst wenn also in einer Prüfung dieses Rechtsgebiet nicht „drankommen" sollte, ist die Beschäftigung damit keine verlorene Zeit und Mühe. Das vorliegende Buch richtet sich jedoch, wie im Vorwort erwähnt, auch an **Menschen außerhalb des juristischen Staatsexamensstudienganges**, die mit dem Polizei- und Sicherheitsrecht im Rahmen ihrer praktischen Ausbildung, ihres Studiums oder in der Praxis befasst sind. Auch sie sollen in der folgenden Darstellung Antworten auf die in diesem Rechtsgebiet relevanten Fragen finden. Dazu dient hoffentlich der mit der gewählten Form angestrebte hohe **Praxisbezug** der Ausführungen. Für sie gilt insbesondere: Lassen Sie sich nicht von der Dogmatik und Theorie abschrecken – sie dient (hoffentlich) der Erzielung von gerechten, nachvollziehbaren und eingängigen Ergebnissen in der Praxis und hat daher auch ihre Berechtigung sowie Bedeutung.

**4** Damit dieses Buch zum gewünschten **Lernerfolg** führt, ist es erforderlich, dass die folgenden Seiten nicht nur „konsumiert", sondern wirklich **durchgearbeitet** werden. Dazu gehört insbesondere auch, dass die genannten Gesetzesvorschriften parallel **mitgelesen** werden. Als Erfolgskontrolle für diesen Abschnitt dienen die bereits erwähnten Wiederholungsfragen. Bei den Fällen empfiehlt sich nach der Lektüre des Sachverhaltes zunächst ein **eigenständiger Lösungsversuch** zumindest mit Hilfe einer Grobgliederung, auf der alle Prüfungspunkte und die relevanten Probleme des Falles wenigstens stichpunktartig vermerkt werden. Im zweiten Teil kann diese Skizze dann mit der am Ende eines jeden Falles abgedruckten Gliederungsübersicht verglichen werden, welche die Musterlösung anhand des gängigen Gliederungsschemas vorstellt. Am besten sollten die ausformulierten Lösungen erst danach gelesen und nachvollzogen werden. Falls sich dabei noch Kenntnislücken zeigen, können diese mit Hilfe der angegebenen Querverweise auf den ersten Teil und unter Zuhilfenahme der weiteren genannten Quellen geschlossen werden.

# 1. Teil: Die Grundzüge des bayerischen Polizei- und Sicherheitsrechts

## § 1 Der Begriff der Polizei

### I. Die Bedeutung des Polizeibegriffes

Am Beginn der Betrachtung des bayerischen Polizei- und Sicherheitsrechts steht die Frage, was eigentlich unter dem Begriff der „Polizei", die diesem Rechtsgebiet seinen bezeichnenden Namensbestandteil gibt, zu verstehen ist. Eine entsprechende Umfrage in der Bevölkerung hätte heutzutage wohl zum Ergebnis, dass „man" die Polizei als **Inbegriff der staatlichen Ordnungsmacht** erlebt und sieht, die **im Konfliktfeld mit Individualrechten des Einzelnen** steht. Auch der Gesetzgeber hat dieser Sichtweise Bedeutung zugemessen und etwa in Art. 100 PAG als Folge des sogenannten Zitiergebotes nach Art. 19 I 2 GG bestimmt, dass aufgrund dieses Gesetzes – also durch polizeiliche Maßnahmen nach dem PAG – bestimmte, im Einzelnen dort aufgezählte Grundrechte des Grundgesetzes und der Bayerischen Verfassung eingeschränkt werden können.

Bereits dieser Einstieg zeigt, dass die Polizei als Organ des Staates in einem rechtlich sehr sensiblen Bereich „operiert". Das erklärt ihre **enorme tagespolitische Bedeutung**, macht zugleich aber auch die für jede und jeden (potenziell) immerzu spürbare Rolle deutlich, welche die vom Polizei- und Sicherheitsrecht geregelte Materie in einem modernen Staat wie der Bundesrepublik Deutschland spielt.

### II. Das Spiegelbild der Verfassungsgeschichte

Zum besseren Verständnis des Polizei- und Sicherheitsrechts soll zunächst ein Blick in die Geschichte geworfen werden. Betrachtet man die historische Entwicklung des Polizeibegriffes,[1] so lassen sich verschiedene Zeitepochen mit unterschiedlichen Bedeutungen bzw. Sichtweisen des Wortes „Polizei" festmachen, die den jeweiligen „Zeitgeist" bzw. die herrschende Auffassung von der Aufgabe des Staates und den Rechten des Einzelnen in der Verfassungsgeschichte sehr deutlich widerspiegeln: In der **Antike** bezeichnete das griechische Wort „politeia", auf das sich das heutige Wort „Polizei" zurückführen lässt, die gesamte Staatsverwaltung, also alle Bereiche staatlichen Handelns. Abgeleitet wurde es von dem Verb „polizein", das in etwa „miteinander eine Mauer um die Stadt bauen" bedeutet und damit auf die gemeinsamen Bemühungen aller Staatsbürger zum Schutz des Gemeinwesens vor Gefahren „von außen" abzielt. Im **Mittelalter** beschrieb der Begriff der „Polizey" dann in ähnlicher Weise den „Zustand der guten Ordnung des Gemeinwesens" und damit die gesamte rechtliche Ordnung des Zusammenlebens der Menschen ohne Differenzierung zwischen Öffentlichem und Privatem Recht. Das wird etwa an der so bezeichneten Reichspolizeiordnung von 1530 deutlich, in der sich – um nur einige Beispiele zu nennen – Regelungen zu Monopolen, Zöllen, Gewichten, Preisen und zum Lebensmittelrecht, aber auch zu Fragen, die den erlaubten Luxus, den Beruf, die Religion oder die Sittlichkeit betreffen, in trauter Gemeinschaft mit rechtlichen Bestimmungen über Verträge, die Vormundschaft, den Grundstücksverkehr und die Erbschaft fanden. Die Abwehr von Gefahren stand mithin schon damals

---

[1] Vgl. zur Geschichte des Polizeirechts insgesamt näher *Pauly*, Die Entstehung des Polizeirechts als wissenschaftliche Disziplin, 2000.

im Mittelpunkt des Begriffes der „Polizei"; es wurde dabei lediglich nicht nach den heutzutage gängigen Rechtsgebieten unterschieden.

**8** Ein thematisch zumindest etwas stärker auf die heutige Vorstellung **begrenztes Polizeiverständnis** setzte sich erst zur Zeit des **Absolutismus** durch, als sich der Staat organisierte und von seinen Bürgern die bis dahin vornehmlich von diesen selbst erfüllte Aufgabe übernahm, für die Sicherheit nach innen und außen zu sorgen. In diese Periode fiel daher auch das Verbot der zuvor weit verbreiteten (privaten) Rache bzw. Sühne für zugefügte Schäden durch eine Fehde. Nunmehr bildete sich zudem eine stärker ausdifferenzierte staatliche Verwaltung heraus. Unter „Polizei" verstand man jetzt das Hoheitsrecht des Herrschers, für das Wohl der Allgemeinheit und des Einzelnen mit allen Mitteln zu sorgen. Zu diesen Mitteln gehörte ebenfalls die „Sorge" mittels Zwanges gegen den Willen des Betroffenen, wenn der Herrscher eine bestimmte Maßnahme für notwendig erachtete. Aus dieser Zeit stammt daher auch das „böse" Wort des **Polizeistaates**, der ohne Gewaltenteilung, ohne Bindung des Herrschers an Recht und Gesetz und ohne große Rechtsschutzmöglichkeiten des Einzelnen[2] gegebenenfalls bevormundend für den Schutz und das Wohlergehen der Untertanen sorgte. Wichtig ist dabei vor allem, dass zu diesem Schutz auch die (notfalls sogar zwangsweise durchgesetzte) Sorge um die Wohlfahrt des einzelnen Menschen gehörte – ein Bereich, der heute regelmäßig der Leistungsverwaltung durch den Staat in Form der Sozialhilfe bzw. -fürsorge und nicht mehr der notfalls mit Zwangsmitteln handelnden Polizei zugerechnet wird.

**9** In der folgenden Zeit setzte eine Art „Wellenbewegung" hinsichtlich der Reichweite des Polizeibegriffes ein: Nach dessen noch sehr weiten Interpretation mit entsprechend umfangreichen Zugriffsrechten des Herrschers bzw. „seines" absolutistischen Staates brachte die Zeit der **Aufklärung** eine Beschränkung des Aufgabengebietes der Polizei mit sich, das nun deutlicher auf staatliche Belange (heute würde man von „öffentlich-rechtlichen Zielrichtungen" sprechen) als etwa im Mittelalter (s. oben Rn. 7) bezogen war. „Polizei" meinte nunmehr wieder nur die **Gefahrenabwehr**. Der jetzt postulierte und im Lauf der folgenden Jahre und Jahrzehnte mit regionalen Unterschieden auch mehr oder weniger durchgesetzte liberale bürgerliche Rechtsstaat verfolgte keine Wohlfahrtszwecke mehr mit (Polizei-)Gewalt. Deutlich wird dieses gewandelte Verständnis von der Aufgabe der Polizei etwa in § 10 Teil 2 Titel 17 des Allgemeinen Landrechts für die Preußischen Staaten (ALR) vom 1.6.1794, wo es heißt: „Die nöthigen Anstalten zur Erhaltung der öffentlichen Ruhe, Sicherheit und Ordnung, und zur Abwendung der dem Publico, oder einzelnen Mitgliedern desselben, bevorstehenden Gefahren zu treffen, ist das Amt der Polizey."

**10** Mit dem Beginn der Ära der sogenannten **Restauration** ging sodann aber wieder die Rückkehr zu dem aus der Zeit des Absolutismus (vgl. Rn. 8) bekannten Polizeistaat einher, wie etwa die preußische Polizeiverordnung von 1808 belegt, die erneut den Wohlfahrtsgedanken enthält: „Die Fürsorge wegen des Gemeinwohls unserer getreuen Untertanen sowohl in negativer als in positiver Hinsicht … [ist Aufgabe der Polizei]". Doch auch bei dieser Rückwärtsbewegung blieb es nicht für immer. Eine erneute Zurückdrängung des weiten Polizeiverständnisses ist allerdings erst ab der **Mitte des 19. Jahrhunderts** in Süddeutschland zu beobachten. Ein gutes Beispiel dafür ist das Polizeistrafgesetzbuch für das Königreich Bayern von 1862. In Preußen vollzog sich dieser Schritt später ab etwa 1875. Von dort stammen auch die sogenannten **Kreuzbergurteile** von 1880 bzw. 1882, die bis heute bedeutsam geblieben sind.[3] Ihnen lag folgender Sachverhalt zugrunde: Nach einer vor Gericht angegriffenen Polizeiverordnung

---

[2] Als wichtigen Spruchkörper der Justiz gab es damals nur das Reichskammergericht in Wetzlar, das der einzelne Bürger jedoch überhaupt nicht ohne Weiteres mit seinen Klagen anrufen konnte.
[3] *PrOVGE* 9, 353 ff.; erneut abgedruckt in DVBl. 1985, 216 ff.

durften die Bauten rings um das nationale Kriegerdenkmal auf dem Berliner Kreuzberg nur so hoch sein, dass die Aussicht auf das und von dem Denkmal nicht beeinträchtigt wurde. Das preußische Oberverwaltungsgericht entschied in damals gleichsam bahnbrechender Weise, die Aufgabe der Polizei und damit auch der Gegenstand der Polizeiverordnungen ergebe sich abschließend aus § 10 Teil 2 Titel 17 ALR (Rn. 9) und möglichen, dabei zum Teil sehr weitreichenden spezialgesetzlichen Aufgabenzuweisungen; er umfasse aber nicht die Art und Höhe der Bebauung zum Schutz von Denkmalen. Damit wurden die Aufgaben der Polizei wieder stark auf den zur Zeit der Aufklärung erreichten Stand eingeschränkt. Die eigentliche „Sozialgestaltung" erfolgte nunmehr erneut nur durch den allgemeinen Gesetzgeber im gewaltengeteilten Staat.

Doch auch mit diesem Fortschritt war die Entwicklung des Polizeibegriffes noch nicht zu Ende. Die **Gewaltherrschaft der Nationalsozialisten** fußte unter anderem auch auf einem (all-)mächtigen Staatsapparat. Die dazu etablierte zentralistische Organisation der Polizei diente der Erziehung des Volkes zur „Volksgemeinschaft" in Abhängigkeit von der allgegenwärtigen nationalsozialistischen Partei. Aufgabe der Polizei war nun auch (wieder) die „Sicherung der Volksordnung gegen innere Störungen und Zerstörungen".[4] Damit war die Polizei von einem an Recht und Gesetz gebundenen Staatsorgan unter anderem zur Gefahrenabwehr zu einem Unterdrückungs- und Machtinstrument der nationalsozialistischen Partei geworden.

Gerade auch unter dem Eindruck dieser zuvor nicht für möglich gehaltenen Perversion des Rechts, des Staates und seiner Organe ist die Entwicklung des Polizeibegriffes in der **Nachkriegszeit** zu sehen. In Bayern begrenzte die zuständige amerikanische Besatzungsmacht die Aufgaben der Polizei und entzog ihr insbesondere die bisherigen verwaltungspolizeilichen Aufgaben (die sogenannte **Entpolizeilichung** der Verwaltung). Im Rahmen der Gefahrenabwehr war sie fortan nur noch für die eiligen Fälle zuständig, die meist besondere Mittel (z. B. auch den Einsatz von körperlicher Gewalt oder Waffen) erforderten. Darüber hinaus sollte der zuvor „monolithische Organisationsblock" der Polizei dadurch in seiner Macht geschwächt werden, dass sie **dezentralisiert** wurde. Hierzu wurden auf der Ebene der (größeren) Kommunen in Bayern 150 selbstständige Polizeiorganisationen gebildet. Heute ist allerdings aus Gründen der Kostenersparnis und der „Stringenz" wieder der Freistaat der alleinige Rechtsträger der Polizei (vgl. Art. 1 II POG).

Seit der damals letzten umfangreichen Neufassung des bayerischen PAG im Jahre 1978 (in der Bekanntmachung vom 14.9.1990) wurden über Jahrzehnte nur kleinere Änderungen am Polizeirecht vorgenommen, bis in den Jahren 2017 und 2018 zwei große und stark umstrittene **Novellen** erfolgten, die in Bayern sogar zu landesweiten Protesten führten. Auslöser für diese Gesetzesänderungen waren mehrere Terroranschläge auf Ziele in Deutschland, die den bayerischen Gesetzgeber (nicht zuletzt aufgrund anstehender Landtagswahlen) zum Handeln in Form des Erlasses des „Gesetzes zur effektiveren Überwachung gefährlicher Personen und zur Neuordnung des bayerischen Polizeirechts"[5] veranlassten. Ihm folgte dann noch das „Gesetz zur Neuordnung des bayerischen Polizeirechts".[6] Mit den Änderungsgesetzen wurde beispielsweise die **„drohende Gefahr"** in das PAG aufgenommen, es wurden Kontaktverbote und Aufenthaltsverbote sowie -gebote normiert, die Haftdauer beim Präventivgewahrsam wurde faktisch unbegrenzt ausgeweitet, und die Polizei bekam vermehrte Befugnisse im Zusammenhang mit Asylbewerberunterkünften zugestanden. Während Befürworter der Novellen mit gesteigerten Gefahren für die Zivilbevölkerung durch Terrorismus und Extremismus

---
4 So etwa *PrOVGE* 102, 180 ff.
5 BayGVBl. 2017, 388 ff.
6 BayGVBl. 2018, 301 ff.

jeglicher Art argumentierten,⁷ beschwor die Kritik die Gefahr eines drohenden Überwachungsstaates, in dem Bürgerinnen und Bürger unter einen Generalverdacht gestellt würden. Zudem – so wurde moniert – verstießen die Neuregelungen gegen das Bestimmtheitsgebot und verkürzten Grundrechte in nicht hinnehmbarer Weise.⁸ Nachdem ein Antrag auf den Erlass einer einstweiligen Anordnung gegen die maßgeblichen Bestimmungen der PAG-Reform gescheitert ist,⁹ besteht aber nach wie vor die Möglichkeit, dass der BayVerfGH in dem noch anhängigen Hauptsacheverfahren die Unvereinbarkeit der Neuerungen mit der Bayerischen Verfassung feststellen wird. Prozessual wird dabei allerdings auch eine Rolle spielen, ob über die Teile des PAG, die nun durch die Novelle des Jahres 2021 (dazu die folgende Rn. 14) gleichsam schon wieder überholt sind, überhaupt noch entschieden wird.

**14** Wie soeben bereits angedeutet wurde, erfolgte 2021 eine **weitere Novelle** mit dem „Gesetz zur Änderung des Polizeiaufgabengesetzes und weiterer Rechtsvorschriften",¹⁰ das an die Empfehlungen einer vom Ministerrat initiierten Expertenkommission anknüpft.¹¹ Damit wurden unter anderem die Voraussetzungen zum polizeilichen Einschreiten aufgrund einer **„drohenden Gefahr"** verschärft (Art. 11a II PAG). Zudem wurde die Haftdauer beim Präventivgewahrsam auf höchstens zwei Monate begrenzt (Art. 20 II 2 PAG). Neu eingefügt wurde in Art. 60a PAG die sogenannte Zuverlässigkeitsprüfung, die es ermöglichen soll, Personen, die auf einer Großveranstaltung beruflich tätig sind, mit deren Zustimmung im Hinblick auf Sicherheitsrisiken zu überprüfen, um so Anschläge besser zu verhindern.¹² Außerdem wird ein neuer Neunter Abschnitt ab Art. 94 ff. PAG gebildet, in dem mehrere Vorschriften die Anforderungen für die im PAG an einigen Stellen angeordnete Mitwirkung eines Richters statt der früheren verstreuten Regelungen nun gleichsam „am Stück" aufschlüsseln und so das entsprechende Verfahren sowie den Rechtsschutz gegen derartige Entscheidungen verdeutlichen. Ausweislich der Gesetzesmaterialien¹³ soll diese – inhaltlich allerdings weitgehend mit den früher über das PAG verteilten Vorgängerregelungen identische – Passage vor allem die Klarheit und Anwenderfreundlichkeit erhöhen. Auch diese Novelle zog allerdings wieder Proteste und Diskussionen nach sich. Befürworter sehen darin eine „weitere Optimierung" des PAG im Hinblick auf Bürgerrechte und Transparenz,¹⁴ wohingegen kritische Stimmen trotz der Änderungen immer noch mehrere Vorschriften als verfassungswidrig erachten.¹⁵ Auch gegen die Neuregelungen sind bereits verschiedene verfassungsgerichtliche Rechtsbehelfe beim BVerfG und BayVerfGH angestrengt worden. In der Praxis wird sich zeigen, inwieweit von den neuen Kompetenzen in Zukunft tatsächlich Gebrauch gemacht wird und ob die Warnung vor einer Gefahr für

---

7 Vgl. etwa Bayerische Staatskanzlei, Pressemitteilung vom 24. Januar 2017 (https://www.bayern.de/bericht-aus-der-kabinettssitzung-vom-24-januar-2017/).
8 Vgl. beispielhaft *Löffelmann*, BayVBl. 2018, 145 (147 ff.); *Pham/Pongratz*, ZJS 5/2018, 396 ff.
9 *BayVerfGH*, Entsch. v. 7.3.2019 – Az.: Vf. 15-VII-18 (juris). Auch die Popularklage in der zugehörigen Hauptsache hat der *BayVerfGH* zuletzt für unzulässig erklärt (Entsch. v. 14.6.2023 – Az.: Vf. 15-VII-18). Es sind jedoch noch weitere Verfahren anhängig.
10 BayGVBl. 2021, 418 ff.
11 PAG-Kommission, Abschlussbericht vom 30.8.2019 (https://www.pag.bayern.de/assets/stmi/direktzu/190830_abschlussbericht_pag-kommission.pdf).
12 Bayerisches Staatsministerium des Innern, für Sport und Integration, Pressemitteilung vom 29. Juni 2021 (https://www.bayern.de/herrmann-zu-zuverlaessigkeitsueberpruefungen-im-pag/?seite=2453).
13 LT-Drs. 13716/18, 2, 37 ff.
14 Bayerisches Staatsministerium des Innern, für Sport und Integration, Pressemitteilung vom 20. Juli 2021 (https://www.bayern.de/bayerns-innenminister-joachim-herrmann-zur-beschlossenen-novelle-des-polizeiaufgabengesetzes/?seite=2453).
15 S. nur „Polizeiaufgabengesetz bleibt Streitthema", Süddeutsche Zeitung vom 21. Juli 2021 (https://www.sueddeutsche.de/bayern/bayern-politik-polizeiaufgabengesetz-spd-1.5358316).

## III. Die heutigen verschiedenen Polizeibegriffe

Die Kenntnis der soeben dargestellten historischen Entwicklung ist auch wichtig für das Verständnis der bis heute aktuellen verschiedenen Polizeibegriffe, die fast alle ihren Niederschlag in den Grundnormen des PAG gefunden haben. Das gilt allerdings nicht mehr für den alten und weitesten **Polizeybegriff**, der die gesamte rechtliche Ordnung des Zusammenlebens der Menschen ohne Differenzierung zwischen Öffentlichem Recht und Privatrecht umfasst. Historisch überkommen, aber bis heute bedeutsam ist dagegen der **materielle Polizeibegriff** (vgl. etwa Art. 2 I PAG; dazu Rn. 17), der sich nach der Herauslösung der Sorge für die Wohlfahrt des Einzelnen aus den Polizeiaufgaben gebildet hat. Er umfasst alle Verwaltungstätigkeiten – unabhängig von der jeweils handelnden Institution und ihrer Organisation – zur **Abwehr von Gefahren für die öffentliche Sicherheit und Ordnung** mit Befehls- und Zwangsmitteln sowie nötigenfalls auch die Beseitigung bereits eingetretener Störungen. Der Gegenbegriff ist für alle anderen Exekutivbereiche die „allgemeine Verwaltung". Die Polizei wird zwar auch hiernach unterteilt in Vollzugs- und Verwaltungspolizei; der materielle Polizeibegriff erfasst aber beide Teile.[16] Verwendung findet diese Sicht beispielsweise in heute noch anzutreffenden Formulierungen wie „Baupolizei", „Feuerpolizei" oder auch „Sittenpolizei". Daraus wird bereits deutlich, dass dieser Polizeibegriff sehr viel weiter ist als der heute landauf, landab gebräuchliche; der „Normalmensch" würde viele der genannten Tätigkeiten gar nicht (mehr) mit der Polizei in Verbindung bringen.

Das erklärt sich daraus, dass in der Umgangssprache eine andere Nomenklatur üblich ist, die aber auch im Polizei- und Sicherheitsrecht ihren Niederschlag gefunden hat. Mit der bereits erwähnten „Entpolizeilichung der Verwaltung" seit 1945 erfolgte nämlich eine Trennung der Verwaltungsstruktur: Der darauf bezogene und häufig verwendete **formale Polizeibegriff** (vgl. Art. 1 PAG, Art. 3 I POG) erfasst alle Tätigkeiten der Polizei, die neben einem Teil der Aufgaben nach dem materiellen Polizeibegriff auch noch andere Pflichten erfüllen bzw. Zuständigkeiten wahrnehmen (Art. 2 IV PAG). Die übrigen Polizeiaufgaben im materiellen Sinn nehmen dagegen heute die Gefahrenabwehrbehörden in Gestalt der sogleich näher zu betrachtenden Sicherheitsbehörden als „entpolizeilichte Verwaltungsbehörden" wahr. Salopp formuliert, unterfällt dem formalen Polizeibegriff damit – unabhängig von der Art der Tätigkeit – alles, woran eine grüne bzw. nunmehr blaue Uniform beteiligt ist. Eng mit dem formalen „verwandt" ist der (uneingeschränkte) Begriff der **Polizeibehörden im institutionellen Sinn**, der auf alle Angehörigen der staatlichen Einrichtung „Polizei", also Polizeivollzugs-, Polizeiverwaltungsbeamte und übrige Bedienstete der Polizei des Freistaates Bayern zielt und insbesondere für das diesen Aspekt regelnde POG maßgeblich ist (s. dazu Art. 1 I POG). In Abgrenzung dazu gibt es schließlich noch den **eingeschränkt-institutionellen Polizeibegriff**, der nur die uniformierte Vollzugspolizei umfasst und für den Anwendungsbereich des PAG maßgeblich ist (vgl. Art. 1 PAG).

---

16 Gängig ist insoweit zwar überdies die Unterscheidung der allgemeinen von der Sonderpolizei (wie z. B. die Wasserschutz- oder die sogenannte Alpinpolizei; vgl. zu den speziellen Polizeien https://www.polizei.bayern.de/wir-ueber-uns/aufgaben/dienststellen-mit-speziellen-aufgaben/index.html) sowie die Differenzierung zwischen der staatlichen und der (früheren) gemeindlichen Polizei; doch ändert das nichts an dem obigen Befund, denn alle die genannten Untergruppen fallen unter den materiellen Polizeibegriff.

## IV. Die Doppelfunktion der Polizei

**17** Aus dem formalen Begriff der „Polizei" ergibt sich bereits, dass diese Institution verschiedene Aufgaben erfüllt. Auch ein Blick in die einschlägigen Rechtsgrundlagen bestätigt das: Danach kommt der Polizei die Aufgabe der Gefahrenabwehr (Art. 2 I PAG; das ist die in Rn. 15 erläuterte Polizei im materiellen Sinn), aber auch die der Erforschung bzw. Verfolgung von Straftaten (§ 163 StPO)[17] und Ordnungswidrigkeiten (§ 53 OWiG) zu. Sie hat somit eine Doppelfunktion: Einerseits wird sie zum Zweck der **Prävention**, andererseits mit dem Ziel der **Repression** tätig.

**18** Diese beiden Aspekte polizeilichen Handelns sind strikt voneinander zu trennen. Das präventive Handeln zur **Gefahrenabwehr** dient dem Schutz der öffentlichen und privaten (vgl. zu Letzteren aber Art. 2 II PAG; dazu näher in Rn. 36) Rechtsgüter vor künftigen Schäden und gegebenenfalls der Beseitigung bereits eingetretener Schäden zur Vermeidung eines weiteren Schadens.[18] Zur Gefahrenabwehr in diesem Sinn zählt für die Polizei auch die Verhinderung von künftigen (im Unterschied zur Verfolgung bereits begangener) Straftaten. Wegen des unter anderem aus dem Rechtsstaatsprinzip und den Grundrechten hergeleiteten[19] Grundsatzes vom **Vorbehalt des Gesetzes** ist dabei eine Ermächtigungsgrundlage für das regelmäßig in die Rechte von Personen eingreifende Handeln der Polizei- und sonstigen Gefahrenabwehrbehörden erforderlich. Insoweit besteht aber das Problem, dass präventiv, also abhängig von einer noch nicht immer klar erkennbaren Gefahr und unter dem Erfordernis der Verhältnismäßigkeit gehandelt werden muss, denn möglicherweise wird ein „Unschuldiger" übermäßig in Anspruch genommen. Demgemäß sind die jeweiligen Ermächtigungsgrundlagen auszugestalten, deren Formulierung diesbezüglich aber oft auf Schwierigkeiten stößt (wie jüngst etwa die Diskussion um die „drohende Gefahr" zeigt; dazu schon in Rn. 13 f.).

**19** Demgegenüber dient das repressive Handeln der Polizei der **Strafverfolgung,** also der Ermittlung und Verfolgung bereits begangener Straftaten und Ordnungswidrigkeiten, wobei darin allerdings auch der Gedanke der Abschreckung (i. S. einer Generalprävention) enthalten ist, so dass sich beide Facetten polizeilichen Handelns in diesem Bereich berühren. Für die Verfolgung von Straftaten ist § 163 StPO nur eine Aufgabenzuweisung an die Polizei. Deswegen bedarf es darüber hinaus zusätzlich noch besonderer Normen für die regelmäßig mit der repressiven Polizeitätigkeit verbundenen Rechtseingriffe. Dabei gilt, dass der Vorbehalt des Gesetzes die Effektivität polizeilichen Handelns bricht; es gibt keine „Wahrheitserforschung um jeden Preis."[20] Die StPO enthält eine Vielzahl von speziellen Befugnisnormen für einzelne repressive Tätigkeiten der Polizei, welche die Polizeibeamtinnen und Polizeibeamten teils aus eigener Befugnis (das jedoch manchmal nur bei Gefahr im Verzug) und teils als sogenannte Ermittlungspersonen der Staatsanwaltschaft entweder nur auf deren Weisung oder auch – im Übrigen ähnlich wie bei der Gefahrenabwehr – nur mit richterlicher Genehmigung anwenden dürfen.

**20** Für viele Handlungen der Polizei gibt es daher (mindestens) **zwei mögliche Ermächtigungsgrundlagen**, wie die folgende Tabelle verdeutlicht.

---

17 Der Begriff der „Straftaten" umfasst dabei nach § 12 I, II StGB Verbrechen und Vergehen.
18 Die Schadensbeseitigung wird von der präventiven Aufgabe allerdings nur erfasst, wenn diesbezüglich noch eine weitere Gefahr bei einer Nichtbeseitigung des Schadens besteht. Das ist beispielsweise problematisch beim Abschleppen eines Fahrzeuges, das zwar falsch geparkt ist, von dem jedoch keine Verkehrsbeeinträchtigung bzw. Verkehrsgefährdung ausgeht.
19 Vgl. dazu nur eingehend *Maurer*, in: *Maurer/Waldhoff*, § 6 Rn. 4 ff.
20 Ganz deutlich wird das am Fall des etwa die Tatbegehung leugnenden Verdächtigen, dem kein Geständnis beispielsweise mit Gewalt abgepresst werden darf, selbst wenn nur auf diesem Wege ein Beweis für seine Täterschaft gefunden werden kann; vgl. insoweit auch § 136a StPO.

## Die möglichen Ermächtigungsgrundlagen für polizeiliches Handeln

| Das Polizeihandeln | Präventiv: Gefahrenabwehr | Repressiv: Strafverfolgung |
|---|---|---|
| **Standardmaßnahmen** | Normen (Wer ordnet an?) | Normen (Wer ordnet an?) |
| Datenerhebung, Datenverarbeitung | Art. 30 ff., 53 ff. PAG (Polizei) | §§ 163d, 483 ff., 496 ff, 500 StPO (bei der Datenerhebung grundsätzlich Richter), |
| Durchsuchung der Person | Art. 21 PAG (meist Polizei) | §§ 163b I 3, 102, 105 StPO (bei Nichtverdächtigen kein Zwang bei der Durchsuchung;[21] Polizei; Staatsanwaltschaft; Richter) |
| Durchsuchung der Wohnung | Art. 23 f. PAG (grundsätzlich Richter) | §§ 102 ff., 105 StPO (grundsätzlich Richter) |
| Einrichtung von Kontrollstellen | Art. 13 I Nr. 4 PAG (Polizei) | § 111 I 1, II StPO (grundsätzlich Richter) |
| Erkennungsdienstliche Maßnahmen | Art. 14 PAG (Polizei) | § 81b StPO (Polizei) |
| Gewahrsam | Art. 17, 18 PAG (Polizei, aber zumindest Bestätigung durch Richter) | §§ 127, 164, 112, 114 StPO (Anordnung der Haft: grundsätzlich Richter) |
| Identitätsfeststellung | Art. 13 PAG (Polizei) | §§ 111 I 2, III; 163b, c StPO (teilweise Polizei, teilweise Staatsanwaltschaft, teilweise Richter) |
| Platzverweis | Art. 16 I PAG (Polizei) | als „Minus" in § 164 StPO enthalten (Polizei oder Staatsanwaltschaft oder Richter: „Beamter" ist offen) |
| Sicherstellung (präventiv), Beschlagnahme (repressiv) | Art. 25 ff. PAG (Polizei) | §§ 94 ff., 108, 111b ff. StPO (grundsätzlich Richter) |
| Vorladung | Art. 15 PAG (Polizei) | §§ 133 ff., 163a III StPO (Polizei; Zwang: Staatsanwaltschaft oder Richter) |
| **Generalklausel** | Art. 11 I, II, 11a PAG (Polizei) | § 161 bzw. § 163 StPO (streitig) (Staatsanwaltschaft; Polizei) |

Schon vor diesem Hintergrund ist also eine Unterscheidung beider Alternativen polizeilichen Handelns geboten. Darüber hinaus dient die Differenzierung aber auch der Bestimmung des zulässigen **Rechtsweges**. Denn nur bei einem präventiven, dem PAG unterfallenden polizeilichen Agieren liegt eine öffentlich-rechtliche Streitigkeit nichtverfassungsrechtlicher Art vor, für die mangels abdrängender Sonderzuweisung der Verwaltungsrechtsweg nach § 40 I 1 VwGO eröffnet ist. Bei Maßnahmen, die auf Bestimmungen der StPO gestützt werden, ist demgegenüber zu beachten, dass der Rechtsweg zu den ordentlichen Gerichten (zumeist zum Oberlandesgericht nach § 25 EGGVG, wenn nicht nach den insoweit vorrangigen Regeln in §§ 23 I, III EGGVG, 98 II 2, 3, 162 StPO das Amtsgericht zuständig ist) „abgedrängt" ist, weil es sich um sogenannte **Justizverwaltungsakte** i.S. der §§ 23 ff. EGGVG handelt. Die Polizei nimmt hier nämlich als „Justizbehörde im funktionellen Sinn" typische Aufgaben der Strafrechtspflege wahr. Die §§ 23 ff. EGGVG sind damit eine sogenannte **abdrängende Sonderzuweisung**. Diese Bezeichnung beruht auf der Terminologie des Verwaltungsprozessrechts im Zusammenhang mit der Eröffnung des Verwaltungsrechtsweges: Es gibt Normen (wie etwa § 54 I BeamtStG), die als „aufdrängende Sonderzuweisungen" ausdrücklich die Verwal-

---

21 Vgl. § 163b II 2 Hs. 2 StPO.

tungsgerichtsbarkeit zur Entscheidung bestimmter Rechtsstreitigkeiten berufen. In allen anderen Fällen beurteilt sich deren Zuständigkeit nach der Generalklausel des § 40 I 1 VwGO. Selbst wenn aber danach eine öffentlich-rechtliche Streitigkeit nichtverfassungsrechtlicher Art vorliegt, hat der Gesetzgeber in einigen Fällen aus bestimmten Gründen eine besondere Zuständigkeit anderer Gerichte durch solche abdrängenden Sonderzuweisungen begründet (als dritte – negative – Voraussetzung der Generalklausel). So ist das auch hier: Materiell handelt es sich beim Strafrecht um Öffentliches Recht, für das nur aus historischen Gründen (die Strafgerichte als vom jeweiligen Herrscher unabhängige Spruchkörper wurden vom Volk im Lauf der Geschichte mühsam erkämpft und lange vor den Verwaltungsgerichten eingerichtet) eine abdrängende Sonderzuweisung zu den traditionell damit befassten ordentlichen Gerichten besteht. Ähnliches gilt für das beim repressiven Polizeihandeln anzuwendende Strafprozessrecht, für dessen Kontrolle aus Gründen der Sachnähe zum Strafrecht auch die ordentlichen Gerichte zuständig sind (s. §§ 23 III EGGVG, 98 II 2, 3 StPO).[22]

**22** An die Frage des zulässigen Rechtsweges knüpft die Problematik des **statthaften Rechtsbehelfes** unmittelbar an. Denn je nach der einschlägigen Verfahrensordnung gibt es hier gerade bei Verwaltungsakten (zum Rechtsschutz gegen Realakte noch näher in Rn. 89) verschiedene Möglichkeiten: So ist einerseits zu klären, ob gegen den Verwaltungsakt einer Polizeibehörde (zum Rechtsschutz bei Maßnahmen der Sicherheitsbehörde Rn. 90) ein **Widerspruchsverfahren** etwa nach §§ 68 ff. VwGO statthaft und daher vor der Anrufung des Gerichts durchzuführen ist. § 24 II EGGVG sieht für (repressive) Justizverwaltungsakte einen solchen Widerspruch oder einen ähnlichen Rechtsbehelf nur bei einer besonderen gesetzlichen Anordnung vor, die vorliegend aber gerade fehlt. Bei den an sich den §§ 68 ff. VwGO unterliegenden präventiven Polizeiverwaltungsakten ist ein Vorverfahren in Bayern allerdings nach § 68 I 2 Fall 1 VwGO i. V. mit Art. 12 II AGVwGO grundsätzlich (Ausnahmen dazu finden sich in Art. 12 I AGVwGO) unstatthaft. Andererseits ist bei einer Anrufung des jeweils zuständigen Gerichts der zutreffende **Klageantrag** zu stellen, der davon abhängt, ob der angegriffene polizeiliche Verwaltungsakt noch andauert, schon erledigt ist oder ihre Folgen beseitigt werden sollen. Die nachfolgende Übersicht verdeutlicht den jeweils passenden Antrag bzw. die zugehörigen Normen der betreffenden Prozessrechtsordnung (der Eilrechtsschutz erfolgt entsprechend; genauere Ausführungen zum Rechtsschutz gegen präventivpolizeiliches Handeln finden sich in Rn. 83 ff.):

| Rechtsschutz gegen Polizeimaßnahmen in folgender Situation | Bei präventivem Polizeihandeln zur Gefahrenabwehr | Bei repressivem Polizeihandeln zur Strafverfolgung |
| --- | --- | --- |
| Die Maßnahme dauert noch weiter an. | Anfechtungsklage, §§ 42 I Fall 1, 113 I 1 VwGO | Antrag nach § 28 I 1 EGGVG bzw. § 98 II 2 StPO (direkt oder analog) |
| Die Maßnahme ist schon erledigt. | Fortsetzungsfeststellungsklage, § 113 I 4 VwGO (gegebenenfalls analog) | Antrag nach § 28 I 4 EGGVG oder § 98 II 2 StPO analog (streitig) |
| Es geht um die Beseitigung der Folgen. | Anfechtungsklage mit (Folgenbeseitigungs-, meist als Leistungs-)Annexantrag, § 113 I 1–3 VwGO | Antrag nach § 28 I 2, 3 EGGVG bzw. Antrag auf Erlass eines Aufhebungsbeschlusses |

**23** Damit stellt sich die Frage, wie beide Handlungsalternativen voneinander **abgegrenzt** werden können. In Kollisionsfällen fällt die Entscheidung zwischen Prävention und

---

22 Anders liegt der Fall bei einer sogenannten Sperrerklärung analog § 96 StPO, die kein Justizverwaltungsakt ist; s. *VG München*, BeckRS 2017, 117926; *VG Schwerin*, NVwZ 2007, 852 f.; *VG Dresden*, NVwZ-RR 2003, 649 f.

Repression dabei oft schwer. Generell gilt: Wenn **beide Aspekte zusammentreffen** und die Polizistin bzw. der Polizist vor Ort sich für eine Handlungsart entscheiden muss (z. B. das Unfallopfer zu befreien oder den Unfallverursacher zu verfolgen), hat sie oder er eine **Abwägung** nach dem Gewicht und der jeweils drohenden Gefahr für die betroffenen Rechtsgüter vorzunehmen und demgemäß zu handeln (im Beispielsfall ist vorrangig einem schwer verletzten Unfallopfer Erste Hilfe zu leisten). War hingegen eine durchgeführte **Maßnahme nach (nur) einem von beiden „Ästen" möglich** (z. B. eine Beschlagnahme oder Sicherstellung entweder nach Art. 25 ff. PAG oder nach §§ 94 ff. StPO), bemisst sich ihre Rechtsnatur nach der **Deklarierung** oder der Begründung nach außen durch die agierende Polizei. Fehlt es (wie oft) daran, kommt es nach der bislang h. M. auf den **Schwerpunkt des polizeilichen Handelns** aus der ex-ante-Sicht eines verständigen Bürgers in der Lage des Betroffenen nach natürlicher Betrachtungsweise an.[23] Nach der neueren Rechtsprechung des *BGH*[24] können hingegen Maßnahmen zugleich sowohl repressiver als auch präventiver Natur sein, womit PAG und StPO gleichzeitig zur Anwendung kommen können.

Zur Erläuterung dafür mag ein **Beispiel** aus der Praxis dienen:

> Die alarmierte Polizei kommt zu einem Haus, bei dem ein Fenster gewaltsam geöffnet wurde, als die Bewohner abwesend waren. In der Nähe befindet sich das Psychiatrische Landeskrankenhaus, so dass unklar ist, ob und gegebenenfalls wer – ein Einbrecher oder ein flüchtiger Insasse der Psychiatrie – sich in dem Haus befindet. Die Polizei umstellt das Haus und fordert mögliche Personen im Haus mit dem Megaphon („Kommen Sie raus, Widerstand ist zwecklos, das Haus ist umstellt!") zum Verlassen des Gebäudes auf. Sodann durchsuchen die anwesenden Beamten mit gezogener Waffe das Haus. Handeln sie hier präventiv oder repressiv?

Eine **ausdrückliche Benennung** der verfolgten Interessen oder gar der hierfür in Anspruch genommenen Ermächtigungsgrundlage ist in diesem Fall nicht festzustellen, so dass nach dem aus der Sicht eines verständigen Bürgers schwerpunktmäßig verfolgten **Zweck des polizeilichen Handelns** zu fragen ist. In Betracht kommt dafür sowohl die „Jagd" nach potenziellen Einbrechern – also ein repressives Vorgehen – als auch die präventive Überprüfung, ob sich ein psychisch erkrankter und deswegen möglicherweise gefährlicher Mensch in dem Haus aufhält. Da sich ein eindeutiges Überwiegen eines dieser Ziele nicht feststellen lässt, liegt hier der in der Praxis gar nicht so seltene Fall vor, dass die Polizei aufgrund ihrer beiden Aufgaben, also tatsächlich in ihrer Doppelfunktion tätig geworden und ihr Vorgehen alternativ nach den einschlägigen Bestimmungen des PAG oder der StPO zu beurteilen ist. Insoweit kommt dem potenziellen Kläger gegen die Polizeiaktion tatsächlich ein **Wahlrecht** zu.[25]

Problematisch sind weiterhin die Fälle, in denen **bereits der Anfangsverdacht einer Straftat** gegen eine Person vorliegt (diese also schon Beschuldigte ist) und die Polizei gleichwohl **präventiv tätig** wird. Diese Konstellation soll ein weiterer Fall aus der Praxis[26] verdeutlichen:

---

23 So etwa *VGH München*, BeckRS 2009, 41748, und die bislang ganz h. M., vgl. nur *Schmidbauer/Holzner*, 10. Kap., Rn. 265 ff.
24 *BGH*, NJW 2017, 3173 (3176 f.).
25 Anders zwar noch explizit *VGH München*, BeckRS 2009, 41748 (es sei „auch unter Berücksichtigung der Anforderungen des Art. 19 Abs. 4 GG kein Raum"); wie hier nun aber im Ergebnis eben *BGH*, NJW 2017, 3173 ff. (vgl. dazu schon Rn. 23 a. E.). Nicht wirklich abschließend geklärt wird die Frage von *Holzner*, in: Möstl/Schwabenbauer, Art. 2 PAG Rn. 47, der offenbar immer auf den Schwerpunkt („stellt sich die Maßnahme als eher präventiv oder repressiv ausgerichtet dar") abstellen möchte.
26 *BGH*, NJW 2017, 3173 ff.

Die Polizeibeamten der (Autobahn-)Polizei des Freistaates werden von Kriminalbeamten aus der Stadt N ersucht, ein bestimmtes Fahrzeug wegen „professionell verbauten Rauschgifts" zu überprüfen. Im Rahmen einer Straßenverkehrskontrolle durchsucht die (Autobahn-)Polizei daraufhin das besagte Fahrzeug, wobei sie zum einen verhindern will, dass Betäubungsmittel in erheblichem Umfang in Deutschland in Umlauf geraten. Zum anderen sind die Beamten zugleich aber auch an der Sicherung etwaiger Beweise für das bereits laufende Strafverfahren gegen den Halter des Fahrzeuges interessiert. Sie wollen schließlich zudem verhindern, dass ein weiterer Mitbeschuldigter, der sich zu diesem Zeitpunkt vorübergehend in Marokko aufhält, von den bereits laufenden Ermittlungen erfahren und die Einreise nach Deutschland unterlassen wird.

**27** Die Polizei wurde hier bei der sogenannten „legendierten Kontrolle" des Fahrzeuges mit jeweils selbstständiger präventiver und repressiver Zielsetzung tätig. Fraglich ist daher, ob ein Vorgehen nach Art. 22 I Nr. 1 und 3 PAG (i. V. mit Art. 21 I Nr. 1, Art. 25 I Nr. 1 PAG) möglich ist, obwohl wegen des bestehenden Anfangsverdachtes auch §§ 102, 105 StPO als Ermächtigungsgrundlagen für das polizeiliche Vorgehen in Betracht kommen. Nach der Auffassung des *BGH* besteht jedoch **weder** ein allgemeiner **Vorrang** der **StPO** gegenüber dem Gefahrenabwehrrecht **noch umgekehrt** ein solcher des Gefahrenabwehrrechts gegenüber der StPO. Auch beim Vorliegen eines Anfangsverdachtes soll daher ein Rückgriff auf präventiv-polizeiliche Ermächtigungsgrundlagen rechtlich möglich sein. Die Gefahr einer bewussten Umgehung strafprozessualer Voraussetzungen bzw. der Aushöhlung von Beschuldigtenrechten wird laut dem *BGH* erst bedeutsam, wenn es um die Verwertbarkeit der präventiv-polizeilich gewonnen Erkenntnisse im Strafverfahren geht.[27] Diese Auffassung ist aber dadurch nicht unproblematisch, dass ein solches Vorgehen der Polizei eben doch schon bei der Maßnahme selbst (und nicht erst bei der Verwertung ihrer „Ergebnisse") zu einer **Umgehung** der teilweise strengeren Voraussetzungen der StPO führen kann, wie in diesem Fall z. B. die richterliche Anordnung nach § 105 StPO.

**28** Ein damit bereits „angetipptes" Sonderproblem besteht insoweit dann auch noch im Zusammenhang mit der Datenerhebung im Rahmen repressiver Tätigkeit: Darf die Polizei einmal erhobene **Daten zur Gefahrenabwehr behalten**? Das „Behalten" ist hier die entscheidende polizeiliche Tätigkeit, so dass der ursprüngliche Erhebungsgrund insofern keine weitere Bedeutung mehr hat. Zur Rechtmäßigkeit des präventiven Zwecken dienenden „Behaltens" der Daten müssen nunmehr die Tatbestandsvoraussetzungen der entscheidenden „präventiven" Vorschriften nach dem PAG (vgl. dazu konkret Art. 53 ff. PAG[28]) vorliegen. Ähnliches gilt auch für Akten im Allgemeinen, wo dann der frühere „Anlagegrund" im Unterschied zum jetzigen „Verwendungsgrund" bzw. zur jetzigen Aktenführung unerheblich ist.

**29** Zur weiteren Veranschaulichung der Problematik „Doppelnatur von Maßnahmen der Polizei" dient nunmehr auch noch **Fall 1**:

**Der Streit ums Bad**

Eine Gruppe engagierter Bürgerinnen und Bürger ist trotz des vor einiger Zeit neu eröffneten Erlebnisbades immer noch nicht mit der Schwimmbad-Situation in der bayerischen Stadt M zufrieden. Als „Hauptbremser" für den Bau einer weiteren Bade-

---

27 *BGH*, NJW 2017, 3173 (3176 f.).
28 Diese Vorschriften sind in Bayern allerdings nicht Gegenstand der juristischen Staatsexamensprüfungen; vgl. insoweit § 18 II Nr. 5d und § 58 II Nr. 1 JAPO.

anstalt mit einer 50 m-Bahn hat die Gruppe die bundesweit aktive X-Partei ausgemacht, deren Fraktion im Stadtrat jedes weitere Schwimmbad mit Hinweis auf den knappen städtischen Haushalt strikt ablehnt und für ihre Position auch regelmäßig in öffentlichen Veranstaltungen wirbt.

Als die nächste Jahreshauptversammlung des Stadtverbandes M der X-Partei im ersten Hotel am Platze stattfinden soll, stürmen mehrere Aktivisten der „Bad-Gruppe" den Hotelsaal und lassen sich mit entsprechenden Transparenten auf dem Boden nieder, den sie nach eigenem Bekunden erst wieder verlassen wollen, wenn die anwesenden Parteimitglieder mit ihnen über ihr Anliegen diskutiert hätten. Dem verweigern sich diese jedoch und rufen die Polizei, um ihre Versammlung ungestört fortsetzen zu können. Als die Beamten eintreffen, erklärt der Hotelchef, damit schnell geräumt werde, stelle er Strafantrag gegen die „Chaoten", die sein Hotel trotz seiner Aufforderung nicht verlassen hätten. Die Polizei räumt das Hotel gewaltsam und stellt von allen Aktivisten die Personalien fest, um – wie der Einsatzleiter erklärt – „im Wiederholungsfalle gleich zu wissen, wer die Versammlung stört".

Die „Bad-Gruppe" findet den Polizeieinsatz überzogen und ruft durch ihr Mitglied A das örtlich zuständige Verwaltungsgericht an. Dieses verweist jedoch nach einer Rüge des Beklagten ungeachtet des Protestes des A den Rechtsstreit durch Beschluss wegen seiner sachlichen Unzuständigkeit – es gehe nur um straf- und strafprozessrechtliche Fragen – gemäß § 17a II 1, III 2 GVG an das Amtsgericht M. Darüber ist A empört und fragt nach Erfolg versprechenden Rechtsschutzmöglichkeiten gegen den Verweisungsbeschluss, die er dann sofort ergreifen will.

Vor der eigentlichen Falllösung steht die Frage, was das Verwaltungsgericht vorliegend gemacht hat. Bereits aus dem Sachverhalt ergibt sich, dass es den Rechtsstreit zwischen A und dem Rechtsträger der Polizei wegen sachlicher Unzuständigkeit gemäß §§ 173 S. 1 VwGO, 17a II 1 GVG an das Amtsgericht M verwiesen hat. Für A stellt sich damit die auch schon im Sachverhalt aufgeworfene Frage, welchen **Rechtsbehelf** er gegen diesen Verweisungsbeschluss ergreifen kann. Ein solcher Rechtsbehelf hat Erfolg, wenn seine Sachentscheidungsvoraussetzungen[29] vorliegen und er auch begründet ist.[30] Zunächst sind mithin die **Sachentscheidungsvoraussetzungen** des von A einzulegenden Rechtsbehelfes näher zu untersuchen. Dabei ergibt sich die **Eröffnung des Verwaltungsrechtsweges** aus dem Zusammenspiel von §§ 173 S. 1 VwGO, 17a IV 3 GVG und § 146 I VwGO, denn danach ist der Rechtsbehelf „gegen einen Verweisungsbeschluss nach den Vorschriften der jeweils anzuwendenden Verfahrensordnung gegeben." Wenn aber der Verweisungsbeschluss selbst von einem Spruchkörper der Verwaltungsgerichtsbarkeit getroffen wird, ist auch für die auf § 146 I VwGO gestützte (dazu sogleich näher) Beschwerde dagegen der

---

29 An Stelle der „Sachentscheidungsvoraussetzungen des Rechtsbehelfes" kann natürlich auch dessen „Zulässigkeit" geprüft werden. Hinter diesen Begriffen steht der Streit um die Einordnung der Merkmale „Eröffnung des Verwaltungsrechtsweges" und „Zuständigkeit des Gerichts". Sie sind unter der Geltung der §§ 17 ff. GVG keine eigentlichen Zulässigkeitsvoraussetzungen mehr, da eine Klage bei fehlerhafter Wahl des Rechtsweges oder des angerufenen Gerichts nicht mehr als unzulässig abgewiesen werden kann. Vielmehr ist sie nach § 17a II 1 GVG von Amts wegen an das zuständige Gericht zu verweisen. Aus diesem Grund kann dieser Punkt außerhalb des Zulässigkeitsschemas geprüft werden. Viele Prüferinnen und Prüfer bevorzugen diesen Weg. Als sinnvoller und effizienter erscheint es jedoch, als Oberpunkt allgemein die Sachentscheidungs- bzw. bei einer Klage speziell die Sachurteilsvoraussetzungen (das heißt: die Eröffnung des Verwaltungsrechtsweges, die Zuständigkeit des Gerichts und die Vorgaben für die Zulässigkeit des Rechtsbehelfes) zu prüfen. Die klassische Trennung in Zulässigkeit und Begründetheit wird damit aufgegeben und die Prüfung in die Sachentscheidungs- bzw. Sachurteilsvoraussetzungen und die Begründetheit untergliedert (vgl. dazu auch *Hufen*, § 10 Rn. 1).
30 Allgemein zum Aufbau einer verwaltungsrechtlichen Falllösung *Schwerdtfeger/Schwerdtfeger*, Rn. 772 ff.

Rechtsweg zur nächsten Instanz der Verwaltungsgerichtsbarkeit, hier zum VGH,[31] eröffnet.[32]

**31** Als **statthafter Rechtsbehelf** kommt für A vorliegend eine Beschwerde gegen den Verweisungsbeschluss nach §§ 173 S. 1 VwGO, 17a IV 3 GVG, 146 I VwGO in Betracht, denn die schon erwähnte Norm des GVG ordnet insoweit als Rechtsbehelf „die sofortige Beschwerde nach den Vorschriften der jeweils anzuwendenden Verfahrensordnung" an. Die hier einschlägige VwGO kennt jedoch nur die (einfache) Beschwerde gemäß §§ 146 ff. VwGO, so dass nach ganz h. M. mangels Alternative diese der insoweit statthafte Rechtsbehelf ist.[33] Auch die **weiteren Sachentscheidungsvoraussetzungen** dieser Beschwerde liegen vor; insbesondere verfügt der beschwerdeberechtigte A über die nötige Beschwerdebefugnis bzw. Beschwer, ist er doch durch die gegen seinen Willen erfolgte Verweisung des Rechtsstreites an das Amtsgericht M belastet.[34] A wahrt mit der geplanten sofortigen Einlegung der Beschwerde gegen den Verweisungsbeschluss nach §§ 173 S. 1 VwGO, 17a II 1 GVG auch die Zweiwochenfrist des § 147 VwGO.

**32** Zu ihrem Erfolg müssen neben den Sachentscheidungsvoraussetzungen auch die **Begründetheitsanforderungen** der Beschwerde erfüllt sein. Das ist der Fall, wenn das Verwaltungsgericht im Streitfall um den Polizeieinsatz zu Unrecht die Eröffnung des Verwaltungsrechtsweges verneint und den Rechtsstreit deshalb an das Amtsgericht verwiesen hat. Insoweit scheidet eine aufdrängende Sonderzuweisung aus. Somit ist die Generalklausel des § 40 I 1 VwGO zu prüfen. Die Polizei handelte bei ihrem Vorgehen gegen A und seine Mitstreiter auf der Grundlage von öffentlichem Sonderrecht, also hoheitlich und damit öffentlich-rechtlich.[35] Ebenso liegt eine nichtverfassungsrechtliche Streitigkeit vor. In Betracht zu ziehen ist hier jedoch – wie regelmäßig beim Handeln der „doppelfunktionalen" Polizei – das Eingreifen der abdrängenden Sonderzuweisung nach § 23 I 1 EGGVG. Zur Prüfung, ob es sich um eine der genannten Norm unterfallende polizeiliche Maßnahme handelt, ist an dieser Stelle deren **Rechtscharakter** genauer zu untersuchen: Stellen die in Streit stehende Räumung des Hotels und die Identitätsfeststellung Gefahrenabwehr- oder Justizverwaltungsakte dar, wurde die Polizei also präventiv oder repressiv tätig? Im letzteren Fall griffe § 23 I 1 EGGVG ein. Hier ist zwischen den Maßnahmen zu differenzieren. Dabei scheidet allerdings jeweils das bloße Abstellen auf die Ermächtigungsgrundlagen, welche die Maßnahme im Ergebnis tatsächlich tragen würden, aus, denn ein derartiges Vorgehen wäre willkürlich und weder Art. 19 IV GG noch der Rechtssicherheit dienlich. Auch der Rekurs auf eine explizit benannte Ermächtigungsgrundlage oder auf die Deklarierung der Maßnahmen nach außen durch die Polizei vor Ort hilft hier nicht weiter, da es solche Äußerungen nicht gab. Deshalb ist mit der bislang vorherrschenden Auffassung auf den **Schwerpunkt** des polizeilichen Handelns aus der ex-ante-Sicht eines verständigen Bürgers in der konkreten Situation abzustellen (mit dem *BGH* wäre hier auch ein Wahlrecht vertretbar; vgl. Rn. 23 ff.).

---

31 Die an sich übliche Bezeichnung „OVG" wird in Bayern gemäß § 184 VwGO i. V. mit Art. 1 I 1 AGVwGO durch den älteren Begriff „VGH" ersetzt.

32 Außer Betracht soll an dieser Stelle noch die Frage bleiben, ob der VGH als zweite Instanz das Vorliegen dieser Voraussetzung im Hinblick auf § 17a V GVG überhaupt prüft. Dazu unten im zweiten Teil in Fall 5.

33 S. *VGH München*, BayVBl. 1993, 309 (310); *Ziekow*, in: *Sodan/Ziekow*, GVG, § 17a Rn. 34.

34 Dieser Punkt wäre anders zu entscheiden, wenn A selbst die Verweisung des Rechtsstreites angeregt oder gar beantragt hätte. Vgl. dazu *Ruthig*, in: *Kopp/Schenke*, Anhang § 41 Rn. 28.

35 Die Bestimmung des öffentlich-rechtlichen Charakters einer staatlichen Maßnahme erfolgt – jedenfalls in weniger klaren Fällen als hier – mit Hilfe einer detaillierten Anwendung der zu diesem Prüfungspunkt entwickelten Definition bzw. Theorien. Vgl. dazu näher *Maurer*, in: *Maurer/Waldhoff*, § 3 Rn. 10 ff. m. w. N.

Schwerpunktmäßig ging es bei der **Räumung** darum, die Gefahr für die öffentliche Sicherheit und Ordnung, die durch die Fortdauer des von A und seinen Mitstreitern begangenen Hausfriedensbruches (§ 123 I StGB) begründet wurde, zu beseitigen. Der auf dieses Delikt bezogene Strafantrag, der an sich auf ein repressives Vorgehen der deswegen aktiv gewordenen Polizei hinweisen würde, wurde vom Hotelchef als dem antragsberechtigten Hausrechtsinhaber erkennbar vornehmlich mit dem Ziel gestellt, die Polizisten vor Ort zu einem schnelleren Einschreiten zu bewegen. Mithin steht trotzdem der präventive Charakter des Vorgehens bei der Räumung im Vordergrund.

33

Gleiches gilt auch für die Maßnahmen zur **Identitätsfeststellung**, bei denen es – durch die Äußerungen des Einsatzleiters belegt – in erster Linie um die (präventive) Verhinderung weiterer Straftaten und weniger um die (repressive) Strafverfolgung ging. Das Verwaltungsgericht hat angesichts des präventiven Charakters beider Maßnahmen und der deshalb nicht eingreifenden abdrängenden Sonderzuweisung nach § 23 I 1 EGGVG die Eröffnung des Verwaltungsrechtsweges gemäß § 40 I 1 VwGO also zu Unrecht verneint. Demzufolge ist die Beschwerde des A beim VGH gegen den Verweisungsbeschluss auch begründet und damit erfolgreich.[36]

34

Abschließend und zugleich zusammenfassend zu diesem ersten Abschnitt über den Begriff der Polizei sei noch die **Struktur des Art. 2 PAG** erläutert, der die insoweit maßgeblichen „Weichenstellungen" trifft: Sein **Abs. 1** definiert die Aufgabe der Gefahrenabwehr (also der Polizei im materiellen Sinn; vgl. schon Rn. 15).

35

Bei **Abs. 2**, der den **Schutz privater Rechte** unter der Voraussetzung, dass anderweitig keine rechtzeitige Hilfe zu erhalten ist, ebenfalls der Gefahrenabwehr zuordnet, war es lange streitig, ob es sich um eine zusätzliche Aufgabe oder nicht vielmehr um eine Einschränkung der klassischen Gefahrenabwehrfunktion nach Art. 2 I PAG handelt. Für letztere Sicht spricht angesichts der Definition der öffentlichen Sicherheit und Ordnung (dazu näher Rn. 98 ff.; die in Abs. 2 genannten privaten Rechte sind bereits Teil der öffentlichen Sicherheit, und somit kann Abs. 2 nicht Abs. 1 erweitern) vieles. Im Rahmen der Novellierung des PAG im Jahr 2017 wurde das dann auch durch die Änderung des Wortlautes („im Rahmen ihrer Aufgabe nach Abs. 1") klargestellt.[37] Damit liegt im Schutz privater Rechte eine gegenüber den Zivilgerichten nur subsidiäre Aufgabe der Polizeibehörden. Hintergrund ist, dass es grundsätzlich dem oder der Einzelnen überlassen bleiben soll, seine bzw. ihre privatrechtlichen Ansprüche durchzusetzen.[38] Das gilt jedoch nur, soweit diese Rechte nicht auch durch Strafvorschriften geschützt sind oder aus anderen Gründen ein öffentliches Interesse an der Sicherung der Individualrechtsgüter besteht,[39] z. B. weil besonders wichtige Rechtsgüter wie die Menschenwürde oder Sachgüter, die im Interesse der Allgemeinheit erhaltens- und schutzwürdig sind, betroffen sind. In diesen Fällen soll es nicht mehr allein darauf ankommen, ob der oder die Einzelne seine bzw. ihre Ansprüche selbst gerichtlich durchsetzt oder nicht. Verdeutlichen lässt sich das anhand des klassischen Beispiels der **Hausbesetzung**, die der Eigentü-

36

---

36 Der Vollständigkeit halber sei darauf verwiesen, dass es – außer in Verfahren des Eilrechtsschutzes (vgl. dazu *BVerwG*, DÖV 2007, 127) – gegen die Entscheidung des VGH als Beschwerdegericht gemäß § 17a IV 4 GVG bei entsprechender Zulassung durch den VGH für den beschwerten Beteiligten die Möglichkeit der (weiteren) Beschwerde zum BVerwG gibt. Einzig in derartigen Konstellationen entscheidet dieses Gericht nach der Konzeption des § 17a GVG noch über Rechtswegfragen. Beachtlich ist insoweit nämlich für die Prüfung in Berufungs- und Revisionsinstanz die zwingende Vorgabe in § 17a V GVG.
37 So auch *Holzner*, in: *Möstl/Schwabenbauer*, Art. 2 PAG Rn. 24 (in Rn. 23 mit Hinweisen zur Gegenauffassung).
38 *Weber/Köppert*, Rn. 65.
39 *Heckmann*, in: *Becker/Heckmann/Kempen/Manssen*, 3. Teil, Rn. 50.

mer beenden möchte: Ein unmittelbares Einschreiten der Polizei zur Räumung würde hier daran scheitern, dass der Eigentümer dafür ein zivilgerichtliches Urteil als Räumungstitel erwirken könnte, das dann mit Hilfe des Gerichtsvollziehers vollstreckt würde. Dafür braucht er als Kläger jedoch die Namen der Hausbesetzerinnen und Hausbesetzer, denn sonst kann er schon gar kein zivilgerichtliches Verfahren gegen sie in Gang setzen. Art. 2 II PAG lässt daher in einer solchen Konstellation eine „subsidiäre" Gefahrenabwehrmaßnahme der Polizei zu, die lediglich die Identität der Hausbesetzerinnen und Hausbesetzer feststellt. Weitere Probleme im Hinblick auf Art. 2 II PAG treten aber auch nach einer (erfolgreichen) Räumung des Hauses mit Hilfe (zivil-)gerichtlichen Rechtsschutzes auf. Denn in derartigen Situationen stellt sich oft – insbesondere bei einer durch die Räumung hervorgerufenen Obdachlosigkeit von Menschen im Winter – die Frage, ob die für die Gefahrenabwehr zuständige Behörde die rechtskräftige Gerichtsentscheidung über die Räumung gleichsam „korrigieren" und die gerade erfolgreich aus der Wohnung entfernten Personen zur Abwehr der ihnen aus ihrer Obdachlosigkeit drohenden Gefahren sofort wieder in die Wohnung einweisen darf. Die h. M. nimmt das bei einer entsprechenden Gefahr durchaus an.[40]

**37** Abs. 3 des Art. 2 PAG sieht die Zusammenarbeit der Polizei mit den verschiedenen für die Gefahrenabwehr zuständigen Behörden im Rahmen der Vollzugshilfe vor, wobei Näheres in Art. 67 ff. PAG geregelt ist (dazu näher in Rn. 50). Zu beachten ist insbesondere, dass gemäß Art. 67 I PAG Vollzugshilfe durch die Polizei nur in Betracht kommt, wenn unmittelbarer Zwang anzuwenden ist und die anderen Behörden nicht über die erforderlichen Dienstkräfte verfügen oder ihre Maßnahmen nicht auf andere Weise selbst durchsetzen können. Aus diesem Grund wird es bei der Vollzugshilfe eigentlich nie um die Festsetzung eines Zwangsgeldes oder die Anordnung einer Ersatzvornahme gehen. Abs. 4 stellt sodann noch das „Einfallstor" für **repressive Polizeiaufgaben**, aber auch für durchaus präventive Tätigkeiten nach anderen Gesetzen zur Gefahrenabwehr wie etwa dem BayVersG dar (s. hierzu Rn. 312).

**38** Als Lernkontrolle bis zu diesem Punkt dienen die **Wiederholungsfragen** zu § 1:

1. Welche historische Entwicklung hat der Polizeibegriff durchlaufen?
2. Welche Polizeibegriffe gibt es?
3. Was bedeutet die „Doppelfunktion der Polizei- bzw. Gefahrenabwehrbehörden"?
4. Wofür ist die Unterscheidung der beiden Funktionen der Polizei wichtig?
5. Welche Kriterien gibt es für diese Differenzierung nach der Vornahme einer Maßnahme?
6. Auf welchem Weg und von wem wird in diesem Zusammenhang ein Streit um den richtigen Rechtsweg entschieden?

# § 2 Die verfassungsrechtlichen Grundlagen und die Behördenstruktur im Polizei- und Sicherheitsrecht

## I. Die Verteilung der Gesetzgebungs- und Verwaltungskompetenzen

**39** Für die verfassungsrechtliche Einordnung des Polizei- und Sicherheitsrechts ist zunächst zu klären, wie die Gesetzgebungs- und Verwaltungskompetenzen für diesen Bereich

---

40 Vgl. hierzu näher *Götz/Geis*, § 14 Rn. 9 ff.; *Osterloh*, JuS 1991, 1066 f.; Zu einer ähnlichen Konstellation im Kontext der Sicherstellung unzulässiger Personenaufnahmen *VGH Mannheim*, NVwZ-RR 2008, 700 f., mit Anm. *Durner*, JA 2009, 748 ff.

zwischen dem Bund und den Ländern – im konkreten Fall dem Freistaat Bayern – aufgeteilt sind. Hierbei gilt der **klassische „Dreiklang" der Art. 30, 70 I, 83 GG**, wonach grundsätzlich die Länder für die Legislative und die Exekutive zuständig sind. Davon machen jedoch die Art. 71 ff. und 84 ff. GG für enumerativ aufgezählte Bereiche sowohl bei der Gesetzgebung als auch beim Gesetzesvollzug Ausnahmen zugunsten des Bundes, die es nunmehr im Hinblick auf die vorliegend interessierende Rechtsmaterie näher in den Blick zu nehmen gilt.

## 1. Die Bundesgesetze zur Gefahrenabwehr

Es gibt verschiedene Arten von Bundesgesetzen zur Gefahrenabwehr. Dazu zählen zum einen die Gesetze, die der Bund kraft seiner **ausschließlichen Gesetzgebungskompetenz** aus Art. 73 GG erlassen hat: Neben dem in diesem Kontext der Gefahrenabwehr beispielsweise zu nennenden Pass-, dem Bundespolizei- (hier kann auch auf die ungeschriebene Bundeskompetenz kraft Natur der Sache rekurriert werden), dem Luftverkehrs-, dem Atom- und dem Verfassungsschutzgesetz sowie dem mehrfach genutzten Kompetenztitel zur länderübergreifenden Abwehr von Gefahren aus dem Terrorismus (Nr. 9a) fallen hierunter auch die auf ungeschriebene (ausschließliche) Annexkompetenzen bzw. auf den Sachzusammenhang gestützten bundesrechtlichen Normierungen wie etwa diejenigen zur Bundespolizei als „Bahnpolizei" (vgl. dazu Art. 73 I Nr. 6a und Art. 74 I Nr. 23 GG). Bundesgesetze zur Gefahrenabwehr, die sich auf eine **konkurrierende Gesetzgebungskompetenz** aus Art. 74 GG zurückführen lassen, sind zu gewissen Teilen die Gewerbe- und die Handwerksordnung, das Vereins-, Aufenthalts-, Lebensmittel- und Bedarfsgegenstände-, Bundeswasserstraßen-, Straßenverkehrs-, Bundesimmissionsschutz- sowie das Kreislaufwirtschaft- und Abfallgesetz, wobei allerdings bestimmte Materien den Ländern überlassen sind (vgl. etwa in Art. 74 I Nr. 11 GG: „ohne"[41]). Ferner gehören hierzu auch die Gesetze, die sich auf ungeschriebene (konkurrierende) Annexkompetenzen bzw. solche aus dem Sachzusammenhang mit der Gefahrenabwehr stützen.[42]

Diese Gesetze werden in aller Regel gemäß Art. 84 GG **durch die Länder** als eigene Angelegenheiten oder nach Art. 85 GG in den enumerativ im GG (so etwa Art. 87d II für das Luftverkehrs- bzw. Art. 89 II 3 GG für das Bundeswasserstraßengesetz) aufgezählten Fällen zumindest im Auftrag des Bundes ausgeführt. Das bedeutet, dass die Länder hierfür grundsätzlich eigene Behörden einrichten und den Vollzug im Einzelnen mit eigenen Ausführungsgesetzen bzw. über Rechtsverordnungen regeln. Anwendbar in Bezug auf das Verwaltungsverfahren ist dann in Ermangelung eines besonderen Verfahrensgesetzes für ein Spezialgebiet das BayVwVfG, da eine bayerische Landesbehörde handelt. Der Bund führt seine Gesetze nur in den wiederum explizit und enumerativ benannten Fällen der Art. 86 ff. GG selbst aus, so z. B. bei der Bundespolizei,[43] beim Bundeskriminalamt und beim Bundesverfassungsschutz. Zu dieser Konstellation der Ausführung von Bundesgesetzen zur Gefahrenabwehr durch Behörden des Bundes gehört übrigens auch noch der Bundestagspräsident nach Art. 40 II 1 GG, wobei zwischen seiner Sit-

---

41 Die auf der Grundlage des Art. 74 GG und des damaligen Art. 75 GG jeweils in der Fassung vor der Föderalismusreform I von 2006 erlassenen Bundesgesetze wie etwa das Gaststätten-, das Versammlungs- (dazu jeweils gleich noch im Text), das Wasserhaushalts- oder das Melderechtsrahmengesetz mit Regelungen zu den nunmehr ausgenommenen Bereichen gelten nach Maßgabe der Art. 125a bzw. 125b GG allerdings bis zum Erlass von entsprechendem Landesrecht (teilweise bis heute in einigen Bundesländern) fort (s. noch Rn. 43).
42 Hierunter könnte man (wenn man nicht schon – wie oben geschehen – das gesamte Gewerberecht als Gefahrenabwehrrecht begreift) etwa die gesonderte Ermächtigungsgrundlage zur Gefahrenabwehr im Gewerberecht in § 51 GewO fassen, wobei diese Norm nach h. M. allerdings dadurch gegenüber dem allgemeinen Polizei- und Sicherheitsrecht nachrangig ist, dass sie eine Entschädigungspflicht begründet; vgl. *BVerwG*, BeckRS 1971, 105951.
43 Zur Geschichte der Bundespolizei *Scheuring*, NVwZ 2005, 903 f.

zungs- (diese bezieht sich auf Störungen „von innen" aus dem Bundestag selbst) und seiner Polizeigewalt (gegen Störungen „von außen") zu differenzieren ist.[44]

## 2. Die bayerischen Gesetze zur Gefahrenabwehr

**42** Die Länder haben die Kompetenz zur Schließung der Lücken, die sich neben den Titeln des Art. 73 GG sowie bei den vom Bund nicht durch den Erlass von Gesetzen genutzten (und damit insoweit ausgefüllten) Kompetenztiteln des Art. 74 GG (vgl. dazu Art. 72 I GG: „solange und soweit") eröffnen. Die betreffenden Rechtsmaterien haben seit der Föderalismusreform I von 2006 zugenommen (so zählen seither etwa auch das Gaststättenrecht – zuvor Art. 74 I Nr. 11 a. F. – und das Versammlungsrecht – zuvor Art. 74 I Nr. 3 a. F.; dazu noch näher Rn. 302 ff.). Die Frage, ob insofern tatsächlich eine solche Lücke vorliegt, ist im Einzelfall allerdings klärungsbedürftig. Das zeigt etwa der Streit um die in einigen Landespolizeigesetzen zeitweise vorgesehene **nachträgliche Sicherungsverwahrung**. Hier wollten die betreffenden Bundesländer eine (angebliche) „Lücke" im Bundesrecht schließen, die sich dann ergebe, wenn ein vermutlich immer noch gefährlicher Straftäter nach der Verbüßung seiner Haftstrafe freigelassen werden muss, weil nicht schon bei seiner Verurteilung seine anschließende Sicherungsverwahrung gemäß §§ 61 Nr. 3, 66 ff. StGB angeordnet worden ist.[45] Hierzu hat das *BVerfG* entschieden, dass der Bund durch die 1998 vorgenommene Änderung der §§ 66 f. StGB den Bereich der repressiven (da im Rahmen des strafrechtlichen Verfahrens verhängten) Sicherungsverwahrung abschließend geregelt habe; er habe den Ländern damit keine „Lücke" mehr für eine Regelung über die von ihnen als präventives Instrument eingestufte nachträgliche Anordnung der Sicherungsverwahrung gelassen.[46]

**43** Weitaus unproblematischer lässt sich die „Lücke" und damit die Gesetzgebungskompetenz der Länder bei den klassischerweise in ihre Regelungsbefugnis fallenden **speziellen Gefahrenabwehrgesetzen** für einzelne Lebensbereiche bejahen. Für Bayern sind hier die Bauordnung, das Schul-, Naturschutz-, Presse-, Denkmalschutz-, Fischerei-, Hochschul-, Forst-, Feiertags-, Brand- und Katastrophenschutz- sowie das Wassergesetz zu nennen. Die in der Föderalismusreform I zu ihren Gunsten veränderte Fassung des Art. 74 I Nr. 11 GG ermöglicht es den Ländern überdies, in den Bereichen des Ladenschlusses, der Gaststätten, der Spielhallen, der Schaustellung von Personen, der Messen, der Ausstellungen und der Märkte eigene Gefahrenabwehrgesetze zu erlassen. Solange (noch) keine Gesetze in diesen Bereichen existieren, gelten allerdings gemäß Art. 125a I 1 GG die jeweiligen bisherigen Gesetze des Bundes fort. Neben diesen Spezialgesetzen gibt es in Bayern (wie in den anderen Bundesländern auch) zur Erfassung von bislang noch nicht geregelten Aspekten der Gefahrenabwehr **allgemeine Polizei- und Gefahrenabwehrgesetze**: das bayerische Polizeiaufgabengesetz (PAG), das bayerische Polizeiorganisationsgesetz (POG) sowie das bayerische Landesstraf- und Verordnungsgesetz (LStVG). Während das PAG vor allem Rechtsvorschriften für das Handeln der Polizei gegenüber den Bürgerinnen und Bürgern enthält, regelt

---

[44] Dazu etwa *Klein*, in: *Dürig/Herzog/Scholz*, GG, Art. 40 Rn. 137 ff.
[45] Zur verfassungsrechtlichen Unbedenklichkeit der bereits im Strafurteil verhängten Sicherungsverwahrung, die im Extremfall ein lebenslanges „Wegsperren" ermöglicht, *BVerfG*, BeckRS 2004, 20561.
[46] Mithin tritt auch an dieser Stelle wieder der Konflikt zwischen präventivem und repressivem Handeln und damit die Frage nach der Einordnung bestimmter Maßnahmen auf. Vgl. BVerfGE 109, 190 ff. (dazu *Gärditz*, NVwZ 2004, 693 ff.). Nach diesem *BVerfG*-Urteil hat dann – von der Gesetzgebungskompetenz her konsequent – der Bund selbst durch § 66b die Lücke im StGB geschlossen. Auch diese Regelung war allerdings im Hinblick auf das Doppelbestrafungs- (Art. 103 III GG) und das Rückwirkungsverbot (hier speziell abgeleitet aus Art. 103 II GG) verfassungsrechtlich nicht unumstritten. Vgl. dazu EGMR, EuGRZ 2010, 25 ff.; *Poseck*, NJW 2004, 2559 (2561). Zu diesem Thema ferner *Kutscha*, NVwZ 2005, 1231 ff. Eine ähnliche Konstellation betrifft die Frage nach der Länderkompetenz für die Gefahrenabwehr bei gewerblicher Lotteriespielvermittlung (vgl. *Pieroth/Görisch*, NVwZ 2005, 1225 ff.) oder die nach der Bundeskompetenz im Kontext des Verbotes zur Einfuhr und Zucht – nicht der Haltung; diese Materie obliegt eindeutig der Regelungsgewalt der Länder – von Kampfhunden (dazu BVerfGE 110, 141 ff.: ein Zuchtverbot dient der Gefahrenabwehr).

das POG grundsätzlich das Innenverhältnis der Polizeibehörde. Das LStVG enthält die Rechts- und Ermächtigungsgrundlagen für das nach außen wirkende Handeln der allgemeinen Sicherheitsbehörden. Zu ihnen gehören nach Art. 6 LStVG die Gemeinden, die Landratsämter, die Regierungen und das Staatsministerium des Inneren.

**44** Bei der Anwendung der genannten bayerischen Gesetze zur Gefahrenabwehr ist aber immer Art. 11 III, 2 IV PAG zum Geltungsbereich dieses Gesetzes zu beachten: Danach besteht ein **Vorrang des spezielleren Gesetzes**. Das bedeutet, dass immer dann, wenn es für eine Rechtsmaterie ein besonderes Bundes- oder Landesgesetz gibt, dieses vorrangig vor dem PAG Anwendung findet. Nur wenn ein solches Spezialgesetz fehlt, ist auf das PAG abzustellen. Daneben kann das PAG aber auch noch ergänzend zur Lückenfüllung neben einem Spezialgesetz herangezogen werden; das gilt etwa, wenn sich dort keine abschließende oder überhaupt keine Regelung zu einer Problematik findet. Regelmäßig wird z. B. in einem Spezialgesetz die Teilfrage nach der im Einzelfall zuständigen Behörde oder zur Verantwortlichkeit („Störer") nicht beantwortet. Dazu ist dann auf das PAG zurückzugreifen. Gleiches gilt für das LStVG, das als allgemeines Sicherheitsrecht nur zum Zuge kommt, wenn keine Spezialmaterie (beispielsweise das Versammlungsrecht) betroffen ist.

**45** Die **Ausführung** aller Landesgesetze und damit auch derer zur Gefahrenabwehr obliegt immer dem jeweiligen Land, das auch die hierfür erforderlichen Behörden einrichtet. Deswegen ist auch klar, dass beim Vollzug bayerischer Gesetze durch bayerische Behörden für das Verwaltungsverfahren immer das BayVwVfG Anwendung findet.

## II. Die Behördenstruktur bei der Gefahrenabwehr

**46** Neben den besonderen Behörden auf Bundes- und Landesebene für den Vollzug einzelner Spezialgesetze gibt es für die Anwendung des bayerischen Polizei- und Sicherheitsrechts nicht nur die unmittelbare staatliche Gefahrenabwehrverwaltung durch die **Polizei**, sondern bestimmte Aufgaben sind auf eigenständige staatliche Körperschaften als Träger der mittelbaren Staatsverwaltung delegiert, so z. B. – je nach ihrer Leistungsfähigkeit – auf die (größeren) Gemeinden und die Landratsämter (zu beachten ist dabei jedoch gerade deren „Januskopf"; dazu noch näher in Rn. 55) als **Sicherheitsbehörden**.

### 1. Die Polizeibehörden

**47** Wann die Polizeibehörden zuständig sind, ist in Art. 2 PAG (dazu schon Rn. 35 ff.) geregelt. Für die Aufgabenabgrenzung gilt zunächst der Vorrang der **speziellen** Zuweisung vor der **allgemeineren** Zuständigkeitsnorm (vgl. etwa **Art. 2 IV PAG** i. V. mit Art. 24 II 1 bzw. 2 BayVersG; wie auch oben in Rn. 44 zum Vorrang des spezielleren Gesetzes). Gibt es keine spezielle Zuständigkeitszuweisung (diese Frage ist daher zuerst zu klären; aus einer solchen Zuweisung folgt dann schon die Zuständigkeit), ist auf die Aufgabeneröffnung nach Art. 2 I PAG und den Subsidiaritätsgrundsatz (Art. 3 PAG; dazu jeweils gleich näher) abzustellen.

**48** Nach **Art. 2 I PAG** ist es Aufgabe der Polizei (wobei nur die Polizei im eingeschränkt-institutionellen Sinn, also die uniformierten Vollzugsbeamten, erfasst ist; vgl. dazu schon Rn. 16), die allgemein oder im Einzelfall bestehenden Gefahren – auf der Ebene der **Aufgabeneröffnung** reicht also eine abstrakte Gefahr – für die öffentliche Sicherheit oder Ordnung abzuwehren.[47] Die Bejahung der Aufgabeneröffnung bedeutet dabei aber noch

---

[47] Vgl. die Ausführungen unten (Rn. 98 ff., 107 ff.) zu den verschiedenen Gefahrbegriffen sowie den Termini der „öffentlichen Sicherheit" und „öffentlichen Ordnung". Es handelt sich um zentrale Begriffe des Polizei- und Sicherheitsrechts, die auch im Rahmen der jeweiligen spezialgesetzlichen Aufgabenzuweisungen relevant werden.

nicht, dass auch die Zuständigkeit der Polizei gegeben ist. Vielmehr muss das Verhältnis zu den Sicherheitsbehörden, deren Aufgabe gleichzeitig auch eröffnet ist, geklärt werden. Nach der Gesetzessystematik ist in der Regel zunächst die Sicherheitsbehörde zuständig. Die Polizei wird erst tätig, soweit die Gefahrenabwehr durch eine andere Behörde nicht oder nicht rechtzeitig möglich erscheint (**Grundsatz der Subsidiarität**; Art. 3 PAG). Maßnahmen der Sicherheitsbehörden schließen widersprechende Maßnahmen der Polizei unabhängig davon, ob die Sicherheitsbehörde vor, nach oder gleichzeitig mit der Polizei (das bleibt insbesondere in einem Eilfall möglich) eine Maßnahme angeordnet hat, aus (so wirkt Art. 10 S. 1 LStVG als Kollisionsregel). Ob zwei Maßnahmen inhaltlich unvereinbar sind, ist dabei durch eine Auslegung im Einzelfall zu ermitteln.[48]

**49** Ein Sonderproblem betrifft die Weisungen: Die Sicherheitsbehörden haben – unabhängig vom Vorliegen der Voraussetzungen des Subsidiaritätsgrundsatzes – gemäß Art. 9 II POG, 10 S. 2 LStVG ein Weisungsrecht gegenüber der Polizei „im polizeilichen Aufgabenbereich" (hiermit ist Art. 2 I PAG gemeint), so dass sich im Fall einer Weisung allein hieraus deren Zuständigkeit ergibt (es erfolgt dann keine Prüfung der Unaufschiebbarkeit gemäß Art. 3 PAG). Die aufgrund der Weisung handelnde Polizei stützt ihre Maßnahme dann allerdings nicht auf das LStVG, sondern allein auf Art. 11 ff. PAG.[49] Weiterhin entfällt das Entschließungsermessen der Polizei, da die Frage nach dem Einschreiten an sich die Sicherheitsbehörde bereits entschieden hat.[50] Die Polizeibehörden selbst sind im Übrigen streng hierarchisch gegliedert, weshalb auch innerhalb dieser Hierarchie Weisungen möglich sind. Die größten Probleme im Zusammenhang mit Weisungen gibt es in rechtlicher Hinsicht hingegen bei den Gemeinden als Sicherheitsbehörden wegen des Schutzes des kommunalen Selbstverwaltungsrechts und der deshalb begrenzten Fachaufsicht (vgl. dazu Art. 115, 116 I 2, 109 II 2 GO) sowie wegen der Mitwirkungsrechte der „Kommunalparlamente". Schließlich ist noch zu beachten, dass ein Rechtsschutz der Bürgerinnen und Bürger gegen eine Weisung selbst nicht möglich ist (es handelt sich mangels Außenwirkung nicht um einen Verwaltungsakt, sondern um ein bloßes Verwaltungsinternum), so dass sie sich auch nur gegen die polizeiliche Maßnahme, nicht aber gegen die Weisung selbst gerichtlich wehren können.

**50** Eine weitere Sondererscheinung ist die **Vollzugshilfe**: Wegen ihrer Häufigkeit ist sie eine eigene Aufgabe der Polizei (vgl. Art. 2 III, 67 ff. PAG) und nicht nur allgemeine Amtshilfe i. S. des Art. 4 II Nr. 2 BayVwVfG (der insoweit überlagert und auch von Art. 67 III PAG mangels „Grundsatzes" nicht „reaktiviert" wird).[51] Dabei geht es jeweils um Amts- und Vollzugshilfe sozusagen „innerhalb" Bayerns, also zwischen bayerischen Behörden, während die Art. 10, 11 POG Sonderregeln für die grenzüberschreitende Hilfe mit Polizeibehörden anderer Bundesländer oder des Bundes treffen. In den Fällen der klassischen Vollzugshilfe hat eine andere Behörde bereits einen Grundverwaltungsakt erlassen (im Gegensatz zu den Weisungen, die in Folge des „Befehls" zum Erlass eigener Grundmaßnahmen der Polizei führen), und es geht nunmehr nur noch um die Vollziehung, wobei regelmäßig unmittelbarer Zwang anzuwenden ist. Problematisch ist dabei vor allem die Frage, wer im Fall von Maßnahmen der Vollzugshilfe **passivlegitimiert** ist (dazu auch schon für die Amtshilfe Art. 7 BayVwVfG, der hier dann über Art. 67 III PAG als „Grundsatz" Anwendung finden kann): Hinsichtlich der Rechtmäßigkeit der Primärmaßnahme und des „Ob" einer möglichen Zwangsanwendung ist grundsätzlich der Träger der ersuchenden Behörde (also z. B. die Gemeinde oder der Landkreis – Letzterer allerdings nur bei der Erfüllung eigener Aufgaben; sonst – etwa bei der Bauaufsicht nach Art. 54, 75 f. BayBO – ist es wiederum der Freistaat) passivlegiti-

---

48 *Heckmann*, in: *Becker/Heckmann/Kempen/Manssen*, 3. Teil, Rn. 483.
49 *Heckmann*, in: *Becker/Heckmann/Kempen/Manssen*, 3. Teil, Rn. 482.
50 *Weber/Köppert*, Rn. 29, auch zum Folgenden.
51 Zur Abgrenzung siehe auch Fall 14 in Teil 2.

miert. Bei der Art und Weise des durchgeführten Zwanges (→ „Wie") ist es hingegen immer der Freistaat Bayern als Träger der Vollzugshilfe leistenden Polizei (Art. 1 II POG). Bei der Amtshilfe mit Außenwirkung gegenüber dem Bürger besteht, was deren jeweilige Rechtmäßigkeit angeht, eine sogenannte Konnexität zwischen den beiden Maßnahmen (s. auch dazu Art. 7 II BayVwVfG). Bei der Vollzugshilfe ist wie bei Vollstreckung (dazu noch unten Rn. 270) demgegenüber keine Konnexität gegeben.

Nach der Frage der sachlichen ist nunmehr noch die der **örtlichen Zuständigkeit** zu klären. Sie ergibt sich aus Art. 3 I POG, wonach die bayerische Polizei (im institutionellen Sinne) immer landesweit zuständig ist. **51**

## 2. Die Sicherheitsbehörden

Die Sicherheitsbehörden, die in Art. 6 LStVG abschließend aufgezählt sind, nehmen die Aufgabe der Gefahrenabwehr sowohl durch **Maßnahmen im Einzelfall** als auch – und hierdurch unterscheiden sie sich maßgeblich von den Polizeibehörden – durch den Erlass von **Rechtsverordnungen** wahr. Die dafür erforderlichen Ermächtigungs- (für Verwaltungs- und Realakte) bzw. Rechtsgrundlagen (für Rechtsverordnungen) und Verfahrensvorschriften enthält in erster Linie das LStVG. Da die Sicherheitsbehörden gerade zur Abwehr von Gefahren berufen sind, ist bei einer Aufgabeneröffnung gemäß Art. 6 LStVG zugleich auch ihre sachliche Zuständigkeit gegeben. In diesem Zusammenhang werden erneut der Begriff der „Gefahr" und die Schutzgüter der „öffentlichen Sicherheit" sowie der „öffentlichen Ordnung" relevant, die unten noch ab Rn. 98 thematisiert werden und insgesamt eine entscheidende Rolle im Polizei- und Sicherheitsrecht spielen. Die Zuständigkeit der Sicherheitsbehörden für den (anschließenden) Vollzug von Rechtsverordnungen ergibt sich im Übrigen aus Art. 43 LStVG. **52**

Die **instanzielle** Zuständigkeit der jeweiligen Sicherheitsbehörde hängt, aufsteigend von der Gemeinde bis zum Staatsministerium, von der „Größe" bzw. Reichweite der Gefahr ab. Grundsätzlich ist es möglich, dass mehrere Sicherheitsbehörden nach Art. 6 LStVG nebeneinander zuständig sind (sogenannte **Mehrfachkompetenz**).[52] Für den Erlass von Rechtsverordnungen ist in Art. 44 LStVG der **Grundsatz der Subsidiarität** geregelt, der nach Maßgabe des *VGH München* auch für den Erlass von Einzelmaßnahmen gelten soll.[53] Vorrangig (und im Regelfall) ist demnach als **unterste Ebene** die Gemeinde zuständig. Hinsichtlich der **Organkompetenz** ist für die Gemeinden insoweit Art. 29 GO maßgeblich (d. h., sofern nicht der Bürgermeister nach Art. 37 GO eigenständig entscheidet, ist der Gemeinderat zuständig), bei den Landratsämtern (für den Landkreis greift hier mangels eigener Aufgabe nicht Art. 22 LKrO), den Regierungen und dem Staatsministerium kommt es auf die behördeninterne Aufgabenverteilung an. **53**

Handelt eine **Gemeinde** als Sicherheitsbehörde, so ist zu unterscheiden, ob sie im **eigenen oder übertragenen Wirkungskreis** tätig wird. Die Gefahrenabwehr fällt mangels „Verwurzelung" in der Gemeinde (es geht vielmehr um ein einheitliches „Sicherheitsniveau" im gesamten Freistaat; vgl. dazu auch Art. 99 BV) regelmäßig nicht unter die Selbstverwaltungsaufgaben in Art. 28 II 1 GG, 11 II 2 BV, so dass die Aufgabe nach Art. 6 LStVG für die Gemeinden grundsätzlich zu den Aufgaben des übertragenen Wirkungskreises gehört. Gleichzeitig ist jedoch zu beachten, dass die beispielhafte Aufzählung in Art. 83 I BV die „örtliche Polizei" – wobei hier der materielle Polizeibegriff gemeint, also auch das Sicherheitsrecht erfasst ist[54] – zu den Aufgaben des eigenen Wirkungskreises der Gemeinden zählt. Die Tätigkeit der Gemeinde als Sicherheitsbehörde ist somit – gleichsam in Ausgleich beider verfassungsrechtlicher Festlegungen – dann ausnahmsweise doch eine Auf- **54**

---

52 *Schmidbauer/Holzner*, Kap. 37, Rn. 1457; *Holzner*, in: Möstl/Schwabenbauer, Art. 6 LStVG Rn. 35.
53 *VGH München*, BayVBl. 1974, 471 ff., zum damals geltenden Art. 5 I 1 AGStPO.
54 *Holzner*, in: Möstl/Schwabenbauer, Art. 6 LStVG Rn. 27.

gabe des eigenen Wirkungskreises, wenn es sich um eine örtlich begrenzte Gefahr handelt, also um eine Gefahr, die aus der Zuwiderhandlung gegen „bewehrtes Ortsrecht" (streitig; es geht dabei um kommunale Satzungen oder im präventiven Bereich zumeist um Rechtsverordnungen, die jedoch wieder eine „überörtliche" Gefahr nur auf der örtlichen Ebene abwehren, indem sie Ordnungswidrigkeitentatbestände aufstellen) resultiert oder deren Auswirkungen nicht über das Gebiet einer Gemeinde hinausreichen.[55] Ein Beispiel für eine örtliche Angelegenheit soll die Obdachlosenfürsorge sein,[56] wohingegen die Anordnung gegenüber einem Hundehalter aufgrund von Art. 18 II LStVG prinzipiell zum übertragenen Wirkungskreis gehört. Da der Hund jedoch auch außerhalb des Gemeindegebietes angetroffen werden und Gefahren verursachen kann, liegt in diesen Fällen zumeist gerade keine ortsbezogene Gefahr vor,[57] es sei denn, es geht um eine, die etwa von einem angeketteten oder sonst immobilen Hund ausgeht. Ähnliche Abgrenzungsfragen stellen sich auch bei anderen örtlich begrenzten Gefahren (so etwa – das war jeweils der Fall in einer Examensklausur – bei den nur wenige Meter fliegenden giftigen Haaren eines gerade auf Eichen „nistenden" Schädlings oder bei den von einem nur im Gemeindegebiet liegenden See ausgehenden Gefahren, dessen „Betreten" nach Art. 26 oder 27 LStVG verboten werden soll).

**55** Geht es um eine Maßnahme des **Landratsamtes**, ist dessen „Janusköpfigkeit" zu beachten und danach zu unterscheiden, ob es als Staats- oder als Kreisbehörde gehandelt hat. Diese Unterscheidung ist wichtig, um den richtigen Klagegegner bestimmen zu können. Agiert das Landratsamt als Kreisbehörde, ist der Landkreis der richtige Klagegegner. Handelt es jedoch als Staatsbehörde, ist der Freistaat Bayern als Rechtsträger der handelnden Staatsbehörde zu verklagen. Art. 6 LStVG weist dabei die Aufgaben der Sicherheitsbehörde den Landratsämtern und nicht den Landkreisen zu. Bereits das spricht zumindest auf den ersten Blick dafür, dass das Landratsamt in diesen Fällen als Staatsbehörde i. S. von Art. 37 I 2 LKrO tätig wird. Die Aufrechterhaltung der öffentlichen Sicherheit und Ordnung ist zudem grundsätzlich eine Aufgabe des Staates, was auch Art. 42 I 2 LStVG für den Erlass von Gefahrenabwehrverordnungen (hier sogar explizit „durch den Landkreis") noch einmal als Regelfall normativ festhält. Etwas anderes gilt nur dann, wenn diese Aufgabe ausdrücklich einem anderen „Pflichtigen" zur eigenverantwortlichen Erfüllung zugewiesen ist, wie eben die in Art. 83 I BV genannten Aufgaben den Gemeinden. Daher handelt das Landratsamt als untere Staatsbehörde nach Art. 37 I 2 LKrO, wenn es um den Erlass von Einzelmaßnahmen aufgrund von Ermächtigungsgrundlagen, die keine Rechtsverordnungen des Landkreises selbst sind, geht.[58] Geht es dagegen um den Vollzug von Gefahrenabwehrverordnungen des Landkreises (Art. 43 Nr. 2 LStVG), agiert das Landratsamt laut h. M. als Kreisbehörde nach Art. 37 I 1 LKrO.[59] Das soll sich daraus ergeben, dass in Art. 42 I 1 LStVG ausdrücklich vom „Landkreis" die Rede ist.

---

55 *Heckmann*, in: Becker/Heckmann/Kempen/Manssen, 3. Teil, Rn. 480.
56 *VGH München*, NVwZ 1994, 716 f.; *Holzner*, in: Möstl/Schwabenbauer, Art. 6 LStVG Rn. 30. Zur örtlichen Zuständigkeit bei Obdachlosenunterbringung vgl. *VGH München*, BeckRS 2019, 19812, mit der Entscheidungsbesprechung von *Waldhoff*, JuS 2020, 380 ff.
57 *VGH München*, BayVBl. 2004, 727 (728); *Holzner*, in: Möstl/Schwabenbauer, Art. 6 LStVG Rn. 26.
58 *Gallwas/Linder*, in: Gallwas/Lindner/Wolff, Kap. 3, Rn. 120.
59 *Holzner*, in: Möstl/Schwabenbauer, Art. 6 LStVG Rn. 33, der darunter auch noch den Verordnungserlass selbst fasst, obwohl der im Text (und von ihm) erwähnte Art. 42 I 2 LStVG an sich den gegenteiligen Schluss nahelegt. Seine Argumentation fußt demgegenüber auf der These, nur wenn das Landratsamt als Kreisbehörde tätig werde, könne es Aufgaben im eigenen bzw. im übertragenen Wirkungskreis nach Art. 5 und 6 LKrO haben. Dabei sei zu beachten, dass das Landratsamt im übertragenen Wirkungskreis zwar „staatliche Aufgaben" wahrnehme (Art. 6 I LKrO), es dabei aber trotzdem Kreisbehörde nach Art. 37 I 1 LKrO und damit auch der Landkreis selbst passivlegitimiert sei. Nur wenn es „rein staatliche Aufgaben" wahrnehme, sei das Landratsamt Staatsbehörde nach Art. 37 I 2 LKrO.

In **örtlicher** Hinsicht dürfen die Sicherheitsbehörden gemäß Art. 3 I Nr. 1 BayVwVfG   **56**
jeweils nur in „ihrem" Gebiet handeln. Bei Verstößen gegen die Vorgaben zur örtlichen
Zuständigkeit – wenn also beispielsweise die „falsche" Gemeinde handelt – ist im Fall
eines Verwaltungsaktes immer die Nichtigkeitsregelung des Art. 44 II Nr. 3 BayVwVfG
zu beachten. Sie betrifft allerdings nur Grundstücke und Rechte an Grundstücken, nicht
z. B. „wild entsorgte" Autowracks. In derartigen Fällen ist dann vielmehr Art. 46
BayVwVfG in den Blick zu nehmen und zu fragen, ob eine andere Sachentscheidung
möglich war (was etwa bei Ermessensverwaltungsakten der Fall ist); dann kommt es
nicht zur Unbeachtlichkeit des betreffenden Fehlers. Zur Vertiefung der Zuständigkeitsfragen folgt nunmehr in Form eines „Lückentextes" **Fall 2:**

### Der Elefant beschädigt ein Auto
Bitte ergänzen Sie im nachfolgenden Text[60] die drei verschiedenen handelnden Behörden und begründen Sie kurz mit den einschlägigen Normen deren Zuständigkeit.
(1) = .................................................................................
(2) = .................................................................................
(3) = .................................................................................
„Die ........................ (1) in der großen bayerischen Stadt N leitete ein
Ordnungswidrigkeitsverfahren gegen Verantwortliche eines Zirkus ein, der zurzeit
ein Gastspiel in der Stadt gibt. Sie hat den Verdacht, dass die Zirkusleitung nicht die
nötigen Vorsichtsmaßnahmen getroffen hat, um Schäden durch das Verhalten eines
Elefanten zu vermeiden.
Am vergangenen Donnerstag gegen 20 Uhr griff nach Schilderung des 36-jährigen
Geschädigten der Elefant Tonga auf einer Wiese neben dem großen Festplatz in N
ein Auto an, in dem er, seine gleichaltrige Frau und seine zweijährige Tochter saßen.
Das Tier schob einen Stoßzahn in das offene Fahrzeugfenster, schüttelte das Auto
durch, durchsuchte es mit seinem Rüssel nach „Fressbarem" und beschädigte es dabei
erheblich. Der Geschädigte bat bei der ........................ (2) um Hilfe,
weil sich der Zirkusdirektor weigerte, ihm seine Personalien anzugeben, die er zur
Regulierung des Schadens an dem Auto, das er sich geborgt hatte, benötigte. Zudem
wurde die ........................ (3) informiert, die bereits in den nächsten
Tagen Maßnahmen zur sichereren Haltung des Elefanten treffen wird."

### Die zuständigen Behörden sind:   **57**
(1) Die **Polizei** (konkret deren Station bzw. Wache in N), denn es geht um die
repressive Tätigkeit der Verfolgung einer Ordnungswidrigkeit, zu der an sich zwar
nach §§ 35 f. OWiG die sachlich zuständige Verwaltungsbehörde berufen ist. § 53
OWiG sieht aus Gründen der Effizienz aber eine Notzuständigkeit nach pflichtgemäßem Ermessen der Polizei vor, das das Verfahren einleitet und dann an die zuständige
Verwaltungsbehörde abgibt. Das war vorliegend auch sinnvoll, weil die Polizisten
ohnehin vor Ort waren – s. unten (2) – und den Sachverhalt ermittelt hatten.
(2) Die **Polizei**. Ziel ist die Feststellung von Personalien, hier in erster Linie zum
Schutz privater Rechte des Geschädigten. Es geht also möglicherweise um ein Eingreifen der Polizeibehörden nach dem PAG in einem Eilfall (konkret nach Art. 13 I
i. V. mit Art. 2 I, 3 PAG). Voraussetzung dafür ist, dass noch eine Gefahr vorliegt und
damit abzuwehren ist und es sich nicht vielmehr um repressive Tätigkeiten handelt.
Die Gefahr, dass das Vermögen des Autofahrers bzw. des Verleihers des Pkw geschädigt wird, wenn der verantwortliche Zirkusdirektor unbekannt „entkommt", besteht
hier noch, also ist ein präventives Agieren der Polizei angezeigt und deswegen das

---
60 Der Fall ist angelehnt an eine Meldung im Sonntag-Morgen-Magazin für Marburg und Gießen vom
11.8.2002, S. 1.

PAG einschlägig. Art. 2 II PAG ist vorliegend mangels anderweitig möglicher Hilfe für den Geschädigten durch die Zivilgerichte (für deren Anrufung er den Schädiger als Klage- oder Antragsgegner nennen können muss) ebenfalls gewahrt und die Polizei darum insgesamt sachlich zuständig.

(3) Die **Stadt N** handelt hier als **Sicherheitsbehörde**, denn es geht um die Abwehr weiterer Gefahren, die von dem Elefanten ausgehen könnten. Dafür ist nach Art. 6 LStVG die Gemeinde (also konkret die Stadt N) zuständig, da jetzt kein sofort von der Polizei zu bearbeitender Eilfall mehr vorliegt. Die Organkompetenz innerhalb der Stadt N könnte vorliegend zwar grundsätzlich der Stadtrat gemäß Art. 29 GO haben, da kein Fall des Art. 37 I 1 Nr. 1 GO vorliegt. Allerdings könnte angesichts der Umstände doch ein Agieren vor der nächsten Stadtratssitzung angezeigt sein, so dass hier der (Ober-)Bürgermeister nach Art. 37 III 1 (i. V. mit Art. 34 I 2) GO zu einer Entscheidung berufen wäre (hätte hingegen auch insoweit wirklich sofort, gleichsam noch am Tag des Geschehens, eine Regelung getroffen werden müssen, wäre nach Art. 2 I, 3 PAG auch dafür die Polizeibehörde zuständig gewesen).

**58** Zur Kontrolle des in § 2 Gelernten dienen nunmehr noch die dazu passenden **Wiederholungsfragen:**

1. Wie sind die Gesetzgebungs- und Verwaltungskompetenzen für das Polizei- und Sicherheitsrecht zwischen dem Bund und den Ländern verteilt?
2. Welche Behördenstruktur gibt es im bayerischen Polizei- und Sicherheitsrecht? Wie ist der Schlüsselbegriff zur Zuständigkeitsabgrenzung zwischen einerseits den Polizei- sowie andererseits den Sicherheitsbehörden zu bestimmen? Welche Probleme treten in diesem Zusammenhang im Hinblick auf Weisungen auf?
3. Was ist der Unterschied zwischen der Amts- und der Vollzugshilfe?
4. Was ist schließlich insoweit zu beachten, wenn eine Gemeinde als Sicherheitsbehörde handelt?

## § 3 Das gefahrenabwehrrechtliche Instrumentarium und der Rechtsschutz dagegen

### I. Das präventive Verbot mit Erlaubnisvorbehalt

**59** Nach der Klärung der Zuständigkeiten im Polizei- und Sicherheitsrecht soll nunmehr der Frage nachgegangen werden, mit welchen Mitteln die Behörden in diesen Rechtsgebieten auf Gefahren, die es abzuwehren gilt, reagieren können. In vielen Spezialgesetzen finden sich zur Verhinderung von Gefahren, die von bestimmten Tätigkeiten typischerweise ausgehen, sogenannte **präventive Verbote mit Erlaubnis- oder Genehmigungsvorbehalt**. Die freie (z. B. gewerbliche oder unternehmerische) Betätigung ist also zunächst einmal präventiv verboten; ihre legale Ausübung bedarf der **Erlaubnis bzw. Genehmigung**, die an näher bestimmte Voraussetzungen geknüpft ist. Dazu gehören etwa die Gaststätten- oder die Fahrerlaubnis und – soweit noch erforderlich – auch die Baugenehmigung.[61] Bei Vorliegen der im Gesetz hierfür aufgestellten Voraussetzungen

---

[61] Da in Bayern immer noch gemäß Art. 125a GG (im Zuge der Föderalismusreform I wurde 2006 den Bundesländern die Gesetzgebungskompetenz für das Gaststättenrecht übertragen; vgl. dazu schon Rn. 42 f.) das GastG des Bundes gilt, ist für das Betreiben einer Gaststätte auch heute noch nach § 2 I GastG eine Erlaubnis erforderlich.

besteht dann in aller Regel ein (sogar auf die Grundrechte, z. B. auf die Berufsfreiheit des Art. 12 I GG oder die Eigentumsfreiheit des Art. 14 I GG, zu stützender) Anspruch auf die Erteilung dieser Genehmigung.[62] Bildlich gesprochen geht mit der Erteilung eine Schranke hoch.[63] Demgegenüber gestattet das seltenere **repressive Verbot mit Dispensvorbehalt** gleichsam (nur) das Überklettern eines (weiterhin bestehenden) Zaunes. Ein Beispiel hierfür ist etwa § 56 I Nr. 1b) und 1d) i. V. mit II 3 GewO, wonach unter anderem der Verkauf von Giften oder Sehhilfen im Reisegewerbe generell verboten ist (daher die Bezeichnung „repressiv") und nur im Einzelfall ausnahmsweise (das heißt also mit einem entsprechenden Ermessen der Behörde) erlaubt werden kann.[64]

Wird eine solche erlaubnispflichtige Betätigung **ohne die benötigte Erlaubnis ausgeübt**, oder werden bei der Ausübung die Grenzen des genehmigten Tuns überschritten, so ergeht eine – sogleich im Rahmen der klassischen Gefahrenabwehr (unten Rn. 61 ff.) näher zu erörternde – **Untersagungsverfügung**. Liegt die Erlaubnis dagegen vor, und werden ihre Grenzen nicht überschritten, muss sie erst durch ihren Widerruf oder ihre Rücknahme beseitigt werden, bevor gegen die nunmehr illegal gewordene Betätigung eingeschritten werden kann. Insoweit ist also die sogenannte **Legalisierungswirkung der Genehmigung** zu beachten, nach der alles, was von der Genehmigung bzw. Erlaubnis gedeckt ist, bis zu deren Beseitigung bzw. Änderung erlaubt ist und deswegen auch im Einzelfall nicht per Verfügung verboten werden darf. Ein anschauliches Beispiel dafür ist die Baugenehmigung, die so im Regelfall während ihrer Existenz ein Einschreiten der Bauaufsicht hindert. Diese dogmatische Struktur gilt grundsätzlich auch für alle anderen vergleichbaren Erlaubnisse und Genehmigungen.

## II. Die gefahrenabwehrrechtlichen Verfügungen und Realakte

### 1. Die gefahrenabwehrrechtlichen Verfügungen

Gibt es für eine Tätigkeit keine solche aufgrund eines präventiven oder repressiven Verbotes erteilte Erlaubnis (mehr) oder werden ihre Grenzen überschritten, kann ein gefährliches oder illegales Verhalten sofort durch eine gefahrenabwehrrechtliche Verfügung untersagt und ein solches Verbot im Nichtbeachtungsfall zwangsweise durchgesetzt werden. Diese Konstellation ist in der von den Gerichten entschiedenen Praxis sogar der **Regelfall**. Denn meistens ergreifen die Sicherheits- und Polizeibehörden zur Erfüllung ihrer Aufgabe bestimmte Maßnahmen gegenüber anderen Rechtssubjekten, die zum Teil spezialgesetzlich geregelt sind (entweder in besonderen Gesetzen oder sogenannten Standardmaßnahmen; dazu unten Rn. 164 ff.), zum Teil aber auch nicht (dann wird auf die sogenannte Generalklausel zurückgegriffen; zu dieser ebenfalls näher unten in Rn. 245 ff.). Wegen der damit in den allermeisten Fällen verbundenen Regelungswirkung gegenüber dem Adressaten handelt es sich bei solchen Maßnahmen der Gefahrenabwehr- und Polizeibehörden regelmäßig um belastende **Verwaltungsakte** nach Art. 35 S. 1 BayVwVfG, die oft mit dem älteren Begriff der „Verfügung" oder des „Bescheides" bezeichnet werden. Deutlich macht das etwa der Schlag mit dem polizeilichen Schlagstock z. B. zur Auflösung einer verbotenen Demonstration als Sofortvollzug nach Art. 70 II PAG (dazu noch im Einzelnen in Rn. 279 ff.), in den die Rechtsprechung ein konkludentes Weggeh- bzw. Duldungsgebot „hineininterpretiert", so dass auch ihm nach h. M. ein Verwaltungsakt innewohnt.[65] Verfügungen bedürfen nach dem im Polizei- und Sicherheitsrecht eminent wichtigen und aus dem Rechtsstaatsprinzip des Art. 20 III GG bzw. Art. 3 I 1 Fall 1 BV abgeleiteten Grundsatz vom **Vorbehalt des**

---

62 S. auch *Hufen*, § 26 Rn. 8.
63 Das Bild stammt von *Korte*, in: *Wolff/Bachof/Stober/Kluth*, § 46 Rn. 41.
64 Vgl. dazu insgesamt näher *Frotscher/Kramer*, Rn. 398 f.
65 So BVerwGE 26, 161 (164). Kritisch dazu *Kingreen/Poscher*, Polizei- und Ordnungsrecht, § 27 Rn. 42 ff. m. w. N.

Gesetzes wegen der mit ihnen verbundenen Rechtseingriffe immer einer **gesetzlichen Ermächtigungsgrundlage**. Im Unterschied zur früheren Rechtslage reicht dafür die Erfüllung der polizeilichen Aufgabe nicht (mehr) aus; es kann also insoweit auch kein bloßer „**Schluss von der Aufgabe auf die Befugnis**" (was bedeuten würde: Die Behörde darf handeln, wenn sie zuständig ist) gezogen werden.

**62** Darüber hinaus unterliegen diese Verfügungen nach dem **Grundsatz der Gesetzmäßigkeit der Verwaltung** den allgemein bekannten Anforderungen an die Rechtmäßigkeit eines Verwaltungsaktes (sogenannter **Vorrang des Gesetzes**, der ebenso wie der Vorbehalt des Gesetzes aus dem Rechtsstaatsprinzip in Art. 20 III GG, 3 I 1 Fall 1 BV folgt). Auf die Rechtmäßigkeitsvoraussetzungen sowie auf einige Besonderheiten aus dem Polizei- und Sicherheitsrecht soll nun mit Hilfe eines Prüfungsschemas hingewiesen werden, das den üblichen (quasi „bundesdeutschen") Prüfungsaufbau deutlich macht (zum abweichenden „bayerischen Aufbau" sogleich in Rn. 63):

I. **Ermächtigungsgrundlage der Verfügung:**
1. Greift ein **Spezialgesetz** ein (es gelten gegebenenfalls das PAG bzw. LStVG ergänzend für die Lückenfüllung)?
2. (Wenn nicht und Problem nicht schon im Rahmen der verwaltungsgerichtlichen Sachentscheidungsvoraussetzungen geprüft wurde:) Ist das PAG (bzw. das LStVG) **anwendbar**, handelt es sich also vor allem bei einer Handlung der doppeltfunktionalen Polizei um ein **präventives** (und nicht um repressives) **Vorgehen** (= abstrakte Gefahr i. S. des Art. 2 I PAG)?
3. (Wenn ja, ist weiter zu prüfen:) Handelt es sich um eine **Standardmaßnahme** nach den Art. 12–65 PAG, 16 ff. LStVG, greift eine **Generalklausel** der Art. 11, 11a PAG, 7 II LStVG, oder handelt es sich insoweit um eine auf das LStVG gestützte **Gefahrenabwehrverordnung** als Ermächtigungsgrundlage der Verfügung?
4. (Wenn Anhaltspunkte dafür ersichtlich sind:) Ist die **Ermächtigungsgrundlage wirksam** (gerade bei Gefahrenabwehrverordnungen ist regelmäßig die Verfassungs- und Rechtmäßigkeit dieser Norm in den Blick zu nehmen; dazu Rn. 73 ff.)?

II. **Formelle Rechtmäßigkeit der Verfügung:**
1. **Zuständigkeit** (sofern keine spezielle Zuweisung eingreift):
   a. **Sachlich:** Wenn und soweit das nicht schon unter I. 2. Geprüft wurde: Liegen eine abstrakte Gefahr für die öffentliche Sicherheit oder Ordnung (→ Art. 2 I PAG) und ein Eilfall vor? Dann sind die Polizeibehörden, sonst regelmäßig die (allgemeinen) Sicherheitsbehörden zuständig (→ Art. 3 PAG, 6 LStVG).
   b. **Örtlich:** Die Polizei ist landesweit zuständig (→ Art. 3 I POG), die Sicherheitsbehörden jeweils für „ihr" Gebiet. Beachtlich ist hierbei die Nichtigkeitsregelung der Art. 44 II Nr. 3, 3 I Nr. 1 BayVwVfG (sie betrifft allerdings nur Grundstücke, nicht z. B. Autowracks, wo dann ein Fall des Art. 46 BayVwVfG vorliegt, wenn etwa die „falsche" Gemeinde handelt → zu klären ist dann für die Beachtlichkeit des Fehlers, ob eine andere Sachentscheidung möglich ist; dazu schon Rn. 56).
   c. **Instanziell:** Ausgangsbehörde ist immer die untere Behörde (aber greift insoweit ein Selbsteintrittsrecht? → Art. 3b BayVwVfG); vgl. Art. 1 III 1, 4–8 POG, 6 LStVG. Fehler hier sind für die Rechtmäßigkeit allerdings irrelevant.
2. **Form:** Art. 37 II–V BayVwVfG (die Verfügungen ergehen oft mündlich oder konkludent). Eine Rechtsbehelfsbelehrungspflicht besteht nicht; es sind in diesen Fällen nur die prozessrechtlichen Folgen des § 58 II VwGO zu beachten.

3. **Verfahren:** Eine Anhörung nach Art. 28 I BayVwVfG ist oft entbehrlich nach Art. 28 II Nr. 1 BayVwVfG (→ Eilfall), oder zumindest kann ihr Fehlen nach Art. 45 I Nr. 3, II BayVwVfG durch Nachholung geheilt werden.

**III. Materielle Rechtmäßigkeit der Verfügung:**
1. Zunächst müssen die Tatbestandsvoraussetzungen der Ermächtigungsgrundlage vorliegen.
2. Ist der Adressat „**Pflichtiger**" (**Störer**) nach Art. 7, 8, 10 PAG bzw. Art. 9 LStVG?
3. **Rechtsfolge:** Regelmäßig (wenn es nicht auf Null reduziert ist) besteht hier ein **Ermessen** (vgl. Art. 5 I PAG). Zu prüfen ist dann vom Gericht (vgl. § 114 S. 1 VwGO), ob der Behörde bei ihrer Entscheidung **Ermessensfehler** (dazu Art. 40 BayVwVfG) hinsichtlich des „Ob" oder des „Wie" ihres Einschreitens unterlaufen sind. In Betracht kommt das vor allem hinsichtlich folgender Aspekte:
   a. Wahrung der **Verhältnismäßigkeit** (Art. 4 PAG, 8 LStVG)
   b. hinreichende **Bestimmtheit** der auferlegten Pflicht (Art. 37 I BayVwVfG, 5 II 1 PAG bzw. Ableitung aus dem Rechtsstaatsprinzip in Art. 20 III GG, 3 I 1 Fall 1 BV)
   c. rechtliche und tatsächliche **Möglichkeit der Pflichterfüllung**
   d. kein Fall des **Art. 5 II 2 PAG**, d. h., der Pflichtige bietet keinen gleichwertigen „Ersatz" für das von ihm verlangte Tun an
   e. richtige **Störerauswahl**
   f. kein **Grundrechts- oder Unionsrechtsverstoß** im Einzelfall (im Unterschied zur abstrakten Prüfung der Ermächtigungsgrundlage unter I. 4.)

Neben dem „bundesdeutschen" Aufbau (Rn. 62) hat sich in Bayern nur für das präventive Handeln der Polizei (also nicht das der Sicherheitsbehörden – der genaue Grund dafür bleibt allerdings etwas im Dunkeln) ein abweichender Prüfungsaufbau entwickelt, der die einzelnen Prüfungspunkte im Wesentlichen identisch behandelt, sie jedoch anders verortet. Beide Varianten sind gleichwertig und können zur Lösung eines polizeirechtlichen Falles verwendet werden; allerdings dürfen sie nicht vermischt werden. Aus „lernökonomischen" Gesichtspunkten bietet sich jedoch der „bundesdeutsche" Prüfungsaufbau an, weil er dem üblichen und bekannten Aufbau des besonderen Verwaltungsrechts folgt und somit zusätzlicher Lernstoff vermieden werden kann. Die Abweichungen und Parallelen zwischen dem bayerischen und dem bundesdeutschen Aufbau sind im Folgenden dargestellt:

„**Bayerischer" Prüfungsaufbau**[66]
*nur bei polizeilichem Handeln (anders der Aufbau dann aber beim Handeln der Sicherheitsbehörde)*

„**Bundesdeutscher" Prüfungsaufbau**
*bei jeglicher Verwaltungshandlung (aber nachfolgend nur auf polizeiliches Handeln bezogen)*
A. **Ermächtigungsgrundlage**
   I. Spezialgesetz (→ Art. 11 III 1 PAG zu dessen Vorrang)
   II. Standardmaßnahme, Art. 12 ff. PAG
   III. Generalklausel, Art. 11 I, II, 11a PAG
   IV. Verfassungs-/Rechtmäßigkeit der Ermächtigungsgrundlage

---
66 Nach *Knemeyer*, Rn. 63 ff.; siehe auch die Anmerkung zum bayerischen Prüfungsaufbau von *Wehr*, Jus 2006, 582 ff., und *Heidebach*, BayVBl. 2010, 170 ff., zum dogmatischen und geschichtlichen Hintergrund des „bayerischen" Aufbaus im Polizeirecht.

A. **Formelle Rechtmäßigkeit**
  I. Handeln der Polizei im eingeschränkt institutionellen Sinn, Art. 1 PAG
  II. Örtliche Zuständigkeit, Art. 3 I POG *dann wohl auch noch:*
  III., IV. Verfahren und Form
B. **Materielle Rechtmäßigkeit**
  I. Polizeiliche Aufgabe, Art. 2 (I), 3 PAG
  II. Befugnis (*wohl:* Tatbestandsvoraussetzungen und Störer)
   1. Spezialgesetz (→ Art. 11 III 1 PAG)
   2. Standardmaßnahme, Art. 12 ff. PAG
   3. Generalklausel, Art. 11 I, II, 11a PAG
  Wo aber ist die Verfassungs-/Rechtmäßigkeit der Ermächtigungsgrundlage „einzubauen"?
  III. Rechtsfolge

B. **Formelle Rechtmäßigkeit**
  I. Zuständigkeit der Polizei
   1. Sachlich, Art. (1), 2 (I), 3 PAG
   2. Örtlich, Art. 3 I POG
  II. Verfahren
  III. Form
C. **Materielle Rechtmäßigkeit**
  I. Tatbestandsvoraussetzungen
  II. Verantwortlichkeit/Störer nach Art. 7, 8, 10 PAG
  III. Rechtsfolge

**64** Näherer Erläuterung bedürfen an dieser Stelle noch einzelne Prüfungspunkte im Rahmen des Ermessens. Dabei ist es wegen der regelmäßigen Grundrechtsrelevanz der Eingriffe im Polizei- und Sicherheitsrecht an sich bereits überraschend, dass das PAG und das LStVG bei den einzelnen Ermächtigungsgrundlagen (und auch nochmals ausdrücklich in Art. 5 PAG) diese **Rechtsfolge** vorsehen. Sie ist aber zur effizienten Gefahrenabwehr erforderlich, denn die Behörden müssen eine gewisse **Flexibilität** bei ihrer Entscheidung haben, ob, wann und wie sie auf eine Gefahr reagieren. Eine starre gesetzliche Rechtsfolge mit z.B. einer Pflicht zur Abwehr der Gefahr in jedem Fall wäre abgesehen von der Frage ihrer Verhältnismäßigkeit und damit ihrer Verfassungsmäßigkeit zum einen auch in der Praxis kaum stets erfüllbar und zum anderen wenig sinnvoll. Hinzu kommt, dass beim Einschreiten der Behörden regelmäßig eine Ungewissheit über die weitere Entwicklung besteht, so dass auch die Subsumtion unter die Tatbestandsmerkmale gerade in der bei einer zwingenden Rechtsfolge gebotenen Genauigkeit nicht immer leichtfiele. Im Polizei- und Sicherheitsrecht gilt damit das sogenannte **Opportunitätsprinzip**, das besagt, dass die Behörde bezüglich ihres Einschreitens im Unterschied zum Legalitätsprinzip im Strafprozessrecht, das die rechtsstaatlich „logische" Konsequenz des staatlichen Anklagemonopols nach § 152 II StPO ist,[67] ein Ermessen nicht nur hinsichtlich des „Wie", sondern auch schon hinsichtlich des „Ob" ihrer Aktionen hat. Im Fall eines Rechtsstreites prüft das Gericht diese Ermessensentscheidungen mit Blick auf den Grundsatz der Gewaltenteilung vor diesem Hintergrund gemäß § 114 S. 1 VwGO i. V. mit Art. 40 BayVwVfG dann nur begrenzt auf im Grunde drei Ermessensfehler:[68]

---

67 Eine Ausnahme hiervon sind nur die sogenannten Privatklagedelikte der §§ 374 ff. StPO.
68 Zur Ermessensfehlerlehre näher *Maurer*, in: *Maurer/Waldhoff*, § 7 Rn. 19 ff. m.w.N. Die Verknüpfung der Fehlerlehre mit den obigen Kriterien erfolgt dergestalt, dass jeweils zunächst wie oben inhaltlich zu prüfen ist und erst beim Auffinden eines Ermessensfehlers dessen „Art" zu bestimmen ist. Nur wenn sich eine solche „Art" nachweisen lässt, liegt ein Ermessensfehler vor; sonst besteht eben (freies) Ermessen.

- den **Ermessensnichtgebrauch** oder Ermessensausfall, bei dem die Behörde gar nicht merkt, dass ihr ein Ermessen zusteht,
- den **Ermessensfehlgebrauch** oder Ermessensmissbrauch, bei dem die Behörde sachfremde Zwecke verfolgt oder bei ihrer Entscheidung auf sachfremde Erwägungen abstellt bzw. sachlich gebotene Erwägungen bzw. Aspekte nicht berücksichtigt, und
- die **Ermessensüberschreitung**. Das ist die Konstellation, bei der die Behörde den Rahmen der einschlägigen Ermächtigungsgrundlage (unter- oder meist) überschreitet und eine von dieser nicht gedeckte Rechtsfolge annimmt.

Ausnahmsweise kein freies Ermessen liegt bei einer sogenannten **Ermessensreduzierung auf Null** (oder angesichts einer verbleibenden Reaktionsmöglichkeit auf Eins) vor. Die ist immer dann anzunehmen, wenn nur noch eine Entscheidung – hier in aller Regel die Entscheidung einzuschreiten – ermessensfehlerfrei ist. So müssen die Sicherheits- und Polizeibehörden trotz des ihnen im Regelfall auch hinsichtlich des „Ob" ihres Handelns zustehenden Ermessens z. B. Maßnahmen ergreifen, wenn und weil das Leben oder die Gesundheit eines Menschen in einer konkreten Situation gefährdet sind. In einem solchen Fall verdichtet sich der heute allgemein bejahte Anspruch eines jeden Menschen auf eine ermessensfehlerfreie Entscheidung der Behörde über ihr Einschreiten zu einem **gebundenen Anspruch auf ein Tätigwerden**. Vor Gericht wird er, wenn ein Verwaltungsakt begehrt wird, mit der Verpflichtungs-, bei einem Realakt mit der Leistungsklage geltend gemacht (näher hierzu bei Rn. 85 ff.). Ohne eine derartige Ermessensreduzierung kann ein polizei- und sicherheitsrechtlicher Verwaltungsakt hingegen nur mittels einer Bescheidungsklage – meist in der Form der sogenannten Versagungsgegenklage (wenn zuvor ein entsprechender Antrag abgelehnt wurde) – eingeklagt werden, die dann auf eine erneute, nunmehr ermessensfehlerfreie Entscheidung der Behörde unter Beachtung der Rechtsauffassung des Gerichts gerichtet ist.[69] Ein „Mittelweg" zwischen dem freien Ermessen und der Ermessensreduzierung auf Null ist schließlich das sogenannte **„intendierte Ermessen"**, bei dem der Gesetzgeber in der Norm von einer bestimmten Rechtsfolge als Regelfall ausgeht, so dass die Behörde nur dann Ermessenserwägungen anstellen muss (um keinen Ermessensnichtgebrauch zu „begehen"), wenn sie von dieser Rechtsfolge abweicht.[70]

Bei der im Rahmen des Ermessens nach Art. 4 PAG, 8 LStVG als Grenze (sonst droht eine Ermessensüberschreitung) zu beachtenden **Verhältnismäßigkeit** ist im Gefahrenabwehrrecht ebenso wie in anderen Teilgebieten des Verwaltungsrechts und im Verfassungsrecht bei der Grundrechtsprüfung (in deren Rahmen als Ermessensgrenze die Verhältnismäßigkeitsprüfung ebenfalls verortet werden soll) zu fragen, ob die getroffene Maßnahme ein legitimes, also von der Verfassung gedecktes, Ziel verfolgt, ob das eingesetzte Mittel zur Erreichung dieses angestrebten Zieles geeignet ist, ob es mildere und dabei gleich effektive Alternativen zum tatsächlich vorgenommenen Tun gibt und ob schließlich die eingetretenen Konsequenzen in einem angemessenen Verhältnis zu dem erstrebten Erfolg stehen. Aus dem verfassungsrechtlich als Teil des Rechtsstaatsprinzips

---

69 Vgl. § 113 V 2 VwGO. Dazu näher *W.-R. Schenke/R. P. Schenke*, in: *Kopp/Schenke*, § 113 Rn. 178 ff. und 212 ff.
70 So wird etwa im Bauordnungsrecht bei Art. 75 f. BayBO ein intendiertes Ermessen der Bauaufsicht beim „Ob" des Einschreitens gegen illegale Vorhaben angenommen. Für das Polizeirecht eher verneinend *Goldhammer*, in: *Möstl/Schwabenbauer*, Art. 5 PAG Rn. 30; anders (ohne nähere Begründung) für das Einschreiten gegen gefährliche Hunde nach Art. 18 LStVG *VGH München*, BeckRS 2019, 3418 Rn. 19; ihm folgend *Schwabenbauer*, in: *Möstl/Schwabenbauer*, Art. 18 LStVG Rn. 204 m. w. N.

in Art. 20 III GG, 3 I 1 Fall 1 BV „abgesicherten" Grundsatz der Verhältnismäßigkeit[71] folgt ferner, dass nach der Erreichung oder der endgültigen Verfehlung des angestrebten Zweckes einer Maßnahme diese in jedem Fall unzulässig wird.

**67** Eine weitere im Rahmen des Ermessens zu prüfende Anforderung an einen polizeilichen oder gefahrenabwehrbehördlichen Verwaltungsakt bzw. Ermessensgrenze ist die **rechtliche und tatsächliche Möglichkeit der Pflichterfüllung**.[72] Das bedeutet, dass in einer Verfügung nichts verlangt werden darf, das den in die Pflicht Genommenen zu einem ihm rechtlich verbotenen oder von ihm tatsächlich nicht erfüllbaren Tun anhält. Sehr gut deutlich wird das am (bauordnungsrechtlichen) Beispiel der Abrissverfügung für ein Haus, das durch seinen baulichen Zustand eine Gefahr darstellt. Ergeht diese Verfügung nur an den Mieter, verpflichtet sie ihn zu einer Handlung, die er nicht erfüllen darf, da er kein (zivilrechtliches) Recht zum Abriss hinter sich weiß, sondern sich vielmehr der Strafdrohung des Unrechtstatbestandes der Sachbeschädigung (§§ 303, 305 StGB) ausgesetzt sieht. Insoweit wäre richtiger Adressat der Verfügung der zum Abriss des Hauses berechtigte Eigentümer.[73] In derartigen Konstellationen tatsächlicher oder rechtlicher Unmöglichkeit tritt dann regelmäßig die Nichtigkeitsfolge des Art. 44 II Nr. 4 bzw. 5 BayVwVfG ein. Anders liegt der Fall demgegenüber, wenn bei einem Verwaltungsakt nur die **Duldungsverfügung** an einen ebenfalls (mit-)berechtigten Dritten fehlt, wenn also im obigen Beispiel nur einer von zwei Miteigentümern zum Abriss verpflichtet wird und der andere überhaupt keinen Bescheid von der Behörde erhält. In diesem Fall ist die Pflichterfüllung für ihn nicht unbedingt rechtlich unmöglich (und deswegen die Verfügung auch weder rechtswidrig noch sogar nichtig). Es besteht nur ein sogenanntes **Vollstreckungshindernis**; der Verwaltungsakt ist also trotzdem rechtmäßig, nur eben ohne den Erlass der Duldungsverfügung nicht vollstreckbar.

**68** Ebenfalls im Zusammenhang mit dem Ermessen und seinen Grenzen ist zu überprüfen, ob eine konkret getroffene Maßnahme nicht **Grundrechte des Betroffenen verletzt** oder **gegen Unionsrecht** verstößt. Dabei ist auf mögliche Grundrechts- und Unionsrechtsverletzungen[74] **im Einzelfall** einzugehen, was insofern wörtlich zu nehmen ist, als an dieser Stelle nur der konkrete Sachverhalt in den Blick genommen wird. Besteht hingegen der Verdacht, dass bereits die Ermächtigungsgrundlage selbst (abstrakt) gegen Grundrechte oder gegen unionsrechtliche Bestimmungen verstoßen könnte, so ist dieser Aspekt im Prüfungsschema oben (Rn. 62) – wie dort erwähnt wurde – schon unter dem Prüfungspunkt I. 4. zu erörtern.

**69** Einen Überblick über die gerichtliche Nachprüfbarkeit unbestimmter Rechtsbegriffe und das Ermessen bietet die folgende Übersicht. Sie differenziert dabei zwischen dem Tatbestand (linke Spalte) und den zwei möglichen „Typen" von Rechtsfolgen: gebundene Entscheidung (mittlere Spalte) bzw. Ermessen (rechte Spalte). Aufgeführt sind

---

71 S. dazu nur *Maurer*, in: *Maurer/Waldhoff*, § 4 Rn. 41. Nach *BVerwG*, DÖV 1971, 857 (858), ist das Prinzip der Verhältnismäßigkeit ein „allgemein anerkannter Grundsatz des Verwaltungsrechts" und damit Gewohnheitsrecht.
72 Fraglich ist dabei vorab, wo dieser Punkt am besten geprüft wird. Der Sache nach wird durch ihn die Auswahlmöglichkeit der Verwaltung bezüglich ihres Vorgehens beschränkt, so dass eine Verortung im Rahmen des Ermessens als passend erscheint (ebenso wie bei der Frage nach der Beachtung der Grundrechte).
73 Dass er sich durch den Abriss gegenüber seinen Mietern möglicherweise zivilrechtswidrig verhält und deshalb schadenersatzpflichtig wird, ist an dieser Stelle ohne Belang. Denn verboten (etwa durch ein Strafgesetz wie §§ 303, 305 StGB) ist ihm der Abriss nicht, so dass auch keine rechtliche Unmöglichkeit der Pflichterfüllung vorliegt.
74 Zu einem möglichen Verstoß gegen Unionsrecht vgl. z. B. *EuGH*, DÖV 2003, 599, hinsichtlich eines ordnungsbehördlichen Vorgehens gegen Wanderarbeitnehmer und dessen Vereinbarkeit mit ihrem Freizügigkeitsrecht aus Art. 45 AEUV (damals noch Art. 39 EGV).

§ 3 Das gefahrenabwehrrechtliche Instrumentarium und der Rechtsschutz dagegen

jeweils gleichsam die Voraussetzungen, der Umfang ihrer gerichtlichen Nachprüfbarkeit und mögliche Ausnahmen sowie zuletzt etwaige zu beachtende Besonderheiten.

| *erst:* Rechtsanwendung (Tatbestand oder Rechtsfolge; s. dazu noch unten) | *dann:* gebundene Entscheidung als Rechtsfolge | *oder:* Ermessensausübung |
|---|---|---|
| 1. „bestimmte" Rechtsbegriffe<br>2. ausfüllungsbedürftige, unbestimmte Rechtsbegriffe | „hat", „ist", … | „kann", „darf", „ist befugt", …<br>**aber:** Art./§ 40 (Bay)VwVfG<br>→ pflichtgemäßes (≠ freies) Ermessen |
| ↓ | ↓ | ↓ |
| **Volle gerichtliche Nachprüfbarkeit**<br>(→ Art. 19 IV GG; Gewaltenteilung und Gesetzmäßigkeitsprinzip) auch bei prognostischen Entscheidungen mit Einschätzungsspielraum (statt „Einschätzungsprärogative", die nur der Gesetzgeber hat) | **Volle gerichtliche Nachprüfbarkeit** | **Beschränkte gerichtliche Prüfung auf Ermessensfehler** (§ 114 S. 1 VwGO)<br>– Ermessensnichtgebrauch<br>– Ermessensfehlgebrauch<br>– Ermessensüberschreitung, dabei z. B. auch die Grundrechte als „Schranke" des Ermessens berücksichtigen, ebenso die Verhältnismäßigkeit usw. |
| **Ausnahmen:**<br>1. Beurteilungsspielraum<br>– Prüfungsentscheidungen und dienstliche Beurteilungen (*BVerfGE* 84, 34 ff. und 59 ff.)<br>– pluralistisch zusammengesetzte Entscheidungsgremien (*BVerwGE* 39, 197 ff.; 77, 75 ff.; 91, 211 ff.; den Beurteilungsspielraum zumindest bei manchen Gremien verneinend neuerdings jedoch *BVerwG*, NJW 2020, 785 ff.)<br>2. untrennbare Koppelungsvorschriften, bei denen bestimmte bzw. unbestimmte Rechtsbegriffe und Ermessen untrennbar verbunden werden bzw. „ineinander übergehen" | **keine** Ausnahmen | **Ausnahme:**<br>Ermessensreduzierung auf Null/Eins |
| **Beachtenswert:**<br>Unbestimmte Rechtsbegriffe gibt es auf der Tatbestands- und der Rechtsfolgenseite. | **Beachtenswert:**<br>Gegebenenfalls besteht ein Anspruch auf das jeweilige Verwaltungshandeln. | **Beachtenswert:**<br>1. Es ist eine Unterscheidung zwischen dem Entschließungs- („Ob") und dem Auswahlermessen („Wie") nötig.<br>2. Ermessen gibt es nur auf der Rechtsfolgenseite. |

## 2. Die gefahrenabwehrrechtlichen Realakte

**70** Neben dem Erlass gefahrenabwehrrechtlicher Verfügungen kommt auch in Betracht, dass die zuständigen Behörden **schlichthoheitlich** mittels eines Realaktes agieren. Solche auf einen bestimmten **tatsächlichen Erfolg** (und eben nicht auf eine Rechtsfolge wie beim Verwaltungsakt[75]) gerichteten Verwaltungshandlungen sind in der täglichen Verwaltungspraxis häufig sogar in der Mehrzahl, sie landen aber viel seltener vor Gericht, da sie regelmäßig Rechte Dritter nicht tangieren. Dazu zählen etwa Streifenfahrten der Polizei oder die unmittelbare Beseitigung einer Gefahr durch die Behörde z. B. mittels des legendären Aufhebens einer Bananenschale, damit niemand auf ihr ausrutscht. Hierher gehören ferner Auskünfte, Hinweise und Warnungen durch die (Polizei-)Behörden, die Auszahlung von Geldbeträgen oder möglicherweise (sofern man nicht beim Einsatz von „Bodycams" darin nicht ein konkludentes Duldungsgebot – vgl. Rn. 61 – sieht) das Anfertigen von Filmaufnahmen.

**71** Auch Realakte, die in (Grund-)Rechte anderer Personen eingreifen, bedürfen einer **Ermächtigungsgrundlage**, denn insoweit gilt ebenfalls der Grundsatz vom **Vorbehalt des Gesetzes**. Sind hingegen keine (Grund-)Rechte Dritter betroffen, genügt mangels der Einschlägigkeit des Vorbehaltes des Gesetzes ausnahmsweise das Vorliegen einer die jeweilige Aufgabe der betreffenden Behörde zuweisende Norm in Verbindung mit einer abstrakten Gefahr (hier ist dann ausnahmsweise – vgl. zum Regelfall schon Rn. 61 – der Schluss von der Aufgabe auf die Befugnis zulässig). Aber selbst ein solcher Realakt darf nach dem im Bereich der Verwaltung uneingeschränkt gültigen Grundsatz vom **Vorrang des Gesetzes** nicht von der unzuständigen Stelle vorgenommen worden sein oder gegen geltendes Recht verstoßen.

## III. Die Gefahrenabwehrverordnungen

**72** Im Unterschied zu einer Verfügung (auch in Gestalt einer Allgemeinverfügung nach Art. 35 S. 2 BayVwVfG) richtet sich eine (im Rang unter dem formellen Parlamentsgesetz stehende) Gefahrenabwehrverordnung zur Regelung einer unbestimmten Zahl von Sachverhalten an eine unbestimmte Personengruppe. Sie ist mit Ge- oder Verboten an potenzielle Störer in einer abstrakt beschriebenen Gefahrensituation adressiert und erfasst mithin **abstrakt-generelle** Fälle. Von formellen Gesetzen unterscheidet sich die Rechtsverordnung dadurch, dass sie nicht vom formellen Bundes- bzw. Landesgesetzgeber, sondern von der Exekutive erlassen wird. Die **Rechtsgrundlagen** für den Verordnungserlass finden sich – sofern keine Spezialbefugnisse nach anderen Bundes- oder Landesgesetzen eingreifen, wie z. B. nach dem IfSG des Bundes oder nach der BayBO, die auch hier vorrangig zu prüfen sind – wiederum für speziell benannte Konstellationen in Art. 16 ff. LStVG. Eine allgemeine Rechtsgrundlage zum Erlass von Verordnungen i. S. einer Generalklausel gibt es in Bayern hingegen nicht. Da heute viele früher nur durch Gefahrenabwehrverordnungen geregelten Konstellationen landeseinheitlich in Spezialgesetzen normiert sind, verliert diese Handlungsform in der Praxis immer mehr an Bedeutung. Allerdings ist die Rechtsverordnung insbesondere in Fällen, in denen ein schnelles und flexibles Tätigwerden erforderlich ist, aufgrund des geringeren Verfahrensaufwandes vorteilhaft, wie sich zuletzt etwa während der Corona-Pandemie gezeigt hat.[76] Abzugrenzen ist die Verordnung von der Allgemeinverfügung nach Art. 35 S. 2 BayVwVfG, die konkrete Situationen mit einem allgemein bestimmten oder zumindest bestimmbaren Adressatenkreis betrifft. Klassische Beispiele hierfür sind etwa Ver-

---

75 Vgl. hierzu nochmals die Legaldefinition eines Verwaltungsaktes in Art. 35 S. 1 BayVwVfG.
76 So insbesondere die in kurzen Zeitabständen an die aktuelle „Corona-Lage" im Freistaat angepassten Bayerischen Infektionsschutzmaßnahmenverordnungen.

kehrzeichen, die einen konkreten Sachverhalt (wenn auch mit einem generellen Adressatenkreis) regeln: Niemand darf an dieser Stelle parken; jeder muss hier anhalten, bevor er in die Kreuzung einfährt, etc. Der „normale" Verwaltungsakt erfasst hingegen regelmäßig konkret-individuelle Fälle, kann aber auch einmal eine abstrakt-individuelle Regelung treffen, wenn z. B. einem Hausbesitzer eine Streupflicht für jeden Zeitpunkt auferlegt wird, zu dem es schneit.[77]

Genauere Vorgaben, die das **Vorgehen beim Erlass von Gefahrenverordnungen** erläutern, finden sich in den Art. 42 ff. LStVG. Wichtig ist hierbei, dass auch bei Rechtsgrundlagen außerhalb des LStVG (vgl. dazu die obigen Beispiele in Rn. 72) üblicherweise mangels vorrangiger Regelungen zum Verfahren in anderen Gesetzen auf die Art. 42 ff. LStVG zurückgegriffen wird. Zur Verdeutlichung des Vorgehens bei der Überprüfung der Rechtmäßigkeit einer Gefahrenverordnung dient die nachfolgende Übersicht: **73**

I. **Rechtsgrundlage**
1. Befugnis aus einem **Spezialgesetz**
2. Befugnis aus **Art. 16 ff. LStVG**
3. **Verfassungs- bzw. Rechtmäßigkeit der Norm** (auch der besonderen Anforderungen etwa aus Art. 55 Nr. 2 S. 2 und 3 BV)

II. **Formelle Rechtmäßigkeit der Verordnung**
1. **Zuständigkeit**
   a. **Sachlich**: Organkompetenz (Art. 42 I 1 bzw. II 1 LStVG) und Verbandskompetenz (Art. 6 LStVG)
   b. **Örtlich**: die Sicherheitsbehörden jeweils für „ihr" Gebiet nach Art. 3 BayVwVfG
2. **Verfahren und Form** (aufgrund der besonderen Klausurrelevanz wird hier als wichtiger Punkt das **Verfahren im Gemeinderat** genannt; für den Kreis- bzw. Bezirkstag finden sich jeweils Parallelvorschriften in der LKrO bzw. der BezO)
   a. Ordnungsgemäßer **Gemeinderatsbeschluss** gemäß Art. 45 ff. GO
   b. **Ausfertigung** nach Art. 26 II 1 GO
   c. Besondere **Formvorgaben** aus Art. 45 II LStVG und bei bewehrten Verordnungen aus Art. 4 I LStVG
   d. **Bekanntmachung** laut Art. 51 I LStVG, 26 II 1, 2 GO
   e. **Inkrafttreten** gemäß Art. 50 I LStVG und **Geltungsdauer** nach Art. 50 II LStVG bei bewehrten Verordnungen

III. **Materielle Rechtmäßigkeit der Verordnung**
1. Vereinbarkeit mit dem **Tatbestand** der Rechtsgrundlage und mit **höherrangigem Recht** nach Art. 45 I LStVG
2. Richtige **Rechtsfolge** (insbesondere beim Ermessen Wahrung der Grundrechte und der Verhältnismäßigkeit)

Nachdem die einschlägige **Rechtsgrundlage** ermittelt worden ist, muss diese zunächst auf ihre formelle und materielle Verfassungsmäßigkeit hin überprüft werden (in Klausuren ist das jedoch in der Regel nur dann angezeigt, wenn entsprechende Hinweise im Sachverhalt enthalten sind). Art. 80 GG mit seinen besonderen Vorgaben für „abgeleitetes Recht" gilt für „reines" Landesrecht nicht (anders aber etwa für eine Verordnungsermächtigung im IfSG); zumindest seinem Rechtsgedanken nach kann jedoch insoweit **74**

---

[77] Ein Merksatz zur Abgrenzung von Verwaltungsakt und Rechtsverordnung ist, dass nur dann, wenn beide Merkmale („abstrakt" und „generell") offen bzw. weit sind, eine Rechtsverordnung vorliegt; sonst ist es immer ein Verwaltungsakt nach Art. 35 S. 1 bzw. 2 BayVwVfG.

auch Art. 55 Nr. 2 S. 2 und 3 BV herangezogen werden; der *BayVerfGH* zieht die Norm dabei trotz ihres etwas unklaren Wortlautes sogar direkt heran.[78] In Bezug auf die hier ebenfalls anzuwendende **„Wesentlichkeitstheorie"** kann es problematisch sein, wenn sehr offen gehaltene Rechtsgrundlagen die Exekutive zu umfangreichen Regelungen in Verordnungsform ermächtigen, ohne dass diese hinsichtlich **Inhalt, Zweck und Ausmaß** konkretisiert werden. Hierbei gab es insbesondere in anderen Bundesländern im Zusammenhang mit dem Halten von Hunden erhebliche rechtliche Schwierigkeiten: Die per Verordnung erlassenen Haltungsverbote und -einschränkungen wurden dort nur auf eine offene Verordnungsermächtigung als Generalklausel (ähnlich zu Art. 11 I PAG) gestützt, weil keine Art. 37, 37a LStVG entsprechende gesetzliche (!) Regelung und kein sonstiger inhaltlicher Anknüpfungspunkt in den jeweiligen Landesgesetzen existierte. Das *BVerwG* hat dazu mehrfach betont, das einschneidende Verbot des Haltens bestimmter Hunderassen bedürfe einer speziellen gesetzlichen Grundlage (die in anderen Bundesländern auch für den Erlass einer Rechtsverordnung grundsätzlich nutzbare Generalklausel reiche insoweit eben gerade nicht aus); ein so erheblicher Rechtseingriff könne nicht allein und erst auf der Ebene der Verordnung erfolgen.[79] Neben der „Wesentlichkeitstheorie" ist bei entsprechendem Anlass hierzu auch noch auf eine mögliche Verletzung sonstigen Verfassungsrechts, insbesondere von **Grundrechten** des GG oder der BV, einzugehen, die sich jedoch häufig erst in der Verordnung selbst konkret „manifestiert". Tritt die Rechtsgrundlage außer Kraft, so folgt aus Art. 48 S. 2, 3 LStVG im Umkehrschluss, dass ihr Wegfall nicht automatisch zur Nichtigkeit der Verordnung, sondern nur zu ihrer Aufhebbarkeit führt.[80] Anders ist das jedoch im Fall der Nichtigerklärung der Rechtsgrundlage, die dann auch die Nichtigkeit der darauf gestützten Rechtsverordnung zu Folge hat. Das lässt sich mit der aus der Nichtigerklärung der Regelung erwachsenden ausdrücklichen Wertung ihrer Unvereinbarkeit mit der Verfassung herleiten.[81]

**75** In **formaler Hinsicht** ist die **sachliche Zuständigkeit** zum Erlass von Rechtsverordnungen hinsichtlich der **Verbandskompetenz** in der Regel ausdrücklich in der Rechtsgrundlage normiert (vgl. Art. 16 ff. LStVG). Ermächtigungsadressaten sind hier mit den Gebietskörperschaften Gemeinde, Landkreis und Bezirk sowie mit dem Ministerium also andere als die „klassischen" Sicherheitsbehörden in Art. 6 LStVG (Gemeinden, Landratsämter, Regierungen oder das Ministerium; vgl. Art. 42 I 1 LStVG; dazu auch schon in Rn. 55). Überdies ergibt sich die Zuständigkeit eines Zweckverbandes für den Verordnungserlass aus Art. 22 II KommZG. Der Erlass von Rechtsverordnungen ist dabei grundsätzlich eine Angelegenheit des übertragenen Wirkungskreises (vgl. Art. 42 I 2 LStVG; auch dazu schon in Rn. 55),[82] was insbesondere dazu führt, dass gemäß

---

78 *BayVerfGH*, Entsch. v. 9.11.2004 – Az.: Vf. 5-VII-03, Rn. 29 (juris).
79 Vgl. *BVerwG*, NVwZ 2003, 95 ff., mit Anm. *Ehlers*, DVBl. 2003, 336 ff.; *BVerwG*, BeckRS 2004, 22322; *VGH München*, BeckRS 2004, 30156 Rn. 4 ff.; *RhPfVerfGH*, NVwZ 2001, 1273 ff.; *OLG Hamm*, NVwZ 2002, 765 f. (zum Bußgeld bei einem Leinenzwang per Hundeverordnung).
80 Anders ist das jedoch beim Außerkrafttreten von gesetzlichen Bußgeldtatbeständen; vgl. dazu Nr. 48.1 der Bekanntmachung des Bayerischen Staatsministeriums des Innern über den Vollzug des Landesstraf- und Verordnungsgesetzes (VollzBekLStVG) vom 8.8.1986 (MABl. S. 361), die zuletzt durch Bekanntmachung vom 5.6.2021 (BayMBl. Nr. 456, Nr. 476) geändert worden ist.
81 Vgl. *Schmidbauer/Holzner*, 42. Kap., Rn. 1564 m. w. N.
82 Problematisch erscheint auf den ersten Blick die Vereinbarkeit des Art. 42 I 2 LStVG mit Art. 83 I BV, der „die örtliche Polizei" ausdrücklich dem eigenen Wirkungskreis der Gemeinden zuordnet. Man könnte diesen scheinbaren Widerspruch auflösen, indem bewehrte Verordnungen in den eigenen Wirkungskreis fielen, sonstige Verordnungen jedoch nicht. Allerdings widerspräche das dem ausdrücklich in Art. 42 I 2 LStVG zutage tretenden Willen des Gesetzgebers. Auch ist der Verordnungserlass anders als der von Satzungen, die als Ausdruck der Autonomie der Gemeinden (Art. 28 II 1 GG, 11 II 2 BV) sind, auf den Grundgedanken der Dezentralisierung staatlicher Gewalt und damit deren Übertragung auf die Gebietskörperschaften zurückzuführen.

Art. 18a I GO ein Bürgerbegehren und ein Bürgerentscheid zum Erlass oder gegen den Erlass einer Verordnung nicht möglich sind. Folge des vorrangig zu beachtenden **Grundsatzes der Subsidiarität** ist, dass die höhere Behörde oder Stelle von ihrer Befugnis nur Gebrauch machen soll, wenn eine einheitliche Regelung für ihren Bereich oder einen Teilbereich erforderlich oder zweckmäßig ist (Art. 44 I 1 LStVG). Allerdings führen Verstöße hiergegen – wie bereits der Wortlaut des Art. 44 I 1 LStVG („soll") zeigt – nicht zur Rechtswidrigkeit der Verordnung, da die Norm insoweit nicht die Zuständigkeit begrenzt.[83] Sind wie beispielsweise im Fall von Art. 26 I 1 LStVG mehrere Gebietskörperschaften Ermächtigungsadressaten, besteht demgegenüber gemäß Art. 44 I 2 LStVG ein „**Vorrang der höheren Ebene**", so dass ähnlich wie bei der konkurrierenden Gesetzgebungskompetenz die niedrigere Ebene (etwa die Gemeinde oder der Landkreis) nur dann eine Gefahrenabwehrverordnung erlassen darf, wenn nicht schon die höhere Ebene (beispielsweise der Landkreis oder der Bezirk) tätig geworden ist.

Hinsichtlich der **örtlichen Zuständigkeit** gilt mangels spezieller Vorgaben Art. 3 BayVwVfG, wobei allerdings auch Art. 44 II LStVG zu beachten ist. Ein Spezialfall der Zuständigkeit besteht schließlich beim Erlass einer Verordnung als zwingendes Erfordernis für das Wohl der Allgemeinheit gemäß Art. 46 LStVG: Wird die an sich zuständige (und gleichsam „pflichtige") Behörde in einem solchen Fall auch nach ihrer Aufforderung durch die Aufsicht hin nicht tätig, so kann die **Rechtsaufsichtsbehörde**, die gemäß Art. 49 LStVG trotz des übertragenen Wirkungskreises (Art. 42 I 2 LStVG; vgl. hierzu nochmals Rn. 55) die allgemeine Aufsicht ausübt, an deren Stelle eine Verordnung erlassen; diese kann auch nur von derselben Behörde bzw. mit deren Zustimmung wieder aufgehoben werden (Art. 46 II LStVG). Das Tätigwerden der Rechts- statt der Fachaufsicht entgegen der Grundregel des Art. 109 GO kann hier damit erklärt werden, dass der Erlass von Verordnungen eine Spezialform behördlichen Tätigwerdens ist, für welche die Grundregeln der Art. 109 ff. GO aus historischen Gründen durch die spezielleren Art. 42 I 2, 46, 49 LStVG verdrängt werden.[84] Gegen die Aufforderung bzw. Beanstandung der Rechtsaufsichtsbehörde steht der beaufsichtigten Behörde Rechtsschutz im Wege der Anfechtungsklage nach § 42 I Fall 1 VwGO zu; ein Vorgehen gegen die „erzwungene" Verordnung kommt für sie dagegen nicht in Betracht (dazu und zum Rechtsschutz der Adressaten einer solchen Verordnung, sei sie von der an sich zuständigen Behörde oder der Rechtsaufsicht erlassen worden, noch näher unten in Rn. 90 ff.).[85]

Weiterhin ist zu prüfen, welches Gremium für den Erlass der Verordnung jeweils zuständig ist (**Organkompetenz**). Innerhalb einer kommunalen Selbstverwaltungskörperschaft ist das gemäß Art. 42 I 1 LStVG immer das jeweilige Kollegialorgan, das diese Zuständigkeit in der Regel auch nicht auf Ausschüsse übertragen darf (vgl. Art. 32 II 2 Nr. 2 GO, 30 Nr. 6 LKrO und 29 Nr. 1 BezO). Nur in dringenden Fällen handelt nicht das Kollegialorgan, sondern gemäß Art. 42 II 1 LStVG der erste Bürgermeister, der Landrat oder der Bezirkstagspräsident bzw. gemäß Art. 26 IV KommZG der Verbandsvorsitzende (dabei geht es dann um eine sogenannte „dringliche Verordnung"; vgl. dazu die Legaldefinition in Art. 42 II 1 LStVG). Im Fall der Missachtung dieser Vorgaben (z. B. wenn der Bürgermeister eine Rechtsverordnung erlässt, obwohl es an der Dringlichkeit fehlt) führt ein Verstoß gegen diese Zuständigkeitsregeln zur formellen Rechtswidrigkeit der Verordnung.[86]

---

[83] *Heckmann*, in: *Becker/Heckmann/Kempen/Manssen*, 3. Teil, Rn. 503.
[84] Vgl. ausführlich *Schmidbauer/Holzner*, 42. Kap., Rn. 1637 f. m.w.N.
[85] *VGH München*, NVwZ-RR 1990, 243 f.
[86] *Heckmann*, in: *Becker/Heckmann/Kempen/Manssen*, 3. Teil, Rn. 504. Die Mitteilungspflicht nach Art. 42 II 2 LStVG ist hingegen als bloße Ordnungsvorschrift zu verstehen. Daher führt ein Verstoß gegen sie nicht zur Rechtswidrigkeit der Verordnung.

**78** Im Rahmen des ordnungsgemäßen **Verfahrens** beim Verordnungserlass ist in der Klausur oft inzident zu prüfen, ob bei der **Beschlussfassung** durch das Kollegialorgan die kommunalrechtlichen Vorgaben beachtet worden sind (etwa die Beschlussfähigkeit und ordnungsgemäße Beschlussfassung nach Art. 47, 51 GO). Mangels speziellerer Regelung erfolgt auch die **formgemäße Ausfertigung** der Verordnung (diese muss aus rechtsstaatlichen Gründen zwingend zeitlich vor ihrer Bekanntmachung stattfinden[87]) nach Maßgabe von Art. 26 II GO, auf den Art. 51 I LStVG für die **Bekanntmachung** verweist. Wichtig ist hierbei, dass die ordnungsgemäße Bekanntmachung in einem Printmedium bei besonderer Dringlichkeit des Verordnungserlasses neuerdings (wie zuletzt während der Corona-Pandemie) laut Art. 51 III 1 LStVG auch allein durch eine Veröffentlichung „im Internet, in Rundfunk oder Medien oder durch geeignete Kommunikationsmittel" ersetzt werden kann. Anders als zuvor muss eine solche Notbekanntmachung auch nicht zwingend unverzüglich nach Art. 51 I, II LStVG a. F. formgemäß wiederholt werden (so noch Art. 51 IV 2 LStVG a. F.), sofern der Wortlaut der Verordnung bereits im Rahmen der Notbekanntmachung „öffentlich und dauerhaft gesichert nachlesbar ist" (so Art. 51 III 2 LStVG). Das wird bei einer Veröffentlichung der Verordnung im Internet regelmäßig der Fall sein.[88] Da es sich insoweit um zwingende Verfahrens- bzw. Formvorschriften handelt, führen Verstöße bei der Ausfertigung und Bekanntmachung zur Unwirksamkeit der Verordnung. Gemäß Art. 50 I LStVG muss in jeder Verordnung überdies der **Zeitpunkt** bestimmt sein, in dem sie in Kraft tritt, was auch eine Reaktion des bayerischen Gesetzgebers auf die Notwendigkeit eines raschen Verordnungserlasses in Situationen wie der Corona-Pandemie darstellt (zuvor traten zumindest bewehrte – dazu sogleich – Verordnungen nach Art. 50 I 1 LStVG a. F. grundsätzlich eine Woche nach ihrer Bekanntmachung in Kraft).[89] Auch ein rückwirkendes **Inkrafttreten** ist denkbar, sofern das mit Vertrauensschutzaspekten in rechtsstaatlicher Hinsicht vereinbar ist.[90] Spätestens an dieser Stelle ist dann aber noch zwischen **bewehrten** und nicht bewehrten **Verordnungen** zu unterscheiden: Eine bewehrte (also bußgeldbedrohte; vgl. für Satzungen die entsprechende Legaldefinition in Art. 24 II 2 GO) Verordnung verfolgt general- und spezialpräventive Zwecke – Letzteres insbesondere auch dadurch, dass aus der Zuwiderhandlung gegen bewehrte Verordnungen Befugnisse aus Art. 7 II Nr. 1 LStVG bzw. Art. 11 II 1 Nr. 1 PAG erwachsen können.[91] Bei bewehrten Verordnungen ist ein rückwirkendes Inkrafttreten wegen Verstoßes gegen Art. 103 II GG verfassungswidrig, da „der Bürger sich darauf verlassen können muss, dass sein dem jeweils geltenden Recht nicht widersprechendes Verhalten auch fürderhin von der Rechtsprechung nicht nachträglich als rechtswidrig qualifiziert" und geahndet wird,[92] was auch für Verwaltungsunrecht gilt.[93] Demgegenüber ist bei nicht bewehrten Verordnungen wiederum zwischen der sogenannten tatbestandlichen Rückanknüpfung (**unechten Rückwirkung**) und der Rückwirkung von Rechtsfolgen (**echten Rückwirkung**) zu differenzieren: Eine echte Rückwirkung erscheint insbesondere bei unmittelbar belastenden Verordnungen kaum in verfassungsgemäßer Art und Weise denkbar; jedoch kann eine tatbestandliche Rückanknüpfung beispielsweise bei einer Verschärfung von Erlaubnisvorbehalten oder Genehmigungsvoraussetzungen innerhalb bestehender Verhältnisse im Einzelfall geboten

---

87 *Weber/Köppert*, Rn. 296 – 299.
88 Hintergrund der Neuregelung ist, dass „eine unnötige Verzögerung bzw. Verfahrenserschwerung für eine rasche Verordnungsgebung" vermieden werden und die aus der „analogen Welt" stammende Altfassung des LStVG an die geänderten Verhältnisse angepasst werden soll; vgl. LT-Drs. 18/7347, 2 f.
89 LT-Drs. 18/7347, 2.
90 *Engelbrecht*, in: Möstl/Schwabenbauer, Art. 50 LStVG Rn. 14.
91 *Schmidbauer/Holzner*, 42. Kap., Rn. 1549 f.
92 *BVerfG*, NJW 1977, 2024 ff.
93 *BVerfG*, NJW 1983, 2757 ff.

und die Rückwirkung unter engen Voraussetzungen insbesondere zu ihrer Verhältnismäßigkeit zulässig sein.[94]

Jede Verordnung „soll" gemäß Art. 45 II LStVG ihre Rechtsgrundlage angeben, wobei angesichts des Wortlautes von Art. 45 II LStVG ein Verstoß hiergegen keine Auswirkungen auf die Rechtmäßigkeit und damit die Wirksamkeit der Verordnung hat. Zwar wird erwogen, dass Art. 80 I 3 GG über das Homogenitätsgebot (Art. 28 I 1 GG) auch auf Landesebene Anwendung finden könnte, obwohl die Vorschrift direkt nur für Bundesverordnungen gilt.[95] Jedoch folgt hieraus für Landesverordnungen nicht, dass die Angabe der Rechtsgrundlage eine Wirksamkeitsvoraussetzung ist; es gibt also kein „scharfes" landesrechtliches **Zitiergebot**.[96] Bezüglich der **Geltungsdauer** ergibt sich im Umkehrschluss zu Art. 50 II LStVG für nicht bewehrte Verordnungen, dass sie grundsätzlich unbegrenzt gelten, wenn in ihnen nichts anderes bestimmt ist. Gemäß Art. 48 S. 1 LStVG gelten die Vorschriften für den Erlass von Verordnungen überdies sinngemäß auch für ihre **Änderung** oder **Aufhebung**, müssen also bei bewehrten wie nicht bewehrten Verordnungen (eben mit der gerade skizzierten Ausnahme beim „Auslaufen" der Geltungsdauer) beachtet werden.

Für **bewehrte Verordnungen** sieht das LStVG darüber hinaus noch eine Reihe von **Sondervorschriften** vor: Zunächst ist das **Zitiergebot** in Art. 4 I LStVG zu beachten, nach dem die Verordnung auf die zugrunde liegende gesetzliche Straf- oder Bußgeldvorschrift verweisen muss. Hintergrund dieser Regelung ist, dass auch bloß materielle Gesetze für den Betroffenen erkennen lassen müssen, auf welcher gesetzlichen Bußgeldvorschrift die jeweilige Sanktion basiert.[97] Das stützt auch Art. 103 II GG, aus dem abgeleitet wird, dass eine Verhaltensweise nur sanktioniert werden kann, wenn sie in einem förmlichen Gesetz oder einer den Voraussetzungen des Art. 80 GG bzw. Art. 55 Nr. 2 S. 2 und 3 BV genügenden Ermächtigung für den Erlass einer Rechtsverordnung festgelegt wird. Bezweckt wird damit einerseits der Schutz der Bürgerinnen und Bürger sowie andererseits ein „Anreiz" zur Selbstkontrolle beim Erlass einer Verordnung für die Behörde. Ein Verstoß gegen Art. 4 I LStVG hat allerdings nicht die Unwirksamkeit der Verordnung zu Folge, sondern nur, dass das jeweilige Verhalten nicht als Ordnungswidrigkeit geahndet werden kann. Hinsichtlich der **Höhe der Geldbuße** ist auf Art. 3 LStVG i. V. mit § 17 OWiG zurückzugreifen. Mit Blick auf das Rückwirkungsverbot ist speziell für bewehrte Verordnungen neben Art. 50 I LStVG (vgl. Rn. 78) für das **Inkrafttreten** noch die Hürde des Art. 50 II 1 LStVG einzuhalten, wonach die Geltungsdauer angegeben werden und diese nicht mehr als 20 Jahre betragen „soll". Ein Verstoß hiergegen hat allerdings wiederum lediglich zur Folge, dass die Geltungsdauer der Verordnung (grundsätzlich) kraft Gesetzes auf 20 Jahre begrenzt ist (Art. 50 II 2 LStVG). Art. 50 II 3 LStVG verweist insoweit für die Fristberechnung auf die §§ 187 ff. BGB.

Inhaltlich bzw. im Hinblick auf ihre **materielle Rechtmäßigkeit** muss zum Erlass einer Gefahrenabwehrverordnung zunächst der **Tatbestand** der jeweiligen Rechtsgrundlage erfüllt sein. Darüber hinaus ist ihre **Vereinbarkeit mit höherrangigem Recht** zu prüfen, was in der Praxis oft einen Klausurschwerpunkt darstellt. Die Verordnung muss dazu insbesondere mit „höherrangigen" (d.h. von einer höheren „Ebene" erlassenen) Gefahrenabwehrverordnungen und mit der übrigen Rechtsordnung im Einklang stehen, wozu neben der „allgemeinen" Vereinbarkeit mit formellem Bundes- und Landesrecht, dem GG und der BV sowie dem EU-Recht insbesondere auch der Gleichheitssatz (Art. 3 I GG, 118 I BV), der Grundsatz der Verhältnismäßigkeit und die hinreichende

---

94 Beispiele aus *Wolff*, in: *Gallwas/Lindner/Wolff*, Kap. 5, Rn. 885.
95 *Weber/Köppert*, Rn. 300.
96 StRspr.; vgl. beispielhaft VGH München, Urt. v. 29.10.2018 – Az.: 14 N 16.1253, Rn. 26 (juris).
97 *OLG München*, NVwZ-RR 1990, 215; *Gerhold*, in: *Graf*, § 1 Rn. 2.

Bestimmtheit als Ausprägungen des Rechtsstaatsprinzips zählen. Die gesonderte Nennung dieser Anforderungen in Art. 45 I LStVG ist daneben trotz der Normenpyramide durchaus sinnvoll, zumal Art. 80 GG, aus dem das für Bundesrechtsverordnungen hergeleitet wird, auf reines Landesrecht eben nicht anwendbar ist,[98] und auch die BV trotz ihrem Art. 55 Nr. 2 S. 2 und 3 dazu keine wirklich eindeutige Regelung trifft. Abgesehen von der geforderten Vereinbarkeit mit „höherrangigen" Gefahrenabwehrverordnungen kann diese Vorgabe jedoch natürlich ebenso gerade auch aus der allgemeingültigen „klassischen" Normenhierarchie gefolgert werden.

## IV. Rechtsschutz gegen gefahrenabwehrrechtliche Maßnahmen

**82** Das Gebot effektiven Rechtsschutzes in **Art. 19 IV GG** gebietet es, dass dem Einzelnen Rechtsschutz gegen gefahrenabwehrrechtliche Maßnahmen zur Verfügung steht. Das ist gerade vor dem Hintergrund praktisch relevant, dass solche Maßnahmen oftmals erhebliche Grundrechtsrelevanz haben (jedenfalls wird ein Eingriff in die Allgemeine Handlungsfreiheit des Art. 2 I GG bzw. 101 BV bei fast jeder Handlungs- oder Duldungsverpflichtung zu bejahen sein), sich gerade polizeiliche Verfügungen regelmäßig sehr schnell erledigen und teilweise zudem heimlich erfolgen, so dass der Betroffene dagegen nicht rechtzeitig Rechtsschutz erlangen kann. Zu unterscheiden ist dabei zwischen dem Rechtsschutz gegen polizeiliche und sicherheitsrechtliche Maßnahmen sowie hierin nach deren Rechtscharakter als Verwaltungs- oder Realakt. Einer weiteren **Differenzierung** bedarf es dann jeweils zwischen dem Schutz gegen bereits ergangene Maßnahmen (was den Normalfall in der Klausurbearbeitung darstellt) – typischerweise bei einem Verwaltungsakt mit der Anfechtungs- oder der Fortsetzungsfeststellungsklage – und dem Rechtsschutz vor dem Ergehen einer solchen Maßnahme, beispielsweise mittels (das ist allerdings selten und kommt nur beim Begehren, dass ein Verwaltungsakt erlassen wird, in Betracht) einer Verpflichtungs- oder einer allgemeinen Leistungsklage, gerichtet auf ein Handeln oder Unterlassen der jeweiligen Behörde z. B. in Form des (Nicht-)Erlasses eines Verwaltungsaktes insbesondere gegenüber Dritten.

### 1. Rechtsschutz gegen polizeiliche Maßnahmen

**83** Ergeht eine polizeiliche Maßnahme, muss immer zunächst (gedanklich) überprüft werden, ob ein **repressives oder ein präventives Tätigwerden** vorliegt (zur Abgrenzung siehe ausführlich Rn. 17 ff.), was in der Klausurbearbeitung regelmäßig bereits bei der Eröffnung des Verwaltungsrechtsweges und dort insbesondere bei der Frage nach der Einschlägigkeit der abdrängenden Sonderzuweisung des § 23 I 1 EGGVG zu klären ist. Doch auch innerhalb des Anwendungsbereiches des PAG kann es zu einer **Rechtswegsspaltung** bzw. zur (teilweisen) Anwendung einer abdrängenden Zuweisung zur ordentlichen Gerichtsbarkeit aufgrund von Art. 96 I und 98 PAG (mit einer Ausnahme bei der „Erledigung" der jeweiligen Maßnahme vor einer Nachholung der richterlichen Entscheidung gemäß Art. 95 III PAG) kommen, weshalb stets genau differenziert werden muss, welche Maßnahmen basierend auf welchen Ermächtigungsgrundlagen im konkreten Fall ergangen sind und angegriffen werden sollen. Wichtig ist in derartigen Konstellationen schließlich auch noch, dass keine „Verklammerung" der Rechtsschutzbegehren und damit der Rechtswege über § 173 S. 1 VwGO i. V. mit **§ 17 II 1 GVG** möglich ist, da ihnen unterschiedliche Maßnahmen und damit Streitgegenstände zugrunde liegen.

---

[98] Dazu schon oben Rn. 74 und 79. Art. 80 GG können insoweit nach h. M. (noch sehr streng gegen die Heranziehung *BVerfG*, NJW 1973, 451 f.; nunmehr geht man hier aber häufig den „Umweg" über das Homogenitätsgebot in Art. 28 I 1 GG; vgl. *Wallrabenstein*, in: *v. Münch/Kunig*, Art. 80 Rn. 5) allenfalls die wesentlichen Grundgedanken zur Gewaltenteilung entnommen werden.

**Beispiel** (entspricht Fall 7 des 2. Teiles): Lorenz W. wird von der Polizei angehalten, 84
und es wird seine Identität überprüft. Da diese nicht geklärt werden kann, wird er im
Anschluss zur Polizeiwache verbracht und dort zur Identitätsfeststellung festgehalten.
Hier kommt es aufgrund von Art. 18, 96 I, 97 V, 98 I, II Nr. 2 PAG zu einer Rechtswegspaltung: Das Anhalten und Überprüfen der Identität kann als präventive Maßnahme der Polizei nur vor dem VG, das Festhalten auf der Wache hingegen wegen
der soeben genannten Normen mit einer abdrängenden Sonderzuweisung nur vor
dem AG überprüft werden. Eine „Verklammerung" erfolgt nicht, auch wenn die
Rechtmäßigkeit der einen Maßnahme möglicherweise von derjenigen der anderen
abhängt (das ist dann die sogenannte „Konnexität"; dazu noch näher in Rn. 283 f.).

Des Weiteren muss bei allen ergangenen Maßnahmen stets unterschieden werden, ob 85
sie **Verwaltungsakte** darstellen oder ob es sich um bloße **Realakte** handelt (das ist
nicht selten umstritten, so beispielsweise bei der unmittelbaren Ausführung nach Art. 9
PAG oder im Rahmen des Vollstreckungsverfahrens jeweils bei der Androhung, Festsetzung und Ausführung von Zwangsmaßnahmen gemäß Art. 70 ff. PAG; dazu noch näher
in Rn. 284 ff.). Werden mehrere unterschiedliche Maßnahmen zugleich angegriffen,
liegt (unabhängig von ihrer Rechtsnatur) eine objektive Klagehäufung nach § 44 VwGO
vor. Aufgrund der häufigen Verwaltungsaktsqualität von polizeilichen Maßnahmen, die
in Rechte der Menschen eingreifen und darum auf deren „Widerstand" stoßen, ist in
diesen Konstellationen zumeist allerdings die **Anfechtungsklage** gemäß § 42 I Fall 1
VwGO die statthafte Klageart.

Typisch für polizeiliche Maßnahmen in der Gestalt von Verwaltungsakten ist gerade 86
aufgrund ihrer häufigen Eilbedürftigkeit jedoch außerdem ihre schnelle und zum Teil
sogar „heimliche" **Erledigung** nach Art. 43 II BayVwVfG (vgl. für die Eilbedürftigkeit
etwa Fall 7 in Teil 2). Um auch in solchen Fällen Rechtsschutz zu gewährleisten, kann
hier – fast prototypisch – sogar noch nach seiner Erledigung mit der **Fortsetzungsfeststellungsklage analog** § 113 I 4 VwGO (die Analogie beruht darauf, dass § 113 I 4
VwGO per se nur Fälle einer Erledigung nach der Klageerhebung erfasst) festgestellt
werden, dass der jeweilige Verwaltungsakt rechtswidrig und rechtsverletzend gewesen
ist. Das nötige Fortsetzungsfeststellungsinteresse i. S. des § 113 I 4 VwGO muss dabei
aber je nach dem Einzelfall mit den gängigen Fallgruppen begründet werden (dazu
noch näher im zweiten Teil bei Fall 7, Rn. 426, und Fall 16, Rn. 570). Kann dagegen
jetzt noch gegen eine Verfügung vorgegangen werden, entfällt bei einem Handeln der
Polizei gemäß § 80 II 1 Nr. 2 VwGO regelmäßig die aufschiebende Wirkung von (Widerspruch und) Anfechtungsklage gegen sie, weswegen hier oft ein **Eilrechtsschutzantrag**
nach § 80 V 1 Fall 1 VwGO, gerichtet auf die Anordnung der aufschiebenden Wirkung,
einschlägig sein wird (ein Beispiel hierzu findet sich im Fall 12 in Teil 2). **Passivlegitimiert** ist bei verwaltungsgerichtlichen Verfahren dieser Art gemäß (oder im Eilrechtsschutz analog) § 78 I Nr. 1 VwGO stets der Freistaat Bayern als Rechtsträger der handelnden Polizei laut Art. 1 POG. Hat der Betroffene den (Verwaltungs-)Rechtsweg
erfolglos erschöpft, oder ist ihm das wegen der besonderen Intensität oder der Heimlichkeit einer Maßnahme nicht möglich oder zumutbar, kommt dann noch eine **Urteils-
bzw. Rechtssatzverfassungsbeschwerde zum BVerfG** nach Art. 93 I Nr. 4a GG, §§ 13
Nr. 8a, 90 ff. BVerfGG, nötigenfalls auch mittels einer einstweiligen Anordnung gemäß
§ 32 BVerfGG, in Betracht (dazu die Fälle 6 und 13 in Teil 2). Alternativ kommen auch
die entsprechenden **Rechtsbehelfe beim BayVerfGH** in Gestalt der Verfassungsbeschwerde nach Art. 66, 120 BV, 2 Nr. 6, 51 ff. VfGHG bzw. der Popularklage nach Art. 98
S. 4 BV, Art. 2 Nr. 7, 55 VfGHG und der darauf bezogene Eilrechtsschutzantrag nach
Art. 26 VfGHG in Frage, sofern in dem jeweiligen Fall bei Einzelmaßnahmen kein
Bundesrecht dergestalt „involviert" ist, dass gemäß Art. 51 II 1 VfGHG grundsätzlich

der Rechtsweg bis zum BVerwG erschöpft werden muss und dann nur noch das BVerfG angerufen werden kann (vgl. insoweit exemplarisch zur Popularklage im zweiten Teil die Fälle 13 und 18).

**87** Vom Rechtsschutz gegen Primärmaßnahmen und deren Vollstreckung ist die Konstellation zu unterscheiden, in der die Polizei im Anschluss an ihr Tätigwerden einen **Kostenbescheid** dafür als Verwaltungsakt erlässt. Bei einer Anfechtungsklage gegen ihn entfällt dann nämlich mangels einer unaufschiebbaren Maßnahme nicht wie sonst beim polizeilichen Handeln (vgl. Rn. 86) deren aufschiebende Wirkung (vgl. § 80 I 1 VwGO), weshalb regelmäßig kein Eilrechtsschutz vonnöten sein wird (dazu Fall 10 in Teil 2). Es kann andererseits auch dem Einzelnen aufgrund einer polizeilichen Maßnahme ein (Vermögens-)Schaden entstehen, weshalb sich in Art. 87 I–III PAG spezielle **Entschädigungsansprüche** finden, über die eine Kompensation erlangt werden kann (hierbei ist wieder die besondere Rechtswegzuweisung in Art. 90 I PAG zu beachten). Daneben können **staatshaftungsrechtliche Schadenersatzansprüche** einschlägig sein, so bei der (allerdings hier nun zusätzlich erforderlich: schuldhaften) Verletzung einer drittgerichteten Amtspflicht besonders der Amtshaftungsanspruch nach § 839 I 1 BGB i. V. mit Art. 34 S. 1 GG (ergänzend kann auch noch Art. 97 S. 1 BV zitiert werden, wobei allerdings die Gesetzgebungskompetenz des Freistaates hierfür teilweise in Abrede gestellt wird), der dabei jedoch laut Art. 34 S. 3 GG (ebenso Art. 97 S. 3 BV) wieder zu den ordentlichen Gerichten abgedrängt ist.

**88** Von Obigem zu unterscheiden (dazu schon Rn. 82) ist die Frage, in welchen Fällen ein **Anspruch** für den oder die Einzelne(n) **auf ein polizeiliches Tätigwerden oder Unterlassen** bestehen kann. Statthaft können hierfür die Verpflichtungsklage nach § 42 I Fall 2 VwGO sowie die allgemeine Leistungsklage (ihre „Existenz" wird aus ihrer Erwähnung in §§ 43 II, 111, 113 IV VwGO abgeleitet) sein, bei besonderer Eilbedürftigkeit jeweils in Form einer Sicherungs- oder Regelungsanordnung nach § 123 I 1 bzw. 2 VwGO. Die Verwaltungsgerichtsbarkeit ist allerdings grundsätzlich auf einen nachträglichen bzw. „nachgängigen" Rechtsschutz ausgerichtet, weshalb das Unterlassen einer Maßnahme mit der vorbeugenden Unterlassungsklage als einem Unterfall der allgemeinen Leistungsklage nur dann verlangt werden kann, wenn dem Betroffenen mit der Maßnahme ein irreversibler Nachteil entstünde.[99] Auch ein **polizeiliches Einschreiten gegenüber einem Dritten** kann mit der Verpflichtungs- (wenn es um einen Verwaltungsakt gegen den Dritten geht) bzw. der allgemeinen Leistungsklage (zu Realakten auch noch in Rn. 89) nicht stets verlangt werden, was sich im Übrigen bereits aus Art. 2 II PAG (dazu schon in Rn. 36) schließen lässt. Anders ist das nur dann, wenn die polizeiliche Befugnis selbst einen drittschützenden Charakter aufweist, was gegeben ist, wenn die in Rede stehende Norm nicht nur die Allgemeinheit, sondern gerade auch spezifische (i. S. von dort genannte, also in ihrem Normtext „anklingende") Einzelpersonen schützen soll. Regelmäßig folgt hieraus dann jedoch nur ein Anspruch auf eine ermessensfehlerfreie Entscheidung hinsichtlich des Einschreitens und nur in Ausnahmefällen bzw. bei einer Ermessensreduzierung auf Null ein Anspruch auf das Einschreiten an sich.[100]

**89** Ein letzter Sonderfall betrifft den **Rechtsschutz gegen Realakte**. Da es hier gerade nicht um die Aufhebung bzw. um den Erlass eines Verwaltungsaktes geht, erfolgt er über die **allgemeine Leistungsklage**. Sie kann etwa auf ein Einschreiten der Polizei mittels eines Realaktes (dazu schon Rn. 88) oder auf die Unterlassung einer behördli-

---

99 *OVG Münster*, NJW 1984, 1642 ff.
100 Ausführlich hierzu *Möstl*, in: *Möstl/Schwabenbauer*, Vorbemerkung PAG Rn. 24; s. auch *BVerwG*, NJW 1961, 793 ff.

chen Warnung gerichtet sein.[101] Denkbar ist in bestimmten Konstellationen insoweit aber auch eine Feststellungs- oder sogar eine („klassisch" zivilrechtliche, etwa auf einen Anspruch aus Amtshaftung gestützte) Schadenersatzklage,[102] denn es bedarf hier nicht der vorrangigen Kassation eines das Behördenverhalten tragenden Verwaltungsaktes mittels der Anfechtungsklage. Die Feststellungsklage passt ferner auf die Feststellung der Rechtswidrigkeit bereits erledigter Realakte (hier gelten in Bezug auf das nötige besondere Feststellungsinteresse dann in etwa dieselben Anforderungen wie bei einer Fortsetzungsfeststellungsklage nach § 113 I 4 VwGO; dazu schon Rn. 86).

### 2. Rechtsschutz gegen sicherheitsbehördliche Maßnahmen

Im Rahmen des Rechtsschutzes gegen sicherheitsbehördliche Maßnahmen ist zwischen **Einzelmaßnahmen** (als Verwaltungs- oder Realakt) und **Gefahrenabwehrverordnungen** zu differenzieren. Für **Einzelmaßnahmen** kann im Wesentlichen auf obige Ausführungen zu den polizeilichen Maßnahmen verwiesen werden, wenn auch im Fall des sicherheitsbehördlichen Tätigwerdens weniger oft Eilkonstellationen einschlägig sein werden (ausgeschlossen ist das jedoch nicht; in Eilfällen besteht vielmehr eine parallele Zuständigkeit von Polizei- und Sicherheitsbehörden; vgl. dazu schon Rn. 48, auch zu einer „Kollisionsregel" bei sich widersprechenden Maßnahmen). Falls Eilrechtsschutz gegen Verwaltungsakte der Sicherheitsbehörden gesucht wird, so ist zu beachten, dass die aufschiebende Wirkung von (Widerspruch und) Anfechtungsklage nicht schon gemäß § 80 II 1 Nr. 2 VwGO, häufig aber nach § 80 II 1 Nr. 4 VwGO wegen einer Anordnung der sofortigen Vollziehung entfällt. In solchen Fällen ist ein Antrag auf die Wiederherstellung der aufschiebenden Wirkung gemäß § 80 V 1 Fall 2 VwGO statthaft (ein Beispiel dafür bildet Fall 5 in Teil 2).

**Gefahrenabwehrverordnungen** können auf mehreren Wegen rechtlich überprüft werden:
- entweder direkt nach §§ 47 I Nr. 2 VwGO, Art. 4 S. 1 AGVwGO mittels eines **Normenkontrollverfahrens** beim VGH
- oder mittels einer **Popularklage** nach Art. 98 S. 4 BV, 2 Nr. 7, 55 VfGHG beim BayVerfGH (die auch denkbare Bayerische Verfassungsbeschwerde laut Art. 66, 120 BV, 2 Nr. 6, 51 ff. VfGHG ist nach h. M. nachrangig); dazu noch in Rn. 93
- oder bei einem auf die Verordnung gestützten weiteren Rechtsakt **inzident** mit dessen – bei einem Verwaltungsakt – Anfechtung bzw. Überprüfung vor dem VG oder vor den ordentlichen Gerichten.[103]

Im Rahmen der **Sachentscheidungsvoraussetzungen** eines **Normenkontrollantrages** ist nach der Feststellung der Eröffnung des Verwaltungsrechtsweges – wobei umstritten ist, ob direkt § 40 I 1 VwGO oder § 47 I VwGO („im Rahmen seiner Gerichtsbarkeit") i. V. mit § 40 I 1 VwGO zu prüfen ist – bei der Statthaftigkeit auf § 47 I Nr. 2 VwGO, Art. 4 S. 1 AGVwGO einzugehen. Zuständig ist gemäß §§ 47 I, 184 VwGO, Art. 1 I AGVwGO insoweit der VGH München. Die Antragsbefugnis und -frist sowie die Beteiligtenfähigkeit (Antragsberechtigung) lassen sich § 47 II 1 VwGO entnehmen, wobei über den Wortlaut dieser Norm hinaus zu beachten ist, dass zur Vermeidung eines Missbrauches auch für Behörden eine „Befugnis" dahingehend gefordert wird, dass sie zumindest die von ihnen angegriffene Norm bei ihrer Aufgabenwahrnehmung zu be-

---
101  S. dazu in Bezug auf die Warnung vor einer bestimmten Sekte *BVerfG*, NJW 1989, 3269 ff.; *BVerwGE* 82, 76 ff.; *VGH Mannheim*, NVwZ 1989, 279 ff.
102  So etwa bei der Warnung vor angeblich verdorbenen Teigwaren; dazu *OLG Stuttgart*, NJW 1990, 2690 ff.
103  Vor die ordentlichen Gerichte kann ein solcher Rechtsstreit beispielsweise aufgrund der abdrängenden Sonderzuweisung des § 68 I OWiG gelangen, wonach über den Einspruch gegen einen Bußgeldbescheid bei einer Nichtabhilfe durch die Verwaltungsbehörde von dem örtlich zuständigen AG zu entscheiden ist.

achten haben.[104] Im Rahmen der **Begründetheit** ist in Bayern zunächst auf die Passivlegitimation einzugehen, die für das Normenkontrollverfahren speziell in § 47 II 2 VwGO geregelt ist (§ 78 I Nr. 1 VwGO gilt hingegen direkt nur für die Anfechtungs- und Verpflichtungsklage, wie zudem auch die Überschrift der §§ 68 ff. VwGO zeigt). Probleme können sich hierbei in der Konstellation ergeben, dass eine im Weg der „Ersatzvornahme" nach Art. 46 LStVG erlassene Gefahrenabwehrverordnung angegriffen wird. Während man mit der Wertung, die Verordnung sei auch in einem solchen Fall der beaufsichtigten Behörde zuzurechnen, deren Passivlegitimation annehmen könnte,[105] erscheint es als wenig überzeugend, dass diese Behörde damit einen Rechtsakt „verteidigen" müsste, den sie gar nicht erlassen wollte. Überzeugender mutet es somit an, die Rechtsaufsichtsbehörde, von der die Verordnung herrührt, als Antragsgegnerin zu erachten.[106] Allerdings könnte dieses Handeln der Aufsicht für den „klagenden" Bürger als Außenstehenden gar nicht erkennbar sein, so dass in diesem Fall dem Bürger die Wahl des falschen Passivlegitimierten nicht zum Nachteil gereichen sollte. Als weiteres Argument dafür, dass Verordnungen auch bei ihrem Erlass durch die Aufsichtsbehörde der eigentlich zuständigen Behörde zugerechnet werden, wird außerdem noch angeführt, Art. 46 II LStVG wäre andernfalls obsolet.[107] Bei der weiteren Prüfung der Begründetheit ist dann ferner zu beachten, dass der Prüfungsmaßstab des VGH gemäß § 47 III VwGO nicht die Vereinbarkeit der Verordnung mit der BV umfasst, da hierfür ausschließlich mittels einer Popularklage nach Art. 98 S. 4 BV vor dem BayVerfGH um Rechtsschutz nachgesucht werden kann.[108]

**93** Vor dem BayVerfGH können Gefahrenabwehrverordnungen folglich ebenfalls überprüft werden, in diesem Fall aber nur bezüglich ihrer Vereinbarkeit mit der BV, wobei eine **Popularklage** laut Art. 98 S. 4 BV, 2 Nr. 7, 55 VfGHG vorrangig ist. Wegen des „Wesens" einer Verordnung als Maßnahme der Exekutive wäre zwar eine Bayerische Verfassungsbeschwerde gemäß Art. 66, 120 BV, 2 Nr. 6, 51 ff. VfGHG ebenfalls denkbar. Der Vorrang der Popularklage folgt in diesem Fall nach h. M. jedoch aus Art. 3 III 1 VfGHG und der Gerichtsbesetzung in diesem Verfahren mit acht statt drei Berufsrichtern laut Art. 3 II 1 Nr. 2 und 3 VfGHG.

**94** Im Rahmen der **Zulässigkeit der Popularklage** ergibt sich die Zuständigkeit des BayVerfGH aus Art. 98 S. 4 BV, 2 Nr. 7 VfGHG. Klageberechtigt ist gemäß Art. 55 I 1 VfGHG „jedermann" – bei natürlichen Personen gilt das unabhängig von der Staatsangehörigkeit, selbst wenn sie in Bayern keinen Wohnsitz haben und auch sonst zum Freistaat Bayern nicht in konkreten Rechtsbeziehungen stehen. Diese weite Auslegung erklärt sich mit dem Sinn und Zweck der Popularklage, die Grundrechte der BV und allgemein die BV möglichst umfassend zu schützen. Die Partei- und Prozessfähigkeit eines „Popularklägers" beurteilt sich nach Art. 30 I VfGHG i. V. mit §§ 61, 62 VwGO. Klagegegenstand können gemäß Art. 55 I 1 VfGHG alle Normen des bayerischen Landesrechts („eine Rechtsvorschrift des bayerischen Landesrechts") sein. Dazu zählen formelle wie materielle vor- und nachkonstitutionelle Gesetze des bayerischen Landesrechts. Die Klagebefugnis setzt keine eigene Beschwer des Klägers voraus. Die Popularklage ist eben vielmehr ein objektives Verfahren zum Schutz der BV und vor allem ihrer Grundrechte. Laut Art. 98 S. 4 BV, 55 I 2 VfGHG muss der Kläger aber darlegen, dass die Möglichkeit der Verletzung eines (nicht: seines) durch die BV gewährten (Grund-)Rechts besteht. Das bedeutet, er muss nicht „selbst" betroffen sein, wie es in der qualifizierten Beschwer bei der Bundesverfassungsbeschwerde gefordert wird. Die

---

104 Vgl. *BVerwG*, BeckRS 2019, 19042, Rn. 7 m. w. N.
105 So *Engelbrecht*, in: *Möstl/Schwabenbauer*, Art. 46 LStVG Rn. 11.
106 *Weber/Köppert*, Rn. 302.
107 *Heckmann*, in: *Becker/Heckmann/Kempen/Manssen*, 3. Teil, Rn. 507.
108 *BayVerfGH*, Urt. v. 3.11.1983 – Az.: Vf. 16-VII-78 (juris).

beiden weiteren von dort bekannten Merkmale der „gegenwärtigen" und „unmittelbaren" Beschwer bzw. Betroffenheit spielen hier zumeist ebenso wenig eine Rolle;[109] es geht in der Sache vielmehr um eine Art „abstrakte Normenkontrolle" (des einzelnen Menschen). Die Popularklage bedarf gemäß Art. 14 I VfGHG der Schriftform. An die Substanziierung des Klagevortrages sind dabei allerdings laut Art. 55 I 2 VfGHG einige Anforderungen zu stellen. So muss die Klageschrift die beanstandete Rechtsnorm sowie das verletzte Grundrecht möglichst unter Angabe der verletzten Verfassungsvorschrift eindeutig bezeichnen und erkennen lassen, inwiefern eine Grundrechtsverletzung vorliegt. Außerdem muss aufgezeigt werden, ob es der vorgetragene Sachverhalt als möglich erscheinen lässt, dass der Schutzbereich der als verletzt gerügten (Grund-)Rechtsnorm berührt wird. Eine Klagefrist ist bei der Popularklage hingegen – mit Blick auf ihren erwähnten Schutzzweck konsequent – nicht vorgesehen.[110] Bei der Prüfung ihrer **Begründetheit** ist dann auf mögliche Verstöße gegen die BV einzugehen. Ist eine Popularklage in zulässiger Weise erhoben worden, prüft der BayVerfGH die angegriffenen Vorschriften anhand aller einschlägigen Normen der BV, auch soweit diese – wie beispielsweise das Rechtsstaatsprinzip (Art. 3 I 1 Fall 1 BV) – keine Grundrechte verbürgen.[111]

Die weitere Möglichkeit einer **Inzidentprüfung von Rechtsverordnungen** beruht darauf, dass es für diese anders als für formelle Gesetze (vgl. dazu Art. 100 I GG) kein sogenanntes Verwerfungsmonopol gibt, das die Prüfung derselben auf ihre Vereinbarkeit mit höherem Recht allein bei einem (Verfassungs oder Verwaltungs-)Gericht zentralisiert. Deshalb kann etwa auch ein ordentliches (Amts-)Gericht in einem Bußgeldverfahren über die Rechtmäßigkeit einer Gefahrenabwehrverordnung entscheiden. Allerdings kommt diesem Richterspruch dann im Unterschied zu einer Entscheidung des BVerfG nach §§ 82 I, 78 S. 1 BVerfGG, des BayVerfGH (vgl. Art. 98 S. 4 BV, 25 VII VfGHG) oder zu einem Urteil des VGH im Normenkontrollverfahren nach §§ 47 V 2, 183 VwGO nur eine Rechtskraftwirkung zwischen den Prozessbeteiligten, also „inter partes", und nicht allgemein („erga omnes") zu.

Die **Wiederholungsfragen** zu § 3 lauten:

1. Warum bedarf jede gefahrenabwehrrechtliche Verfügung einer Ermächtigungsgrundlage?
2. Welche Voraussetzungen bestehen für die Rechtmäßigkeit einer solchen Verfügung?
3. Welcher wichtige Verfahrensgrundsatz gilt im Polizei- und Sicherheitsrecht, welcher im Strafprozessrecht?
4. Welche Arten von Ermessensfehlern gibt es, und was kennzeichnet sie jeweils?
5. Was ist eine Ermessensreduzierung auf Null (oder Eins)?
6. Bedarf auch jeder Realakt einer Ermächtigungsgrundlage?

---

109 Bei „erledigten" Normen verneint der *BayVerfGH* allerdings regelmäßig zumindest das Rechtsschutzbedürfnis, wenn „auszuschließen ist, dass sie noch von Bedeutung sind, wenn also ein objektives Interesse an der verfassungsgerichtlichen Überprüfung besteht" (so zuletzt *BayVerfGH*, Entsch. v. 9.2.2021 – Az.: Vf. 6-VII-20, im Kontext von „Corona-Verordnungen", bei denen regelmäßig eine Art „Wiederholungsgefahr" angenommen wurde).
110 Das folgt aus dem Zweck der Popularklage. Ob der Punkt erwähnt wird (→ an sich gilt gleichsam das Motto: „Der Aufbau ist nicht zu begründen"), ist eher eine „Geschmacksfrage".
111 Vgl. *BayVerfGH*, NVwZ-RR 2018, 457 ff., Rn. 70; BeckRS 2005, 148794; BeckRS 2018, 2122, Rn. 38. Der Prüfungsumfang wird damit aber über das Rechtsstaatsprinzip aber recht weit. So kann insbesondere auch die einfachrechtliche Frage untersucht werden, ob eine Verordnung den Rahmen ihrer Rechtsgrundlage wahrt. Zum parallelen „Trick" bei der abstrakten Normenkontrolle nach Art. 93 I Nr. 2 GG (dort wird dieser Punkt vom *BVerfG* als „Vorfrage" bezeichnet) *BVerfG*, BeckRS 1999, 21881; dazu *Sachs*, JuS 2000, 398 f.; *Kramer*, JuS 2001, 962 (963 ff.); *Tillmanns*, NVwZ 2002, 1466 ff.

7. Wie werden Rechtsverordnungen, Allgemeinverfügungen und „normale" Verwaltungsakte voneinander abgegrenzt?
8. Welche inhaltlichen Grenzen bestehen für Gefahrenabwehrverordnungen?
9. Welche Gerichte können in welchen Verfahren Gefahrenabwehrverordnungen überprüfen?
10. Auf welchen prozessualen Wegen kann gegen Einzelmaßnahmen der Polizei- und Sicherheitsbehörden vorgegangen werden?

## § 4 Die polizeilichen Schutzgüter und die verschiedenen Gefahrbegriffe

**97** Ein wichtiges Kennzeichen des Polizei- und Sicherheitsrechts als Gefahrenabwehrrecht ist das Fehlen bereits eingetretener tatbestandsmäßiger Schäden bzw. Rechtsgutsverletzungen, die (jedenfalls bei den vollendeten Delikten) das Strafrecht prägen. Hier steht damit das präventive Moment, das sich auf den **drohenden Schaden** bzw. die **drohende Rechtsgutsverletzung**, mit anderen Worten auf die Gefahr bezieht, im Vordergrund. Fraglich ist nun zum einen, wem bzw. welchem Rechts- oder Schutzgut diese Gefahr drohen kann, und zum anderen, was für eine Art von Gefahr vorliegen muss, damit entsprechende Maßnahmen zu ihrer Abwehr ergriffen werden können. Für die Schutzgüter sind dabei die Schlagwörter der „öffentlichen Sicherheit und Ordnung"[112] kennzeichnend. Im Rahmen der Prüfung, ob eine Gefahr vorliegt, ist sodann zwischen mehreren Gefahrbegriffen zu unterscheiden.

### I. Das Schutzgut „öffentliche Sicherheit"

**98** Gesetzlich ist der Begriff der „öffentlichen Sicherheit" heute nicht (mehr) definiert. Er ist aber historisch seit dem preußischen Polizeiverwaltungsgesetz von 1931 überkommen. Seine **drei zu schützenden Teilaspekte**, von denen sich tendenziell (die Rechte der Allgemeinheit passen nicht so ganz) die ersten beiden auch als gemeinschaftsbezogene Schutzgüter zusammenfassen und den unter 3. genannten individuellen Schutzgütern gegenüberstellen lassen, sind:[113]

1. **die Unverletzlichkeit der gesamten Rechtsordnung**, also alle Ge- und Verbote, insbesondere aus dem Straf- und Ordnungswidrigkeitenrecht (die Rechtsordnung ist dabei als Ausdruck des institutionalisierten Staatswillens geschützt, vgl. 2.),
2. **der Bestand und die Funktionsfähigkeit des Staates** – d. h.: die verfassungsmäßige Ordnung, die Volksvertretungen, Regierungen, Behörden, Universitäten usw. –, **seiner Einrichtungen und** (untechnisch gemeint) **Veranstaltungen**, wozu z. B. auch die öffentliche Wasserversorgung zählt, sowie
3. **die Rechte bzw. Rechtsgüter der Allgemeinheit** (wie etwa die „Volksgesundheit") **und die subjektiven Rechte und Rechtsgüter des Einzelnen**, also Leben, Gesundheit, Ehre, Freiheit, Vermögen und andere immaterielle Rechte (erfasst werden damit auch Grundrechtsbeeinträchtigungen durch Dritte).

**99** Insbesondere beim dritten Aspekt der öffentlichen Sicherheit sind allerdings die **Einschränkungen** zu beachten, die sich aus **Art. 2 II PAG** z. B. bei einer Hausbesetzung

---
112 Vgl. zu diesem *Erbel*, DVBl. 2001, 1714 ff.
113 Dazu ausführlich *Kingreen/Poscher*, Polizei- und Ordnungsrecht, § 7 Rn. 2 ff. m. w. N.

ergeben (dazu bereits in Rn. 36). Ferner ist das Schutzgut wegen der Allgemeinen Handlungsfreiheit des Einzelnen aus **Art. 2 I GG** bei einer freiverantwortlichen Selbstgefährdung restriktiv anzuwenden.[114]

Bei der „öffentlichen Sicherheit" handelt es sich um einen **unbestimmten Rechtsbegriff**, bei dessen Anwendung der Behörde kein sogenannter Beurteilungsspielraum zukommt, wie er heute vor allem noch bei Prüfungsentscheidungen oder bei dienstlichen Beurteilungen von Beamten anerkannt ist.[115] Seine einzelnen Tatbestandsmerkmale sind vielmehr **gerichtlich voll nachprüfbar** (s. dazu die Übersicht bei Rn. 69).

## II. Der Begriff der „öffentlichen Ordnung"

Der gegenüber der öffentlichen Sicherheit subsidiäre Begriff der „öffentlichen Ordnung" war stärker noch als dort hinsichtlich seiner Verfassungsmäßigkeit, insbesondere im Hinblick auf seine **Bestimmtheit**, in der Vergangenheit nicht unumstritten. Die h. M. stellt heute insoweit aber darauf ab, dass er durch die Rechtsprechung und die Literatur mittlerweile in der folgenden Weise hinreichend klar und bestimmt (so auch die h. M. zur „öffentlichen Sicherheit") definiert ist:

> Die öffentliche Ordnung umfasst alle ungeschriebenen Regeln, die nach herrschender Auffassung (und damit unter Umständen regional abweichend) für ein gedeihliches Zusammenleben der Menschen eine schier unerlässliche Voraussetzung bilden.[116]

Der **Anwendungsbereich** dieser Definition ist heutzutage **sehr viel kleiner**, als er es früher war, weil zum einen viele Lebensbereiche immer weiter durchnormiert werden (vgl. insoweit nur den Ordnungswidrigkeitentatbestand der „Belästigung der Allgemeinheit" in § 118 OWiG) und damit dem ersten Aspekt der Definition der öffentlichen Sicherheit unterfallen. Zum anderen wird heute der Schutz der Individualrechtsgüter zur Wahrung des Bestimmtheitserfordernisses unter den dritten Aspekt der öffentlichen Sicherheit subsumiert. Damit sind klassische Fälle, die in der Vergangenheit in Zusammenhang mit einer Gefahr für die öffentliche Ordnung gebracht wurden, wie z. B. die Jahrmarktsattraktion des Weitwurfes von „Zwergen" als Verstoß gegen deren Menschenwürde oder die Einweisung von Obdachlosen zum Schutz von deren Leben und Gesundheit nunmehr im Bereich der öffentlichen Sicherheit angesiedelt.

Im letzteren Fall der **Obdachlosigkeit** ist allerdings auch heutzutage noch zu differenzieren: Ist eine Person (etwa ein sogenannter Nichtsesshafter) **freiwillig** obdachlos, kommt ein Eingreifen der Behörden nur beim Vorliegen einer Gesundheits- oder Lebensgefahr in Betracht. In diesem Fall wird dann auf die öffentliche Sicherheit und nicht auf die öffentliche Ordnung als zu schützendes Rechtsgut abgestellt. Dann kann die Hilfe allerdings auch gegen den Willen des Betroffenen erfolgen, weil – ähnlich wie beim Suizidversuch – die Behörde regelmäßig von einem fehlenden Selbstschädigungs- bzw. Selbsttötungswillen ausgehen darf (die Tat als „Hilfeschrei"; dazu noch näher in Rn. 126). Ansonsten darf jedoch niemand zur Annahme eines Obdaches gezwungen

---

114 Zusammenfassend dazu *Heckmann*, in: *Becker/Heckmann/Kempen/Manssen*, 3. Teil, Rn. 103 f.
115 S. dazu nur *Maurer*, in: *Maurer/Waldhoff*, § 7 Rn. 31 ff. m. w. N. Aus der Praxis zu Prüfungsentscheidungen etwa *BVerfG*, DVBl. 1991, 801 ff.; *BVerwGE* 70, 143 ff.; zu beamtenrechtlichen Beurteilungen *BVerfG*, DVBl. 1981, 1053 f.; *BVerwGE* 80, 224 (225 f.). Zur Aufgabe des Beurteilungsspielraumes bei der „Indizierung" jugendgefährdender Medien dagegen jüngst *BVerwG*, NJW 2020, 785 ff.; vgl. *Hebeler*, JA 2022, 87 ff.; *Hufen*, JuS 2020, 1094 ff.; *Kenkmann*, DÖV 2020, 565 ff.; *Liesching*, NJW 2020, 735 ff.
116 So im Wesentlichen *BayVerfGH*, Entsch. v. 13.10.1951 – Az.: Vf. 168-V-50 (juris).

werden, da andernfalls nach mittlerweile herrschender Sicht dessen Allgemeine Handlungsfreiheit aus Art. 2 I GG missachtet würde. Bei **unfreiwilliger** Obdachlosigkeit besteht ein Vorrang der Sozialhilfe bzw. von bisher „Arbeitslosengeld II" (umgangssprachlich bislang auch als „Hartz IV" bekannt) oder neuerdings von „Bürgergeld"; nur in Eilfällen kommt hier das Polizei- und Sicherheitsrecht zur Anwendung. Nur wenn Letzteres der Fall ist, wird bei fehlender Gesundheits- bzw. Lebensgefahr mangels Einschlägigkeit der öffentlichen Sicherheit auch heute noch auf die öffentliche Ordnung als zu schützendes Rechtsgut abgestellt.[117]

**104** Die Definition der „öffentlichen Ordnung" legt bereits eine **große Wandelbarkeit** des Begriffes nahe. Dessen ungeachtet handelt es sich auch hierbei wie bei der „öffentlichen Sicherheit" um einen unbestimmten, gerichtlich voll nachprüfbaren Rechtsterminus (s. dazu die Übersicht bei Rn. 69). Allerdings ist bei seiner Anwendung eben insofern „Vorsicht" geboten, als nicht eigene Moralvorstellungen (oder die einer Minderheit) „zum Gesetz" erhoben werden dürfen, sondern insofern gleichsam ein **breiter gesellschaftlicher Konsens** bestehen muss.

### III. Die Gefahren für die öffentliche Sicherheit und Ordnung

**105** Wie bereits erwähnt wurde, spielt im Polizei- und Sicherheitsrecht der Begriff der „**Gefahr**", die es **präventiv** abzuwehren gilt, eine Schlüsselrolle. Daher ist nunmehr zu klären, was darunter zu verstehen ist und welche Arten von Gefahren es gibt.

**106** Zu unterscheiden von der noch abzuwehrenden Gefahr ist die bereits eingetretene **Störung**. Gehen von dieser Störung keine weiteren Gefahren mehr aus, bleiben für ein Einschreiten nur noch repressive Maßnahmen. Nach einer Straftat oder Ordnungswidrigkeit ist also grundsätzlich (ohne weiterbestehende Gefahr) keine klassische Prävention mehr möglich (sondern nur noch die Generalprävention im Wege der Repression). Liegt allerdings ein Sachverhalt vor, in dem etwa ein Pkw wegen Falschparkens ohne eine darüber hinausgehende Verkehrsbeeinträchtigung oder -gefährdung abgeschleppt wurde, behelfen sich die Verwaltungsgerichte insoweit mit der abzuwehrenden Nachahmungsgefahr, um doch noch ein präventives Einschreiten nach Maßgabe des Polizei- und Sicherheitsrechts zu ermöglichen.

#### 1. Der Begriff der (einfachen) „Gefahr"

**107** Bis zur PAG-Novelle 2021 fehlte eine gesetzliche Definition der (einfachen) Gefahr, wobei es sich auch damals schon um einen **gerichtlich voll überprüfbaren unbestimmten Rechtsbegriff** handelte. Nach dem *BVerfG* war dieser wegen der notwendigen Flexibilität im Gefahrenabwehrrecht trotz der mit ihm einhergehenden Unsicherheiten als Tatbestandsmerkmal erforderlich und zulässig.[118] Nunmehr ist in Art. 11 I 2 PAG der Begriff der (einfachen) „Gefahr" wie folgt definiert:

---

117 Zum Problem, ob der in eine Wohnung oder Unterkunft eingewiesene Obdachlose „Miete" zahlen muss, vgl. *VGH München*, BeckRS 2016, 54905; *OVG Lüneburg*, NVwZ-RR 2004, 777 ff.; *Kanther*, NVwZ 2002, 828 ff., nach dem der Obdachlose, wenn er nicht wieder in seine bisherige, sondern in eine von der Gemeinde gestellte Wohnung eingewiesen wird, kein Störer und damit nach dem PAG auch nicht ersatzpflichtig ist. A. a. O. werden von *Kanther* auch noch mögliche Auswege aus dieser Rechtslage diskutiert. Ferner zu diesem Themenkreis *VG Ansbach*, BeckRS 2009, 47262; zur Haftung der einweisenden Behörde für Schäden durch den Eingewiesenen (der kein Erfüllungsgehilfe der Behörde ist) *BGH*, NVwZ 2006, 963 f.
118 Vgl. allgemein zur Rechtfertigung unbestimmter Rechtsbegriffe *BVerfGE* 49, 89 (113); *Maurer*, in: *Maurer/Waldhoff*, § 7 Rn. 27 ff.

Eine Gefahr (für die öffentliche Sicherheit und Ordnung) ist zu bejahen, wenn eine „Sachlage [...] [vorliegt], die bei ungehindertem Ablauf des objektiv zu erwartenden Geschehens [..] mit hinreichender Wahrscheinlichkeit zu einer Verletzung von Schutzgütern der öffentlichen Sicherheit oder Ordnung führt".[119]

Zu beachten ist, dass sich die Legaldefinition der Gefahr in Art. 11 I 2 PAG (in der Klammer) auch auf das Merkmal „konkret", also bei der Definition ebenso auf das Merkmal „im Einzelfall", bezieht. Darauf wird im Rahmen der konkreten Gefahr (s. Rn. 110) zurückzukommen sein. Somit wird die (einfache) Gefahr nur inzident im Rahmen der konkreten Gefahr definiert. Diese – nunmehr verschriftlichte, vorher aber bereits als solche anerkannte[120] – Definition umfasst die vor einer Schädigung zu schützenden Güter der öffentlichen Sicherheit oder Ordnung, einen zeitlichen Moment und eine Prognoseentscheidung in Bezug auf die Wahrscheinlichkeit des Schadenseintrittes.[121] Die Anforderungen an den hinreichenden Grad der Wahrscheinlichkeit hängen dabei von der **Wertigkeit des Schutzgutes** ab (wenn ein höherwertigeres Rechtsgut bedroht ist, bestehen geringere Anforderungen an die Wahrscheinlichkeit des Schadenseintrittes). Insgesamt kommt es nicht auf subjektive Maßstäbe und Befürchtungen, sondern auf eine Prognose anhand objektiver Kriterien nach der allgemeinen Lebenserfahrung an, wobei insoweit auf den „idealtypischen" Durchschnittsbeamten und dessen Einschätzung der Situation abgestellt wird.[122] Es ist überdies eine **bestimmte Intensität** des zu erwartenden Schadens nötig; sonst liegt nur eine **Belästigung** oder **Unbequemlichkeit** vor. Das verdeutlicht etwa das Beispiel des Lärmes, der bei gleicher Lautstärke tagsüber völlig anders als nachts wirkt und empfunden wird, wenn es wegen der durch ihn hervorgerufenen Schlafdefizite oder -störungen sogar zu einer Gesundheitsgefahr kommen kann. Abzustellen ist bei der Beurteilung der hinreichenden Intensität auf den Durchschnittsmenschen. Das für die besonders Empfindsamen bereits „nervende" normale Hundegebell wird also noch nicht zur relevanten Gefahr.

### 2. Besondere Gefahrbegriffe

Darüber hinaus gibt es im Polizei- und Sicherheitsrecht weitere, zumeist im Zusammenhang mit **bestimmten Standardmaßnahmen** normierte besondere Gefahrbegriffe:[123]

Im Regelfall setzen die polizeilichen Befugnisnormen das Vorliegen einer **konkreten Gefahr** voraus, so z. B. die Generalklausel des Art. 11 I 1 PAG („im einzelnen Fall bestehende Gefahr"; dazu auch schon in Rn. 108) und die meisten Standardmaßnahmen, auch wenn ihrem Wortlaut nur der Begriff der „Gefahr" zu entnehmen ist. Darunter versteht man nach der Legaldefinition des Art. 11 I 2 PAG allerdings – wie soeben bereits angedeutet wurde – gerade eine konkrete Gefahr. Bei deren Prüfung erfolgt dann eine einzelfallbezogene Bewertung im Hinblick auf eine bestimmte Maßnahme danach, ob sich aus dem jeweiligen Lebenssachverhalt tatsächliche Anhaltspunkte für das Vorliegen einer Gefahr ergeben.

Der Gegenbegriff zur konkreten ist die **abstrakte Gefahr**. Bezugspunkt ist hier nicht mehr nur eine einzelne Maßnahme bzw. Situation, sondern eine (abstrakte) Vielzahl

---

119 Vgl. Art. 11 I 2 PAG, der allerdings die konkrete Gefahr und nur inzident die (einfache) Gefahr im Blick hat (dazu sogleich im Text). Die Norm ist insoweit identisch mit *BVerfG*, NJW 2016, 1781 (1785). Eine ähnliche Regelung zur konkreten Gefahr hat etwa das Bundesland Niedersachsen mit § 2 Nr. 1 NPOG.
120 Vgl. etwa *VGH München*, NVwZ-RR 2011, 193 ff. (dort wird aber ausdrücklich die konkrete Gefahr und lediglich inzident darin die [einfache] Gefahr definiert).
121 *Heckmann*, in: *Becker/Heckmann/Kempen/Manssen*, 3. Teil, Rn. 111.
122 Insoweit zweifelnd *Gromitsaris*, DVBl. 2005, 535 ff.; für einen Spezialfall ferner *Frenz*, DÖV 2006, 718 ff.
123 Allgemein zu Gefahrbegriffen *Schmidbauer/Holzner*, 11. Kap., Rn. 375 ff., sowie *Wollenschläger*, in: *Huber/Wollenschläger*, § 4 Rn. 60 ff.

von Fällen. Die abstrakte Gefahr liegt vor, wenn nach allgemeiner Lebenserfahrung oder den Erkenntnissen fachkundiger Stellen bei einem abstrakt umschriebenen Sachverhalt typischerweise eine Sachlage eintreten kann, die eine konkrete Gefahr begründen würde. Ein anschauliches Beispiel dafür ist das in einigen (kommunalen) Gefahrenabwehrverordnungen ausgesprochene Verbot, auf öffentlichen Plätzen Tauben zu füttern, weil diese Tätigkeit eine – durch die von den Tauben übertragenen Krankheiten – abstrakte Gefahr für die Gesundheit der Bevölkerung und zudem für die Sauberkeit der öffentlichen Anlagen sowie der Passanten schafft.[124] Zu beachten ist, dass sich bei der abstrakten und der konkreten Gefahr keine Differenzen hinsichtlich des geforderten Grades der Wahrscheinlichkeit eines Schadenseintrittes ergeben. Vielmehr ist jeweils die hinreichende Wahrscheinlichkeit eines Schadenseintrittes erforderlich. Der Unterschied ist stattdessen, dass man sich bei der abstrakten Gefahr sozusagen zeitlich noch vor einer im Einzelfall bereits bestehenden Gefahr befindet. Eine abstrakte Gefahr ist ausreichend für die Aufgabeneröffnung der Polizei nach Art. 2 I PAG oder der Sicherheitsbehörde nach Art. 6 LStVG[125] und regelmäßig für den Erlass von Gefahrenabwehrverordnungen durch die zuständigen Behörden nach Art. 42 I 1 LStVG. Für den Eingriff in Rechte Einzelner durch eine konkrete Einzelmaßnahme (gestützt auf eine Standardbefugnis oder die Generalklausel im PAG oder LStVG) genügt das Vorliegen einer abstrakten Gefahr hingegen nicht. Möglich sind dann nur Maßnahmen zur Gefahrenvorbeugung (z. B. Warnungen oder Kontrollen), die nicht in Rechte der Bürgerinnen und Bürger eingreifen. Wegen der unterschiedlichen Gefahrbegriffe darf damit eben gerade kein Schluss von der Aufgabe nach Art. 2 I PAG auf die Befugnis erfolgen (s. dazu bereits Rn. 61 und 71).

**112** Der Begriff der **„gegenwärtigen Gefahr"** (vgl. z. B. Art. 10 I Nr. 1, 23 II, 25 I Nr. 1a PAG) zielt auf eine unmittelbar bevorstehende Gefahr, die sich zumindest zum Teil bereits verwirklicht hat. D. h., das schädigende Ereignis hat schon angefangen, oder mit dem Eintritt eines Schadens ist unmittelbar und sofort mit an Sicherheit grenzender Wahrscheinlichkeit zu rechnen.[126] Dem steht der schon erörterte Eilfall oder die akute Gefahr in Art. 3 PAG sehr nahe. Als Beispiel kann ein am Rande eines Bürgersteiges stehender Baum herangezogen werden, der aufgrund eines Schädlingsbefalles halb abgeknickt ist und wegen stürmischen Wetters auf den stark frequentierten Gehweg zu stürzen droht. Verlangt wird für manche Eingriffsbefugnisse also eine stärkere zeitliche Nähe des Schadenseintrittes als im Fall der („normalen" konkreten) Gefahr.[127]

**113** Eine **erhebliche Gefahr**, wie sie etwa Art. 10 I Nr. 1 PAG voraussetzt, liegt vor, wenn ein Schaden für ein bedeutsames Schutzgut (so z. B. für das Leben oder die Freiheit eines Menschen oder für eine wertvolle Sache) droht. Es kommt hier also nicht wie bei der gegenwärtigen Gefahr auf die „Schadensnähe", sondern die Schadenshöhe an. Dem entspricht die **dringende Gefahr** (z. B. in Art. 23 III PAG), bei der ebenfalls und anders, als der Wortlaut das vielleicht vermuten lässt, nicht die zeitliche Komponente im Mittelpunkt steht, sondern besonders wichtige Rechtsgüter bedroht werden bzw. ein besonders hoher Schaden zu erwarten ist.[128]

---

124 Vgl. dazu etwa *VG Ansbach*, BeckRS 2011, 33409, Rn. 24.
125 Nach h. M. unterscheidet sich der Begriff der *abstrakten Gefahr* nicht von der in Art. 2 I PAG genannten *allgemeinen Gefahr*; vgl. *Heckmann*, in: *Becker/Heckmann/Kempen/Manssen*, 3. Teil, Rn. 120. Es ist jedoch zu empfehlen die jeweils herkömmliche Terminologie zu benutzen (d. h. bei der Aufgabeneröffnung den Begriff der *allgemeinen Gefahr* und bei Gefahrenabwehrverordnungen den Begriff der *abstrakten Gefahr*).
126 Näher zu diesem Wahrscheinlichkeitsurteil *Poscher*, Die Verwaltung 2008, 345 (352 ff.); *Pils*, DÖV 2008, 941 (945 ff.).
127 Vgl. *Heckmann*, in: *Becker/Heckmann/Kempen/Manssen*, 3. Teil, Rn. 122.
128 *Heckmann*, in: *Becker/Heckmann/Kempen/Manssen*, 3. Teil, Rn. 125; *Schmidbauer/Holzner*, 11. Kap., Rn. 404. Hintergrund dessen ist die Nennung und Interpretation der „dringenden Gefahr" in Art. 13 IV 1 GG durch das *BVerfG*; vgl. *BVerfGE* 141, 220 (296).

Demgegenüber wird bei der **Gefahr im Verzug** (beispielsweise in Art. 24 I, 95 I 1 PAG, wobei sich der Sinn der ersten Norm im Verhältnis zur zweiten nicht unmittelbar erschließt; ähnlich ist der „Eilfall" in Art. 3 PAG) nicht auf die Intensität der „Bedrohung" oder des Schadens, sondern auf den Zeitpunkt ihrer Abwehr abgestellt: Die Einhaltung des normalen Verfahrens – z. B. die Einschaltung einer Richterin bzw. eines Richters oder einer anderen (etwa: vorgesetzten) Behörde – würde hier den erstrebten Erfolg gefährden, vereiteln oder zumindest verzögern, so dass bestimmte „Zwischenschritte" ausnahmsweise entbehrlich sind.

Gesetzlich nicht geregelt, in der Praxis aber durchaus häufig anzutreffen ist schließlich die sogenannte **latente Gefahr**. Bei ihr ist die jeweilige Situation zunächst noch gefahrlos; erst durch das Hinzutreten weiterer Umstände wird dann in der Zukunft eine (abstrakte oder konkrete) Gefahr entstehen. Ein typischer Fall hierfür ist etwa im Baurecht – als einem Teilgebiet des besonderen Gefahrenabwehrrechts – die sogenannte heranrückende Bebauung: In einem unbewohnten Gebiet stellt eine große Schweinemästerei mit allen ihren Begleiterscheinungen keine mit baurechtlichen Mitteln abzuwehrende Gefahr dar. Das ändert sich jedoch dann, wenn die Wohnbebauung immer näher an sie heranrückt. Dadurch kann sehr bald schon die konkrete Gefahr einer Gesundheitsbeeinträchtigung der Bewohnerinnen und Bewohner der neuen Häuser durch den von der Mästerei ausgehenden Geruch entstehen.[129] Wichtig ist hier aber, dass ein Vorgehen nach dem Polizei- und Sicherheitsrecht gegen die latente Gefahr **erst mit dem Eintritt einer konkreten Gefahr** zulässig ist.[130]

Mit der (umstrittenen) Novellierung des Bayerischen Polizeirechts im Jahr 2017 wurde der Begriff der **„drohenden Gefahr"** neu in das PAG aufgenommen. Seit der weiteren Novelle von 2021 ist diese sogar eigens in Art. 11a I PAG legaldefiniert.[131] Danach liegt eine drohende Gefahr vor, „wenn im Einzelfall das individuelle Verhalten einer Person die konkrete Wahrscheinlichkeit begründet oder Vorbereitungshandlungen für sich oder zusammen mit weiteren bestimmten Tatsachen den Schluss auf ein seiner Art nach konkretisiertes Geschehen zulassen, wonach in absehbarer Zeit Angriffe von erheblicher Intensität oder Auswirkung zu erwarten sind". Das Vorliegen einer drohenden Gefahr erfordert also lediglich, dass der Eintritt einer Gefahr zu erwarten ist, während eine besondere zeitliche Nähe des Gefahreneintrittes nicht gegeben sein muss. Dieser neue Terminus ist damit sehr viel weiter als der Begriff der „echten" Gefahr selbst. Mit der drohenden Gefahr als Voraussetzung für die Vornahme präventiver Maßnahmen wird die Gefahrenschwelle zeitlich nach vorne verlagert und die Eingriffsschwelle abgesenkt. Vorgabe dafür, dass diese Vorverlagerung als möglich und noch verhältnismäßig erscheint, ist laut Art. 11a I PAG, dass Maßnahmen getroffen werden, „um [...] [einen] Sachverhalt aufzuklären und die Entstehung einer [konkreten; s. Art. 11 I 2 PAG] Gefahr für ein bedeutendes Rechtsgut zu verhindern". Diese **besonders bedeutenden und hochwertigen Rechtsgüter** werden dann abschließend in Art. 11a II PAG aufgeführt. Die für den gesamten Regelungsbereich vergleichbare Vorgängernorm des Art. 11 III PAG a. F. wurde heftig kritisiert. Vor allem unter Berücksichtigung der Bestimmtheit der Norm, ihrer Verhältnismäßigkeit und der Vereinbarkeit mit Grundrechten bestanden insgesamt erhebliche Zweifel an ihrer Verfassungsmäßigkeit und demnach auch an derjenigen der anderen die „drohende Gefahr" verwendenden Befugnisnormen wie etwa

---

129 In einem solchen Fall ist dann die Baugenehmigung für das „heranrückende" Wohnhaus (!) wegen der Verletzung des Rücksichtnahmegebotes zu versagen; vgl. *VGH München*, BeckRS 2020, 14602.
130 Kritisch dazu *Wehr*, § 3 Rn. 94.
131 Der Aufnahme der „drohenden Gefahr" in das PAG liegt das sogenannte „BKAG-Urteil" des *BVerfG* zugrunde: *BVerfG*, Urt. v. 20.4.2016 – Az.: 1 BvR 966/09 (juris).

Art. 21 I Nr. 3 PAG.[132] Die von der Bayerischen Staatsregierung zur Evaluation der PAG-Novellen berufene Kommission kam ebenfalls zu dem Ergebnis, dass Art. 11 III PAG a. F. aufgrund von „Schwierigkeiten" für die Vollzugspraxis zu modifizieren sei. So wurden etwa konkretere Vorschläge für die Ausgestaltung von Art. 11 III 2 Nr. 3 und 5 PAG a. F. gemacht und eine Streichung von Art. 11 III 2 Nr. 4 PAG a. F. angeregt.[133] Infolgedessen wurde durch die Novelle 2021 die „drohende Gefahr" in Art. 11a I PAG gesondert geregelt. Dadurch und durch die Umformulierung des Wortlautes soll insbesondere zum Ausdruck gebracht werden, dass die konkrete Gefahr nach wie vor der Hauptanwendungsfall für polizeiliches Tätigwerden bleiben und nur subsidiär auf die drohende Gefahr zurückgegriffen werden soll.[134] In Art. 11a II PAG werden nun die als bedeutend eingestuften Rechtsgüter aufgeführt, wobei dieser Katalog im Vergleich zur Vorgängerregelung reduziert wurde. Ob durch die erfolgten Anpassungen die verfassungsrechtlichen Bedenken bereits vollständig ausgeräumt wurden, ist allerdings offen. Denn die Eingriffsschwelle ist nach wie vor sehr weit abgesenkt, und auch die Bestimmtheit der in Art. 11a II PAG genannten Rechtsgüter und ihre „Kohärenz" untereinander kann durchaus in Zweifel gezogen werden.[135] Rechtsprechung zu dieser Frage gibt es, soweit ersichtlich, bislang noch nicht, obwohl verfassungsgerichtliche Verfahren in dieser Sache anhängig sind (vgl. Rn. 13 mit Fn. 9). In der Praxis wurden demgegenüber offenbar bisher kaum polizeiliche Maßnahmen auf diesen Terminus gestützt (oder angegriffen).

### 3. Ungeschriebene Gefahrbegriffe und Fehlprognosen

**117** Angesichts der Prognosebedürftigkeit der Entscheidung, ob eine einfache oder besondere Gefahr im Einzelfall vorliegt, sind schließlich auch noch einige Regeln dafür nötig, wie mit Fällen umzugehen ist, in denen sich eine zunächst eventuell zu Recht, möglicherweise aber auch grundlos angenommene **Gefahr im Nachhinein als gar nicht existent** erweist. Diese Konstellation, die in etwa vergleichbar mit bestimmten Irrtümern im Strafrecht ist, hat keine Regelung im PAG erfahren. Es haben sich dazu jedoch bestimmte „Fallgruppen" mit unterschiedlichen Rechtsfolgen herausgebildet.

**118** Bei der so bezeichneten **Anscheinsgefahr** lagen aus der ex-ante-Perspektive des Handelnden bei verständiger Würdigung des Sachverhaltes im Zeitpunkt des Handelns objektive Anhaltspunkte für eine Gefahr vor, die sich erst danach (also ex post) als unzutreffend erwiesen haben. Diese erst im Nachhinein erkannte Veränderung der Lage ist im vorliegenden Zusammenhang ohne Belang, weil andernfalls ein effektives und schnelles Handeln der Sicherheits- und Polizeibehörden nicht mehr sichergestellt wäre. Sonst würde nämlich eine Beamtin oder ein Beamter vor Ort auch im Angesicht der (vermeintlichen) Gefahr aus der Sorge heraus, möglicherweise rechtswidrig zu handeln, lieber nichts tun, als die „Gefahr" abzuwehren. Jedenfalls für den Fall, dass sich ihre bzw. seine Prognose über die Gefahr später als richtig erweist, wäre das ein unbefriedigendes Ergebnis. So liegt beispielsweise eine Anscheinsgefahr vor, wenn in einem Auto täuschend echt wirkendes „Dynamit" zur Abschreckung von Dieben liegt. Hier ist eine Gefahrenabwehrmaßnahme (z. B. das Aufbrechen des Pkw zur Entschärfung des – wie sich ex post herausstellt: vermeintlichen – „Sprengsatzes") rechtmäßig. Etwas anderes gilt hingegen je nach den Umständen auf der sogenannten Tertiärebene nach der Vollstreckung, wenn es (nur noch) um die Frage der **Kostentragung** für die Maßnahme zur Abwehr einer Anscheinsgefahr geht (dort kommt es auf die Zurechenbarkeit des

---

132 Im Rahmen eines Eilverfahrens hat der *BayVerfGH* die neuen Befugnisse bislang für verfassungsgemäß erachtet; vgl. *BayVerfGH*, Entsch. v. 7.3.2019 – Az.: Vf. 15-VII-18 (juris). Die Verfassungsmäßigkeit anzweifelnd hingegen etwa *Löffelmann*, BayVBl. 2018, 145 (146 f.). Zum aktuellen Stand vgl. Rn. 13 mit Fn. 9.
133 *Allesch*, BayVBl. 2020, 289 (293, 304).
134 LT-Drs. 18/13716, 21.
135 Vgl. dazu *Möstl*, GSZ 2021, 89 ff.

Anscheines einer Gefahr als Grund für die Kostentragungspflicht an; dazu näher in Rn. 121).

**119** Weniger sicher, ob eine Gefahr vorliegt, ist sich der Handelnde schon ex ante beim sogenannten **Gefahrenverdacht**: Obwohl auch hier objektive Anhaltspunkte für das Vorliegen einer Gefahr vorhanden sind, hat schon der oder die Handelnde vor Ort selbst gewisse **Zweifel** an der hinreichenden Wahrscheinlichkeit eines Schadenseintrittes. Er ist sich also der Unvollständigkeit seiner Sachkenntnis bewusst. Genau das unterscheidet den Gefahrenverdacht von der realen Gefahr, der Anscheins-, aber auch der Putativgefahr (zu dieser s. Rn. 122). Fraglich ist jedoch, ob Maßnahmen in einer solchen Situation bereits der Gefahrenabwehr zugerechnet werden können, was zur Folge hätte, dass der Störer regelmäßig auch die anfallenden Kosten zu tragen hätte, oder ob es sich vielmehr noch um eine von der Behörde zu finanzierende Handlung im Rahmen der ihr obliegenden Amtsermittlung (vgl. Art. 24 BayVwVfG) handelt.[136] Die h. M. bejaht auch in diesen Fällen – relevant wird das sehr oft im Zusammenhang mit bislang unbekannten Altlasten auf einem Grundstück – eine **Gefahr i. S. des PAG**, lässt aber unter dem Blickwinkel der **Verhältnismäßigkeit** (zu beachten ist insoweit nochmals das Prüfungsschema zur gefahrenabwehrrechtlichen Verfügung in Rn. 62) nur sogenannte **zumutbare Gefahrerforschungseingriffe**, also vorläufige bzw. befristete Maßnahmen, zu, bis Klarheit über das tatsächliche Vorliegen einer Gefahr besteht. So muss etwa in den Altlastenfällen der betroffene Eigentümer Probebohrungen, nicht aber bereits die kostenpflichtige Beseitigung der Altlasten oder ein Viehbesitzer von möglicherweise kranken Tieren deren Beschlagnahme und tierärztliche Untersuchung, nicht aber schon ihre Notschlachtung dulden.

**120** Mit der Einfügung des Begriffes der „**drohenden Gefahr**"[137] in das PAG stellt sich nunmehr allerdings die Frage nach der **Abgrenzung** zwischen diesem neuen gesetzlichen Terminus und der nur richterlich anerkannten Figur des „Gefahrenverdachtes". Letzterer wird angenommen, wenn ex ante Anhaltspunkte vorliegen, die auf eine Gefahr hindeuten, bei verständiger Würdigung der Sachlage aber noch keine hinreichend sichere Prognose dahingehend zulassen, dass ein Schaden für (irgend-)ein geschütztes Rechtsgut tatsächlich eintreten wird. Der Handelnde ist sich der **Unvollständigkeit seiner Entscheidungsgrundlage** also bei seinem Agieren selbst bewusst. Die drohende Gefahr verlangt hingegen die Begründung einer **konkreten Wahrscheinlichkeit des Gefahreintrittes** und muss gerade auch Angriffe von erheblicher Intensität für bedeutende Rechtsgüter erwarten lassen. Deckungsgleich sind die Begriffe des „Gefahrenverdachtes" und der „drohenden Gefahr" daher nicht; gleichwohl sind sie nicht weit voneinander entfernt. Unterschiede gibt es aber auch noch bei der Rechtsfolge: Liegt ein Gefahrenverdacht vor, ist die Polizei nur zu Gefahrerforschungs- und zu vorläufigen Sicherungsmaßnahmen befugt, während bei einer drohenden Gefahr alle in Art. 11a I PAG n. F. und in anderen nunmehr entsprechend um diesen Terminus erweiterten Standardmaßnahmen (vgl. etwa Art. 13 I Nr. 1b, 14 I Nr. 4 Fall 2 PAG n. F.) genannten Maßnahmen mit ihren jeweiligen Rechtsfolgen ergriffen werden dürfen.[138]

**121** Problematisch ist gerade beim Gefahrenverdacht (und in Bezug auf den Anschein einer Gefahr ebenso bei der Anscheinsgefahr; vgl. dazu schon Rn. 118) dann aber immer noch die Frage der **Kostentragung**. Insoweit ist zwischen verschiedenen Konstellationen zu differenzieren: **Bestätigt sich die Gefahr**, die zunächst nur „verdachtsweise angenommen" worden ist, im Nachhinein, so trägt der Störer, also der **Verantwortliche**, die

---

136 So auch *Schmidbauer/Holzner*, 11. Kap., Rn. 452.
137 Hierzu erfolgt eine Begriffsklärung durch *Müller*, BayVBl. 2018, 109 (111 ff.).
138 Kritisch zu den insoweit erweiterten Polizeibefugnissen bei drohender Gefahr *Löffelmann*, BayVBl. 2018, 145 ff. und *Möstl*, BayVBl. 2018, 156 ff.

Kosten. Denn es gilt zwar der an sich die Behörde zur Kostentragung verpflichtende Amtsermittlungsgrundsatz (dazu auch Art. 3 I Nr. 10 KG), aber auch bloß vorbereitende Maßnahmen dienen der Gefahrenabwehr, bzw. die Gefahrerforschungsmaßnahmen schlagen hier in vom Störer zu bezahlende Gefahrenabwehrmaßnahmen um. Stellt sich hingegen nach Vornahme des Gefahrerforschungseingriffes heraus, dass gar **keine Gefahr vorlag**, ist grundsätzlich der **Staat** zur Bezahlung der Kosten der Maßnahme verpflichtet, es sei denn, der **Verdacht** wurde in **objektiv provozierender** Weise **begründet**. Das ist z. B. bei einem Tierzüchter anzunehmen, bei dem ein hormonbehandeltes Tier gefunden wird. Er zahlt dann nicht nur für die Maßnahmen bei dem einen tatsächlich eine Gefahr darstellenden Tier, sondern muss auch für die Kosten für die vorläufige Beschlagnahme und die Untersuchung der anderen Tiere der Herde, die letztlich gar keine Gefahr darstellten, aufkommen. Umstritten ist die Rechtslage hingegen bei einem bloßen Tierhändler, der regelmäßig nicht auf die Tiere einwirkt und sie daher auch nicht mit Hormonpräparaten füttert. Denkbar ist es hier, seine Haftung nach den obigen Grundsätzen auf die tatsächlich verdächtigen Tiere zu begrenzen. Zu beachten ist in diesem Zusammenhang aber auch, dass bestimmte Spezialgesetze für derartige Probleme abweichende Sonderregeln treffen. Zu nennen ist insoweit etwa Art. 55 III 1 BayWG, nach dem die Kostentragung für alle Maßnahmen der Wasseraufsicht stets den in Art. 55 I 1, 2 BayWG genannten Verantwortlichen obliegt (d. h. den Verursachern, deren Gesamtrechtsnachfolgern, den Grundstückseigentümern und den Inhabern der tatsächlichen Gewalt über die Grundstücke).

**122** Der letzte gesetzlich nicht geregelte Fall einer (vermeintlichen) Gefahr ist die sogenannte **Schein- bzw. Putativgefahr**. Bei ihr hält der Handelnde nur subjektiv, d. h. ohne objektive Anhaltspunkte oder in Abweichung vom Maßstab des idealtypischen Durchschnittsbeamten, einen Schadenseintritt für wahrscheinlich. In einem solchen Fall der subjektiven Fehleinschätzung liegt **keine Gefahr** i. S. des PAG vor, weshalb das dennoch vorgenommene staatliche Handeln von keiner Ermächtigungsgrundlage gedeckt und folglich rechtswidrig ist. Für eine solche Konstellation besteht daher auch ein **Ersatzanspruch** (gerichtet auf Schadenersatz oder Entschädigung) des zu Unrecht in Anspruch Genommenen: entweder aus Art. 87 I PAG (ggf. i. V. mit Art. 11 I 1 LStVG), wenn der Geschädigte als Nichtverantwortlicher nach Art. 10 PAG belangt worden ist, aus Art. 87 II PAG (ggf. i. V. mit Art. 11 I 1 LStVG), wenn die Maßnahme gegen einen Unbeteiligten gerichtet war (in beiden Fällen kommen daneben zusätzlich Amtshaftungsansprüche in Betracht), oder – wenn der Geschädigte als Störer gemäß Art. 7 oder 8 PAG belangt worden ist (dann sind die Ansprüche aus Art. 87 PAG nicht einschlägig) – aus Amtshaftung, aus enteignungsgleichem oder aus aufopferungsgleichem Eingriff.[139]

**123** Den Abschluss der Ausführungen zu den verschiedenen Gefahrbegriffen bildet der **Fall 3**:

### Die vermeintlichen Selbstmörder

Nach dem Notruf einer nahezu hysterischen Anwohnerin fährt eine Polizeistreife eines Abends in der Dämmerung mit Blaulicht zu einer hohen Brücke in der bayerischen Stadt B. Dort wolle sich, so die Anruferin, ein augenscheinlich lebensmüdes Pärchen auf die Bahngleise und damit in den sicheren Tod stürzen. Nicht zuletzt wegen der nahe gelegenen Psychiatrie kam es an dieser Stelle schon wiederholt zu derartigen Suiziden.

Als die Streifenwagenbesatzung vor Ort eintrifft, erkennt sie im schwachen Licht der Straßenlaternen, wie zwei Menschen offenbar gerade im Begriff sind, über die Brüstung zu klettern. Die Beamten stürzen aus ihrem Fahrzeug, fordern die beiden „Le-

---

[139] Vgl. *Unterreitmeier*, in: *Möstl/Schwabenbauer*, Art. 87 PAG Rn. 30.

bensmüden" zum Stehenbleiben auf und reißen sie, die zuerst gar nicht reagieren und sich dann heftig wehren, gewaltsam zurück.
Nachdem sich die Situation beruhigt hat und alle wieder bei Atem sind, stellt sich heraus, dass der beteiligte junge Mann eine nagelneue exklusive Kletterausrüstung bei sich hat und diese seiner Freundin mangels geeigneter anderer Berge auf der Brücke vorführen wollte. Er plante, sich dazu über dem nahen Fluss und nicht – wie es zunächst schien – über den Schienen abzuseilen. Seine Freundin hatte ihm beim Eintreffen der Polizei gerade beim Übersteigen der Brüstung behilflich sein wollen.
1. Wie ist die Rechtmäßigkeit der polizeilichen Maßnahmen – gestützt auf die Generalklausel des Art. 11 I 1 PAG – zu beurteilen?
2. Welche rechtlichen Folgen kann die Kletteraktion für das Pärchen haben?

Zunächst ist nach der Aufgabenstellung die **Rechtmäßigkeit des polizeilichen Vorgehens** zu untersuchen. Als Obersatz der weiteren Prüfung kann festgehalten werden, dass die polizeilichen Maßnahmen rechtmäßig waren, wenn sie in formeller und materieller Hinsicht von ihrer Ermächtigungsgrundlage – hierfür ist Art. 11 I 1 PAG schon vorgegeben – gedeckt waren.

Bezüglich der **formellen Rechtmäßigkeit der Maßnahmen** ergibt sich dabei, dass die **Zuständigkeit** der Polizeibehörden in einem Eilfall wie hier in sachlicher Hinsicht aus Art. 11 I 1, 2 I, 3 PAG und in örtlicher Hinsicht aus Art. 3 I POG folgt. Im Hinblick auf das einzuhaltende Verfahren ist festzustellen, dass nach Art. 28 I BayVwVfG eine **Anhörung** geboten gewesen wäre, wenn das Handeln der Polizeibeamten als Verwaltungsakt nach Art. 35 S. 1 BayVwVfG zu qualifizieren wäre. Fraglich erscheint insofern, ob eine Regelung getroffen wurde, also eine Rechtsfolge gesetzt werden sollte. Dafür spricht die explizit bzw. zumindest konkludent mit dem Hinrennen, Zugreifen und Zurückreißen der „Lebensmüden" (eventuell sogar mehrfach) ausgesprochene Aufforderung bzw. Verpflichtung, nicht zu springen, die anschließend (bzw. nahezu zeitgleich) zudem auch zwangsweise durchgesetzt wurde. Letztlich kann die Frage nach dem Verwaltungsaktscharakter der Maßnahmen an dieser Stelle sogar noch offenbleiben, denn selbst wenn sie bejaht würde und damit an sich eine Anhörung erforderlich gewesen wäre, war sie im konkreten Fall doch nach Art. 28 II Nr. 1 BayVwVfG entbehrlich gewesen. Besondere Vorgaben zur **Form** gab es weder für einen Verwaltungsakt (vgl. dort Art. 37 II 1 BayVwVfG) noch für eine schlichte Tathandlung (dann gilt Art. 10 BayVwVfG), so dass die formelle Rechtmäßigkeit der polizeilichen Maßnahmen im Ergebnis zu bejahen ist.

Im Rahmen der **materiellen Rechtmäßigkeit der Maßnahmen** ist zunächst zu untersuchen, ob die tatbestandliche Voraussetzung des Art. 11 I 1 PAG und damit **eine konkrete Gefahr für die öffentliche Sicherheit oder Ordnung** i. S. des Art. 11 I 2 PAG, verursacht durch das Pärchen als Störer, vorlag. Relativ schnell ist die Betroffenheit der geschützten Rechtsgüter – hier die öffentliche Sicherheit in Gestalt des Rechtsgutes „Leben" der beiden jungen Menschen – zu bejahen, wobei insoweit der Rahmen des Art. 2 II PAG, der auch schon im Kontext der Zuständigkeit angesprochen werden kann, aber zumindest auch materiell wirkt, gewahrt ist. Fraglich ist jedoch, ob vorliegend nicht doch der (vermeintliche) **freiverantwortliche Suizid** ein anderes Ergebnis gebietet. Denn grundsätzlich darf der Einzelne als Ausfluss seines Allgemeinen Persönlichkeitsrechts aus Art. 2 I GG i. V. mit Art. 1 I GG selbstbestimmt darüber entscheiden, sein Leben eigenhändig zu beenden,[140] wenn er an-

---

140 *BVerfG*, Urt. v. 26.2.2020 – Az.: 2 BvR 2347/15 u. a. (juris), Rn. 209, zu § 217 StGB.

dere damit nicht gefährdet. Nach h. M. darf die Polizei aber trotzdem generell davon ausgehen, dass der „Täter" einer Selbsttötung sich in einer psychischen Ausnahmesituation befindet, die ein Einschreiten auch gegen seinen zunächst nach außen manifestierten Willen rechtfertigt (zu der Bewertung als „Hilfeschrei" auch schon in Rn. 103). Dafür soll auch die staatliche Schutzpflicht für das Leben aus Art. 2 II 1 GG streiten; es gelte insoweit der Grundsatz „in dubio pro vita".[141]

**127** Zu klären ist im konkreten Fall jedoch darüber hinaus, ob überhaupt die von Art. 11 I 1 PAG vorausgesetzte konkrete **Gefahr** vorlag. Es stellt sich hier nämlich ex post heraus, dass eine solche gar nicht bestand. Ex ante durfte aber jeder vernünftige Durchschnittsbeamte angesichts des Anrufes, der früheren Suizide an dieser Stelle und des wegen der Dämmerung nur schemenhaft erkennbaren Geschehens auf der Brücke eine (konkrete) Gefahr bejahen. Demzufolge ist hier zumindest eine insoweit auf der Primärebene ausreichende **Anscheinsgefahr** anzunehmen.[142] Sie wurde von dem Pärchen als Verhaltensstörer nach Art. 7 I PAG verursacht (insoweit bestehen keine Besonderheiten gegenüber der „normalen" Gefahr; zu dieser Störereigenschaft noch näher in Rn. 132). Dieses Ergebnis hat die Rechtsfolge, dass den Polizisten hinsichtlich ihres Einschreitens ein Ermessen zukam, das nunmehr noch auf mögliche Fehler zu untersuchen ist. Denkbar ist es, auch erst an dieser Stelle die Freitod-Problematik anzusprechen. Vorliegend sind insoweit jedoch keine Fehler ersichtlich. Für die Beamten lag vielmehr in der konkreten Situation wegen der vermeintlich bedrohten Leben sogar eine Ermessensreduzierung auf Null nahe. Damit war die Polizeiaktion insgesamt formell und materiell rechtmäßig.

**128** Im Rahmen der zweiten Fallfrage ist nun noch auf **mögliche rechtliche Folgen** für das Pärchen einzugehen. Dabei muss es keine **strafrechtlichen Sanktionen** befürchten, da es keinen Straftatbestand verwirklicht hat. Insbesondere liegt kein gefährlicher Eingriff in den Bahnverkehr nach § 315 StGB vor, denn der junge Mann hat sich tatsächlich nicht über den Gleisen abgeseilt, was jedoch tatbestandlich erforderlich gewesen wäre. Im Hinblick auf das Verwaltungsrecht stellt sich allerdings die Frage, ob die beiden die **Kosten des Polizeieinsatzes** tragen müssen. Geht man mit den Überlegungen oben (Rn. 125) davon aus, dass vorliegend zumindest ein Verwaltungsakt („Nicht springen!" – es sind aber je nach der konkreten Situation auch mehrere denkbar) mit Zwangsmitteln durchgesetzt und damit **vollstreckt** wurde, so begründet beispielsweise Art. 75 III 1 PAG für die Anwendung unmittelbaren Zwanges als Zwangsmittel eine Kostentragungspflicht des Pflichtigen. Zu deren (ungeschriebenen) Voraussetzungen zählt, dass der vollstreckte Verwaltungsakt **rechtmäßig** war. Insoweit besteht auch ausweislich von Art. 10 KG eine sogenannte Konnexität (dazu näher bei der Vollstreckung in Rn. 270). Damit ist nun zu klären, wie es sich auswirkt, dass hier nur eine Anscheinsgefahr vorlag. Hierzu ist festzustellen, dass das Polizeihandeln auf der „Primärebene" rechtmäßig war und auch auf der jetzt zu betrachtenden „Tertiärebene" (die „Sekundärebene" war die der Vollstreckung) grundsätzlich so behandelt wird, wenn nicht ausnahmsweise Gründe im Zusammen-

---

141 S. dazu m. w. N. *Kingreen/Poscher*, Polizei- und Ordnungsrecht, § 7 Rn. 23 ff., 27 ff.
142 Weitere Beispiele für Anscheinsgefahren aus der Praxis sind: Kinder spielen mit täuschend echten Spielzeugwaffen „Krieg" (selbst dann, wenn es sich dabei tatsächlich um erlaubte „Softair-Waffen" handelt); Schauspieler werben mit dem Knall einer platzenden Brötchentüte und einem daraufhin „sterbenden" Opfer für ihre „Edgar-Wallace-Nacht" im Theater; eine aufgedrehte Heizung in der leeren Wohnung (oder ein aufgeregtes Kaninchen in seinem Stall) führt zu lauten Knack- und Klopfgeräuschen, woraufhin die Wohnungstür wegen eines vermuteten Defektes an einem Elektrogerät oder wegen Einbrechern bzw. einer hilflosen Person von der Polizei aufgebrochen wird.

hang des bloßen Anscheines der Gefahr eine andere Bewertung verlangen.[143] Die finanziellen Folgen seines Tuns werden dem Pärchen also angelastet, wenn es im Zeitpunkt der polizeilichen Maßnahme den **Anschein einer Gefahr** nach den Maßstäben der Art. 7, 8 PAG **zu verantworten** hatte. Das ist hier mit dem bedrohlich wirkenden Klettern über die Brüstung der Brücke im Kontext von Art. 7 I PAG eindeutig zu bejahen. Somit stellt das Vorliegen einer bloßen Anscheinsgefahr insoweit auch kein Problem dar, und ein rechtmäßiger Grundverwaltungsakt liegt gleichsam auch auf der Kostenebene (was dort wegen der Konnexität eben ein Tatbestandsmerkmal ist) vor. Die Haftung für die Kosten besteht folglich bei unterstelltem Vorliegen der restlichen Vollstreckungsvoraussetzungen (und auch zur richtigen Höhe der Kosten) gemäß Art. 75 III 1, 2 PAG für beide gesamtschuldnerisch (so Art. 2 IV KG).

Den Abschluss der Ausführungen zu den Gefahren für die Schutzgüter des PAG bilden wiederum die **Wiederholungsfragen** zu § 4:

1. Wie lautet die Definition der „öffentlichen Sicherheit"?
2. Was meint der Begriff der „öffentlichen Ordnung", und welche Bedeutung hat er heutzutage noch?
3. Worunter lässt sich diesbezüglich die Obdachlosigkeit subsumieren?
4. Wie bestimmt sich eine „Gefahr", und wovon ist sie abzugrenzen? Welche „Fehleinschätzungen" gibt es im Zusammenhang mit einer Gefahr?

# § 5 Der Pflichtige im Polizei- und Sicherheitsrecht

Adressat einer gefahrenabwehrrechtlichen Maßnahme kann grundsätzlich nicht jedermann, sondern nur diejenige natürliche oder juristische Person sein, die für die jeweilige Gefahr für die öffentliche Sicherheit oder Ordnung **verantwortlich** ist, mithin diese Rechtsgüter „stört". Daher spricht man im Polizei- und Sicherheitsrecht insoweit auch vom **„Störer"**. Daneben gibt es aber auch noch andere Pflichtige. Diese in Anspruch zu nehmenden Personen können spezialgesetzlich bestimmt sein. Zu nennen sind als Beispiele hierfür §§ 5, 22 BImSchG, die besondere Pflichten des **Betreibers** begründen.[144] Aber auch einige Standardmaßnahmen des PAG wie etwa Art. 13 I Nr. 2 PAG („wenn die Person sich an einem Ort aufhält, ...") treffen besondere Regelungen zu diesem Punkt. Ist das nicht der Fall – vgl. zum Vorrang von Sonderregeln Art. 7 IV, 8 IV, 10 III PAG; die jedenfalls über die allgemeinen Grundsatz, dass ein spezielleres Gesetz das allgemeinere Gesetz verdrängt („lex specialis derogat legi generali"), sinngemäß auch im LStVG Anwendung finden können –, muss auf die allgemeinen Vorschriften der Art. 7, 8 und 10 PAG bzw. im Sicherheitsrecht auf Art. 9 LStVG zurückgegriffen werden, wonach – mit unterschiedlichen Voraussetzungen und Rechtsfolgen z. B. hinsichtlich der Kostentragung – **drei verschiedene Arten von „Pflichtigen"** (bei Art. 10 PAG und Art. 9 III LStVG ist die Qualifizierung als „Störer" fraglich) zu unterscheiden sind. Außerdem sind in diesen Kontext auch noch die Vorschrift des Art. 9 PAG und ihre Parallelvorschrift im LStVG (Art. 7 III LStVG) einzuordnen.

---

143 Dieses Ergebnis rechtfertigt sich auch aus der sonst bestehenden Gefahr, dass die Verwaltung zur Vermeidung der sie treffenden Kostenfolge lieber erst einmal gar nicht handeln würde, was der Effizienz der Gefahrenabwehr abträglich wäre.
144 Vgl. hierzu *Schmidt-Kötters*, in: *Giesberts/Reinhardt*, BImSchG, § 5 Rn. 18.

## I. Der Verhaltens- und der Zustandsstörer (Art. 7, 8 PAG, 9 I, II LStVG)

**131** Nach den obigen Ausführungen kommen als Adressaten einer Gefahrenabwehrmaßnahme zunächst Personen in Betracht, die **mit der abzuwehrenden Gefahr in einer besonderen Beziehung stehen**, sei es, dass sie die Gefahr ausgelöst haben, sei es, dass sie der sächlichen Gefahrenquelle besonders nahe sind.

### 1. Der Verhaltensstörer

**132** Naheliegend ist zunächst die gefahrenabwehrrechtliche Verantwortlichkeit der Person, die eine **Gefahr „verursacht"** (Art. 7 I PAG, 9 I 1 LStVG). „Verursachen" erfasst dabei sowohl positives Tun als auch Unterlassen, sofern insoweit (wie im Strafrecht) eine entsprechende Handlungspflicht besteht.[145] Sondervorschriften hierzu finden sich in Art. 7 II, III PAG und 9 I 2–4 LStVG. Sie betreffen zum einen die zusätzliche Verantwortlichkeit der **Aufsichtspflichtigen** bzw. **Betreuer** für einen nicht, noch nicht, nicht voll bzw. noch nicht voll verantwortlichen Verhaltensstörer. Eine zusätzliche Verantwortung trifft zum anderen auch noch den **Geschäftsherrn**, der sich im Unterschied zu § 831 BGB davon auch nicht durch den Nachweis der hinreichenden Überwachung des verhaltensstörenden Verrichtungsgehilfen exkulpieren kann. Für das Eingreifen dieser Norm muss wie im Zivilrecht[146] zudem ein Abhängigkeitsverhältnis mit der entsprechenden Weisungsgebundenheit tatsächlicher oder vertraglicher Art zwischen dem Geschäftsherrn und dem Verrichtungsgehilfen vorliegen (z. B. die „Chefin" gegenüber ihrem „Arbeiter").

### 2. Der Zustandsstörer

**133** Es gibt jedoch auch Situationen, bei denen die abzuwehrende Gefahr nicht oder nicht nur von einer agierenden Person, sondern unmittelbar (auch) von einer beweglichen oder unbeweglichen Sache oder von einem – insoweit entsprechend § 90a S. 3 BGB gleichgestellten; nur Art. 9 II LStVG legt das sogar selbst fest – Tier ausgeht; hier wird die Gefahr also durch deren bzw. dessen Zustand, Beschaffenheit, Lage oder Verhalten hervorgerufen. In diesen Fällen lassen Art. 8 PAG und Art. 9 II LStVG auch Gefahrenabwehrmaßnahmen gegen den sogenannten Zustandsstörer als Pflichtigen zu. Das ist zum einen der **Inhaber der tatsächlichen Gewalt** über die gefährliche Sache (Art. 8 I PAG, 9 II 1 LStVG), wozu der unmittelbare Besitzer nach § 854 BGB und wohl auch noch der Besitzdiener gemäß § 855 BGB gehören. Zum anderen ist Zustandsstörer aber auch der **Eigentümer** bzw. der sonst an der gefährlichen Sache dinglich Berechtigte (Art. 8 II 1 PAG, 9 II 2 1. Hs. LStVG). Insoweit werden mithin nicht nur das Voll- und das Miteigentum, sondern auch andere, dem gleichgestellte dingliche Rechte (so jedenfalls Art. 9 II 2 Hs. 1 LStVG, während Art. 8 II 1 PAG nur von „Berechtigten" spricht) erfasst. Wenn die „störende" Sache nicht abhandengekommen ist (vgl. dazu auch § 935 I 1 BGB) oder dem Betroffenen die Verfügungsmacht über sie aus anderen Gründen fehlt (dazu Art. 8 II 2 PAG und Art. 9 II 2 2. Hs. LStVG), kann insoweit schließlich neben dem jetzigen unmittelbaren Besitzer auch der frühere Eigentümer[147] oder sonst Berechtigte wie z. B. der frühere Nießbraucher als Zustandsstörer in Anspruch genommen werden. Das gilt für polizeirechtliche Maßnahmen nach Art. 8 III PAG ferner auch dann, wenn der Besitz bzw. das Eigentum (nur dieses wird explizit in Art. 8 III PAG genannt; im LStVG fehlt eine solche Bestimmung gänzlich) an der Sache etwa durch eine **Dereliktion** aufgegeben wurde. Insoweit ist jedoch zu beachten, dass etwa der frühere Eigentümer durch die „Entsorgung" (und damit die Dereliktion) eines Schrottautos selbst schon zum Verhaltensstörer wird.

---

[145] Näher hierzu *Schmidbauer/Holzner*, 12. Kap., Rn. 580 m. w. N.
[146] *Wagner*, in: Säcker/Rixecker/Oetker/Limperg, MüKo BGB, § 831 Rn. 14.
[147] S. dazu *Schmidbauer/Holzner*, 12. Kap., Rn. 630.

**134** Möglich ist damit auch ein **Nebeneinander von Art. 7 und Art. 8 PAG (bzw. Art. 9 I und II LStVG)** in einer Situation. Das ist insbesondere bei den Abschleppfällen mit fehlender Identität von Fahrer und Halter problematisch, wird von der h. M. aber für möglich erachtet. Dieser Punkt zieht dann die Folgefrage der Störerauswahl nach sich (s. dazu Rn. 148 ff.). Gibt es hingegen **mehrere Mitberechtigte**, seien es nun Miteigentümer oder Mitbesitzer wie z. B. Miterben, kann ein Einzelner von ihnen grundsätzlich nicht allein über die Sache verfügen und also auch nicht alleiniger Adressat einer gefahrenabwehrrechtlichen Verfügung sein. In einem solchen Fall muss vielmehr gegen die anderen eine Duldungsverfügung ergehen, sonst ist der betreffende Verwaltungsakt nicht vollstreckbar.¹⁴⁸

**135** Insbesondere im Zusammenhang mit Altlasten und Naturkatastrophen (oder überhaupt bei hohen Kosten) stellt sich die Frage nach dem **Umfang der Zustandsverantwortlichkeit**.¹⁴⁹ Denn gerade in den beiden erstgenannten Fällen könnte über Art. 8 PAG und 9 II LStVG eine Person für immense Folgekosten in Anspruch genommen werden, für deren Entstehung sie keinerlei „Schuld" trifft, weil diese nur auf einem Zufall oder auf Handlungen Dritter in der Vergangenheit beruhen. Nach h. M. wird der Umfang allerdings unabhängig von der Gefahrenursache allein vom Übermaßverbot bestimmt, während ein anderer Ansatz darauf abzielt, Situationen wie z. B. Gefahren durch ein „verseuchtes" Grundstück, die auf einen Erdrutsch oder einen Flugzeugabsturz zurückzuführen sind, die ihrerseits in die Risikosphäre der Allgemeinheit fallen, von der Haftung auszunehmen.¹⁵⁰ Im Ergebnis führen beide Wege letztlich zu der sogenannten **Theorie der unterbrochenen Privatnützigkeit**¹⁵¹, welche die Zustandsverantwortlichkeit normativ begrenzt: Wenn in Folge einer Fremdeinwirkung jede privatnützige substanzielle Nutzung der störenden Sache ausgeschlossen ist, muss der Inhaber der Sachherrschaft auch nur die Gefahrermittlung und -beseitigung durch die öffentliche Hand dulden, im Hinblick auf sein Eigentumsgrundrecht aus Art. 14 I GG nicht aber auch noch die dafür anfallenden Kosten tragen. Bedeutsam wird das beispielsweise gegenüber einem unter Umständen arglosen Grundstückskäufer im Zusammenhang mit den immensen Kosten zur Beseitigung von Altlasten. Nach h. M. gebietet Art. 14 I GG jedoch dann keine Einschränkung der Verantwortlichkeit nach den oben genannten Grundsätzen, wenn der (neue) Eigentümer den polizeirechtswidrigen Zustand des Grundstückes oder seine Ursachen kannte oder fahrlässig nicht kannte.¹⁵² Im Übrigen kann ähnlich wie im Zivilrecht zur Begrenzung der Einstandspflicht aber auf das Kriterium der Zumutbarkeit rekurriert werden.

### 3. Kausalität als weitere Voraussetzung der Haftung

**136** Die Art. 7, 8 PAG, 9 LStVG verlangen kein Verschulden des in Anspruch genommenen Störers. Jedoch muss sein „Beitrag" die **Gefahr verursacht** haben, also dafür kausal gewesen sein. Das ist ähnlich wie im Zivilrecht bei einer unmittelbaren Verursachung anhand der gängigen Theorien von der Äquivalenz bzw. Adäquanz der Kausalbedingun-

---

148 Beachte hierbei den Unterschied zum Fall der rechtlichen oder tatsächlichen Unmöglichkeit (s. oben in Rn. 67). Zur Notwendigkeit der Duldungsverfügung näher *OVG Koblenz*, NVwZ-RR 2004, 239 f.
149 Zu den verfassungsrechtlichen Grenzen der Zustandsverantwortlichkeit auch *Heckmann*, in: *Becker/Heckmann/Kempen/Manssen*, 3. Teil, Rn. 182.
150 Vgl. dazu etwa *BVerfG*, NJW 2000, 2573 ff.
151 *Papier*, NVwZ 1986, 256 (261).
152 Dazu nochmals *BVerfG*, NJW 2000, 2573 (2575 f.); vgl. weitergehend zur Zustandsverantwortlichkeit *BVerwG*, BeckRS 2013, 54804; *Bickel*, NVwZ 2004, 1210 ff.; *Jochum*, NVwZ 2003, 526 ff. (dort auch zur Rechtsfigur des „Nicht-So-Störers"); *Mohr*, UPR 2013, 327 ff.; *Numberger*, NVwZ 2005, 529 ff.; *Schäling*, NVwZ 2004, 543 ff.; *Steenbuck*, NVwZ 2005, 656 ff.; *Tiedemann*, NVwZ 2003, 1477 ff. (zum „bodenschutzrechtlichen Einstandsverantwortlichen"); *Vönecky*, DÖV 2003, 400 ff.; *Wolf*, in: *Busse/Kraus*, BayBO, Art. 4 Rn. 64; allgemein zur Zustandsverantwortlichkeit im Umweltrecht *Huber/Unger*, VerwArch 2005, 139 ff.; zu den prozessualen Folgen bei einer fehlenden Haftungsbegrenzung *Drosdowski*, NVwZ 2007, 789 ff.

gen zumeist unschwer zu bestimmen. Problematischer gestaltet sich die Rechtslage jedoch bei einer bloß **mittelbaren Verursachung** durch den herangezogenen Störer. Eine solche Konstellation liegt vor, wenn weitere Ursachen zu dem Kausalbeitrag des als Störer in Anspruch genommenen hinzugetreten sind, wenn also z. B. ein zweiter Verhaltensstörer oder eine weitere sächliche Gefahrenquelle „mit im Spiel" ist (im Strafrecht ist das parallele „Lehrbuchbeispiel" der zweite „Giftmischer", der dem Opfer eine weitere Dosis, die allerdings erst zusammen mit der ersten tödlich wirkt, verabreicht; der Fall wird auch als „kumulative Kausalität" bezeichnet, während bei der alternativen Kausalität beide Dosen jeweils schon für sich tödlich wären). Zur Lösung dieses Problems wurden verschiedene „Theorien" entwickelt:[153] Nach der **„Rechtswidrigkeitstheorie"** ist Störer, wer sich rechtswidrig verhält. Demgegenüber stellt die sogenannte **Unmittelbarkeitstheorie** der h. M. zur Bestimmung des heranzuziehenden Störers darauf ab, wer die letzte unmittelbar zum Erfolg führende Ursache gesetzt hat. Indiz hierfür kann sein, ob das Verhalten an sich polizeirechtswidrig ist (insoweit ergibt sich dann eine Überschneidung mit der zuerst genannten Theorie). Deutlich wird der ähnliche Ansatz beider Theorien am Beispiel von Ausschreitungen durch das Publikum bei einem Konzert: Zumindest nach der Äquivalenztheorie sind sowohl der Veranstalter bzw. die Band als auch die Besucher für die dann entstehende Gefahr verantwortlich (nach der Adäquanztheorie wohl auch nur Letztere), nach der Unmittelbarkeits- und auch der Rechtswidrigkeitstheorie hingegen eindeutig nur die Besucher, da der Veranstalter bzw. die Band sich nicht polizeirechts- bzw. sonst rechtswidrig verhält und nicht selbst die letzte zum Erfolg führende Ursache setzt. Ausgenommen von der Anwendung dieser Theorien ist allerdings wiederum der sogenannte **latente Störer**, der die Gefahr bereits latent, d. h. verborgen, in sich trägt und damit schon abstrakt-kausal gefährlich ist (so etwa der Infizierte vor Ausbruch der eine Gefahr begründenden Krankheit). Er ist – anders als die Bewertung bei der latenten Gefahr (s. Rn. 115) – wie ein „normaler" Störer zu behandeln, sofern er bereits bekannt ist.

**137** Keine Anwendung finden die Grundsätze zur bloß mittelbaren Verursachung nach h. M. auch beim sogenannten **Zweckveranlasser**, der ebenso wie der latente Störer trotz fehlender unmittelbarer Verursachung der Gefahr verantwortlich, also „polizeipflichtig" ist: So dient die Figur des Zweckveranlassers gerade dazu, auch Personen als Verhaltensstörer in Anspruch zu nehmen, welche die Gefahr nicht unmittelbar verursacht, sich also in der Regel nicht polizeirechtswidrig verhalten haben, die aber die durch andere unmittelbar verursachte Gefahr als störende Folge ihres an sich rechtmäßigen Tuns objektiv bezweckt haben. Beispielsfälle sind insbesondere attraktive Schaufensterreklamen, die zu Verkehrsbehinderungen durch „Stehenbleiber" führen, oder die bewusste Vermietung von Wohnraum an Prostituierte im Sperrgebiet, wo Prostitution verboten ist.[154] Anknüpfungspunkt für eine Handlungsverantwortlichkeit des Zweckveranlassers ist nach h. M. entweder die bloße objektive Geeignetheit seiner Handlung zur Störungsverursachung oder seine bewusste und gewollte „geistige Urheberschaft" der Störung, wobei allerdings umstritten ist, ob hier ausnahmsweise auf subjektive Elemente abgestellt werden darf. Insofern ist nämlich zu bedenken, ob etwa im Schaufenster-Fall der Zweckveranlasser wirklich die Störung verursachen oder nicht vielmehr, geschützt z. B. von seinem Grundrecht aus Art. 12 I GG, Gewinn erzielen will. Hinzu kommt, dass sein Verhalten an sich nicht rechtswidrig ist und die Störung letztlich allein auf der freien Entscheidung der „Stehenbleiber" beruht. Die Rechtsprechung wendet das Institut trotz

---

153 Dazu ausführlich *von Mutius*, Jura 1983, 298 ff.
154 Vgl. auch *VG München*, Urt. v. 15.7.2019 – Az.: M 8 K 18.1841, Rn. 43 (juris), zum Zweckveranlasser beim unerlaubten Abbruch eines Baudenkmals durch die mit der Sanierung beauftragte Firma; *VG Berlin*, Urt. v. 30.8.2019 – Az.: 24 K 301.18, Rn. 48 f. (juris), wonach präventive Maßnahmen zur Abwehr der abstrakten Gefahr terroristischer Angriffe gegen eine Veranstaltung und deren Besucher dem Veranstalter nicht als Zweckveranlasser anzulasten sind.

dieser Bedenken an, während es in der Literatur[155] zum Teil abgelehnt wird. Insgesamt erscheint diese Konstellation in jedem Fall als noch nicht wirklich befriedigend gelöst.[156]

Besonderheiten bestehen schließlich auch noch bei der **Inanspruchnahme rechtlicher Befugnisse**, etwa wenn der Vermieter ein Räumungsurteil vollstreckt, wodurch der Mieter obdachlos wird (zur Obdachlosigkeit als Gefahr für die öffentliche Sicherheit oder die öffentliche Ordnung schon oben in Rn. 103). Der Vermieter als vermeintlicher „Störer" verhält sich polizeirechtlich neutral; er nutzt nur seine ihm zustehenden Rechte, so dass ihm nach h. M. der aus seinem Tun erwachsende polizeiwidrige Erfolg nicht zugerechnet werden darf. Noch deutlicher wird das in dem zweiten Beispielsfall, wenn beim Betrieb einer nach dem BImSchG genehmigten Anlage die von vornherein erwarteten Immissionen zu Schäden bei Dritten führen. Hier legalisiert die gemäß dem BImSchG erteilte Genehmigung sogar das Handeln des Anlagenbetreibers. Ein Vorgehen gegen derartige „Nicht-Störer" kommt daher nur nach Spezialvorschriften (im zweiten Beispiel z. B. des BImSchG) oder in Extremsituationen allenfalls über Art. 10 PAG bzw. Art. 9 III LStVG (s. dazu Rn. 157 ff.) in Betracht. Eine Ausnahme hiervon besteht nur dann, wenn der eingetretene polizeirechtswidrige Erfolg nicht vorhersehbar war und deshalb außerhalb der Legalisierungswirkung der Genehmigung liegt.[157] Das kommt in der Praxis allerdings eher selten vor. Zu beachten ist dabei außerdem, dass die bloße Duldung und das Nichteinschreiten der Behörden gegen ein polizeirechtswidriges Handeln keine solche Legalisierungswirkung haben.

### 4. Die Situation bei unklarer Verantwortlichkeit

Wie bereits oben ausgeführt wurde, kann bei einer vermeintlich akuten, tatsächlich aber – wie sich jedoch erst ex post herausstellt – gar nicht bestehenden Gefahrenlage der für diese „Gefahr" bei Vorliegen verantwortliche „Störer" in Anspruch genommen werden. Daneben gibt es jedoch auch die Möglichkeit (oder beide zusammen), dass die Gefahr zweifelsfrei vorliegt, deren **Urheber** aber jedenfalls bei einer Bewertung nach der Aufklärung des Sachverhaltes (also wiederum ex post) unbekannt, nicht eindeutig zu bestimmen oder zumindest nicht der aus der ex-ante-Perspektive Erscheinende ist bzw. sich die **Einschätzung des Handelnden im Nachhinein als falsch erweist**. Hier stellt sich dann ebenfalls das Problem, wer rechtmäßig für die Gefahrenabwehr in die Pflicht genommen werden darf. Nach ganz h. M. gibt es insoweit parallel zur Rechtslage bei der Anscheinsgefahr und beim Gefahrenverdacht die auf die ex-ante-Sicht gestützten Institute des **Anscheins- und des Verdachtsstörers**,[158] die in rechtmäßiger Weise für Gefahrenabwehrmaßnahmen herangezogen werden können und auf der Tertiärebene auch die Kosten tragen müssen, wenn sie den Anschein bzw. Verdacht ihrer Verantwortlichkeit in zurechenbarer Weise gesetzt haben. Gegen den Verdachtsstörer sind aber regelmäßig nur vorläufige oder ermittelnde Maßnahmen zulässig.[159]

---

155  So z. B. *Honnacker/Beinhofer/Hauser*, Art. 7 Rn. 4. *Knemeyer*, Rn. 328 ff., will danach unterscheiden, ob (nur) eine Modellbahn oder doch eine „Schöne im Schaumbad" das Schaufenster zieren, da Erstere erwartungsgemäß schnell langweilig werde, also keine Zweckveranlassung sei.

156  Praktischer Hintergrund der Konstruktion ist eine höhere Effizienz des behördlichen Vorgehens: Statt der unzähligen „Stehenbleiber" usw., von denen zudem dauernd neue auftreten, wird der Zweckveranlasser in die Pflicht genommen und damit die Gefahr schnell, einfach und dauerhaft beseitigt. Zu den Grundfällen bei dieser Rechtsfigur im Detail *Schoch*, Jura 2009, 360 ff.; *Wobst/Ackermann*, JA 2013, 916 ff.

157  Zu einer Konstellation, in der die Legalisierungswirkung einer Baugenehmigung und einer sicherheitsrechtlichen Betriebserlaubnis einem sicherheitsrechtlichen Einschreiten des Landratsamtes nicht entgegenstand, vgl. *VGH München*, NVwZ 1992, 905 ff.

158  Eine andere Begrifflichkeit findet sich hingegen bei *Kingreen/Poscher*, Polizei- und Ordnungsrecht, § 9 Rn. 22 ff.: Anscheinsstörer ist danach der Störer bei einer Anscheinsgefahr usw.

159  Zur Haftung des Anscheins- und Verdachtsstörers für Vollstreckungskosten *Finger*, DVBl. 2007, 798 ff.

## 5. Rechtsfolgen für die Störer

**140** Als primäre Rechtsfolge für den Störer wurde die Pflicht zur Vornahme bzw. Duldung von Gefahrenabwehrmaßnahmen bereits mehrfach erwähnt. Doch darauf beschränken sich die für ihn aus seiner Stellung erwachsenden rechtlichen Konsequenzen nicht. Die Inanspruchnahme eines Störers bleibt im Unterschied zu der eines Nichtverantwortlichen (Art. 10 PAG, 9 III LStVG; s. dazu Rn. 157 ff.), für den Art. 87 I PAG (ggf. i. V. mit Art. 11 I 1 LStVG) gilt, **ohne Entschädigung**. Dabei folgt auch nichts anderes aus Art. 14 I GG, da es bei der Gefahrenabwehr um eine rechtmäßige staatliche Maßnahme geht. Insofern ist gegebenenfalls bei der Eröffnung des Schutzbereiches dieses Grundrechts auf die Sozialpflichtigkeit des Eigentums gemäß Art. 14 II 2 GG zu rekurrieren. Ein anderes Ergebnis ist somit nur dann denkbar, wenn es gesetzlich angeordnet wurde. Der später **„entlastete Störer"**, der den Anschein bzw. Verdacht einer Gefahr bzw. seiner Störereigenschaft auch nicht verursacht hat, könnte hingegen zu den Anspruchsberechtigten nach Art. 87 II PAG (ggf. i. V. mit Art. 11 I 1 LStVG) gehören, denn dieser ist **ex post** betrachtet (auf diese Sicht ist nämlich abzustellen, wenn es um einen Ausgleich der im Zusammenhang mit der Gefahrenabwehr erlittenen Schäden bzw. erbrachten Opfer geht[160]) nicht nach Art. 7 oder 8 PAG bzw. Art. 9 I, II LStVG „verantwortlich". Ebenso wenig wurde er als Nichtverantwortlicher nach Art. 10 PAG, 9 III LStVG in Anspruch genommen. Da nach der Gesetzesbegründung die Norm nur „völlig außerhalb der Richtung des polizeilichen Handelns stehende Personen" erfassen sollte, dürfte eine solche wörtliche Auslegung jedoch im Widerspruch zum Willen des Gesetzgebers stehen,[161] weshalb der geschädigte Anscheinsstörer auf die allgemeinen Aufopferungsansprüche zu verweisen ist. Ein Entschädigungsanspruch ist hingegen in jedem Fall ausgeschlossen, wenn der Anscheinsstörer den Anschein bzw. den Verdacht einer Gefahr oder einer Störereigenschaft in vorwerfbarer Weise verursacht hat.[162] Dieses Ergebnis ist unter anderem wieder aus der **Effizienz des Handelns zur Gefahrenabwehr** gerechtfertigt: Die hierfür zuständigen Behörden sollen nicht das von anderen Personen geschaffene (Entschädigungs-)Risiko tragen müssen, da sie sonst, wie bereits im Zusammenhang mit den entsprechenden vermeintlichen Gefahren erwähnt wurde (Rn. 118), möglicherweise nur noch in eindeutigen Situationen eingriffen. Viele Gefahren würden dann nicht mehr hinreichend „energisch" bekämpft. Die Rechtsfolgen für die jeweils polizeirechtlich in Anspruch genommenen Personen können im Überblick wie folgt dargestellt werden:

| Störer(in) nach Art. 7 oder 8 PAG bzw. Art. 9 I, II LStVG | Keine Entschädigung |
|---|---|
| Nicht Verantwortliche(r) nach Art. 10 PAG bzw. Art. 9 III LStVG | Entschädigungsanspruch nach Art. 87 I PAG ggf. i. V. mit Art. 11 I 1 LStVG |
| Geschädigter Unbeteiligte(r) | Entschädigungsanspruch nach Art. 87 II PAG ggf. i. V. mit Art. 11 I 1 LStVG |
| Anscheinsgefahr oder Anscheinsstörer(in) Gefahrenverdacht oder Verdachtsstörer(in) | Zurechenbar verursacht: Kein Anspruch Nicht zurechenbar verursacht: allgemeine Aufopferungsansprüche |

**141** An dieser Stelle noch kurz allgemein zu den Kosten im Polizei- und Sicherheitsrecht: Die **Kostentragungspflicht** ist dem Grund nach teilweise **speziell** und insoweit **abschließend** in einzelnen Normen geregelt, so etwa in Art. 9 II, 28 V 2, 72 I 2, 75 III 1 PAG. In den übrigen Fällen und bei von den vorstehenden Normen nicht erfassten Positionen auch ergänzend wurden **die Kosten, die durch ein Handeln der Polizei**

---

160 Vgl. *Unterreitmeier*, in: *Möstl/Schwabenbauer*, Art. 87 PAG Rn. 29.
161 *Unterreitmeier*, in: *Möstl/Schwabenbauer*, Art. 87 PAG Rn. 52.
162 *BGH*, NJW 2017, 1322 (1324 f.).

nach dem PAG entstehen, früher zumeist über das Institut der öffentlich-rechtlichen **Geschäftsführung ohne Auftrag** auf den Verursacher übergewälzt. Nach der nunmehr herrschenden Rechtsprechung sind allerdings zumindest die Regeln des Polizei- und Sicherheitsrechts über die Kostentragungspflicht im Fall der unmittelbaren Ausführung oder der Ersatzvornahme abschließend, so dass die analoge Anwendung der §§ 677 ff. BGB in diesen Konstellationen insoweit ausscheidet.[163] Maßnahmen einer **Sicherheitsbehörde** oder von der **Polizei** sind Amtshandlungen i. S. des Art. 1 I 1 KG und bemessen sich folglich nach dem allgemeinen Kostenrecht. In Betracht kommt hierbei, dass die Amtshandlungen überwiegend im öffentlichen Interesse von Amts wegen getroffen werden und daher nach Art. 3 I Nr. 2 KG kostenfrei sind.[164] Bei der **Höhe der Kosten**, die durch **Maßnahmen der Polizei** entstehen, ist noch wichtig zu wissen, dass für Polizeieinsätze in Bayern grundsätzlich keine Gebühren erhoben werden, wie Art. 3 I Nr. 10 KG ausdrücklich bestimmt. Allerdings gibt es in Zeiten knapper öffentlicher Kassen seit Längerem Forderungen, beispielsweise Veranstalter von großen Sportereignissen und Konzerten, insbesondere bei sogenannten „Hochrisiko-Veranstaltungen" etwa im Profifußball, an den Kosten der dafür nötigen aufwendigen Polizeieinsätze zu beteiligen. Tätig geworden ist hier bislang nur der Gesetzgeber in Bremen, wo Veranstalter von gewinnorientierten Veranstaltungen mit mehr als 5.000 Teilnehmenden für anfallende Polizeikosten zur Kasse gebeten werden können. Die umstrittene Regelung wurde von der Rechtsprechung im Kontext der Anfechtungsklage gegen einen darauf gestützten Gebührenbescheid für recht- und verfassungsmäßig erachtet.[165]

## II. Die Verantwortlichkeit aufgrund von Rechtsnachfolge

Neben der Verantwortlichkeit für eigenes Tun oder eigene Sachen kann sich die gefahrenabwehrrechtliche Pflichtigkeit einer Person auch aus einer **Rechtsnachfolge** ergeben. Dabei sind abhängig vom Zeitpunkt des Eintrittes der Rechtsnachfolge zwei grundsätzliche Möglichkeiten zu unterscheiden.[166]

### 1. Die Rechtsnachfolge in eine noch nicht konkretisierte Pflicht

War die zu erfüllende Pflicht zur Gefahrenabwehr im Zeitpunkt der Rechtsnachfolge noch nicht mittels einer Verfügung konkretisiert worden, so ist zu überlegen, ob an den Rechtsnachfolger erstmals eine Ordnungsverfügung ergehen kann. Die Antwort auf diese Frage hängt von der Störereigenschaft des Rechtsvorgängers ab: War dieser **Zustandsstörer**, ist eine Verfügung auch gegenüber seinem Rechtsnachfolger, also etwa gegenüber dem Neueigentümer der „störenden" Sache, möglich, da dieser nunmehr selbst Zustandsstörer ist. Klassisches Beispiel hierfür ist wiederum der nun in Anspruch genommene Neueigentümer einer Altlastenfläche oder eines anderweitig „gefährlichen" Grundstückes.[167] War der Rechtsvorgänger demgegenüber **Verhaltensstörer**, so ist um-

---

163 Vgl. *BGH*, NVwZ 2004, 373 ff., zum bayerischen Polizeirecht, der auch Ansprüche des Handelnden aus („privater") Geschäftsführung ohne Auftrag verneint, da kein fremdes Geschäft geführt worden sei; *VG München*, BeckRS 2016, 124356, verneint das Vorliegen einer planwidrigen Regelungslücke; anders aber noch z. B. *VG München*, BeckRS 2001, 20692, Rn. 26. Dazu insgesamt kritisch *Linke*, DVBl. 2006, 148 ff.
164 Allerdings können trotz öffentlichem Interesse die Kosten dem Einzelnen auferlegt werden, soweit das der Billigkeit nicht widerspricht; vgl. z. B. *VG München*, Urt. v. 11.10.2011 – Az.: M 2 K 11.2429, Rn. 26 (juris).
165 Vgl. *BVerwG*, NVwZ 2019, 1444 ff.; so zuvor schon *OVG Bremen*, NVwZ 2018, 913 ff.; s. auch *Selmer*, JuS 2020, 93 f., mit einer Entscheidungsbesprechung; zu einer weitergehenden Analyse *Frank*, VerwArch 2020, 250 ff.; allgemein zu anfallenden Polizeikosten bei Fußballspielen *Böhm*, NJW 2015, 3000 (3001 ff.). Rechtspolitische Aspekte in diesem Kontext finden sich bei *Drechsler*, NVwZ 2020, 433 ff.
166 Sofern nicht Spezialregeln wie etwa im Bodenschutzrecht bestehen; vgl. dazu *BVerwG*, DVBl. 2006, 1114 ff.; *VGH München*, NVwZ 2007, 112 ff.; dazu auch *Palme*, NVwZ 2006, 1130 ff.
167 Beispielhaft *OVG Magdeburg*, Beschl. v. 25.7.2019 – Az.: 2 L 44/17 (juris).

stritten, ob auch hier die Möglichkeit einer Verfügung gegen seinen Rechtsnachfolger besteht. Denn dieser leistet selbst (noch) keinen Kausalbeitrag zu der Gefahr. Es besteht auch noch keine rechtlich konkretisierte Verbindlichkeit, die auf ihn hätte übergehen können, weil das bloße Recht zum Eingreifen gegen den Rechtsvorgänger nach h.M. nicht rechtsnachfolgefähig ist. Damit scheidet hier eine Inpflichtnahme allein aufgrund der Rechtsnachfolge aus.

### 2. Die Rechtsnachfolge in eine bereits konkretisierte Pflicht

**144** Tritt die Rechtsnachfolge hingegen erst zu einem Zeitpunkt ein, zu dem der in Rede stehende Verwaltungsakt[168] zur Gefahrenabwehr bereits erlassen worden ist, so wird der Rechtsnachfolger fragen, ob er die in dem Verwaltungsakt für seinen Rechtsvorgänger begründete Pflicht nun etwa selbst erfüllen muss. Auch insoweit ist nach der Störereigenschaft seines „Vorgängers" zu unterscheiden: War dieser ein von Art. 8 PAG bzw. Art. 9 II LStVG erfasster **Zustandsstörer** und die betreffende Pflicht auf eine **vertretbare Handlung** gerichtet, ging es also um keine höchstpersönliche Pflicht, die nur der Verpflichtete selbst erfüllen kann,[169] dann ist diese Pflicht regelmäßig als öffentliche (dingliche) Last des erworbenen Rechts anzusehen.[170] Es handelt sich um eine Art **dinglichen Annex** des übertragenen Rechts, der allerdings nur den Eigentümer und Personen in einer vergleichbaren Rechtsposition, nicht aber den bloßen Besitzer, der dieses dingliche Recht auch gar nicht erworben oder übernommen hat, dazu anhält, die Pflicht zu erfüllen. So trifft z.B. die Haltungsanordnung für einen sogenannten Listenhund nach Art. 18 II LStVG, die gegen dessen Rechtsvorgänger als Zustandsstörer nach Art. 9 II 1 LStVG (als Inhaber der tatsächlichen Gewalt über ein Tier, das Maßnahmen nach dem LStVG nötig macht) ergangen ist, auch den Rechtsnachfolger. Die h.M.[171] differenziert dabei nicht danach, ob es sich um eine Einzel- (also etwa die Übereignung einer bestimmten Sache) oder um eine Gesamtrechtsnachfolge (so beispielsweise die Erbschaft nach § 1922 BGB) handelt. Um den Rechtsnachfolger vor einer für ihn überraschenden Vollstreckung der ihm möglicherweise gar nicht bekannten Grundverfügung zu bewahren, verlangt die h.M. jedoch zusätzlich, dass ihm vor der Vollstreckung noch die Möglichkeit zur Erfüllung der Pflicht dadurch gegeben wird, dass sie durch einen neuen Verwaltungsakt **vollzugsfähig** gemacht wird. Dabei kann der Rechtsnachfolger gegen diesen Akt jedoch keine Einwände mehr erheben, die bereits bezüglich der alten Verfügung hätten vorgebracht werden können. Bei **unvertretbaren Handlungen** gibt es dagegen keine Rechtsnachfolge.[172]

**145** War der Rechtsvorgänger demgegenüber ein **Verhaltensstörer** nach Art. 7 PAG bzw. Art. 9 I LStVG und die Pflicht auf eine **vertretbare Handlung** gerichtet, so ist zu prüfen, ob es eine spezielle **Überleitungsnorm** für die **Gesamt- oder zumindest Teilrechtsnachfolge** gibt. Das ist etwa bei den §§ 1922, 1967 BGB, 20 I Nr. 1 UmwG und wohl

---

168 Ein bloßer Realakt ist von seiner Natur her schon nicht rechtsnachfolgefähig, da er sich in aller Regel mit seiner Vornahme erledigt und im Unterschied zum Verwaltungsakt gerade keine weiteren in die Zukunft reichenden Rechtsfolgen zeitigt, so dass sich bei ihm die oben dargestellten Probleme nicht stellen. Ein Beispiel für einen solchen Verwaltungsakt wäre demgegenüber die Anordnung, eine lärmende Maschine zu „dämmen".
169 Dazu zählt etwa die Pflicht, eine bestimmte Information weiterzugeben, zu schweigen oder etwas zu dulden. Vertretbare Pflichten kann hingegen jedermann erfüllen (auch wenn dazu besondere Hilfsmittel nötig sind), so z.B. ein falsch geparktes Fahrzeug wegfahren oder ein brennendes Haus löschen.
170 Laut *VGH München*, NVwZ 2006, 1201, gilt das jedoch nicht für die immissionsschutzrechtliche Genehmigung einer Anlage, die dem Eigentümer erteilt wurde. Sie soll kein dinglicher Annex zur Anlage sein.
171 Vgl. *Gallwas/Linder*, in: *Gallwas/Lindner/Wolff*, Kap. 3, Rn. 518 ff.
172 So etwa bei der Pflicht zum Unterlassen einer bestimmten Handlung. Vgl. zum „Einrücken" des Rechtsnachfolgers selbst in die verfahrensrechtliche Position *BVerwG*, NVwZ 2006, 1072 f., noch zum Widerspruch: Der Widerspruch des Rechtsvorgängers erfüllt auch für den Rechtsnachfolger die Sachentscheidungsvoraussetzung des erfolglosen Vorverfahrens.

auch bei § 25 I 1 HGB[173] der Fall, weshalb in solchen Konstellationen auch der Rechtsnachfolger gehalten ist, die Pflicht zu erfüllen, will er nicht deren Vollstreckung riskieren.[174] Auch hier kann wieder auf den soeben in Rn. 144 genannten Fall rekurriert werden und als Beispiel der Gesamtrechtsnachfolger eines Verhaltensstörers nach Art. 9 I 1 LStVG (der Rechtsvorgänger ist hier auch Verhaltensstörer, weil die Gefahr durch das ordnungswidrige Halten des Hundes verursacht wird) genannt werden, gegen den eine Haltungsanordnung für einen sogenannten Listenhund nach Art. 18 II LStVG ergangen ist.[175] Anders stellt sich die Lage hingegen bei einer bloßen **Einzelrechtsnachfolge**, also z. B. beim Erwerb einer Sache, mit der gestört wurde, dar. Hier knüpft die Pflicht an ein Verhalten an; sie ist mithin kein „Annex" zur störenden Sache, so dass insoweit auch kein „Übergang" stattfindet. Gleiches gilt immer auch für **unvertretbare** und damit höchstpersönliche Pflichten wie beispielsweise das konkrete nächtliche Blasverbot für eine jetzt vom Rechtsnachfolger erworbene Tuba.

## III. Die Polizeipflichtigkeit von Hoheitsträgern

Nicht auf den ersten Blick klar ist, ob auch staatliche Hoheitsträger dem Polizei- und Sicherheitsrecht unterfallen. In materieller Hinsicht – also bezogen auf die sogenannte **materielle Polizeipflichtigkeit** – lässt sich das mit Hinweis auf Art. 20 III GG bzw. Art. 3 I 1 Fall 1 BV eindeutig bejahen. Demzufolge müssen sich auch der Staat und seine „Untergliederungen" an Gesetz und Recht halten, sofern es keine spezielle Ausnahmeregelung gibt. Dazu gehören beispielsweise die Sonderrechte nach § 35 StVO für Fahrzeuge mit Blaulicht, die nicht alle Regeln der StVO einhalten müssen. Eine Ausnahme ist ferner dann anzuerkennen, wenn der Grundsatz der Verhältnismäßigkeit wegen der legitimen Aufgaben der störenden Behörde eine andere Lösung gebietet. Aus der materiellen Polizeipflichtigkeit folgt auch, dass ein etwa auf Grundrechte gestützter Abwehranspruch unmittelbar gegen den Rechtsträger der störenden Behörde (auf Einhaltung der auch von ihm zu beachtenden Gesetze) und nicht gegen den Rechtsträger der Sicherheits- oder Polizeibehörde (gerichtet auf ein Einschreiten nach dem Sicherheits- und Polizeirecht) geltend gemacht werden muss.[176]

Schwerer zu lösen ist hingegen das Problem, ob im Fall einer Nichtbefolgung der materiellen Polizeipflichtigkeit ein Einschreiten der Sicherheits- und Polizeibehörden – gegebenenfalls sogar mit Zwangsmitteln – auch gegenüber staatlichen Hoheitsträgern zulässig ist. Damit ist die Frage nach der **formellen Polizeipflichtigkeit** in diesen Konstellationen gestellt. Die Rechtsprechung verneinte sie bis vor einiger Zeit, soweit (und weil) durch ein solches Einschreiten die Funktionsfähigkeit der (störenden) Verwaltung, die als Teilaspekt der öffentlichen Sicherheit selbst Schutzgut des Polizei- und Sicherheitsrechts ist, beeinträchtigt werden könnte.[177] Ferner ist zu beachten, dass es – streng genommen – nach der verfassungsrechtlichen Kompetenzverteilung, an die auch die für die Gefahrenabwehr zuständigen Behörden gebunden sind, bereits an deren Zuständigkeit für derartige Maßnahmen fehlt, weil jede Verwaltungseinheit in ihrem Aufgabenbereich selbst zur Gefahrenabwehr berufen ist (so sorgt etwa primär die Schulbehörde für die Sicherheit in „ihren" Schulen). Für Selbstverwaltungskörperschaften ist schließlich auch noch ihr besonderer Schutz zu beachten, so z. B. für eine Gemeinde

---

173 Dazu VG Frankfurt, Urt. v. 5.3.2013 – Az.: 2 K 4996/11.F, Rn. 41 (juris).
174 Vgl. *VGH München*, Urt. v. 24.8.2010 – Az.: 8 BV 06.1795, Rn. 26f. (juris).
175 *VG Hannover*, Urt. v. 19.1.2015 – Az.: 10 A 13066/14 (juris), Rn. 22; grundsätzlich ablehnend zur Übergangsfähigkeit der (konkretisierten) Verhaltensverantwortlichkeit *Stückemann*, JA 2015, 569 (572).
176 So beispielsweise die Konstellation in *BVerwGE* 79, 254 ff.: unzumutbare Immissionen einer Feuerwehrsirene.
177 In diesem Sinn *BVerwGE* 29, 52 (58 f.).

nach Art. 28 II 1 GG bzw. Art. 11 II 2 BV und für eine Universität nach Art. 5 III 1 GG bzw. Art. 108 BV. Seit längerer Zeit nimmt das *BVerwG* jedoch zumindest für Anordnungen, die auf § 24 S. 1 BImSchG gestützt werden, eine formelle Polizeipflichtigkeit auch der öffentlichen Hand an und begründet das vor allem mit der besonderen Sachkunde und Ausstattung der Immissionsschutzbehörden.[178] Auch für Eilfälle und Fälle, in denen der hoheitliche Tätigkeitsbereich des adressierten Verwaltungsträgers gar nicht berührt ist, wird die formelle Polizeipflichtigkeit teilweise bejaht.[179] Es ist aber immer noch unklar und daher abzuwarten, ob sich ein grundlegender dogmatischer Wandel der h. M. in dieser Frage abzeichnet, also eine Anerkennung der generellen formellen Polizeipflichtigkeit von Hoheitsträgern. Zu berücksichtigen ist dabei allerdings, dass dieser Problemkreis insgesamt an Bedeutung verliert, weil viele Verwaltungsbereiche aus der staatlichen Aufgabe „entlassen", (formell) privatisiert und damit auch formell polizeipflichtig werden (so etwa für die früheren Behörden als Leistungserbringer im Bereich von Eisenbahn und Post). Auch beim **fiskalischen Handeln der Verwaltung** – das ist die rein erwerbswirtschaftliche Betätigung (als Beispiel: Die kommunale Brauerei stört durch ihre Immissionen) oder das Beschaffungswesen – besteht die formelle Polizeipflichtigkeit. Dagegen stellt sich das Problem nach wie vor beim sogenannten **Verwaltungsprivatrecht**, also bei der Erfüllung öffentlicher Aufgaben durch den Staat mit privatrechtlichen Mitteln (etwa bei der Gewährung von Subventionen über eine privatrechtlich organisierte Bank der öffentlichen Hand). Hier besteht mithin eine formelle Polizeipflichtigkeit nur mit der obigen Begründung.

### IV. Die Auswahl zwischen mehreren Störern

**148** Haben mehrere Störer – hierzu gehört gemäß Art. 10 I Nr. 2 PAG nicht der sogleich (ab Rn. 157) noch näher zu betrachtende Nichtverantwortliche – eine Gefahr verursacht, stellt sich für die eingreifende Behörde im Rahmen des ihr eingeräumten Ermessens die Frage, gegen **welchen Störer** sie vorgeht. Dabei steht ihr ein Auswahlermessen zu, dessen Ausübung dann zugleich auch über die Kostentragungspflicht des Ausgewählten entscheidet. Wichtigstes Kriterium der Behörde muss dabei schon allein von ihrer Aufgabe her die **Effektivität und Schnelligkeit der Gefahrenabwehr** sein. So ist etwa der Zustandsstörer statt des ebenfalls denkbaren Verhaltensstörers in Anspruch zu nehmen, wenn nur er „greifbar" ist. Führt dieser Ansatzpunkt nicht weiter, stehen noch folgende „Hilfskriterien" zur Verfügung:
– die **Letztverantwortlichkeit**, also die Frage, welcher Störer noch näher und stärker an der Gefahr „dran" ist, und – daran anknüpfend – der jeweilige **Anteil an der Verursachung**;
– die **Leistungsfähigkeit** des einzelnen Störers, die allerdings – wie gezeigt – auch schon beim Hauptkriterium der Effektivität der Gefahrenabwehr eine entscheidende Rolle spielen kann;
– das **Verschulden** jedes einzelnen Störers;
– streitig ist, ob der **Doppel-** (also ein Verhaltens- und Zustandsstörer) **vor dem Einfachstörer** heranzuziehen ist;[180]

---

178 *BVerwG*, BeckRS 2002, 23909. Dazu kritisch *Glöckner*, NVwZ 2003, 1207 ff.; weitergehend bereits *Britz*, DÖV 2002, 891 ff. Zusammenfassend *Schoch*, Jura 2005, 324 ff.
179 *VGH Kassel*, BeckRS 2014, 51416, Rn. 29; *Holzner*, in: *Möstl/Schwabenbauer*, Art. 11 PAG Rn. 149.
180 Statt der pauschalen Anwendung solcher in ihrer Absolutheit fragwürdigen „Vorrangregeln" empfiehlt sich im Streitfall allerdings eine Argumentation mit Hilfe der anderen, sachnäheren Hilfskriterien.

- streitig ist ferner, ob generell der **Verhaltens- vor dem Zustandsstörer** in Anspruch genommen werden soll (das Problem wird z. B. hinsichtlich der Kostentragungspflicht für das Abschleppen virulent, die generell den Fahrer treffen soll);[181]
- möglicherweise gibt es daneben **spezialgesetzliche Prioritäten**, nach denen z. B. der Besitzer vor dem Eigentümer herangezogen werden soll;[182]
- gegebenenfalls muss (außerhalb der Ersatzvornahme; dazu unten Rn. 259 f.) die **Behörde selbst tätig werden**, so etwa, wenn der Zustandsstörer alles ihm Zumutbare zur Gefahrverhinderung bzw. Schadensbegrenzung unternommen hat.

**149** Die Gerichte überprüfen die Störerauswahl nach Art. 40 BayVwVfG, § 114 S. 1 VwGO nur auf die schon erörterten (vgl. Rn. 64) **Ermessensfehler**, also auf den Ermessensnichtgebrauch, den Ermessensfehlgebrauch und die Ermessensüberschreitung. Fehlerhaft ist die Auswahl im Übrigen nur, wenn das Ermessen bei der Auswahl auf einen bestimmten Bewerber reduziert war, dieser mithin hätte ausgewählt werden müssen: Dass ein anderer hätte ausgewählt werden können, reicht insoweit nicht, denn darin liegt jedenfalls keine Rechtsverletzung des dann tatsächlich Ausgewählten.

**150** Wird nur einer von mehreren Störern in Anspruch genommen, ist umstritten, ob dem in Anspruch Genommenen ein **Ausgleichsanspruch gegen die anderen „Mitstörer"** analog § 426 I 1 BGB zusteht. Der *BGH* lehnt das insbesondere unter Verweis darauf ab, dass die Situation der §§ 421 ff. BGB nicht vergleichbar mit dem Verhältnis zwischen einer Störermehrheit und der handelnden Behörde sei. Letztere dürfe nicht nach Belieben einen Störer herausgreifen, sondern sei an rechtsstaatliche Maßstäbe wie den Verhältnismäßigkeitsgrundsatz oder Ermessensgrenzen gebunden.[183] Der Großteil der Literatur tritt dem entgegen und will einen Gesamtschuldnerausgleich nach den BGB-Regeln ermöglichen. Argument ist unter anderem, dass die Auswahl des heranzuziehenden Störers nach Belieben nicht Voraussetzung, sondern Rechtsfolge der Gesamtschuld sei. Das könne bei einer analogen Anwendung der §§ 421 ff. BGB durch öffentlich-rechtliche Wertungen korrigiert werden.[184]

## V. Die unmittelbare Ausführung anstelle des Verantwortlichen

### 1. Dogmatische Einordnung

**151** Art. 9 PAG beinhaltet eine zusätzliche, umfassende „Befugnisnorm" für die Polizeibehörden – und Art. 7 III LStVG entsprechend für die Sicherheitsbehörden –, wenn **kein Verantwortlicher verfügbar** ist. Der entscheidende Unterschied der unmittelbaren Ausführung zu der später noch erörterten Vollstreckung nach Art. 70 ff. PAG und insbesondere zur Ersatzvornahme nach Art. 72 PAG (diese gegebenenfalls im Sofortvollzug

---

181 S. insoweit *VGH München*, BeckRS 2009, 40312: Da bei der Störerauswahl das öffentliche Interesse an einer effektiven Gefahrenbeseitigung im Vordergrund steht, kann nicht von einem abstrakten Vorrang der Inanspruchnahme eines Handlungsstörers gegenüber dem Zustandsstörer ausgegangen werden. Es ist auch verfassungsrechtlich nicht geboten, dass Zustandsverantwortliche stets nur nachrangig haften. Vgl. auch *VGH Kassel*, NVwZ-RR 2004, 32 f., zur Frage, wer Bauvorlagen einreichen muss (der Zustands- oder der Verhaltensstörer). Beachtlich ist diesbezüglich aber auch die Zusatzverantwortlichkeit des Arbeitgebers bei gefährlichen Produkten. Außerdem ist es häufig effektiver, gegen den Arbeitgeber als Zustandsstörer – nach Art. 7 III PAG ist er zugleich aber auch Verhaltensstörer (dazu Rn. 132) – als gegen den einzelnen Arbeitnehmer als Verhaltensstörer vorzugehen.
182 Auch generell kann es sinnvoll sein, vorrangig den Besitzer als Inhaber der tatsächlichen Sachherrschaft heranzuziehen; vgl. *VGH München*, NVwZ 1986, 942 (946; auch wenn das dort in der konkreten Situation abgelehnt wurde); zur Sondersituation im Bodenschutzrecht *Tiedemann*, NVwZ 2003, 1477 ff.
183 Dazu etwa *BGH*, NJW 1981, 2457 f.; *BGH*, NVwZ-RR 2014, 759 ff. (dort wird zwar aufgrund einer speziellen Konstellation § 426 BGB angewendet; der *BGH* bekräftigt aber seine grundsätzlich ablehnende Haltung)
184 *Zimmermann*, NVwZ 2015, 787 ff.

nach Art. 70 II PAG) liegt darin, dass es mangels Adressaten schon **keinen zu vollstreckenden Grundverwaltungsakt** gegen einen Verantwortlichen gibt. Daher rührt auch die Bezeichnung „unmittelbare Ausführung der Maßnahme". Diese Ausführung ist selbst keine Verfügung, gibt es doch für sie ebenfalls keinen Adressaten, und damit nur ein **Realakt**.[185] Sie ist ferner, wie schon ihr Fehlen in der Aufzählung des Art. 71 I PAG zeigt, **kein Zwangsmittel**, denn im Unterschied etwa zur Ersatzvornahme wird bei ihr kein entgegenstehender Wille gebeugt. Auch bei der sogenannten **Tatmaßnahme** nach Art. 7 III LStVG für die Sicherheitsbehörden handelt es sich nur um einen Realakt, wie sich aus der Systematik der Norm erkennen lässt: nach Art. 7 I LStVG können Sicherheitsbehörden „Anordnungen" und „sonstige Maßnahmen" treffen, wobei unter „Anordnungen" Verwaltungsakte und unter den „sonstigen Maßnahmen" Realakte verstanden werden (s. näher dazu unter Rn. 251 ff.). Nach Art. 7 III LStVG können Tatmaßnahmen ergriffen werden, wenn Anordnungen nach Art. 7 II LStVG nicht möglich, nicht zulässig oder nicht erfolgversprechend sind. Daraus lässt sich erkennen, dass es sich bei Tatmaßnahmen um Realakte, also um „sonstige Maßnahmen" handelt. Zudem fehlt bei einem unmittelbaren Zugriff durch die Sicherheitsbehörde selbst, durch die Polizei oder sonstige Beauftragte zur Abwehr oder Beseitigung der Gefahr oder Störung (vgl. den Wortlaut von Art. 7 III LStVG) die Regelungswirkung, also das Ge- oder Verbot an einen Adressaten.[186] Zumeist wird ein solcher auch nicht anwesend sein, weshalb eine Anordnung an ihn nicht möglich ist. Art. 7 III LStVG erfasst mithin dieselbe Situation wie Art. 9 PAG im Polizeirecht.

### 2. Voraussetzungen

**152** An die Möglichkeit einer unmittelbaren Ausführung anstelle des Verantwortlichen stellt Art. 9 PAG verschiedene Anforderungen: Zunächst müssen alle **Rechtmäßigkeitsvoraussetzungen** einer polizeilichen Maßnahme nach Art. 11 ff. PAG erfüllt sein (das ist die „fiktive Grundverfügung"), und die Behörde erlässt **nur mangels eines geeigneten Adressaten keinen entsprechenden Verwaltungsakt** gegenüber dem nach Art. 7 oder 8 PAG Verantwortlichen. Darüber hinaus ist es erforderlich, dass eine **vertretbare Handlung** verlangt wird. Deshalb scheiden hier die zumeist auf unvertretbare Handlungen gerichteten Standardmaßnahmen wie etwa ein Platzverweis nach Art. 16 I PAG aus. Ähnliche Voraussetzungen ergeben sich in Bezug auf die Tatmaßnahme nach Art. 7 III LStVG: Eine hypothetische Anordnung nach Art. 7 II LStVG (Standardbefugnisse nach den Art. 16 ff. LStVG kommen hier also nicht in Betracht) müsste in rechtmäßiger Weise möglich sein, und nur mangels geeigneten Adressaten wird kein entsprechender Verwaltungsakt erlassen. Darüber hinaus muss auch hier eine vertretbare Handlung Gegenstand der Tatmaßnahme sein.

**153** Die Anwendbarkeit des Art. 9 PAG als Ausnahmevorschrift bedingt also zunächst und vor allem, dass gegenüber dem eigentlich Verantwortlichen keine Verfügung ergeht, weil damit der **Zweck der Maßnahme nicht oder nicht rechtzeitig erreichbar** wäre. Als Hauptgründe dafür sind zu nennen, dass der an sich Verantwortliche gar nicht (z. B. ist er unbekannt) oder nicht rechtzeitig – also erst nach der Gefahrrealisierung – „greifbar" ist, dass seine Inanspruchnahme unzulässig wäre (so im Fall des erkennbar betrunkenen Autofahrers, der aufgefordert wird, sein Auto aus der Gefahrenzone wegzufahren) oder dass er die

---

185 So zutreffend die wohl h. M.; vgl. *Heckmann*, in: *Becker/Heckmann/Kempen/Manssen*, 3. Teil, Rn. 278; *Gallwas/Linder* in: *Gallwas/Lindner/Wolff*, Kap. 3, Rn. 334. Teilweise wird sie dagegen als ein Verwaltungsakt an eine bestimmbare Person, dessen Bekanntgabe in spezieller Form durch Unterrichtung erfolgt, angesehen (so *Weber/Köppert*, Rn. 218). Die „Regelung" soll dabei (vgl. *Berner/Köhler/Käß*, vor Art. 9 Rn. 8) in dem „Eingriff in die Verfügungsgewalt über Rechte des Betroffenen" liegen, wobei mit dieser Argumentation jeder Realakt, der Rechte des Bürgers berührt, als Verwaltungsakt zu qualifizieren wäre.

186 So auch *Holzner* in: *Möstl/Schwabenbauer*, Art. 7 LStVG Rn. 62 m. w. N., der jedoch darauf verweist, dass das nicht unumstritten sei, und hierbei auch die Parallele zu Art. 9 PAG zieht.

geforderte Leistung nicht erbringen kann. Ein Beispiel hierfür wäre, von zuvor zündelnden Kindern zu verlangen, die durch ihr Zutun in Brand geratene Scheune wieder zu löschen. Art. 7 III LStVG nennt als Voraussetzung für die Anwendbarkeit der Norm, dass Anordnungen nach Abs. 2 nicht möglich, nicht zulässig oder nicht erfolgversprechend sein dürfen, und meint damit letztlich das Gleiche wie Art. 9 PAG.[187]

### 3. Rechtsfolge des Art. 9 PAG bzw. des Art. 7 III LStVG

Liegen die Tatbestandsvoraussetzungen von Art. 9 PAG bzw. Art. 7 III LStVG vor, kann die zuständige Behörde nach einer entsprechenden **Ermessensausübung** (an dieser Stelle sind also mögliche Fehler, insbesondere im Hinblick auf die Verhältnismäßigkeit, zu prüfen) die Maßnahme, zu der eigentlich der Verantwortliche verpflichtet werden sollte, selbst oder bei Erforderlichkeit auch durch beauftragte Dritte durchführen (lassen). Dabei ist die Eigenvornahme durch die Behörde im Hinblick auf die zumeist niedrigeren Kosten und die damit eher gewahrte Verhältnismäßigkeit der Regelfall. Wird hingegen ein Dritter beauftragt, so wird er dadurch kein Beliehener, sondern ist nur „**Verwaltungshelfer**", für dessen Tun jedoch der Rechtsträger der ihn beauftragenden[188] Behörde im Wege der Amtshaftung einstehen muss.[189]

**154**

Nach Art. 9 I 2 PAG muss der von der Maßnahme **Betroffene** überdies unverzüglich **informiert** werden. Das ist aber keine formelle Rechtmäßigkeitsvoraussetzung des Art. 9 PAG. Ihre Missachtung führt also nicht zur Rechtswidrigkeit der unmittelbaren Ausführung, sondern nur gegebenenfalls zu Ansprüchen aus Amtshaftung nach § 839 I 1 BGB i. V. mit Art. 34 S. 1 GG bzw. Art. 97 S. 1 BV. Diese Informationspflichten gibt es im Sicherheitsrecht in Bezug auf Art. 7 III LStVG hingegen nicht.

**155**

Art. 9 II PAG begründet schließlich eine **Kostentragungspflicht** des oder der nach Art. 7 oder 8 PAG an sich für die abzuwehrende Gefahr Verantwortlichen, die per Leistungsbescheid geltend gemacht wird (die Verwaltungsaktsbefugnis wird aus Art. 1 I 1 KG hergeleitet). Eine entsprechende ausdrückliche Regelung im LStVG fehlt. Für die Tatmaßnahme nach Art. 7 III LStVG werden aber Kosten (Gebühren und Auslagen) nach den allgemeinen kostenrechtlichen Vorschriften des KG erhoben, wobei Kostenschuldner der Verantwortliche ist, soweit sein Tun oder Unterlassen für die Amtshandlung ursächlich war und er dieses Tun oder Unterlassen zu vertreten hat. (Art. 1 I 1, 2 I 1 KG).[190] Kostenbescheide unterfallen nicht § 80 II 1 Nr. 1 VwGO (dieser gilt nur für vorhersehbare, also einplanbare Gelder, welche die öffentliche Hand einnimmt[191]) und sind damit nicht kraft Gesetzes sofort vollziehbar.[192] Ebenso wenig greift bei Kostenbescheiden der Polizei § 80 II 1 Nr. 2 VwGO. Somit hat eine Anfechtungsklage (ein Widerspruch ist in Bayern nach § 68 I 2 Fall 1 VwGO i. V. mit Art. 12 II AGVwGO unstatthaft[193]) die nach § 80 I 1 VwGO übliche aufschiebende Wirkung. Die Rechtmäßigkeit

**156**

---
187 Näher dazu *Holzner* in: *Möstl/Schwabenbauer*, Art. 7 LStVG Rn. 65 ff.
188 Vgl. §§ 662 ff. BGB. In der Regel wird es sich dabei um einen Werkvertrag nach § 631 BGB handeln. Zur Rechtswidrigkeit einer „faktischen Beleihung" im Rahmen der Überwachung und Ahndung von Verkehrsverstößen ohne gesetzliche Grundlage *OLG Frankfurt a. M.*, Beschl. v. 3.1.2020 – Az.: 2 Ss-OWi 963/18 (juris).
189 So *BGH*, NJW 1993, 1258 ff., für ein Abschleppunternehmen. Wenn hier die Sicherheitsbehörde die Polizei zu handeln beauftragt, was Art. 7 III LStVG zulässt, ist das eine Art „Vollstreckungshilfe" (ähnlich wie in Art. 37 II VwZVG) als Sonderform der Amtshilfe; so auch *Holzner*, in: *Möstl/Schwabenbauer*, Art. 7 LStVG Rn. 73.
190 Nr. 7.5.5 VollzBekLStVG.
191 Vgl. *VGH Mannheim*, NVwZ 1986, 933.
192 So zuletzt *VGH München*, BayVBl. 2010, 51 f.
193 Teilweise wird in Bayern jedoch vertreten, dass ein weites Verständnis des Begriffes „Kommunalabgaben" in Art. 12 I 1 Nr. 1 AGVwGO zugrunde zu legen sei und dementsprechend auch Kostenbescheide, die zwar von einer Kommune stammten und dieser Einnahmen ermöglichten, sich aber gerade nicht auf das KAG stützen ließen, davon erfasst sein. Folgt man dieser Ansicht, ist in den besagten speziellen Konstellationen doch die Möglichkeit eines Widerspruchsverfahrens gegeben; vgl. dazu *VGH München*, BeckRS 2012, 51835.

dieses Kostenbescheides setzt dann die (inzident geprüfte) Rechtmäßigkeit der unmittelbaren Ausführung bzw. der Tatmaßnahme und damit auch ihrer fiktiven Grundverfügung voraus (das ist die sogenannte **Konnexität**), so dass sich in solchen Konstellationen ein sehr **„verschachtelter" Prüfungsaufbau** ergibt.

## VI. Die Inanspruchnahme eines Nichtverantwortlichen

157 Über die soeben geschilderten Fälle hinaus sind auch Konstellationen denkbar, in denen keine für die Gefahr in irgendeiner besonderen Weise „verantwortlichen" Personen, wohl aber einsatzfähige Dritte zur Gefahrenabwehr vor Ort verfügbar sind. Für derartige Fälle sieht Art. 10 PAG bzw. Art. 9 III LStVG unter bestimmten Voraussetzungen die Inanspruchnahme nicht verantwortlicher Personen, der sogenannten **Notstandspflichtigen**, vor. Die Vorgaben sind dabei eng auszulegen, wird doch dann, ohne dass das von ihnen zu vertreten ist, in die Rechte der an sich unbeteiligten Dritten eingegriffen.

### 1. Voraussetzungen des Art. 10 PAG bzw. Art. 9 III LStVG

158 Art. 10 PAG ebenso wie Art. 9 III LStVG stellen für ihre Anwendbarkeit vier Voraussetzungen auf: Zum einen bedarf es einer **gegenwärtigen und erheblichen Gefahr**; es muss also eine unmittelbar bevorstehende Gefahr für ein wichtiges Rechtsgut oder ein besonders großer Schaden drohen. Weiterhin dürfen **Maßnahmen** zur Abwehr dieser Gefahr **gegen Verhaltens- und Zustandsstörer** zum Zeitpunkt der Gefahrenabwehr **nicht, nicht rechtzeitig** oder **nicht Erfolg versprechend möglich** sein. Diese gesetzliche Vorgabe zielt auf die Wahl des mildesten Mittels. Sie bewirkt zudem, dass der Nichtverantwortliche nach Art. 10 PAG bzw. Art. 9 III LStVG nicht unter den im Rahmen der Störerauswahl in Betracht zu ziehenden Adressaten einer Maßnahme erscheint. Die Voraussetzung ist erfüllt, wenn der an sich für die Gefahr Verantwortliche nicht existiert, nicht bekannt, nicht „greifbar" oder seine Verpflichtung – wie etwa bei einem (kleinen) Kind – sinnlos, unzulässig oder unverhältnismäßig ist. Dabei sind hohe Anforderungen an die Verhältnismäßigkeit der Maßnahme zu stellen. Das macht der Fall einer rechtmäßigen Demonstration deutlich, die verboten wird, weil die Gefahr von Ausschreitungen bei einer rechtswidrigen und verbotenen Gegendemonstration besteht (sogenannter **polizeilicher Notstand**).[194] Das im Zuge der Inanspruchnahme des Nichtverantwortlichen bzw. Notstandspflichtigen verfügte Versammlungsverbot ist nur schwer mit dem Grundrecht dieser nicht störenden Demonstranten aus Art. 8 I GG in Einklang zu bringen.

159 Eine auf Art. 10 PAG bzw. Art. 9 III LStVG gestützte Maßnahme verlangt darüber hinaus im Ergebnis, dass die jeweilige **Gefahr nicht durch die Polizei bzw. die Sicherheitsbehörde selbst oder durch Beauftragte (rechtzeitig) abgewendet** werden kann. Diese Vorgabe verweist damit ebenfalls auf die Wahl des mildesten Mittels. Im Fall ihrer Anwendung darf also auch keine unmittelbare Ausführung nach Art. 9 PAG (worauf der gesetzliche Terminus „nicht […] selbst" in Art. 10 I Nr. 3 PAG abzielt) bzw. nach Art. 7 III LStVG (worauf Art. 9 III 1 Hs. 2 LStVG sogar ausdrücklich verweist) möglich sein. Der Verzicht auf andere in Betracht zu ziehende Gefahrbeseitigungsmöglichkeiten allein aus Kostengründen reicht insoweit ebenfalls nicht aus.

160 Schließlich darf der zur Gefahrenabwehr herangezogene Notstandspflichtige nicht selbst erheblich gefährdet oder dazu gezwungen werden, wegen seiner Inanspruchnahme andere höherwertige Pflichten zu verletzen. In einem solchen Fall fehlt es an der **Zumutbarkeit** seiner Inpflichtnahme. Deutlich wird das an folgendem Beispiel: An

---

194 S. dazu etwa *BVerfG*, NVwZ 2020, 303 f.; zu dieser Problematik auch *Weber/Köppert*, Rn. 336 m.w.N.; *Schmidbauer/Holzner*, 48. Kap., Rn 1942.

Stelle des Transportes eines Angehörigen ins Krankenhaus darf von einem Nichtverantwortlichen nicht die Abwehr einer Sachgefahr z. B. mittels des Abschleppens eines liegen gebliebenen Fahrzeuges verlangt werden. Oft besteht bei einer derartigen Verpflichtung eines an sich unbeteiligten Dritten für diesen zugleich auch eine Hilfspflicht aus § 323c I StGB, für deren Erfüllung im Unterschied zum Polizei- und Sicherheitsrecht (vgl. Art. 87 I PAG, ggf. i. V. mit Art. 11 I 1 LStVG) im Gesetz allerdings kein Entschädigungsanspruch vorgesehen ist und deren Befolgung faktisch über das polizeirechtliche Instrumentarium durchgesetzt wird.

## 2. Rechtsfolgen der Inanspruchnahme Dritter

Aus Gründen der Verhältnismäßigkeit (vgl. schon Art. 4 PAG und Art. 8 LStVG) ist die Inanspruchnahme eines Notstandspflichtigen zeitlich auf das unbedingt erforderliche Mindestmaß begrenzt. Das bestimmt noch einmal explizit **Art. 10 II PAG**. Dieses Erfordernis greift insbesondere bei der Zwangseinweisung Obdachloser in privaten Wohnraum ein: Die zulässige Dauer einer solchen Einweisung beträgt nach h. M. maximal sechs Monate.[195] Die **Auswahl** unter verschiedenen Notstandspflichtigen orientiert sich im Übrigen an den gleichen Kriterien wie die Störerauswahl.

Die Verpflichtung des Nichtverantwortlichen nach Art. 10 PAG kann bei dessen Weigerung mit den besonderen polizeirechtlichen **Zwangsmitteln** nach Art. 70 ff. PAG bzw. Art. 18 ff. VwZVG im Fall von sicherheitsbehördlicher Inanspruchnahme nach Art. 9 III LStVG, durchgesetzt werden. Der Nichtverantwortliche wird durch seine Inpflichtnahme zum **Verwaltungshelfer** der Behörde und nach außen (organisatorisch) ein Teil derselben. Er ist damit Beamter im haftungsrechtlichen Sinn, so dass der Rechtsträger der handelnden Behörde im Fall von Ansprüchen aus der Verletzung von Amtspflichten gemäß § 839 I 1 BGB i. V. mit Art. 34 S. 1 GG bzw. Art. 97 S. 1 BV für ihn einstehen muss, was Ansprüche des Geschädigten gegen den Notstandspflichtigen ausschließt. Für diesen besteht umgekehrt natürlich keine Kostentragungspflicht (wenn nicht ein Regress nach Art. 34 S. 2 GG in Frage kommt), wohl aber ein **Entschädigungsanspruch** aus Art. 87 I PAG, ggf. i. V. mit Art. 11 I 1 LStVG (sofern nicht Art. 87 I a. E., V PAG greift) für rechtmäßige und rechtswidrige Beeinträchtigungen.[196] Der genaue Anspruchsinhalt ergibt sich dabei aus Art. 87 VII PAG. Für die Geltendmachung des Anspruches ist regelmäßig nach Art. 90 I PAG der ordentliche Rechtsweg eröffnet. Wird ein solcher Anspruch geltend gemacht, kann die Behörde nach Art. 89 PAG bei demjenigen Rückgriff nehmen, der tatsächlich für die durch den Dritten abgewehrte Gefahr verantwortlich ist. Dafür ist sodann der Verwaltungsrechtsweg nach Art. 90 II PAG eröffnet.[197] Diese letztgenannten Regeln werden von Art. 11 I 1 LStVG nicht in Bezug genommen, gelten im Zweifelsfall aber mutmaßlich dennoch zum Lückenschluss analog.

Die **Wiederholungsfragen** zu diesem Abschnitt greifen die wesentlichen Lerninhalte nochmals auf:

1. Welche Besonderheiten sind bei der Haftung des Zustandsstörers zu beachten?
2. Was ist bei der nur mittelbaren Verursachung einer Gefahr zu beachten?
3. Was ist ein Zweckveranlasser?
4. Was meint die „Legalisierungswirkung der Genehmigung"?
5. Gibt es eine Rechtsnachfolge bei der Störereigenschaft?
6. Sind Hoheitsträger polizeipflichtig?
7. Nach welchen Kriterien ist im Rahmen der Störerauswahl vorzugehen?

---
195 Vgl. dazu im Einzelnen und m. w. N. *Götz/Geis*, § 14 Rn. 14.
196 Ausführlich zu Art. 87 I PAG vgl. *Unterreitmeier* in: *Möstl/Schwabenbauer*, Art. 87 PAG Rn. 34 ff.
197 Der Ausgleich zwischen mehreren beteiligten auch nichtstaatlichen Behörden erfolgt nach Art. 88 PAG.

8. Welche Rechtsnatur hat eine unmittelbare Ausführung, und was sind ihre Tatbestandsvoraussetzungen?
9. Wann kann ein Nichtverantwortlicher in die Pflicht genommen werden? Wird er dafür entschädigt?

## § 6 Die Standardmaßnahmen

### I. Die verschiedenen Befugnisnormen

**164** Nach dem „Allgemeinen Teil" des bayerischen Polizei- und Sicherheitsrechts richtet sich der Blick nunmehr auf die einzelnen **Befugnisse der Polizei- und Sicherheitsbehörden**. Denn während Art. 2 PAG und Art. 6 LStVG nur die gefahrenabwehrrechtlichen Aufgaben definieren, bedarf es – wie gesehen – wegen des Grundsatzes vom Vorbehalt des Gesetzes nach Art. 20 III GG, 3 I 1 Fall 1 BV für Eingriffe in Rechte Dritter auch noch spezieller Befugnisnormen. Beide Regelungsmaterien sind strikt voneinander zu trennen. Allenfalls kann von einer zu bejahenden Befugnis auf die Eröffnung auch der entsprechenden Aufgabe geschlossen werden, nicht jedoch umgekehrt (dazu schon oben Rn. 61). Es gibt **drei Arten von Befugnisnormen**: An erster Stelle stehen die (besonderen) Befugnisnormen für typische Maßnahmen nach einem **Spezialgesetz**. Hierzu gehören etwa Befugnisse nach dem BayVersG, der BayBO, der StVO oder – bei polizeilich-repressivem Tätigwerden – der StPO und dabei auch die jeweiligen dortigen Generalklauseln wie z. B. Art. 54 II 2 Hs. 1 BayBO. Zweitens sind nachrangig spezielle Befugnisnormen für typische Maßnahmen nach den Art. 12 ff. PAG bzw. Art. 16 ff. LStVG zu prüfen, die sogenannten **Standardmaßnahmen**.[198] Sie können im Bedarfsfall auch zur Schließung von Lücken, die sich in Spezialgesetzen auftun, herangezogen werden, wenn die dortige Regelung nicht abschließend ist, wobei die Vorgehensweise hierbei im Polizei- und im Sicherheitsrecht identisch ist. So ist beispielsweise festzustellen, dass das BayVersG nur die Befugnis zum Verbot, zur Beschränkung und zur Auflösung einer Versammlung enthält und damit die Ermächtigungsgrundlage für eine im Zusammenhang damit erfolgende Sicherstellung von Sachen unklar ist. Das BayVersG gilt aber eben nur für versammlungsspezifische Gefahren abschließend (das ist die sogenannte **„Polizeifestigkeit der Versammlung"**); ansonsten findet ergänzend das allgemeine Polizeirecht unter Heranziehung von beispielsweise Art. 25 PAG Anwendung (vgl. zum Verhältnis von PAG und BayVersG Rn. 313 ff.).[199] Schließlich gibt es drittens die allgemeinen Befugnisnormen für untypische Maßnahmen nach Art. 11 I 1, II 1 und 11a I PAG bzw. Art. 7 II LStVG, die sogenannten **Generalklauseln**. Zu beachten ist hierbei, dass Art. 7 LStVG anders als Art. 11 PAG in seinem Abs. 2 abschließend regelt, in welchen Fällen den Sicherheitsbehörden ein Einschreiten möglich ist (das ist mithin eingeschränkte Generalklausel; näher hierzu Rn. 252). Auch die Generalklauseln können nötigenfalls zur Lückenfüllung bei Spezialgesetzen herangezogen werden. Sie sind aber unanwendbar, wenn eine bestimmte Behördenhandlung bereits nach einem Spezialgesetz oder einer Standardmaßnahme rechtswidrig ist, etwa weil eine dafür erforderliche Tatbestandsvoraussetzung nicht vorliegt. Das gilt im Fall der polizeilichen Generalklauseln nicht nur für Art. 11 I 1 PAG, sondern auch für Art. 11a I PAG (vgl. zum Verhältnis von Art. 11 PAG und Art. 11a PAG Rn. 250). So kann z. B. eine Ingewahrsamnahme

---

198 Vgl. dazu monographisch *Lambiris*, Klassische Standardbefugnisse im Polizeirecht, 2002; ferner *Heintzen*, DÖV 2005, 1038 ff.
199 Zur Anwendung von Normen des Polizeirechts bei einer nicht abschließenden Regelung im Versammlungsgesetz vgl. *BVerwG*, BeckRS 2019, 11036; *Waldhoff*, JuS 2020, 191 f.

auch dann nicht auf Art. 11a I PAG gestützt werden, wenn eine drohende Gefahr für ein bedeutendes Rechtsgut vorliegt, solange es zwar um einen Gewahrsam geht, der darauf speziell ausgerichtete Tatbestand des Art. 17 I PAG jedoch nicht erfüllt ist. Das lässt sich auch aus dem Wortlaut des Art. 11a I PAG a. E. schließen. Hintergrund der **Sperrwirkung** von Standardmaßnahmen für die Generalklauseln ist dabei, dass der Gesetzgeber durch die Standardmaßnahme eine bestimmte Situation (sozusagen ihrem „sozialen Sinn" nach) schon geregelt und dafür eine typisierende Entscheidung getroffen hat. Mit einem Rückgriff auf die Generalklausel würden nun die vom Gesetzgeber für einen solchen Eingriff vorgesehenen Tatbestandsmerkmale sowie seine Wertungen, wann ein Eingriff in das betroffene Grundrecht erfolgen darf und unter welchen Umständen dieser als verhältnismäßig zu erachten ist, umgangen.

In der oben aufgeführten Reihenfolge der Befugnisnormen besteht nach dem Grundsatz vom Vorrang des spezielleren vor dem allgemeinen Gesetz ein **Stufenverhältnis der Spezialität bzw. Subsidiarität**,[200] das bei der Falllösung beachtet werden muss.

## II. Die einzelnen polizeilichen Standardmaßnahmen

Nachfolgend werden nunmehr die Standardmaßnahmen des PAG und im Anschluss hieran diejenigen des LStVG in der **Reihenfolge ihres Vorkommens im Gesetz** näher vorgestellt und erläutert, wobei ein Schwerpunkt auf die besonders klausurrelevanten Befugnisse gelegt wird.

### 1. Die Befragung und Auskunftspflicht, Art. 12 PAG

**Art. 12 S. 1 PAG** ermächtigt die Polizei zur Befragung einer Person, die voraussichtlich Angaben zu einem polizeilichen Sachverhalt machen kann (z. B. der Zufallszeuge eines Verkehrsunfalles), nach den in der Norm abschließend aufgelisteten Personalien. Die Annahme, dass die Person sachdienliche Angaben machen kann, muss dabei nicht aufgrund bestimmter Tatsachen oder tatsächlicher Anhaltspunkte bestehen, sondern sie muss nur nachvollziehbar und darf nicht willkürlich sein.[201] Es handelt sich hierbei um eine Datenerhebung, so dass ferner Art. 30 ff. PAG[202] zu beachten sind. Gemäß **S. 2** der Norm besteht eine Pflicht zu weiteren Auskünften (etwa solchen zur Sache selbst) nur im Rahmen der gesetzlichen Handlungspflichten der jeweiligen Person (aufgrund einer Garantenstellung oder bei der Begehung einer Strafbarkeit im Fall der Nichtaussage nach §§ 138, 323c I StGB), wobei zu beachten ist, dass die in der StPO geregelten Zeugnis- und Auskunftsverweigerungsrechte (§§ 52–55 StPO) nicht gelten, da diese nur den Bereich der Strafverfolgung betreffen. **Art. 12 S. 3 PAG** erlaubt es, die befragten Personen für die Dauer der Befragung (in der Praxis sind das oft ca. 10–15 Minuten) **anzuhalten**, was als bloße Freiheitsbeschränkung weniger ist als eine Freiheitsentziehung i. S. des Art. 104 II GG und der Art. 17, 18 PAG. Deutlich wird der Unterschied im Vergleich mit festhaltenden bzw. den Gewahrsam begründenden Maßnahmen etwa nach Art. 13 II 3 oder 17 PAG.

Die Auskunftspflicht nach Art. 12 PAG ist von der **Identitätsfeststellung** gemäß Art. 13 PAG **abzugrenzen**. Bei Letzterer geht es um die Identifikation des Adressaten, die häufig als Grundlage für weitere polizeiliche Maßnahmen dient. Das Befragen nach Art. 12 PAG hingegen soll nur eine spätere Kontaktaufnahme ermöglichen, um sachdienliche Angaben zu erhalten.[203]

---

200 Näher dazu *Schmidbauer/Holzner*, 14. Kap., Rn. 754 ff.
201 *Aulehner*, in: Möstl/Schwabenbauer, Art. 12 PAG Rn. 7.
202 Zu beachten ist, dass der Abschnitt 3 des PAG, also Art. 30–66 PAG, nach § 18 II Nr. 5 c sowie § 58 II Nr. 1 JAPO in Bayern nicht Prüfungsgegenstand ist.
203 Vgl. *Aulehner*, in: Möstl/Schwabenbauer, Art. 12 PAG Rn. 6.

**169** Das Auskunftsbegehren ist ein Verwaltungsakt. Zu seiner Durchsetzung ist auch die Anwendung des **Zwangsmittels** Zwangsgeld und Ersatzzwangshaft (Letztere dürfte aber in den meisten Fällen unverhältnismäßig sein), nicht aber des unmittelbaren Zwanges möglich (vgl. Art. 73, 74, 75 II PAG). Deshalb scheidet bereits kraft einfachen Gesetzes aus rechtsstaatlichen Gründen die Anwendung von **Folter** im Vollstreckungsverfahren zur Erzwingung einer Aussage aus. Darüber hinaus fehlt es bei einer das „Täterwissen" betreffenden Frage, deren Beantwortung mit der Folter vom mutmaßlichen Täter erzwungen werden soll, auch bereits an einer Ermächtigungsgrundlage: Art. 12 S. 1 PAG hilft insoweit nicht weiter, und Art. 12 S. 2 PAG kommt wegen des hergebrachten Grundsatzes „nemo tenetur se ipsum accusare" und der deshalb nicht existierenden Handlungspflicht für den (mutmaßlichen) Täter nicht in Betracht (vgl. dazu insgesamt nochmals ausführlich Fall 1 in Teil 2). **Auskunftspflichtig** ist nach Art. 12 S. 1 PAG (als Spezialregelung gegenüber Art. 7, 8 PAG; vgl. zu Art. 7 IV, 8 IV PAG schon oben Rn. 130) jede befragte Person, wenn anzunehmen ist, dass sie sachdienliche Angaben machen kann, die zur Erfüllung einer bestimmten polizeilichen Aufgabe erforderlich sind. Für Art. 12 S. 2, 3 PAG gilt sinngemäß das Gleiche.

## 2. Die Identitätsfeststellung, Art. 13 PAG

**170** Eine Identitätsfeststellung ist die Vergewisserung, welche Personalien (vgl. § 111 I OWiG) eine bestimmte Person hat, und ist häufig überhaupt erst die Voraussetzung für die Einleitung weiterer behördlicher Maßnahmen. Die Befugnis, die Identität einer Person zu präventiven Zwecken festzustellen, ist eine Standardmaßnahme mit großer praktischer Bedeutung[204] und weist daher auch besondere Klausurrelevanz auf. Geprägt ist Art. 13 PAG durch das sogenannte **Volkszählungsurteil des *BVerfG*,**[205] mit dem das Gericht das **Grundrecht auf informationelle Selbstbestimmung** (Art. 2 I GG i. V. mit Art. 1 I GG; also das Allgemeine Persönlichkeitsrecht in der Ausprägung des „Grundrechts auf Datenschutz") ausgestaltet hat, was bei der (engen) Auslegung der Tatbestandsmerkmale zu beachten ist.

**171** Die Voraussetzungen der Identitätsfeststellung sind in **Art. 13 I PAG** abschließend normiert. **Nr. 1** ist die Generalklausel zur Identitätsfeststellung und fordert das Vorliegen einer (konkreten, dazu Art. 11 I 2 PAG) Gefahr oder – seit der Novellierung des Gesetzes im Jahr 2017 – einer drohenden Gefahr für ein bedeutendes Rechtsgut (zu den verschiedenen besonderen Gefahrbegriffen schon oben bei Rn. 109 ff.).

**172** Für **Nr. 2** reicht es aus, dass sich die betroffene Person an einem der dort beschriebenen Orte (z. B. Bordell, Drogenumschlagsort) aufhält. Die bei den klassischen polizeirechtlichen Befugnissen meistens zu prüfenden Merkmale der Gefahr und des Störers als Adressaten der Maßnahme sind vorliegend daher nicht relevant. Der Gesetzgeber ist insoweit von einer Gefährdungssituation bzw. Gefahrenvermutung allein aufgrund der besonderen (potentiell gefährlichen) Örtlichkeit ausgegangen.[206] Allerdings scheidet die Kontrolle offensichtlich unbeteiligter Personen mit Blick auf den Grundsatz der Verhältnismäßigkeit (Art. 4 PAG) aus.[207] Das Vorliegen der besonderen Örtlichkeit muss durch gerichtlich voll überprüfbare Anhaltspunkte belegt sein, so dass bloße Vermutungen oder eine abstrakte Gefährlichkeit nicht ausreichen.[208] Auch eine planmäßig durchgeführte, überraschende Aktion zur Identitätsfeststellung eines größeren Kreises von Personen, die sich an einem von der Polizei abgesperrten Ort aufhält, (Razzia) kann auf

---

204 *Senftl*, in: *Möstl/Schwabenbauer*, Art. 13 PAG Einl.
205 *BVerfG*, BeckRS 1983, 107398.
206 *Senftl*, in: *Möstl/Schwabenbauer*, Art. 13 PAG Einl.
207 *Senftl*, in: *Möstl/Schwabenbauer*, Art. 13 PAG Rn. 10.
208 *VGH München*, BeckRS 2014, 59432, Rn. 18; *BVerfG*, NJW 2019, 827 ff., Rn. 120 f.

Grundlage des Art. 13 I Nr. 2 PAG durchgeführt werden.[209] Wird dazu eine Wohnung betreten, müssen noch zusätzlich die Vorgaben des Art. 23 f. PAG erfüllt sein. Insbesondere Nr. 2b begegnet jedoch vor dem Hintergrund, dass mit dem Prostitutionsgesetz von 2001 die Ausübung des „ältesten Gewerbes der Welt" legalisiert wurde, erheblichen Bedenken, weil es durch das PAG nun wieder an den Bereich der Kriminalität herangeführt wird. Denn eine Identitätsfeststellung ohne eine Gefahr für die öffentliche Sicherheit oder Ordnung oder eine zumindest vergleichbare Gefahrenlage erscheint unbescholtenen Bürgerinnen und Bürgern nicht zumutbar. Eine Anwendung der Norm auf Prostituierte, die sich nichts zuschulden kommen lassen haben (und nicht in großen Bordellen tätig sind, wo häufiger Verstöße etwa gegen das Ausländerrecht festgestellt werden), erweist sich folglich als mit dem vorrangigen Bundesrecht kaum vereinbar (vgl. Art. 31 GG). Dem durchaus nachvollziehbaren Anliegen des Gesetzgebers wäre auch gedient gewesen, wenn die Identitätsfeststellung auf Fälle gesetzlich nicht erlaubten Aufenthaltes von Ausländerinnen und Ausländern (Nr. 2 a bb) beschränkt worden wäre, ist das doch in der polizeilichen Praxis der Hauptanlass für Bordellrazzien.

**Nr. 3** verlangt den Aufenthalt an den genauer bestimmten Orten sowie zusätzlich das Vorliegen von Tatsachen, welche die Annahme der Begehung von Straftaten zu Lasten der in der Norm genannten Personen oder Orte rechtfertigen. Die Befugnis dient insoweit vor allem der Fahndung nach Terroristen und sonstigen schweren Straftätern und soll die im Normtext näher beschriebenen Personen und Objekte schützen.[210] Personenkontrollen werden damit ermöglicht, obwohl noch kein konkreter Tatverdacht gegeben ist. Es müssen aber gleichwohl wieder belegbare Tatsachen vorliegen, aufgrund derer nach Einschätzung der Polizei Straftaten zu Lasten der in der Norm genannten Personen oder Orte drohen, wobei allerdings noch nicht erkennbar sein muss, welchem einzelnen Objekt die Gefahr droht.[211]

Für **Nr. 4** reicht es, dass – unabhängig von einem Verdacht oder einem Ereignis – Personenkontrollen eingerichtet sind, um die genannten Straftaten zu verhindern, Großveranstaltungen zu schützen oder die im Normtext erwähnten Ermittlungsstrategien anzuwenden. Die Ziffer ermöglicht eine Identitätsfeststellung an den Kontrollstellen ohne das Vorliegen der Voraussetzungen der Art. 7, 8 und 10 PAG. Wegen des Grundsatzes der Verhältnismäßigkeit (Art. 4 PAG) sind solche Maßnahmen jedoch auf das unbedingt zur Gefahrenabwehr nötige Maß zu beschränken.[212] Weiterhin muss im Fall der Nr. 4a die Annahme bestehen, dass die beschriebenen Straftaten aufgrund tatsächlicher Anhaltspunkte zu erwarten sind. Mit Nr. 4c sollen Identitätsfeststellungen zum Zweck von „in der Regel gebündelte[n] und aufeinander abgestimmte[n] Maßnahmen der Polizei zur Gefahrenabwehr"[213] ermöglicht werden, wobei es sich (ableitbar aus dem Wort „spezifischer" im Tatbestand) nicht nur um die allgemeine Gefahrenabwehr handeln darf. Die Gesetzesbegründung nennt als Beispiele für solche polizeiliche Ermittlungsstrategien etwa Schwerpunkteinsätze im Zusammenhang mit Kriminalitätsbrennpunkten.

Die **Nr. 5** stellt eine Befugnis der Polizei zu ereignis- und verdachtsunabhängigen Personenkontrollen im Grenzgebiet, auf Durchgangsstraßen und in öffentlichen Einrichtun-

---

209 *Senftl*, in: *Möstl/Schwabenbauer*, Art. 13 PAG Rn. 11; vgl. auch *VG München*, NVwZ-RR 2000, 154 ff., zu einer Razzia in einem Vereinslokal.
210 *BVerfG*, BeckRS 2018, 37186, Rn. 124.
211 Vgl. Nr. 13.5 der Bekanntmachung des Bayerischen Staatsministeriums des Innern über den Vollzug des Polizeiaufgabengesetzes vom 28.8.1978 (MABl. S. 629), zuletzt geändert durch Bekanntmachung vom 2.12.2002 (AllMBl. 2003 S. 4; VollzB).
212 VollzB Nr. 13.6.
213 LT-Drs. 18/13716, 25, auch zum Folgenden.

gen des internationalen Verkehrs dar (sogenannte **Schleierfahndung**). Hintergrund und Rechtfertigung der Norm ist der Wegfall von Binnengrenzkontrollen zwischen den Schengener Vertragsstaaten und den damit entstandenen Sicherheitslücken. Die von Anfang an mit Blick auf die Regelungskompetenz der Länder, die Bestimmtheit sowie die Verhältnismäßigkeit umstrittene Norm[214] wurde vom *BVerfG* allerdings für mit Art. 71, 73 I Nr. 5 GG unvereinbar und nichtig erklärt, soweit sie die Identitätsfeststellung zur Verhütung oder Unterbindung der unerlaubten Überschreitung der Landesgrenze vorsieht, da eine solche Befugnis unmittelbar zum Schutz der Bundesgrenze eine Regelung des Grenzschutzes darstelle und hierfür die ausschließliche Gesetzgebungskompetenz gemäß Art. 73 I Nr. 5 GG beim Bund liege.[215] Überdies stellt sich die Frage, ob die Befugnis zur Schleierfahndung im Hinblick auf die Erstreckung allgemein auf Durchgangsstraßen (definiert unter anderem als „andere Straßen von erheblicher Bedeutung für den grenzüberschreitenden Verkehr") gegen das aus dem Rechtsstaatsprinzip (Art. 20 III GG bzw. Art. 3 I 1 Fall 1 BV) abzuleitende Bestimmtheitsgebot verstößt und damit (materiell) verfassungswidrig ist, da durch diese unklare Regelung der Grenzbezug verloren geht und Kontrollen sich auch in das Landesinnere verschieben können. Bereits 2003 hatte der *BayVerfGH* zwar die Verfassungsmäßigkeit der Schleierfahndung insgesamt (basierend auf dem damaligen Art. 13 I Nr. 5 PAG) bejaht. Allerdings hatte er in den Tatbestand als zusätzlich erforderliche Voraussetzungen noch „Lageerkenntnisse und einschlägige polizeiliche Erfahrung[en]"[216] bezüglich der in der Norm genannten Kriminalitätsfelder hineingelesen. Diese Merkmale, deren Ziel es ist, willkürliche Kontrollen zu verhindern und den Anwendungsbereich der Norm zu begrenzen, begegnen jedoch gerade unter eben jenem Aspekt der Bestimmtheit wegen ihrer fehlenden Verschriftlichung im Gesetzestext erheblichen verfassungsrechtlichen Bedenken.[217] Das *BVerfG* hat 2018 die mangelnde Bestimmtheit zumindest für automatisierte, auf Durchgangsstraßen ohne Grenzbezug erfolgende Kennzeichenkontrollen, die durch eine Verweisung auf Art. 13 I Nr. 5 PAG unter anderem in diesem Gebiet möglich waren, bejaht.[218] Ob das nach Meinung des *BVerfG* auch für die Identitätsfeststellung nach Art. 13 I Nr. 5 PAG selbst gilt (die einen weniger intensiven Eingriff als die automatisierte Kennzeichenerfassung darstellt), ist jedoch nicht eindeutig geklärt.[219]

**176** **Exkurs** zu landespolizeilichem Tätigwerden im Grenzgebiet und zur Verfassungsmäßigkeit der **bayerischen Grenzpolizei**: In engem Zusammenhang mit der Schleierfahndung steht die 2018 vom bayerischen Gesetzgeber wiedererrichtete bayerische Grenzpolizei, die in Art. 5 POG und Art. 29 PAG a. F. als Organisationsteil der Landespolizei anerkannt bzw. mit Befugnissen ausgestattet wurde. Bei deren Errichtung und der Verleihung von Befugnissen, die über den soeben behandelten Art. 13 I Nr. 5 PAG hinausgingen, stellte sich erneut die Frage, ob hierdurch die grundgesetzlichen Kompetenzzuweisungen hinsichtlich der Gesetzgebungszuständigkeit nach Art. 70, 71, 73 I Nr. 5 GG und hinsichtlich der Verwaltungszuständigkeit nach Art. 83, 87 I 2 GG missachtet wurden. Diese Normen nimmt der *BayVerfGH* zwar nicht direkt als seinen Prüfungsmaßstab, weil es sich dabei um Bundesrecht handelt. Allerdings untersucht er nach seiner Sicht mittelbar über das (bayerische) Rechtsstaatsprinzip in Art. 3 I 1 Fall 1 BV, ob offensichtliche und schwerwiegende Verstöße gegen die Rechtsordnung des Bundes vorliegen. Denkbar wäre es stattdessen aber auch, die nur in der Bundesverfassung mögliche Kompetenzverteilung zwischen Bund und Län-

---

214 *Senftl*, in: *Möstl/Schwabenbauer*, Art. 13 PAG Rn. 15 m. w. N.
215 *BVerfG*, NJW 2019, 827 ff., Rn. 55 ff.
216 Zum Ganzen *BayVerfGH*, NVwZ 2003, 1375 ff.
217 *Senftl*, in: *Möstl/Schwabenbauer*, Art. 13 PAG Rn. 15.4.
218 *BVerfG*, NJW 2019, 827 ff., Rn. 149, mit der Entscheidungsbesprechung von *Muckel*, JA 2019, 311 (313).
219 *Senftl*, in: *Möstl/Schwabenbauer*, Art. 13 PAG Rn. 16.

dern zugleich als „mitgeschriebenes" Landesverfassungsrecht zu betrachten. Hier kam der *BayVerfGH*[220] zwar zu dem Schluss, Art. 5 POG sei verfassungskonform, da er nur eine organisationsrechtliche und keine materiell-rechtliche Wirkung entfalte, also seinerseits keine neuen Befugnisse eröffne. Grenzpolizeiliche Aufgaben i. S. des Art. 5 I 2 Fall 1, II POG würden der Grenzpolizei nur insoweit zugewiesen, als über § 2 I, III BPolG bzw. § 64 BPolG eine Zuständigkeit hierfür bereits eröffnet sei.[221] Die Befugnisnorm des Art. 29 PAG a. F. erklärte das Gericht hingegen für kompetenz- und damit verfassungswidrig. Das begründete es mit dem hieraus resultierenden Verstoß gegen das Rechtsstaatsprinzip (Art. 3 I 1 Fall 1 BV) und die Allgemeine Handlungsfreiheit (Art. 101 BV).[222] Es verwies dabei darauf, der Verstoß gegen Art. 70, 71, 73 I Nr. 5 GG, der den Grenzschutz ausschließlich dem Bund zuweise, sei offensichtlich und schwerwiegend, zumal das *BVerfG* mit seiner Entscheidung zu den automatisierten Kraftfahrzeugkennzeichenkontrollen[223] hierfür klare Vorgaben gemacht habe.

**177** Schließlich ermächtigt **Nr. 6** dazu, Identitätskontrollen zum Schutz privater Rechte durchzuführen. Hierbei ist jedoch der in Art. 2 II PAG normierte Subsidiaritätsgrundsatz zu beachten. Das bedeutet, es muss an einem rechtzeitigen gerichtlichen Schutz fehlen, und die Verwirklichung des Rechts muss ohne polizeiliche Hilfe vereitelt oder wesentlich erschwert werden. Relevant wird die Befugnis vor allem dann, wenn jemand fahrlässig eine Sache beschädigt hat (was keine Straftat und damit Gefahr für die öffentliche Sicherheit ist) und sich entfernen will, ohne dem Geschädigten seine Personalien bekannt zu geben.[224]

**178** Die Mittel der Identitätsfeststellung ergeben sich aus **Abs. 2**, in dem beispielhaft („insbesondere") die wichtigsten Begleitmaßnahmen aufgeführt sind. Da nur die „erforderlichen" Maßnahmen erlaubt sind, ist schon auf der Tatbestandsebene ein Teil der Verhältnismäßigkeitsprüfung (nämlich die der Erforderlichkeit, also die Frage nach dem Vorhandensein gleich geeigneter, milderer Mittel) vorzunehmen. Ein Festhalten nach Abs. 2 S. 3 umfasst dabei nicht nur eine kurze Freiheitsentziehung vor Ort, sondern ebenfalls ein Verbringen zur Dienststelle zur Durchführung der Identitätsfeststellung.[225] Im Gegensatz zum bloßen (nur kurzzeitigen) Anhalten (vgl. Art. 13 II 2 PAG) sind beim Festhalten wegen Art. 104 II GG zusätzlich die Vorgaben nach Art. 97 PAG zur richterlichen Entscheidung und Art. 19 PAG zur Behandlung festgehaltener Personen zu beachten. Unter Beachtung der strengen Voraussetzungen nach Abs. 2 S. 3 ist gemäß S. 5 auch eine Durchsuchung des oder der Betroffenen sowie seiner oder ihrer Sachen möglich, wobei es bei der Durchsuchung von mitgeführten Sachen um Zwecke der Identitätsfeststellung und nicht um andere Ziele gehen muss. Bei der Durchsuchung gelten dann außerdem die Vorgaben der Art. 21 III, 22 III PAG.[226]

**179** Maßnahmen nach Art. 13 PAG sind **Verwaltungsakte**, da sie den Befehl enthalten, sich auszuweisen bzw. sich zu identifizieren bzw. sich identifizieren zu lassen. Dabei kommt als Rechtsschutz in aller Regel allerdings nur die **Fortsetzungsfeststellungsklage** (§ 113 I 4 VwGO analog) in Frage, weil sich der betreffende Verwaltungsakt mit seiner Erfüllung erledigt hat.

---

220 *BayVerfGH*, Entsch. v. 28.8.2020 – Az.: Vf. 10-VIII-19; Vf. 12-VII-19 (juris).
221 *BayVerfGH*, Entsch. v. 28.8.2020 – Az.: Vf. 10-VIII-19; Vf. 12-VII-19, Rn. 60 ff. (juris).
222 *BayVerfGH*, Entsch. v. 28.8.2020 – Az.: Vf. 10-VIII-19; Vf. 12-VII-19, Rn. 72 ff. (juris).
223 *BVerfG*, NJW 2019, 827 ff.
224 VollzB Nr. 13.8.
225 *Senftl*, in: *Möstl/Schwabenbauer*, Art. 13 PAG Rn. 22.
226 *Senftl*, in: *Möstl/Schwabenbauer*, Art. 13 PAG Rn. 23.

### 3. Die erkennungsdienstlichen Maßnahmen, Art. 14 PAG

**180** Auch bei der Vornahme erkennungsdienstlicher Maßnahmen nach Art. 14 PAG geht es ausschließlich um Prävention; für repressive Zwecke kommt § 81b I Fall 1 StPO[227] zur Anwendung, dessen Maßstäbe und Grundsätze aber auch hier anwendbar sind. Da § 81b I Fall 2 StPO ebenfalls erkennungsdienstliche Maßnahmen wie etwa das Nehmen von Fingerabdrücken und die Vornahme von Messungen zu präventiven Zwecken ermöglicht (das *BVerwG* geht hier von einer Gesetzgebungszuständigkeit des Bundesgesetzgebers – dieser hat grundsätzlich für die Gefahrenabwehr keine Kompetenz – kraft Sachzusammenhanges aus[228]), stellt sich die Frage nach der Abgrenzung dieser Norm von Art. 14 I, II PAG. Wegen Art. 31 GG ist § 81b I Fall 2 StPO vorrangig, soweit er anwendbar ist. Das ist immer dann der Fall, wenn sich die Maßnahme gegen einen Beschuldigten i. S. der StPO richtet.[229] Daher ist Art. 14 I, II PAG insbesondere für Personen anwendbar, die nicht Beschuldigte sein können, wie z. B. (noch) nicht Strafmündige.[230] In ähnlicher Weise wird zwischen § 81g StPO[231] und Art. 14 III PAG bei der (besonderen erkennungsdienstlichen Maßnahme der) Entnahme von Körperzellen und der molekulargenetischen Untersuchung unterschieden.[232] Zudem muss abgegrenzt werden zwischen § 88 I StPO und Art. 14 IV PAG.

**181** Die **Voraussetzungen** für die Vornahme erkennungsdienstlicher Maßnahmen durch die Polizei finden sich in Art. 14 I PAG, in dem vier verschiedene Konstellationen aufgeführt sind. Der Tatbestand des Abs. 1 Nr. 2 wurde dabei im Kontext der Flüchtlingsthematik neu eingefügt und soll erkennungsdienstliche Maßnahmen auch dann ermöglichen, wenn trotz getroffener Maßnahmen zur Identitätsfeststellung nach Art. 13 PAG immer noch Zweifel über die Person oder deren Staatsangehörigkeit verbleiben.[233] Die **wichtigsten** („insbesondere") erkennungsdienstlichen Maßnahmen sind sodann Art. 14 II PAG zu entnehmen.

**182** Da wegen ihrer erheblichen Grundrechtsrelevanz umstritten war, ob **DNA-Analysen** zur Identitätsfeststellung von der Generalklausel gedeckt waren, wurde Abs. 3 (und auch Abs. 5; s. dazu Rn. 184) geschaffen. Sein Zweck ist vor allem, terroristische oder sonst extremistische Gefährder zu identifizieren.[234] Art. 14 III 1 PAG ermöglicht dabei die Entnahme von Körperzellen und deren Untersuchung im Hinblick auf das DNA-Identifizierungsmuster. Satz 2 stellt hierfür einen Einwilligungs- (wobei dann nach Satz 3 über den Zweck der Datenerhebung zu belehren ist) bzw. Richtervorbehalt auf. Letzteren nennt Art. 94 Nr. 1 PAG nochmals. Bei Gefahr im Verzug findet allerdings grundsätzlich Art. 95 PAG Anwendung, auf den jedoch wiederum im Rahmen der molekulargenetischen Untersuchung laut Art. 95 I 2 PAG nicht zurückgegriffen werden kann.[235]

---

[227] Zur Abgrenzung *VG Augsburg*, BeckRS 2011, 34523; *VGH Mannheim*, NVwZ-RR 2004, 572 ff.; zur Eröffnung des Verwaltungsrechtsweges auch bei § 81b Fall 2 StPO („Zwecke des Erkennungsdienstes") *BVerwGE* 66, 192 (193 f.): Hier greift nicht § 23 I 1 EGGVG, da die Datenerhebung nicht zu Zwecken der Strafverfolgung wie bei § 81b I Fall 1 StPO, sondern zur Strafvorbeugung erfolgt (allerdings stellt sich dann die Frage nach der Gesetzgebungskompetenz des Bundes für diese Gefahrenabwehrmaßnahme; bejahend jedoch *BVerwG*, DVBl. 2006, 923 ff.: aus Art. 74 I Nr. 1 GG). In den Entscheidungen (auch nachfolgend) wird aber zumeist die alte Fassung des § 81b StPO zitiert, die noch keine Absätze enthielt.
[228] Vgl. *BVerwG*, NJW 1983, 772 ff.
[229] *VGH München*, BeckRS 2013, 58893, Rn. 19.
[230] *Weber/Köppert*, Rn. 153.
[231] Zu dessen Verfassungsmäßigkeit vgl. *BVerfG*, NJW 2001, 879 ff.
[232] LT-Drs. 18/13716, 25.
[233] LT-Drs. 17/11362, 25.
[234] *Weber/Köppert*, Rn. 152.
[235] Dazu auch LT-Drs. 18/13716, 26. Diese gesetzgeberische Bezugnahme auf Art. 94 f. PAG erfolgt auch nachfolgend bei Maßnahmen mit „Haftcharakter".

**183** Im Rahmen der jüngsten Gesetzesnovelle 2021 neu geschaffen wurde Art. 14 IV PAG. Er ermöglicht die Identitätsfeststellung von **hilflosen Personen** oder **Leichen**. Nach Satz 2 dürfen diesen dazu Körperzellen entnommen werden; ebenso erlaubt ist es, Proben von Gegenständen mit Spurenmaterial einer relevanten Vergleichsperson zu nehmen, um so den „Datenvergleich" zu ermöglichen. Die entsprechende molekulargenetische Analyse steht laut Art. 14 IV 2 Nr. 3 PAG wieder unter einem Richtervorbehalt. Nach Art 14 IV 1 PAG können die DNA-Identifizierungsmuster abgeglichen werden, etwa mit denjenigen einer Vergleichsperson. Wie sich aus dem Satzende ergibt, ist das allerdings nur ultima ratio, wenn eine Identitätsfeststellung sonst nicht oder kaum möglich ist. Zudem ist auch die Speicherung der DNA-Identifizierungsmuster zum Zweck des Abgleiches in einer Datei möglich (Art 14 IV 3 PAG). Mit der neuen Norm soll so die Identifizierung von verstorbenen oder hilflosen Personen außerhalb strafrechtlicher Ermittlungen ermöglicht werden. Das erfolgt also vornehmlich zu präventiven Zwecken, wozu der Gesetzgeber offenbar auch die bloße Identifizierung zählt, denn als Beispiele nennt die Gesetzesbegründung Tote mit längerer Liegezeit oder Wasserleichen, bei denen sie auf andere Weise als durch eine Gen-Analyse nur schwer möglich ist.[236]

**184** Art. 14 V PAG betrifft **verfahrensrechtliche Anforderungen**. Er stellt insbesondere mit seinen S. 3 und 4 sicher, dass sich die molekulargenetischen Untersuchungen ausschließlich auf die DNA-Identifizierungsmuster (bzw. bei Art. 14 IV PAG gegebenenfalls auch auf das Geschlecht) beschränken. Art. 14 VI PAG legt fest, wann die entnommenen Körperzellen und die erkennungsdienstlichen Unterlagen vernichtet werden müssen. Zuletzt ermöglicht Art. 14 VII PAG ein unter Umständen für die erkennungsdienstlichen Maßnahmen erforderliches Festhalten. Dabei wird in Satz 2 wieder auf den neu eingefügten Art. 97 PAG Bezug genommen.

**185** Art. 14 PAG ist in mehrfacher Hinsicht **verfassungsrechtlich bedenklich**. Zum einen ist unklar, wie die Polizei in den „Besitz" der DNA kommen soll, wenn Art. 14 III 1 Hs. 1, IV 2 Nr. 1 PAG nur von der „Entnahme von Körperzellen" spricht. Darunter kann man sowohl eine Haarprobe als theoretisch auch die Entfernung eines Stückes Fleisch verstehen, so dass es als zweifelhaft erscheint, ob der aus dem Rechtsstaatsprinzip des Art. 20 III GG, 3 I 1 Fall 1 BV abgeleitete Bestimmtheitsgrundsatz eingehalten wird. Daneben könnte die Entnahme auch einen Eingriff in die körperliche Unversehrtheit nach Art. 2 II 1 GG bzw. Art. 101 i. V. mit Art. 100 BV darstellen, der sogar einer besonderen Rechtfertigung bedarf. Fraglich ist darüber hinaus, ob die Gen-Analyse selbst mit den Grundrechten vereinbar ist. Die Genetik eines Menschen beinhaltet viele persönliche, sehr sensible Informationen, mit denen ein eindeutiges „Profil" des Menschen erstellt werden kann. Es besteht hier also die Gefahr der Schaffung eines „gläsernen Menschen", der vom Staat überwacht und ausspioniert wird. Insbesondere das Allgemeine Persönlichkeitsrecht in der Ausprägung des Rechts auf informationelle Selbstbestimmung aus Art. 2 I i. V. mit Art. 1 I GG bzw. Art. 101 i. V. mit Art. 100 BV könnte also gefährdet sein. Allerdings sind die DNA-Analyse laut Art. 14 III 1 Hs. 2 PAG und der Abgleich von DNA-Identifizierungsmustern einer hilflosen Person oder Leiche laut Art. 14 IV 1 Hs. 2 PAG subsidiär zu den anderen (erkennungsdienstlichen) Maßnahmen. Im Fall des Abs. 3 muss die Maßnahme zudem zur Abwehr einer (konkreten; s. Art. 11 I 2 PAG) Gefahr für ein bedeutendes Rechtsgut erforderlich sein. Zudem besteht – wie soeben beschrieben – zumindest bei einer molekulargenetischen Untersuchung ein Richtervorbehalt, und der Eingriff ist auf die Feststellung des DNA-Identifizierungsmusters (bzw. bei Art. 14 IV PAG eventuell auch auf das Geschlecht) beschränkt. Somit gibt es hier zumindest gewisse gesetzliche Hürden.

---

[236] LT-Drs. 18/13716, 26.

**186** Wichtig ist außerdem, dass die polizeiliche **Anordnung** von erkennungsdienstlichen Maßnahmen (in der Regel durch förmlichen Bescheid) ein mit Zwangsmitteln durchsetzbarer Verwaltungsakt ist (das gilt auch für auf § 81b I Fall 2 StPO gestützte Maßnahmen, auf welche die §§ 23 ff. EGGVG keine Anwendung finden[237] und für die daher der Verwaltungsrechtsweg nach § 40 I 1 VwGO ebenfalls eröffnet ist), gegen den die Anfechtungsklage statthaft ist. Die nachfolgende tatsächliche **Vornahme** dieser Maßnahmen ist dagegen nur ein Realakt. Auch die **Vernichtung** nach Art. 14 VI PAG als solche stellt mangels Regelungswirkung keinen Verwaltungsakt i. S. des Art. 35 S. 1 BayVwVfG, sondern einen Realakt dar, der mit der **allgemeinen Leistungsklage** durchgesetzt werden kann. Wird das Begehren darauf gestützt, bereits die Anordnung der erkennungsdienstlichen Maßnahme sei rechtswidrig gewesen, muss diese (sofern noch nicht erledigt) zunächst angefochten werden; die Vernichtung kann dann über § 113 I 2 VwGO verlangt werden.[238] Etwas anderes gilt dann, wenn ein Vernichtungsbegehren der Betroffenen von den Polizeibehörden abgelehnt wurde. In der Ablehnung ist ein Verwaltungsakt mit den Merkmalen des Art. 35 S. 1 BayVwVfG zu sehen (die zuvor fehlende Regelungswirkung liegt hier in einem „Dulde, dass die Unterlagen weiter aufbewahrt werden"). Dagegen ist dann mit der Verpflichtungsklage in Form der **Versagungsgegenklage** nach § 42 I Fall 2 VwGO vorzugehen.[239]

### 4. Die Vorladung, Art. 15 PAG

**187** Bei Art. 15 PAG geht es wieder allein um präventives Handeln. Die Vorschrift kommt ferner nur in Ermangelung spezialgesetzlicher Normen zur Anwendung. Die Vorladung ist ein **Verwaltungsakt** mit der Aufforderung an eine Person, zu einer bestimmten Zeit an einem bestimmten Ort zu erscheinen und bis zur Erledigung der Sache dort zu bleiben. Diese Pflicht zum Erscheinen begründet aber noch keine Auskunftspflicht, die erst aus z. B. Art. 12 PAG folgt. Das Tatbestandsmerkmal der ex ante zu beurteilenden **Erforderlichkeit** dient der Verhältnismäßigkeit, so dass auch hiernach keine allgemeine Ausforschung einer Person möglich ist. Ein milderes Mittel wäre etwa eine Befragung am Aufenthaltsort, sofern sie im jeweiligen Einzelfall in Betracht kommt. Zu beachten ist, dass im Jahr 2017 Art. 15 I Nr. 2 PAG dahingehend erweitert wurde, dass eine Person seither auch vorgeladen werden kann, um bei ihr die „elektronische Fußfessel" (seitdem ebenfalls neu in Art. 34 PAG geregelt[240]) anzubringen. Art. 15 II 1 PAG ist nur eine Sollvorschrift zur Angabe des Vorladungsgrundes, die nicht eingehalten werden muss, wenn ansonsten der Zweck der Vorladung gefährdet würde. Auch von der Einhaltung des Art. 15 II 2 PAG zur Rücksichtnahme auf den Beruf und die sonstigen Lebensverhältnisse des oder der Betroffenen beim Vorladungszeitpunkt kann abgesehen werden, wenn das öffentliche Interesse an einer zügigen Auskunft überwiegt.[241]

**188** Die **zwangsweise Durchsetzung der Vorladung** (die sogenannte Vorführung) bei fehlendem hinreichendem Grund für das Nichterscheinen – insofern bedarf es mithin einer Abwägung – erfolgt nach Art. 15 III PAG und wurde mit der Gesetzesnovellierung im Jahr 2017 dahingehend ausgedehnt, dass sie nun bereits bei einer drohenden Gefahr möglich ist. Daneben sind aber auch noch die Art. 70 ff. PAG und deren Voraussetzungen zu beachten, weshalb neben der Anwendung unmittelbaren Zwanges zur Durchsetzung der Vorladung auch die Verhängung eines Zwangsgeldes (wegen der höchstpersönlichen Pflicht zum Erscheinen jedoch natürlich keine Ersatzvornahme) möglich ist. Da

---

237 Vgl. dazu schon m. w. N. in Fn. 227 und zudem *BVerwG*, BeckRS 2011, 51728.
238 *Senftl*, in: *Möstl/Schwabenbauer*, Art. 14 PAG Rn. 26.
239 Ebenso: *Gallwas/Lindner*, in: *Gallwas/Lindner/Wolff*, Kap. 3, Rn. 660; a. A. *Weber/Köppert*, Rn. 154, unter Berufung auf *Berner/Köhler/Käß*, Art. 14 Rn. 18.
240 Zur Verfassungsmäßigkeit des elektronischen Fußfessel (allerdings bezogen auf die repressive Norm des § 68b I 1 Nr. 12, S. 3 StGB i. V. mit § 463a IV StPO) *BVerfG*, BeckRS 2020, 40592.
241 Vgl. zur Handhabung des Art. 15 II PAG VollzB. Nr. 15.2.

in der Regel die Vorführung aufgrund der kurzen Dauer und Intensität nur eine Freiheitsbeschränkung (also keine Freiheitsentziehung i. S. des Art. 104 II GG) darstellt, ist sie ohne richterliche Entscheidung zulässig. Sollte doch eine Freiheitsentziehung vorliegen, so hat die Polizei laut Art. 15 III 2 PAG unverzüglich eine richterliche Entscheidung nach Art. 97 PAG herbeizuführen. In jedem Fall sind gemäß Art. 15 IV PAG die Maßstäbe des § 136a StPO zu wahren.

### 5. Der Platzverweis, das Kontaktverbot, die Aufenthalts- und Meldeanordnung, Art. 16 PAG

**189** Art. 16 PAG enthält fünf verschiedene für die Praxis und damit auch für die Klausur sehr relevante Standardbefugnisse. Die Norm wurde insbesondere mit dem „Gesetz zur effektiveren Überwachung gefährlicher Personen" vom 24.7.2017[242] erheblich verändert. Zum einen wurde Abs. 1 um das Tatbestandsmerkmal der **„drohenden Gefahr"** ergänzt. Zum anderen wurde Abs. 2 neu eingefügt, womit bisher nicht geregelte Befugnisse – das **Kontaktverbot**, das **Aufenthaltsverbot** und **-gebot** – geschaffen wurden. Im Jahr 2018 wurde Abs. 2 dann schließlich noch um die **Meldeanordnung** ergänzt.[243] Eine gefestigte Rechtsprechung zu den neu gestalteten Teilen der Vorschrift gibt es allerdings noch nicht. Weitere Entwicklungen sind daher abzuwarten. Im Folgenden wird aber zumindest auf einige Probleme bezüglich der Normanwendung hingewiesen.

**190** Der in **Art. 16 I PAG** geregelte **Platzverweis** ist ein typischer polizeirechtlicher, oft mündlich oder sogar konkludent erteilter Verwaltungsakt, der auch in der Gestalt einer Allgemeinverfügung ergehen kann, was etwa beim Absperren eines Unfallortes der Fall ist.[244] Diese Ermächtigungsgrundlage beinhaltet aber nur **kurzfristige** (im Regelfall maximal 24 Stunden dauernde), vorübergehende Maßnahmen. Zu beachten ist, dass Art. 16 I PAG nicht die Verursachung der aktuell abzuwehrenden Gefahr durch diejenige Person, die des Platzes verwiesen wird (z. B. durch den „Gaffer"), wohl aber die Verursachung einer wirklich existierenden[245] (**konkreten**; vgl. dazu Art. 11 I 2 PAG) **Gefahr oder einer drohenden Gefahr für ein bedeutendes Rechtsgut durch die Anwesenheit der Person** verlangt.[246] Erleichtert wird ihr Nachweis durch S. 2 gerade für „Gaffer". Problematisch im Hinblick auf die Bestimmtheit kann in diesem Fall allerdings die Subsumtion unter das Tatbestandsmerkmal „Einsatz der Feuerwehr oder von Hilfs- oder Rettungsdiensten" (Art. 16 I 2 PAG) sein, da hiervon nicht nur die ausdrücklich genannte Feuerwehr, sondern auch eine Vielzahl anderer Rettungsdienste erfasst sein können.[247] Was die **Störereigenschaft** anbetrifft, so gilt im Rahmen des Art. 16 I PAG das Folgende: Bei Art. 16 I 1 PAG ist ein Rückgriff auf die Art. 7, 8, 10 PAG mangels spezieller Regelung notwendig und sinnvoll.[248] Als Beispiel für die Anwendung des Art. 16 I 1 PAG mag der Verweis eines einzelnen 11-Jährigen aus einer Kneipe dienen, der allein durch seine Anwesenheit eine Gefahr für die öffentliche Sicherheit begründet, weil sein Aufenthalt in der Schankwirtschaft gegen § 4 I 1 JuSchG verstößt. Aus deren genauer Bezeichnung in Art. 16 I 2 PAG hingegen folgt für die dortige Ermittlung der Störereigenschaft, dass die allgemeinen Vorschriften des PAG, welche die Stör-

---

242 BayGVBl. 2017, 388 ff.
243 BayGVBl. 2018, 301 ff.
244 Vgl. zum Folgenden auch *Bösch*, Jura 2009, 650 ff.
245 So reicht etwa die hypothetische Gefahr „für das Leben und die Gesundheit der Staatsgäste" durch die Anwesenheit zweier Demonstranten mit einem Transparent bei einem Staatsbesuch allein für deren Platzverweis nicht aus. Vielmehr bedarf es konkreter Hinweise darauf, dass von den Demonstranten z. B. Gewalttaten drohen.
246 Vgl. VollzB Nr. 16.3.
247 Einzelfälle finden sich bei *Berner/Köhler/Käß*, Art. 2 Rn. 50, auf den in Art. 16 Rn. 12 verwiesen wird.
248 *VGH München*, Beschl. v. 1.8.2016 – Az.: 10 C 16.637, Rn. 9 (juris), unter Berufung auf Art. 7 I PAG; *Heckmann*, in: *Becker/Heckmann/Kempen/Manssen*, 3. Teil, Rn. 353; VollzB Nr. 16.2.

ereigenschaft bestimmen, aufgrund der spezielleren Regelung laut Art. 7 IV, 8 IV bzw. 10 III PAG nicht zur Anwendung kommen.[249]

**191** Art. 16 II PAG ermöglicht Kontaktverbote, langfristige Aufenthaltsverbote[250] oder -gebote sowie Meldeanordnungen. Diese dürfen alle nach Art. 16 II 3 PAG die **Dauer** von drei Monaten nicht überschreiten und können um jeweils längstens drei Monate verlängert werden. Hierbei ist zu beachten, dass der Wortlaut des Art. 16 II 3 Hs. 2 PAG sowohl dahingehend ausgelegt werden kann, dass eine Anordnung nach Art. 16 II 1, 2 PAG maximal sechs Monate andauern darf (→ ursprüngliche Anordnung über drei Monate und einmalige Verlängerung um drei Monate), als auch dahingehend, dass eine mehrmalige Verlängerung um jeweils bis zu drei Monate vorgenommen werden darf. Folgt man der zweiten Interpretation, könnte die Norm allerdings mit dem Verhältnismäßigkeitsgrundsatz konfligieren (zu der nunmehr zumindest für Art. 20 II 2 PAG geklärten – insoweit parallelen – Frage vgl. Rn. 205).[251]

**192** Das in **Art. 16 II 1 Nr. 1 PAG** normierte polizeirechtliche **Kontaktverbot** bildet die Parallelvorschrift zur Möglichkeit der Erwirkung einer einstweiligen Verfügung gegen eine Person im zivilrechtlichen Gewaltschutzgesetz bzw. BGB und deren strafrechtliche „Durchsetzung" unter anderem über § 238 StGB (Nachstellung). Es geht also zum einen um Fälle von häuslicher Gewalt oder Stalking, zum anderen aber auch um Situationen, in denen der Kontakt des Maßnahmeadressaten zu anderen gefährlichen Personen oder Gruppierungen, die gemeinsam Straftaten vorbereiten oder planen, unterbunden werden soll.[252] Ein Kontaktverbot ist im Gegensatz zu den Befugnissen nach Art. 16 II 1 Nr. 2 PAG nicht „ortsfest", sondern knüpft vielmehr an die Person an, zu der das Kontaktverbot besteht. Problematisch ist das polizeirechtliche Kontaktverbot durch den Umstand, dass es mit der die Zuständigkeit der Polizei beschränkenden Vorgabe des **Art. 2 II PAG** in Konflikt tritt. Hiernach obliegt der Schutz privater Rechte der Polizei nach dem PAG nur dann, wenn gerichtlicher Schutz nicht rechtzeitig zu erlangen ist und wenn ohne polizeiliche Hilfe die Verwirklichung des Rechts vereitelt oder wesentlich erschwert werden würde. Vor diesem Hintergrund bewegt sich Art. 16 II 1 Nr. 1 PAG in einem Spannungsfeld: Einerseits können in der Regel bereits andere Behörden, beispielsweise die Sicherheitsbehörden, oder die Zivilgerichte (Letztere zumeist im Wege der oben erwähnten einstweiligen Verfügung) zum Schutz der bedrohten privaten Rechte gegenüber dem Adressaten eines potenziellen Kontaktverbotes tätig werden. Die Durchsetzung und die Ahndung von Verstößen gegen eine solche zivilgerichtliche einstweilige Verfügung bzw. eine Verfügung der Sicherheitsbehörde oder gegen einen polizeilichen Verwaltungsakt nach Art. 16 II 1 Nr. 1 PAG unterscheiden sich insofern (auch von ihrer „Wirksamkeit" her) ebenfalls nicht wesentlich; in allen Fällen muss erst einmal die Polizei alarmiert werden. Andererseits soll die Norm mutmaßlich gerade dort eingreifen, wo sich ein Gewaltopfer nicht eigenständig wehrt und die Zivilgerichte (aus welchen Gründen auch immer) nicht anruft (die dann – wegen der Dispositionsmaxime – auch nicht selbstständig tätig werden können). Überdies könnte Art. 16 II 1 Nr. 1 PAG in Konflikt mit **Art. 3 PAG** treten. Hiernach wird die Polizei nur tätig, soweit die Ab-

---

249 *Heckmann*, in: *Becker/Heckmann/Kempen/Manssen*, 3. Teil, Rn. 357; *Gallwas/Linder*, in: *Gallwas/Lindner/Wolff*, Kap. 3, Rn. 669; a. A.: *Weber/Köppert*, Rn. 157.
250 Langfristige Platzverweise wurden bis zur Schaffung des Art. 16 II PAG in der Regel auf die Generalklauseln in Art. 11 I PAG oder Art. 7 II Nr. 1 LStVG gestützt. Ein Rückgriff auf diese Generalklauseln war jedoch aufgrund der Einschlägigkeit der Standardmaßnahme des Art. 16 PAG von ihrem „sozialen Sinn" her (→ es geht um die Entfernung einer Person von einem Ort) eigentlich gesperrt.
251 *Grünewald*, in: *Möstl/Schwabenbauer*, Art. 16 PAG Rn. 54: „Eine gesetzliche Höchstfrist gibt es ... nicht. Jede Verlängerung setzt aber freilich voraus, dass die konkrete oder drohende Gefahr noch besteht und die Verlängerung auch unter Verhältnismäßigkeitsaspekten weiterhin geboten ist." Ähnlich *Schmidbauer*, in: *Schmidbauer/Steiner*, Art. 16 Rn. 62.
252 *Grünewald*, in: *Möstl/Schwabenbauer*, Art. 16 PAG Rn. 43 f.

wehr der Gefahr durch eine andere Behörde nicht oder nicht rechtzeitig möglich erscheint. Jedenfalls beim Erlass einer dreimonatigen Verfügung oder deren Verlängerung nach Art. 16 II 3 PAG ist keine besondere Eilbedürftigkeit (mehr) gegeben; mithin könnte in diesem Zusammenhang im Regelfall auch die Sicherheitsbehörde tätig werden. Ob die Zuständigkeit der Polizei dann durch Art. 3 PAG „gesperrt" ist, erscheint mangels entsprechender speziell geregelter Befugnis der Sicherheitsbehörde für solche Maßnahmen allerdings ebenfalls als unklar. Insofern stellte sich dann die Frage nach der Sperrwirkung zwischen PAG und LStVG.[253]

**Art. 16 II 1 Nr. 2a PAG** ermächtigt zu einem **Aufenthaltsverbot,** das sich von dem nur vorübergehenden Platzverweis nach Art. 16 I PAG insbesondere bezüglich der längeren Dauer unterscheidet (vgl. Art. 16 II 3 PAG). Zu beachten ist ferner, dass sich aus der Anordnung für den Adressaten klar ergeben muss, auf welches Gebiet sich das Verbot bezieht (Bestimmtheitsgebot), was gegebenenfalls durch die Beifügung eines gekennzeichneten Straßenplanes oder die Nennung der Straßenzüge und -kreuzungen in der Anordnung sicherzustellen ist.[254] Dieses Gebiet bzw. der Ort muss mit Blick auf den Verhältnismäßigkeitsgrundsatz und dort insbesondere mit Blick auf die Erforderlichkeit der Maßnahme so gewählt sein, dass es den Betroffenen nicht unnötig schwer belastet (weniger Orte bzw. kleinere Gebiete stellen mildere Mittel dar, die für eine effektive Gefahrenabwehr gleich geeignet sein können). Beispielsweise dürfte ein Aufenthaltsverbot eines Drogensüchtigen für alle Parks der Stadt unverhältnismäßig, eine Beschränkung auf bestimmte, als Orte des Drogenhandels bekannte Teile der Parks hingegen unproblematisch sein.[255] Die gleichen Grundsätze sind für die Beschränkung des Verbotes in zeitlicher Hinsicht zu beachten. **193**

Nach **Art. 16 II 1 Nr. 2b PAG** kann die Polizei „zur Abwehr einer [konkreten; vgl. wieder Art. 11 I 2 PAG] Gefahr oder einer drohenden Gefahr für ein bedeutendes Rechtsgut einer Person verbieten, ohne polizeiliche Erlaubnis […], wenn die Begehung von Straftaten droht, […] ihren Wohn- oder Aufenthaltsort oder ein bestimmtes Gebiet zu verlassen". Das ist das sogenannte **Aufenthaltsgebot.** „Gebiet" ist hier sinngerecht i. S. von Dorfgebiet bzw. Stadtgebiet zu verstehen. Das Aufenthaltsgebot ist dadurch aber noch viel grundrechtssensibler als das Aufenthaltsverbot, dass es je nach Größe des jeweiligen Gebietes für das Aufenthaltsgebot einer Freiheitsentziehung sehr nahekommen kann (→ der Betroffene muss an einem bestimmten Ort verweilen).[256] Insbesondere vor dem Hintergrund der oben angesprochenen Verlängerungsmöglichkeit nach Art. 16 II 3 Hs. 2 PAG kann die Wahrung des Verhältnismäßigkeitsgrundsatzes bei dieser neuen Tatbestandsvariante als problematisch anmuten. **194**

**Art. 16 II 2 PAG** sieht schließlich die Möglichkeit einer **Meldeanordnung** vor. Sie soll z. B. dazu dienen, Hooligans von Fußballspielen fernzuhalten, indem man ihnen zuvor auferlegt, sich während des Spieles in einer Polizeidienststelle zu melden. Auch hier ist eine drohende Gefahr als „Schwelle" ausreichend. Allerdings muss sie immer für ein bedeutendes Rechtsgut bestehen, so dass insgesamt noch von relativ hohen Anforderungen auszugehen ist. Trotzdem ist zu bedenken, dass die Freiheit der Person aus Art. 2 II **195**

---

253 In diese Richtung tendenziell ebenso *Grünewald*, in: *Möstl/Schwabenbauer*, Art. 16 PAG Rn. 46: „Da Aufenthaltsverbote auch von Sicherheitsbehörden angeordnet werden können, dürfte sich kaum etwas daran ändern, dass auch künftig bei konkreten Gefahren die polizeiliche Anordnung eines Aufenthaltsverbots [nach Art. 3 PAG] gegenüber der der Sicherheitsbehörden subsidiär ist. Die eigentliche Bedeutung liegt in der Eröffnung dieser polizeilichen Befugnis in Fällen der drohenden Gefahr, da Sicherheitsbehörden zur Abwehr drohender Gefahren nicht befugt sind."
254 *Weber/Köppert*, Rn. 159.
255 *Grünewald*, in: *Möstl/Schwabenbauer*, Art. 16 PAG Rn. 48.
256 Ein Richtervorbehalt besteht im Rahmen des Art. 16 II 1 Nr. 2b PAG trotzdem nicht; vgl. LT-Drs. 17/16299, 12.

2 GG bzw. Art. 102 I BV dadurch eingeschränkt wird[257] und die Verhältnismäßigkeit der Normanwendung im Einzelfall dabei wieder als (etwas) zweifelhaft erscheinen kann.

**196** Weitestgehend ungeklärt ist für alle Varianten des Art. 16 II PAG die Frage, ob auf die allgemeinen Vorschriften zur **Störereigenschaft** zurückgegriffen werden kann oder ob dieses Thema in Art. 16 II PAG bereits abschließend geregelt ist. Vergleicht man den Wortlaut des Art. 16 II PAG mit Art. 16 I 2 PAG, so fällt auf, dass Letzterer spezifisch auf „Personen [...], die den Einsatz [...] behindern" Bezug nimmt,[258] während Art. 16 II PAG zwar wohl dem Grunde nach einen Verhaltensstörer i. S. des Art. 7 I PAG vor Augen hat,[259] allerdings von seinen (weiten) Tatbestandsvoraussetzungen her in einer Vielzahl nicht näher bestimmter Einzelfälle zum Tragen kommen kann. Art. 16 II PAG konkretisiert zudem nicht weiter, ob die Maßnahmen auch tatsächlich gegen die Person ergehen, von welcher die konkrete oder drohende Gefahr ausgeht. Denkbar erscheint es auch, dass Ge- oder Verbote gegen Personen erlassen werden, die vor Gefahren geschützt werden sollen, was insbesondere angesichts der beachtlichen Grundrechtsbeeinträchtigungen, etwa im Fall des Art. 16 II 1 Nr. 2b PAG, als problematisch erscheint.[260] Somit kommt es bei einer Nichtanwendung der allgemeinen Vorschriften zur Störereigenschaft aufgrund der weiten und unbestimmten Formulierung des Art. 16 II PAG zu erheblicher Rechtsunsicherheit. Systematisch bietet sich insbesondere ein Vergleich zwischen dem Aufenthaltsverbot und Art. 16 I 1 PAG an. Art. 16 II 1 Nr. 2a PAG stellt letztlich nichts anderes als einen räumlich und zeitlich intensiveren Platzverweis dar. Wenn schon für Art. 16 I 1 PAG die allgemeinen Störervorschriften zum Tragen kommen, sollte das erst recht für das eingriffsintensivere Aufenthaltsverbot gelten, um ein stimmiges Gesamtkonzept zu schaffen. Andernfalls könnten auch die engen Vorgaben des Art. 10 PAG zur Inanspruchnahme von Nichtstörern umgangen werden. Aus allen diesen Gründen erscheint es insgesamt als sinnvoller, die Art. 7, 8 und 10 PAG für anwendbar zu erachten.[261]

**197** Zu beachten ist außerdem noch, dass bei **öffentlichen** (vgl. dazu Art. 2 II, III BayVersG) **Versammlungen** gemäß **Art. 16 II 4 PAG** die spezielleren Art. 12, 15 BayVersG zur Auflösung einer Versammlung bzw. zum Ausschluss einzelner Teilnehmer vorgehen. Das gilt nach h. M. aber nicht mehr, wenn die Versammlung bereits aufgelöst wurde, also nicht mehr besteht.[262]

### 6. Der Gewahrsam, Art. 17–20 PAG

**198** Die **Ingewahrsamnahme** ist das Bringen einer Person gegen deren Willen in den Schutz und die Obhut der Polizeibehörden, wobei anders als beim Platzverweis gerade der Freiheitsentzug das Mittel zur Gefahrenabwehr ist. Während es bei Art. 16 I PAG nur um die Entfernung von einem bestimmten Ort geht, ist hier die Verbringung an

---

257 Anders hingegen LT-Drs. 17/16299, 11 f., in Bezug auf das Aufenthaltsge- und -verbot (die Meldeanordnung wurde, wie oben im Text ausgeführt wird, erst später ins Gesetz eingefügt).
258 So auch *Wolff/Babiak/Tietze*, ZJS 2019, 389 (389 f.).
259 Hiervon geht offenbar auch die Gesetzesbegründung aus, ohne dass es jedoch bei der Einfügung des Abs. 2 klargestellt worden ist. Nach ihr bedarf es nämlich der neuen Regelungen zur Abwehr von Gefahren, „die von einer bestimmten Person oder von bestimmten Personen ausgehen"; vgl. LT-Drs. 17/16299, 11.
260 Vgl. hierzu *Löffelmann*, BayVBl. 2018, 145 (149), der die faktische Gleichbehandlung von Störern und Nicht-Störern in Art. 16 II PAG kritisiert.
261 So letztlich auch *Schmidbauer*, in: *Schmidbauer/Steiner*, Art. 16 Rn. 38: „Die vorstehend genannte Gefahr muss vom Störer verursacht sein. Nur gegen ihn als die Person, die für die Gefahr verantwortlich ist, darf sich die polizeiliche Maßnahme richten." Er verweist zudem darauf, die Gesetzesbegründung (LT-Drs. 17/16299) spreche von einer „personifizierbaren Gefahr".
262 Vgl. zum Verhältnis von PAG und BayVersG allgemein Rn. 313 ff.; s. auch speziell im Zusammenhang mit Art. 16 PAG *BVerfG*, NVwZ 2005, 80 f.

einen bestimmten Ort das behördliche Ziel.²⁶³ Auch dabei handelt es sich um einen klassischen Verwaltungsakt i. S. von Art. 35 S. 1 BayVwVfG mit dem Befehl „Kommen Sie in polizeiliche Obhut!" bzw. (je nach Sicht bzw. Situation) „Dulden Sie, dass Sie in polizeilicher Obhut sind und bleiben müssen!", der nötigenfalls nach Art. 70 ff. PAG zwangsweise durchgesetzt wird. Nach Art. 17 PAG gibt es dabei verschiedene Arten des Gewahrsams:

Die erste Möglichkeit ist der sogenannte **Schutzgewahrsam** (Nr. 1) zur Rettung des Betroffenen. Dieser liegt allerdings nicht vor, wenn der Betroffene selbstständig und freiwillig um Schutz bittet, denn dann geht es um einen sogenannten unechten Gewahrsam (für den keine Ermächtigungsgrundlage vonnöten ist). Ein Problem besteht in diesem Zusammenhang bei einer **Suizidgefahr**, bei der streitig ist, ob es sich um eine freie Willensentscheidung oder um eine psychische Ausnahmesituation handelt (dabei wird Letzteres von der h. M. zunächst immer vermutet).²⁶⁴ Zu beachten ist bei Art. 17 I Nr. 1 PAG außerdem, dass die Norm nur Regelbeispiele („insbesondere") aufstellt, die für die Anordnung des Schutzgewahrsams nicht in jedem Fall erfüllt sein müssen.

**199**

Der **Unterbindungsgewahrsam** (Nr. 2) dient präventiv der Verhinderung von Ordnungswidrigkeiten von erheblicher Bedeutung für die Allgemeinheit oder von Straftaten (zu beachten ist dabei allerdings, dass lediglich die Ordnungswidrigkeit und nicht auch die Straftat von erheblicher Bedeutung sein muss; Gleiches gilt dann ebenfalls für Art. 17 I Nr. 2c PAG). Dass das Tatbestandsmerkmal des Unterbindungsgewahrsams insgesamt restriktiv auszulegen ist, zeigt auch die Gesetzesformulierung „unerlässlich". Ein Anwendungsfall ist beispielsweise die permanente nächtliche Ruhestörung durch laute Musik auf einer Party. Hier kann die Polizei den Ruhestörer schließlich auch nach Art. 17 I Nr. 2 PAG i. V. mit § 117 OWiG bei unzulässigem Lärm in Gewahrsam nehmen. Bei der zu unterbindenden Straftat oder Ordnungswidrigkeit müssen nur der objektive Tatbestand und die Rechtswidrigkeit vorliegen; der subjektive Tatbestand oder die Schuld sind demgegenüber nicht erforderlich.²⁶⁵ Ob die Begehung oder Fortsetzung einer Ordnungswidrigkeit oder Straftat droht, ist durch eine Bewertung der gegebenen Umstände im Rahmen einer Prognoseentscheidung der Polizeibeamtinnen und Polizeibeamten vor Ort zu beurteilen.²⁶⁶ Als Hilfe dienen dabei die Nr. 2a–2c, wobei es sich lediglich um gefahrenindizierende (s. wieder das Merkmal „insbesondere") Prognosegesichtspunkte und nicht um verbindliche, abschließende Vorgaben oder Vermutungstatbestände handelt.²⁶⁷ Verfassungsrechtlich problematisch ist vor allem Art. 17 I Nr. 2c, der für eine Ingewahrsamnahme an vergangene Taten anknüpft. Das ist nur schwer mit dem aus Art. 1 I 1 GG ableitbaren Menschenbild des GG zu vereinbaren. Die hier

**200**

---

263   Zur Vereinbarkeit dieses Vorgehens mit der EMRK vgl. *EGMR*, NVwZ 2006, 797 ff.
264   *Schmidbauer/Holzner*, 11. Kap., Rn. 469; *Berner/Köhler/Käß*, Art. 11 Rn. 28, wobei Letzterer im versuchten Selbstmord eine Gefahr für die öffentliche Ordnung begründet sieht. Hintergrund der h. M. ist, dass der Suizid zu einer unumkehrbaren Situation führt, die mit der staatlichen Schutzpflicht für das menschliche Leben aus Art. 2 II 1 GG konfligiert. Aus der ex-ante-Perspektive der handelnden Beamtin bzw. des handelnden Beamten ist somit grundsätzlich eine Verpflichtung zum Einschreiten gegeben, zumal der wahre Wille des oder der Betroffenen oftmals auf die Schnelle nur schwer zu ermitteln sein dürfte.
265   Vgl. *OLG München*, BeckRS 2008, 23320. Zur polizeilichen Ingewahrsamnahme bei einer Anscheinsgefahr *VGH München*, Beschl. v. 28.6.2019 – Az.: 10 C 18.375 (juris). Speziell zur Inanspruchnahme Dritter *AG Tiergarten*, NVwZ-RR 2005, 715 ff.; zur polizeilichen Ingewahrsamnahme wegen einer Anschlagsgefahr *OLG Hamm*, NVwZ-RR 2008, 321 f.; *OLG Rostock*, NVwZ-RR 2008, 322; zum Unterbindungsgewahrsam wegen der Zerstörung gentechnisch veränderter Pflanzen *OLG Frankfurt a. M.*, NVwZ-RR 2008, 244 ff.; zur Präventivhaft eines Fußballhooligans vor und während des Spieles *EGMR*, NVwZ 2014, 43 ff.; zur Ingewahrsamnahme von Demonstrantinnen und Demonstranten zur Verhütung weiterer Straftaten *VG Frankfurt a. M.*, BeckRS 2014, 56492.
266   *Grünewald*, in: *Möstl/Schwabenbauer*, Art. 17 PAG Rn. 41.
267   *BayVerfGH*, NVwZ 1991, 664 ff.; *Grünewald*, in: *Möstl/Schwabenbauer*, Art. 17 PAG Rn. 43.

geregelte Konstellation stellt insofern eine ausdrückliche Ausnahme dar. In sonstigen Fällen stellt die Menschenwürde eine Vermutung zugunsten der Rechtstreue der Einzelnen auf, so dass eine Verfehlung in der Vergangenheit nicht zur Rechtfertigung für künftige staatliche Maßnahmen herangezogen werden darf.

**201** Der im Jahr 2017 neu ins Gesetz aufgenommene **„Präventivgewahrsam"** (Nr. 3) wurde hinsichtlich seiner Voraussetzungen an das Vorliegen einer Gefahr für eines der bedeutenden Rechtsgüter nach Art. 11a II Nr. 1–4 PAG gekoppelt. Ferner muss der Gewahrsam zur Gefahrenabwehr unerlässlich sein. Beide Vorgaben dienen damit letztlich der Wahrung der Verhältnismäßigkeit der Norm. Ferner dient der sogenannte **„Durchsetzungsgewahrsam"** (Nr. 4) als besonderes Vollstreckungsmittel zur Durchsetzung der Maßnahmen nach Art. 16 PAG. Der neu geschaffene Art. 17 I Nr. 5 PAG schließlich ermöglicht die Durchsetzung einer Anordnung aufgrund des (ebenfalls neuen) Art. 34 PAG. **Art. 17 II PAG** regelt die Ingewahrsamnahme Minderjähriger und dient damit der Füllung von Regelungslücken des Jugendschutzgesetzes, für dessen Vollzug ebenfalls die Polizei zuständig ist.[268] Die Möglichkeit der Rückführung Entwichener zum Schutz der Öffentlichkeit (insbesondere der Einrichtung „Strafvollzug"[269]) ermöglicht **Art. 17 III PAG**.

**202** Da es sich beim Gewahrsam um eine **Freiheitsentziehung** handelt, bedarf er wegen Art. 104 II 1 GG nach **Art. 18, 97 PAG** unverzüglich, das heißt: ohne jede Verzögerung[270] (gegebenenfalls also erst nach der Gewahrsamsbegründung) der amtsrichterlichen Anordnung, sofern nicht ausnahmsweise Art. 97 III PAG eingreift. Dieser Richtervorbehalt, der in Art. 94 PAG auch noch auf andere polizeiliche Maßnahmen mit freiheitsentziehender Wirkung erstreckt wird (dort gilt das Nachfolgende dann ebenso) stellt wieder eine sogenannte **abdrängende Sonderzuweisung** dar (vgl. Art. 96 I, 98 PAG). Mit ihm ist während der Maßnahme zugleich die **verwaltungsgerichtliche Prüfung** der Rechtmäßigkeit der Freiheitsentziehung **ausgeschlossen**.[271] Grund hierfür ist auch, dass die Amtsgerichte flächendeckend stark in Bayern vertreten sind und daher schnellere Entscheidungen als bei den lediglich sechs bayerischen Verwaltungsgerichten erster Instanz möglich sind.[272] Aus Art. 92 II PAG geht ferner hervor, dass in Bayern alle Streitigkeiten, die den Gewahrsam betreffen, insbesondere auch in Fortsetzungsfeststellungskonstellationen, den Amtsgerichten zugewiesen werden. Wichtig ist dabei - auch in Massenverfahren wie z. B. nach Demonstrationen - immer die Pflicht zu Einzelentscheidungen mit rechtlichem Gehör.[273] Umstritten ist insoweit, ob die Zuständigkeit der Zivilgerichte auf die Frage nach der Zulässigkeit des Gewahrsams beschränkt ist oder ob sie auch die Art und Weise der Durchführung des Gewahrsams sowie weitere Maßnahmen, die im Zusammenhang mit der Freiheitsentziehung erfolgt sind, zu überprüfen haben. Die verwaltungsgerichtliche Rechtsprechung verneint eine bloß isolierte Zuständigkeit der Amtsgerichte.[274] Da diese Auffassung jedoch nicht ausdrücklich dem

---

268 *Grünewald*, in: *Möstl/Schwabenbauer*, Art. 17 PAG Rn. 77.
269 *Grünewald*, in: *Möstl/Schwabenbauer*, Art. 17 PAG Rn. 85.
270 Dazu *BVerfG*, BeckRS 2002, 30259692.
271 Vgl. dazu *OLG Celle*, NVwZ-RR 2005, 543 f., und *OLG Frankfurt a. M.*, BeckRS 2010, 11770.
272 *Löffelmann*, in: *Möstl/Schwabenbauer*, Art. 96 PAG Rn. 2, Art. 98 PAG Rn. 1 ff.; s. ebenfalls die Begründung zu Art. 16 a. F., LT-Drs. 8/8134, 19.
273 So das *LG Lüneburg*, BeckRS 2012, 210481, im Fall der Massenfestnahme von „Kernkraftgegnern" in FGG- bzw. heute FamFG-Verfahren. Sehr anschaulich zu der besonderen abdrängenden Sonderzuweisung für Fortsetzungsfeststellungsklagen nach einer Ingewahrsamnahme ohne richterliche Anordnung im niedersächsischen Landesrecht *OVG Lüneburg*, NVwZ 2004, 760 f.; zum fehlenden Rechtsschutz der Polizei gegen richterliche Entscheidungen *OLG München*, NVwZ-RR 2006, 544.
274 *VGH München*, NJW 1989, 1754 f.; BeckRS 1987, 111124; das andeutend auch *BVerfG*, Beschl. v. 13.12.2005 – Az.: 2 BvR 447/05, Rn. 62 (juris); s. hierzu weiterhin *Löffelmann*, in: *Möstl/Schwabenbauer*, Art. 97 PAG Rn. 24 m. w. N.

Gesetz zu entnehmen ist, kann auch gut vertreten werden, dass lediglich die Frage nach der Zulässigkeit des Gewahrsams selbst von der abdrängenden Sonderzuweisung erfasst ist.

**203** Die richterliche Entscheidung über die Zulässigkeit und Fortdauer der Freiheitsentziehung einer in Gewahrsam genommenen Person kann seit der Neufassung des Gesetzes auch ohne eine persönliche Anhörung der betroffenen Person erfolgen. Das ist laut **Art. 97 II 1 PAG** möglich, wenn diese rauschbedingt nicht in der Lage ist, den Gegenstand der persönlichen Anhörung durch das Gericht ausreichend zu erfassen und in der Anhörung zur Feststellung der entscheidungserheblichen Tatsachen beizutragen. Fraglich ist hierbei, an welchen Kriterien festgemacht werden soll, ob eine Person nicht mehr ausreichend aufnahmefähig ist. Menschen reagieren unterschiedlich auf Alkohol, Betäubungsmittel und Medikamente, so dass selbst dann, wenn man beispielsweise ihren Promillewert kennt, dieser keinen sicheren Rückschluss auf die momentane Zurechnungsfähigkeit der Person zulässt. Auch rauschbedingte Ausfallerscheinungen sind nicht klar zu deuten und werden unterschiedlich bewertet. Zugleich wird die Bekanntgabe der richterlichen Entscheidung in diesem Fall nach **Art. 97 II 2 PAG** fingiert. Laut der offiziellen Begründung zum damals entsprechenden Art. 18 I 3 PAG a. F. geschah das, da die betroffene Person auch den Inhalt des den Gewahrsam bestätigenden Beschlusses kaum erfassen könne.[275] Es hat aber auch eine Rolle gespielt, dass die gegenüber berauschten Personen vorgenommene Bekanntgabe von den Gerichten teilweise nicht als solche akzeptiert wurde. Soll die Freiheitsentziehung verlängert werden, muss das laut **Art. 97 II 4 PAG** erneut durch eine richterliche Entscheidung angeordnet werden. Sollte eine Anhörung dann immer noch nicht möglich sein, muss sich das Gericht dieses Mal gemäß **Art. 97 II 5 PAG** selbst einen persönlichen Eindruck von der Person und ihrem Zustand verschaffen, so dass selbst einige Stunden nach Beginn der Freiheitsentziehung keine Anhörung stattfinden muss, was eventuell einen Verstoß gegen den Anspruch auf rechtliches Gehör aus Art. 103 I GG darstellen könnte (falls denn „Gehör" gewährt werden könnte). Insgesamt besteht die Gefahr einer übermäßigen Anwendung der neuen Vorschriften zu Lasten von Personen im Freiheitsentzug. So könnten auf diesem Weg de facto auch nur die Gerichte entlastet werden. Diese Gefahr wird zusätzlich dadurch verstärkt, dass es ex post kaum noch feststellbar ist, ob der Rauschzustand tatsächlich zu einer unzureichenden geistigen Aufnahmefähigkeit geführt hat, und es somit schwer sein wird, sich im Nachhinein (zudem: mit welcher Klageart?) dagegen zu wehren. Art. 97 III PAG legt fest, wann eine **richterliche Entscheidung** (bei vorzeitiger „Erledigung") **entbehrlich** ist. Wichtig ist schließlich noch, dass Art. 97 V PAG für den Fall der unterbliebenen richterlichen Entscheidung eine Art **besondere „Fortsetzungsfeststellungsklage"** vorsieht.

**204** **Art. 19 PAG** dient mit den Belehrungspflichten, der Gelegenheit der Benachrichtigung einer Person und den Vorgaben zur Behandlung des oder der Festgehaltenen dem Schutz der betroffenen Personen. Zu beachten ist, dass es sich hierbei nicht um Rechtmäßigkeitsvoraussetzungen, sondern lediglich um Amtspflichten der Polizei handelt. Die Nichtbeachtung führt daher gegebenenfalls zu einem Staatshaftungsanspruch nach § 839 I 1 BGB i. V. mit Art. 34 S. 1 GG (bzw. Art. 97 S. 1 BV).

**205** **Art. 20 PAG** gibt vor, wann eine festgehaltene Person zu entlassen ist und enthält ferner Bestimmungen zur Dauer der Freiheitsentziehung. Mit dem Gesetz zur effektiveren Überwachung gefährlicher Personen vom 24.7.2017[276] wurde zunächst die Höchstdauer der Freiheitsentziehung von zuvor zwei Wochen auf drei Monate erhöht. Dieser Zeitraum konnte außerdem nun „jeweils" um längstens drei Monate verlängert werden.

---

275   LT-Drs. 17/20425, 43.
276   BayGVBl. 2017, 388 ff.

Diese Formulierung warf dieselben Probleme auf, die auch im Zusammenhang mit Art. 16 II 3 PAG bestehen (vgl. Rn. 191), weshalb insbesondere die von der bayerischen Staatsregierung eingesetzte PAG-Kommission eine „deutliche Reduzierung (der) zulässigen Höchstdauer des Präventivgewahrsams" und eine Abstufung der „materiellen Anforderungen" hierfür gefordert hat.[277] Der Gesetzgeber hat darauf reagiert und Art. 20 II 2 PAG dahingehend geändert, dass die Dauer des Gewahrsams nicht mehr als einen Monat betragen darf und insgesamt nur bis zu einer Gesamtdauer von zwei Monaten verlängert werden kann. Das stellt für diese Norm nunmehr klar, dass auch eine mehrmalige Verlängerung, aber eben nur bis zu der genannten Höchstgrenze möglich ist.[278] Zu beachten ist bei Anwendung der Norm allerdings, dass die Anordnung der Fortdauer nur unter denselben Voraussetzungen wie die erstmalige Anordnung des Gewahrsams möglich ist; vor allem muss der Verhältnismäßigkeitsgrundsatz unter den besonderen Anforderungen der Norm („unerlässlich") beachtet werden. Dabei gilt der Grundsatz: Je länger der präventive Gewahrsam fortdauert, desto rechtfertigungsbedürftiger wird er. In die Diskussion gekommen ist die Vorschrift zuletzt bei der recht umfangreichen Verhängung von Unterbindungsgewahrsam gegen sogenannte „Klimaaktivistinnen" und „Klimaaktivisten", die sich wiederholt (und teilweise angekündigt) auf Straßen festgeklebt hatten, um für ihr Anliegen mit Hilfe der so verursachten Verkehrsblockaden zu „werben". Hier hatten die Gerichte im Wiederholungsfall teilweise einen mehrwöchigen Gewahrsam auch über Weihnachten verhängt.

**206** Zur Verdeutlichung der Rechtsfragen im Zusammenhang mit dem Platzverweis nach Art. 16 PAG und dem Gewahrsam nach Art. 17 PAG dient nun noch der **Fall 4**:[279]

### Der aggressive Bettler

In der bayerischen Stadt N sitzen um den Springbrunnen herum ebenso wie in den Straßencafés viele Menschen und genießen die Sonne. Diese Idylle wird allerdings etwas durch den Bettler B gestört, der an einem Treppenaufgang auf Passantinnen sowie Passanten „lauert" und diese dann lautstark mit „Haste mal 'nen Euro, ey?" anspricht. Reagieren sie – wie die Mehrzahl der so Angegangenen – gar nicht oder ausweichend, stellt er sich ihnen in den Weg und hindert sie z. B. mit Worten wie „Alder! Ich brauche das Geld aber dringend, wirklich!" am Weitergehen. Erst wenn sie dann immer noch nicht reagieren, lässt er ohne weitere Drohungen etc. von ihnen ab.
B hat in der Vergangenheit auf Ermahnungen der Polizei, sein Verhalten doch zu mäßigen, nicht reagiert. Der Polizeidirektor von N möchte keinen unnötigen Wirbel riskieren. Daher lässt er vor einem „kräftigeren" Einschreiten seiner Beamtinnen und Beamten zunächst prüfen, ob diese B ein (möglichst unbefristetes) „Platzverbot" für den betreffenden Platz erteilen können, ihn im erwarteten Weigerungsfall mitnehmen und – wie es andernorts bereits erfolgreich praktiziert wird – in einem weit entfernten, nicht mit guten Busverbindungen angeschlossenen Ortsteil „aussetzen" können, damit B wenigstens einige Zeit lang nicht aggressiv bettelt. Der Polizeidirektor verweist insoweit unter anderem auf § 118 OWiG als Anknüpfungspunkt, um

---

277 Dazu *Allesch*, BayVBl. 2020, 289 (304).
278 Dazu auch die Gesetzesbegründung in LT-Drs. 18/13716, 28, die darauf abhebt, das Gericht könne damit eine auf die jeweilige Situation angepasste Entscheidung treffen und etwa eine Anordnung des Gewahrsams von einem Monat einmalig um einen weiteren Monat verlängern. Es könne aber auch mehrere kurze Freiheitsentziehungen anstelle von zwei längeren Entziehungen anordnen. Diese Flexibilität sei unter Verhältnismäßigkeitsgesichtspunkten geboten und könne gerade auch im Betroffeneninteresse liegen.
279 Vgl. zu diesem Fall *Holzkämper*, NVwZ 1994, 146 ff.; *Volkmann*, Jura, Sonderheft Examensklausuren 2000, 88 ff.

gegen B vorzugehen. Außerdem missbrauche dieser den öffentlichen Straßenraum für seine Zwecke und missachte durch sein rabiates Auftreten das Persönlichkeitsrecht der angebettelten Personen.

Bei der Falllösung ist zwischen den verschiedenen in Aussicht gestellten Maßnahmen zu differenzieren, die auf ihre formelle und materielle Rechtmäßigkeit zu untersuchen sind. Zunächst ist die **Rechtmäßigkeit des „Platzverweises" für B** zu begutachten. Als **Ermächtigungsgrundlage** hierfür bietet sich Art. 16 I 1 Nr. 1 PAG an, wobei für die dabei auf den Plan tretenden Polizistinnen und Polizisten auch die sofortige Vollziehbarkeit des Verbotes laut § 80 II 1 Nr. 2 VwGO von Vorteil ist. Hinsichtlich der **formellen Rechtmäßigkeit** ist festzuhalten, dass sich die Zuständigkeit der Polizeibehörden im konkreten Fall sachlich aus Art. 16 I 1 Nr. 1, 1, 2 I, 3 PAG, örtlich aus Art. 3 I POG ergibt. Für das zu beachtende Verfahren ist eine Anhörung des B im akuten Fall wegen der Gefahr weiterer Belästigungen durch ihn nach Art. 28 II Nr. 1 BayVwVfG entbehrlich. Schließlich kann der Verwaltungsakt formlos, gegebenenfalls sogar konkludent ergehen, wie auch Art. 37 II 1 BayVwVfG zeigt.

**207**

Im Rahmen der Prüfung der **materiellen Rechtmäßigkeit** des „Platzverweises" ist zunächst zu fragen, ob hierfür die Tatbestandsvoraussetzungen des Art. 16 I PAG vorliegen. Für die Annahme der erforderlichen **Gefahr für die öffentliche Sicherheit** gibt es mehrere Ansatzpunkte: Denkbar wäre zunächst eine **Nötigung** der Passantinnen und Passanten durch B als Gefahr für die öffentliche Sicherheit, wovon auch die Wahrung der Rechtsordnung erfasst ist (vgl. Rn. 98). Einer Verwirklichung des § 240 StGB steht jedoch entgegen, dass B weder mit einem empfindlichen Übel noch mit Gewalt droht. Auch eine **Belästigung der Allgemeinheit** gemäß § 118 OWiG wäre eine Gefahr für die öffentliche Sicherheit. Dazu müsste das Betteln durch B aber eine „grob ungehörige Handlung, die geeignet ist, die Allgemeinheit zu belästigen oder zu gefährden und die öffentliche Ordnung zu beeinträchtigen", darstellen. Hiergegen spricht, dass in solchen Fällen nur der konkret betroffene einzelne Mensch, nicht jedoch die Allgemeinheit belästigt werden, das Betteln mithin keine „Breitenwirkung" entfaltet und damit noch keine Missachtung der durch die Gemeinschaftsordnung geschützten Interessen vorliegt. Hinzu kommt, dass man bei einer anderen Bewertung auch direkt auf eine Gefahr für die „öffentliche Ordnung" abstellen könnte, statt den Umweg über § 118 OWiG zu gehen (was ohnehin eine fragwürdige Konstruktion ist). In Betracht zu ziehen ist dann aber noch das Hervorrufen einer Gefahr für die öffentliche Sicherheit dadurch, dass B durch sein Betteln ohne Sondernutzungserlaubnis nach Art. 18 I 1 BayStrWG die **Grenzen des Gemeingebrauches** überschreitet. Dem steht jedoch entgegen, dass nach außen trotz der mutmaßlich erfolgten kurzen Gespräche der Widmungszweck des Platzes, der auch als „Kontaktbereich" dient, nicht verlassen wird. Andere Personen werden zudem nicht in ihrem Gemeingebrauch behindert. Auf den inneren – widmungsfremden – Zweck der Einkommenserzielung durch B kommt es demgegenüber nicht an. Schließlich ist jedoch noch an eine **Verletzung des Persönlichkeitsrechts** der Passantinnen und Passanten, hier in der Form des Rechts, in Ruhe gelassen zu werden, zu denken, was ebenfalls als Gefahr für die öffentliche Sicherheit gewertet werden könnte. Die betreffenden Personen werden von B zwar angegangen, aber auch dieser hat ein Persönlichkeitsrecht, das ihm grundsätzlich das Betteln „erlaubt", weshalb es zur Berücksichtigung der gegenläufigen Rechte einer umfassenden Güterabwägung anhand der betroffenen Sphären und der Verhältnismäßigkeit bedarf. Vorliegend handelt es sich zwar um einen regelmäßigen, aber doch nur um einen leichten Eingriff in das Persönlichkeitsrecht Dritter, der zudem nur die Sphäre der allgemeinen Sozialkontakte mit recht geringer Schutzintensität betrifft. Berücksichtigt man zu-

**208**

dem, dass das Polizeirecht nach Art. 2 II PAG nur subsidiär dem Schutz privater Rechte dient, so erscheint es als gut vertretbar, eine Gefahr für die öffentliche Sicherheit insgesamt (noch) zu verneinen.[280]

**209** Zu untersuchen ist mithin, ob alternativ eine tatbestandlich ebenfalls vorgesehene **Gefahr für die öffentliche Ordnung** vorliegt. Sie lässt sich mit dem Argument bejahen, dass die Art und Weise des Bettelns bei B kein sozialadäquates Verhalten mehr darstellt, weil das menschliche Miteinander mehr als nur unerheblich beeinträchtigt wird. Anders wäre die Situation nur bei einem sogenannten „bescheidenen Betteln" (z. B. stillsitzend am Boden mit einem Schild) zu beurteilen. Für diese Gefahr ist B als Verhaltensstörer nach Art. 7 I PAG auch verantwortlich, so dass der Polizeibehörde als **Rechtsfolge** ein Ermessen über ihr Einschreiten gegen ihn zukommt, wobei insbesondere der **Grundsatz der Verhältnismäßigkeit** als dessen nicht zu überschreitende Grenze zu beachten ist. Dazu ist festzustellen, dass der Platzverweis geeignet ist, die Gefahr für die öffentliche Ordnung durch B zu beseitigen, was das legitime Ziel ist. Er ist überdies auch erforderlich, da B auf Ermahnungen oder ähnliche mildere Gefahrenabwehrmaßnahmen nicht reagiert hat. Schließlich ist der Platzverweis selbst dann angemessen, wenn B den Ertrag seiner Bettelleien zum Überleben braucht, da er auch anders betteln kann. Art. 16 I 1 Nr. 1 PAG deckt jedoch nur eine „vorübergehende Verweisung von einem Ort": Es gibt nach dieser Norm also keinen Dauerverweis, sondern immer nur für z. B. einen Tag, der bei erneutem aggressivem Betteln aber notfalls wiederholt werden kann.[281] Als Zwischenergebnis kann damit festgehalten werden, dass ein vorübergehender Platzverweis gegen B gemäß Art. 16 I 1 Nr. 1 PAG rechtmäßig wäre.

**210** Nunmehr ist die **Rechtmäßigkeit einer Ingewahrsamnahme des B**, welche die Polizei ebenfalls in Betracht zieht, näher zu prüfen. Ermächtigungsgrundlage für eine solche Maßnahme könnte Art. 17 I Nr. 4 PAG sein. Bei der **formellen Rechtmäßigkeit** eines darauf gestützten polizeilichen Vorgehens ergeben sich keine Unterschiede zur formellen Rechtmäßigkeit des oben bereits geprüften Platzverweises. Für die **materielle Rechtmäßigkeit** müssen die Tatbestandsvoraussetzungen des Art. 17 I Nr. 4 PAG gegeben sein. Die Ingewahrsamnahme ist dabei in der Tat **unerlässlich zur Durchsetzung des Platzverweises**, wenn B sich weigert, freiwillig „das Feld zu räumen" (was zu erwarten ist). Die an sich laut Art. 18 PAG einzuholende vorherige richterliche Entscheidung ist im akuten Fall nach Art. 97 III PAG entbehrlich, denn sie erginge erst nach dem Wegfall des Grundes für die Ingewahrsamnahme. Als **Rechtsfolge** ergibt sich damit wieder ein Ermessen, und wie oben ist auch insoweit die Verhältnismäßigkeit gewahrt, so dass eine Ingewahrsamnahme des B nach Art. 17 I Nr. 4 PAG ebenfalls rechtmäßig wäre.

**211** Zuletzt ist nunmehr die **Rechtmäßigkeit der „Verfrachtung" des B in den Außenbereich** zu beurteilen. Die Absicht der Polizei richtet sich dabei auf den sogenannten „**Verbringungsgewahrsam**", so dass zu fragen ist, ob es dafür eine **taugliche Ermächtigungsgrundlage** gibt. Die Ingewahrsamnahme nach **Art. 17 I PAG** deckt allerdings nur die zeitweise Freiheitsentziehung, nicht aber den zwangsweisen Ortswechsel, es sei denn, er ist zur Gewahrsamsbegründung und bzw. oder zur Gewahrsamserhaltung erforderlich, wie das etwa beim Verbringen in eine Zelle auf der Poli-

---

280 An dieser Stelle ist das gegenteilige Ergebnis mit entsprechender Begründung aber ebenso gut vertretbar.
281 Ein längerfristiges Aufenthaltsverbot nach Art. 16 II 1 Nr. 2a PAG kommt hier mangels einer insoweit von B verwirklichten Straftat hingegen schon aus Gründen des (fehlenden) Tatbestandes nicht in Betracht.

zeiwache der Fall ist. Daher passt diese Norm hier nicht.[282] Auch der Platzverweis gemäß **Art. 16 PAG** hilft dann insoweit nicht weiter, ermöglicht er doch nur das bloße Entfernen einer Person *von* einem bestimmten Ort, nicht jedoch ihr gezieltes Verbringen *an* einen bestimmten anderen Ort. Eine **analoge Anwendung der Art. 16, 17 PAG** scheidet wegen des grundrechtlichen Gesetzesvorbehaltes und des Rechtsstaatsprinzips hier ebenfalls aus. Damit bleibt letztlich nur noch die Generalklausel des **Art. 11 PAG**. Bei ihr ist jedoch zu fragen, ob insoweit nicht die sachnäheren Standardmaßnahmen ihre **Anwendung sperren**. In den Art. 16, 17 PAG sind spezielle Verbringungsorte benannt. Außerdem war beim Erlass dieser Normen die Idee des „Verbringungsgewahrsams" schon geboren, und der Gesetzgeber hätte sie im PAG ohne Weiteres aufgreifen können, was er aber offenbar bewusst nicht getan hat. Daher besteht nach dem sogenannten „sozialen Sinn" der Norm zum Gewahrsam bei Personen, um die es hier geht, eine vom Gesetzgeber gewollte Sperrwirkung gegenüber der Generalklausel (dazu schon allgemein in Rn. 164). Hinzu kommt erschwerend, dass es sich beim „Verbringungsgewahrsam" um eine Freiheitsentziehung (der Betroffene wird im Streifenwagen weggebracht) handelt, auf deren Voraussetzungen nach Art. 104 GG gerade Art. 17 i. V. mit Art. 18 ff., 97 PAG gemünzt ist. Der dort geregelte Richtervorbehalt würde sonst unterlaufen. Ergänzend lässt sich noch damit argumentieren, die Generalklausel könne ohnehin nur „Minusmaßnahmen" im Vergleich zu Standardmaßnahmen abdecken; der „Verbringungsgewahrsam" sei aber mehr als die bloße Ingewahrsamnahme, was etwa der mit ihm bewusst und gewollt erzielte „Zeitgewinn" zeige.[283] Als Zwischenergebnis ist damit festzustellen, dass der hier von der Polizei erwogene „Verbringungsgewahrsam" von keiner Ermächtigungsgrundlage gedeckt und damit rechtswidrig ist.[284] Insgesamt können gegenüber B damit alle vorgesehenen Maßnahmen außer dem „Verbringungsgewahrsam" in rechtmäßiger Weise angewandt werden, wobei der Platzverweis allerdings nur als vorübergehender zulässig ist.

---

282 Anders jedoch offenbar bisher die h. M. in Bayern: Laut *BayObLG*, Beschl. v. 6.7.1989 – Az.: BReg 3 Z 22/89, Rn. 31 (juris), und *Grünewald*, in: *Möstl/Schwabenbauer*, Art. 17 PAG Rn. 69, stellt der „Verbringungsgewahrsam" einen zulässigen (da im Vergleich zur Ingewahrsamnahme „milderen") Unterfall von Art. 17 I Nr. 4 PAG dar. Auch *Schmidbauer/Holzner*, 48. Kap., Rn. 1866, gehen ohne weitere Diskussion von seiner Zulässigkeit nach der Nr. 4 (das war dort noch die Nr. 3) aus. Schließlich bejahen *Berner/Köhler/Käß*, Art. 17 Rn. 25, dessen Zulässigkeit und sehen im „Verbringungsgewahrsam" sogar nur eine Freiheitsbeschränkung und keine Freiheitsentziehung.

283 Vgl. dazu ausführlich *Butzer*, VerwArch 2002, 506 (509); anders jedoch die h. M. in Bayern (s. Fn. 282). Zumindest auf den ersten Blick anders ist die Rechtslage bei einer Hausräumung: In Bezug auf Art. 17 PAG im Verhältnis zu Art. 11 PAG gilt, dass sie keine Freiheitsentziehung, sondern eben statt des gezielten Wechsels *an* einen anderen Ort nur das Entfernen *von* einem Ort darstellt. Dafür wäre dann jedoch an sich Art. 16 PAG einschlägig, auf den sich jedoch kein Dauerverbot stützen lässt (vgl. Rn. 191), so dass wiederum erwogen werden könnte, ob Art. 16 PAG insoweit „sperrt". Daher passt eigentlich auch hierfür Art. 11 I PAG nicht (die h. M. in Bayern ist jedoch offenbar auch insoweit „großzügiger" und nutzt ihn).

284 Folgt man an dieser Stelle nicht dieser Sichtweise und prüft mit Art. 11 PAG als Ermächtigungsgrundlage weiter, ergeben sich die entsprechenden Probleme bei der Angemessenheit der Maßnahme. Beachtenswert sind daneben auch noch die rechtlichen Konsequenzen, wenn ein betrunkener „Verbrachter" z. B. auf freiem Feld erfriert: Es handelt sich um die Straftat der Aussetzung mit Todesfolge (§ 221 III StGB) mit hoher Strafdrohung. Die Polizei rechtfertigt sich in solchen Situationen regelmäßig mit einer „minderschweren Maßnahme gegenüber der Festnahme", was von der Rechtsprechung ab und an (z. B. bei randalierenden Fußballfans), jedenfalls aber nicht bei hilflosen Personen wie Volltrunkenen akzeptiert wurde. Zur Üblichkeit dieser Praxis im Übrigen Zahlen aus Berlin: Schon 1995 gab es mehr als 1.750 Fälle des „Verbringungsgewahrsams". Die Polizei argumentiert insoweit häufiger damit, wenn der Gesetzgeber keine Hintertür offenlassen wolle, müsse er in das Gesetz schreiben, dass der „Verbringungsgewahrsam" unzulässig sei. Dem steht aber der Rechtsstaat mit seinem Gesetzvorbehalt bei Eingriffen in Rechte anderer zwingend entgegen. Damit der Staat eingreifen darf, bedarf es umgekehrt einer Norm!

## 7. Die Durchsuchung von Personen, Sachen und Wohnungen, Art. 21–24 PAG

**212** Die Art. 21–24 PAG betreffen die immer in Form eines (**Duldungs-**)**Verwaltungsaktes** (das ist allerdings umstritten[285]) erfolgende Durchsuchung ohne Einwilligung des Berechtigten zu präventiven Zwecken. Die §§ 102 ff., 110 III, 111 I 2, 163b I 3 StPO regeln dagegen Durchsuchungen als Strafverfolgungsmaßnahmen, wobei im Einzelfall eine Abgrenzung schwierig sein kann.[286] Stimmt der Betroffene der Durchsuchung zu, so liegt ein zulässiger Grundrechtsverzicht vor, und es bedarf keiner Ermächtigungsgrundlage für das polizeiliche Handeln. Je nach durchsuchtem „Objekt" handelt es sich um unterschiedliche Gefahrenquellen und Grundrechtseingriffe. Daher ist zu differenzieren:

**213** Art. 21 PAG regelt die **Durchsuchung von Personen**. Das ist die Nachschau am Körper (inklusive Mundhöhle und Ohren[287]) und sowie über den „anknüpfenden" Art. 22 I Nr. 1 PAG (s. Rn. 215) in den getragenen bzw. mitgeführten Kleidern sowie Handtaschen etc. Die sogenannte **körperliche Untersuchung**, also die Untersuchung des Körpers und seiner Bestandteile (inklusive der nicht ohne Weiteres zugänglichen sonstigen Körperöffnungen[288]) durch einen Arzt oder eine Ärztin ist hingegen nicht von Art. 21 PAG erfasst und darf wegen der hohen Eingriffsintensität auch nicht auf Art. 21 PAG, sondern nur auf spezielle Ermächtigungen (wie z. B. im repressiven Kontext §§ 81a, 81c StPO) gestützt werden.

**214** Art. 21 I Nr. 1 PAG erlaubt eine Durchsuchung einer Person beim Vorliegen konkreter Tatsachen, die den Schluss zulassen, dass sie etwas mitführt, das nach Art. 25 PAG sichergestellt werden darf (insofern besteht dann auch hier eine Art „Konnexität" – zu diesem Begriff im Kontext der Vollstreckung näher in Rn. 270 – zwischen beiden Normen). Zu beachten ist, dass dabei einerseits bloße Vermutungen noch nicht ausreichen, andererseits jedoch auch noch kein sicheres Wissen erforderlich ist.[289] **Nr. 2** ermöglicht die Durchsuchung Hilfloser etwa nach Drogen oder auch nach Ausweispapieren, um ihre Identität zu klären, wobei eine Durchsuchung zu letzterem Zweck auch schon nach dem vorrangigen (dazu der Eingangssatz der Norm) Art. 13 II 5, 21 I Hs. 1 PAG möglich ist. Die im Jahr 2017 neu eingefügte **Nr. 3** setzt den ebenfalls neu geschaffenen Begriff der „drohenden Gefahr für ein bedeutendes Rechtsgut" voraus und schafft so (ergänzend zu Nr. 4 und 5) einen weiteren Fall, für den die Befugnis zum Einschreiten bereits im Gefahrenvorfeld gegeben ist.[290] Die nachfolgenden **Nr. 4** und **Nr. 5** sowie **Art. 21 II PAG** ergänzen die Befugnisse nach Art. 13 PAG und dienen unter anderem zum Selbstschutz der Polizei sowie dem Schutz Dritter. Zu beachten ist dabei allerdings, dass nach dem *BayVerfGH* sowie dem *VGH München* wegen der Intensität des Grundrechtseingriffes bei der Durchsuchung einer Person nach Art. 21 I Nr. 4 PAG zusätzlich im Tatbestand eine **erhöhte abstrakte Gefahr** vorliegen muss. Das bedeutet, solche Durchsuchungen dürfen nicht aufgrund einer ungesicherten Tatsachenbasis erfolgen.[291] Vielmehr müssen zusätzliche „greifbare" Erkenntnisse vorliegen, die den Schluss auf

---

[285] Vgl. nur *Grünewald*, in: *Möstl/Schwabenbauer*, Art. 21 PAG Rn. 12.
[286] Zur Abgrenzung zur Durchsuchung nach §§ 102, 105 I StPO vgl. *VGH München*, BeckRS 2009, 41748; nach *BGH*, NJW 2017, 3173 ff., und *BGH*, NStZ-RR 2018, 146 ff., dürfen Polizeibehörden auch während eines bereits laufenden Ermittlungsverfahrens aufgrund präventiver Ermächtigungsgrundlagen zum Zwecke der Gefahrenabwehr tätig werden; vgl. dazu auch die Ausführungen oben zu den legendierten Kontrollen bei Rn. 27.
[287] So VollzB Nr. 21.1.
[288] Auch dazu VollzB Nr. 21.1.
[289] Vgl. auch *Grünewald*, in: *Möstl/Schwabenbauer*, Art. 21 PAG Rn. 16.1, mit Beispielen, woraus sich die erforderlichen konkreten Tatsachen ergeben können.
[290] *Grünewald*, in: *Möstl/Schwabenbauer*, Art. 21 PAG Rn. 18.
[291] *BayVerfGH*, BeckRS 2006, 23756; *VGH München*, Beschl. v. 5.2.2014 – Az.: 10 ZB 11.1583, Rn. 16 (juris), die sich zwar jeweils nicht explizit auf Art. 13 I Nr. 2 PAG beziehen, ihn aber wohl miterfassen.

§ 6 Die Standardmaßnahmen

eine erhöhte Gefahrenlage hinsichtlich der in Art. 13 I Nr. 5 PAG zumindest von ihrem „Inhalt" her umschriebenen Straftaten zulassen. Die Anforderungen sind hier also strenger als bei der Identitätsfeststellung nach Art. 13 PAG.[292] **Art. 21 III PAG** soll schließlich mit seiner Pflicht zur Durchsuchung durch eine Person gleichen Geschlechtes als Regelfall – Ausnahmen bilden die Durchsuchung durch Ärztinnen und Ärzte, bei der nie Rücksicht auf das Geschlecht der durchsuchten Person genommen werden muss, sowie der „besondere Eilfall" einer Gefahr für Leib oder Leben – die Wahrung des Allgemeinen Persönlichkeitsrechts gewährleisten.[293] Verstöße dagegen führen zur Rechtswidrigkeit der Durchsuchung.[294] Da die Vorschrift ausschließlich dem Schutz der durchsuchten Person dient, kann sie allerdings in eine Durchsuchung durch eine Person des anderen Geschlechtes einwilligen.

**Art. 22 PAG** betrifft allgemein die **Durchsuchung von Sachen**. Dazu gehören bewegliche wie unbewegliche Sachen, so dass neben Reisegepäck oder einem Pkw auch ein unbebautes Grundstück[295] davon erfasst wird. Die Voraussetzungen sind ähnlich wie die in Art. 21 PAG festgelegt. Insbesondere gibt es auch hier nach der Rechtsprechung des *BayVerfGH* und des *VGH München* das zusätzliche (ungeschriebene) Tatbestandsmerkmal einer **erhöhten abstrakten Gefahr**[296] für die Befugnis in **Art. 22 I Nr. 1 PAG**, die an Art. 21 PAG anknüpft, und für die Befugnis nach **Art. 22 I Nr. 4 PAG**.[297] Zudem erlaubt der ebenfalls neu erlassene **Art. 22 II PAG** bei der Durchsuchung eines elektronischen Speichermediums den Zugriff auf vom Durchsuchungsobjekt räumlich getrennte Speichermedien. Das kann bedeuten, dass von einem Smartphone aus Inhalte eines nicht auf dem Gerät lokal gespeicherten E-Mail- oder Facebook-Accounts oder einer „Cloud" eingesehen werden können. Auf dem Gerät gespeicherte Passwörter dürfen dabei verwendet werden, um sich in verschiedene (Benutzer-)Konten einzuloggen. Wie bei der herkömmlichen Durchsuchung handelt es sich auch bei Maßnahmen nach Art. 22 II PAG um offene Maßnahmen ohne verdeckte technische Infiltration.[298] Für eine Weiterverarbeitung der „gefundenen" Daten müssen allerdings noch die speziellen Voraussetzungen der Datenverarbeitung vorliegen (z. B. nach Art. 25 III oder Art. 32 PAG), was Art. 22 II 2 PAG klarstellt. Vieles ist bei dieser neuen Befugnis jedoch noch unklar – so beispielsweise, ob der Betroffene dazu gezwungen werden kann, den Entsperrcode oder die PIN seines Handys herauszugeben.[299] Trotz der datenschutzrechtlichen Vorgaben in Abs. 2 S. 2 führt diese Vorschrift zu einer verstärkten Überwachung der Bürgerinnen und Bürger durch den Staat; es besteht auch insoweit die Sorge vor dem „gläsernen Menschen". Ist der Inhaber der tatsächlichen Gewalt (dazu Art. 22 III 1 PAG) nicht anwesend, sollen nach Art. 22 III 2 PAG sein Vertreter oder ein anderer Zeuge hinzugezogen werden. Ob Art. 22 III 1 PAG eine zwingend für die Rechtmäßigkeit der Durchsuchung erforderliche Voraussetzung darstellt, ist umstritten. Der Wortlaut „hat das Recht" spricht – gerade auch im Vergleich zu Art. 22 III 2 PAG („sollen") – dafür. Dennoch gibt es auch Stimmen, die Art. 22 III 1 PAG nicht als Rechtmäßigkeitsvoraussetzung für die Durchsuchung ansehen.[300] Ebenso wenig ist man sich über die Rechtsnatur des Art. 22

---

292  Beispiele hierzu in *Grünewald*, in: *Möstl/Schwabenbauer*, Art. 21 PAG Rn. 23.1.
293  Zur Durchsuchung von Personen insgesamt den anschaulichen Beispielsfall des *OVG Saarlouis*, LKRZ 2008, 102 ff., zur Zulässigkeit der mit dem Entkleiden verbundenen polizeilichen Durchsuchung eines weiblichen Fußballfans.
294  *Grünewald*, in: *Möstl/Schwabenbauer*, Art. 21 PAG Rn. 30.
295  Für Wohnungen in einem weiteren Sinn ist hingegen Art. 23 PAG die speziellere Vorschrift; vgl. dazu *Schwabenbauer*, in: *Möstl/Schwabenbauer*, Art. 23 PAG Rn. 17. Zu Parks noch näher in Rn. 217.
296  *BayVerfGH*, BeckRS 2006, 23756; *VGH München*, Beschl. v. 5.2.2014 – Az.: 10 ZB 11.1583, Rn. 16 (juris). Vgl. isoweit schon die Anmerkung in Fn. 291.
297  *Grünewald*, in: *Möstl/Schwabenbauer*, Art. 22 PAG Rn. 18.
298  *Grünewald*, in: *Möstl/Schwabenbauer*, Art. 22 PAG Rn. 22.
299  Bejahend *Schmidbauer*, in: *Schmidbauer/Steiner*, Art. 22 Rn. 33.
300  *Schmidbauer*, in: *Schmidbauer/Steiner*, Art. 22 Rn. 41.

III 2 PAG einig: Der Wortlaut, der eben nur von „sollen" spricht, und der Vergleich mit S. 1 legen nahe, dass es sich um eine bloße Ordnungsvorschrift handelt, die hauptsächlich der Beweissicherung zugunsten der Betroffenen dient. Dann ist ihre Einhaltung keine Voraussetzung für die materielle Rechtmäßigkeit der Durchsuchung.[301] Allerdings könnte es sich bei Art. 22 III 2 PAG dadurch auch um eine zwingende Vorschrift handeln, dass sie der Sicherung der Rechte des Betroffenen dient und damit eine Ausprägung des Rechtsstaatsprinzips aus Art. 20 III GG bzw. Art 3 I 1 Fall 1 BV ist. Folgt man dem, führt ein Verstoß dagegen zur Rechtswidrigkeit der Maßnahme.[302]

**216** Die Art. 23 f. PAG für die **Durchsuchung von Wohnungen** sind gegenüber Art. 22 PAG spezieller,[303] weil hier der Konflikt mit **Art. 13 GG** (in Bayern auch mit Art. 106 III BV, dem vom *BayVerfGH* mit Blick auf Art. 31 GG derselbe Inhalt wie Art. 13 GG beigemessen wird) normativ in Form der Ausgestaltung des Gesetzesvorbehaltes in Art. 13 II GG[304] gelöst werden muss. Was das ebenfalls in Art. 23 PAG geregelte **Betreten von Wohnungen** anbetrifft, ist insofern auf Art. 13 VII GG abzustellen. Der verfassungsrechtliche Wohnungsbegriff ist weit und erfasst z. B. auch Wohnwagen, Hausboote und Geschäftsräume.[305] Dem folgt in etwa die Legaldefinition in Art. 23 I 2 PAG. Im Rahmen der Prüfung des Art. 23 PAG ist immer zu unterscheiden, ob die einzelnen Tatbestandsalternativen eine Befugnis zum Betreten, zur Durchsuchung oder für beides enthalten. Eine **Durchsuchung** meint dabei das ziel- und zweckgerichtete Suchen nach Personen oder Sachen durch staatliche Organe.[306] Das bloße **Betreten** hingegen zielt neben dem Eintreten und Aufhalten nur auf die Befugnis, von Personen, Sachen und Zuständen, die ohne jeglichen Aufwand wahrgenommen werden können, Kenntnis zu nehmen.[307]

**217** Art. 23 I 1 PAG ermöglicht dabei ein Betreten und Durchsuchen der Wohnung unter den dort näher aufgeführten **Voraussetzungen**, die mit ihrer „Stärke" der Bedeutung des Wohnungsgrundrechts Rechnung tragen sollen. Art. 23 II PAG stellt diese Befugnisse während der **Nachtzeit** unter nochmals erhöhte Anforderungen. Wohnungen dürfen zudem bei **dringender Gefahr** (zu diesem Gefahrbegriff s. Rn. 113) jederzeit unter den Vorgaben des Art. 23 III PAG betreten werden. Auch hier stellt sich im Rahmen des Art. 23 III Nr. 2 PAG zu der Prostitution dienenden Orten wiederum das schon bei Art. 13 I Nr. 2b PAG (vgl. Rn. 172) erörterte Problem, dass die Ausübung der Prostitution durch das Prostitutionsgesetz weitgehend legalisiert wurde, weswegen es als fraglich erscheint, warum nunmehr in solchen Wohnungen unterschiedslos immer eine derartig große polizeirechtliche Gefahr bestehen soll, dass der Polizei ein jederzeitiges Betretungsrecht eingeräumt wird. Dieselbe Frage lässt sich auch in Bezug auf die in der Nr. 3 genannten Asylbewerberheime stellen. Ein Ausgleich kann hier nur über hohe Anforderungen an das Merkmal der „dringenden Gefahr" gesucht werden. Des Weiteren gibt Art. 23 IV PAG für Räumlichkeiten wie **Betriebs- oder Geschäftsräume** und bestimmte öffentlich zugängliche Grundstücke ein Betretungsrecht (nicht Durchsuchungsrecht) während der Betriebs-, Geschäfts- oder Aufenthaltszeit. Diese Sonderregelung erfasst nach ihrem Wortlaut auch bestimmte öffentlich zugängliche Grundstücke wie etwa private Parks, die ansonsten (ohne Bebauung) unter Art. 22 PAG fallen würden. Das liegt mutmaßlich daran, dass in Art. 22 PAG keine Befugnis zum (bloßen) Betreten enthalten ist. Betritt die Polizei im Zuge anderer Maßnahmen von Art. 23 PAG erfasste

---

301  So *Berner/Köhler/Käß*, Art. 22 Rn. 8; *Grünewald*, in: *Möstl/Schwabenbauer*, Art. 22 PAG Rn. 28.
302  So etwa *Gallwas/Linder*, in: *Gallwas/Lindner/Wolff*, Kap. 3, Rn. 692.
303  *Schwabenbauer*, in: *Möstl/Schwabenbauer*, Art. 23 PAG Rn. 17.
304  Dazu m. w. N. *Papier*, in: *Dürig/Herzog/Scholz*, GG Art. 13 Rn. 21.
305  Vgl. dazu nur m. w. N. *Jarass*, in: *Jarass/Pieroth*, Art. 13 Rn. 4 f.
306  Vgl. VollzB Nr. 23.2.
307  VollzB Nr. 23.1.

"Räume", so ist zu klären, ob das Betreten als „Minusmaßnahme" in der Ermächtigungsgrundlage für die andere Maßnahme enthalten ist oder ob ergänzend (zur „Lückenfüllung") Art. 23 PAG Anwendung findet.

**218** Neben den in Art. 23 PAG niedergelegten Voraussetzungen für Durchsuchungsmaßnahmen oder für das Betreten der Wohnung ohne oder gegen den Willen des Berechtigten ist zusätzlich immer auch noch im Rahmen des in der Rechtsfolge eingeräumten Ermessens die **Verhältnismäßigkeit**[308] der konkreten Maßnahme zu überprüfen, weswegen es beispielsweise keine Durchsuchung im Zusammenhang mit einer bloßen Ordnungswidrigkeit geben darf.[309]

**219** Das **Verfahren** und den **Richtervorbehalt** bei Durchsuchungen gestaltet Art. 24 PAG näher aus. In diesem Zusammenhang sind insbesondere auch Art. 94 Nr. 3 PAG (wobei dieser gegenüber Art. 24 I PAG keinen inhaltlichen „Mehrwert" hat) und Art. 95 III PAG aus dem (neuen) IX. Abschnitt über die Richtervorbehalte und das gerichtliche Verfahren zu beachten. Der Begriff „**Gefahr im Verzug**" in Art. 24 I, 95 III (V) PAG, bei dem die vorherige Anordnung der Durchsuchung durch einen Richter entbehrlich ist, muss nach h. M. eng ausgelegt werden, und das Vorliegen seiner Voraussetzungen ist streng einzuhalten.[310] Dieser Ausnahmefall ist dann gegeben, wenn die richterliche Anordnung nicht mehr eingeholt werden kann, ohne dass der Zweck der Maßnahme gefährdet wird.[311] Nach Art. 95 III PAG ist abweichend vom sonst geltenden Richtervorbehalt zu einer derartigen Anordnung – mit Blick auf den „Stellenwert" des Art. 13 GG etwas überraschend (aber wohl aus Gründen der Praktikabilität und der Effizienz) – jeder Polizeivollzugsbeamte befugt. Fraglich sind die Konsequenzen bei Verstößen gegen die einzelnen Absätze der Art. 24 und 95 PAG. Während Verstöße im Rahmen des Art. 24 I PAG die Rechtswidrigkeit der Durchsuchung zur Folge haben,[312] ist man sich bei den Abs. 2–5 uneinig: Einerseits werden ihre Voraussetzungen nur als reine Ordnungsvorschriften und Amtspflichten angesehen, die bei Verstößen (lediglich) zu Ansprüchen aus Amtshaftung nach § 839 I 1 BGB i. V. mit Art. 34 S. 1 GG (bzw. Art. 97 S. 1 BV) führen.[313] Diese Sichtweise wird allerdings unter dem Blickwinkel des Art. 13 II GG kritisiert, der ausdrücklich auf die Durchführung der Durchsuchung „ in der [...] [gesetzlich] vorgeschriebenen Form" verweist, so dass hiernach Verstöße gegen Art. 24 II–V PAG die Rechtswidrigkeit der Durchsuchung zur Folge haben.[314] Angesichts der verfassungsrechtlichen Wertungen und des hohen Stellenwertes der Unverletzlichkeit der Wohnung, die das *BVerfG*[315] immer wieder betont, erscheint letztere Ansicht überzeugender.

**220** Der (in der Regel nur im Nachgang mögliche) **Rechtsschutz** gegen Durchsuchungsmaßnahmen erfolgt bei einer richterlichen Anordnung nach den Vorgaben des **FamFG** zur Anfechtung von Beschlüssen (§§ 58, 62 I FamFG i. V. mit Art. 99 I PAG). Somit ist der ordentliche Rechtsweg eröffnet. Im Fall einer polizeilichen Anordnung aufgrund von Gefahr im Verzug (wenn es also keinen vorhergehenden richterlichen Durchsu-

---

308 Zur Frage der Verhältnismäßigkeit einer Wohnungsdurchsuchung auch *VGH München*, BeckRS 2000, 24078.
309 Für Kommunikationsdaten im repressiven Bereich ebenso *BVerfG*, NJW 2006, 976 ff.
310 So etwa *BVerfGE* 103, 142 ff.; zum notwendigen Inhalt eines Beschlagnahmebeschlusses *BVerfGK* 3, 55 ff.; zur Verwendung von Formularen *BVerfG*, NJW 2005, 275 f. Unklar ist, ob bei Gefahr im Verzug im Kontext des Art. 24 PAG auch Art. 95 V PAG eingreift (regelmäßig liegt dessen S. 2 vor, so dass S. 1 in nahezu allen Fällen leer läuft, und S. 3 gilt nach einer Erledigung der Durchsuchung auch nicht mehr).
311 *Schwabenbauer*, in: Möstl/Schwabenbauer, Art. 24 PAG Rn. 10.
312 *Schwabenbauer*, in: Möstl/Schwabenbauer, Art. 24 PAG Rn. 25.
313 *Schmidbauer*, in: Schmidbauer/Steiner, Art. 24 PAG Rn. 65.
314 *Schwabenbauer*, in: Möstl/Schwabenbauer, Art. 24 PAG Rn. 26.
315 So etwa *BVerfG*, NJW 2005, 1640 (1641).

chungsbeschluss gibt) erlangt die oder der Einzelne hingegen regelmäßig über die verwaltungsprozessuale **Fortsetzungsfeststellungsklage** (§ 113 I 4 VwGO analog) Rechtsschutz, denn insoweit gibt es im Unterschied zur Situation beim Gewahrsam (vgl. Rn. 203) keine Art. 97 V PAG entsprechende Sonderregel. Auf letztere Weise kann im Übrigen auch gegen das Betreten einer Wohnung (oder bei Art. 23 IV PAG eines Grundstückes) vorgegangen werden. Eine bloße Feststellungsklage (mangels bekannt gegebenen Verwaltungsaktes) kommt hingegen in Frage, wenn der Hausrechtsinhaber überhaupt keine Kenntnis von der Durchsuchung erlangt hat und insoweit „uninformiert abwesend" ist.

**221** Im Übrigen gilt für alle **Formen der Durchsuchung**: Durchsucht werden darf zu dem Zweck, der aus der jeweiligen konkreten Ermächtigungsgrundlage, auf die sich die Durchsuchung stützt, folgt. Die Frage ist dann nur, ob dabei gefundene (anderweitig relevante) Sachen (oder Personen) auch mitgenommen werden dürfen. Hierzu ist eine Sicherstellung (bzw. Ingewahrsamnahme) nötig; somit muss Art. 25 PAG (bzw. Art. 17 ff. PAG) geprüft werden. Wenn dessen Voraussetzungen vorliegen, ist insofern aber irrelevant, ob die Durchsuchung selbst rechtmäßig war bzw. nicht. Das bedeutet, die Rechtswidrigkeit einer Durchsuchung führt nicht automatisch zur Rechtswidrigkeit der Folgemaßnahme. Es besteht insoweit also keine „Konnexität" (vgl. schon Rn. 214) und kein Verwertungsverbot.[316] Wenn beispielsweise bei einer rechtswidrigen Durchsuchung nach Art. 13 II 5 PAG andere Sachen als die Ausweispapiere (etwa Rauschgift) gefunden und sichergestellt werden, ist das „Pech" für die Betroffenen. Die Durchsuchenden sind nicht verpflichtet wegzusehen.[317]

### 8. Die Sicherstellung, Verwahrung, Verwertung, Vernichtung und Herausgabe, Art. 25–28 PAG

**222** Bei der **Sicherstellung** nach Art. 25 PAG handelt es sich um einen **Verwaltungsakt** zur Begründung der amtlichen Verwahrung nach Art. 26 PAG. Sie dient wieder nur präventiven Zielen und ist nach ihrem Schwerpunkt von der Sicherstellung zu Zwecken der Strafverfolgung nach §§ 111b StPO, 74 StGB abzugrenzen.[318] Danach verfolgt etwa die Sicherstellung von Beweismitteln oder die vorläufige oder endgültige Einziehung des Führerscheines repressive Ziele, während die Sicherstellung eines Autoschlüssels, um eine Trunkenheitsfahrt gar nicht erst beginnen zu lassen, aus Gründen der Gefahrenabwehr vorgenommen wird. Denkbar ist im Einzelfall aber auch eine Kombination beider Zielrichtungen.[319] Gerichtet ist die Sicherstellung auf eine **freiwillige** Herausgabe der Sache durch den Adressaten (das bloße Ergreifen der Sache durch die Polizeibeamtinnen und Polizeibeamten ist als tatsächliches Element noch von Art. 25 PAG als Ermächtigungsgrundlage gedeckt), wobei die Herausgabeverfügung der Polizei im Fall ihrer Nichtbefolgung nach Art. 70 ff. PAG vollstreckt werden kann.

**223** Die im jeweiligen Einzelfall konkret zu prüfenden **Voraussetzungen** einer klassischen Sicherstellung ergeben sich aus Art. 25 I Nr. 1–3 PAG, wobei **Nr. 2** auch dem Schutz privater Rechte und **Nr. 3** der Sicherstellung mitgeführter Sachen nach einer Festnahme

---

316 *VG Sigmaringen*, BeckRS 2019, 2223, Rn. 65 f.; *Schwabenbauer*, in: *Möstl/Schwabenbauer*, Art. 24 PAG Rn. 27.
317 Das gilt laut *BVerfG*, NJW 2009, 3225 f., im repressiven Bereich etwa über § 108 I 1 StPO nach einer Abwägung gerade auch bei rechtswidrigen Durchsuchungen; dazu *Schwabenbauer*, NJW 2009, 3207 ff. Zu den „Zufallsfunden" ebenso *Schmidbauer*, in: *Schmidbauer/Steiner*, Art. 24 Rn. 35.
318 Zu dieser Abgrenzung *VG Frankfurt a. M.*, BeckRS 2015, 46664, und *VGH Kassel*, BeckRS 2017, 152732; vgl. ferner *VGH München*, NVwZ-RR 2016, 779 ff.
319 So in diesem Beispiel, wenn der von der Polizei angehaltene Fahrer einen gefälschten Führerschein hat *und* betrunken ist. Dann soll mit der Sicherstellung dieses Führerscheines zum einen die Weiterfahrt verhindert und zum anderen das Beweismittel für die Strafverfolgung gesichert werden. Mit einer einzigen Maßnahme werden dann sowohl präventive als auch repressive Ziele verfolgt.

zum Schutz der betroffenen Person und der auf der Behördenseite Handelnden dient, wohingegen **Nr. 1** allgemein auf die Gefahrenabwehr und die Verhinderung von künftigen Straftaten bzw. Ordnungswidrigkeiten abzielt. Speziellere Arten der Sicherstellung sind außerdem in Art. 25 II und III PAG enthalten. Während Art. 25 II PAG die Sicherstellung von Forderungen und unbaren Vermögensrechten wie z. B. „elektronischem Geld" ermöglicht,[320] können nach Art. 25 III PAG Daten sichergestellt und gegebenenfalls der weitere Zugriff auf diese ausgeschlossen werden.[321] Zu beachten ist, dass es sich auch hierbei um eine offene Maßnahme handelt (ein verdeckter Eingriff kann nur nach Maßgabe des Art. 45 PAG erfolgen).

Besonderheiten bestehen für **Presseerzeugnisse**, sofern es um deren geistigen Inhalt geht (also nicht, wenn sie vom Lkw gefallen sind und nun eine Unfallgefahr begründen). In diesen Fällen sind dann ausschließlich und abschließend die Landespressegesetze[322] anzuwenden. Ferner kann es auch für **Fernmeldeanlagen** und für **Tiere** Spezialregelungen geben, während **Briefe** gar nicht sichergestellt werden dürfen, da bislang kein Gesetz i. S. des Art. 10 II 1 GG erlassen wurde. Auch die Sicherstellung von Waffen ist in §§ 40 V 2, 46 II 2, III 2 WaffG spezialgesetzlich geregelt, die innerhalb ihres Anwendungsbereiches damit vorrangig sind. Bei **herrenlosen Sachen** erfolgt keine Sicherstellung, denn der Staat erwirbt nach §§ 958 ff. BGB unmittelbar mit ihrer Inbesitznahme das Eigentum an ihnen. Zu berücksichtigen ist außerdem, dass Art. 25 PAG abschließend ist, weshalb gerade auch im Hinblick auf den mit einer Sicherstellung verbundenen Eingriff in Art. 14 GG der Art. 11 PAG nicht zur Lückenfüllung in den von dieser Spezialnorm nicht erfassten Fällen herangezogen werden kann.

**224**

Durch die Sicherstellung wird nach Art. 26 PAG ein **öffentlich-rechtliches Verwahrungsverhältnis** begründet, dessen regelmäßige Durchführung (vgl. Art. 26 I 1 PAG), die **Verwahrung**, ein Realakt ist.[323] Die sichergestellte Sache wird dadurch den Einflussmöglichkeiten, aber auch der Verfügungsmacht des Berechtigten entzogen und damit wie bei der vollstreckungsrechtlichen Pfändung **verstrickt**, so dass ein Bruch des Gewahrsams nach § 133 bzw. § 136 I StGB[324] strafbar ist. Die Verwahrung kann aber auch auf andere Weise (Art. 26 I 2 PAG[325]) und dabei nach Art. 26 I 3 PAG auf Veranlassung der zuständigen Behörde sogar durch einen **privaten Dritten** z. B. beim Abschleppen eines Pkw erfolgen, wobei jedoch zwischen ihm und dem Eigentümer durch die „Übernahme" keine vertraglichen Beziehungen entstehen. Denn nur die Behörde begründet mit dem Dritten ein Auftragsverhältnis nach §§ 662 ff. BGB, so dass auch nur in diesem Verhältnis die Forderung auf Zahlung der Verwahrungskosten und gegebenenfalls auch auf Schadensersatz entsteht. Dieser Fall tritt häufig bei den von privaten Unternehmen auf Veranlassung der Polizeibehörden abgeschleppten Kraftfahrzeugen auf. Die Kenntnis dieser Rechtsverhältnisse ist wichtig für mögliche Ansprüche z. B. auf Schadensersatz, die sich aus der Verletzung von Pflichten aus dem öffentlich-rechtlichen Verwahrungs- bzw. Schuldverhältnis herleiten lassen. Dabei spielen dann die besonderen Sorgfaltspflichten nach Art. 26 II–IV PAG eine Rolle, wobei die Rechtfertigung des gegenüber

**225**

---

320   Im Zusammenhang mit dieser neu eingefügten Regelung stellt sich dann jedoch die Frage, wie eine Forderung die öffentliche Sicherheit und Ordnung gefährden kann (etwa durch „Terrorismusfinanzierung").
321   Hierzu *Michl*, NVwZ 2019, 1631 ff.
322   In Bayern ist das dann das Bayerische Pressegesetz vom 19.4.2000, BayGVBl. S. 340.
323   Vgl. dazu *VGH München*, NVwZ-RR 2014, 522, Rn. 15; *VG Frankfurt a.M.*, Urt. v. 5.9.2016 – Az.: 5 L 1864/16.F, Rn. 7 (juris).
324   Eine ähnliche Situation wie beim sogenannten Verwahrungs- bzw. Verstrickungsbruch ergibt sich auch bei der Pfandkehr nach § 289 StGB; das ist der „Diebstahl" des eigenen Autos beim Werkunternehmer, der gemäß § 647 BGB ein Pfandrecht daran hat.
325   Dann kann die unberechtigte Beendigung der Verwahrung den Tatbestand des Siegelbruches nach § 136 II StGB verwirklichen.

§ 690 BGB (bei zivilrechtlicher Verwahrung) milderen Haftungsmaßstabes in Abs. 3 umstritten ist.

**226** Die Verwertung, Unbrauchbarmachung und Vernichtung sichergestellter Sachen erfolgt nach Maßgabe des **Art. 27 PAG** wiederum als Realakt (sonst wäre die Sonderregel in Art. 27 II PAG im Hinblick auf Art. 28, 41 BayVwVfG überflüssig; das ist allerdings umstritten). Dabei zielt die **Verwertung** auf die Umsetzung der Sache in einen Geldbetrag durch öffentliche Versteigerung (vgl. Art. 27 III PAG) mit der Rechtsfolge, dass nach Abs. 3 S. 3 **dingliche Surrogation am Erlös** eintritt. Das bedeutet, dass mit dem Zuschlag in der Versteigerung das Eigentum an der Sache auf den Ersteigerer übergeht, zugleich aber der bisherige Eigentümer das Eigentum an dem Ersteigerungserlös, dem sogenannten Surrogat, erwirbt. Bei verderblichen Sachen besteht insoweit aufgrund der Pflicht der Behörde, Wertminderungen vorzubeugen, nach Art. 26 III PAG sogar eine Pflicht zur Versteigerung. Demgegenüber kommt eine **Unbrauchbarmachung** und **Vernichtung** nach Art. 27 IV PAG z. B. bei Sachen in Betracht, deren Besitz verboten ist. Dabei handelt es sich weder um eine Enteignung, da kein zielgerichteter Entzug von Vermögenspositionen für staatliche Zwecke erfolgt, noch um einen enteignungsgleichen Eingriff, der ein rechtswidriges Verwaltungshandeln voraussetzte, sondern vielmehr um eine entschädigungslos hinzunehmende Inhalts- und Schrankenbestimmung. Da die Verwertung kein Verwaltungsakt ist, muss eben (wie erwähnt) die diesbezüglich bestehende Anhörungspflicht in Art. 27 II PAG gesondert angeordnet werden. Wichtig ist, dass alle Maßnahmen nur unter den Voraussetzungen des Abs. 1 zulässig sind (hier besteht also „Konnexität" zur Verwahrung) und zudem der Zweck der Sicherstellung noch andauern muss, denn sonst besteht ein Rückgabeanspruch.

**227** Sobald nämlich die Voraussetzungen der Sicherstellung wegfallen, entsteht nach Art. 28 I PAG die Pflicht zur Beendigung der Sicherstellung und damit gemäß Art. 28 II PAG die Pflicht zur Herausgabe der sichergestellten Sachen[326] bzw. des Erlöses (Abs. 4) an die im Gesetz benannten Personen. Nach wohl h. M. ist dabei eine entsprechende Forderung immer, also auch hinsichtlich des Erlöses, vor den **Verwaltungsgerichten** geltend zu machen, denn es handelt sich zwar um einen Anspruch aus öffentlich-rechtlicher Verwahrung, aber trotzdem soll § 40 II 1 VwGO nicht zur Anwendung kommen.[327] Statthafte Klageart ist dann die **allgemeine Leistungsklage**, denn die Verwahrung und ihre Beendigung sind Realakte, und Art. 28 I PAG verlangt auch nicht die Aufhebung der Sicherstellungsverfügung, sondern nur den Wegfall ihrer Erlassvoraussetzungen sowie die Beendigung der Sicherstellung. Wurde jedoch bereits die Sicherstellungsverfügung mit einer Anfechtungsklage angegriffen, kann die Herausgabe über den sogenannten – i. S. des § 40 I 1 VwGO eindeutig öffentlich-rechtlichen – Vollzugsfolgenbeseitigungsanspruch als Annexantrag gemäß § 113 I 2 VwGO gefordert werden. Der Eilrechtsschutz erfolgt entsprechend nach § 123 I bzw. § 80 V 1 und 3 VwGO, ist aber wegen des Verbotes der Vorwegnahme der Hauptsache[328] hier insgesamt eher selten zu beobachten.

**228** Bedeutsam ist schließlich noch die Regelung in Art. 28 V PAG zu den **Kosten** der Sicherstellung und Verwahrung, die der Störer zu tragen hat und die per Leistungsbe-

---

326 Dazu auch *VGH München*, BeckRS 2007, 29146, Rn. 14; *VG Frankfurt a. M.*, BeckRS 2016, 48342, und BeckRS 2011, 51903, zu der Verpflichtung der Behörde, nach einer rechtswidrigen Sicherstellung alle Möglichkeiten zu nutzen, um dem Eigentümer sein Eigentum wieder zu verschaffen; s. weiterhin *VG Augsburg*, BeckRS 2017, 131435, zur Sicherstellung von Fahrzeugen und zu deren Herausgabe.
327 Dieses Ergebnis ist umstritten und nicht unbedingt überzeugend. So aber *VGH München*, BeckRS 2016, 110049, Rn. 35; BeckRS 2017, 111571, Rn. 23. Wenn die Klage hingegen (auch) auf einen öffentlich-rechtlichen Folgenbeseitigungsanspruch gestützt wird und nach § 40 I 1 VwGO dann unstrittig zu Recht beim Verwaltungsgericht anhängig gemacht werden kann, prüft dieses gemäß § 17 II 1 GVG in jedem Fall auch den obigen Anspruch mit; so auch *Kopp/Schenke*, § 40 Rn. 64 m. w. N.
328 Dazu näher (auch zu den Ausnahmefällen) *Kopp/Schenke*, § 123 Rn. 13 ff.

scheid angefordert werden. In der Praxis wichtig ist dabei insbesondere das Zurückbehaltungsrecht nach Abs. 5 S. 3, nach dem die Polizei die Herausgabe der Sache verweigern kann, bis die nach Abs. 5 S. 1 und 2 erhobenen Kosten (und gegebenenfalls Benutzungsgebühren) beglichen sind. Im Zusammenhang mit den praxis- und klausurrelevanten Abschleppfällen ist fraglich, ob auch ein von der Polizei beauftragter privater Abschleppunternehmer das Zurückbehaltungsrecht geltend machen kann. Das ist dann zu bejahen, wenn er auch zur Geltendmachung des Zurückbehaltungsrechts ermächtigt ist, wobei die Entscheidung, *ob* ein Zurückbehaltungsrecht geltend gemacht wird, allerdings immer von der Polizei zu treffen ist (der Private handelt also lediglich als Bote bei der Überbringung der öffentlich-rechtlichen Willenserklärung).[329]

### 9. Vorschriften zu den Richtervorbehalten und dem gerichtlichen Verfahren, Art. 94–99 PAG

**229** Durch die Novelle 2021 wurde ein neuer, neunter Abschnitt im Gesetz geschaffen, der auch zur besseren Verständlichkeit die gemeinsamen Vorschriften zu den **Richtervorbehalten** und zum gerichtlichen Verfahren umfasst. Diese Normen waren vorher über das PAG verteilt und wurden nun, um eine höhere „Anwendungsfreundlichkeit" zu erreichen, gebündelt an einer Stelle zusammengefasst. Soweit sie relevant sind, wurde sie allerdings schon bei den Art. 17 ff. und Art. 21 ff. PAG näher vorgestellt.

## III. Die einzelnen sicherheitsrechtlichen Standardmaßnahmen

**230** Nachdem bisher ein Überblick über die Standardmaßnahmen des PAG gegeben wurde, soll nun näher auf die sicherheitsrechtlichen Standardmaßnahmen eingegangen werden, wobei sich die Darstellung hier auf die **klausurrelevanten besonders vertypten Maßnahmen der Sicherheitsbehörden** beschränkt. Es ist aber empfehlenswert, die einzelnen in Art. 16 ff. LStVG geregelten sicherheitsbehördlichen Befugnisse bei der Klausurbearbeitung vor einem Abstellen auf die Generalklausel des Art. 7 LStVG kurz durchzusehen, um keine mögliche Rechts-/Ermächtigungsgrundlage außer Betracht zu lassen und die im Einzelfall notwendige Abgrenzung vornehmen zu können. Das LStVG differenziert zwischen Maßnahmen zum Schutz der Gesundheit und Reinlichkeit (Art. 12–18 LStVG), Vergnügungen (Art. 19 LStVG), weiteren Vorschriften zum Schutz der öffentlichen Sicherheit und Ordnung (Art. 20–38 LStVG) und dem Schutz von Feld und Flur (Art. 39–41 LStVG). Anders als im PAG wird der Sicherheitsbehörde im LStVG dabei fast immer die Möglichkeit eröffnet, neben Maßnahmen im Einzelfall auch sicherheitsrechtliche Verordnungen, insbesondere (mit Ordnungswidrigkeiten) „bewehrte" Verordnungen, zu erlassen (vgl. schon Rn. 72 ff., 78), wozu sie jeweils im Einzelfall in den Art. 12 ff. LStVG ermächtigt wird, um den Vorbehalt des Gesetzes zu wahren.

**231** **Zum Schutz der Gesundheit und Reinlichkeit** enthält das LStVG zwei Rechts- (für Verordnungen) bzw. Ermächtigungsgrundlagen (für Verwaltungsakte), die in der Praxis und damit auch in der Fallbearbeitung von großer Bedeutung sind. Zum einen gibt das LStVG den Kommunen in Art. 16 LStVG eine Rechtsgrundlage zur Bekämpfung verwilderter Tauben an die Hand; zum anderen ermöglicht es über Art. 18 LStVG verschiedene Maßnahmen in Bezug auf das Halten von Hunden.

### 1. Bekämpfung verwilderter Tauben, Art. 16 LStVG

**232** Art. 16 LStVG stellt als Ausnahme **nur** die Rechtsgrundlage für den Erlass einer sogenannten **bewehrten Verordnung** dar. Ein Tätigwerden im Einzelfall kann darauf hingegen nicht gestützt werden. Nach Art. 16 I LStVG können Gemeinden zur Verhütung von Gefahren für das Eigentum und zum Schutz der öffentlichen Reinlichkeit Verord-

---

[329] *Senftl*, in: *Möstl/Schwabenbauer*, Art. 28 PAG Rn. 22; *Fischer*, JuS 2002, 446 (450).

nungen über die Bekämpfung verwilderter Tauben erlassen. In diesen Verordnungen können die Gemeinden insbesondere das Füttern von verwilderten Tauben verbieten (Art. 16 I 2 Nr. 1 LStVG). Zudem kann in einer entsprechenden Verordnung gemäß Art. 16 I 2 Nr. 2 LStVG bestimmt werden, dass Eigentümer von Grundstücken, Nutzungsberechtigte und ihre Vertreter zur Duldung der Beseitigung der Nistplätze und Vergrämung verwilderter Tauben verpflichtet werden. Aus dem Wort „insbesondere" ergibt sich dabei, dass diese Maßnahmen nicht abschließend sind. Andere Maßnahmen zur Taubenbekämpfung müssen jedoch mit den genannten vergleichbar sein und dem Schutz des Eigentums und der öffentlichen Reinlichkeit dienen; bloßer Gesundheitsschutz ist von der Norm demgegenüber nicht umfasst. Gleichwohl werden die meisten Maßnahmen, welche die öffentliche Reinlichkeit zum Ziel haben, auch dem Schutz der Gesundheit dienen. Maßnahmen, die auf das Töten der Tauben beispielsweise durch Vergiften oder Abschießen abzielen, können allerdings nicht in einer Verordnung nach Art. 16 I LStVG festgelegt werden. Das ergibt sich daraus, dass eine Verordnung, die das Töten von Tauben anordnete, nicht mit den in Art. 16 I 2 LStVG genannten Inhalten vergleichbar wäre. Dort sind lediglich Unterlassungs- oder Duldungspflichten für die „Adressaten" vorgesehen, nicht jedoch aktive Handlungspflichten, die auf das Töten der Tiere gerichtet sind.[330] Art. 16 II LStVG ermöglicht es überdies, einen Verstoß gegen eine solche Verordnung oder eine aufgrund einer solchen Verordnung getroffene vollziehbare Anordnung mit einer Geldbuße zu belegen. Aus § 17 I OWiG ergibt sich dabei ein Bußgeldrahmen von mindestens fünf und höchstens 1.000 €.

### 2. Halten von Hunden bzw. Schutz vor gefährlichen Hunden, Art. 18 LStVG

**233** Art. 18 LStVG enthält zwei Ermächtigungen, die voneinander zu trennen sind und sich eindeutig aus dem Wortlaut der Norm ergeben: **Art. 18 I LStVG** ermöglicht den Gemeinden den Erlass von **Verordnungen**, die das freie Umherlaufen von großen Hunden und Kampfhunden einschränken. Voraussetzung für den Verordnungserlass ist dabei das Vorliegen einer abstrakten Gefahr.[331] Grundsätzlich stellen frei umherlaufende Hunde gleichgültig welcher Rasse aufgrund der ihrem tierischen Wesen anhaftenden Unberechenbarkeit eine abstrakte Gefahr für Menschen dar.[332] Die Rechtsgrundlage des Art. 18 I LStVG erfasst ihrem Wortlaut nach große Hunde und Kampfhunde, wobei ausweislich der Vollzugsbekanntmachung Hunde, die eine besondere Funktion für den Menschen erfüllen (z. B. Blinden- oder Rettungshunde) von der Regelungswirkung der Verordnung auszunehmen sind.[333] Im Gegensatz dazu erfassen Art. 37, 37a LStVG gemäß Art. 37 I 2 Hs. 2 LStVG neben gefährlichen Tieren wildlebender Art nur Kampfhunde, also solche, die in der „Kampfhundeverordnung" aufgelistet sind (dazu näher Rn. 241 ff.). **Art. 18 II LStVG** ermächtigt die Gemeinden darüber hinaus, Anordnungen für den **Einzelfall** zur Haltung von Hunden zu treffen. Daraus ergibt sich einerseits, dass Gemeinden auch einen Einzelfall regeln können und nicht darauf beschränkt sind, Verordnungen für eine Vielzahl von Fällen zu erlassen. Andererseits kann der Gesetzesformulierung auch entnommen werden, dass die Maßnahme in dem dann zu regelnden Einzelfall zur Verhütung von Gefahren für Leben, Gesundheit, Eigentum oder der öffentlichen Reinlichkeit erfolgt. Es bedarf im Gegensatz zu Abs. 1 dafür einer konkreten – also einer im Einzelfall bestehenden – Gefahr für eines der in Art. 18 I LStVG genannten Rechtsgüter.[334] Für die Annahme einer solchen konkreten Gefahr soll wegen seiner möglichen gravierenden Folgen für die betroffenen Rechtsgüter aber bereits die geringe

---

330 *VGH München*, BeckRS 2014, 55871, Rn. 27.
331 Vgl. *BayVerfGH*, BeckRS 2019, 12467, Rn. 29.
332 *BVerwG*, BeckRS 2011, 49137, Rn. 6; *OVG Lüneburg*, BeckRS 2017, 111238, Rn. 29 ff. m. w. N.
333 Nr. 18.2 VollzBekLStVG.
334 Vgl. *VGH München*, BeckRS 2014, 57768, Rn. 35; BeckRS 2013, 50693, Rn. 4; BeckRS 2005, 25952, Rn. 21; *VG Ansbach*, BeckRS 2014, 52413; *VG München*, BeckRS 2012, 49662.

Wahrscheinlichkeit eines Schadenseintrittes ausreichen.[335] Allerdings können auf Art. 18 II LStVG nur Maßnahmen gestützt werden, die das **„Wie"** der Hundehaltung betreffen, nicht jedoch das **„Ob"**. Eine solche Hundehaltungsuntersagung muss dann stattdessen auf Art. 7 II Nr. 3 LStVG gestützt werden.[336] Der Anwendungsbereich des Art. 18 II LStVG ist allerdings durch das in Art. 37, 37a LStVG geregelte Zucht- und Haltungsverbot von Kampfhunden relativ eingeschränkt. In der Regel geht es bei auf Art. 18 II LStVG gestützten gemeindlichen Anordnungen darum, Hundehalter zum Anleinen und Anlegen von Maulkörben zu zwingen, denn gerade Letzteres kann nicht durch auf Art. 18 I LStVG basierende Verordnungen geregelt werden.[337] Bei Maßnahmen, die sozusagen „gegenüber Tieren" (also in Bezug auf sie) ergehen, muss im Rahmen ihrer Verhältnismäßigkeit außerdem sichergestellt werden, dass der Staatszielbestimmung des Art. 20a GG und der einfachgesetzlichen Konkretisierung in § 2 TierSchG ausreichend Rechnung getragen wird, was bedeuten kann, dass es in größeren Siedlungsbereichen Flächen geben muss, auf denen Hunde frei laufen können, um ihre artgemäße Bewegung nicht übermäßig einzuschränken oder unmöglich zu machen.

### 3. Veranstaltung von Vergnügungen, Art. 19 LStVG

Art. 19 LStVG betrifft die Veranstaltung von öffentlichen **Vergnügungen**. Das sind Veranstaltungen, die dazu bestimmt und geeignet sind, die Besucherinnen und Besucher zu unterhalten, zu belustigen, zu zerstreuen oder zu entspannen.[338] Darunter fallen beispielsweise Konzerte, Zirkusveranstaltungen, Modeschauen, Volksfeste, Schulabschlussfeiern, Public Viewing, Partys, nicht jedoch Unterrichts- und Lehrveranstaltungen etc.[339] Ausweislich von Abs. 2 gilt die **Anzeigepflicht des Abs. 1** nicht für Vergnügungen, die vorwiegend religiösen, künstlerischen, kulturellen, wissenschaftlichen, belehrenden oder erzieherischen Zwecken oder der Wirtschaftswerbung dienen, sofern die Vergnügungen in Räumen stattfinden, die für Veranstaltungen der beabsichtigten Art bestimmt sind.[340] Damit ist klargestellt, dass z. B. Gottesdienste, wenn sie wie üblicherweise in einer Kirche stattfinden, oder die Vernissage in einem Atelier nicht angezeigt werden müssen. Daraus folgt aber auch, dass der Anwendungsbereich der Norm eröffnet ist, wenn die genannten Vergnügungen im Freien stattfinden sollen. Generell muss innerhalb des Art. 19 LStVG außerdem noch zwischen **öffentlichen und nichtöffentlichen „sonstigen" Vergnügungen** unterschieden werden (so ermächtigt Art. 19 V 1 LStVG zu Anordnungen für öffentliche und für sonstige Vergnügungen). Öffentlich ist eine Vergnügung dabei dann, wenn die Teilnahme an ihr nicht auf einen bestimmten, durch gegenseitige Beziehungen oder durch Beziehungen zum Veranstalter persönlich untereinander verbundenen, abgegrenzten Personenkreis beschränkt ist.[341]

---

335 *VGH München*, Urt. v. 9.11.2010 – Az.: 10 BV 06.3053, Rn. 28 (juris).
336 *Schwabenbauer* in: *Möstl/Schwabenbauer*, Art. 18 LStVG Rn. 89; *Schmidbauer/Holzner*, 43. Kap., Rn. 1666.
337 Nr. 18.2 VollzBekLStVG, auch zum Folgenden.
338 Nr. 19.1.1 VollzBekLStVG.
339 *Engelbrecht*, in: *Möstl/Schwabenbauer*, Art. 19 LStVG Rn. 6 und 7 m. w. N.
340 Hintergrund dessen ist, dass von Vergnügungen mit vorwiegend ernsthaftem Hintergrund wie den in Abs. 2 genannten gerade dann, wenn sie in speziellen Räumlichkeiten stattfinden, eine geringe Gefährlichkeit ausgeht, so dass es als unwahrscheinlich erscheint, dass die Behörden im Anschluss an die Anzeige nach Art. 19 I LStVG Anordnungen gemäß Art. 19 V LStVG erlassen werden; so *OLG München*, Beschl. v. 19.2.1997 – Az.: 3 ObOWi 1/97, Rn. 14 (juris). Allerdings wird die Beschränkung auf Vergnügungen in Räumen nicht von allen geteilt: *Münkler*, in: *Möstl/Schwabenbauer*, Art. 23 LStVG Rn. 10, sieht die genannten Vergnügen als generell ausgenommen an, nicht nur wenn sie in Räumen stattfinden. Sogar die VollzBekLStVG geht nicht weiter auf den Wortlaut zu den Räumen ein. Wie hier dagegen *VG Augsburg*, Urt. v. 11.10.2006 – Az.: Au 4 K 06.587 –, Rn. 30, juris; *Engelbrecht*, in: *Möstl/Schwabenbauer*, Art. 19 LStVG Rn. 46 f.
341 Nr. 19.1.3 VollzBekLStVG.

**235** Abzugrenzen sind Vergnügungen weiterhin von **Menschenansammlungen** nach Art. 23 LStVG und von **Versammlungen** nach dem BayVersG. Eine Versammlung liegt nach Art. 2 I BayVersG (dazu näher Rn. 303) vor, wenn eine Zusammenkunft von mindestens zwei Personen zur gemeinschaftlichen, überwiegend auf die Teilhabe an der öffentlichen Meinungsbildung gerichteten Erörterung oder Kundgebung stattfindet. Fehlt das Element der öffentlichen Meinungsbildung, liegt eine Vergnügung nach Art. 19 LStVG oder eine Ansammlung nach Art. 23 LStVG vor. Bei deren Abgrenzung ist zu berücksichtigen, dass Art. 23 LStVG allgemeiner als Art. 19 LStVG gefasst ist und ihm insofern eine Auffangfunktion zukommt.[342] Ist eine Zusammenkunft geplant sowie organisiert und hat sie einen Veranstalter, ist Art. 19 LStVG vorrangig. Allerdings können auch Ansammlungen geplant sein (s. dazu sogleich bei Art. 23 LStVG in Rn. 237), weshalb beide Normen einen eigenständigen Regelungsgehalt aufweisen und nebeneinander zur Anwendung kommen können, wenn das z. B. erforderlich ist, um sowohl Maßnahmen gegen den Veranstalter (nach Art. 19 LStVG) als auch gegen Teilnehmende (nach Art. 23 LStVG) zu ergreifen.[343] Allerdings können auch andere gesetzliche Regelungen die Anzeige- und Erlaubnispflicht nach Art. 19 LStVG (vgl. Rn. 236) ganz oder teilweise ausschließen. Die Subsidiarität des Art. 19 LStVG war in dessen Abs. 9 a. F. sogar gesetzlich angeordnet; diese Festlegung wurde jedoch aus dem Gesetz gestrichen, ohne dass sich an ihrer Grundaussage etwas geändert haben soll.[344] In den Nr. 19.2.6, 7 und 8 sowie 19.3 der VollzBekLStVG sind einige solcher Regelungen genannt, die Art. 19 LStVG vorgehen bzw. neben ihm zu beachten sind, so beispielsweise nach dem Gaststättengesetz oder der StVO.[345]

**236** Sozusagen „inhaltlich" enthält Abs. 1 des Art. 19 LStVG eine **Anzeigepflicht** für Veranstalter öffentlicher Vergnügungen unter Angabe der Art, des Ortes und der Zeit der Veranstaltung sowie der Zahl der zuzulassenden Teilnehmer, damit die zuständige Sicherheitsbehörde genügend Zeit hat, um zu überprüfen, ob Maßnahmen präventiver Art notwendig sein werden, und mitunter eine geplante Vergnügung zu **untersagen** oder einzelfallabhängige **Auflagen** gemäß Abs. 5 zu erteilen.[346] Das **Verbot mit Erlaubnisvorbehalt** nach Abs. 3 und 4 greift demgegenüber nur dann, wenn eine erforderliche Anzeige nicht fristgemäß erstattet wurde, es sich um eine motorsportliche Veranstaltung oder um eine Veranstaltung mit mehr als eintausend Besuchern handelt, die außerhalb dafür bestimmter Anlagen stattfinden soll. Zur Gefahrenabwehr, zum Schutz der Allgemeinheit und der Nachbarschaft sowie zum Schutz von Natur und Landschaft ist eine dann nötige Erlaubnis gemäß Art. 19 IV LStVG zu versagen, wenn es aus diesen Gründen als erforderlich erscheint. Hierbei handelt es sich um eine gebundene Entscheidung der Behörde („ist zu versagen"), die gerichtlich voll überprüfbar ist. Auf Tatbestandsebene kommt der Behörde allerdings ein gewisser Spielraum bei der Beurteilung der Frage zu, ob die Versagung erforderlich ist. Art. 19 IV LStVG entfaltet, wie insbesondere die dem § 3 I BImSchG ähnelnde Formulierung mit dem Schutz (auch) der „Nachbarschaft" zeigt, drittschützende Wirkung, weshalb die Drittanfechtungsklage gegen eine nach Art. 19 III LStVG erteilte Erlaubnis in Betracht kommt.[347] Art. 19 VI LStVG enthält überdies für weitere Detailregelungen eine **Verordnungsermächtigung** für die Gemeinden (in ihrem „Herrschaftsbereich") bzw. das Bayerische Staatsministerium des Innern, für Sport und Integration (für das gesamte Staatsgebiet) im Zusammenhang mit Vergnügungen, die nach Art. 19 VII Nr. 3

---

342 S. den Wortlaut von Nr. 23.1 und 23.3 der VollzBekLStVG.
343 Beispielhaft *VG München*, BeckRS 2007, 37304.
344 So *VG München*, Urt. v. 15.1.2019 – Az.: M 16 K 17.2157, Rn. 31 (juris); *VG Würzburg*, Urt. v. 21.2.2018 – Az.: W 6 K 17.394, Rn. 38 (juris).
345 S. hierzu auch *VG Würzburg*, Beschl. v. 18.7.2014 – Az.: W 5 S 14.638, Rn 22 (juris); *VG München*, Beschl. v. 2.6.2017 – Az.: M 16 S 17.2177, Rn. 25 (juris).
346 *BayObLGSt* 1997, 32 (33 f.).
347 *VGH München*, Beschl. v. 16.4.2018 – Az.: 10 ZB 18.310, Rn. 6 (juris).

LStVG auch als bewehrte Verordnung erlassen werden kann. Beachtenswert dabei ist, dass die Verordnungsgeber laut Art. 19 VI 1 Nr. 1 bzw. 2 LStVG bestimmte Vergnügungen von der Anzeigepflicht oder der Erlaubnispflicht ausnehmen bzw. die Anzeigepflicht auf weitere Vergnügungen erstrecken können.

### 4. Menschenansammlungen, Art. 23 LStVG[348]

**237** Sofern eine Gefahr für Leben, Gesundheit, Sittlichkeit, die ungestörte Religionsausübung, Eigentum oder Besitz denkbar ist, ermächtigt Abs. 1 die Gemeinden, Anordnungen im Einzelfall oder Verordnungen (auch bewehrte; vgl. Abs. 3) für eine **Ansammlung** von Menschen zu erlassen. Eine Ansammlung i. S. von Art. 23 LStVG ist ein Zusammentreffen einer größeren Anzahl von Menschen im Freien oder in geschlossenen Räumen. Unerheblich ist dabei, ob die Ansammlung zufällig oder planmäßig stattfindet und welchen Anlass oder Grund sie hat. Im Gegensatz zu einer Versammlung i. S. des BayVersG ist eine gemeinschaftliche Meinungsbildung oder -äußerung in einer bestimmten öffentlichen Angelegenheit gerade nicht erforderlich (sonst geht das der Ausgestaltung des Art. 8 GG, 113 BV dienende BayVersG vor).[349] Angewendet wird Art. 23 LStVG, wenn nicht bereits spezialgesetzliche Regelungen einschlägig sind. Ausweislich von Art. 23 I 2 LStVG sind hierbei eben das BayVersG und die Vorschriften des Straßenverkehrsrechts insoweit mit ihrer möglichen Vorrangwirkung zu berücksichtigen; jedoch sind vielfach auch andere Vorschriften spezieller. In Einzelfällen muss stets genau differenziert werden, welchen Regelungsbereich eine andere Vorschrift abdeckt und ob Art. 23 LStVG nicht doch daneben zur Anwendung kommt.

### 5. Betreten und Befahren von Grundstücken sowie Baden, Betreten und Befahren von Eisflächen, Art. 26 f. LStVG

**238** Art. 26 LStVG ermächtigt die Gemeinden bzw. – je nach dem „Ausmaß" der geforderten erheblichen Gefahr – Landkreise zum Erlass von gegebenenfalls auch bewehrten Verordnungen (Art. 26 I LStVG) und Einzelmaßnahmen (Art. 26 II LStVG), die das **Betreten und Befahren von Grundstücken und Gebieten**, also einer Mehrzahl von Grundstücken,[350] regeln können. Dadurch, dass gemäß Art. 26 I 2 LStVG für öffentliche Wege, Straßen und Plätze jedoch (vorrangig) das Straßen- und Straßenverkehrsrecht gilt, ist der Anwendungsbereich der Vorschrift bezüglich des Befahrens erheblich eingeschränkt. Verordnungen nach Art. 26 I LStVG adressieren auch die Eigentümer und Besitzer der betroffenen Grundstücke[351] und beschränken deren Eigentumsfreiheit nach Art. 14 I GG, 103 I BV, was im Einzelfall rechtfertigungsbedürftig sein kann, damit die Beschränkungen im Extremfall nicht zu „faktischen Enteignungen" werden.[352] Deshalb ist es wichtig, dass auf Art. 26 LStVG gestützte Maßnahmen stets auf die „voraussichtliche Dauer" der Gefahr zu beschränken sind, sie also vorübergehenden Charakter haben müssen, was bei der Umsetzung im Einzelfall allerdings zu Problemen führen kann, zumal sich die Dauer einer Gefahr nicht immer ohne Weiteres im Vorhinein abschätzen lässt.[353] Nicht auf Art. 26 LStVG gestützt werden können Maßnahmen gegen Personen, die sich zum Zeitpunkt des Erlasses der jeweiligen Maßnahme bereits auf dem Grundstück bzw. in dem Gebiet befinden; gegen sie muss vielmehr individuell mittels des Polizeirechts (Art. 16 PAG) oder mit Hilfe von Art. 7 II Nr. 3 LStVG vorgegangen werden.[354]

---

348 Zu Art. 23 LStVG s. auch Fall 18 in Teil 2 ab Rn. 596, der insbesondere auf die Abgrenzung zu anderen Rechts- und Ermächtigungsgrundlagen des LStVG eingeht.
349 Nr. 23.1 VollzBekLStVG.
350 *Heinzeller*, in: *Möstl/Schwabenbauer*, Art. 26 LStVG Rn. 3.
351 Nr. 26 VollzBekLStVG.
352 In diese Richtung VG München, Urt. v. 3.2.2000 – Az.: M 17 K 97.3751, Rn. 75 (juris).
353 S. hierzu *Heinzeller*, in: *Möstl/Schwabenbauer*, Art. 26 LStVG Rn. 10, mit Lösungsvorschlägen.
354 Nr. 26 S. 2 VollzBekLStVG; *Heinzeller*, in: *Möstl/Schwabenbauer*, Art. 26 LStVG Rn. 5.

**239** Art. 27 LStVG ist lex specialis zu Art. 26 LStVG, sofern es um **Baden in Gewässern** bzw. das **Betreten oder Befahren von Eisflächen** im Winter geht. Eisflächen sind hierbei nicht nur zugefrorene Gewässer, sondern auch Kunsteisbahnen.[355] Beachtlich ist im Rahmen des Art. 27 LStVG über den Wortlaut der Vorschrift hinaus ansonsten noch, dass „das Verhalten beim öffentlichen Baden" in Art. 27 II LStVG anders als Baden in Abs. 1 auch das Luft- und Sonnenbaden erfasst, was damit erklärt werden kann, dass dieser Absatz die Aufrechterhaltung der Sittlichkeit zum Ziel hat, was „an Land" gegenüber dem Wasser sogar von erhöhter Relevanz sein kann.[356]

### 6. Verzehr alkoholischer Getränke auf öffentlichen Flächen, Art. 30 LStVG

**240** Der 2013 in das LStVG eingefügte Art. 30 LStVG hat zum Ziel, den übermäßigen Alkoholkonsum im öffentlichen Raum, der ausweislich bayernweiter Statistiken eine der Hauptursachen für die Begehung von Straftaten und Ordnungswidrigkeiten ist, zu unterbinden.[357] Er ermächtigt die Gemeinden deshalb zum Erlass von gegebenenfalls auch bewehrten Verordnungen. Ursprünglich war hierfür mindestens die Annahme der Begehung von Ordnungswidrigkeiten von erheblicher Bedeutung erforderlich, und das Verbot durfte nur von 22 bis 6 Uhr gelten.[358] Diese Restriktionen wurden jedoch im Jahr 2018 aufgehoben. Nach wie vor sind Verordnungen nach Art. 30 I 2 LStVG aber längstens auf vier Jahre zu befristen, um sicherzustellen, dass ein solches Vorgehen bei Berücksichtigung der widerstreitenden Interessen auch tatsächlich verhältnismäßig ist.[359] Problematisch ist hinsichtlich des Art. 30 LStVG und hierauf beruhender Verordnungen generell das Anknüpfen an das bloße Mitführen von Alkohol und den Konsum, da jedenfalls zweifelhaft ist, ob alleine dieses Verhalten bereits eine **abstrakte Gefahr** im obigen Sinn begründen kann oder ob diese Gefahren erst aufgrund späterer Handlungen der Konsumentinnen und Konsumenten geschaffen werden.[360] Indem es laut Art. 30 I 1 LStVG sogar ausreicht, wenn „tatsächliche Anhaltspunkte die Annahme rechtfertigen, dass aufgrund übermäßigen Alkoholkonsums regelmäßig Ordnungswidrigkeiten oder Straftaten begangen werden", soll die Norm gar keine abstrakte Gefahr voraussetzen, sondern gleichsam einen bloßen **Gefahrenverdacht** genügen lassen.[361] Auf einen solchen bloßen Verdacht bereits die weitreichenden Maßnahmen des Art. 30 I 1 LStVG zu stützen, obwohl sonst in Verdachtsfällen nur Gefahrerforschungs- und vorläufige Sicherungsmaßnahmen zulässig sind (zum Gefahrenverdacht generell oben Rn. 119), erscheint als problematisch. Aufgrund dieser Vorverlagerungswirkung stellt sich somit die Frage nach der **Verfassungsmäßigkeit** dieser Vorschrift, konkret ihrer Vereinbarkeit mit Art. 2 I GG bzw. Art. 101 BV, wobei schon die Geeignetheit und Erforderlichkeit der Regelung angezweifelt werden können.[362] Besondere Beachtung verdient hier die weitere „Vorverlagerung" der möglichen Rechtsfolge des Art. 30 I 3 LStVG auf das Verbot des bloßen Mitführens von Alkohol zum Zweck seines Verzehrs

---

355 *Heinzeller*, in: *Möstl/Schwabenbauer*, Art. 27 LStVG Rn. 8.
356 Nr. 27.2 VollzBekLStVG.
357 LT-Drs. 16/15831, 1; s. auch *Münkler*, in: *Möstl/Schwabenbauer*, Art. 30 LStVG Rn. 5.
358 Art. 30 LStVG a. F., gültig vom 1.8.2013 bis zum 24.5.2018.
359 LT-Drs. 16/15831, 4.
360 So der *VGH Mannheim* zu einer Alkoholverordnung, die auf die dortige generelle Verordnungsermächtigung gestützt war; vgl. *VGH Mannheim*, NVwZ-RR 2010, 55 ff. Demnach begründeten die Ursachenzusammenhänge zwischen dem Alkoholkonsum und der späteren Gewalt lediglich einen Gefahrenverdacht, nicht jedoch bereits eine abstrakte Gefahr. Ein ähnliches Problem stellte sich im Rahmen der Corona-Krise dem *VG Düsseldorf*, Beschl. v. 25.5.2020 – Az.: 7 L 903/20, Rn. 28 (juris), das über ein Verbot des Konsums und Verkaufes von Alkohol in einer auf § 28 I 1 IfSG gestützten Allgemeinverfügung zu entscheiden hatte. Das Gericht verneinte im Verfahren des einstweiligen Rechtsschutzes, dass der Verkauf und Konsum unmittelbar zu weiteren Corona-Infektionen und damit zur Ausbreitung der Krankheit beitrügen, und erklärte die Allgemeinverfügung daher für mutmaßlich rechtswidrig.
361 So m. w. N. *Münkler*, in: *Möstl/Schwabenbauer*, Art. 30 LStVG Rn. 24.
362 Ausführlich und m. w. N. *Münkler*, in: *Möstl/Schwabenbauer*, Art. 30 LStVG Rn. 47 ff.

auf den öffentlichen Flächen. Es ist nur schwer erkennbar, inwiefern diese sehr umfassende Vorverlagerung im Vergleich zu einem Einschreiten erst ab dem Verzehr tatsächlich erforderlich ist.

### 7. Halten gefährlicher Tiere sowie Zucht und Ausbildung von Kampfhunden, Art. 37, 37a LStVG

Art. 37 I 1 LStVG ist als **präventives Verbot mit Erlaubnisvorbehalt für das Halten** von gefährlichen Tieren einer wildlebenden Art und von Kampfhunden ausgestaltet, um die mit der Haltung dieser Tiere verbundenen besonderen Gefahren für bestimmte Rechtsgüter von vornherein einzuschränken. Eine Haltungsuntersagung kann folglich nicht auf diese Norm gestützt werden, weil sie keine dahingehende Ermächtigung enthält; insoweit ist dann mangels Anwendbarkeit des Art. 18 II LStVG auf diese Konstellation des „Ob" und nicht bloß des „Wie" der Haltung (s. dazu bereits Rn. 233) vielmehr die hier nicht „gesperrte" (dazu schon allgemein in Rn. 164) Generalklausel des Art. 7 II – hier meist Nr. 3 – LStVG anzuwenden. Von dieser generellen Erlaubnispflicht nicht erfasst ist gemäß Art. 37 III LStVG die Haltung von Diensthunden der Polizei, des Strafvollzuges, des Bundesgrenzschutzes und der Zollverwaltung. Bei ihnen wird wegen ihrer qualifizierten „Ausbildungslaufbahn" keine Gefahrenquelle für andere Rechtsgüter angenommen.[363] Gemäß Nr. 37.2 VollzBekLStVG sind **Tiere gefährlich**, „wenn der Umgang mit ihnen wegen der ihnen eigentümlichen Veranlagungen oder Verhaltensweisen zu Verletzungen oder Schäden führen kann (z. B. Löwen, Tiger, Bären, große oder giftige Schlangen)". Als **wildlebend** werden alle Tierarten bezeichnet, die in der Regel nicht in menschlicher Obhut gehalten werden[364] und (noch) nicht domestiziert sowie kultiviert sind. Gleichgültig ist dabei, ob das Tier ein exotisches oder einheimisches ist.[365] Die „Beweislast", ob ein Tier einer gefährlichen und wildlebenden Art angehört, liegt insoweit bei den Gemeinden.[366] Welche Tiere hierunter fallen, haben die Staatsministerien des Innern bzw. für Umwelt in einer periodisch aktualisierten sogenannten „Beispielliste" festgehalten, die insbesondere in der Verwaltungspraxis gerne herangezogen wird.[367] Was **Kampfhunde** sind, definiert der Gesetzgeber in Art. 37 I 2 Hs. 1 LStVG hingegen zunächst selbst. Das Bayerische Staatsministerium des Innern hat überdies von der **Verordnungsermächtigung** des Abs. 1 S. 2 Hs. 2 Gebrauch gemacht und die „Verordnung über Hunde mit gesteigerter Aggressivität und Gefährlichkeit" erlassen. Darin wird in § 1 Abs. 1 festgelegt, für welche Hunderassen die Kampfhundeeigenschaft stets vermutet wird (diese bezeichnet man als „Kampfhunde der **Kategorie I**"). Eine Widerlegung dieser Vermutung ist also nicht möglich. In § 1 Abs. 2 S. 1 der Verordnung wird im Übrigen die Eigenschaft als Kampfhund vermutet, solange nicht der zuständigen Behörde für den einzelnen Hund nachgewiesen wird, dass er keine gesteigerte Aggressivität und Gefährlichkeit gegenüber Menschen oder Tieren aufweist. In diesen Fällen kann die Kampfhundeeigenschaft folglich mit einem sogenannten Wesenstest widerlegt werden („Kampfhund der **Kategorie II**"). Außerdem bestimmt § 1 Abs. 3 der Verordnung, dass sich unabhängig von der Rasse die Eigenschaft eines Hundes als Kampfhund im Einzelfall aus seiner Ausbildung mit dem Ziel einer gesteigerten Aggressivität oder Gefährlichkeit ergeben kann. Eine **Erlaubnispflicht** besteht nur für Tiere, die langfristig in Bayern gehalten werden. Abgestellt wird dabei auf die Absicht des Tierhalters; jedenfalls kann eine Haltung bei einem Aufenthalt im Freistaat von mindes-

---

363 *Schwabenbauer*, in: Möstl/Schwabenbauer, Art. 37 LStVG Rn. 36.
364 Nr. 37.2 VollzBekLStVG; *VG München*, BeckRS 2003, 28555, Rn. 42.
365 *VG Bayreuth*, BeckRS 2002, 14729; *VG Ansbach*, BeckRS 1998, 31252415; zweifelhaft daher *VG München*, BeckRS 2003, 28555, Rn. 42.
366 Vgl. zur Hundehaltung *VGH München*, BeckRS 2009, 37248, Rn. 18.
367 Nr. 37.2 VollzBekLStVG; *VGH München*, BeckRS 2005, 17362, Rn. 19; *VG Würzburg*, BeckRS 2009, 49403; *Schwabenbauer*, in: Möstl/Schwabenbauer, Art. 37 Rn. 18; die „Beispielliste" findet sich etwa unter https://stadt.muenchen.de/infos/listegefaehrlichertiere.html.

tens vier Wochen angenommen werden.[368] Halter i. S. des Art. 37 LStVG und damit Adressat der Erlaubnispflicht bzw. von hierauf gestützten **Bußgeldbescheiden** nach Abs. 4 ist, wer (zumindest für eine gewisse Zeitdauer) die tatsächliche Verfügungs- und Bestimmungsmacht über das Tier ausübt. Auch ein Nichteigentümer des Tieres kann demnach dessen Halter sein.[369]

**242** Gemäß Art. 37 II LStVG wird die **Erlaubnis** nur beim Bestehen eines **berechtigten Interesses** des Antragstellers erteilt, wenn zudem keine Bedenken gegen seine Zuverlässigkeit bestehen und Gefahren für Leben, Gesundheit, Eigentum oder Besitz nicht entgegenstehen. Wann genau ein solches berechtigtes Interesse zur Haltung besteht, muss im Einzelfall beurteilt werden. Dieses Merkmal ist restriktiv auszulegen, um dem Zweck der Norm – dem grundsätzlichen Halteverbot für die genannten Tiere – nicht zuwiderzulaufen.[370] Ein Liebhaberinteresse reicht hierfür jedenfalls nicht aus;[371] „vielmehr muss mit der Haltung ein Zweck verfolgt werden, der es rechtfertigt, das stets bestehende ‚Restrisiko', das auch bei Zuverlässigkeit des Halters und sachgerechter und sicherer Unterbringung der Tiere besteht, hinzunehmen."[372] Um dieses „Restrisiko" weiter zu minimieren, kann die Erlaubnis mit Nebenbestimmungen (Art. 36 I BayVwVfG) verbunden werden, so etwa bezüglich einer besonderen Haftpflichtversicherung laut Art. 37 II 2 LStVG oder bestimmter Haltungsmodalitäten.[373] Wer ein gefährliches Tier vorsätzlich oder fahrlässig ohne die erforderliche Erlaubnis hält, kann gemäß Art. 37 IV LStVG mit einer Geldbuße bis zu 10.000 € belegt werden.

**243** Art. 37a I LStVG verbietet die **Zucht** von Kampfhunden, ohne dass hiervon Ausnahmen vorgesehen sind. In Abs. 2 wird die **Ausbildung** von Hunden mit dem Ziel einer gesteigerten Aggressivität und Gefährlichkeit gegenüber Menschen oder Tieren wiederum unter ein **präventives Verbot mit Erlaubnisvorbehalt** gestellt. Ausweislich von Nr. 37a.3 VollzBekLStVG ist die Erlaubnis zur Ausbildung personenbezogen und bezieht sich damit gerade nicht auf den jeweils auszubildenden Hund. Hierdurch soll sichergestellt werden, dass der Bedarf an entsprechend ausgebildeten Hunden für besondere Bewachungszwecke auch weiterhin gedeckt werden kann.

**244** Einige Wiederholungsfragen zu § 6:

1. Welche „Rangfolge" besteht bei den Ermächtigungsgrundlagen?
2. Wie unterscheiden sich Art. 12 PAG und Art. 13 PAG?
3. Welche „Akte" gibt es bei der Identitätsfeststellung nach Art. 13 PAG, und welchen Rechtsschutz gibt es hiergegen?
4. Welche verschiedenen „Akte" gibt es im Rahmen von Art. 14 PAG?
5. Wie wird eine Vorladung gemäß Art. 15 PAG zwangsweise durchgesetzt?
6. Wie unterscheiden sich Art. 16 I PAG und Art. 16 II PAG in zeitlicher Hinsicht?
7. Welcher Rechtsschutz besteht gegen eine Ingewahrsamnahme nach Art. 17 PAG?
8. Welche Formen der Durchsuchung gibt es?
9. Wie ist der Begriff der „Gefahr im Verzug" in Art. 24 PAG und Art. 95 III PAG auszulegen?

---

368 *Schwabenbauer*, in: *Möstl/Schwabenbauer*, Art. 37 LStVG Rn. 59.
369 Nr. 37.1 VollzBekLStVG.
370 *VGH München*, BeckRS 2018, 28773, Rn. 26; BeckRS 2010, 09574, Rn. 9; BeckRS 2009, 40746; *VG Würzburg*, BeckRS 2009, 49403.
371 *VGH München*, BeckRS 2009, 40746; *VG Würzburg*, BeckRS 2009, 49403.
372 *VGH München*, BeckRS 2010, 9574, Rn. 9.
373 Nr. 37.4.5 VollzBekLStVG.

10. In welchen Schritten vollzieht sich die öffentlich-rechtliche „Beschlagnahme" nach Art. 25 ff. PAG? Vor welchem Gericht kann dagegen um Rechtsschutz nachgesucht werden?
11. Wo ist die sicherheitsrechtliche Generalklausel geregelt?
12. Nach welcher Ermächtigungsgrundlage kann eine Gemeinde das Füttern verwilderter Tauben verbieten?
13. Welche Ermächtigungen enthält Art. 18 LStVG?
14. In welchem Verhältnis stehen Art. 18 LStVG und Art. 37, 37a LStVG zueinander?
15. Was versteht man unter einer Vergnügung i. S. des Art. 19 LStVG?
16. Was versteht man unter einer „Ansammlung" gemäß Art. 23 LStVG? Was ist der Unterschied zur „Versammlung"?

# § 7 Die Generalklauseln im Polizei- und Sicherheitsrecht

Neben den soeben vorgestellten Standardmaßnahmen enthalten sowohl das PAG als auch das LStVG sogenannte Generalklauseln, deren Bedeutung im Folgenden näher dargestellt werden soll.

## I. Die polizeiliche Generalklausel (Art. 11 I, II, 11a PAG)

Die Generalklausel des Art. 11 I, II PAG berechtigt die Polizeibehörden zu atypischen Maßnahmen und ist deshalb überhaupt nur anwendbar, wenn speziellere Ermächtigungen (auch andere Generalklauseln) inner- und außerhalb des PAG nicht einschlägig sind. Diese **formelle Subsidiarität** gegenüber den Standardmaßnahmen nach dem PAG ergibt sich dabei aus dem Wortlaut des Art. 11 I PAG selbst; im Übrigen – also etwa gegenüber „Fachgesetzen" wie dem BayVersG, WaffG, BImSchG, AufenthG oder der StVO und der BayBO – folgt sie aus allgemeinen Grundsätzen vom Vorrang der spezielleren Regelung. Insoweit ist allerdings ebenfalls von Bedeutung, dass, wenn bei einer Standardmaßnahme auch nur eine Tatbestandsvoraussetzung fehlt, das die Anwendbarkeit des Art. 11 PAG **sperrt** (dazu für das PAG bereits in Rn. 164 und 211 sowie – auch – für das LStVG in Rn. 192 und 241). **Art. 11 II PAG** konkretisiert den Abs. 1 durch eine Art „Regelbeispiele" (vgl. „insbesondere"), erweitert die Befugnisse der Polizei aber nicht. Die dort genannten Straftaten, Ordnungswidrigkeiten und Gefahren für bestimmte Rechtsgüter lassen sich ebenso gut auch unter die weit definierte (dazu Rn. 98) „öffentliche Sicherheit" in Abs. 1 subsumieren. Je nach Fallgestaltung lässt sich ein Ergebnis schneller und überzeugender mit Art. 11 I oder Art. 11 II PAG (Letzteres etwa, wenn ein Straftatbestand auf der Hand liegt) herleiten. Art. 11 III PAG schließlich bestätigt den schon in Art. 2 IV PAG bei der Zuständigkeit erwähnten (s. Rn. 16 und 44) Vorrang der spezielleren Aufgaben- oder hier eben Befugnisnorm (S. 1) und die „Lückenschlussfunktion" der Generalklausel (S. 2).

Trotz dieser beschränkten Anwendbarkeit ist Art. 11 I, II PAG in der Praxis sehr wichtig und wird oft als **Auffangtatbestand** herangezogen. Beispiele hierfür sind etwa die Unterbindung der Weiterfahrt mit einem Pkw, der im Vorfeld einer Demonstration angehalten, durchsucht und aus dem etwas sichergestellt wurde,[374] die vollständige Abriege-

---

[374] Vgl. *Holzner*, in: *Möstl/Schwabenbauer*, Art. 11 PAG Rn. 186, unter Bezugnahme auf *VG Würzburg*, NJW 1980, 2541 ff.

lung eines Ortes für mehrere Stunden³⁷⁵ oder sogenannte „Gefährderansprachen" bzw. „-anschreiben". Gerade auch vor diesem Hintergrund ist die Norm mit ihrer enormen Reichweite bis heute insbesondere im Hinblick auf ihre **Bestimmtheit** verfassungsrechtlich nicht unumstritten, wird von der h. M. aber regelmäßig „gehalten".³⁷⁶

**247** Zu den **Tatbestandsvoraussetzungen der polizeilichen Generalklausel** nach Art. 11 I, II PAG gehört zum einen, dass eine **Maßnahme** in Rede steht. Das ist jedes Handeln mit Außenwirkung und mit einem Eingriff in Rechte Dritter. Fehlt es daran, so genügt für ein Tätigwerden der Polizeibehörden ausnahmsweise die Erfüllung der Aufgabennorm. Auch vor diesem Hintergrund handelt es sich bei einer Maßnahme i. S. des Art. 11 I, II PAG meistens um einen Verwaltungsakt, zumal, wie schon oben erwähnt wurde, beispielsweise auch der Schlagstockeinsatz nach h. M. eine konkludente Duldungsverfügung und damit eine intendierte Regelungswirkung enthält (vgl. Rn. 61); er kann aber auch ein bloßer Realakt sein.³⁷⁷

**248** Laut Art. 11 I PAG muss diese Maßnahme überdies **notwendig** sein. Notwendig ist eine Maßnahme dann, wenn die Gefahr nicht auf andere Weise abgewehrt werden kann.³⁷⁸ Hier ist damit ein Aspekt der sonst im Ermessen „verorteten" Verhältnismäßigkeit zum Tatbestandsmerkmal erhoben worden, ohne dass das allerdings zu einer anderen Prüfung als sonst führt. Es darf mithin im konkreten Fall zur Gefahrenabwehr kein milderes, gleich effektives Mittel verfügbar sein.

**249** Schließlich bedarf es einer im Einzelfall bestehenden **konkreten Gefahr** für die öffentliche Sicherheit oder Ordnung. Damit reicht keine nur allgemeine oder abstrakte Gefahr. Ist die Gefahr schon eingetreten, muss, wie ebenfalls bereits erwähnt wurde (s. Rn. 18), von ihr eine weitere Gefahr für die Zukunft ausgehen. Das ist z. B. der Fall, wenn weitere Schäden zu befürchten sind oder der die Gefahr begründende Verstoß gegen die Rechtsordnung noch weiter andauert.

**250** Der im Jahr 2017 neu eingefügte Art. 11 III PAG a. F. wurde 2021 mit wenigen Variationen als eine eigene „besondere Generalklausel" in **Art. 11a PAG** ausgegliedert. Sie enthält eine **Generalklausel für Vorfeldmaßnahmen** und überdies eine Legaldefinition des Begriffes der **„drohenden Gefahr"**, der sich – wie sich bei den Standardmaßnahmen bereits gezeigt hat – nunmehr in einigen Normen des PAG wiederfindet. Dabei stellt sich nunmehr die Frage, in welchem **Verhältnis Art. 11 und Art. 11a PAG** zueinanderstehen. Beide Generalklauseln existieren zunächst nebeneinander; fraglich ist jedoch, ob einer Vorschrift der Vorrang gebührt. Der Tatbestand des Art. 11 I PAG bleibt von der Einführung der „drohenden Gefahr" unberührt; eine „drohende" Gefahr ist schließlich nur dann eine tatbestandsmäßige Gefahr, wenn das gesetzlich vorgesehen ist. Insofern kann Art. 11 I PAG sogar als die speziellere (→ in Bezug auf den Kreis der geschützten Rechtsgüter weitergehende) Vorschrift angesehen werden; eine umgekehrte Betrachtung (→ Art. 11a PAG setzt zeitlich früher an) ist jedoch auch denkbar. Art. 11a PAG ist entgegen der gesetzlichen Begründung ausweislich seines Wortlautes auch nicht auf die (spezielle) Abwehr terroristischer Gefahren beschränkt, so dass beide Vorschriften

---

375 *OVG Lüneburg*, NVwZ-RR 2007, 103 ff.
376 Vgl. dazu nur *Berner/Köhler/Käß*, Art. 11 Rn. 16; ferner *Heckmann*, in: *Becker/Heckmann/Kempen/Manssen*, 3. Teil, Rn. 74.
377 Die „Gefährderansprachen" bzw. „-anschreiben" werden mangels Regelung überwiegend als bloße Realakte qualifiziert. Vgl. *VG München*, Urt. v. 18.2.2020 – Az.: M 7 K 18.5065, Rn. 10 (juris); *VG Bayreuth*, Gerichtsbescheid vom 12.9.2019 – Az.: B 1 K 17.850, Rn. 22 (juris); *Holzner*, in: *Möstl/Schwabenbauer*, Art. 11 PAG Rn. 166. Davon zu trennen ist allerdings die Frage, ob sie als durch ihre faktische (oder psychologische) „Druckwirkung" trotzdem einer Ermächtigungsgrundlage bedürfen, also der Vorbehalt des Gesetzes auch für sie gilt. Vgl. dazu schon Rn. 71.
378 *Holzner*, in: *Möstl/Schwabenbauer*, Art. 11 PAG Rn. 133.

eben tatsächlich „gleichrangig" verschiedene Situationen erfassen. Eine besondere praktische Bedeutung hat die Vorschrift – soweit ersichtlich – bisher jedoch weder in der (Gerichts-)Praxis noch in Klausuren erfahren. Das mag auch darin begründet liegen, dass in Bezug auf sie noch mehrere grundsätzliche Verfahren beim BVerfG und BayVerfGH anhängig sind, die über ihr weiteres „Schicksal" entscheiden werden. Im Streit stehen dabei einerseits die recht weite und möglicherweise zu unbestimmte Definition der „drohenden Gefahr" sowie andererseits die Frage nach der (verfassungsrechtlichen) Rechtfertigung für die damit einhergehende weitere Vorverlagerung der Eingriffsschwelle für die Polizei.[379]

## II. Die sicherheitsrechtliche Generalklausel (Art. 7 II LStVG)

Art. 7 I LStVG normiert an sich rein deklaratorisch, dass Anordnungen und sonstige Maßnahmen der Sicherheitsbehörden, die in Rechte anderer eingreifen, nur getroffen werden dürfen, wenn sie dazu durch Gesetz oder aufgrund eines Gesetzes besonders ermächtigt sind. Denn damit wurde der aus dem Rechtsstaatsprinzip des Art. 20 III GG abgeleitete **Grundsatz vom Vorbehalt des Gesetzes** (dazu schon Rn. 18) wiederholt und sozusagen einfachgesetzlich konkretisiert. Unter einer **sicherheitsrechtlichen Anordnung** versteht man nach der Vollzugsbekanntmachung zum LStVG Anordnungen für den Einzelfall sowie Verordnungen, d. h. allgemein verbindliche Gebote und Verbote, die für eine unbestimmte Zahl von Fällen an eine unbestimmte Zahl von natürlichen oder juristischen Personen gerichtet sind und gleichbleibend gelten.[380] Anordnungen erfüllen (wenn sie keine Verordnungen sind) also alle Merkmale des Art. 35 S. 1 BayVwVfG bzw. des Art. 35 S. 2 BayVwVfG und stellen einen Verwaltungsakt oder eine Allgemeinverfügung dar. Unter die **„sonstigen sicherheitsrechtlichen Maßnahmen"** fallen dagegen alle Regelungen eines Einzelfalles ohne eine vorausgehende Anordnung durch unmittelbaren Zugriff der Behörde auf eine Person oder Sache.[381] Ihnen fehlt folglich das Merkmal der Regelungswirkung, weil gerade keine Anordnung, also kein Ge- oder Verbot, getroffen wird. Mit „sonstigen sicherheitsrechtlichen Maßnahmen" sind somit Realakte gemeint. Sie haben vor allem Bedeutung im Rahmen der sogenannten „Tatmaßnahmen" nach Art. 7 III LStVG (s. dazu schon Rn. 151).

251

Die sicherheitsrechtliche **Generalklausel** findet sich sodann in Art. 7 II LStVG. Darauf können lediglich Anordnungen für den Einzelfall gestützt werden. Sonstige Maßnahmen, also Realakte, sind dem eindeutigen Wortlaut der Norm nach nicht zulässig. Voraussetzung für die Anwendbarkeit der sicherheitsrechtlichen Generalklausel ist zunächst, wie auch bei der polizeirechtlichen Generalklausel (s. Rn. 245), dass keine andere gesetzliche Ermächtigung nach dem LStVG oder anderen Rechtsvorschriften einschlägig ist. Ist das der Fall, greift auch hier die **Sperrwirkung** der spezielleren Norm ein. Diese formelle Subsidiarität des Art. 7 II LStVG ergibt sich direkt aus seinem Wortlaut. Einzelfallanordnungen, die auf die Generalklausel gestützt werden, sind nur in den in Art. 7 II LStVG genannten – und zunächst stark Art. 11 II PAG ähnelnden – Fällen möglich: um rechtswidrige Taten, die den Tatbestand eines Strafgesetzes oder einer Ordnungswidrigkeit verwirklichen, oder verfassungsfeindliche Handlungen zu verhüten oder zu unterbinden (Nr. 1); um durch solche Handlungen verursachte Zustände zu beseitigen (Nr. 2) oder um Gefahren abzuwehren oder Störungen zu beseiti-

252

---

379 Dazu nur m.w.N. *Holzner*, DÖV 2018, 946 ff.; *Rick*, StudZR 2018, 232 ff. (mit dem Verdikt der Verfassungswidrigkeit); zu der verfassungsrechtlichen Herleitung der „drohenden Gefahr" aus der *BVerfG*-Rechtsprechung *Schmidbauer/Steiner*, Art. 11a Rn. 25 ff. Zu den Verfahren beim BayVerfGH oben Rn. 13 mit Fn. 9.
380 Nr. 7.1 VollzBekLStVG.
381 Ebenda.

gen, die Leben, Gesundheit oder die Freiheit von Menschen oder Sachwerten, deren Erhaltung im öffentlichen Interesse geboten scheint, bedrohen oder verletzen (Nr. 3). Hierin liegt dann auch der gravierendste Unterschied zur entsprechenden polizeirechtlichen Generalklausel des Art. 11 II PAG: Die dort genannten Fälle sind nicht abschließend (vgl. „insbesondere"), weshalb auch in anderen, nicht aufgeführten Fällen Maßnahmen auf die Generalklausel des Art. 11 II PAG gestützt werden können. Die sicherheitsrechtliche Generalklausel des Art. 7 II LStVG hingegen ist dem Wortlaut nach eindeutig als abschließende Aufzählung zu verstehen („nur treffen, um…"). Nur, wenn einer der dort genannten Fälle vorliegt, können Einzelfallanordnungen darauf gestützt werden. Zudem berechtigt Art. 11 II PAG die Polizei zu allen notwendigen Maßnahmen, um eine Gefahr abzuwehren, was etwa auch Realakte umfasst (die nur Art. 7 I, nicht aber Art. 7 II LStVG erwähnt; vgl. Rn. 251), wogegen Art. 7 II LStVG die Sicherheitsbehörden lediglich zu Anordnungen im Einzelfall ermächtigt.

**253** Die Sicherheitsbehörden können aufgrund von Art. 7 II LStVG **zur Erfüllung ihrer Aufgaben** tätig werden. Diesem Merkmal kommt in der Fallbearbeitung jedoch in aller Regel eine eher geringe Bedeutung zu, weil die Aufgabeneröffnung nach Art. 6 LStVG, mithin die sachliche Zuständigkeit der Sicherheitsbehörde, in der gutachterlichen Prüfung bereits im Rahmen der formellen Rechtmäßigkeit zu prüfen ist. In der Rechtsfolge ist der Sicherheitsbehörde Entschließungs- und Auswahlermessen eingeräumt („können"), das gemäß § 114 S. 1 VwGO vom Verwaltungsgericht nur auf Ermessensfehler zu prüfen ist (vgl. dazu Rn. 64). Spezielle Formvorschriften für die Maßnahmen nach Art. 7 II LStVG enthält das LStVG nicht, weshalb auf die allgemeinen Vorgaben nach dem BayVwVfG zurückgegriffen werden muss. Von besonderer Bedeutung sind dabei Art. 37 II 1, 39 I BayVwVfG.[382] Ein sicherheitsrechtlicher Verwaltungsakt nach Art. 7 II LStVG kann bei seiner Nichtbefolgung sodann nach den allgemeinen Regelungen des VwZVG vollstreckt werden (s. dazu näher Rn. 287 ff.).[383]

**254** Die **Wiederholungsfragen** im Hinblick auf die Generalklauseln lauten:

1. Was ist bei der Heranziehung des Art. 11 I, II PAG als Ermächtigungsgrundlage immer zuerst zu prüfen?
2. Welche weiteren (verfassungsrechtlichen) Probleme stellen sich im Zusammenhang mit Art. 11 I PAG als Ermächtigungsgrundlage?
3. Wie ist das Verhältnis von Art. 11 und Art. 11a PAG?
4. Welche Parallelen und Unterschiede bestehen zwischen der Generalklausel nach dem PAG und nach dem LStVG?
5. Was versteht man unter einer „sicherheitsrechtlichen Anordnung"?

# § 8 Die Vollstreckung im Polizei- und Sicherheitsrecht

**255** Ist eine gefahrenabwehrrechtliche Verfügung ergangen, heißt das noch nicht zwingend, dass sie auch befolgt und damit die Gefahr tatsächlich beseitigt wird. Um das sicherzustellen, können derartige Verwaltungsakte notfalls auch **zwangsweise durchgesetzt** werden.[384] Es ist nämlich gerade der Vorteil eines Verwaltungsaktes, dass er zugleich einen

---

382 *Holzner*, in: *Möstl/Schwabenbauer*, Art. 7 LStVG Rn. 49 f.
383 *Holzner*, in: *Möstl/Schwabenbauer*, Art. 7 LStVG Rn. 57.
384 Bei Realakten bedarf es hingegen keiner gesonderten Vollstreckung, da die Vornahme der jeweiligen Tathandlung zugleich auch deren Durchsetzung ist. Außerdem fehlt einem Realakt regelmäßig das Merkmal der Willensbeugung bei der oder dem Betroffenen. Liegt dieses hingegen vor, spricht vielmehr alles für einen (gegebenenfalls auch konkludenten) Verwaltungsakt.

"Vollstreckungstitel" darstellt. Im privaten Zwangsvollstreckungsrecht muss sich der jeweilige Gläubiger einen solchen Titel demgegenüber in aller Regel erst durch einen Prozess gegen den Schuldner verschaffen.

Die zwangsweise Durchsetzung gegen den Willen des Betroffenen ist zwar ein **erheblicher Grundrechtseingriff**, korrespondiert aber auch mit dem **staatlichen Gewaltmonopol**, demzufolge allein der Staat Zwang zur Durchsetzung des Rechts, z. B. auch zum Schutz der öffentlichen Sicherheit und Ordnung im Hinblick auf private Rechte, anwenden darf. Historisch überkommen, liegt dabei das **Zwangsanwendungsmonopol bei den Polizeibehörden**, die insoweit deshalb zum Teil auch in Vollzugshilfe tätig werden. So „hilft", wie erwähnt (Rn. 37 und 50), die Polizei beispielsweise bei der Abschiebung eines Ausländers durch die Ausländerbehörde mit tatkräftiger, notfalls sogar mit gewalttätiger Unterstützung.

256

Bei der Vollstreckung ist wieder der Vorbehalt des Gesetzes zu beachten, der für die in die Rechte des „Opfers" eingreifende – sein Wille wird gewaltsam gebeugt – Vollstreckung eine **gesonderte Ermächtigungsgrundlage** verlangt. Die Befugnisnorm für den sodann vollstreckten Verwaltungsakt reicht dafür regelmäßig – zu Ausnahmen schon oben bei den einzelnen Standardmaßnahmen (etwa zur Vorführung Rn. 188, zur Sicherstellung Rn. 222) und nochmals unten in Rn. 258 – nicht (mehr) aus, da sie für diese sogenannten Sekundärmaßnahmen zu unbestimmt ist und die Zwangsanwendungen außerdem getrennt davon zu betrachtende neue Verwaltungsakte darstellt. **Verwaltungszwang** als Sekundärmaßnahme ist damit die Erzwingung einer durch einen Verwaltungsakt (die sogenannte Primärmaßnahme) verlangten Handlung, Duldung oder Unterlassung. Er stellt keine Strafe dar und ist deshalb selbst in Anbetracht des in Art. 103 III GG niedergelegten Doppelbestrafungsverbotes auch neben ihr möglich.[385] Die für die Vollstreckung im Polizeirecht relevanten Normen ergeben sich – mit Ausnahme des Sonderfalles der Vollstreckungshilfe – aus Art. 70 ff. PAG (vgl. auch Art. 18 II VwZVG) und werden im Folgenden näher behandelt. Anschließend folgt die Darstellung der Vollstreckung von Maßnahmen nach dem LStVG auf der Grundlage (zumeist) des VwZVG.

257

## I. Die Vollstreckung nach Art. 70 ff. PAG

### 1. Die Zwangsmittel

Die Art. 70 ff. PAG enthalten – sofern es eben keine Spezialregelung wie etwa Art. 17 I Nr. 4 i. V. mit Art. 16 PAG oder Art. 15 III für Art. 15 I PAG gibt – eine **abschließende Regelung** über die in ihren Anwendungsbereich fallenden Vollstreckungen. Das gilt insbesondere auch für die in Art. 71 PAG aufgeführten Zwangsmittel, zwischen denen die Auswahl nach dem Verhältnismäßigkeitsgrundsatz erfolgt.[386]

258

**a) Die Ersatzvornahme, Art. 72 PAG.** Die Ersatzvornahme (Art. 71 I Nr. 1 i. V. mit Art. 72 PAG) dient der Durchsetzung **vertretbarer Handlungen** des Pflichtigen; sie findet mithin bei Duldungs- oder Unterlassungspflichten keine Anwendung. Sie kommt in der Regel nur bei atypischen Maßnahmen nach Art. 11 PAG in Betracht, da die Standardmaßnahmen zumeist auf unvertretbare Handlungen gerichtet sind. Mit der Vornahme dieser vertretbaren Handlungen kann anstelle der Durchführung durch die Behörde selbst (die sogenannte **Eigenvornahme**) bei unverhältnismäßigem Aufwand

259

---
385 Vgl. auch allgemein zur Zwangsvollstreckung *Horn*, Jura 2004, 447 ff. und 597 ff.
386 Nach *VGH Mannheim*, BeckRS 2004, 21053, besteht dabei selbst bei unterschiedlichen Kosten kein grundsätzlicher Vorrang der Ersatzvornahme vor dem Zwangsgeld; es kommt vielmehr auf die Bewertung des Einzelfalles an.

auch ein Dritter („**Fremdvornahme**") meist mittels eines Werkvertrages nach §§ 631 ff. BGB beauftragt werden, der jedoch in keinerlei Rechtsverhältnis zum Pflichtigen tritt. Das ist beispielsweise ein Abschleppdienst. Eine gegebenenfalls erforderliche Rückabwicklung dieser Rechtsbeziehungen oder auch der Ersatz von eingetretenen Schäden erfolgt somit nur **„über das Dreieck"** Vollstreckungsschuldner gegen Vollstreckungsbehörde und diese dann gegen den Dritten.

**260** Der Pflichtige muss nach Art. 72 I 2 PAG – wie bei allen anderen Zwangsmitteln auch – die **Kosten** der formell und materiell rechtmäßigen Ersatzvornahme tragen. Diese Forderung kann dann wiederum vollstreckt werden.[387] Sie ist überdies öffentlich-rechtlich und deshalb nicht abtretbar. Nach Art. 76 IV PAG **soll** bei einer Androhung der Ersatzvornahme die voraussichtliche Höhe der Kosten angegeben werden; allerdings führt ein Unterbleiben dessen nicht zur Rechtswidrigkeit der Androhung.[388]

**261** **b) Das Zwangsgeld und die Ersatzzwangshaft, Art. 73, 74 PAG.** Beim **Zwangsgeld** handelt es sich um ein Beugemittel zur Durchsetzung einer vertretbaren oder unvertretbaren Handlung, einer Duldung oder einer Unterlassung. Es passt mithin für **alle Arten von Verwaltungsakten**. Wegen seiner langen „Vorlaufzeit" kommt es in Eilfällen allerdings fast nie zur Anwendung.[389] Wird es angedroht, **muss** nach Art. 76 V PAG eine bestimmte Höhe angegeben werden. Kann das Zwangsgeld nicht beigetrieben werden – es ist dann i.S. der Norm „uneinbringlich" –, kann das Verwaltungsgericht (vgl. Art. 104 II GG) auf Antrag der Behörde laut Art. 74 I 1 PAG bis zu zwei Wochen Zwangshaft verhängen,[390] wenn darauf in der Androhung hingewiesen, diese besondere Form des Zwangsgeldes also mit angedroht wurde. Allerdings bedarf es bei der Verhängung der Zwangshaft einer besonderen Prüfung der Verhältnismäßigkeit.[391] Die Zwangshaft wird dann nach den §§ 802g, 802h ZPO, auf die Art. 74 II PAG verweist, vollstreckt. Sie kann für ein Zwangsgeld nur einmal angeordnet werden. Danach ist aber, wenn der Verwaltungsakt immer noch nicht erfüllt wurde, eine erneute Zwangsgeldandrohung mit anschließender neuer Zwangshaft möglich.[392]

**262** Die Beitreibung des Zwangsgeldes unterbleibt gemäß Art. 73 III 2 PAG, sobald der zu vollstreckende **Verwaltungsakt erfüllt** ist. Das gilt auch, wenn er erst verspätet befolgt wird, da das Zwangsgeld keine Sanktion, sondern eben ein Zwangsmittel ist. Anders ist die Rechtslage nur, wenn das Zwangsgeld bereits „fällig" geworden ist, weil ein noch fortwirkendes Gebot schon einmal verletzt wurde.[393] Das Übermaßverbot greift ferner zugunsten des Pflichtigen auch dann ein, wenn das Ziel anderweitig erreicht wurde.

**263** **c) Der unmittelbare Zwang, Art. 75 ff. PAG.** Unmittelbarer Zwang ist nach der Gesetzeskonzeption in jedem Fall als schärfstes Zwangsmittel ultima ratio (Art. 75 I 1 PAG a. E.). In der Praxis wird er aber **regelmäßig angewandt**, da die Eilfälle oft nicht anders lösbar sind. Die Ersatzvornahme kommt nämlich nur für die seltenen Fälle vertretbarer

---

[387] Insoweit kommt es für den Rechtsbehelf gegen einen Kostenbescheid dann auch nicht zum Wegfall der aufschiebenden Wirkung nach § 80 II 1 Nr. 2 VwGO; vgl. insoweit für Bayern *VGH München*, NVwZ-RR 2009, 787 f.; für Mecklenburg-Vorpommern *OVG Greifswald*, NVwZ-RR 2017, 123 ff.; für Sachsen *OVG Bautzen*, NVwZ-RR 2003, 475; anders hingegen *VG Potsdam*, BeckRS 2019, 4579.
[388] Vgl. Nr. 59.3 VollzB, der allerdings von „Rechtswirksamkeit" spricht.
[389] So auch Nr. 56.1 VollzB.
[390] Das ist im Übrigen wegen der regelmäßig zu den ordentlichen Gerichten abgedrängten Zuständigkeit in derartigen Situationen die einzige Konstellation, in der das Verwaltungsgericht einen Haftbefehl ausstellt.
[391] Vgl. *VG Dessau*, NVwZ-RR 2004, 849 f., zur Ersatzzwangshaft gegen Drogenabhängige, um Platzverweisungen durchzusetzen.
[392] Zur Höhe des Zwangsgeldes *OVG Münster*, DÖV 2004, 86. Anschaulich zu einem Fall mehrfacher und wechselnder Zwangsmittelandrohung *VG Gießen*, Beschl. v. 25.11.2022 – Az.: 4 L 2623/22 (juris).
[393] Sonst bliebe das Zwangsgeld ein „stumpfes Schwert", weil kurze Phasen des Wohlverhaltens die Zwangsgeldverhängung dauerhaft unmöglich machten.

Handlungen in Betracht, und das Zwangsgeld wird wegen der Dauer seiner Beitreibung in der Regel als unzweckmäßig erachtet. Definieren lässt sich der unmittelbare Zwang als die Einwirkung auf Personen oder Sachen durch körperliche Gewalt, durch ihre Hilfsmittel, durch Waffen und Explosivmittel zur Durchsetzung einer unvertretbaren oder vertretbaren Handlung, einer Duldung oder einer Unterlassung und damit **aller Arten von Verwaltungsakten** (vgl. Art. 78 I PAG). Wegen des Folterverbotes in Art. 75 II PAG darf eine zu vollstreckende Handlungspflicht allerdings nicht in der Abgabe einer Erklärung bestehen (für festgehaltene Personen ist das außerdem in Art. 104 I 2 GG verfassungsrechtlich verankert).[394] Dabei gibt es im Gesetz abschließend aufgeführte, zum Teil aber von den Begriffen her auslegungsbedürftige unterschiedliche Formen des Zwanges, zwischen denen wieder nach dem Verhältnismäßigkeitsgrundsatz zu wählen ist.

Der bloße **Einsatz körperlicher Gewalt** ist in Art. 78 II PAG abschließend normiert, weshalb keine anderen Mittel wie z. B. Hypnose angewendet werden dürfen. Zum Einsatz von **Hilfsmitteln der körperlichen Gewalt** findet sich in Art. 78 III PAG eine nicht abschließende Aufzählung („insbesondere") von Beispielen, weswegen sich hier das Problem der Bestimmtheit der Norm stellt. Der Vorteil dieser offenen Tatbestandsformulierung ist allerdings, dass auch technische Neuerungen sofort eingesetzt werden können, ohne dass es zunächst einer Gesetzesänderung bedarf. Zu beachten ist außerdem, dass mit Art. 82 PAG eine Sondervorschrift für das **Hilfsmittel der Fesselung** besteht.

Zur Ausübung unmittelbaren Zwanges durch **Waffen** enthält Art. 78 IV 1 PAG wiederum eine abschließende Aufzählung. Laut Art. 78 IV 2 PAG können überdies andere Waffen auf Anordnung des Staatsministeriums des Innern, für Sport und Integration zeitlich befristet als Einsatzmittel erprobt werden. Diese Ergänzung des Gesetzes erklärt sich daraus, dass die Aufzählung in S. 1 im Unterschied zu der nach Abs. 3 (vgl. Rn. 264) abschließend ist, im Lauf der Zeit jedoch andere, gegebenenfalls neuartige Waffen nötig erscheinen können. Schließlich sind in Art. 78 V 1 PAG die in Abs. 1 genannten **Explosivmittel** noch genauer bestimmt. Neben speziellen Vorgaben für die **Androhung** des unmittelbaren Zwanges in Art. 81 PAG, ist auch der **Schusswaffengebrauch** in den Art. 83 ff. PAG mit besonders strengen Anforderungen näher geregelt.[395] **Vorrangig** sind danach immer die milderen Formen des unmittelbaren Zwanges, z. B. auch der Schusswaffengebrauch gegen Sachen, in Betracht zu ziehen. Die Entscheidung für eine bestimmte Zwangsform ist in der Praxis jedoch keineswegs in jedem Fall leicht zu fällen, denn es ist beispielsweise durchaus problematisch, „nur" auf einen Pkw statt auf dessen Fahrer zu schießen, da die dadurch möglicherweise verursachten Folgen (der Fahrer verliert nach der Zerstörung der Reifen bei hoher Geschwindigkeit die Gewalt über das Fahrzeug usw.) nicht immer beherrschbar sind. Es ist ferner jedes Mal auch noch zu fragen, ob der Schusswaffengebrauch in Relation zum erstrebten Erfolg überhaupt **verhältnismäßig** ist. Ausweislich von Art. 83 III 2 PAG können Schusswaffen im Einzelfall auch gegen Personen, die dem äußeren Eindruck nach noch nicht 14 Jahre alt sind, und gemäß Art. 83 IV 2 PAG selbst bei hoher Wahrscheinlichkeit der Gefährdung Unbeteiligter eingesetzt werden, wenn sie das einzige verfügbare Mittel sind.

Umstritten ist (immer noch) die Zulässigkeit des sogenannten **finalen Rettungsschusses**, der in Art. 83 II 2 PAG geregelt ist.[396] Dieser gesetzlichen Bestimmung bedarf es,

---

394 Dazu *Gebauer*, NVwZ 2004, 1405 ff.; zur Berücksichtigung der Menschenwürde in diesem Zusammenhang *Elsner/Schobert*, DVBl. 2007, 278 ff.; *Frenz*, NVwZ 2007, 631 ff.; allgemein zur Vollstreckung einer Pflicht zur Abgabe einer Willenserklärung *Linke*, NVwZ 2005, 535 ff.
395 Vgl. dazu auch die Darstellung bei *Schmidbauer/Holzner*, 25. Kap., Rn. 1235 ff.
396 Ausführlich dazu *Buggisch*, in: *Möstl/Schwabenbauer*, Art. 83 PAG Rn. 12 ff.

denn Art. 75 PAG reicht hierfür nach h. M. gerade nicht und ist im Übrigen für eine solch gravierende Maßnahme auch zu unbestimmt. Für den schwersten Eingriff in das Grundrecht aus Art. 2 II 1 GG gebietet dessen S. 3 und die über Art. 31 GG als Bundesgesetz ebenfalls bindende EMRK eine gesetzliche Regelung über die genauen Voraussetzungen und den Umfang des finalen Rettungsschusses. Auch die Nothilfe nach § 32 II StGB hilft hier nicht weiter, da sie zwar möglicherweise den Schießenden vor strafrechtlichen Folgen bewahrt (vgl. Art. 77 II PAG: „zivil- und strafrechtliche Folgen bleiben unberührt"), nicht aber das staatliche Tun als Ermächtigungsgrundlage rechtfertigen kann. Es stellt sich die Frage der verfassungsrechtlichen Rechtfertigung dieses Eingriffes in Art. 2 II 1 GG. Das gilt in ähnlicher Weise wie im Rahmen des Abschusses entführter und als „Waffe" gebrauchter Flugzeuge nach § 14 III LuftSiG, der allerdings vom *BVerfG* im Jahr 2006 für mit dem GG unvereinbar und deswegen nichtig erklärt wurde,[397] wenngleich sich die Problematik dadurch nicht in derselben Schärfe darstellt, dass bei Art. 83 II 2 PAG allein der „Täter" getötet werden soll. Bei der Beantwortung kommt es zum Konflikt mit den Schranken-Schranken der Verhältnismäßigkeit und der Wesensgehaltsgarantie (Art. 19 II GG). Als Gegenargument kann man aber die Schutzpflicht des Staates für die bedrohten Leben ins Feld führen, und der Täter verwirkt mit seinem Angriff gleichsam sein Schutzrecht.[398]

### 2. Das gestreckte Verfahren nach Art. 70 ff. PAG

Zur Erläuterung des „normalen" – in der Terminologie des Polizeirechts: „gestreckten" – Verfahrens dient zunächst das folgende **Prüfungsschema**, das anschließend noch näher erläutert wird:

**Die Voraussetzungen einer rechtmäßigen Vollstreckung im gestreckten Verfahren nach Art. 70 ff. PAG**
**A. Formelle Rechtmäßigkeit der Vollstreckungsmaßnahme**
I. **Zuständigkeit der Polizei** laut Art. 70 I PAG für „ihre" Verwaltungsakte.
II. **Verfahren und Form**: Vorgaben der Art. 28 I (aber II Nr. 5), 37 II–IV BayVwVfG.
**B. Materielle Rechtmäßigkeit der Vollstreckungsmaßnahme**
I. Allgemeine Vollstreckungsvoraussetzungen des Art. 70 I PAG
  1. Der **Grundverwaltungsakt** ist **unanfechtbar** bzw. **sofort vollziehbar** und **wirksam** (das heißt: nicht nichtig; er muss auf der sogenannten Sekundärebene im Unterschied zur Tertiärebene, wenn es um die Kosten geht, aber nicht rechtmäßig [gewesen] sein).
  2. Die abzuwehrende Gefahr besteht noch fort; die **Vollstreckung** ist also **noch erforderlich**.
  3. Der Grundverwaltungsakt ist vollstreckbar; das heißt:
     a. Der **Inhalt** des Verwaltungsaktes ist hinreichend **bestimmt**.
     b. Der **Inhalt** des Verwaltungsaktes ist **vollstreckungsfähig**; das bedeutet: Er enthält eine Pflicht, nicht eine bloße Rechtsgestaltung oder Feststellung.
     c. Es besteht **kein Vollstreckungshindernis**.

---

397 Dazu bereits *Baumann*, DÖV 2004, 853 ff.: „finaler Rettungsabschuss"; dann explizit zum Luftsicherheitsgesetz *BVerfGE* 115, 118 ff.; *Baldus*, NVwZ 2006, 532 ff.; *Bauman*n, DÖV 2006, 331 ff.; *Gramm*, DVBl. 2006, 653 ff.; *Hase*, DÖV 2006, 213 ff.; *Winkler*, NVwZ 2006, 536 ff.
398 Vgl. dazu etwa *Kingreen/Poscher*, Grundrechte, Rn. 361 ff., 572 ff.; *Kutscha*, NVwZ 2004, 801 ff.; *Jakobs*, DVBl. 2006, 83 ff.; zur Vereinbarkeit des Vorgehens mit der EMRK *Arzt*, DÖV 2007, 230 ff.

4. Das **Verfahren** wird **ordnungsgemäß durchgeführt**; das heißt:
   a. Die Vollstreckung wird gemäß Art. 76, 81 PAG **angedroht** (→ als Verwaltungsakt). Dabei ist auch das richtige Zwangsmittel zu wählen.[399]
   b. Das jeweils angedrohte Zwangsmittel wird **festgesetzt** (→ als Verwaltungsakt, was allerdings streitig ist; vgl. z. B. Art. 73 I PAG[400]).
   c. Das festgesetzte Zwangsmittel wird richtig **angewendet** bzw. ausgeführt (→ als bloßer Realakt ohne eigene Regelung, was allerdings wiederum streitig ist).

II. **Besondere Vollstreckungsvoraussetzungen des jeweils gewählten Zwangsmittels** (z. B. beim Zwangsgeld: Die Unterlassenspflicht wird verletzt und deshalb das Zwangsgeld „verwirkt"; dessen Höhe hält sich im erlaubten Rahmen).

III. **Rechtsfolge:** Die Behörde hat ein **Ermessen darüber, ob und wie vollstreckt wird.** Dieses Ermessen muss jeweils **fehlerfrei ausgeübt** worden sein (insbesondere unter Beachtung der Grundrechte und vor allem des Grundsatzes der Verhältnismäßigkeit nach Art. 4 PAG).

Nun zu den Voraussetzungen im Einzelnen: Neben den oben aufgeführten formellen Anforderungen muss eine Vollstreckungsmaßnahme zu ihrer Rechtmäßigkeit den folgenden **materiellen Vorgaben** genügen, wobei im Rahmen des Verfahrens (oben im Prüfungsschema unter dem Punkt B. I. 4.) dann natürlich immer nur bis zu der im konkreten Fall erreichten „Stufe" der Vollstreckung (sowie gegebenenfalls noch der Punkt II. mit den besonderen Vollstreckungsvoraussetzungen und die Rechtsfolge gemäß Punkt III.) zu prüfen ist.

Wichtigste allgemeine Vollstreckungsvoraussetzung ist gemäß Art. 70 I PAG, dass der zu vollstreckende **Grundverwaltungsakt unanfechtbar oder sofort vollziehbar** ist. Während die Unanfechtbarkeit auf die Bestandskraft (also auf den Ablauf der Rechtsbehelfsfristen) abzielt, kommt für die zweite Alternative insbesondere eine sofortige Vollziehbarkeit kraft Gesetzes nach § 80 II 1 Nr. 2 VwGO bei unaufschiebbaren[401] **Maßnahmen von Polizeivollzugsbeamtinnen und Polizeivollzugsbeamten** in Betracht. Dieser Ausnahmetatbestand ist an sich eng auszulegen, wird von der h. M. jedoch trotzdem analog für **Verkehrszeichen** und (was allerdings streitig ist) auch für **Parkuhren** als „Polizistenersatz" herangezogen.[402]

Umstritten ist, ob der **Grundverwaltungsakt** über seine Vollziehbarkeit hinaus auch **rechtmäßig** sein muss. Eindeutig zu beantworten ist diese Frage im Fall seiner Nichtigkeit, denn die Vollstreckung (das heißt eben die zwangsweise Durchsetzung gegen den Willen des Betroffenen) eines *offensichtlich* rechtswidrigen und damit nach dem Maßstab des Art. 44 BayVwVfG nichtigen Verwaltungsaktes ist mit dem Rechtsstaatsprinzip in Art. 20 III GG und 3 I 1 Fall 1 BV nicht vereinbar. Deshalb ist nach dem obigen Schema jedenfalls die **Wirksamkeit** des jeweils vollstreckten Verwaltungsaktes (gleichsam als „sehr abgeschwächte Konnexität") zu prüfen. Demgegenüber verneint die h. M. das Erfordernis der Rechtmäßigkeit mit dem Hinweis auf die Effizienz der Vollstreckung, die darunter litte,

---

399 Die Androhung und die folgenden zwei Punkte können auch unter die besonderen Vollstreckungsvoraussetzungen gefasst werden.
400 Zu dieser „Stufe" näher *Malmendier*, VerwArch 2003, 25 ff.
401 Diesem Merkmal kommt vorliegend keine weiter reichende Bedeutung zu, da die Polizei nach Art. 3 PAG ohnehin nur im Eilfall zuständig ist, der insoweit mit „unaufschiebbaren Maßnahmen" praktisch gleichbedeutend ist.
402 Dazu mit zahlreichen Fundstellen *W.-R. Schenke*, in: *Kopp/Schenke*, § 80 Rn. 64, der für Parkuhren allerdings nicht der h. M. folgt. § 80 II 1 Nr. 3 VwGO i. V. mit Art. 21a VwZVG findet hier (noch) keine Anwendung, da es auf den Grundverwaltungsakt ankommt.

wenn vor jeder Zwangsmaßnahme die Rechtmäßigkeit der zu vollstreckenden Verfügung überprüft werden müsste. Als Gegenargument wird insbesondere angeführt, die Zwangsmittel seien kein Selbstzweck, sondern nur Hilfsmittel, weswegen eine (volle) „**Konnexität**" zum Grundverwaltungsakt bestehe. Für die h. M. streitet jedoch außerdem, dass Art. 70 I PAG eben gerade explizit nur die Vollziehbarkeit der Primärmaßnahme und nicht ihre Rechtmäßigkeit verlangt (→ Wortlaut), und außerdem entfiele sonst zu einem gewissen Teil auch der vom Gesetzgeber gewollte „Vorteil" der sofortigen Vollziehbarkeit polizeilicher Verfügungen nach § 80 II 1 Nr. 2 VwGO. Schließlich spricht auch der erkennbar vom Gesetzgeber gewollte Unterschied zur Situation bei der Tertiärebene der Kosten (als möglicher Umkehrschluss zu dem exakt gegenteiligen Art. 16 V KG → Systematik bzw. Sinn und Zweck) für die Ablehnung der (strengen) Konnexität. Unabhängig von der eigenen Auffassung ist jedoch in jedem Fall wichtig, dass diese Problematik **nur für die Vollstreckung selbst** Bedeutung hat. Davon zu trennen ist die Situation auf der dritten Ebene, wenn es um die Kostentragung geht (dazu unten Rn. 282).[403]

**271** Weiterhin ist erforderlich, dass die **Gefahr noch fortbesteht**, denn sonst darf die Primärmaßnahme nicht mehr vollstreckt werden. Der Verwaltungszwang muss deshalb bei seiner Vornahme noch **erforderlich** sein, um den Zweck des zu vollstreckenden Verwaltungsaktes zu erreichen.

**272** Der **Grundverwaltungsakt** muss überdies notwendigerweise **vollstreckbar**, das heißt, sein **Inhalt bestimmt** genug sein. Er darf also beispielsweise nicht lauten „Nach 22 Uhr ist nur noch eine geräuscharme Tätigkeit erlaubt", denn dabei bliebe völlig unklar, was eine „geräuscharme Tätigkeit" und damit der nötigenfalls zu vollstreckende Inhalt der Verpflichtung ist. Die durchzusetzende Handlung, Duldung oder Unterlassung muss überdies **vollstreckungsfähig** sein, was darauf abzielt, dass von dem in die Pflicht Genommenen mittels eines „befehlenden Verwaltungsaktes"[404] die Erfüllung eines Ge- oder eines Verbotes verlangt wird. Nicht darunter fallen mithin bloß rechtsgestaltende oder feststellende Verwaltungsakte, die bereits ohne Vollstreckung ihre volle Rechtswirkung entfalten. Schließlich darf auch **kein Vollstreckungshindernis** vorliegen. Ein solches besteht etwa, wenn die erforderliche vollziehbare Duldungsverfügung an den (Mit-)Berechtigten einer störenden Sache fehlt. Dann ist der Grundverwaltungsakt zwar nicht rechtswidrig, aber jedenfalls nicht vollstreckbar.[405]

**273** Schließlich ist bei der Vollstreckung auf ein **ordnungsgemäßes Verfahren** zu achten. Diese an sich formale Vorgabe erscheint bei der staatlichen Zwangsanwendung zur Willensbeugung als derart konstitutiv, dass sie ausnahmsweise allgemein als Teil der „gewichtigeren"[406] materiellen Rechtmäßigkeit eingestuft wird. Beim gestreckten Verfahren gibt es dabei **drei Schritte**, um den Pflichtigen möglichst durch ein „Andrehen der Daumenschrauben" (wenn man dieses unerfreuliche Bild aus finsteren Zeiten der Vergangenheit in einem rechtsstaatlichen Verfahren gebrauchen will) zur Erfüllung seiner Pflichten zu bewegen.

**274** Die erste Stufe zu Beginn eines Vollstreckungsverfahrens bildet die **Androhung** des ausgewählten Zwangsmittels gemäß Art. 76, 81 PAG. Sie stellt nach h. M. einen eigenen **Verwaltungsakt** dar, der aber bereits mit dem Grundverwaltungsakt verbunden werden kann bzw.

---

403 Vgl. hierzu auch *Geier*, BayVBl. 2004, 389 (393 f.).
404 So *Kingreen/Poscher*, Polizei- und Ordnungsrecht, § 24 Rn. 29. Nicht hierunter, sondern unter die Rechtmäßigkeit bzw. Rechtswirksamkeit des Grundverwaltungsaktes fällt hingegen die Frage nach der rechtlichen (Un-)Möglichkeit der Pflichterfüllung.
405 Zu den Voraussetzungen der Duldungsverfügung in einem Sonderfall *OVG Koblenz*, DÖV 2004, 305 f.; allgemein zum Miteigentümer im Polizei- und Sicherheitsrecht *Stuttmann*, NVwZ 2004, 805 ff.
406 Im Rahmen der materiellen Rechtmäßigkeit finden beispielsweise die „abmildernden" Vorschriften der Art. 45, 46 BayVwVfG über die Heilung bzw. Unbeachtlichkeit formeller Fehler keine Anwendung.

teilweise sogar verbunden werden soll. Art. 76 II PAG unterscheidet insofern zwischen der selbstständigen und der unselbstständigen Androhung. In **formeller Hinsicht** sind hier zusätzlich die Vorgaben des Art. 76 I 1 PAG – die Zwangsmittel sind (um die „Druckwirkung" zu erhöhen) möglichst schriftlich anzudrohen –, in **materieller Hinsicht**[407] die des Art. 76 I 2, III–V PAG zu beachten. Danach bedarf es einer angemessenen Frist, die dem Pflichtigen Zeit zum Überlegen, zum Erfüllen der Pflicht und nicht zuletzt zum Erreichen von Rechtsschutz gibt. Ferner müssen ein bestimmtes Zwangsmittel[408] und gegebenenfalls die Kosten der Ersatzvornahme bzw. die Höhe des Zwangsgeldes sowie bei Bedarf die Dauer der Zwangshaft angedroht werden.[409] Die Missachtung der Vorgaben führt mit Ausnahme der Soll-Vorschrift des Abs. 4 zur Rechtswidrigkeit der Androhung. Sie ist nach Art. 76 VI PAG unabhängig von ihrer Verbindung mit dem Grundverwaltungsakt zuzustellen, so dass insofern das VwZVG zum Zuge kommt. Besonderheiten gelten schließlich nach Art. 81 PAG für die **Androhung unmittelbaren Zwanges**. Bezüglich der „Form" gilt hier etwa nach Art. 81 I 3 PAG ein Warnschuss oder der Ruf „Halt! Stehen bleiben, oder ich schieße!" als Androhung.

Der zweite Schritt in einem Vollstreckungsverfahren hat die **Festsetzung** oder **Anordnung des angedrohten Zwangsmittels** zum Inhalt. Er erfolgt nach ergebnislosem Verstreichen der in der Androhung gesetzten Frist. Die Festsetzung ist nur für das Zwangsgeld explizit in Art. 73 I PAG geregelt und stellt – nach allerdings nicht unbestrittener Einschätzung – einen weiteren Verwaltungsakt mit beispielsweise der Regelung dar, dass jetzt ein bestimmtes Zwangsgeld gezahlt werden muss.[410] Beim Zwangsgeld wird mit der Festsetzung zudem eine weitere Frist zur Zahlung in Gang gesetzt (vgl. Art. 73 II PAG). Wie bei der Androhung entfällt schließlich auch bei der Festsetzung die aufschiebende Wirkung eines Rechtsbehelfes gegen diesen Verwaltungsakt (die abweichende Auffassung stößt hier auf Probleme) nach § 80 II 1 Nr. 2 VwGO.[411]

Am Schluss einer Vollstreckungsmaßnahme steht die **Ausführung** bzw. **Vollziehung** des angedrohten und festgesetzten Zwangsmittels. Dabei ist wiederum streitig, ob es sich auch hierbei um einen Verwaltungsakt handelt. Insofern bietet sich eine Differenzierung zwischen dem Zwangsgeld und der Ersatzvornahme bzw. dem unmittelbaren Zwang an:[412] Beim Zwangsgeld liegt in dessen Festsetzung bereits die Ausführung; die Festsetzung entfaltet schon unmittelbar die **Regelungswirkung** mit dem „Befehl" zu bezahlen. Nur sie weist damit alle Elemente eines **Verwaltungsaktes** auf. Danach passiert sozusagen gar nichts mehr weiter. Dagegen wird bei der Ersatzvornahme bzw. dem unmittelbaren Zwang die Polizei bei der Ausführung selbst mittels **realen Handelns** tätig. Die Regelung kann hier jedoch allenfalls in der dem Bürger bzw. der Bürgerin „abgenötigten" Duldung gesehen werden, was in der Literatur und vom *BVerwG* aufgrund des besseren Rechtsschutzes (Art. 19 IV GG) gegen einen Verwaltungsakt überwiegend favorisiert und deshalb ein solcher bejaht wird.[413] Dabei wird aber nicht über-

---

407 Hier ist streitig, ob es sich um materielle Vorgaben handelt, betreffen sie doch den Inhalt der Androhung. *Buggisch*, in: *Möstl/Schwabenbauer*, Art. 76 PAG Rn. 7, ordnet sie als formale Voraussetzungen ein.
408 Vgl. aber *OVG Lüneburg*, NVwZ-RR 2006, 322.
409 Zur Androhung eines „gemeinsamen" Zwangsgeldes für mehrere Pflichten *OVG Münster*, DÖV 2004, 86.
410 Zu dieser „Stufe" und ihrem Verwaltungsaktscharakter näher *Malmendier*, VerwArch 2003, 25 ff. Nach *OVG Weimar*, DÖV 2003, 214, hat die Verwaltung bei der Androhung ein Ermessen bezüglich der Höhe des Zwangsgeldes, aber nicht mehr (erneut) bei dessen Festsetzung.
411 Vgl. Nr. 53.1 VollzB.
412 So *Heckmann*, in: *Becker/Heckmann/Kempen/Manssen*, 3. Teil, Rn. 216; *Weber/Köppert*, Rn. 190.
413 *BVerwG*, Urt. v. 9.2.1967 – Az.: I C 49.64, Rn. 14 (juris), wonach die Polizei nicht nur durch einen schriftlichen oder mündlichen Verwaltungsakt, sondern auch durch konkludentes Handeln mittels Anwendung körperlicher Gewalt die betroffenen Bürgerinnen und Bürger zu einem bestimmten Verhalten veranlassen könne; ebenso für Bayern *Berner/Köhler/Käß*, Art. 58 Rn. 8; *Weber/Köppert*, Rn. 190; *Buggisch*, in: *Möstl/Schwabenbauer*, Art. 75 PAG Rn. 15.

zeugend dargestellt, worin die gegenüber der Festsetzung „überschießende" Regelung i. S. des Art. 35 S. 1 BayVwVfG bei dieser Maßnahme liegt. Hinzu kommt die Tatsache, dass die Vollstreckung gegebenenfalls sogar ein Dritter durchführt, woraus sich das Problem ableitet, ob der Verwaltungsakt auf dieser dritten Stufe dann schon in der Beauftragung des Dritten liegt. Deshalb ist es überzeugender, in der Ausführung regelmäßig nur einen **Realakt** zu erblicken. Das Argument des effektiveren Rechtsschutzes kann abgesehen davon, dass auch gegen Realakte mittels der allgemeinen Leistungs- bzw. der Feststellungsklage vorgegangen werden kann, nicht herangezogen werden, um die Verwaltungsaktqualität einer Maßnahme zu begründen. Unbestreitbar um einen Verwaltungsakt handelt es sich nur bei einer Sach- oder Forderungspfändung (wo nun erneut Regelungen getroffen werden), aber eben nicht bei der Ersatzvornahme und bei der Anwendung unmittelbaren Zwanges.

**277** Liegen alle diese Rechtmäßigkeitsvoraussetzungen einer Vollstreckung und gegebenenfalls auch schon die besonderen Vollstreckungsvoraussetzungen des jeweils gewählten Zwangsmittels – beim Zwangsgeld etwa dessen Verwirkung und die „richtige" Höhe – vor, so hat die Behörde als **Rechtsfolge** immer noch ein **Ermessen** darüber, ob sie wirklich vollstreckt und welcher Vollstreckungsmaßnahme sie sich bedient; ihr steht wie im Polizeirecht häufig auch auf der Primärebene ein Entschließungs- und Auswahlermessen zu. Dieser Ermessensentscheidung ist dabei das Ziel einer **möglichst effektiven Gefahrenabwehr** zugrunde zu legen, wobei die Polizei sich außerdem stets des mildesten (und angemessensten) Mittels bedienen muss. Das wird bei einer angeordneten vertretbaren Handlung ausweislich von Art. 75 I 1 PAG regelmäßig erst die Ersatzvornahme und bei nicht vertretbaren Handlungen zunächst ein Zwangsgeld sein, sofern dieses in Betracht kommt, Erfolg verspricht bzw. zweckmäßig ist. Aufgrund von dessen besonderer Intensität kann demgegenüber unmittelbarer Zwang erst die ultima ratio bilden.[414]

### 3. Die Voraussetzungen des abgekürzten Verfahrens

**278** In Eilfällen kann von dem gerade vorgestellten dreiaktigen Vollstreckungsverfahren abgewichen und im sogenannten abgekürzten Verfahren **auf die Androhung verzichtet** werden. Das bestimmen Art. 76 I 3 PAG und speziell für den unmittelbaren Zwang nochmals Art. 81 I 2 PAG (wiederum sozusagen allgemein), II (für Schusswaffen und Explosivmittel) und III 3 PAG (für technische Sperren und Dienstpferde).

### 4. Der Sofortvollzug ohne Grundverfügung nach Art. 70 II PAG

**279** In bestimmten Konstellationen reicht die Zeit für den vorherigen Erlass einer Grundverfügung, die anschließend vollstreckt wird, nicht aus. Für derartige Fälle sieht Art. 70 II PAG den **Vollzug einer Maßnahme ohne vorausgegangenen Grundverwaltungsakt** als den sogenannten Sofortvollzug vor. Dabei handelt es sich um **kein besonderes Zwangsmittel**, sondern nur um eine **Beschleunigungsmöglichkeit**, bei der Zwangsmittel in Abweichung von dem sonst üblichen (Vollstreckungs-)Verfahren direkt ohne einen Grundverwaltungsakt ergriffen werden können. Voraussetzung hierfür ist nach Art. 70 II PAG, dass der Sofortvollzug zur Abwehr einer (regelmäßig gegenwärtigen) Gefahr **erforderlich**, und diese Abwehr mit Hilfe der nach Art. 7–10 PAG Verantwortlichen nicht rechtzeitig und Erfolg versprechend möglich ist. Außerdem muss die **Polizei im Rahmen ihrer Befugnisse handeln**. Das bedeutet, die inhaltlichen Voraussetzungen der Ermächtigungsgrundlage des fiktiven Grundverwaltungsaktes, der nur aus Zeitgründen nicht erlassen wird, müssen vorliegen. Insofern wird hier für die Rechtmäßigkeit

---

414 *Heckmann*, in: *Becker/Heckmann/Kempen/Manssen*, 3. Teil, Rn. 240.

also eine (fiktive) Konnexität zu dem nur wegen der Eile „ausgefallenen" Grundverwaltungsakt gefordert.

An dieser Stelle ist die **Abgrenzung von Art. 9, Art. 70 II i. V. mit Art. 72 ff. und Art. 71, 72 PAG** nach geeigneten Kriterien vorzunehmen. Das veranschaulicht die Tabelle bei Rn. 284.[415]

**280**

Schwierig erscheint die Unterscheidung insbesondere dann, wenn die **Ersatzvornahme im Wege des Sofortvollzuges** vorgenommen wird. Aber auch in diesem Fall hilft die oben genannte Tabelle weiter: Es wird im Gegensatz zur unmittelbaren Ausführung wiederum der entgegenstehende Wille einer – im Unterschied zu Art. 9 PAG möglicherweise auch nichtverantwortlichen – Person gebeugt und damit ein besonderes Zwangsmittel angewendet.

**281**

Hauptanwendungsfall für diese Probleme sind in der Praxis **Abschleppmaßnahmen**. Die genannten Rechtmäßigkeitsvoraussetzungen müssen bei juristischen Falllösungen in aller Regel im Rahmen einer nachfolgenden Kostenanforderung inzident als deren materielle Rechtmäßigkeitsbedingung geprüft werden. Denn die Rechtmäßigkeit eines Kostenbescheides setzt zum einen eine rechtmäßige Vollstreckungsmaßnahme, zum anderen aber im Unterschied zur zweiten Ebene der Vollstreckung auch die **Rechtmäßigkeit der vollstreckten Grundverfügung**, also eine „doppelte Konnexität" voraus. Es besteht insofern nämlich zwar eine grundsätzliche – Ausnahmen gelten für die Nichtigkeit – **Befolgungs-, aber keine Kostentragungspflicht bei der Vollstreckung rechtswidriger Verwaltungsakte**.[416] Bei der Überprüfung des Kostenbescheides indiziert die Rechtmäßigkeit der Grundmaßnahme meistens die Rechtmäßigkeit des Kostenbescheides. Fehler können sich hier aber noch beim Ermessen auf der Rechtsfolgenseite ergeben, wenn etwa die Kostenanforderung unverhältnismäßig erscheint. Das ist z. B. der Fall, wenn das zum Abschleppvorgang führende (weil „missachtete") Halteverbotsschild erst nach dem Parken aufgestellt wurde. In dieser zweiten Fallvariante, bei der Art. 9 PAG als anwendbar erachtet wird, trifft den Pflichtigen nach gängiger Rechtsprechung nämlich kein Verschuldensvorwurf, wenn er regelmäßig nachgeschaut hat, ob mittlerweile für seinen „Parkplatz" ein Halteverbot verfügt wurde. Ist zwischen dem Aufstellen des Schildes und der Abschleppmaßnahme jedoch eine dem Parkenden zumutbare Zeit verstrichen (die Rechtsprechung geht hier von zwei bis drei Tagen aus[417]), steht der Umstand, dass das Halteverbotsschild erst nach dem rechtmäßigen Abstellen aufgestellt worden ist, der Verhältnismäßigkeit der Kostentragungspflicht nicht entgegen.

**282**

---

415 Vgl. dazu ferner grundlegend *VGH Kassel*, NVwZ-RR 1999, 23 ff.
416 Insgesamt zum Problem der sogenannten Konnexität im Polizeirecht nochmals *Geier*, BayVBl. 2004, 389 ff.
417 Dazu *BVerwG*, NJW 2018, 2910 ff.; *VGH München*, Urt. v. 17.4.2008 – Az.: 10 B 08.449, Rn. 19 (juris), wonach die Vorlaufzeit mindestens drei volle Tage betragen muss, wobei allerdings eine „stundenscharfe" Berechnung des Vorlaufes nicht vorzunehmen ist. Nach *OVG Münster*, BeckRS 2016, 52498, soll hingegen schon eine Frist („Karenzzeit") von 48 Stunden ausreichend sein.

**283** Der Verdeutlichung der „doppelten" Konnexität bei Kostenbescheiden dient die folgende Übersicht:

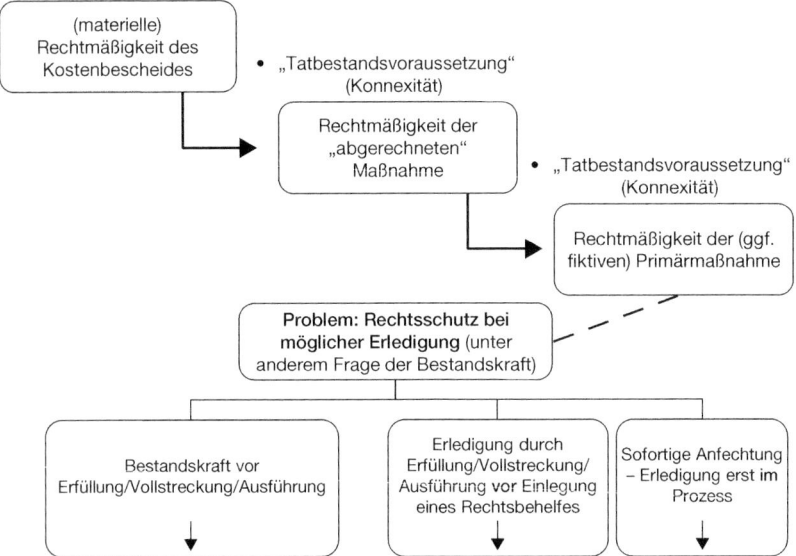

→ **nicht mehr zu prüfen**
**Problem:** Verkehrszeichen (→ s. Teil 2 Fall 11)
– Zeitpunkt der **Bekanntgabe** (→ Fristbeginn?):
– e. A.: Bekanntgabe bei der **erstmaligen Aufstellung** → **Argument**: klar zu ermitteln.
– h. M. (auch *BVerwG*, NJW 2011, 246 ff.): Bekanntgabe beim **erstmaligen Heranfahren** → **Probleme**: Bestimmung und Beweisbarkeit dieses Zeitpunktes.

– a. A.: Bekanntgabe bei **jedem Heranfahren** → **Probleme**: Es gibt nie Bestandkraft (bzw. nur „relative Bestandskraft" gegenüber Einzelnen); hier besteht zudem eine große Missbrauchsgefahr.

→ Hat die Erledigung zur Folge, dass nur noch eine **Fortsetzungsfeststellungsklage** möglich ist (das Vorliegen eines Fortsetzungsfeststellungsinteresses ist dabei dann jedoch zweifelhaft?):
– Erledigung = Wegfall der Regelung; hier: „Du musst tun …".
Dagegen *BVerwG*, NVwZ 2009, 122: Keine Erledigung; es gehen weiterhin rechtliche Wirkungen vom Verwaltungsakt aus (welche?). Der Verwaltungsakt ist zugleich „Grundlage" für den Kostenbescheid → seine Titelfunktion dauert an (= Regelung?).[418]
**Problem:** Besteht überhaupt eine Schutzwürdigkeit, *wenn* der Antrag nach § 80 V 1 VwGO (bei sofortiger Vollziehbarkeit) bzw. der Rechtsbehelf in der Hauptsache (bei § 80 I 1 VwGO) versäumt wurden?

---

[418] Fraglich ist, ob diese Konstruktion mit der bayerischen Sicht der „doppelten Konnexität" (vgl. Art. 16 V KG und oben Rn. 282) zu vereinbaren ist bzw. ob sie nur dann erforderlich ist, wenn es keine „doppelte Konnexität" gibt.

## 5. Die Abgrenzung von Vollstreckung, Sofortvollzug und unmittelbarer Ausführung

| | Klassische Vollstreckung, z. B. per Ersatzvornahme, Art. 71, 72 PAG (Kostenpflicht des Pflichtigen: aus dem Zwangsmittel, z. B. Art. 72 I 2, 3 PAG) | Sofortvollzug, Art. 70 II i. V. mit Art. 72 ff. PAG (Kostenpflicht des Pflichtigen: aus dem Zwangsmittel, z. B. Art. 72 I 2, 3 PAG) | Unmittelbare Ausführung, Art. 9 I PAG (Kostenpflicht des Pflichtigen: aus Art. 9 II PAG) |
|---|---|---|---|
| **Anwendungsbereich** | **Anwendungsfall**: Ein vollstreckbarer Grundverwaltungsakt (auch Verkehrszeichen oder Parkuhr) ist dem Adressaten bekannt gegeben worden und wird nun von der Erlassbehörde[419] vollstreckt. | **Anwendungsfall**: Es gibt *nur* wegen besonderer Eilbedürftigkeit keinen Grundverwaltungsakt. | **Anwendungsfälle**: 1. Es gibt **keinen Grundverwaltungsakt**, da der Pflichtige nicht verfügbar etc. ist (vgl. Art. 9 I 1 PAG). 2. Dem Pflichtigen wurde die **Verfügung nicht bekannt gemacht**: Das Verkehrszeichen wurde erst nach dem Parken aufgestellt; es geht um die Inanspruchnahme des nicht selbst fahrenden Halters. 3. **Weitere Fallgruppen** (vgl. unten die Fn. 419 und 420: „fremde" Verwaltungsakte werden vollstreckt, oder der Pflichtige ist bewusstlos)? |
| | Bei der Ersatzvornahme nur für **vertretbare Handlungen**, bei unmittelbarem Zwang und Zwangsgeld auch für unvertretbare Pflichten aller Art. | Für **vertretbare und unvertretbare Handlungen, Duldungen, Unterlassungen** (außer: Ersatzvornahme). | Nur für **vertretbare Handlungen** (das folgt aus dem Sinn und Zweck der unmittelbaren Ausführung). |
| | Für **Störer nach Art. 7, 8 PAG und Nichtverantwortliche gemäß Art. 10 PAG**. | Für **Störer gemäß Art. 7, 8 PAG und Nichtverantwortliche nach Art. 10 PAG**. | Nur für **Störer gemäß Art. 7, 8 PAG** (vgl. Art. 9 I 1 PAG). |
| **Rechtsnatur** | Der Vollzug („Anwendung") ist nach h. M. kein Verwaltungsakt, die vorherigen „Stufen" der Androhung sowie der Festsetzung des Zwangsmittels sind es schon (streitig). | Der Verwaltungsakt (zumeist in Gestalt einer Duldungsverfügung) liegt in der Vollstreckung selbst. | Ist selbst <u>kein</u> Verwaltungsakt, sondern mangels Adressaten und Bekanntgabe nur ein Realakt (streitig). |
| | Es handelt sich um ein klassisches Zwangsmittel nach Art. 71 PAG. | Das ist der „Zusatz" zu einem Zwangsmittel, das durch den Entfall der zu vollstreckenden Grundverfügung beschleunigt wird. | Das ist <u>kein</u> Zwangsmittel; es wird kein Wille gebeugt und kein Zwang ausgeübt. |
| | Es wird der entgegenstehende Wille einer Person gebrochen bzw. jedenfalls ersetzt (z. B. bei bloßer Untätigkeit oder bei Bewusstlosigkeit[420]). | Es wird der entgegenstehende Wille einer Person gebrochen. | Es wird kein entgegenstehender Wille eines Störers gebrochen. |

---

[419] Umstritten ist der Umgang mit Fällen, in denen die Polizei „fremde" Verwaltungsakte vollstreckt. An sich ist auch das ein Anwendungsfall der „Auffangvorschrift" des Art. 9 I 1 PAG; häufig wird hier aber im bayerischen Polizeirecht „gebogen" (vgl. dazu im zweiten Teil Fall 11).

[420] Die Einordnung der Bewusstlosigkeit und Handlungsunfähigkeit (z. B. wegen Trunkenheit) ist streitig: Hier wird einerseits kein Wille gebeugt, also kein Zwangsmittel angewandt (→ Art. 9 I 1 PAG). Andererseits hat der Pflichtige eventuell den Verwaltungsakt schon bei dessen Erlass in vollem Bewusstsein nicht befolgt (→ Art. 70 I, 71 ff. PAG).

| R e c h t m ä ß i g k e i t | 1. Ein vollziehbarer oder unanfechtbarer und vollstreckbarer Grundverwaltungsakt liegt bei fortbestehender Gefahr vor (allgemeine Vollstreckungsvoraussetzung; die Rechtmäßigkeit wird hingegen wegen der ausnahmsweise nicht bestehenden Konnexität nicht verlangt, was aber immer noch „weniger" als der Verzicht auf die Grundverfügung bei Art. 70 II PAG ist, wo es besonders eilt). | 1. Alle Rechtmäßigkeitsvoraussetzungen einer Standardmaßnahme oder der Generalklausel (diesen fiktiven Grundverwaltungsakt gibt es ja nicht) liegen vor (es besteht also schon nach dem Normtext Konnexität), allein aus Zeitgründen ergeht keine Verfügung (→ Voraussetzung des Art. 70 II PAG). | 1. Alle Rechtmäßigkeitsvoraussetzungen einer Standardmaßnahme oder der Generalklausel liegen vor (es besteht also Konnexität), mangels Adressaten ergeht aber keine Verfügung, oder sie wurde nicht bekannt gemacht (oder es greifen weitere Fallgruppen; s. oben). |
|---|---|---|---|
| | 2. Vertretbare Handlung (besondere Vollstreckungsvoraussetzung). | 2. Handlung, Duldung oder Unterlassung. | 2. Vertretbare Handlung. |
| | 3. Ordnungsgemäßes Verfahren (insbesondere die Androhung ist erfolgt oder nach Art. 76 I 3 PAG entbehrlich; allgemeine Vollstreckungsvoraussetzung). | 3. Ordnungsgemäßes Verfahren (Androhung nach Art. 76 I 3 PAG entbehrlich). | 3. Der Zweck der Maßnahme ist bei Inanspruchnahme des Störers nicht erreichbar. |
| | 4. Rechtsfolge: Ermessen → insbesondere die Verhältnismäßigkeit ist zu prüfen. *Vgl. insoweit auch die Übersicht zum gestreckten Verfahren bei Rn. 267.* | 4. Rechtsfolge: Ermessen → insbesondere die Verhältnismäßigkeit ist zu prüfen. | 4. Rechtsfolge: Ermessen → insbesondere die Verhältnismäßigkeit ist zu prüfen. |

**285** Besonders problematisch stellt sich die **Abgrenzung zwischen dem Sofortvollzug und der unmittelbaren Ausführung** dar. Im Einzelfall kann dabei auf verschiedene Ansätze zurückgegriffen werden: Die wohl h. M.[421] stellt insoweit auf die Willensrichtung des oder der Betroffenen ab (wird der Wille gebeugt?). Ist diese unklar, soll es auf den mutmaßlichen Willen ankommen, wobei fraglich bleibt, wie dieser zu bestimmen ist. Eine andere Ansicht in der Literatur[422] entnimmt Art. 70 II PAG („insbesondere, weil Maßnahmen gegen Personen nach Art. 7 bis 10 nicht … möglich sind", worunter auch die unmittelbare Ausführung fällt) einen Vorrang des Art. 9 PAG, sofern dieses Institut anwendbar ist. Art. 70 II PAG kommt danach nur zum Zug, wenn es um die „Vollstreckung" unvertretbarer Handlungen oder die Verpflichtung von Nichtverantwortlichen nach Art. 10 PAG geht (vgl. insoweit oben die Tabelle bzw. Art. 9 I 1, II 1 PAG; allerdings ist diese Folgerung gerade im Hinblick auf die Deutung des Wortes „insbesondere" auch nicht völlig eindeutig). In der Klausur empfiehlt sich daher neben oder gar statt der Anwendung dieser Ansätze ein (klarere und eindeutigere Ergebnisse lieferndes) Vorgehen im „Negativausschlussverfahren":

1. Gibt es einen Grundverwaltungsakt, der vollstreckt wird? Wenn (+) → Art. 70 I, 71 ff. PAG.
2. Wenn (–) → Fehlt der Grundverwaltungsakt nur wegen Eilbedürftigkeit? Wenn (+) → Art. 70 II PAG; wenn (–) → für den „Rest" bleibt nur Art. 9 I PAG (das ist eher der Regelfall als Art. 70 II PAG).

**286** Zur näheren Veranschaulichung der Abgrenzung einschlägiger Ermächtigungsgrundlagen bei **Abschleppfällen**, die eine häufige Klausurkonstellation darstellen, dient die (aus Gründen der Übersichtlichkeit) etwas vereinfachte Übersicht im Folgenden, bei der

---

421 Vgl. nur *Knemeyer*, Rn. 359; *Knemeyer/Schmidt*, S. 117 ff.
422 *Heckmann*, in: *Becker/Heckmann/Kempen/Manssen*, 3. Teil, Rn. 283 ff. m. w. N.

§ 8 Die Vollstreckung im Polizei- und Sicherheitsrecht          **286**

die obigen Grundsätze zur Abgrenzung von Vollstreckung, Sofortvollzug und unmittelbarer Ausführung entsprechend gelten:

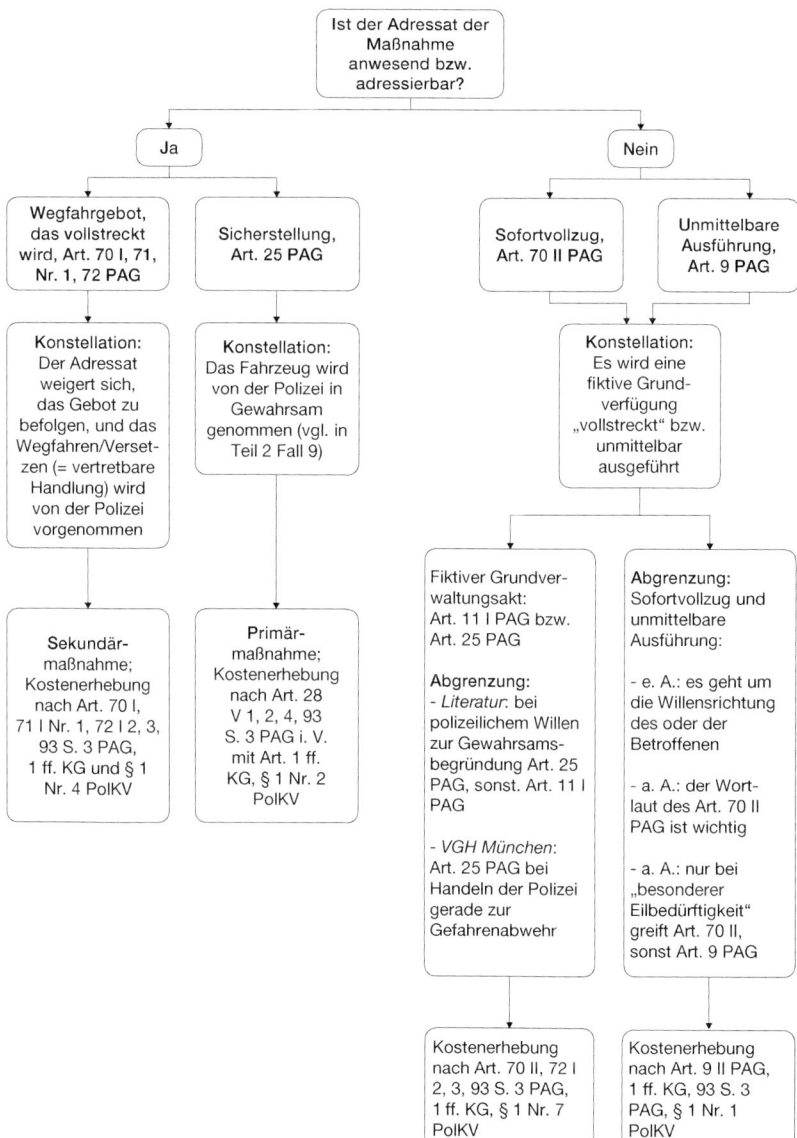

## II. Die Vollstreckung nach dem VwZVG

### 1. Allgemeines

**287** Das Vollstreckungsverfahren beginnt im zweiten Hauptteil des VwZVG und ist in fünf Abschnitte unterteilt. Dabei enthält der **erste Abschnitt** (Art. 18–22 VwZVG) die gemeinsamen Vorschriften. Hier finden sich die **allgemeinen Vollstreckungsvoraussetzungen**, die – ebenso wie innerhalb der Art. 70 ff. PAG die dortigen allgemeinen Vollstreckungsvoraussetzungen – bei jeder Vollstreckung vorliegen müssen:
- Zunächst bedarf es eines **Verwaltungsaktes** i. S. des Art. 18 I VwZVG, der vollstreckt werden soll. Dieser muss – ebenso wie bei der polizeilichen Vollstreckung – **wirksam** sein (vgl. Art. 41, 43 BayVwVfG), **nicht** jedoch zwingend **rechtmäßig**, was aus Art. 38 I 2, 3 und Art. 39 VwZVG geschlossen werden kann. Es gibt damit auch im Vollstreckungsverfahren nach dem VwZVG nach überwiegender Ansicht **kein Konnexitätserfordernis**.[423]
- Der Verwaltungsakt muss zudem **vollstreckbar** sein. Gemäß Art. 19 I VwZVG werden Verwaltungsakte dann vollstreckt, wenn eine der drei Nummern gegeben ist: wenn diese nicht mehr mit einem förmlichen Rechtsbehelf angefochten werden können (Nr. 1), der förmliche Rechtsbehelf keine aufschiebende Wirkung hat (Nr. 2) oder die sofortige Vollziehung angeordnet ist (Nr. 3 i. V. mit § 80 II 1 Nr. 4 VwGO). Dabei ist nach Art. 20 Nr. 2 VwZVG die Behörde, die zur Vollstreckung eines Verwaltungsaktes zuständig ist, gleichzeitig auch die Vollstreckungsbehörde.
- Des Weiteren muss die Vollstreckung **erforderlich** sein, was ausweislich von Art. 19 II VwZVG immer dann der Fall ist, wenn der Verpflichtete (der Vollstreckungsschuldner) seine Verpflichtung nicht rechtzeitig erfüllt.

Neben den allgemeinen Vollstreckungsvoraussetzungen müssen je nach der gewählten Art der Vollstreckung zusätzlich deren **besonderen Vollstreckungsvoraussetzungen** vorliegen, die sich aus den folgenden Abschnitten des VwZVG ergeben.

**288** Der **zweite Abschnitt** (Art. 23–28 VwZVG) behandelt die Vollstreckung von Verwaltungsakten, mit denen eine **Geldleistung** gefordert wird. Wann ein solcher Leistungsbescheid vollstreckt werden kann, legt Art. 23 I VwZVG fest. Ausnahmsweise kann nach Art. 23 III VwZVG ohne die sonst erforderliche Mahnung nach Abs. 1 Nr. 3 vollstreckt werden, wenn die sofortige Vollstreckung im überwiegenden öffentlichen Interesse liegt oder wenn Tatsachen darauf schließen lassen, dass die Mahnung den Vollstreckungserfolg gefährden würde. Art. 24 VwZVG regelt die Formanforderungen an die Vollstreckungsanordnung und ihre diesbezüglichen Wirkungen.[424] Während das Finanzamt Leistungsbescheide des Staates (Art. 25 I VwZVG) vollstreckt, sind die ordentlichen Gerichte für die Vollstreckung von Geldforderungen der Gemeinden, Landkreise, Bezirke und Zweckverbände (Art. 26 II VwZVG) und sonstiger juristischer Personen des Öffentlichen Rechts (Art. 27 I 1 VwZVG) zuständig. Art. 28 VwZVG gewährt bei einer zu Unrecht vorgenommenen Vollstreckung dem Betroffenen aus den in Art. 28 I 1 VwZVG genannten Gründen einen Erstattungsanspruch in Höhe des unrechtmäßig gezahlten Geldbetrages.

**289** Im **dritten Abschnitt** (Art. 29–39 VwZVG) geht es um die Vollstreckung von Verwaltungsakten, mit denen eine Handlung, Duldung oder Unterlassung gefordert wird. Art. 29 II VwZVG nennt dabei die möglichen **Zwangsmittel**, die eingesetzt werden können, um die Vollstreckung durchzuführen. Das sind auch hier das **Zwangsgeld** (Art. 31 VwZVG), die **Ersatzvornahme** (Art. 32 VwZVG), die **Ersatzzwangshaft** (Art. 33 VwZVG) und der **unmittelbare Zwang** (Art. 34 VwZVG). Diese sind gemäß

---

[423] *Gallwas/Linder*, in: *Gallwas/Lindner/Wolff*, Kap. 3, Rn. 586.
[424] *Troidl*, in: *Engelhardt/App/Schlatmann*, § 3 VwVG Rn. 12.

Art. 36 I 1 VwZVG grundsätzlich **schriftlich anzudrohen**. Nach Art. 31 III 2 VwZVG ist die Androhung eines Zwangsgeldes ein Leistungsbescheid i. S. des Art. 23 I VwZVG.[425] Der unmittelbare Zwang kommt nur dann in Betracht, wenn sonstige Zwangsmittel nicht zum Ziel führen, etwa weil sie keinen Erfolg versprechen. Er ist laut Art. 34 S. 1 VwZVG restriktiv anzuwenden. Verspricht auch der unmittelbare Zwang nach Art. 34 VwZVG keinen Erfolg, kann unter Beachtung der Voraussetzungen des Art. 33 VwZVG die Ersatzzwangshaft angeordnet werden. **Zuständig** für die Vollstreckung mittels der Zwangsmittel sind gemäß Art. 30 I 1 VwZVG grundsätzlich **innerhalb ihres Aufgabenbereiches** die Anordnungsbehörden selber. Das ist nach Art. 20 Nr. 1 VwZVG also die Behörde, die den Verwaltungsakt erlassen hat (in der Regel die Sicherheitsbehörde). Soll im Gebiet einer anderen Kreisverwaltungsbehörde vollstreckt werden, so ist nach Art. 30 II VwZVG diese zuständig.

Während zuletzt der **vierte Abschnitt** (Art. 40 VwZVG) die durch das Vollstreckungsverfahren möglicherweise eingeschränkten Grundrechte offenlegt, beschäftigt sich der **fünfte Abschnitt** (Art. 41, 41a VwZVG) des Gesetzes mit den durch die Vollstreckung auftretenden Kostenpositionen.

Soll nun **Rechtsschutz** gegen Maßnahmen der Verwaltungsvollstreckung ersucht werden, so verweist Art. 38 VwZVG in seinem Absatz 1 im „**gestreckten Verfahren**" mit vorheriger Androhung für diese auf die förmlichen Rechtsbehelfe, die gegen den durchzusetzenden Verwaltungsakt statthaft sind. Im „**abgekürzten Verfahren**" ohne Androhung nach Art. 35 VwZVG sind demgegenüber laut Art. 38 II VwZVG die förmlichen Rechtsbehelfe gegen die Vollstreckung einschlägig und zulässig, die gegen Verwaltungsakte allgemein gegeben sind. Zu beachten ist dabei allerdings, dass **Art. 21a VwZVG** die **sofortige Vollziehbarkeit** von Vollstreckungsmaßnahmen i. S. des § 80 II 1 Nr. 3 VwGO anordnet, weshalb ein Widerspruch und eine Anfechtungsklage gegen sie keine aufschiebende Wirkung haben. Statthaft ist damit im daher regelmäßig gebotenen Eilverfahren ein Antrag auf Wiederherstellung der aufschiebenden Wirkung der Anfechtungsklage gegen die Vollstreckungsmaßnahme(n) nach § 80 V 1 Fall 1 VwGO.

## 2. Verhältnis zur Vollstreckung nach dem PAG

Gemäß **Art. 18 II VwZVG** bleiben die Vorschriften des PAG unberührt. Damit ist gemeint, dass bei einer Vollstreckung polizeilicher Maßnahmen durch die Polizei die Art. 70 ff. PAG und ihnen vorgehende Normen (wie z. B. Art. 17 I Nr. 4 i. V. mit Art. 16 PAG oder Art. 15 III PAG; dazu schon Rn. 258) vorrangig anzuwenden sind (an sich wäre sonst für diese Maßnahmen ausweislich des Wortlautes des Art. 18 I VwZVG auch das dortige Verfahren einschlägig). Hiervon zu unterscheiden ist allerdings zunächst der Fall, in dem die Sicherheitsbehörden die Polizei ersuchen, unmittelbaren Zwang anzuwenden (das ist die so bezeichnete „**selbstständige Vollzugshilfe**"), was sich nach den einschlägigen polizeirechtlichen Vorschriften über die Vollzugshilfe und die Zulässigkeit unmittelbaren Zwanges in Art. 67 ff., 75, 77 ff. PAG mit der Aufgabeneröffnung in Art. 2 III PAG richtet. Alternativ können die Sicherheitsbehörden die Polizei im Rahmen der Vollstreckung nach dem VwZVG gemäß **Art. 37 II VwZVG** aber auch nur zur Anwendung unmittelbaren Zwanges hinzuziehen (dann spricht man von „**unselbstständiger Vollzugshilfe**"). Hiervon ist etwa der Fall erfasst, in dem die Sicherheitsbehörde mit „ihrer" Vollstreckung beginnt und die Polizei um Hilfe zur Beendigung derselben ersucht (das geschieht regelmäßig deswegen, weil der Polizei effektivere Mittel zur Anwendung unmittelbaren Zwanges zur Verfügung stehen).[426] Die Aufgabeneröffnung der Polizei folgt in diesem Fall aus **Art. 2 IV PAG**.

---

425 Vgl. *BayObLG*, NVwZ-RR 1999, 785 f.
426 S. *Heckmann*, in: Becker/Heckmann/Kempen/Manssen, 3. Teil, Rn. 56 f., mit einem solchen Beispiel.

**293** Verdeutlicht werden soll die Thematik nun noch einmal mit Hilfe des **Falles 5**.

**Der Lkw-Anhänger im Nebel**
Sigi S. ist bei der Spedition Schnell in Stuttgart beschäftigt. An einem nebligen Novembernachmittag ist er mit seinem Lastzug in der Nähe der bayerischen Stadt B Richtung Heimat unterwegs. Plötzlich platzt an der Hinterachse des Anhängers ein Reifen. S kann das Fahrzeug zum Glück noch kontrolliert auf dem Seitenstreifen der Bundesstraße zum Halten bringen. Da er keinen funktionierenden Wagenheber dabeihat, lässt er den Anhänger nur mit einem kurz dahinter aufgestellten Warndreieck gesichert auf dem Standstreifen stehen und fährt weiter bis zur nächsten Ausfahrt, um in B geeignetes Werkzeug zu besorgen. In der hereinbrechenden Dunkelheit fällt der unbeleuchtete Anhänger einer Polizeistreife auf, die ihn mit ihrem Fahrzeug sichert. Als sich längere Zeit nichts tut und die Beamtinnen nach Rücksprache mit ihrer Leitstelle auch keine Niederlassung der auf den Anhänger lediglich mit ihrem Namen beworbenen Spedition Schnell in der Nähe ermitteln können, beauftragen sie ein Abschleppunternehmen, den Anhänger wegzubringen. Bevor der für derartige Maßnahmen geeignete Abschleppwagen eintrifft, kehrt S jedoch mit einem Wagenheber zurück und beginnt mit der Reparatur, die er auch bald erfolgreich abschließen kann.
Der Chef von S ist hingegen keineswegs erfreut, als er einige Tage später überraschend einen Kostenbescheid der Polizei erhält, der ihn zur Zahlung von 234,56 € als sachlich zutreffende Kosten für die „Leerfahrt" des Abschleppfahrzeuges verpflichtet. Er fragt, was er mit Aussicht auf Erfolg dagegen unternehmen kann. Auf die §§ 15, 17 IV StVO wird dabei hingewiesen.

**Annex:**
Was ist die richtige Ermächtigungsgrundlage für das Abschleppen in den folgenden Fällen:
1. Ein in der „zweiten Reihe" geparkter Pkw wird wegen der damit verbundenen Verkehrsbehinderung abgeschleppt.
2. Ein im absoluten Halteverbot (angezeigt durch ein entsprechendes Verkehrszeichen) geparkter Pkw mit unbekanntem Fahrer wird abgeschleppt.
3. Zwei Polizisten fällt das weit geöffnete Fenster in der Beifahrertür eines geparkten Pkw auf. Sie lassen das Auto zur Vermeidung eines Diebstahls abschleppen.

**294** Im Ausgangsfall bietet sich für den Chef von S, der gegen den Kostenbescheid vorgehen möchte, als Rechtsbehelf wegen der weitgehenden Unstatthaftigkeit des Widerspruchsverfahrens in Bayern (vgl. § 68 I 2 Fall 1 VwGO, Art. 12 I, II AGVwGO) die Anfechtungsklage an, deren Erfolgsaussichten mithin zu untersuchen sind. Sie bestehen, wenn Sachentscheidungsvoraussetzungen der Klage gegeben sind und diese außerdem auch noch begründet ist. Hinsichtlich der **Sachentscheidungsvoraussetzungen** der Anfechtungsklage muss in Ermangelung einer aufdrängenden Sonderzuweisung zunächst gemäß der Generalklausel in § 40 I 1 VwGO der Verwaltungsrechtsweg eröffnet sein, was sich hier schon daraus ergibt, dass der Kostenbescheid auf das Polizeirecht bzw. genauer das PAG gestützt ist. Die Statthaftigkeit der Anfechtungsklage gemäß § 42 I Fall 1 VwGO lässt sich damit begründen, dass sie sich gegen den Kostenbescheid als Verwaltungsakt i. S. des Art. 35 S. 1 BayVwVfG richtet. Der Chef von S ist insoweit als Adressat dieser ihn belastenden Verfügung auch nach § 42 II VwGO klagebefugt. Die Beteiligten- und Prozessfähigkeit richtet sich für den Chef von S nach §§ 61 Nr. 1 Fall 1, 62 I Nr. 1 VwGO, für den Freistaat Bayern nach §§ 61 Nr. 1 Fall 2, 62 III VwGO, Art. 1 I BV, Art. 13 S. 1, 2 AGVwGO, §§ 3 I 1 Nr. 1, II 1, 6 LABV. Wenn die Frist, die § 74 I 2 VwGO setzt, eingehalten wird, liegen die Sachentscheidungsvoraussetzungen der Anfechtungsklage insgesamt vor.

**295** Schwieriger gestaltet sich die Frage nach der **Begründetheit** der Anfechtungsklage. Sie ist zu bejahen, wenn sich die Klage gegen den richtigen Beklagten richtet, der angefochtene Kostenbescheid rechtswidrig ist und den Chef von S dadurch in seinen Rechten verletzt (§ 113 I 1 VwGO). **Passivlegitimiert** ist der Freistaat Bayern als Rechtsträger (§ 78 I Nr. 1 VwGO) der Polizei gemäß Art. 1 II POG. Für die weitere Prüfung bedarf es dabei zunächst der Bestimmung der einschlägigen **Ermächtigungsgrundlage für den Kostenbescheid**. Bereits an dieser Stelle muss nun Art. 9 PAG von Art. 71 I Nr. 1, 72 PAG (gegebenenfalls i. V. mit Art. 70 II PAG) abgegrenzt werden. Abzustellen ist hierzu als Hauptunterscheidungsmerkmal darauf, ob es einen bekannt gemachten **Grundverwaltungsakt** gibt, der zwangsweise durchgesetzt wird. Im konkreten Fall geht es um das Wegfahren des unbeleuchtet und nur unzureichend gesicherten auf dem Standstreifen der Bundesstraße geparkten Lkw-Anhängers. Ein entsprechendes Wegfahrgebot bzw. Parkverbot ist nicht durch ein Verkehrszeichen oder eine individuelle Verfügung der Polizei als Verwaltungsakt an den nicht anwesenden S oder gar seinen Chef ausgesprochen worden, sondern ergibt sich unmittelbar aus dem **Verstoß gegen die gesetzliche Bestimmung** der §§ 15, 17 IV StVO als Gefahr für die öffentliche Sicherheit, der über Art. 11 I PAG abgewehrt wird (s. dazu noch näher unten in Rn. 297). Mithin fehlt es also nicht nur mangels Zeit (= Eilbedürftigkeit) an einer nunmehr vollstreckten Grundverfügung, weswegen die unmittelbare Ausführung nach Art. 9 PAG als Ermächtigungsgrundlage für das Abschleppen (Abs. 1) und den darauffolgenden Kostenbescheid (Abs. 2) heranzuziehen ist.

**296** Für die **formelle Rechtmäßigkeit des Kostenbescheides** ist zunächst die Frage nach der **Zuständigkeit** zu klären: Zur Festsetzung der Kosten und damit zum Erlass des Kostenbescheides ist gemäß Art. 9 II PAG i. V. mit dem KG (dort vor allem dessen Art. 1 I 1) bzw. nach allgemeinen kostenrechtlichen Grundsätzen die Polizei als die Behörde berufen, welche die Kosten auslösende Maßnahme unmittelbar ausgeführt hat. Beim **Verfahren** fehlt hier die an sich gebotene Anhörung des Chefs des S zum belastenden Verwaltungsakt „Kostenbescheid" (Art. 28 I BayVwVfG; vgl. den Sachverhaltshinweis „überraschend"), weil insoweit kein Fall des Art. 28 II BayVwVfG vorliegt; insbesondere ist auf der „Tertiärebene" der Kosten weder Art. 28 II Nr. 1 noch Nr. 5 BayVwVfG heranzuziehen. Aber dieser formelle Fehler kann gemäß Art. 45 I Nr. 3, II BayVwVfG noch durch die Nachholung der **Anhörung** geheilt werden.

**297** Im Rahmen der **materiellen Rechtmäßigkeit des Kostenbescheides** hat sich die Kostenanforderung nach Art. 9 II PAG auf eine rechtmäßige unmittelbar ausgeführte Maßnahme zu beziehen, die Tatbestandsvoraussetzungen des Art. 9 II PAG (zur Rechtmäßigkeit der unmittelbaren Ausführung) müssen vorliegen, und außerdem muss die Kostenanforderung selbst ermessensfehlerfrei, insbesondere verhältnismäßig sein. Ungeschriebenes Tatbestandsmerkmal des Art. 9 II PAG auf der Ebene der Kosten[427] ist dabei die **Rechtmäßigkeit des unmittelbar ausgeführten Wegfahrgebotes** (bzw. des Parkverbotes, der sogenannten fiktiven Grundverfügung). Die **Ermächtigungsgrundlage für dieses fiktive Wegfahrgebot** ist hier mangels einschlägiger Standardmaßnahmen Art. 11 I PAG. Zu dessen **formellen Anforderungen**

---

[427] Das ist parallel wie bei der klassischen Vollstreckung, wo es auf der „Tertiärebene" nicht mehr wie auf der Primärebene der Grundverfügung bzw. der Sekundärebene ihrer Vollstreckung auf ein schnelles Einschreiten ankommt, sondern Zeit für eine gründliche Prüfung auch der Rechtmäßigkeit der Grundmaßnahme ist (zu dieser „doppelten Konnexität" schon in Rn. 282).

zählt dabei (nur[428]) die Zuständigkeit der handelnden Polizeibehörden, die sich wegen des Eilfalles aus Art. 11, 2 I, 3 PAG ergibt. Im Hinblick auf die **materielle Rechtmäßigkeit des unmittelbar ausgeführten Wegfahrgebotes** als der (fiktiven) Grundmaßnahme lässt sich feststellen, dass die Tatbestandsvoraussetzung des Art. 11 I PAG, eine konkrete Gefahr für die öffentliche Sicherheit (oder Ordnung), vorliegend gegeben ist, denn in dem Abstellen des unbeleuchteten und nur unzureichend gesicherten Anhängers am Rand der Bundesstraße liegt ein Verstoß gegen die StVO. Zudem bestand dadurch eine konkrete Gefahr für andere Verkehrsteilnehmer. Rechtsfolge dessen ist ein Ermessen der Behörde über ihr Vorgehen gegen den vorschriftswidrig geparkten Anhänger, dessen Ausübung auf mögliche Fehler zu überprüfen ist. In den Blick genommen werden muss insoweit insbesondere die **Verhältnismäßigkeit** der unmittelbar ausgeführten Abschleppmaßnahme. Dabei ergibt sich jedoch, dass das Abschleppen des Anhängers geeignet war, die Gefahr zu beseitigen. Es war zudem auch erforderlich, denn ein milderes Mittel für die handelnden Polizistinnen nicht verfügbar war. Insbesondere war eine baldige Rückkehr von S nach den vor Ort für sie erkennbaren Tatsachen nicht zu erwarten.[429] Angesichts der Gefahr in der Dunkelheit erscheint das Abschleppen des unbeleuchteten und nur unzureichend gesicherten Anhängers schließlich auch als angemessen, denn die Polizei konnte und musste den Anhänger nicht auf unbestimmte Zeit absichern,[430] und auch ein billigeres Abschleppfahrzeug war für den Lkw-Anhänger nicht ersichtlich.[431] Die von der Rechtsprechung an dieser Stelle zudem regelmäßig verlangte **Verkehrsbehinderung**, ohne die eine bloße negative Vorbildwirkung als verhältnismäßiger Abschleppgrund nicht ausreicht,[432] liegt hier ebenfalls eindeutig vor. Im Ergebnis war das Wegfahrgebot als unmittelbar ausgeführte Maßnahme deswegen rechtmäßig.

**298** Eine weitere geschriebene Tatbestandsvoraussetzung des Art. 9 II, I PAG für die nunmehr zu prüfende (materielle) **Rechtmäßigkeit der unmittelbaren Ausführung** (quasi als „besondere Vollstreckungsvoraussetzung") ist, dass es – wie hier in Form des Wegfahrens des Anhängers – um eine **vertretbare Handlung** geht. Ferner bedarf es der

---

428 Da es sich bei der unmittelbaren Ausführung nach h. M. um keinen Verwaltungsakt handelt, ist die formelle Rechtmäßigkeit hier auch nicht nach dem „Verwaltungsaktsschema" zu prüfen. Denn vorliegend gab es eben keine Verfügung, also auch keine Anhörung, zumal ja gerade kein Mensch da war, der vor dem Erlass des fiktiven Wegfahrgebotes (und dann auch der unmittelbaren Ausführung) hätte angehört werden können. Ausführlich zu unmittelbarer Ausführung und Ersatzvornahme bei den Abschleppfällen *Weber*, DAR 2019, 63 ff.

429 Anders könnte die Situation bei einem Anruf des S bei der Polizei oder bei einem Zettel hinter der Windschutzscheibe mit seiner Adresse und Handynummer zu beurteilen sein. Taucht das „Zettel-Problem" übrigens bei einer Ersatzvornahme auf, so ist im Rahmen des Ermessens zu prüfen, ob von der Androhung abgesehen werden kann; so *VGH Kassel*, NVwZ-RR 1999, 23 (25 f.); anders jedoch *VGH Mannheim*, DÖV 2002, 1002 f.: der Punkt ist bei den allgemeinen Vollstreckungsvoraussetzungen zu prüfen.

430 Nach *VGH Kassel*, NVwZ-RR 1999, 23 (26), beträgt allerdings die sogenannte „Karenzzeit" vor dem Abschleppen bei einem bloßen Parkverstoß eine Stunde. Anders gestaltet sich die Rechtslage jedoch bei gravierenden Verstößen; zur Frage, nach welcher „Karenzzeit" eine Abschleppmaßnahme verhältnismäßig ist, vgl. auch *BVerwG*, Beschl. v. 1.12.2000 – Az.: 3 B 51/00, Rn. 3 (juris). Ein Abschleppen kann auch ohne Einhaltung einer bestimmten Wartezeit verhältnismäßig sein, wie beispielsweise beim unberechtigten Parken auf einem Schwerbehindertenparkplatz; dazu *VG München*, BeckRS 2016, 52435. Siehe zur Entbehrlichkeit der Wartezeit an Taxenständen zudem *BVerwG*, NJW 2014, 2888 ff.

431 Vgl. zur Angemessenheit der Belastung mit den Kosten der (Teil-)Leerfahrt des Abschleppfahrzeuges *VGH München*, BeckRS 2013, 51403, Rn. 6 ff. Ferner detailliert zum Abschleppen von Fahrzeugen m. w. N. *Koehl*, SVR 2019, 201 ff.; DAR 2015, 224 ff.; SVR 2014, 98 ff.

432 So etwa *BVerwG*, NJW 2002, 2122 f. m. w. N. Unklar insoweit jedoch *VGH Kassel*, NVwZ-RR 1999, 23 (26 f.); *VG Schleswig*, BeckRS 2015, 45268, wonach dieses Erfordernis nicht für eine Ersatzvornahme bestehen soll. Die Verkehrsbehinderung fehlt z. B. beim schlichten Ablaufen der Parkuhr ohne weitere Umstände, während das verbotswidrige Parken auf einer Rettungszufahrt natürlich eine solche darstellt. Dazu ferner *VGH München*, DAR 2017, 480 ff.; ebenso *VG München*, BeckRS 2016, 52435; *VG München*, BeckRS 2013, 198904.

**Unerreichbarkeit des** an sich nach Art. 7, 8 PAG **Verantwortlichen.** Zu fragen ist mithin, ob S als Verhaltensstörer und sein Chef als Halter und damit zumindest als Zustandsstörer tatsächlich unerreichbar waren, oder ob die Polizeibeamtinnen nicht eine sogenannte „**Halteranfrage**" durchführen müssen hätten, um anhand des Nummernschildes die genaue Anschrift der Spedition Schnell zu ermitteln und dort anzurufen. Nach h. M. bedarf es dieser Schritte im Hinblick auf die Effizienz der Gefahrenabwehr bei den unklaren Erfolgsaussichten solcher Ermittlungen jedoch nicht. Etwas anderes gilt nur, wenn die baldige Rückkehr des Fahrers deutlich erkennbar zu erwarten ist, weil er sich in geradezu „greifbarer Nähe" aufzuhalten scheint.[433] Im konkreten Fall besteht hier aber ohnehin die Besonderheit, dass ausweislich des Nummernschildes der Halter des Anhängers in Stuttgart sitzt, also die Gefahr nicht schnell beseitigen kann. Die unmittelbare Ausführung war also insgesamt rechtmäßig.

Als **Rechtsfolge** ergibt sich damit letztlich im Hinblick auf den Kostenbescheid, dass die Behörde ein Ermessen darüber hat, ob, wie und bei wem sie die Kosten der unmittelbaren Ausführung geltend macht. An dieser Stelle fragt sich dann vor allem, ob die **Störerauswahl**, die auf den Chef von S fiel, ermessensfehlerhaft ist. Grundsätzlich gilt insoweit: Wenn der nicht selbst fahrende Halter eines abgeschleppten Fahrzeuges den Fahrer nennt oder dieser auf andere Weise bekannt wird, so ist dieser als Verhaltensstörer vorrangig vor dem Halter als bloßem Zustandsstörer für die Kostentragung heranzuziehen.[434] Hier war S zwar bekannt, aber als Angestellter seines Chefs zugleich dessen Verrichtungsgehilfe, so dass der Chef nach Art. 7 III PAG selbst Verhaltensstörer ist und somit auch für die Kosten „gleichrangig" haftet. Daher handelt es sich bei der Auswahl des Chefs als alleinigen Kostenschuldners um keinen Ermessensfehler, denn die Behörde hat hier gerade ein nicht auf Null reduziertes Ermessen darüber, wen sie bei gleichrangig Verantwortlichen auswählt.[435] Demzufolge ist der Kostenbescheid formell und materiell rechtmäßig, und die Anfechtungsklage des Chefs von S verspricht keinen Erfolg.[436]

---

433 Dazu genauer *VG München*, BeckRS 2017, 122125: Hinter die Windschutzscheibe waren ein Parkausweis, der auf die klägerische Rechtsanwaltskanzlei verweist, und eine Visitenkarte der Ehefrau des Klägers gelegt. Die Polizei ist hier grundsätzlich nicht verpflichtet, vor der Einleitung eines Abschleppvorganges zunächst zu versuchen, den Halter zu ermitteln und informieren. Eine Benachrigung des Halters könnte aus Verhältnismäßigkeitserwägungen nur dann in Betracht kommen, wenn er sich in unmittelbarer Ruf- oder Sichtweite seines Fahrzeuges aufzuhalten scheint und so die Gefahr selbst schnell und effektiv beseitigen kann. Das Hinterlegen einer Telefonnummer (auch einer Mobilfunknummer) reicht dabei zur Erreichbarkeit grundsätzlich nicht aus, die Polizei zu entsprechenden Erreichbarkeitsversuchen bzw. Nachforschungen zu veranlassen. Ähnlich *VG München*, BeckRS 2010, 143945. Zum Erfordernis der „greifbaren Nähe" des Halters vgl. auch *VGH München*, BeckRS 2001, 25298, Rn. 20; BeckRS 1998, 18618, Rn. 24.
434 Insoweit ergeben sich im klassischen Vollstreckungsrecht, aber auch bei der unmittelbaren Ausführung auf der Tertiärebene bei den Kosten dann doch Unterschiede zur „Gleichrangigkeit" der Verantwortlichen auf der Primär- und der Sekundärebene.
435 Ein Sonderproblem stellte sich früher bei der Fahrzeugveräußerung. Aus § 27 III 1 StVZO folgte nämlich bis zum 1.3.2007 die Pflicht des Veräußerers, Namen und Anschrift des Erwerbers zu erfragen; sonst war er allein deswegen ein Störer; vgl. dazu *OVG Münster*, DVBl. 2003, 880.
436 Hätte die Anfechtungsklage dagegen Erfolg (oder wollte der Chef auf jeden Fall erst einmal nicht zahlen), müsste noch geklärt werden, ob diese – wie regelmäßig (vgl. § 80 I 1 VwGO) – aufschiebende Wirkung hat oder ob dafür noch ein gesonderter Antrag nach § 80 V 1 Fall 1 (bzw. 2) VwGO auf deren Anordnung (oder Wiederherstellung) geboten ist. Die aufschiebende Wirkung der Anfechtungsklage entfällt hier mit der h. M. aber weder nach § 80 II 1 Nr. 1 VwGO, da diese Norm eng auszulegen ist und nur solche Gebühren und Kosten im förmlichen Verwaltungsverfahren erfasst, auf deren sofortige Zahlung die öffentliche Hand angewiesen ist, noch nach Nr. 3 i. V. mit Art. 21a VwZVG, da es sich bei einem Bescheid über Vollstreckungskosten um keine „Maßnahme *in* der Verwaltungsvollstreckung" mehr handelt, noch (mangels AoSofVz) nach Nr. 4.

**300** Hinsichtlich der Fragen im **Annex** ergibt sich Folgendes: In der **1. Situation** ist Art. 9 PAG taugliche Ermächtigungsgrundlage für die „Vollstreckungsmaßnahme", da keine Grundverfügung ergangen ist (es handelt sich wieder um einen unmittelbaren Verstoß gegen die StVO) und zudem kein entgegenstehender Wille einer (anwesenden) Person gebeugt wird.[437] In der **2. Situation** sind hingegen Art. 70 I, 72 PAG heranzuziehen, da das entsprechende Verkehrszeichen eine Allgemeinverfügung darstellt, die im Weg der Ersatzvornahme vollstreckt wird. Damit ist auch der Rückgriff auf den Sofortvollzug nach Art. 70 II PAG verwehrt, da bereits eine Grundverfügung „in der Welt ist". Das gilt aber nur, wenn der Fahrer ermittelt werden kann. Wird hingegen der nicht selbst fahrende Halter zur Kostentragung herangezogen, greift doch wieder Art. 9 PAG (vgl. dazu die Tabelle in Rn. 284 mit dem zweiten Anwendungsfall der Norm). Gleiches gilt, wenn das Verkehrszeichen nicht von den Polizeibehörden aufgestellt wurde, die Polizei es aber vollstreckt (dritter Anwendungsfall des Art. 9 PAG; streitig – vgl. oben Fn. 419). Deshalb kommt es in der Praxis in diesen Konstellationen immer auf die Beweisbarkeit bzw. letztlich auf die Beweislast dafür an, wer das abgeschleppte Fahrzeug z. B. falsch geparkt hat. Bei der **3. Situation** gibt es keinen Grundverwaltungsakt wie etwa ein Verkehrszeichen, so dass Art. 70 I, 72 PAG als Ermächtigungsgrundlage ausscheiden. Der Pflichtige ist hier zwar schon gar nicht vor Ort; die Eilbedürftigkeit des Handelns ist dabei aber ohnehin nicht der Grund für den fehlenden Verwaltungsakt, so dass auch Art. 70 II PAG ausscheidet. Es bleibt also erneut nur der Rückgriff auf Art. 9 PAG (hier mit seinem ersten Anwendungsfall: der Pflichtige ist nicht verfügbar). Dabei stellt sich im Rahmen der Verhältnismäßigkeit dann jedoch das Problem der Erforderlichkeit und zusätzlich das des polizeilichen Einschreitens zum Schutz privater Rechtsgüter trotz Art. 2 II PAG.[438]

**301** Den Abschluss der Ausführungen über die Vollstreckung im Polizei- und Sicherheitsrecht bilden wiederum die **Wiederholungsfragen** zu diesem Abschnitt.

1. Welchen Vorteil bietet ein Verwaltungsakt im Hinblick auf seine Durchsetzung? Was benötigt die ihn vollstreckende Behörde aber trotzdem noch in jedem Fall?
2. Welche Zwangsmittel „passen" für welche zu vollstreckenden Regelungen?
3. Muss der zu vollstreckende Verwaltungsakt für die Vollstreckung rechtmäßig sein?
4. Wodurch zeichnet sich das sogenannte abgekürzte Verfahren aus?
5. Wie werden der Sofortvollzug (Art. 70 II PAG) und die unmittelbare Ausführung (Art. 9 PAG) voneinander abgegrenzt?
6. Welche Zwangsmittel kennt das VwZVG im Speziellen und in welchen Normen?

---

437 Ein weiteres Problem bei der Ersatzvornahme hinsichtlich eines durch ein Verkehrszeichen begründeten Wegfahrgebotes ist die Frage, ob der Fahrer das Zeichen überhaupt gesehen und bewusst dagegen „opponiert" hat. Bei Verkehrszeichen reicht insoweit jedoch ihre Erkennbarkeit; vgl. zum Sichtbarkeitsgrundsatz, welcher der stRspr. entspricht, etwa *BVerwG*, NJW 2008, 2867 (2868) m. w. N. und im Übrigen schon im Detail zur Bekanntgabe von Verkehrszeichen Rn. 283.

438 Erwägenswert wäre hier zwar noch, auf § 14 II 2 StVO („Kraftfahrzeuge sind gegen unbefugte Benutzung zu sichern"; der Verstoß ist eine Ordnungswidrigkeit nach § 49 I Nr. 14 StVO) als Pflicht zum „Nicht-So-Parken", die unmittelbar aus dem Gesetz folgt (wie oben im Ausgangsfall beim Anhänger), abzustellen. Die Rechtsprechung liest jedoch nur aus gesetzlichen Parkverboten ein (konkludentes) Wegfahrgebot heraus, das einen Verwaltungsakt entbehrlich macht – nicht aber beim „inhaltlichen" (mit offenem Fenster, ohne Gefahr für den Straßenverkehr; auch unbeleuchtetes Fahrzeug) Falschparken oder bei anderen Pflichtverletzungen (z. B. folgt auch aus § 212 StGB nicht die unmittelbare Pflicht, einen anderen Menschen nicht zu töten). Insgesamt ist der erste Anwendungsfall des Art. 9 PAG „es gibt keinen Grundverwaltungsakt" (vgl. Rn. 284) in der Konstellation „die Pflicht folgt unmittelbar aus dem Gesetz" demzufolge restriktiv anzuwenden.

# § 9 Das besondere Polizei- und Sicherheitsrecht – das Versammlungsrecht

Das in der Praxis wichtigste Teilgebiet des besonderen Polizei- und Sicherheitsrechts, das in diesem Lehrbuch zumindest kurz erörtert wird,[439] ist das Versammlungsrecht. Dieses hat der Bund bis zur Föderalismusreform I mit seiner konkurrierenden Gesetzgebungskompetenz aus Art. 74 I Nr. 3 GG a. F. im VersG weitgehend abschließend geregelt. Die Länder bestimmten damals in eigenen Gesetzen z. B. nur noch die sogenannten Bannmeilen um ihre Parlamente und Versammlungsverbote an Feiertagen. Mit der Änderung des Art. 74 I Nr. 3 GG haben nun die **Länder das Gesetzgebungsrecht** für das Versammlungswesen übernommen, wovon Bayern mit der Einführung des BayVersG[440] auch Gebrauch gemacht hat.

## I. Begrifflichkeiten im Versammlungsrecht

### 1. Die Versammlung

Den Ausgangspunkt für die Darstellung des Versammlungsrechts bildet die in Art. 8 GG garantierte **Versammlungsfreiheit**.[441] Dabei gab es im Lauf der Jahre – als Stichworte seien hier nur die „Love-Parade" und rechte Aufmärsche genannt – immer wieder Diskussionen um den **Versammlungsbegriff**. Dieser ist in Bayern, anlehnend an die Definition des *BVerfG*[442] in Art. 2 I BayVersG definiert als eine Zusammenkunft von mindestens zwei Personen[443] zur gemeinschaftlichen, überwiegend auf die Teilhabe an der öffentlichen Meinungsbildung gerichteten Erörterung und Kundgabe.

Eine Versammlung zeichnet sich in der Praxis daher insbesondere, gerade auch in Abgrenzung zur bloßen Ansammlung (dazu schon Rn. 235, 237) durch einen **gemeinsamen inneren Zweck** aller Teilnehmerinnen und Teilnehmer aus, der auf die öffentliche Meinungsbildung gerichtet sein muss. Die Form der Veranstaltung ist dabei unerheblich. Erfasst werden demnach bei entsprechender Meinungsbildung und -äußerung auch Sitzdemos und Feste, nicht aber bloße Infostände oder reine Verhinderungsaktionen für andere Versammlungen. Allerdings ist bei der Anwendung der Definition immer auch das Ergebnis im Blick zu behalten, um nicht zu solch kuriosen Feststellungen wie das *VG Hannover*[444] zu gelangen, das sogar die wegen ihres gewalttätigen Verlaufes berüchtigten „Chaos-Tage" als Versammlung anerkannt hat. Umstritten sind aber vor allem die **„Love-Parade"** und der **„Christopher Street Day"**: Das *BVerfG* hat Ersterer den Versammlungscharakter abgesprochen, da sie vor allem eine Party und kein Mittel zur Meinungskundgabe (mehr) sei. Ein solcher anderer Zweck reicht nach Auffassung des *BVerfG* für den Schutz des Art. 8 GG aber gerade nicht aus (was allerdings vor allem in

---

439 Die GewO gehört zwar auch zum besonderen Polizei- und Sicherheitsrecht, zählt inhaltlich jedoch zu dem in zahlreichen Lehrbüchern (vgl. nur dasjenige von *Frotscher/Kramer*) umfassend erörterten Wirtschaftsverwaltungsrecht bzw. Öffentlichen Wirtschaftsrecht und bleibt daher hier unberücksichtigt. Im zweiten Teil werden in den Fällen aber andere Teilgebiete des Polizei- und Sicherheitsrechts immerhin „gestreift", die GewO etwa in Fall 5.
440 BayVersG v. 22.7.2008, BayGVBl S. 421, zuletzt geändert durch Gesetz v. 23.7.2021, BayGVBl. S. 418.
441 Vgl. zu deren Entwicklung etwa *Hoffmann-Riem*, NVwZ 2002, 257 ff.
442 BVerfGE 104, 92 ff.; *Heckmann*, in: Becker/Heckmann/Kempen/Manssen, 3. Teil, Rn. 517.
443 Die hier erstmals festgelegte Mindestteilnehmerzahl einer Versammlung ist im Zusammenhang mit Art. 8 GG hingegen streitig; vgl. dazu nur *Schulze-Fielitz*, in: *Dreier*, GG Art. 8 Rn. 24 m. w. N. Teilweise werden mit durchaus beachtlichen Argumenten auch hier zwei Personen für ausreichend erachtet. So etwa von *Kingreen/Poscher*, Grundrechte, Rn. 949.
444 *VG Hannover*, NVwZ-RR 1997, 622 f.

der Literatur teilweise anders gesehen wird).⁴⁴⁵ Damit lässt sich zumindest unken, auch der „Christopher Street Day" könnte angesichts seines vermehrten Fest- und „Event"-Charakters anstelle der früheren reinen Demonstration für die Rechte der Homosexuellen in der Zukunft vielleicht aus dem Versammlungsbegriff herausfallen.⁴⁴⁶

### 2. Die Öffentlichkeit der Versammlung

**305** Nach Art. 1 I, 2 III BayVersG sind grundsätzlich nur öffentliche Versammlungen vom BayVersG erfasst, die wiederum in Art. 2 II BayVersG definiert werden. Danach ist die Öffentlichkeit zu bejahen, wenn die **Teilnahme nicht** auf einen individuell feststehenden Personenkreis **beschränkt** ist, was bedeutet, dass grundsätzlich jedermann Zugang zur Versammlung haben muss. Beispielsweise ist eine Veranstaltung, an der nur Mitglieder einer Organisation oder nur eingeladene Personen teilnehmen können, keine öffentliche Versammlung.

### 3. Versammlung in geschlossenen Räumen und unter freiem Himmel

**306** Das BayVersG differenziert überdies ähnlich wie Art. 8 GG zwischen Versammlungen in geschlossenen Räumen (→ durch seitliche Begrenzungen umschlossene Versammlungen) und Versammlungen unter freiem Himmel (→ der Ort der Versammlung hat keine seitlichen Begrenzungen). Entgegen dem natürlichen Wortsinn kommt es hierbei also nicht darauf an, ob die Versammlung überdacht ist, sondern vielmehr darauf, ob sie **nach außen hin begrenzt** ist und somit das Geschehen in dem betreffenden Raum besser kontrollierbar ist und nicht ohne Weiteres nach außen „drängt bzw. dringt" (es ist aber nicht entscheidend, ob das Geschehen „draußen" hörbar ist). Ein umschlossener Raum ohne Decke ist daher ein geschlossener, nicht dagegen ein nur von Hecken umrandeter Platz.⁴⁴⁷ Je nach Einzelfall (und ihrer „Durchlässigkeit") zu bewerten sind bloße Zäune, Absperrungen oder Zelte (fraglich ist bei ihnen auch, ob das bloße „Zelten" eine Versammlung ist); nicht von der „Geschlossenheit" erfasst ist jedenfalls der sogenannte Polizeikessel. Das *BVerfG* hat demgegenüber eine Versammlung in dem frei zugänglichen Bereich eines Flughafengebäudes wegen dessen räumlicher „Weite" und „Widmung" als frei zugänglicher „Marktplatz" noch als „unter freien Himmel" betrachtet.⁴⁴⁸

## II. Das Versammlungsgesetz

**307** Ausgehend von Art. 8 GG (bzw. Art. 113 BV) bestimmt Art. 1 des diese Verfassungsnorm ausgestaltenden **BayVersG**, dass jedermann, also in Erweiterung des grundrechtlichen Schutzbereiches auch ein **Ausländer**, das Recht hat, sich friedlich und ohne Waffen öffentlich zu versammeln. Hinzu kommen die jeweiligen negativen Freiheiten, also etwa das Recht, sich nicht versammeln zu müssen, das unmittelbar aus Art. 8 GG abgeleitet wird. Eingeschränkt wird die **Versammlungsfreiheit** mit Art. 1 II BayVersG für verbotene Parteien und Vereine sowie bei Verwirkung des betreffenden Grundrechts gemäß Art. 18 GG.

**308** Die Befugnisnormen im BayVersG sind unterschiedlich, je nachdem ob es sich um eine **Versammlung in geschlossenen Räumen** oder **unter freiem Himmel** handelt, wobei vor dieser Differenzierung in den Art. 3–9 BayVersG allgemeine Vorschriften z. B. zum

---

445 *BVerfG*, BeckRS 2012, 55619. Dazu (teilweise kritisch) *Tschentscher*, NVwZ 2001, 1243 ff.; *Wiefelspütz*, NJW 2002, 274 ff.; *Tillmanns*, JA 2002, 277 ff.
446 Zur Versammlungseigenschaft der „Fuckparade 2001" BVerwGE 129, 42 ff.; vgl. dazu auch *Bredt*, NVwZ 2007, 1358 ff.
447 Bei Versammlungen „innen" und „außen" (etwa mit Videoübertragung) erfolgt die Betrachtung getrennt.
448 *BVerfG*, Urt. v. 22.2.2011 – Az.: 1 BVR 699/06, Rn. 75 ff. (juris).

Versammlungsleiter sowie zum Waffen- und Uniformverbot zu finden sind. Diese Einschränkungen der grundrechtlichen Freiheit wurden vom *BVerfG* bei ihrer verfassungsrechtlichen Überprüfung allesamt gebilligt, zumal schon in Art. 8 I GG selbst der Schutzbereich des Versammlungsgrundrechts durch den Zusatz „friedlich und ohne Waffen" immanent und normativ beschränkt wird.

### 1. Versammlungen in geschlossenen Räumen

Für Versammlungen in geschlossenen Räumen, die insgesamt als weniger gefährlich und besser kontrollierbar gelten, lässt Art. 8 I GG als insoweit vorbehaltloses Grundrecht nur Einschränkungen aus kollidierendem Verfassungsrecht und bei Nichtvorliegen der Voraussetzungen seines normativ insoweit begrenzten Schutzbereiches – z. B. bei einem unfriedlichen Verlauf – zu. Dementsprechend eng sind die Verbots- und Auflösungsmöglichkeiten für diese Versammlungen. Art. 12 I BayVersG regelt die **im Vorhinein** erteilte **Beschränkung** (das ist – untechnisch gemeint – eine „Auflage") oder das **Verbot** einer Versammlung in geschlossenen Räumen für eine absehbar unfriedliche Versammlung oder eine mit Waffen (vgl. die abschließende Aufzählung in Art. 12 I Nr. 1–4 BayVersG), während Art. 12 II BayVersG die **Beschränkung** oder **Auflösung** einer Versammlung **während deren Stattfindens** aus vergleichbaren Gründen ermöglicht.

### 2. Versammlungen unter freiem Himmel

Da sie als gefährlicher gelten, gewährt Art. 8 II GG den Versammlungen unter freiem Himmel weniger Schutz und lässt für sie mit seinem Gesetzesvorbehalt weitergehende Einschränkungen durch oder aufgrund eines Gesetzes zu, worauf die Art. 13 ff. BayVersG gemünzt sind. Art. 13 BayVersG enthält **Anzeige- und Mitteilungspflichten,** so dass eine Versammlung in der Regel nach Art. 13 I BayVersG unter Angabe der in Art. 13 II BayVersG vorgegebenen Informationen 48 Stunden vor ihrer Bekanntgabe (vgl. Art. 13 I 5 BayVersG) anzuzeigen ist. Ein Verstoß gegen die Anzeigepflicht stellt zwar eine Ordnungswidrigkeit dar (→ Art. 21 I Nr. 7 BayVersG); ein Versammlungsverbot nach Art. 15 I BayVersG nur darauf zu stützen, wäre jedoch unverhältnismäßig (→ als Minusmaßnahme ist in diesen Fällen die Aufforderung zur Anzeige möglich). Art. 13 III und IV BayVersG berücksichtigen, dass es auch zu so bezeichneten Eil- und Spontanversammlungen kommen kann, und stellen daher in verfassungskonformer Weise abweichende Regeln für solche Versammlungen auf. Eine besondere **Kooperationspflicht** zwischen der Versammlungsbehörde und dem Veranstalter („in beide Richtungen") begründet Art. 14 BayVersG. Weiter besteht auch für Versammlungen unter freiem Himmel die Möglichkeit einer **Beschränkung, eines Verbotes oder einer Auflösung** nach Art. 15 BayVersG, wobei wieder zwischen den Befugnissen **vor dem Beginn** der Versammlung (Art. 15 I, II, III BayVersG) sowie denjenigen **nach dem Versammlungsbeginn** (Art. 15 IV, V, VI BayVersG) zu differenzieren ist. Im Unterschied zur *gegenwärtigen* Gefahr ist bei der *unmittelbaren* Gefahr nach Art. 15 I BayVersG der Betrachtungszeitpunkt ein anderer (→ im Vorfeld statt im Moment der Versammlung), der Gefahren- bzw. Risikograd aber gleich. Im Gegensatz zu Art. 12 I BayVersG ist hier zudem nur von „Umständen" statt von „Tatsachen" die Rede, was wegen der leichteren Einschränkbarkeit des Versammlungsrechts in dieser Konstellation als niedrigere „Hürde" angesehen werden kann. Das mögliche Verbot bestimmter rechtsextremistischer Versammlungen nach Art. 15 II BayVersG ist insbesondere hinsichtlich seiner Nr. 2 (die Nr. 1a entspricht § 15 II VersG; die Nr. 1b wiederholt ohne erkennbaren Gewinn die „öffentliche Ordnung") mangels eines „allgemeinen Gesetzes" i. S. des Art. 5 II GG im Hinblick auf Art. 5 I GG problematisch.[449] Abgestellt werden muss daher zu ihrer verfassungsrechtli-

---

[449] *Sander*, NVwZ 2002, 831 ff., plädiert deshalb dafür, auf Verfassungsebene ein Verbot der Wiederbelebung nationalsozialistischen Gedankengutes einzuführen und insoweit den Pluralismus als enge Ausnahme

chen Rechtfertigung entweder auf den Schutz der Ehre oder mit dem *BVerfG* auf die ungeschriebene Ausnahme zur Regelung des Art. 5 II GG (die Schranke der allgemeinen Gesetze gilt danach nicht zum Schutz von Meinungen, die den „Boden des Grundgesetzes" verlassen).[450] Art. 16 BayVersG regelt schließlich noch das **Schutzwaffen- und Vermummungsverbot** für Versammlungen unter freiem Himmel.

**311** Bei der Überprüfung der Rechtmäßigkeit von Maßnahmen im Bereich des Versammlungsrechts ist vor dem Hintergrund des für die wehrhafte Demokratie außerordentlich wichtigen Art. 8 I GG ein besonderes Augenmerk auf die Prüfung der Verhältnismäßigkeit zu legen. Zu beachten ist dabei, dass ein Verbot oder eine Auflösung stets nur als **ultima ratio** in Betracht kommen und somit zuvor alle milderen Mittel, also insbesondere die Erteilung von Beschränkungen, ausgeschöpft werden müssen. Beachtlich wurde die hierin vorgenommene Abwägung widerstreitender Interessen ganz besonders zuletzt während der **Corona-Pandemie**, in deren Rahmen, gestützt auf § 28 I 2 bzw. § 32 IFSG, in Bayern Versammlungen (allerdings mit dem Vorbehalt, Ausnahmegenehmigungen erhalten zu können) über einen Zeitraum von mehreren Monaten generell untersagt wurden.[451] Während anfangs im Rahmen der hierbei zutage tretenden Interessenabwägung – die Versammlungsfreiheit nach Art. 8 GG musste gegen den Schutz von Leben und körperlicher Unversehrtheit nach Art. 2 II 1 GG abgewogen werden – aufgrund der hohen Infektionszahlen und des unvorhersehbaren weiteren Verlaufes der Pandemie die generelle Untersagung von Veranstaltungen bei ihrer gerichtlichen Überprüfung überwiegend als rechtmäßig erachtet wurde,[452] sind mit fortschreitender Zeit und sinkenden Infektionszahlen mehr und mehr Versammlungen mit einer gesteigerten Anzahl von Teilnehmenden (mit Beschränkungen wie dem Einhalten eines Abstandgebotes von 1,5 Metern, einer maximalen Teilnehmendenzahl und Maskenpflicht) ausnahmsweise

---

einzuschränken sowie in diesem Fall das Versammlungsrecht doch zum Mittel im Kampf um politische Meinungen zu machen. Um der diesbezüglichen Probleme Herr zu werden, erwog die Bundesregierung im Vorfeld des 50. Jahrestages des Endes des Zweiten Weltkrieges zunächst sogar, das VersG dergestalt zu ändern, dass Versammlungen auch ohne drohende Straftaten allein bei erkennbarer Verharmlosung und Verherrlichung nationalsozialistischer Gräueltaten verboten werden können. Dieses Vorhaben war jedoch verfassungsrechtlich und verfassungspolitisch äußerst umstritten (insbesondere wegen der Verschränkung von Art. 8 II und 5 II GG nach der Sicht des *BVerfG*, DVBl. 2004, 1230 ff.). Als Kompromiss wurde dann § 15 II VersG als (damaliger) „Schnellschuss" gegen rechte Demonstrationen gefunden. Der bayerische Gesetzgeber hat diesen Ansatz in Art. 15 II BayVersG aufgegriffen.

450 Parallel zu den in Fn. 449 geschilderten Neuregelungen im Versammlungsrecht wurde der betreffende Sachverhalt im damals neuen § 130 IV StGB (die Volksverhetzung etwa durch die sogenannte „Auschwitz-Lüge") unter Strafe gestellt. Ein auf Art. 15 I BayVersG i. V. mit § 130 IV StGB gestütztes Versammlungsverbot für den Todestag des Hitler-Stellvertreters *Heß* im bayerischen Wunsiedel hat das *BVerfG*, NJW 2010, 47 ff., ungeachtet des Nichtvorliegens des Art. 5 II GG als verfassungsgemäß erachtet. Die Begründung war, dass die Schranke der allgemeinen Gesetze nicht zum Schutz von Meinungen gelte, die den „Boden des Grundgesetzes" – es darf nie wieder ein solches nationalsozialistische Unrechtsregime geben (vgl. dazu neben der Präambel des GG noch deutlicher den „Vorspruch" der BV) – verließen. Vgl. auch *Kramer*, MLR 2010, 16 ff., mit der zu bejahenden Frage, ob das einen „Paradigmenwechsel in der Rechtsprechung des *BVerfG*" – von der wehrhaften Demokratie, die auch ihren Gegnern (alle) Freiheiten einräumt, hin zu einer „roten Linie", die nicht überschritten werden darf – darstellt; dazu ferner *Röger*, Demonstrationsfreiheit für Neonazis?, 2004; *Wege*, NVwZ 2005, 900 ff.; *Höfling/Augsberg*, JZ 2010, 1088 ff.; *Breder/Przygoda*, JuS 2010, 1004 (1007 f.); *Beyerbach*, JA 2015, 881 ff.

451 In Bayern erfolgte diese Untersagung zunächst per *Allgemeinverfügung*; vgl. Bekanntmachung des Bayerischen Staatsministeriums für Gesundheit und Pflege und des Bayerischen Staatsministeriums für Familie, Arbeit und Soziales vom 16.3.2020 – Az.: 51b-G8000-2020/122-67, später per *Rechtsverordnung*, gestützt auf § 32 IFSG, die sogenannten „Bayerischen Infektionsschutzmaßnahmenverordnungen".

452 S. *BVerfG*, BeckRS 2020, 7215, Rn. 6; BeckRS 2020, 5620, Rn. 8 f., zur" doppelten Folgenabwägung" im Rahmen des § 32 BVerfGG, die jeweils zu Lasten der Versammlungsleiter ausging. Anders entschied das *BVerfG* in einem Fall, in dem ein Bundesland (in diesem Fall Hessen) noch kein generelles Versammlungsverbot erlassen hatte und damit ein pauschales Versammlungsverbot gegen Art. 8 I GG verstieß, da insoweit ein behördlicher Ermessensfehlgebrauch vorlag; vgl. *BVerfG*, NJW 2020, 1426 f.

zugelassen worden.⁴⁵³ Die Pandemiesituation stellt so ein gutes Beispiel dafür dar, in welchen Situationen das überragend wichtige (Grund-)Recht, sich versammeln zu dürfen, ausnahmsweise zurücktreten muss – allerdings eben immer nur, soweit die Durchführung von Versammlungen mit bestimmten Beschränkungen kein milderes, gleich geeignetes Mittel darstellt.

### 3. Zuständigkeit und Vollstreckung

**Zuständig** für den Vollzug des Versammlungsrechts sind nach dem BayVersG entweder im Vorfeld und während der Versammlung die „zuständigen Behörden", womit laut Art. 24 II 1 BayVersG die Kreisverwaltungsbehörden (→ nach Art. 37 I 2 LKrO sind das die Landratsämter als Staatsbehörden und nach Art. 9 I 1 GO die kreisfreien Gemeinden) gemeint sind, oder nach dem Beginn der Versammlung auch die „Polizei", wobei Art. 24 I BayVersG klarstellt, dass das auf die Vollzugspolizei nach Art. 1 PAG zielt. Auf das BayVersG gestützte Verfügungen der Polizei *während* einer Versammlung sind damit dann Verwaltungsakte der Polizei. Sie werden also nach den **Art. 70 ff. PAG** vollstreckt; Verfügungen der Landratsämter bzw. der kreisfreien Städte im Vorfeld oder bei einer Versammlung unterliegen dagegen insoweit der Vollstreckung nach dem **VwZVG** (möglicherweise mit Vollzugshilfe der Polizei; dazu schon in Rn. 256 und 292).

### 4. Das Verhältnis zwischen dem PAG und dem BayVersG

Schließlich stellt sich noch die Frage nach dem Verhältnis zwischen den polizeilichen Befugnissen nach dem PAG und denen nach dem BayVersG. Grundsätzlich gilt, dass bei versammlungsspezifischen Gefahren ab dem Beginn bis zur Beendigung einer Versammlung die Maßnahmen nach dem spezielleren und das Versammlungsgrundrecht ausgestaltenden BayVersG abschließend und damit auch für die Auflösung oder Beschränkung einer Versammlung gegenüber dem PAG vorrangig sind, was als **„Polizeifestigkeit der Versammlung"** bezeichnet wird.⁴⁵⁴ Da es jedoch auch die im Folgenden behandelten Ausnahmen zu diesem Grundsatz und Grenzfälle gibt, ist die Abgrenzung zwischen beiden Gesetzen nicht immer ganz unproblematisch.

Bei der **zwangsweisen Auflösung der Versammlung** nach Art. 12 II bzw. 15 IV BayVersG ist der Sachverhalt dahin auszulegen, ob daneben noch ein Platzverweis gemäß Art. 16 PAG verfügt wurde oder nur die Auflösung vollstreckt wird. Zu beachten ist dabei, dass Art. 5 III BayVersG eine spezielle gesetzliche Pflicht zum Sich-Entfernen von der gerade noch laufenden Versammlung enthält. Die Auflösung greift dabei erst in der nächsten „logischen" Sekunde. Die Norm macht damit eine weitere Grundverfügung überflüssig – hier wird als Ausnahme (anders bei einer Sicherstellung von Waffen, bei der nicht Art. 6 BayVersG direkt die „Vollstreckung" ermöglicht) sozusagen direkt die Auflösung mit Art. 5 III BayVersG „vollstreckt" (eine ähnliche Frage ist die, ob es noch eine Sicherstellung nach einem anderen – gegebenenfalls auch nur fiktiven – Grundverwaltungsakt geben kann). Zwar kann das PAG als allgemeines Polizeigesetz mangels abschließenden Charakters des BayVersG grundsätzlich zum Lückenschluss herangezogen werden. Regelmäßig liegt mit dem Versammlungsverbot aber eine wegen ihrer Grundrechtsrelevanz besonders strengen Voraussetzungen unterfallende Grundmaßnahme vor (bzw. zumindest muss sie dann vorrangig ergriffen werden), die nicht durch das leichter zu erfüllende PAG „unterlaufen" werden darf. Sonst könnte im Extremfall durch viele Platzverweise gegen einzelne Teilnehmende eine Versammlung unter erleichterten Voraussetzungen sogar gänzlich „ausgetrocknet" werden.

---

453 Vgl. beispielhaft *VGH München*, Beschl. v. 30.4.2020 – Az.: 10 CS 20.999, Rn. 24 ff. (juris); *VG Regensburg*, BeckRS 2020, 7828, Rn. 23 ff., wobei auch auf das Verhältnis von Kunst- und Versammlungsfreiheit und deren mögliche Beschränkungen aufgrund des Virus eingegangen wird.
454 Vgl. zur „Polizeifestigkeit" einer Versammlung im Kontext der Anfertigung von Foto- und Videoaufnahmen zu Zwecken der Öffentlichkeitsarbeit *OVG Münster*, Urt. v. 17.9.2019 – Az.: 15 A 4753/18 (juris).

**315** Bei einer **nicht vom BayVersG erfassten „Versammlung"** und deren rechtlicher Behandlung ist hingegen zu differenzieren: Eine „Nicht-Versammlung" (also eine, die nicht die Merkmale des Art. 2 I BayVersG erfüllt), wird nach dem allgemeinen Polizeirecht beurteilt: Insoweit gilt das BayVersG nicht und entfaltet dabei auch keine Sperrwirkung. Häufig ist hier dann auf Art. 23 LStVG zu bloßen Ansammlungen abzustellen (dazu schon Rn. 235, 237). Geht es dabei aber um „politische Inhalte", liegt doch eine Versammlung vor (s. oben Rn. 304 zum Versammlungsbegriff). Die Frage stellt sich etwa bei „politischen" Konzerten: Geht es nur um den Musikgenuss, oder wird damit auch „eine Botschaft transportiert"? Für bloß nichtöffentliche Versammlungen gilt das BayVersG hingegen schon (vgl. Art. 2 III und z. B. Art. 7 BayVersG). Sein „Schweigen" zu bestimmten Rechtsfragen ist daher als abschließende Regelung zu verstehen, so dass ein Versammlungsverbot in dieser Situation regelmäßig etwa nicht auf Art. 11 PAG gestützt werden darf, es sei denn, es ergeht zur Abwehr nicht von der nichtöffentlichen Versammlung ausgehender, sondern etwa ihr drohender Gefahren (z. B. bei einer Einsturzgefahr des Gebäudes, in dem die Versammlung gerade stattfindet).

**316** Die beiden letzten Punkte drücken nochmals die oben bereits in Rn. 313 erwähnte sogenannte **„Polizeifestigkeit des Versammlungsrechts"** aus (vgl. dazu auch Art. 11 III 1 PAG als weiteres „Indiz"). Sie darf mithin nicht „unterlaufen" werden, um nicht den schon erwähnten besonderen Schutz der Versammlungen, dem das BayVersG wegen Art. 8 GG, 113 BV Rechnung trägt, auszuhöhlen. Dieser Gedanke wird jedoch nicht bei bloßen Minus- oder ergänzenden Maßnahmen während einer Versammlung (etwa zur Sicherstellung einer Waffe oder der Durchsuchung dazu) tangiert. Das gilt auch für polizeiliche Maßnahmen vor dem Beginn (vgl. dazu als Anhaltspunkt Art. 13 I Nr. 4 PAG, wenngleich natürlich solche polizeilichen Kontrollstellen im Vorfeld von Versammlungen für die Ausübung des Grundrechts aus Art. 8 GG relevant und daher daran zu messen sind; Art. 15 III BayVersG bezieht sich nur auf Verbote, welche die Zeit der Versammlung betreffen, nicht deren „Vorfeld", und begründet nur eine Amtspflicht, stellt aber keine Rechtmäßigkeitsvoraussetzung auf) und nach dem Ende oder der Vollstreckung der Auflösung einer Versammlung.[455]

**317** Als Lernkontrolle dienen die **Wiederholungsfragen** zu § 9:

1. Welcher Versammlungsbegriff gilt heute; in welchen Fällen ist er problematisch?
2. Wodurch unterscheidet sich der Rechtsrahmen für Versammlungen in geschlossenen Räumen von dem für Versammlungen unter freiem Himmel?
3. Was versteht man unter der sogenannten „Polizeifestigkeit des Versammlungsrechts"?

---

455 Zum zulässigen Abstellen auf polizeirechtliche Vollstreckungsbefugnisse zur Durchsetzung einer versammlungsrechtlichen Anordnung *BVerwG*, NVwZ 2019, 1281 ff., mit Besprechung durch *Hebeler*, JA 2020, 239 f.

# 2. Teil: Die Vertiefung und Wiederholung mittels Fälle

Mit den folgenden Fällen soll der Versuch unternommen werden, **in Form eines Fallrepetitoriums** möglichst viele wichtige Fragestellungen, die in Prüfungen wie dem Ersten oder Zweiten Juristischen Staatsexamen im Zusammenhang mit dem Polizei- und Sicherheitsrecht in irgendeiner Art und Weise „auftauchen" können, anzusprechen. Dabei stehen ganz gezielt die **Fallbearbeitung** und die lösungsorientierte Darstellung im Vordergrund, so dass sich nunmehr keine breiten lehrbuchhaften Ausführungen mehr zu einzelnen Problemen finden. Insoweit sei auf die betreffenden Randnummern im ersten Teil verwiesen. Im Inhaltsverzeichnis des Buches finden sich im Übrigen für die gezielte Wiederholung bestimmter Themengebiete in Stichworten die **wesentlichen Schwerpunkte** eines jeden der folgenden 19 Fälle. Bis auf den ersten, der eine mündliche Prüfungssituation simulieren soll, sind alle Fälle auf eine schriftlich niederzulegende Lösung ausgerichtet. Dazu ist wie im Rahmen einer Klausur oder einer Hausarbeit (bei Ersterer allerdings ohne den bei Letzterer zusätzlich noch gebotenen umfangreichen Fußnotenapparat) ein juristisches Gutachten zu erstellen. Bewusst wiederholen sich dabei für den Wiederholungs- und „Wiedererkennungseffekt" bestimmte Problem- und Themenstellungen. Vorangestellt ist jeder ausformulierten Falllösung (außer bei Fall 1, der ohne Gliederungsebenen auskommt) eine inhaltliche Gliederung, in der auch bereits die Probleme „markiert" wurden. Zumindest eine solche Grobgliederung sollte auch vor dem Ausformulieren der Lösung unbedingt auf einem „Schmierzettel" – und hier dann eben zu Übungszwecken – selbst erstellt werden.

318

## Fall 1: Das Entführungsdrama[456]

In der Presse sorgte zu Beginn des Jahres 2003 der Fall des kleinen Jakob für großes Aufsehen, was weniger an der Tat als solcher als am Vorgehen der Polizei lag. Der 11-jährige Junge wurde entführt, um von seinen wohlhabenden Eltern ein hohes Lösegeld zu erpressen. Der Polizei gelang es relativ schnell, den der Tat verdächtigen, mit der Familie des Opfers bekannten 26-jährigen Jurastudenten Magnus G. festzunehmen. Zu diesem Zeitpunkt war aber weder klar, ob Magnus G. als Täter in Betracht kam, noch, ob Jakob noch am Leben war. Magnus G. schwieg zu diesen beiden ihm in zahllosen Verhören immer wieder gestellten Fragen beharrlich. Der stellvertretende Frankfurter Polizeipräsident, der das polizeiliche Vorgehen in diesem Fall koordinierte, vermutete noch eine gewisse Chance, Jakob lebend aus seinem möglichen Versteck zu befreien. Da er keine andere Möglichkeit mehr sah, um den Ort dieses Verstecks von Magnus G. zu erfahren, ordnete er an, dass ein erfahrener Kampfsportlehrer und ein Arzt zum Verhör hinzugezogen würden. Nach reiflicher Überlegung stellte er dann Magnus G. in Aussicht, dass der Kampfsportlehrer ihm nun solange im erforderlichen Maße Schmerzen z. B. durch Überdrehen der Arme zufügen werde, bis er der Polizei sage, wo er Jakob versteckt halte. Noch bevor es zur Gewaltanwendung kam, gestand Magnus G. unter dem Eindruck der Szenerie, er habe Jakob entführt und ihn unmittelbar danach aus Versehen getötet, weil die von ihm erdachte Betäubungsmethode nicht funktioniert und Jakob ihn erkannt habe. Er führte die Polizisten sodann auch zum Versteck der Leiche.

319

---

456 Vgl. dazu *Haurand/Vahle*, NVwZ 2003, 513 (516 ff.), auch zu weiteren Fragen im Zusammenhang mit Entführungen und der strafrechtlichen Verantwortung der Polizei; *Guckelberger*, VBlBW 2004, 121 ff.

Als der Rechtsanwalt von Magnus G. von den polizeilichen Verhörmethoden erfuhr, war er empört und kritisierte das rechtsstaatswidrige Vorgehen, das außerdem eklatant gegen den seit alters her geachteten Grundsatz „nemo tenetur se ipsum accusare", das Selbstbelastungsverbot, verstoße.
Wie entschied das von ihm deswegen angerufene Amtsgericht? War die anwaltliche Empörung im Übrigen berechtigt? Für landesrechtliche Ausführungen ist insoweit bayerisches Recht anzuwenden.

**320** Die Lösung dieses ersten „großen" Falles erfolgt im Unterschied zu allen folgenden Fällen und in leichter Abweichung von den eigentlichen Aufgaben im Sachverhalt (die jedoch mit „erledigt" werden) in Form eines gedachten mündlichen **Prüfungsgespräches** anhand von acht zum Teil allgemeinen und zum Teil auf den Fall bezogenen, aufeinander aufbauenden Fragen, wie sie etwa auch für eine mündliche Examensprüfung mit der Dauer von rund einer Stunde (bei fünf Prüflingen) denkbar wären.

1. **Um welche polizeirechtliche Maßnahme geht es bei diesem Fall, und welcher Rechtsbehelf kommt insoweit dagegen in Frage?**

**321** Das polizeiliche Handeln war – aus den Umständen erkennbar – auf eine **Auskunftserteilung** durch Magnus nach Art. 12 PAG ausgerichtet. Der entsprechende Verwaltungsakt i. S. des Art. 35 S. 1 BayVwVfG mit der Regelung „Geben Sie Auskunft!" hatte sich aber bereits vor der Erhebung einer dagegen gerichteten Klage dadurch erledigt, dass die Auskunft erteilt worden war, so dass gegen ihn nur noch eine **Fortsetzungsfeststellungsklage** analog § 113 I 4 VwGO als Rechtsbehelf in Frage kommt.

2. **War die Maßnahme gegen Magnus G. materiell rechtmäßig?**

**322** Art. 12 PAG begründet die Pflicht zur Auskunft nur über die in S. 1 der Norm genannten persönlichen Angaben, falls laut S. 2 keine weitere gesetzliche Handlungspflicht (z. B. aus §§ 138, 323c, 13 StGB) besteht. Letzteres kommt hier jedoch trotz der noch anzunehmenden Lebensgefahr für das Kind dadurch nicht in Frage, dass die Entführung von Jakob zwar ein Unglücksfall bzw. eine Straftat ist, für Magnus G. insoweit wegen des „Selbstbelastungsprivileges" als (potenzieller) Täter aber auch in präventiver Hinsicht (wie immer bei Tätern) keine gesetzliche Handlungspflicht bestand. Ein Rückgriff auf die polizeirechtliche Generalklausel des Art. 11 PAG muss dann wegen der grundsätzlichen Einschlägigkeit des Art. 12 PAG nach ihrem „sozialen Sinn" ebenso unterbleiben (→ Sperrwirkung bzw. kein „Aushebeln" der spezielleren und deswegen „sperrenden" Standardmaßnahmen; vgl. dazu Rn. 164 und 211). Das Auskunftsverlangen war also bereits in Ermangelung einer tauglichen Ermächtigungsgrundlage (materiell) rechtswidrig. Angesichts der fehlenden konkreten Auskunftspflicht zur Sache nach Art. 12 S. 2 PAG spielen hier im Übrigen auch die Auskunftsverweigerungsrechte aus §§ 52 ff. StPO als weitere Einschränkungen der „gesetzlichen Handlungspflicht" keine Rolle. Hinsichtlich der in Art. 12 S. 1 PAG genannten persönlichen Daten gelten sie übrigens nicht (vgl. insoweit den Normtext).

3. **Welche Polizeibegriffe gibt es? Was folgt daraus für diesen Fall?**

**323** Der heutige Terminus „Polizei" lässt sich auf das altdeutsche Wort **„Policey"** zurückführen, das wiederum seine Wurzeln im griechischen „politeia" (von „polizein", was so viel wie „gemeinsam eine Mauer um die Stadt bauen" bedeutet) hat. Dieser ursprüngliche Begriff umfasst die Staatsverwaltung, das Öffentliche Recht und das Privatrecht. Auf ihm baut der **materielle Polizeibegriff** auf, der die gesamte Gefahrenabwehr beinhaltet, während der **formelle Polizeibegriff** „alles, was die Blaubefrackten machen" bezeichnet. Daraus folgt dann auch das Problem der sogenannten **Doppelfunktion der Polizei**: Sie hat einerseits die Aufgabe der Gefahrenabwehr und andererseits auch die der Verfolgung von Straftaten sowie Ordnungswidrigkeiten. Die Unterscheidung zwischen diesen präventiven und repressiven Tätigkeitsfeldern ist wichtig für die Ermittlung der richtigen **Ermächtigungsgrundlage**, des **Rechtsweges** und für die Entscheidung darüber, ob ein **Widerspruchsverfahren** erforderlich bzw. statthaft sein kann. Sie erfolgt primär nach der Deklaration der jeweiligen Aktion nach außen, im Übrigen nach dem Schwerpunkt des polizeilichen Handelns aus der Sicht eines verständigen Bürgers bzw. einer verständigen Bürgerin. Schließlich ist zu unterscheiden zwischen dem **uneingeschränkt-institutionellen Polizeibegriff**, unter den alle Angehörigen der staatlichen Einrichtung der „Polizei", also Polizeivollzugs-, Polizeiverwaltungsbeamtinnen und die übrigen Bediensteten der Polizei des Freistaates Bayern fallen (dieser Begriff gilt für das POG; s. Art. 1 I POG), und dem **eingeschränkt-institutionellen Polizeibegriff**, der nur die uniformierte Vollzugspolizei erfasst (der Begriff gilt für das PAG; vgl. Art. 1 PAG). Vorliegend geht es der Polizei darum, Jakob zu retten. Sie handelt also eindeutig mit **präventivem Ziel** (für andere Zwecke besteht hier bei Magnus' Aussage sogar ein Verwertungsverbot), so dass das Verwaltungs- und nicht das angerufene Amtsgericht für den Rechtsstreit zuständig ist. Denn es bleibt insoweit bei dem gemäß § 40 I 1 VwGO eröffneten Verwaltungsrechtsweg, und die abdrängende Sonderzuweisung des § 23 I 1 EGGVG für repressive Justizverwaltungsakte der Polizei kommt nicht zur Anwendung.

4. **Wie reagiert das Amtsgericht auf die Wahl des falschen Rechtsweges bzw. allgemein bei Streit über diesen Punkt?**

Das AG fasst einen **Beschluss über seine (Un)Zuständigkeit** gemäß § 17a II 1, III GVG, gegen den dann die sofortige Beschwerde nach §§ 17a IV 3 GVG, 567 ff. ZPO zum LG und nach ihrer Zulassung gegebenenfalls sogar auch noch die weitere Beschwerde zum OLG nach §§ 17a IV 4 GVG, 567 II ZPO statthaft ist (ist das LG die den Fall entscheidende Eingangsinstanz, geht die Beschwerde zum OLG und die weitere Beschwerde zum BGH). Das ist übrigens, wie es §§ 173 S. 1 VwGO, 17a V GVG zeigen, im Fall des VG als des verweisenden Eingangsgerichtes regelmäßig (außerhalb von § 50 VwGO) der einzige verbliebene Fall, in dem das BVerwG noch selbst zur Frage nach der Eröffnung des Verwaltungsrechtsweges Stellung nimmt.

5. **Welche Behördenstruktur bzw. welche Behörden gibt es im bayerischen Polizei- und Sicherheitsrecht? Wie wird ihre Zuständigkeit gegeneinander abgegrenzt? Gehen Sie dabei auch auf die (Sonderstellung der) Vollzugshilfe ein.**

Neben der **unmittelbaren Staatsverwaltung** durch die Polizei als Landesbehörde gibt es auch noch die **mittelbare** Verwaltung durch die Gemeinden und (gleichsam in Ansätzen; zu beachten ist dabei jedoch auch noch deren „Januskopf") die Landratsämter als Sicherheitsbehörden. Für die Aufgabenabgrenzung gilt: spezielle Zuweisung vor allgemeiner Zuständigkeitsnorm (vgl. etwa Art. 2 IV PAG i. V. mit Art. 24 II 1 bzw. 2 BayVersG) und dann Eil- vor Grundfall (s. Art. 3 PAG).[457] Ein Sonderproblem betrifft die **Weisungen**: Die Sicherheitsbehörden haben gemäß Art. 9 II POG, 10 S. 2 LStVG ein Weisungsrecht gegenüber der Polizei. Die Polizeibehörden selbst sind streng hierarchisch gegliedert, weshalb auch innerhalb dieser Hierarchie Weisungen möglich sind. Die größten diesbezüglichen Probleme gibt es bei den Gemeinden als Sicherheitsbehörden wegen des Schutzes des (hier an sich gar nicht berührten) kommunalen Selbstverwaltungsrechts sowie der deshalb begrenzten Fachaufsicht (vgl. dazu Art. 115, 116 I 2, 109 II 2 GO) und wegen der Mitwirkungsrechte der „Kommunalparlamente". Eine Sondererscheinung stellt dabei die **Vollzugshilfe** dar: Wegen ihrer Häufigkeit ist sie eine eigene Aufgabe der Polizei (vgl. Art. 2 III, 67 ff. PAG) und nicht nur allgemeine **Amtshilfe** i. S. des Art. 4 II Nr. 2 BayVwVfG (der insoweit überlagert und auch von Art. 67 III PAG mangels eines entsprechenden „Grund-

---

457  Art. 7 I LStVG mit seinem expliziten Gesetzesvorbehalt könnte insofern auch ähnlich zu verstehen sein.

satzes" nicht wieder „reaktiviert" wird). Problematisch ist insofern insbesondere die Frage, wer im Fall von Maßnahmen der Vollzugshilfe passivlegitimiert ist (dazu auch schon bei der Amtshilfe Art. 7 BayVwVfG): Hinsichtlich der Rechtmäßigkeit der Primärmaßnahme und des „Ob" einer möglichen Zwangsanwendung ist grundsätzlich der Träger der ersuchenden Behörde (z.B. die Gemeinde oder der Landkreis – Letzterer allerdings nur bei der Erfüllung eigener Aufgaben; sonst – etwa bei der Bauaufsicht nach Art. 74 ff. BayBO – ist es wiederum der Freistaat) passivlegitimiert. Bei der Art und Weise des durchgeführten Zwanges (→ „Wie") ist es hingegen immer der Freistaat Bayern als Träger der Vollzugshilfe leistenden Polizei (Art. 1 II POG). Bei der Amtshilfe mit Außenwirkung gegenüber dem Bürger besteht eine auf die Rechtmäßigkeit bezogene „Konnexität" zwischen den beiden Maßnahmen; bei der Vollzugshilfe ist es wie bei der Vollstreckung (s. dazu unten Rn. 327).

**6. Welche Instrumente zur Gefahrenabwehr gibt es?**

**326** Das Polizei- und Sicherheitsrecht kennt zum einen **präventive und repressive Verbote** per Gesetz (mit Erlaubnis- bzw. Dispensvorbehalt; bei Ersterem besteht ein gebundener Anspruch auf die Erlaubnis, wenn die Voraussetzungen erfüllt werden, bei Letzterem wegen der größeren Gefährlichkeit grundsätzlich nur auf eine ermessensfehlerfreie Entscheidung, wenn das Ermessen nicht auf Null reduziert ist). Wurde in einem solchen Fall eine Genehmigung wie z.B. die Gewerbeerlaubnis erteilt, muss sie erst wieder beseitigt worden sein, bevor behördlicherseits gegen den dann illegalen Zustand eingeschritten werden kann. Ein weiteres Instrument sind die **Gefahrenabwehrverordnungen** zur Regelung einer Vielzahl von Fällen mit Hilfe abstrakter Ge- und Verbote. Sie können in Bayern nicht durch die Polizei, sondern nur durch die Sicherheitsbehörden gemäß Art. 42 ff. LStVG erlassen werden. Am wichtigsten sind jedoch die im Einzelfall erlassenen **gefahrenabwehrrechtlichen (Grund-)Verfügungen** sowie die entsprechenden **Realakte** ohne Rechtsbetroffenheit des Einzelnen (das Aufheben einer Bananenschale oder Streifenfahrten). Problematisch ist hierbei der „Maschineneinsatz" etwa bei der Videoüberwachung[458] (→ Art. 36 PAG) oder dem Kennzeichenlesegerät (→ Art. 39 PAG), die aber als „rechtseingreifende Realakte" zu qualifizieren und zu prüfen sind.

**7. War das weitere polizeiliche Vorgehen nach dem Auskunftsbegehren im Fall Jakob korrekt, oder ist der Anwalt von Magnus G. zu Recht empört darüber?**

**327** Vorliegend besteht die Besonderheit, dass eine Vollstreckungsmaßnahme angedroht wurde. Es bedarf daher einer gesonderten (neuen) **Ermächtigungsgrundlage** für die Androhung unmittelbaren Zwanges zum Vollzug einer polizeilichen Handlungsverfügung. Sie folgt hier aus Art. 71 I Nr. 3, 75, 76 (er gilt neben der Sondervorschrift des Art. 81 PAG beim unmittelbaren Zwang weiter), 77 ff. PAG. Da die Polizei hier eine von ihr verfügte Handlungspflicht vollstreckt, gilt nicht das VwZVG (vgl. Art. 70 I PAG, 18 I VwZVG mit der Ausnahme für polizeiliche Geldleistungsverwaltungsakte, die als einzige auch nach dem VwZVG vollstreckt werden). **Formell** ergeben sich keine Bedenken, insbesondere war die Anhörung von Magnus G. vor dem Erlass des (weiteren) Verwaltungsaktes der Vollstreckungsandrohung nach Art. 28 II Nr. 5 BayVwVfG – so sie denn überhaupt unterblieben ist – jedenfalls entbehrlich, und bei der Form ist nichts zu bemängeln. In **materieller** Hinsicht war der auf die Erfüllung eines Auskunftsbegehrens nach Art. 12 S. 2 PAG gerichtete Grundverwaltungsakt sofort vollziehbar (→ § 80 II 1 Nr. 2 VwGO; allgemeine Vollstreckungsvoraussetzung). Die vom jeweiligen Zwangsmittel abhängigen besonderen Vollstreckungsvoraussetzungen nach Art. 75 I 1 PAG lagen vor, aber das bereits die Androhung als „Vorstufe" der eigentlichen Vollstreckung erfassende (absolute) Folterverbot des Art. 75 II PAG wurde hier missachtet, das polizeiliche Vorgehen war also allein deshalb rechtswidrig. Gleiches folgt auch aus Art. 1 I,

---

[458] Kritisch zur polizeilichen Videoüberwachung *Wysk*, VerwArch 2018, 141 ff.

104 I 2 GG, 3 EMRK, 59 II GG. Damit kommt es hier für die Frage nach der Rechtmäßigkeit der Vollstreckung (→ Sekundärebene) gar nicht mehr darauf an, dass bereits der Grundverwaltungsakt (→ Primärebene) mangels Ermächtigungsgrundlage rechtswidrig war; die Frage nach dem „Konnexitätsgrundsatz" – also die Frage, ob die Vollstreckung nur aufgrund eines rechtmäßigen Grundverwaltungsaktes möglich ist (dagegen die ganz h. M.[459]) – muss hier demnach nicht entschieden werden. Eine „grobe" Grenze besteht insoweit nur für unwirksame, also nichtige Verwaltungsakte. Der Rechtsanwalt von Magnus G. war folglich zu Recht empört über das (auch) rechtswidrige polizeiliche Vorgehen bei der „Vollstreckung" des Auskunftsbegehrens.

8. **Welche Folgen kann dieses Ergebnis für den stellvertretenden Frankfurter Polizeipräsidenten haben?**

**Beamtenrechtlich** kommt die Einleitung eines Disziplinarverfahrens wegen eines Dienstvergehens (→ durch die schuldhafte Verletzung einer ihm obliegenden Pflicht) nach § 47 I 1 BeamtStG i. V. mit – für Bayern – dem BayDG[460] in Betracht. **Strafrechtlich** sind als Delikte die §§ 357, 240 I, IV 2 Nr. 2 StGB (Verleitung eines Untergebenen zur Nötigung in einem besonders schweren Fall) und § 343 StGB (Aussageerpressung) zu prüfen, wobei für letzteren Tatbestand allerdings fraglich ist, ob die Androhung von Gewalt in der Absicht geschah, Magnus G. zu einer ihn belastenden Aussage im Strafverfahren gegen ihn zu nötigen, ging es den handelnden Polizeibeamten doch gerade um die Gefahrenabwehr.

## Fall 2: Streit um gefährliche Tauben[461]

Hannes H. aus Passau ist überzeugter Tierfreund und Taubenfan. Ihm sind die vehementen Versuche der Stadtverwaltung, die als Plage und Touristenschreck betrachteten Taubenbestände gezielt zu dezimieren, ein Dorn im Auge. Er hat vielmehr Mitleid mit den aufgrund ihrer großen Zahl mittlerweile zum Teil sehr mageren Vögeln und füttert sie daher regelmäßig am Innufer mit altem Brot.
Hannes H. ist deswegen sehr erbost, als er am 10.3.2023 von der zuständigen Behörde nach seiner erfolglosen Anhörung – „auf so einen Quatsch reagiere ich doch gar nicht" – einen Bußgeldbescheid wegen einer – wie er findet: angeblichen – Ordnungswidrigkeit nach § 2 der Gefahrenabwehrverordnung der Stadt Passau erhält, der ihn zur Zahlung einer Geldbuße von 50 € verpflichtet.
Kann Hannes sich unmittelbar nach Erhalt des Bescheides gegen diesen „Willkürakt der tierfeindlichen Behörden", der angesichts der doch so harmlosen Tauben weder nötig sei noch sich auf eine wirksame Ermächtigungsgrundlage stützen könne, erfolgreich zur Wehr setzen? Was muss er dafür tun?

---

459 Argumente für die Ablehnung des „Konnexitätsgrundsatzes" bei der Prüfung der Rechtmäßigkeit einer Vollstreckungsmaßnahme (jedenfalls der Polizeibehörden) sind, dass Art. 70 I PAG eben gerade explizit nur die Vollziehbarkeit der Primärmaßnahme und nicht ihre Rechtmäßigkeit verlangt (→ Wortlaut), der vom Gesetzgeber gewollte „Vorteil" der sofortigen Vollziehbarkeit polizeilicher Verfügungen nach § 80 II 1 Nr. 2 VwGO sonst umgangen werden würde (→ Sinn und Zweck) und schließlich der erkennbar beabsichtigte Unterschied zur Situation bei der Tertiärebene der Kosten (als Umkehrschluss aus dem explizit gegenteiligen Art. 16 V KG → Systematik bzw. Sinn und Zweck). Auf dieser Tertiärebene kann die das hiesige Ergebnis gebietende Eile zur bzw. die Effizienz der Gefahrenabwehr als Argumente gegen die „Konnexität" auf der Sekundärebene die Geltung des Rechtsstaatsprinzips nicht mehr „ausstechen". Näher hierzu bei Rn. 270 ff.
460 *Ziegler/Tremel* Nr. 150.
461 Vgl. dazu BayVerfGH, BayVBl. 2005, 172 f.; *VGH München*, BeckRS 2014, 55871; *VG Ansbach*, BeckRS 2011, 33409; ein ähnlicher Klausurfall wird von *Böhm/Hagebölling*, JA 2014, 759 ff., besprochen.

Die Vorschriften der Gefahrenabwehrverordnung der Stadt Passau lauten (fiktiv):

**§ 1 Fütterungsverbot**
Es ist im gesamten Stadtgebiet von Passau verboten, verwilderte Tauben zu füttern. Dieses Verbot erfasst auch das Auslegen von Futter- und Lebensmitteln, die erfahrungsgemäß von Tauben aufgenommen werden. Hiervon ausgenommen sind nur von der Stadt Passau veranlasste Maßnahmen (z. B. Auslegen von Ködern).

**§ 2 Ordnungswidrigkeiten**
Nach Art. 16 Abs. 2 LStVG kann mit Geldbuße belegt werden, wer vorsätzlich oder fahrlässig dem Fütterungsverbot nach § 1 zuwiderhandelt.

Zusatzfrage:
Wie wäre die Verfassungsbeschwerde gegen ein „Bundeskampfhundegesetz", das die Einfuhr und Zucht (nicht aber das Halten) im Einzelnen näher bestimmter Kampfhunderassen verbietet und unter Strafe stellt, in Bezug auf ihre Begründetheit zu bewerten?

330 Die Gliederungsübersicht zu Fall 2:

A. **Vorgehen gegen die Passauer Gefahrenabwehrverordnung – Sachentscheidungsvoraussetzungen eines Rechtsbehelfes**
I. Eröffnung des Verwaltungsrechtsweges
II. Statthafter Rechtsbehelf
Problem: Bußgeldbescheid ist kein klassischer Verwaltungsakt
Problem: Kontrolle einer Rechtsverordnung und ihre „Rechtswirkungen"

B. **Vorgehen gegen den Bußgeldbescheid**
I. Sachentscheidungsvoraussetzungen des Rechtsbehelfes
Problem: Rechtsbehelf gegen einen Bußgeldbescheid

II. Begründetheit des Einspruches
1. Ermächtigungsgrundlage des Bußgeldbescheides
Problem: Rechtmäßigkeit der Gefahrenabwehrverordnung
a. Rechtsgrundlage für § 2 i. V. mit § 1 Passauer Gefahrenabwehrverordnung
Problem: Verfassungsmäßigkeit der Rechtsgrundlage
b. Formelle Rechtmäßigkeit des § 2 i. V. mit § 1 Passauer Gefahrenabwehrverordnung
aa. Zuständigkeit
bb. Verfahren
cc. Form
(1) Bekanntmachung
(2) Rückverweisungsgebot
(3) Zitiergebot
(4) Geltungsdauer
c. Materielle Rechtmäßigkeit des § 2 i. V. mit § 1 Passauer Gefahrenabwehrverordnung
Problem: Übereinstimmung der Verordnung mit ihrer Rechtsgrundlage
aa. Spezielle Vorgabe für die Handlungsform „Rechtsverordnung"
bb. Verfassungsrechtliche Vorgaben für den „Verordnungsinhalt"
(1) Allgemeine Handlungsfreiheit
(2) Staatsziel des Tierschutzes
2. **Formelle Rechtmäßigkeit des Bußgeldbescheides**

3. **Materielle Rechtmäßigkeit des Bußgeldbescheides**
   a. Tatbestandsvoraussetzungen
   b. Rechtsfolge

**Zusatzfrage:**
**Verstoß gegen Art. 12 I GG**
I. **Schutzbereich**
II. **Eingriff**
III. **Verfassungsrechtliche Rechtfertigung**
1. **Einfuhrverbot**
   a. Formelle Verfassungsmäßigkeit der Schranke
   b. Materielle Verfassungsmäßigkeit der Schranke
2. **Zuchtverbot – formelle Verfassungsmäßigkeit der Schranke**
3. **Strafvorschrift – formelle Verfassungsmäßigkeit der Schranke**

Hannes H. kann sich **erfolgreich** gegen die Passauer Gefahrenabwehrverordnung oder (→ sein Begehren ist noch genau zu ermitteln!) gegen den Bußgeldbescheid wehren, wenn ihm jeweils ein Rechtsbehelf zur Verfügung steht, dessen Sachentscheidungsvoraussetzungen vorliegen und dieser auch begründet ist. In Betracht kommt dabei zunächst aus verwaltungsrechtlicher Sicht ein **Vorgehen gegen die Passauer Gefahrenabwehrverordnung** als Grundlage des Bußgeldbescheides an Hannes H. Dazu müssten insoweit als Erstes die **Sachentscheidungsvoraussetzungen** vorliegen. Angesichts der Gefahrenabwehrverordnung als öffentlich-rechtlichen Streitgegenstandes und der Wahrung der weiteren Voraussetzungen der Generalklausel ist der **Verwaltungsrechtsweg** nach § 40 I 1 VwGO bzw. § 47 I (→ „im Rahmen seiner Gerichtsbarkeit") i. V. mit § 40 I 1 VwGO eröffnet. Bezüglich des **statthaften Rechtsbehelfes** ist zu beachten, dass mit dem Bußgeldbescheid kein „klassischer" Verwaltungsakt ergeht, so dass keine Inzidentkontrolle der Passauer Gefahrenabwehrverordnung über eine Anfechtungsklage vor dem VG (jedoch vor dem AG) möglich ist. Zwar wäre hier auch ein Normenkontrollverfahren nach § 47 I Nr. 2 VwGO, Art. 4 S. 1 AGVwGO beim VGH denkbar. Der konkrete Bußgeldbescheid bliebe jedoch selbst bei einem Obsiegen des Hannes H. in diesem Verfahren „in der Welt" und würde inzwischen unanfechtbar bzw. bestandskräftig, woran selbst eine spätere Nichtigerklärung der Verordnung nichts mehr änderte.[462] Eine Ausnahme wäre allenfalls eine doppelt-analoge (→ Übertragung vom BVerfG auf den VGH und vom Strafurteil auf den Bußgeldbescheid) Anwendung des § 79 I BVerfGG auf solche Konstellationen, wobei die entsprechende planwidrige Regelungslücke jedoch mehr als fraglich erscheint.[463] Deshalb ist dieser Weg im konkreten Fall nicht rechtsschutzintensiver (→ Gedanke des § 88 VwGO). Bei einem so wie in diesem Fall von Hannes H. formulierten Begehren und angesichts der Kostenfolge scheidet die Normenkontrolle nach § 47 I VwGO letztlich sogar ganz aus.[464]

---

462 Zur theoretischen Wirkung der Entscheidung „ex tunc", die praktisch wegen der geschilderten Bestandskraft darauf gestützter Entscheidungen aber doch nur „ex nunc" ist, vgl. § 183 VwGO und im Einzelnen *W.-R. Schenke/R. P. Schenke*, in: *Kopp/Schenke*, VwGO, § 47 Rn. 144 f.
463 A. A. *VGH Kassel*, NJW 1980, 2723.
464 Gleiches gilt für die gegen eine bayerische Rechtsverordnung ebenfalls mögliche Popularklage nach Art. 98 S. 4 BV, 2 Nr. 7, 55 VfGHG (im VfGHG findet sich keine § 79 BVerfGG entsprechende Vorschrift); für deren Vorrang gegenüber einer an sich schließlich wegen der Behörde als „Urheberin" auch noch denkbaren bayerischen Verfassungsbeschwerde wird auf die zahlenmäßig stärkere Besetzung des BayVerfGH in diesen Verfahren nach Art. 3 II 1 Nr. 2, 2 Nr. 7 (→ Popularklage; Art. 98 S. 4 BV) gegenüber Art. 3 II 1 Nr. 3, 2 Nr. 6 VfGHG (→ Verfassungsbeschwerde; Art. 66, 120 BV) verwiesen (unklar *Wolff*, in: *Lindner/Möstl/Wolff*, Art. 120 Rn. 3). Ein „Merkposten" dafür ist die Regelung zum Sonderfall der bei

**332** Zu prüfen ist daher, ob Hannes H. erfolgreich gegen den Bußgeldbescheid vorgehen kann, wofür zunächst die **Sachentscheidungsvoraussetzungen** des Rechtsbehelfes gegeben sein müssten. Der allein statthafte Rechtsbehelf gegen einen Bußgeldbescheid ist nach §§ 2, 65 f., 67 OWiG, Art. 3 LStVG der **Einspruch** (als eine Art „spezielle Anfechtungsklage"), der binnen zwei Wochen ab der Zustellung des Bußgeldbescheides von Hannes H. als Betroffenem (z. B.) schriftlich bei der Verwaltungsbehörde eingelegt werden muss. Von der Wahrung dieser Frist und der nötigen Form ist auszugehen. Zur Entscheidung über den Einspruch ist bei Nichtabhilfe (§ 69 OWiG) automatisch und ohne „Einspruchsbescheid" und „Klage" das AG berufen (vgl. § 68 OWiG).

**333** Der Einspruch ist **begründet**, wenn der Bußgeldbescheid zu Unrecht ergangen ist. Das ist insbesondere der Fall, wenn er rechtswidrig ist. Dazu wiederum müsste er seiner nötigen Ermächtigungsgrundlage entbehren (→ Vorbehalt des Gesetzes) oder formell oder materiell rechtswidrig sein (→ Vorrang des Gesetzes).[465]

**334** Der Bußgeldbescheid verlangt eine rechtmäßige **Ermächtigungsgrundlage** bzw. eine Norm, die den geahndeten Ordnungswidrigkeitentatbestand enthält. Das ist hier § 2 und § 1 Passauer Gefahrenabwehrverordnung i. V. mit Art. 16 LStVG. Zu prüfen ist daher – wie immer bei Rechtsverordnungen[466] – zunächst die **Rechtmäßigkeit** des § 2 i. V. mit § 1 Passauer Gefahrenabwehrverordnung als Ermächtigungsgrundlage.[467] Rechtsgrundlage für § 2 i. V. mit § 1 Passauer Gefahrenabwehrverordnung sind Art. 16 I 1, 2 Nr. 1, II (→ inhaltlich), Art. 3 (→ die Bußgeldregeln des OWiG gelten hier; so etwa auch zum einschlägigen „Rahmen", Art. 42 ff. (→ formell) LStVG. Diese Rechtgrundlage müsste ihrerseits **verfassungsgemäß** sein und dazu den speziellen Anforderungen an Rechtsgrundlagen für Verordnungen[468], aber auch den „allgemeinen" Anforderungen z. B. im Hinblick auf die Grundrechte genügen. Insoweit sind hier jedoch gerade mit Blick auf Art. 16 LStVG keine Probleme erkennbar.[469]

**335** Die Ermächtigungsgrundlage des Bußgeldbescheides in Gestalt von § 2 i. V. mit § 1 Passauer Gefahrenabwehrverordnung müsste **formell rechtmäßig** sein. Die **Zuständigkeit** für den Normerlass ist abhängig vom Geltungsbereich der Verordnung (→ Art. 42 I LStVG) bei einem Vorrang der höheren Ebene (vgl. Art. 44 I 2 LStVG). Hier ist für den Erlass der Passauer Gefahrenabwehrverordnung nach Art. 42 I 1 Fall 1 bzw. auch direkt nach Art. 16 I 1 LStVG die Stadt als Sicherheitsbehörde beim Handeln zur Gefahrenabwehr nach Art. 6 LStVG (→ Verbandskompetenz) und „innerhalb von ihr" (→ Organ-

---

einer Verfassungsbeschwerde erkannten Verfassungswidrigkeit der Norm in Art. 3 III 1 VfGHG. Vgl. zu einer anderen Konstellation die Examensklausur von *Kramer*, LKRZ 2008, 317 ff., zum hessischen Recht.

465 Ein Bußgeldbescheid ist im Grunde genommen ein Verwaltungsakt; er wird aber wegen der historisch überkommenen abdrängenden Sonderzuweisung von den ordentlichen Gerichten (nach besonderen Voraussetzungen) auf seine Rechtmäßigkeit hin überprüft. Eine Rechtsverletzung wird hierbei für jeden „Rechtswidrigkeitsgrund" bejaht. Denkbar wäre auch noch die Prüfung der Passivlegitimation. Die Praxis verzichtet allerdings darauf.

466 In Abgrenzung der Rechtsverordnung zum Verwaltungsakt ist zu beachten, dass die Verordnung abstrakt-generelle Regelungen enthält (es sind damit beide Merkmale „offen"; sonst liegt jeweils ein Verwaltungsakt vor).

467 Es gibt hier kein Verwerfungsmonopol des BVerfG, gilt doch Art. 100 I 1 GG – ebenso wie auf Landesverfassungsebene Art. 65, 92 BV – nur für formelle (und auf Bundesebene noch: nachkonstitutionelle) Gesetze. Sonst wäre auch § 47 VwGO sinnlos bzw. verfassungswidrig. Also darf hier auch das AG die Verordnung prüfen (→ inzidente Normenkontrolle), sie gegebenenfalls mit Wirkung „*inter partes*" für rechtswidrig erachten und im Einzelfall deshalb nicht anwenden. Lediglich für eine Vernichtung der Verordnung mit Wirkung „*erga omnes*" begründet § 47 V VwGO eine Art „beschränktes Verwerfungsmonopol" des VGH (wegen § 47 III VwGO aber nicht bei BV-Verstößen, für deren Prüfung und „Ahndung" wiederum allein der BayVerfGH zuständig ist).

468 Vgl. auf Bundesebene etwa Art. 80 I 2 GG oder den Gedanken der „Wesentlichkeitstheorie".

469 Zur genauen Prüfung s. oben Rn. 73.

kompetenz) der Gemeinde- bzw. Stadtrat zuständig (das ergibt sich nur aus Art. 42 I 1 LStVG), sofern kein Eilfall mit einer „Notkompetenz" des Bürgermeisters laut Art. 42 II 1 LStVG vorliegt.[470] Die örtliche Zuständigkeit der Stadt Passau „liefert" Art. 3 I Nr. 1 BayVwVfG. In Bezug auf das **Verfahren** ist zu beachten, dass beim Verordnungsbeschluss keine Fehler etwa hinsichtlich der Ladung, Beschlussfähigkeit, Befangenheit oder Öffentlichkeit der Sitzung nach der GO passieren dürfen. Hier ist jedoch auch nichts Derartiges ersichtlich. Vorgaben zur **Form** enthalten die Art. 4 I, 45 II, 50 II 1, 51 ff. LStVG.[471] Die Regelungen zur **Bekanntmachung** nach Art. 51 ff. LStVG wurden gewahrt. Für „bewehrte" (also mit Ordnungswidrigkeiten versehene) Verordnungen sieht Art. 4 I LStVG ein **Rückverweisungsgebot** auf die jeweilige LStVG-Norm vor, dem § 2 der Passauer Gefahrenabwehrverordnung hier genügt (andernfalls wäre laut Art. 4 I LStVG die Rechtsfolge ohnehin nur die Nichtverwirklichung einer Ordnungswidrigkeit).[472] Das **Zitiergebot** in Art. 45 II LStVG stellt als Sollvorschrift eine bloße Ordnungsvorschrift dar, deren Nichtbeachtung nach h. M. nicht zur Rechtswidrigkeit der Rechtsverordnung führt. Schließlich sind die Vorgaben des Art. 50 LStVG bezüglich der **Geltungsdauer** wieder für „bewehrte" Verordnungen zu wahren, was hier nach den Angaben im Sachverhalt (wurde die ganze Verordnung abgedruckt?) als fraglich erscheint. Allerdings bleibt ein „Fehler" an dieser Stelle ausweislich von Art. 50 II 2 LStVG ohnehin folgenlos für die Frage der (formellen) Rechtswidrigkeit der Verordnung. § 2 i. V. mit § 1 Passauer Gefahrenabwehrverordnung ist daher formell rechtmäßig.

Die Ermächtigungsgrundlage des Bußgeldbescheides in Gestalt der Passauer Verordnung müsste überdies auch **materiell rechtmäßig** sein. Jede Gefahrenabwehrverordnung muss nach Art. 45 I LStVG mit höherrangigem Recht (gegebenenfalls auch „höherrangigen" Rechtsverordnungen nach dem LStVG) vereinbar sein. Dazu gehören neben den Verordnungsspezifika auch die Grundrechte und der Grundsatz der Verhältnismäßigkeit (→ Art. 8 LStVG).[473] Als **spezielle Vorgabe für die Handlungsform „Rechtsverordnung"** ist hier überdies zu prüfen, ob die Vorgaben an die Rechtsverordnung und ihr Verhältnis zu ihrer Rechtsgrundlage gewahrt wurden. Anders gewendet, muss also der von der Rechtsgrundlage der Verordnung für sie vorgegebene „Rahmen" von ihr ordnungsgemäß ausgefüllt worden sein (vgl. Art. 45 I LStVG). Vorliegend wurden die in Art. 16 I 1, 2 Nr. 1 LStVG aufgestellten Vorgaben zu Inhalt, Zweck und Ausmaß der Ermächtigung richtig umgesetzt.[474]

Weiterhin müssen die **verfassungsrechtlichen Vorgaben für den speziellen Inhalt der Verordnung** (→ „materieller Aspekt") erfüllt werden. Das Taubenfütterungsverbot in der hier von der Stadt Passau verfügten strengen Form könnte gegen die **Allgemeine Handlungsfreiheit** des Art. 2 I GG und 101 BV (hier in Form der davon geschützten „Freiheit

---

470 Art. 29, 37 (III) GO sind insoweit kraft Spezialität verdrängt.
471 Das gilt jedenfalls bei einem weiten Verständnis; zum Teil können die folgenden Aspekte auch dem Verfahren oder der materiellen Rechtmäßigkeit zugeschrieben werden.
472 Nach *Heckmann*, in: *Becker/Heckmann/Kempen/Manssen*, 3. Teil; Rn. 513, handelt es sich dabei hingegen um eine Frage der materiellen Rechtmäßigkeit. Für beide „Einordnungen" finden sich Argumente (so kann auf eine Parallele zu z. B. Art. 80 I 3 GG oder auf die inhaltliche Vorgabe für die Verhängung eines Bußgeldes abgestellt werden).
473 Die „Kontrolle" von Gefahrenabwehrverordnungen nach dem LStVG erfolgt als „Spezialregel" laut Art. 49 I 1 LStVG, der die einschlägige Kommunalaufsicht trotz der Einordnung des Verordnungserlasses als übertragene Aufgabe (vgl. Art. 42 I 2 LStVG – fraglich ist allerdings, ob das beispielsweise im Fall des Art. 27 I LStVG mit der „örtlichen Polizei" vereinbar ist) auf eine bloße Rechtsaufsicht begrenzt. Das erklärt auch die Zuständigkeit der Rechtsaufsichtsbehörden nach dieser Norm. So „entsteht" ein Recht der Gemeinde darauf, dass ihr Ermessen nur auf Ermessensfehler im Rahmen der Rechtsaufsicht überprüft wird, und die Außenwirkung von derartigen Aufsichtsverwaltungsakten wird damit ebenfalls begründet.
474 Vgl. dazu näher *BayVerfGH*, BayVBl. 2005, 172.

zur Ausübung der Tierliebe", so der *BayVerfGH*;[475] für Art. 4 I GG und 107 I BV fehlt hingegen der „zwingende Charakter" der Tierliebe bei Hannes H.) verstoßen.[476] Diese Einschränkung kann aber aus dem mit dem Fütterungsverbot verfolgten Ziel der Vorsorge vor Erkrankungen und Belästigungen der Bevölkerung durch den von den Tauben verursachten Schmutz in verhältnismäßiger Weise verfassungsrechtlich gerechtfertigt werden und verletzt daher nicht die Allgemeine Handlungsfreiheit von Hannes H.

**338** Über das in Art. 20a GG und Art. 3 II, 141 I BV normierte **Staatsziel des Tierschutzes** (der von Art. 16 LStVG auf der Ebene des Gesetzes mit einer bloßen Handlungsmöglichkeit der Exekutive noch nicht berührt wird) wird nur ein „ethisches Mindestmaß im Umgang mit Tieren" und nicht der Schutz einzelner Tiere verlangt. Dieses Maß wird selbst bei einem durch das Fütterungsverbot faktisch bedingten Verhungern-Lassen der Tauben als Folge eines vernünftigen Grundes nicht unterschritten,[477] so dass auch insoweit kein Verfassungsverstoß vorliegt.[478] Im Zwischenergebnis ist § 2 i. V. mit § 1 Passauer Gefahrenabwehrverordnung deshalb eine taugliche (sprich: insgesamt verfassungs- und rechtmäßige) Ermächtigungsgrundlage für den Bußgeldbescheid an Hannes H.

**339** Der Bußgeldbescheid ist überdies hinsichtlich seiner **formellen Rechtmäßigkeit** zu überprüfen. Die sachliche und örtliche **Zuständigkeit** der handelnden Behörde für seinen Erlass folgt aus §§ 35 ff. OWiG, Art. 3, 43 Nr. 1 LStVG (→ der Bußgeldbescheid dient dem Vollzug der Gefahrenabwehrverordnung), und auch die Verfahrensvorgaben, insbesondere die zur Anhörung nach § 55 OWiG, wurden ebenso wie die Anforderungen an die Form (vgl. § 66 OWiG zum „Inhalt" des Bußgeldbescheides) beachtet.[479]

**340** Im Rahmen der **materiellen Rechtmäßigkeit** des Bußgeldbescheides müssen zunächst die Tatbestandsvoraussetzungen des § 2 i. V. mit § 1 Passauer Gefahrenabwehrverordnung erfüllt sein. Der dafür zumindest nötige fahrlässige Verstoß gegen das Taubenfütterungsverbot wurde durch Hannes H. vorliegend sogar vorsätzlich begangen.[480] **Rechtsfolge** ist ein Ermessen. Fehler beim „Ob" – wegen des im Ordnungswidrigkeitenrecht zum Schutz der Funktionsfähigkeit der Verwaltung vor Überlastung mit Verfahren nur eingeschränkt gültigen Legalitätsprinzips besteht auch insoweit ein Ermessen (Opportunitätsprinzip; vgl. § 47 OWiG) – und beim „Wie" (zur Höhe) etwa im Hinblick auf die Ermessensgrenze der Verhältnismäßigkeit (vgl. Art. 8 LStVG) sind vorliegend nicht ersichtlich.[481] § 2 i. V. mit § 1 Passauer Gefahrenabwehrverordnung ist rechtmäßig und

---

475 *BayVerfGH*, BayVBl. 2005, 172 (173). Letztlich könnte der „Umweg" über die Allgemeine Handlungsfreiheit aber auch abgekürzt und direkt auf die Verhältnismäßigkeit (→ Art. 20 III GG bzw. Art. 3 I 1 Fall 1 BV) abgestellt werden.

476 Im Unterschied zu ihrer Rechtsgrundlage greift die Gefahrenabwehrverordnung hier schon selbst in Grundrechte ein.

477 *OLG Hamm*, NuR 2007, 633 ff.; *VGH Mannheim*, NVwZ-RR 2006, 398 ff., und Art. 141 I 4 BV a. E. Vgl. auch *VGH München*, Beschl. v. 4.8.2014 – Az.: 10 ZB 11.1920, Rn. 27 (juris), der hierin keinen „direkte(n) Eingriff in Leben und Gesundheit der Tauben" sieht.

478 Bei Anhaltspunkten könnte auch noch untersucht werden, ob der Verordnungsgeber beim Normerlass Ermessensfehler begangen hat.

479 Der Aufbau folgt hier dem eines klassischen Verwaltungsaktes (dazu schon oben Rn. 331). Zuständig für den Erlass eines Bußgeldbescheides ist regelmäßig die sogenannte Verwaltungsbehörde (§ 35 OWiG). Die Polizei ermittelt nur (z. B. wenn sie ohnehin vor Ort ist) als eine Art „Ermittlungsperson" bzw. „Hilfsbeamtin" für sie, gibt den Fall dann aber zur Entscheidung an sie ab (§ 53 OWiG). Nur straßenverkehrsrechtliche Verwarnungsgelder gleichsam als „Vorstufe" einer Ordnungswidrigkeit im Straßenverkehr verhängt sie selbst (vgl. §§ 21 ff. StVG).

480 Es können hier selbstverständlich (und müssen bei aus dem Sachverhalt erkennbaren derartigen Problemen sogar) wie im Strafrecht der objektive und subjektive Tatbestand der Norm, die Rechtswidrigkeit und schließlich die Schuld gesondert geprüft werden, die in diesem Fall jedoch allesamt klar sind.

481 Das Ermessen wurde auch dann noch ausgeübt, wenn die Verwaltung ihre Praxis durch ermessensfehlerfrei „gebildete" Verwaltungsvorschriften einheitlich regelt und sich damit faktisch selbst bindet.

damit eine taugliche Ermächtigungsgrundlage für den Bußgeldbescheid, der auch im Übrigen fehlerfrei gegen Hannes H. ergangen ist, weshalb dessen Einspruch unbegründet und demzufolge nicht Erfolg versprechend ist. Hannes H. kann sich demnach nicht sinnvoll gegen den Bußgeldbescheid wehren.

Zur **Zusatzfrage**: Ein weiterer Problemkreis im Zusammenhang mit Hunden und den von ihnen ausgehenden Gefahren betraf das einst tatsächlich erlassene „**Bundeskampfhundegesetz**", das die Einfuhr und Zucht (nicht aber das Halten) bestimmter Kampfhunderassen verbot und unter Strafe stellte. Fraglich und streitig war bzw. ist dabei vor allem die Bundesgesetzgebungskompetenz.[482] Die Begründetheit einer (hier nach der Aufgabe unterstellten) Verfassungsbeschwerde gegen das (self-executing)[483] Gesetz setzt dabei einen verfassungsrechtlich nicht gerechtfertigten Eingriff in den Schutzbereich eines Grundrechts voraus. In Frage kommt hier Art. 12 I GG.

Der **Schutzbereich** der Berufsfreiheit ist vorliegend trotz der im Gesetz insoweit angeordneten Strafbarkeit für den Beruf des Züchters berührt.[484] Ein sogar finaler **Eingriff** (oder einer mit subjektiv berufsregelnder Tendenz) in die Ausübungsfreiheit dieses Berufes (→ also auf der ersten Stufe) liegt in dem Einfuhr- und Zuchtverbot (bei einem zu engen „Beruf" wäre es hingegen sogar eine objektive Berufswahlregelung). Die **verfassungsrechtliche Rechtfertigung** dieses Eingriffes in das einheitliche Grundrecht des Art. 12 GG mit seinem einheitlichen Regelungsvorbehalt (entgegen dem Wortlaut des Art. 12 I 2 GG; allgemeine Meinung) stützt sich auf das in Rede stehende „Bundeskampfhundegesetz" als **Schranke**, das zu seiner Tauglichkeit den formellen und materiellen **Schranken-Schranken** genügen, also selbst formell und materiell verfassungsgemäß sein müsste.[485]

Zunächst ist insoweit das gesetzlich normierte **Einfuhrverbot** zu prüfen. Bei ihm ist bei der **formellen Verfassungsmäßigkeit** die Gesetzgebungskompetenz des Bundes (→ sie ist mit Blick auf den Regelfall der Art. 30, 70 I GG tendenziell eng auszulegen) aus Art. 74 I Nr. 20 GG für den Tierschutz (so das *BVerfG*,[486] denkbar ist eventuell auch die Nr. 11 bei mehr Hinweisen auf die verfolgte „Kommerzialität") oder besser aus Art. 73 I Nr. 5 GG (nicht Nr. 1) abzuleiten. **Materielles** Problem ist daneben noch die Schranken-Schranke der Verhältnismäßigkeit. Hierbei geht es in erster Linie um die Erforderlichkeit (→ Möglichkeit strengerer Wesenstests, Maulkorbzwang usw.) der Regelung. Laut dem *BVerfG* ist sie zwar derzeit (bzw. war sie es zumindest im Zeitpunkt der Entscheidung; das Gericht betont hier die Einschätzungsprärogative des Gesetzgebers) noch gegeben, aber in Zukunft bei geänderten Bedingungen im Hinblick auf die hier nach der Dreistufentheorie geforderten „vernünftigen Erwägungen des Gemeinwohls" eventuell fraglich.[487]

---

482  Verneint durch *BVerfGE* 110, 141 ff.; *Sachs*, JuS 2004, 714 ff., zur Rechtslage noch vor der Föderalismusreform I; ebenso vor dem Urteil des *BVerfG* bereits *v. Coelln*, NJW 2001, 2834 ff.

483  Die unmittelbare Beschwer und damit die Beschwerdebefugnis sind durch das Verbot der Einfuhr und Zucht zu bejahen bzw. ein Verstoß gegen die Strafrechtsvorschrift und dessen Ahndung als weiterer Vollzugsakt jedenfalls unzumutbar.

484  Der Beruf sollte nicht zu eng gefasst werden (nicht: „Pitbull-Züchter"), um nicht „auf die falsche Stufe zu kommen".

485  Diese Prüfungsreihenfolge ergibt sich immer bei der Verfassungsbeschwerde, die (subjektiv) „von den Grundrechten herkommt", im Unterschied zu der objektiven Prüfung etwa bei den (abstrakten oder konkreten) Normenkontrollen.

486  *BVerfGE* 110, 141 ff. Dann muss aber auch mit ihm argumentiert werden.

487  Gerade bei Erwähnung des Art. 73 I Nr. 5 GG ist an die unionsrechtliche Warenverkehrsfreiheit nach Art. 34 AEUV zu denken, die jedoch nach Art. 36 AEUV beschränkbar ist (das *BVerfG* hat diesen Punkt [und darum mutmaßlich auch Art. 73 I Nr. 5 GG?] hingegen in seinem Urteil überhaupt nicht angesprochen (die Aufgabe des BVerfG ist es, über die Wahrung der Verfassung zu wachen, nicht die Prüfung des AEUV); es musste diese Frage jedoch bei ihrer Entscheidungserheblichkeit – das Gesetz wurde hier von ihm „gehalten" – gemäß Art. 267 III AEUV an sich zwingend dem EuGH vorlegen. Insoweit ist allerdings

**344** Für das weiterhin im Gesetz normierte **Zuchtverbot** gilt, dass es sich dabei um eine Frage des besonderen Gefahrenabwehrrechts handelt, deren Beantwortung in der Kompetenz der Länder liegt (insoweit greift auch nach dem hier zunächst „zögerlichen" *BVerfG* kein Einschätzungsspielraum des Gesetzgebers). Deshalb gibt es dafür (ebenso wie für das darum bewusst nicht auf Bundesebene aufgestellte Halteverbot für Kampfhunde) in **formeller** Hinsicht schon keine Gesetzgebungskompetenz des Bundes. So liegt zumindest bereits einmal ein nicht gerechtfertigter Eingriff in und damit ein Verstoß gegen Art. 12 I GG vor. Diese damit fortbestehenden Regelungslücken schließen im Übrigen in Bayern auf verfassungsmäßige Weise die schon erwähnten Art. 37, 37a LStVG.[488]

**345** Für die ebenfalls noch im Bundeskampfhundegesetz enthaltene **Strafvorschrift** („§ 143 I StGB") war im Hinblick auf ihre formelle Verfassungsmäßigkeit zwar Art. 74 I Nr. 1 GG als Titel einschlägig, aber der damals noch weitere Art. 72 II GG (a. F.) nicht erfüllt; die Uneinheitlichkeit der materiellen Länderregelungen ließ laut dem *BVerfG* unter der damaligen Verfassungsrechtslage keine bundeseinheitliche Strafvorschrift zu (heute wäre sie nach Art. 72 II GG n. F. jedoch wieder möglich). Damit war diese Norm unter der Geltung von Art. 72 II GG a. F. letztlich ebenfalls nicht mit Art. 12 I GG zu vereinbaren und daher auch materiell verfassungswidrig; heute käme man insoweit hingegen zum gegenteiligen Ergebnis.[489]

### Fall 3: Behörde versus Behörde[490]

**346** Das Schwimmbad der Stadt Mindelheim (Landkreis Unterallgäu) gilt zwar als sehr umweltfreundlich („Niedrigenergie-Bauweise"); bei einer Routineüberprüfung stellt das Landratsamt Unterallgäu als Immissionsschutzbehörde jedoch fest, dass die von dem Bad – genauer: von seinen Besucherinnen und Besuchern – ausgehenden Immissionen (insbesondere das Jauchzen beim Benutzen der Angst einflößenden Rutschbahn) für die Anwohnerinnen und Anwohner angrenzender Häuser deutlich oberhalb der zulässigen Richtwerte liegen.
Das Landratsamt ordnet daher nach mehreren Messungen, welche die bisherigen Ergebnisse bestätigen, und zahlreichen Gesprächen mit den Verantwortlichen der Stadt Mindelheim schließlich mit einem für sofort vollziehbar erklärten Bescheid an, die Stadt habe zum Lärmschutz eine Schallschutzwand in bestimmter Höhe zu er-

---

kein Rechtsbehelf gegeben, und auch in der Klausur – jedenfalls bei der Prüfung einer Verfassungsbeschwerde – ist der Punkt nur schwierig „unterzubringen"). Durch den Hinweis auf eine zukünftig mögliche andere Bewertung ebnet das *BVerfG* hier allerdings den Weg für eine spätere erneute Prüfung (trotz der Rechts- und Gesetzeskraftwirkung für seine jetzige Entscheidung gemäß § 31 I BVerfGG).

488 Art. 20a GG wäre hier in materieller Hinsicht nicht verletzt. In der Praxis bereitete lange Zeit daneben die Möglichkeit eines Zucht- und Haltungsverbotes für gefährliche Tiere wie Giftschlangen und -spinnen Probleme. In Hessen etwa wurde dafür in Anlehnung an Art. 37 LStVG eine eigene gesetzliche Grundlage geschaffen (→ § 43a Hessisches Gesetz über die öffentliche Sicherheit und Ordnung), während Art. 37 LStVG diese Fälle ohnehin schon erfasst. Art. 37a LStVG betrifft dabei die Zucht von Kampfhunden, Art. 37 LStVG ihre Haltung (das „Ob") und Art. 18 LStVG die „Umstände" der Haltung (das „Wie"; vgl. dazu den Tatbestand). Sie sperren Art. 7 II LStVG nicht (vgl. zur Thematik der Kampfhunde bereits Rn. 233 und 241 ff., zur fehlenden Sperrwirkung in dieser Konstellation Rn. 241).

489 Man könnte auch darauf abstellen, dass die Landeskompetenz für das Nebenstrafrecht aus der Kompetenz für die Sachmaterie folgt (das ist an sich ein fester Grundsatz). Doch wird diese Zuständigkeitsregelung bei einer Kollision von der spezielleren, geschriebenen und damit gleichsam „höherrangigen" des Art. 74 I Nr. 1 GG überlagert, so dass entsprechendes Landesnebenstrafrecht bei Existenz einer Bundesnorm von Art. 31 GG „gebrochen" würde. Umgekehrt kann aus der Kompetenz für das Strafrecht jedoch nicht als Annex für die Sachmaterie abgeleitet werden.

490 Vgl. dazu *BVerwG*, NVwZ 2003, 346 f.; *Britz*, DÖV 2002, 891 ff.; *Glöckner*, NVwZ 2003, 1207 ff; ein Klausurfall zum Immissionsschutzrecht wird von *Kahl/Ellerbrok*, JA 2015, 759 ff., behandelt.

richten oder andere geeignete Maßnahmen zu treffen, so dass der Lärmpegel an den betroffenen Häusern unter den jeweils zulässigen (näher bezeichneten) Richtwert absinke. Das Landratsamt verweist zur Begründung der Anordnung der sofortigen Vollziehbarkeit (AoSofVz) darauf, ohne den sofort vollziehbaren Bescheid könne der gesetzlich geforderte Anwohnerschutz nicht und vor allem nicht in der wegen der drohenden Gesundheitsgefahren gebotenen Eile gewährleistet werden, da die Stadt von sich aus offenbar nicht aktiv werde.

Diese ist erbost über die Einmischung des Landratsamtes in ihre „inneren Angelegenheiten". Sie spricht der übergeordneten Behörde explizit das Recht ab, ihr Vorschriften zu machen, da sie selbst Teil des Staates und für ihr Gebiet allein zuständige Gefahrenabwehrbehörde sei. Die betroffen Bürgerinnen und Bürger möchten also gegen sie klagen und nicht das insoweit unzuständige Landratsamt „vorschicken". Die Stadt Mindelheim will das Geld für den ihr auferlegten Lärmschutz nicht bezahlen, sondern nach kostengünstigeren Möglichkeiten suchen.

Welches Vorgehen ist ihr zu diesem Zweck anzuraten? Berücksichtigen Sie dabei in Ihrer Argumentation auch § 10 XI BImSchG.

## Die Gliederungsübersicht zu Fall 3:

**A. Sachentscheidungsvoraussetzungen des Eilantrages**
I. Eröffnung des Verwaltungsrechtsweges
II. Zuständigkeit des Gerichts
III. Statthaftigkeit des Antrages
   **Problem:** Abgrenzung von § 80 V 1 und § 123 I VwGO
IV. Antragsbefugnis
V. Beteiligten- und Prozessfähigkeit
1. Stadt
2. Freistaat
VI. Allgemeines Rechtsschutzbedürfnis
1. Vorheriger Aussetzungsantrag nach § 80 IV VwGO
2. Vorherige Erhebung der Anfechtungsklage
3. Eindeutig fehlende Sachentscheidungsvoraussetzungen der Hauptsache

**B. Begründetheit des Eilantrages**
I. Antragsgegner
II. Formelle Rechtmäßigkeit der AoSofVz
1. Zuständigkeit, § 80 II 1 Nr. 4 VwGO
2. Verfahren
   **Problem:** Erforderlichkeit der Anhörung bei einer AoSofVz
3. Form
III. Interessenabwägung
1. Erfolgsaussichten in der Hauptsache
   a. Ermächtigungsgrundlage
   b. Formelle Rechtmäßigkeit des angefochtenen Bescheides
      aa. Zuständigkeit
      bb. Verfahren: Frage der Anhörung
      cc. Form

c. Materielle Rechtmäßigkeit des angefochtenen Bescheides
      aa. Tatbestandsvoraussetzungen des § 24 S. 1 BImSchG
      bb. Polizeipflichtigkeit der Stadt
      (1) Materielle Polizeipflichtigkeit der Stadt
      (2) Formelle Polizeipflichtigkeit der Stadt
          **Problem:** Befugnisse der Gefahrenabwehrbehörde bei Missachtung der materiellen Polizeipflichtigkeit
      cc. Rechtsfolge: Abwendungsbefugnis und Störerauswahl
   d. Rechtsverletzung
2. **Eilbedürftigkeit**

**348** Der Stadt Mindelheim wurde mit einer sofort vollziehbaren Verfügung (vgl. insoweit die Merkmale des Art. 35 S. 1 BayVwVfG) der Bau einer Lärmschutzwand auferlegt. Um die Erfüllung dieser Pflicht bzw. etwaige Vollstreckungsmaßnahmen kurzfristig zu verhindern, könnte sie versuchen, der fraglichen **Verfügung ihre sofortige Vollziehbarkeit zu „nehmen"**. Ein solches Vorgehen hat Erfolg, wenn die Sachentscheidungsvoraussetzungen des entsprechenden Antrages an das zuständige VG (zur Möglichkeit, sich stattdessen an das Landratsamt zu wenden, in Rn. 349 beim Rechtsschutzbedürfnis) gegeben sind und er begründet ist.

**349** In den Blick genommen werden damit zunächst die **Sachentscheidungsvoraussetzungen des Antrages**. Für ihn ist der **Verwaltungsrechtsweg** in Ermangelung einer aufdrängenden Sonderzuweisung gemäß § 40 I 1 VwGO eröffnet, denn es geht um eine gefahrenabwehrrechtliche Verfügung des Landratsamtes.[491] Die sachliche **Zuständigkeit** liegt gemäß § 80 V 1 VwGO (→ es geht um das „Gericht der Hauptsache"; die nachfolgenden Normen sind daher dann direkt anwendbar) und § 45 VwGO beim VG und örtlich laut § 52 Nr. 3 S. 1 VwGO, Art. 1 II Nr. 6 AGVwGO bei dem in Augsburg.[492] Weiter ist die **statthafte Verfahrensart** festzustellen. Diese richtet sich vornehmlich nach dem Begehren der Antragstellerin (vgl. §§ 122 I, 88 VwGO), denn die VwGO bietet mit §§ 47 VI, 80 V 1, 80a und 123 I verschiedene Eilverfahren an, die voneinander abzugrenzen sind. Die Abgrenzung erfolgt über § 123 V VwGO, wonach das Verfahren gemäß §§ 80 V 1, 80a VwGO grundsätzlich vorrangig, und immer dann einschlägig ist, wenn einstweiliger Rechtsschutz schon durch die Anordnung oder Wiederherstellung der aufschiebenden Wirkung (vgl. § 80 I 1 VwGO) eines Widerspruches oder einer Anfechtungsklage erreicht werden kann. Dementsprechend kommt es für die Abgrenzung auf das Ziel des Antragstellers und seinen dazu geeigneten Rechtsbehelf in der Hauptsache an. Als „Faustformel" mag insoweit gelten, dass bei einer Anfechtungsklage in der Hauptsache immer von einem Eilverfahren nach § 80 V 1 VwGO ausgegangen werden kann, bei jedem anderen Hauptsacheverfahren außer § 47 VwGO (dort greift § 47 VI VwGO) dagegen die einstweilige Anordnung gemäß § 123 I VwGO die statthafte Antragsart ist. Im vorliegenden Fall möchte die Stadt im Eilrechtsschutz erreichen, dass sie nicht sofort die Lärmschutzwand bauen muss. Dem Verwaltungsaktscharakter der diese Verpflichtung treffenden Anordnung steht dabei in Bezug auf die Außenwirkung nicht

---

491  Es ist keine Maßnahme der Polizei, so dass § 23 I 1 EGGVG keiner Erwähnung bedarf.
492  Wegen der durch § 83 S. 1 VwGO angeordneten analogen Anwendung des § 17a GVG auch auf diese Punkte können sie (wenn überhaupt Anlass dazu besteht) gleich nach dem Verwaltungsrechtsweg erörtert werden, auch wenn bei der Antrags- bzw. Klageart „vorgegriffen" wird. Möglich ist aber auch eine vorangestellte Prüfung als „A. Entscheidungszuständigkeit/-kompetenz des Gerichts" oder eine Verortung am Ende der Sachentscheidungsvoraussetzungen. § 52 Nr. 1–5 VwGO stehen dabei zueinander in einem Ausschließlichkeitsverhältnis.

entgegen, dass es sich um eine Weisung des Landratsamtes an die Gemeinde im Rahmen der Fachaufsicht handeln könnte, zumal sie nicht als Sicherheitsbehörde, sondern – quasi wie ein Privatrechtssubjekt – als Betreiberin des Schwimmbades in Anspruch genommen wird, was auch Art. 28 II 1 GG, 11 II 2 BV berühren kann. Im Ergebnis liegt also ein belastender Verwaltungsakt zusätzlich mit einer AoSofVz nach § 80 II 1 Nr. 4 VwGO vor. Damit ist hier ein Antrag nach § 80 V 1 Fall 2 VwGO auf Wiederherstellung der aufschiebenden Wirkung der Anfechtungsklage statthaft. Die **Antragsbefugnis** der Stadt analog § 42 II VwGO lässt sich dann damit begründen, dass durch die Anordnung zumindest[493] ihre in Art. 28 II 1 GG, 11 II 2 BV geschützte Selbstverwaltungsgarantie verletzt sein könnte. Beide Seiten sind auch **beteiligten- und prozessfähig**. Für die **Stadt** folgt das aus §§ 61 Nr. 1 Fall 2, 62 III VwGO, Art. 1 S. 1, 38 I GO bei Vertretung durch ihren ersten Bürgermeister mit Billigung des Gemeinderates (vgl. Art. 36 S. 1 GO). Bezüglich des **Freistaates** ist dazu auf §§ 61 Nr. 1 Fall 2, 62 III VwGO, (Art. 47 III BV, § 36 I 2 VwGO,) Art. 13 AGVwGO, § 3 I 1 Nr. 1, II 1 LABV zurückzugreifen, wobei das als Ausgangsbehörde und als Staatsbehörde tätige Landratsamt nach Art. 37 VI LKrO (nicht Art. 35 I LKrO → Kreis) durch den Landrat vertreten wird. Schließlich muss die Stadt über das nötige **allgemeine Rechtsschutzbedürfnis** verfügen. Ein vorheriger Antrag an die Behörde auf Aussetzung der Vollziehung nach § 80 IV VwGO ist gemäß einem Umkehrschluss zu dem nur für § 80 II 1 Nr. 1 VwGO geltenden § 80 VI 1 VwGO nicht nötig. Die Stadt hat zudem noch keinen Widerspruch eingelegt, könnte das aber nach § 68 I 2 Fall 1 VwGO, Art. 12 II, I AGVwGO auch gar nicht (er wäre unstatthaft); sie muss in der Hauptsache daher unmittelbar Anfechtungsklage erheben. Nach der h. M. ist deren vorherige Erhebung wegen § 80 V 2 VwGO aber nicht erforderlich. Diese Anfechtungsklage hätte allein wegen der AoSofVz und nicht etwa wegen offensichtlich fehlender Sachentscheidungsvoraussetzungen (insbesondere wegen offensichtlicher Verfristung nach §§ 74 I 2, 68 I 2 Fall 1 VwGO, Art. 12 II AGVwGO) keine aufschiebende Wirkung. Als Zwischenergebnis kann damit festgehalten werden, dass die Sachentscheidungsvoraussetzungen für den Eilantrag der Stadt Mindelheim vorliegen.

Der Eilantrag der Stadt Mindelheim ist begründet, wenn er sich gegen den richtigen Antragsgegner richtet, die formelle Rechtmäßigkeit der AoSofVz fehlt oder das Aussetzungsinteresse der Stadt das öffentliche Interesse an der sofortigen Vollziehung der strittigen Verfügung überwiegt. **Antragsgegner** ist analog § 78 I Nr. 1 VwGO der Freistaat Bayern als Rechtsträger des als Staatsbehörde[494] agierenden Landratsamtes (Art. 37 I 2 LKrO). Dieses handelt hier nicht zur Erfüllung von Selbstverwaltungsaufgaben (→ Art. 51, 5 LKrO),[495] sondern wird vielmehr zur (landesweit einheitlich zu gewährleistenden Aufgabe zur Erfüllung nach Weisung bzw. übertragenen Aufgabe) Gefahrenabwehr tätig. Weiterhin muss die **formelle Rechtmäßigkeit der AoSofVz** gegeben sein. Die **Zuständigkeit** des Landratsamtes für ihren Erlass folgt dabei nach § 80 II 1 Nr. 4 VwGO aus seiner Stellung als Ausgangsbehörde (als Annex). Beim **Verfahren** ist nach

---

[493] Ob vorliegend darüber hinaus auch noch die Adressatentheorie zugunsten der Stadt als Empfängerin der sie belastenden Verfügung eingreift, kann damit offenbleiben. Ein Bejahen dieser Frage erschiene aber dadurch als „sehr gewagt", dass die Stadt sich als Körperschaft des Öffentlichen Rechts grundsätzlich nicht auf Grundrechte und damit auch nicht auf Art. 2 I GG als „Aufhänger" der Adressatentheorie (vgl. dazu nur *R. P. Schenke*, in: Kopp/Schenke, § 42 Rn. 69) berufen kann. Denkbar wäre es stattdessen jedoch an dieser Stelle, auf die laut dem BayVerfGH eventuell auf die Gemeinde anwendbare Eigentumsfreiheit des Art. 103 I BV und deren mögliche Verletzung abzustellen.

[494] Die Bezeichnung als „Kreisverwaltungsbehörde" im Gesetz zielt auf das Landratsamt als Staatsbehörde (dazu auch Art. 9 I 1 GO als Indiz).

[495] Dass das Jauchzen hier örtlich begrenzt ist – seine Verhinderung wäre dann allerdings auch eine eigene Aufgabe der *Stadt* –, ändert nichts an der gesetzlichen Einordnung der Aufgabe als einer übertragenen; vgl. insoweit als Indiz Art. 1 III Nr. 3 BayImSchG (*Ziegler/Tremel* 348).

h. M. mangels Verwaltungsaktscharakters der AoSofVz[496] keine Anhörung erforderlich,[497] was hier aber in jedem Fall irrelevant ist, da die Stadt umfassend zu dem gesamten Vorgang angehört wurde. Hinsichtlich der **Form** der AoSofVz wurde schließlich deren gebotene Schriftlichkeit nach § 80 III 1 VwGO ebenso gewahrt wie die ebenfalls in dieser Norm niedergelegte Pflicht zur schlüssigen und hinreichenden (was nicht meint: „richtigen", sondern vielmehr auf den Einzelfall bezogenen, nicht bloß floskelhaften) **Begründung**. Daher ist die formelle Rechtmäßigkeit der AoSofVz gegeben.

**351** Mithin bedarf es einer umfassenden **Interessenabwägung**, die primär von den Erfolgsaussichten des Rechtsbehelfes (also der Anfechtungsklage) in der Hauptsache abhängt, im Fall der AoSofVz dann aber bei einem rechtmäßigen Verwaltungsakt auch noch von der Eilbedürftigkeit von dessen sofortiger Vollziehung.[498] Bezüglich der Erfolgsaussichten der Anfechtungsklage in der Hauptsache ist (in der Praxis nur summarisch → nach Aktenlage) maßgeblich[499] die Rechtswidrigkeit der noch anzugreifenden Verfügung und die dadurch eventuell verursachte Rechtsverletzung der Stadt (→ § 113 I 1 VwGO) zu prüfen. Zur Beurteilung der so vor allem entscheidenden Rechtmäßigkeit der angefochtenen Verfügung mit der Verpflichtung der Stadt, eine Schallschutzwand zu errichten, empfiehlt es sich, zunächst die **Ermächtigungsgrundlage** für den Bescheid zu bestimmen. Hierbei ist der Spezialitätsgrundsatz zu beachten, weswegen nicht sofort auf das PAG zurückgegriffen werden darf, sondern vorrangig § 24 S. 1 (i. V. mit §§ 22 I, 3 I) BImSchG als Norm des besonderen Polizeirechts (zur Abwehr von „Immissions-Gefahren") zur Anwendung kommt.[500]

**352** Darauf aufbauend ergibt sich im Hinblick auf die **formelle Rechtmäßigkeit des angefochtenen Bescheides**, dass das Landratsamt für seinen Erlass nach Art. 1 III Nr. 3 BayImSchG, 3 I Nr. 1 BayVwVfG sachlich und örtlich **zuständig** war. Auch die Vorgaben zum **Verfahren** wurden beachtet, insbesondere wurde die Stadt vor dem Erlass des Bescheides gemäß Art. 28 I BayVwVfG angehört. Die mögliche (Schrift-)Form nach Art. 37 II 1, 39 I BayVwVfG wurde mit der dann nötigen Begründung ebenfalls gewahrt.

**353** Im Rahmen der Prüfung der **materiellen Rechtmäßigkeit des angefochtenen Bescheides** lassen sich die **Tatbestandsvoraussetzungen** des § 24 S. 1 (i. V. mit §§ 22 I, 3 I) BImSchG damit bejahen, dass es sich um eine nicht genehmigungsbedürftige Anlage i. S. der §§ 22, 4, 3 V Nr. 1 BImSchG handelt (sie ist „zu klein" für die Genehmigungspflicht nach §§ 4 ff. BImSchG; nähere Einzelheiten regelt die 4. Verordnung zum BImSchG – *Sartorius* 296a – mit einer „Liste"). Von ihr gehen ferner schädliche Umwelteinwirkungen i. S. des § 3 I BImSchG in Form des Lärms der Rutsche über den geltenden Grenzwerten aus. Damit verstößt die Stadt gegen ihre Pflichten aus § 22 BImSchG

---

496 Es fehlt insoweit an einer eigenständigen Regelung.
497 Mangels einer mit Blick auf die in § 80 II 1 Nr. 4 und III VwGO geregelten formellen Anforderungen an die AoSofVz planwidrigen Regelungslücke zum Verfahren ist auch keine analoge Anwendung des Art. 28 I BayVwVfG möglich.
498 Bei § 80 II 1 Nr. 1–3a VwGO ergibt sich die Eilbedürftigkeit aus der gesetzgeberischen Entscheidung für den grundsätzlich kraft Gesetzes bestehenden Sofortvollzug; bei Nr. 4 wird er dagegen nur als Ausnahme im Einzelfall angeordnet. Hier muss neben die Wahrung des Rechtsstaatsprinzips dann noch die Eilbedürftigkeit als weiterer Grund treten.
499 Die daneben für den Erfolg einer Anfechtungsklage nötigen Sachentscheidungsvoraussetzungen wurden faktisch (inhaltlich) bereits alle geprüft. Sie können daher entweder unerwähnt bleiben oder in einem Satz abgehandelt werden. Ist nach der folgenden Prüfung die Rechtmäßigkeit des Verwaltungsaktes immer noch unklar, oder bedarf es der Beweiserhebung, erfolgt in der Praxis – sowie häufiger auch im Zweiten Juristischen Staatsexamen – danach noch eine umfassende Abwägung nach den Folgen der Entscheidungsalternativen. Da im Ersten Juristischen Staatsexamen jedoch der Sachverhalt regelmäßig feststeht und das Ergebnis mithin eindeutig ist, unterbleibt diese Abwägung zumeist.
500 Wegen des Handelns der im Sachverhalt erwähnten Immissionsschutz- statt der sonst nötigen Aufsichtsbehörde ist hier Art. 112 GO nicht einschlägig.

(dessen Abs. 1a greift hier mangels erkennbar ausschließlicher Nutzung der Rutsche durch Kinder nicht), und die von ihr daher geforderte Errichtung einer Lärmschutzwand ist auch i. S. der Norm für den Lärmschutz „erforderlich".[501] Probleme wirft demgegenüber aber die **Polizeipflichtigkeit** der Stadt auf. Unabhängig von der Entscheidung darüber, ob die Stadt Zustandsstörerin oder bloße Zweckveranlasserin ist, sind hier zunächst zwei vorgelagerte Fragen zu erörtern: Die **materielle Polizeipflichtigkeit** der Stadt, also ihre Bindung an das geltende Recht, ergibt sich dabei ohne Weiteres aus Art. 20 III GG, sofern es keine Sonderregeln (z. B. für den Einsatz von „Blaulicht" nach §§ 35, 38 StVO) oder Ausnahmen aus Gründen der Verhältnismäßigkeit – das ist der Fall, wenn eine Behörde im Hinblick auf ihre legitime Aufgabe die öffentliche Sicherheit oder Ordnung „stört" – gibt.

Umstritten ist dagegen die sogenannte **formelle Polizeipflichtigkeit** eines Hoheitsträgers, also die Frage, ob bei einer Missachtung der materiellen Polizeipflichtigkeit die Gefahrenabwehr- oder Polizeibehörde mit Verfügungen und gegebenenfalls sogar mit Zwangsmitteln gegen ihn einschreiten darf. **Früher** bestand weitgehende Einigkeit über die negative Antwort auf diese Frage, weil und soweit durch das Eingreifen der Gefahrenabwehr- oder Polizeibehörde die Funktionsfähigkeit der betroffenen Verwaltung, die doch selbst Schutzgut der öffentlichen Sicherheit sei, beeinträchtigt werde.[502] Außerdem fehle es dadurch an der Zuständigkeit der aktiv werdenden Behörde, dass jeder Hoheitsträger in seinem Aufgabenbereich selbst zur Gefahrenabwehr berufen sei, wenn kein Eilfall i. S. des Art. 3 PAG vorliege. Die Kommunen könnten sich insoweit überdies auf ihr durch Art. 28 II 1 GG, 11 II 2 BV geschütztes Selbstverwaltungsrecht berufen (anders als die Grundrechte den Bürgern geben sie den Gemeinden nicht nur ein Abwehr-, sondern gerade das hier eingeschränkte Selbstverwaltungsrecht). Mittlerweile hat sich die **h. M.** jedoch **gewandelt**. Jedenfalls bei § 24 S. 1 BImSchG gilt das oben Gesagte laut dem *BVerwG* auf der Basis einer Normauslegung nicht mehr: So differenziere schon der Wortlaut dieser Norm nicht nach dem Anlagenbetreiber. Auch die Systematik – der im Sachverhalt als Hinweis genannte § 10 XI BImSchG mit Sonderregeln für staatliche Militäranlagen wäre sonst sinnlos – bestätige das, wobei das *BVerwG* insoweit ergänzend darauf verweist, allein die zum Vollzug des BImSchG berufene Behörde verfüge über die dafür erforderliche Sachkunde. Art. 28 II 1 GG, 11 II 2 BV seien auch gar nicht tangiert, wenn man auf die übertragene Aufgabe „Immissionsschutz" abstelle (allerdings spricht dagegen schon, dass es hier an sich um die Selbstverwaltungsaufgabe „Betrieb des Schwimmbades als öffentliche Einrichtung" geht). Jedenfalls wäre jedoch das alternativ zu erwägende Einschreiten der sonst in jedem Fall zuständigen Kommunalaufsicht nach Art. 108 ff. GO für die Stadt auch nicht „milder" (die Vollstreckung erfolgte dabei letztlich in ähnlicher Form; auch als Rechtsaufsicht hätte das Landratsamt seine Verfügung mit einer AoSofVz verbinden können). Daher bestätigten der Sinn und Zweck der Vorschrift ebenfalls den obigen Befund, und auch die Entstehungsgeschichte der Norm (die man in der Klausur aber nicht kennen muss) streitet laut *BVerwG* für dieses Ergebnis.[503]

---

501 Dieses Merkmal aus der Verhältnismäßigkeit als Teil der Rechtsfolge „Ermessen" wurde hier in den Tatbestand „vorgezogen"; so insoweit parallel auch Art. 11 I, 17 I Nr. 2 PAG.
502 Vgl. etwa *BVerwGE* 29, 52 (58 f.).
503 Insgesamt noch einen Schritt weiter geht *Britz*, DÖV 2002, 891 ff. (demgegenüber zweifelnd *Glöckner*, NVwZ 2003, 1207 ff.), die vertritt, das Ergebnis zu § 24 S. 1 BImSchG gelte allgemein. Denn die Gefahrenabwehrbehörde mache dem anderen Hoheitsträger nicht die Sachkompetenz streitig, zumal dieser ohnehin nicht überall sachkundig sei. Formelle und materielle Polizeipflichtigkeit seien damit kongruent, wenn nicht ausdrückliche Ausnahmen zugunsten einer gesetzlich begründeten Sonderaufgabe eingriffen, deren Erfüllung bei einer vollen Pflichtigkeit verhindert würde (so z. B. eben bei dem schon in Rn. 353 erwähnten Blaulichteinsatz nach §§ 35, 38 StVO).

**355** Je nach der eigenen Überzeugung in dieser Streitfrage besteht die formelle Polizeipflichtigkeit der Stadt Mindelheim also oder eben gerade nicht. Bejahendenfalls ist sie dann als Verhaltensstörerin in Gestalt einer Zweckveranlasserin (sie will, dass die Leute die Rutsche benutzen und Spaß haben) auch **Verantwortliche**. Bei positivem Ergebnis zu den Tatbestandsvoraussetzungen und zur Verantwortlichkeit sind auf der **Rechtsfolgenseite** auch keine Ermessensfehler erkennbar. Insbesondere wurde der Stadt eine „Abhilfe" durch andere Mittel als die Errichtung der Lärmschutzwand freigestellt (vgl. zu der sogenannten **Abwendungsbefugnis** als normativem Ansatz auch Art. 5 II 2 PAG; die Kürze der „Bedenkzeit" ist egal). Im Hinblick auf die **Störerauswahl** zwischen der Stadt als Zweckveranlasserin und den Besucherinnen und Besuchern des Schwimmbades als Verhaltensstörern ist ebenfalls kein Ermessensfehler erkennbar (→ das Vorgehen gegen den Zweckveranlasser ist in der Regel effektiver; darum wurde diese Figur „erfunden"). Der angefochtene Bescheid ist je nach der Entscheidung zur generellen formellen Polizeipflichtigkeit der Stadt Mindelheim und ihrer Stellung als Zweckveranlasserin materiell rechtmäßig oder nicht. Wenn der Bescheid rechtswidrig ist, **verletzt** er die Stadt Mindelheim auch in ihrem Recht auf Selbstverwaltung aus Art. 28 II 1 GG, 11 II 2 BV – hier bezüglich der objektiven Rechtsinstitutsgarantie (→ geschütztes Merkmal: „Selbstverwaltung") in Gestalt der Eigenverantwortlichkeit im Hinblick auf die Beeinträchtigung der Selbstverwaltungsaufgabe „Betrieb des Schwimmbades als öffentlicher Einrichtung". Die Erfolgsaussichten der Stadt in der Hauptsache sind nach Maßgabe des § 113 I 1 VwGO damit – je nach eigener Sicht – entweder negativ oder positiv.

**356** Bei einem rechtmäßigen Verwaltungsakt ist wegen der AoSofVz nun noch die eine Ausnahme von der Grundregel des § 80 I VwGO rechtfertigende **Eilbedürftigkeit** i. S. des § 80 II 1 Nr. 4 VwGO in der Sache zu prüfen. Angesichts der im Sachverhalt geschilderten Lärmfolgen – das Überschreiten der Grenzwerte legt bei einer nahen umliegenden Bebauung Gesundheitsgefahren zumindest nahe (um genau das zu verhindern, gibt es die Grenzwerte) – ist die Eilbedürftigkeit anzunehmen. Dementsprechend geht die für die Begründetheit des Eilrechtsschutzantrages nach der Bejahung der formellen Rechtmäßigkeit der AoSofVz allein maßgebliche Interessenabwägung bei einem rechtmäßigen und „eilbedürftigen" Verwaltungsakt zu Lasten der Stadt aus; ihr Eilantrag ist dann unbegründet. Oder bei einem rechtswidrigen – dann „rettet" die bestehende Eilbedürftigkeit auch nichts mehr; ein Sofortvollzug ist für einen rechtswidrigen Verwaltungsakt mit dem Rechtsstaatsprinzip des Art. 20 III GG unvereinbar – endet die Abwägung zu ihren Gunsten, und ihr Eilantrag ist begründet sowie dann insgesamt erfolgreich.

### Fall 4: Das umkämpfte kommunale Drogenhilfezentrum

**357** Angesichts zunehmender Probleme im Zusammenhang mit Rauschgift wurde in der Stadt Bamberg ein kommunales Drogenhilfezentrum eingerichtet. Schon nach kurzer Zeit entwickelt sich allerdings im Umfeld des Zentrums eine offene Drogenszene, die immer neue Dealer, Konsumentinnen und Konsumenten anzieht. Zugleich nimmt dort die Straßenprostitution zu, weil insbesondere abhängige Jugendliche sich zur Beschaffung des zum Drogenkonsum nötigen Geldes Freiern anbieten. Deswegen beschweren sich binnen Kürze zahlreiche Anwohnerinnen und Anwohner darüber, dass rings um das Zentrum herum benutzte Spritzen herumlägen. Außerdem beführen die Freier auf der Suche nach „billigem Sex" unablässig die Straßen in der Umgebung des Drogenhilfezentrums. Dabei würden dann auch unbescholtene Mädchen und Frauen in aufdringlicher Weise „unsittlich" angesprochen. Zudem wirke die gesamte Szenerie negativ auf die Schülerinnen und Schüler der nahen und weithin bekannten renommierten Schule ein.

Fall 4: Das umkämpfte kommunale Drogenhilfezentrum

Bei den daraufhin verstärkt durchgeführten polizeilichen Streifen wird wiederholt der wegen Verstößen gegen das Betäubungsmittelgesetz einschlägig vorbestrafte D angetroffen. Bei ihm werden auch die Namen und Adressen von Drogenabhängigen, nie jedoch Drogen gefunden. Auf Nachfrage erklärt D, er sei weder Dealer noch Konsument, wisse aber aus leidvoller eigener Erfahrung um die Nöte der Abhängigen, denen er helfen wolle. Eines Tages erhält D einen Bescheid der Stadt Bamberg. Dieser verweist D für die Dauer von drei Monaten aus dem (näher bezeichneten) Gebiet um das Drogenhilfezentrum. Gestattet ist D künftig nur noch das Aufsuchen von Behörden, Gerichten, Ärzten und Krankenhäusern sowie des Drogenhilfezentrums selbst. Gleichzeitig erklärt der Bescheid die getroffene Anordnung für sofort vollziehbar. Zur Begründung dafür führt der Bescheid aus, der nicht in Bamberg wohnende D verfestige durch seine ständigen und dauerhaften „Besuche" vor Ort die Drogenszene.

Zur selben Zeit überlegt auch der nur noch für kurze Zeit amtierende Bamberger Oberbürgermeister O, der zum Abschied noch einmal „Farbe bekennen" will, ob es ihm möglich ist, rechtliche Schritte gegen die Belästigung Unbeteiligter in der Umgebung des Drogenhilfezentrums zu unternehmen. Dabei scheiden (etwa kommunal- und baurechtliche) Regelungen, die der Stadtrat beschließen müsste, wegen der dortigen politischen Mehrheiten und Überzeugungen hinsichtlich einer „effizienten" Drogenpolitik aus. O, der einer anderen politischen „Richtung" angehört, weiß aber, dass er für eigene Maßnahmen, die das derzeitige Verhalten der Freier untersagten, die notwendige Rückendeckung seiner Aufsichtsbehörden fände, sie also nicht einschreiten würde. Daher bevorzugt er diese Mittel. Maßnahmen gegen die sich prostituierenden Drogenabhängigen will dabei allerdings auch O nicht treffen.

1. Ist die Verweisung des D aus dem Gebiet rund um das Drogenhilfezentrum in jeder Hinsicht rechtmäßig? Bitte gehen Sie auf alle insoweit in Betracht zu ziehenden Aspekte ein.
2. Hat der D einen ihm raschen Schutz bietenden Rechtsbehelf gegen die Maßnahme der Stadt Bamberg?
3. Steht dem O ein Instrument zur Verfügung, um das Verhalten der Freier in rechtlich unbedenklicher Weise allgemein oder im Einzelfall zu beschränken oder gar zu verhindern?

## Die Gliederungsübersicht zu Fall 4:

### A. Erste Aufgabe: Aufenthaltsverbot für den D
### I. Ermächtigungsgrundlage des Aufenthaltsverbotes
**Problem:** Welche Ermächtigungsgrundlage passt für das Aufenthaltsverbot?
1. BayVersG
2. Art. 16 PAG
3. Art. 26 LStVG
4. Art. 23 LStVG
5. Art. 7 II LStVG
   **Problem:** Verfassungsmäßigkeit des Art. 7 II LStVG
   a. Formelle Verfassungsmäßigkeit
   b. Materielle Verfassungsmäßigkeit

### II. Formelle Rechtmäßigkeit des Aufenthaltsverbotes
1. Zuständigkeit
2. Verfahren
3. Form

### III. Materielle Rechtmäßigkeit des Aufenthaltsverbotes
1. Tatbestandsvoraussetzungen des Art. 7 II Nr. 1 LStVG – „hinreichender Tatverdacht"
   **Problem:** Wahrscheinlichkeitsgrad für die nötige Straftatbegehung
2. Störereigenschaft
3. Rechtsfolge: Ermessen → Fehler durch Unverhältnismäßigkeit?
   a. Legitimer Zweck
   b. Geeignetheit
   c. Erforderlichkeit
   d. Angemessenheit

### B. Zweite Aufgabe: Möglicher Eilrechtsschutz für D
### I. Sachentscheidungsvoraussetzungen des Eilrechtsschutzantrages
1. Eröffnung des Verwaltungsrechtsweges
2. Statthafter Rechtsbehelf
   **Problem:** Abgrenzung der Eilrechtsschutzrechtsbehelfe
3. Antragsbefugnis
4. Beteiligten- und Prozessfähigkeit
5. Zuständiges Gericht
6. Allgemeines Rechtsschutzbedürfnis
   a. § 80 VI i. V. mit IV, II 1 Nr. 1 VwGO
   b. Fehlende Anfechtungsklage
   c. Offensichtlich fehlende Sachentscheidungsvoraussetzungen

### II. Begründetheit des Eilrechtsschutzantrages
1. Richtiger Antragsgegner
2. Formelle Rechtmäßigkeit der AoSofVz nach § 80 II 1 Nr. 4, III VwGO
   a. Zuständigkeit
   b. Verfahren
   c. Form
3. Interessenabwägung
   a. Erfolgsaussichten in der Hauptsache
   b. Eilbedürftigkeit

### C. Dritte Aufgabe: Möglichkeiten des O bezüglich der Freier
### I. Rechts- oder Ermächtigungsgrundlage für ein „Betätigungsverbot" der Freier
**Problem:** Passende Rechts- bzw. Ermächtigungsgrundlage für das „Betätigungsverbot"
1. Sperrgebietsverordnung nach Art. 297 EGStGB
2. Gefahrenabwehrverordnung
3. Einzelmaßnahme oder Allgemeinverfügung nach Art. 7 II LStVG

### II. Formelle Rechtmäßigkeit eines „Betätigungsverbotes" für Freier
1. Zuständigkeit
2. Verfahren – Anhörung
3. Form

### III. Materielle Rechtmäßigkeit eines „Betätigungsverbotes" für Freier
1. Tatbestandsvoraussetzungen des Art. 7 II Nr. 1 LStVG
   a. Belästigung der Allgemeinheit nach § 118 OWiG
   b. „Unnützes Hin- und Herfahren" nach § 30 I 3 StVO

c. Beleidigung nach § 185 StGB
   d. Jugendgefährdende Prostitution nach § 184g StGB
2. Störereigenschaft
3. Rechtsfolge

Im Rahmen der **ersten Aufgabe** ist das **Aufenthaltsverbot** für D näher zu untersuchen. 359
Die Verweisung des D aus dem Gebiet rund um das Drogenhilfezentrum ist rechtmäßig, wenn P dafür eine taugliche Ermächtigungsgrundlage zur Verfügung stand (Vorbehalt des Gesetzes) und deren formelle sowie materielle Vorgaben alle erfüllt wurden (Vorrang des Gesetzes). Für die **Ermächtigungsgrundlage** erscheint eine Suche im **BayVersG** als abwegig, da D an keiner Versammlung teilnimmt. Der an sich einschlägige **Art. 16 II 1 Nr. 2a PAG** kommt hier mangels polizeilichen Handelns nicht – im Bereich der Eingriffsverwaltung auch nicht analog – in Frage. **Art. 26 II LStVG** scheint zwar auf den ersten Blick passend, erfasst aber nur das Betretungsverbot für bestimmte Grundstücke, von denen Gefahren ausgehen (und gilt ohnehin explizit nicht für Straßen und Wege), aber nicht für ein Gebiet. Diese Vorschrift ist allerdings erkennbar nicht abschließend (vgl. Abs. 1 S. 2) und entfaltet mithin auch wegen ihres anderen Zieles keine „Sperrwirkung". **Art. 23 LStVG** passt mangels Ansammlungen ebenfalls nicht auf den Fall. In Ermangelung weiterer speziellerer Normen (für die Sicherheitsbehörde kommt das PAG nicht in Betracht) könnte aber **Art. 7 II LStVG** einschlägig sein. Diese Norm wurde laut h. M. bislang mangels eines entsprechenden Willens des Gesetzgebers für eine abschließende Regelung auch nicht von Art. 16 PAG a. F. gesperrt (was prinzipiell auch zwischen dem PAG und dem LStVG geht).[504] Angesichts von dessen Neufassung mit einer sachnäheren (→ das ist der maßgebliche sogenannte „soziale Sinn") und eben nur von der berechtigten Behörde her nicht passenden Standardmaßnahme in Art. 16 II 1 Nr. 2a, S. 3 PAG kann diese schon zuvor stark am Ergebnis orientierte und dogmatisch kaum haltbare Sicht nun nicht mehr aufrecht erhalten werden, wenn nicht doch Art. 58 LStVG n. F. (s. hierzu sogleich in Fn. 510) als Indiz für die gegenteilige Sicht herangezogen wird.[505] Wenn hier dennoch auf Art. 7 II LStVG abgestellt wird, müsste seine Ausdehnung auf diesen Fall aber auch noch **verfassungsgemäß** sein (sonst kommt es auf das Vorstehende gar nicht entscheidend an).[506]

Zunächst stellt sich in **formeller Hinsicht** das Problem der **Gesetzgebungskompetenz** 360
**des Landes** im Hinblick auf Art. 73 I Nr. 3 GG. Dieser Titel betrifft aber nur die Freizü-

---

504  Vgl. zur alten Rechtslage vor der entsprechenden Erweiterung des Art. 16 PAG *Berner/Köhler/Käß*, Art. 16 Rn. 5; anders wohl *Schmidbauer*, in: *Schmidbauer/Steiner*, Art. 100 PAG Rn. 42 f., wonach z. B. längerfristige „Wegweisungen" prügelnder Ehegatten auch auf Art. 16 PAG zu stützen sind. Danach hätte die Polizei schon vor der Gesetzesänderung auf diese Norm zurückgreifen können (was allerdings als fraglich erscheint). Zu den Änderungen des PAG durch das Gesetz zur effektiveren Überwachung gefährlicher Personen und zu den daraus erwachsenen neuen Befugnissen der Polizei auch *Müller*, BayVBl. 2018, 109 ff.

505  Die früher vorherrschende Sicht „ebnete" die besonderen Voraussetzungen und Rechtsfolgen der spezielleren Ermächtigungsgrundlagen „ein"; sie war jedoch einer in der Praxis sonst kaum zu schließenden Lücke geschuldet. Heute ist insoweit allerdings wie bei anderen ähnlich „langwierigen" Maßnahmen der Datenerhebung wie etwa der Observation (nur) durch die Polizei die Bejahung des Art. 3 PAG problematisch, wenn dafür ein Eilfall verlangt und nicht – mit seinem Wortlaut – auch ein rechtlich unmögliches Handeln der Sicherheitsbehörde akzeptiert bzw. die Norm als Spezialregelung zu Art. 3 PAG angesehen wird.

506  An dieser Stelle muss für eine wirklich gute Klausur (durch Vorskizzierung auf dem „Schmierzettel") auch ohne direkte Hinweise im Sachverhalt das „Gespür" dafür entwickelt werden, dass dieser Punkt angesprochen werden sollte.

gigkeit im Grenzübertrittszusammenhang,[507] so dass der Freistaat insoweit laut Art. 30, 70 I GG für den Erlass der in Rede stehenden Norm zuständig ist.[508] In **materieller Hinsicht** greift ein längerfristiger Platzverweis wie hier zwar – falls man den Eingriff nicht erst in der konkreten auf das Gesetz gestützten Einzelmaßnahme sieht; eine „Gefährdung" besteht aber schon jetzt – in den Schutzbereich der **Freizügigkeit** ein.[509] Deren qualifizierter Gesetzesvorbehalt (Art. 11 II GG letzter und vorletzter Fall; er wird in Art. 109 I 2, 98 S. 2 BV mit einem „anders qualifizierten" Gesetzesvorbehalt zur Vermeidung seiner „Brechung" durch Art. 31 GG von der h. M. hineingelesen) „deckt" hier jedoch im Rahmen der verfassungsrechtlichen Rechtfertigung zunächst einmal eine solche Einschränkung der Freizügigkeit ab. Art. 7 II LStVG als Grundrechtsschranke muss aber seinerseits auch noch tauglich, also verfassungsgemäß sein und dazu den materiellen (zu den formellen wurde wegen der abstrakten Prüfung bereits oben Stellung genommen) Schranken-Schranken genügen. Die Norm ist zwar hinreichend bestimmt (→ das ist allerdings streitig); sie muss aber gegebenenfalls zur Wahrung der Verhältnismäßigkeit verfassungskonform insoweit einschränkend ausgelegt werden, als die Gefahr der Begehung einer Ordnungswidrigkeit nicht ausreicht.[510] Damit kann Art. 7 II LStVG im Ergebnis je nach eigener Argumentation bzw. Sicht zur Sperrwirkung des Art. 16 II 1 Nr. 2a PAG (→ Rn. 359) als passende und taugliche bzw. verfassungsgemäße Ermächtigungsgrundlage des Aufenthaltsverbotes angesehen werden oder nicht.

**361** Weiterhin ist die formelle Rechtmäßigkeit der Verfügung zu prüfen. Die **Zuständigkeit** der Stadt Bamberg als Sicherheitsbehörde folgt **sachlich** aus Art. 6 (Aufgabe der Gefahrenabwehr bzw. Vorliegen einer zumindest abstrakten Gefahr für die öffentliche Sicherheit oder Ordnung; die „**instanzielle**" Zuständigkeit hängt von der „Größe" bzw. Reichweite der Gefahr ab; vorrangig ist als unterste Ebene die Gemeinde zuständig → Subsidiarität), 7 II (Befugnis), 10 LStVG (Verhältnis zur Polizei) und **örtlich** aus Art. 3 I Nr. 1 (es geht mit dem Betreten von Grundstücken hier um ein ortsgebundenes

---

507 Vgl. *Kunig*, in: *v. Münch/Kunig*, Art. 11 Rn. 21 m. w. N.; zu beachten ist insoweit zudem Art. 11 II GG mit klassischen „Ländermaterien", die den Gesetzesinhalt bilden, wobei die Einschränkung der Freizügigkeit nur die Nebenfolge ist.

508 Der Begriff der „Freizügigkeit" ist in Art. 73 I Nr. 3 GG mithin anders (oder enger) auszulegen als in Art. 11 I und II GG (→ er ist ein sogenanntes „*Teekesselchen*"). In Art. 11 GG bedeutet „Freizügigkeit" das Recht, an jedem Ort innerhalb des Bundesgebietes Aufenthalt oder Wohnsitz zu nehmen (vgl. BVerfG, NJW 1953, 1057 ff.). Grundfälle zu Art. 11 GG finden sich bei *Hamdan*, JA 2019, 165 ff.; *Frenzel*, JuS 2011, 595 ff. Ein ähnliches Phänomen des „*Teekesselchens*" gibt es im Übrigen auch bei der „verfassungsmäßigen Ordnung" in Art. 2 I und Art. 9 II GG.

509 Vgl. dazu *Durner*, in: *Dürig/Herzog/Scholz*, GG Art. 11 Rn. 83, auch m. w. N. zum Streit beim *kurzfristigen* Platzverweis. Es geht hier im Übrigen um die Freizügigkeit, nicht um eine Freiheitsbeschränkung oder -entziehung nach Art. 2 II 2, 104 GG; vgl. dazu *Schmidbauer, in: Schmidbauer/Steiner*, Art. 100 PAG Rn. 42 f.

510 Ein Problem stellte sich bis zur letzten Gesetzesreform aber im Hinblick auf die weitere Schranken-Schranke des Zitiergebotes aus Art. 19 I 2 GG, das für Art. 11 GG gilt, aber durch Art. 58 LStVG a. F. im Unterschied zu Art. 74 a. F. bzw. nunmehr Art. 100 PAG nicht gewahrt wurde (das erklärte sich damit, dass nach früher h. M. Platzverweise nur unter Art. 2 II GG fielen). Zur Vermeidung einer Verfassungswidrigkeit der auf Aufenthaltsverbote ausgedehnten Norm musste sie daher teleologisch so reduziert werden, dass sie diese doch nicht mehr erfasste und damit keine taugliche Ermächtigungsgrundlage für das gegenüber D verhängte Verbot war. Dagegen ließ sich allenfalls anführen, dass Art. 7 II Nr. 1 LStVG als vorkonstitutionelles Recht schon gar nicht Art. 19 I 2 GG unterfiel (so *Stendel*, in: *Seidel/Stendel/Lang*, S. 389 f. Rn. 25, im Hinblick auf Art. 8 GG). Mittlerweile wurde Art. 58 LStVG jedoch ohne nähere Erläuterung (→ das kann damit allenfalls ein Indiz dafür sein, dass der Gesetzgeber langfristige Platzverweise doch auch nach dem LStVG für möglich erachtet, zumal andere Maßnahmen der Sicherheitsbehörden [außer Art. 26 LStVG] kaum Art. 11 GG bzw. Art. 109 BV tangieren) um die Freizügigkeit erweitert, womit dieses Problem entfallen ist.

Verbot) BayVwVfG (die Nr. 4 ist dazu subsidiär).[511] Die an sich nach Art. 28 I BayVwVfG bei einem Aufenthaltsverbot als belastendem Verwaltungsakt (mit entsprechender Regelung) nötige **Anhörung** des D ist hier unterblieben.[512] Sie kann jedoch noch gemäß Art. 45 I Nr. 3, II BayVwVfG nachgeholt werden. Schließlich gibt es auch hinsichtlich der Form keine Bedenken im Hinblick auf Art. 37 II 1, 39 I BayVwVfG. Das gegen D ausgesprochene Aufenthaltsverbot ist mithin formell rechtmäßig bzw. der entsprechende Verfahrensfehler zumindest heilbar.

Zuletzt ist die materielle Rechtmäßigkeit der Verfügung zu prüfen. **Tatbestandsvoraussetzung des Art. 7 II Nr. 1 LStVG** ist, dass rechtswidrige Taten, die den Tatbestand eines Strafgesetzes oder einer Ordnungswidrigkeit verwirklichen, verhütet oder unterbunden werden sollen. Fraglich ist mithin, ob derartige Tatsachen im Fall des D aufzuweisen sind – das heißt: Straftaten zu erwarten – sind. Der D wurde einerseits zuletzt nie mit Drogen angetroffen. Andererseits ist er als Dealer (oder Konsument?) bereits häufiger verurteilt worden und führte jetzt immer Adressen potenzieller „Kunden" mit sich, die er möglicherweise nur „wirbt" und dann an weniger streng überwachten Orten „beliefert". Seine Angabe, er wolle den Junkies nur helfen, von ihrer Sucht loszukommen, erscheint „windig" und bestätigt insoweit sogar eher den angesprochenen Verdacht strafbarer Handlungen gegen ihn (anders bei „echten" Helfenden). Daher ist zu klären, welche Gewissheit bzw. welcher **Wahrscheinlichkeitsgrad** für die Annahme der Straftatbegehung zu fordern ist. Es ist zu berücksichtigen, dass das Aufenthaltsverbot in einen sehr grundrechtsintensiven Bereich eingreift, der einem qualifizierten Gesetzesvorbehalt (→ „Kriminalvorbehalt") unterliegt. Art. 11 II letzter Fall GG spricht insoweit aber nur von der „Erforderlichkeit zur Vorbeugung vor strafbaren Handlungen", so dass zu entscheiden ist, ob D selbst an den abzuwehrenden Straftaten beteiligt sein muss oder seine „Zugehörigkeit" zur offenen Drogenszene ausreicht. Verfassungsrechtlich anerkannt ist, dass die Wahrscheinlichkeit einer Straftat und ihrer Begehung umso geringer sein kann, je schwerer die befürchtete Straftat ist, dass aber Grundrechtseingriffe nur gegen den potenziellen Täter zulässig sind.[513] Die *Verwaltungsgerichte* leiten daraus ab, dass bei Verstößen gegen das Betäubungsmittelgesetz (BtMG) Angehörige der offenen Drogenszene polizei- bzw. sicherheitsrechtlich in Anspruch genommen werden können, soweit sie in besonderer Weise an der Bildung und Aufrechterhaltung der offenen Drogenszene beteiligt sind (die hier aber der Errichtung des Drogenhilfezentrums der Stadt folgt).[514] Im Fall des D sind hier beide Ergebnisse vertretbar. Letztlich geht es darum, wem man das Beweislastrisiko für die bevorstehende Täterschaft des D aufbürdet. Die *Verwaltungsgerichte*, die insoweit die polizei- bzw. sicherheitsrechtliche Generalklausel anwenden und „nur" eine Gefahr für die öffentliche Sicherheit oder Ordnung verlangen, tun sich hier leichter, wenn sie die offene Drogenszene als „kollektives Geschehen" einordnen, das die Strukturen des Erwerbes von Rauschgift stützt, damit Verstöße gegen das BtMG

---

511 Für eine Zuständigkeit der Polizei müsste Art. 3 PAG bejaht werden (dazu schon oben in Rn. 359). Zu der jedoch auch möglichen parallelen Zuständigkeit von Polizei und Sicherheitsbehörde siehe in Fn. 530. Art. 10 LStVG ist in der „Kette" zur Zuständigkeit nicht unbedingt zwingend. Die Organkompetenz ist nicht zu prüfen, wenn laut dem Sachverhalt „die Stadt" handelt; sie läge hier mangels Art. 37 I 1 Nr. 1, III 1 GO nach Art. 29 GO beim Stadtrat.

512 Eine Entbehrlichkeit nach Art. 28 II Nr. 1 BayVwVfG ist angesichts der Dauer des Aufenthaltsverbotes und seines zeitlichen „Vorlaufes" nicht gut zu begründen. → Es ist auf die „Stimmigkeit" der Argumentation zu achten.

513 Vgl. etwa *Gusy*, in: *v. Mangoldt/Klein/Starck*, Art. 11 Rn. 62.

514 So *OVG Münster*, DÖV 2001, 216 f., das wie früher in Bayern – s. oben Rn. 359 zu Art. 16 PAG a. F. – mangels einer speziellen Norm in Nordrhein-Westfalen die Generalklausel für anwendbar hält, während andere Bundesländer insoweit Spezialregelungen für längere Aufenthaltsverbote mit einem eigenen und engeren Tatbestand und gegebenenfalls auch einer eigenen Regelung zur Verantwortlichkeit z. B. bei sogenannten Hütchenspielern (so etwa § 31 II, III Hessisches Sicherheits- und Ordnungsgesetz) getroffen haben.

fördert und so die öffentliche Sicherheit gefährdet.[515] Die an sich vom Grundrecht des Art. 11 GG „geforderte" Täterschaft (s. oben im Text) des D übersehen sie dabei allerdings „elegant".[516]

**363** Fraglich ist, ob an dieser Stelle nicht die **Grundsätze über „Irrtümer"** eingreifen. Hier „helfen" jedoch weder eine **Anscheins-** (die Tatsachen sind der Behörde von vornherein richtig bekannt; ihre ex-ante- und die ex-post-Sicht variieren nicht) noch eine **Putativgefahr** weiter (sie rechtfertigt ohnehin kein Einschreiten, liegt aber auch gar nicht vor). Dem Abstellen auf einen bloßen **Gefahrenverdacht** steht schließlich schon der Wortlaut des Art. 7 II Nr. 1 LStVG entgegen. Zudem lässt ein Gefahrenverdacht aus Verhältnismäßigkeitsgründen nur sogenannte zumutbare Gefahrerforschungseingriffe und keine endgültigen Maßnahmen wie gegen D zu. Denkbar ist insoweit allenfalls ein „Test", ob durch die „Verbannung" des D die Zahl der Drogendelikte spürbar abnimmt, aber das ist dann keine Gefahrerforschung mehr. In jedem Fall (vgl. die Aufgabenstellung) ist auch hier weiter zu prüfen.

**364** D müsste für seine rechtmäßige Inanspruchnahme überdies **Störer** sein. In Betracht kommt vorliegend nur die „Haftung" als Verhaltensstörer für die Gefahr bzw. den Gefahrenverdacht (bei fehlenden Zweifeln an seiner Verantwortlichkeit) laut Art. 9 I 1 LStVG. Spätestens hier stellt sich dann aber in aller Schärfe die Frage, ob die bloße Mitwirkung an der „Verfestigung" der offenen Drogenszene insoweit ausreicht. Die Argumentation von oben in Rn. 362 ist hier in ähnlicher Weise heranzuziehen (hierzu etwa das *OVG Münster*,[517] das insoweit keine Bedenken zur Verantwortlichkeit hegt).[518]

**365** **Rechtsfolge** des Art. 7 II Nr. 1 LStVG ist zunächst ein **Ermessen** der Stadt Bamberg als Sicherheitsbehörde über ihr Einschreiten (→ „können"), das sie fehlerfrei ausgeübt haben muss. Zu denken ist im Hinblick auf den konkreten Eingriff – im Unterschied zu oben, wo es um den abstrakten Grundrechtseingriff durch die Norm geht – in das Freizügigkeitsgrundrecht des Art. 11 GG, 109 I 2 BV an die Verletzung des Grundsatzes der Verhältnismäßigkeit.[519] Das Aufenthaltsverbot dient dem **legitimen Zweck** der Gefahrenabwehr. Wenn D sich nicht mehr rings um das Drogenhilfezentrum aufhält, kann er auch keine Drogen verkaufen, neue Konsumentinnen bzw. Konsumenten anlocken usw. (anders ist die Beurteilung aber gegebenenfalls bei Drogenabhängigen, die auf die Drogenbeschaffung angewiesen sind). Daher ist das Aufenthaltsverbot – jedenfalls bei unterstellter „Täterschaft" des D – **geeignet**, einer „Verfestigung" der offenen Drogenszene entgegenzuwirken. Diskutiert werden kann jedoch noch, ob das Ganze nicht eine bloße Problemverlagerung ist.[520] Ein milderes Mittel wie etwa die bisherigen polizeili-

---

515 *VGH München*, NVwZ 2000, 454 ff.; *OVG Bremen*, NVwZ 1999, 314 ff.; *VGH Mannheim*, NVwZ-RR 1997, 225 f.
516 Diese Problematik kann ebenso gut auch erst unter dem Punkt „Störereigenschaft" erörtert werden, hängt an sich aber schon an der nötigen „Gefahr" (von Straftaten).
517 Vgl. *OVG Münster*, DÖV 2001, 216 f.
518 Art. 9 III LStVG passt hier schon von seiner „Rechtsfolge" her logisch nicht: Wieso sollte vorliegend zur Gefahrbeseitigung ein Nichtverantwortlicher des Platzes verwiesen werden? Im Übrigen hilft aus den genannten Gründen auch die Figur des Anscheins- oder Verdachtsstörers (→ die parallele Situation wie oben bei der Gefahr nun bezüglich der Verantwortlichkeit; im Extremfall können auch Irrtümer in beiderlei „Hinsicht" zusammen auftreten) nicht weiter.
519 Die Verhältnismäßigkeit kann so, wie es hier vorgeschlagen wird, als Schranken-Schranke eines speziellen Grundrechts (hier des Art. 11 GG; bei Art. 2 I GG verspricht dessen gesonderte Prüfung hingegen keinen „Gewinn") untersucht werden. Angesichts von Art. 8 LStVG kann die Prüfung aber auch isoliert und dabei jeweils als Eingrenzung des Ermessens (→ sonst liegt eine Ermessensüberschreitung vor) erfolgen. Bei ihrer Untersuchung mit einer im Rahmen der Angemessenheit eingeschobenen Prüfung der Grundrechte besteht allerdings die Gefahr einer doppelten Prüfung der Verhältnismäßigkeit (dann erneut als Schranken-Schranke des Grundrechts).
520 Vgl. *Hecker*, NVwZ 2003, 1334 ff.; dagegen *Helmke*, S. 211.

chen Kontrollen mit gleichem Erfolg ist im Vergleich zum Aufenthaltsverbot – wenn man denn den „Tatbeitrag" des D als ausreichend ansieht – nicht ersichtlich und dieses daher auch **erforderlich**. Allenfalls ein „einfacher", sprich: kürzerer Platzverweis wäre denkbar, aber hier im Ergebnis nach den konkreten Umständen des Falles nicht zur Gefahrenabwehr ausreichend. Schließlich müsste es aber auch noch **angemessen** sein. Dazu bedarf es einer Bewertung der Zweck-Mittel-Relation: D wird erheblich in seiner Freizügigkeit beschränkt; von ihm gehen aber auch erhebliche Gefahren bezüglich der „Verfestigung" der offenen Drogenszene aus, sofern man ihn als „Täter" ansieht. Das Verbot ist hier außerdem räumlich auf das direkte Umfeld des Drogenhilfezentrums beschränkt und enthält viele Ausnahmen, so dass sich D, der gar nicht in der Stadt wohnt, weiter in einem großen Teil Bambergs bewegen und aufhalten kann. Im Ergebnis sind damit beide Sichtweisen zur Angemessenheit vertretbar. Als Ergebnis zur ersten Aufgabe ist das von der Stadt Bamberg gegenüber D ausgesprochene dreimonatige Aufenthaltsverbot für den Bereich um das Drogenhilfezentrum formell und – bei entsprechender Argumentation aber eben auch nicht – materiell rechtmäßig.

Bei der **zweiten Aufgabe** gilt es zu erkennen, dass ein Vorgehen für D mit einem Eilantrag nur dann sinnvoll und überhaupt Erfolg versprechend ist, wenn dafür die Sachentscheidungsvoraussetzungen und daneben auch die der Begründetheit (dazu teilweise schon die erste Aufgabe) vorliegen (die Sofortvollzugsanordnung passt aber besser zu dieser Aufgabe → das ist die bei einer Klausurlösung nötige „Taktik").

Erste **Sachentscheidungsvoraussetzung des Eilrechtsschutzantrages** ist die **Eröffnung des Verwaltungsrechtsweges**, die sich mangels aufdrängender Sonderzuweisung aus § 40 I 1 VwGO ergibt, geht es doch um das auf der streitentscheidenden öffentlich-rechtlichen Norm des Art. 7 II Nr. 1 LStVG, die insoweit nur die Sicherheitsbehörden als Träger öffentlicher Gewalt berechtigt, beruhende Aufenthaltsverbot als Streitgegenstand. Es handelt sich ferner um eine Streitigkeit nichtverfassungsrechtlicher Art, für die keine abdrängende Sonderzuweisung besteht.[521] Ausgangspunkt für die Bestimmung des **statthaften Rechtsbehelfes** ist immer das Begehren des um Rechtsschutz Nachsuchenden – vorliegend also des D –, was sich auch normativ aus der Bindung des Gerichtes an das Antrags- bzw. Klagebegehren nach § 88 VwGO begründen lässt, der über § 122 I VwGO auch im hier einschlägigen (→ „rascher Schutz") einstweiligen Rechtsschutzverfahren mit seinen Beschlüssen gilt. § 47 VI VwGO scheidet von vornherein aus. Nach § 123 V VwGO ist der Eilrechtsschutz nach §§ 80 V 1, 80a VwGO vorrangig gegenüber dem Erlass einer einstweiligen Anordnung nach § 123 I VwGO. Er kommt immer zur Anwendung, wenn in der Hauptsache eine Anfechtungsklage statthaft ist. Das Aufenthaltsverbot stellt, wie schon oben in Rn. 361 untersucht wurde, einen belastenden Verwaltungsakt i.S. des Art. 35 S. 1 BayVwVfG dar, den D in der Hauptsache daher mit der Anfechtungsklage angreifen müsste. Dieser Rechtsbehelf hat gemäß § 80 I VwGO regelmäßig aufschiebende Wirkung, suspendiert also den Vollzug des Verwaltungsaktes, so dass D hinreichend geschützt wäre. Vorliegend entfällt die aufschiebende Wirkung mangels einer polizeilichen Anordnung i.S. des § 80 II 1 Nr. 2 VwGO auch nicht kraft Gesetzes. Jedoch hat die Stadt Bamberg in ihrem Bescheid die sofortige Vollziehbarkeit desselben eigenständig angeordnet, wodurch gemäß § 80 II 1 Nr. 4 VwGO die aufschiebende Wirkung einer möglichen Anfechtungsklage des D nicht (mehr) bestehen würde. Für ausreichenden Eilrechtsschutz muss D also einen Antrag an das VG auf Wiederherstellung der aufschiebenden Wirkung seiner Anfechtungsklage nach § 80 V 1 Fall 2 VwGO stellen. Das Aufenthaltsverbot ist an D adressiert und belas-

---

521 Mangels eines Handelns der doppelfunktionalen Polizei ist § 23 I 1 EGGVG nicht (unbedingt) anzusprechen. Zum Rechtsschutz gegen Maßnahmen der doppelfunktionalen Polizei s. *Schenke*, NJW 2011, 2838 ff.

tet ihn deswegen zumindest in seinem Grundrecht auf Allgemeine Handlungsfreiheit nach Art. 2 I GG bzw. 101 BV. Im Übrigen ist insoweit auch noch an Art. 11 I GG, 109 I 2 BV zu denken, so dass D für diesen Antrag über die analog § 42 II VwGO erforderliche **Antragsbefugnis** verfügt. D und die Stadt Bamberg als juristische Person des Öffentlichen Rechts – diese bei Vertretung durch ihren Oberbürgermeister jedenfalls mit Billigung des Stadtrates (vgl. Art. 36 S. 1 GO) – sind **beteiligten- und prozessfähig** (§§ 61 Nr. 1 Fall 1 bzw. 2, 62 I Nr. 1 bzw. III VwGO i. V. mit Art. 1 S. 1 bzw. 38 I, 34 I 2 GO). Das VG Bayreuth ist als Gericht der Hauptsache auch hier im Eilverfahren (vgl. § 80 V 1 VwGO) nach §§ 45, 52 Nr. 3 S. 1 VwGO, Art. 1 II Nr. 3 AGVwGO **zuständig**.

**368** Eine wichtige Sachentscheidungsvoraussetzung in Verfahren des einstweiligen Rechtsschutzes ist schließlich noch die Frage nach dem **allgemeinen Rechtsschutzbedürfnis** des Antragstellers. Dieses fehlt, wenn sein Antrag in Bezug auf die erstrebte Rechtsverfolgung „sinnlos" ist oder ihm ein „einfacherer Weg" zur Erreichung seines Zieles zur Verfügung steht. **§ 80 VI i. V. mit IV, II 1 Nr. 1 VwGO** passt hier nicht; ein vorheriger Antrag auf Aussetzung der Vollziehung an die Behörde als „einfacherer Weg" ist also nicht zwingend nötig. Vorliegend stellt sich aber das Problem, dass D **noch keine Anfechtungsklage gegen das Aufenthaltsverbot** (als „einfacherer Weg") erhoben hat. Deshalb kann das VG auch gar keine aufschiebende Wirkung der Anfechtungsklage als deren „Träger" wiederherstellen, so dass der Antrag des D an sich ins Leere geht. Der Gesetzgeber stört sich jedoch ausweislich von § 80 V 2 VwGO nicht an diesen dogmatischen Bedenken und lässt den Eilantrag nach § 80 V 1 VwGO bereits vor der Klageerhebung zu. Die (damit noch zu erhebende) **Anfechtungsklage** des D hat allein aufgrund der getroffenen AoSofVz und nicht etwa wegen offensichtlich fehlender Sachentscheidungsvoraussetzungen (z. B. aufgrund ihrer offensichtlichen Verfristung, was sich hier mangels eines Vorverfahrens – § 68 I 2 Fall 1 VwGO, Art. 12 II AGVwGO – nach § 74 I 2 VwGO beurteilt) **keine aufschiebende Wirkung**. Deshalb ist das Vorgehen des D im Eilrechtsschutz zur Verbesserung seiner Rechtsposition nicht „sinnlos" und sein Rechtsschutzbedürfnis auch im Übrigen zu bejahen. Für seinen Eilantrag liegen mithin die Sachentscheidungsvoraussetzungen vor.

**369** Die **Begründetheit des Eilrechtsschutzantrages** des D setzt voraus, dass er sich gegen den richtigen Antragsgegner wendet und die AoSofVz formell rechtswidrig ist oder sein Suspensiv- das öffentliche Sofortvollzugsinteresse überwiegt. **Richtiger Antragsgegner** ist für D analog § 78 I Nr. 1 VwGO die durch ihre Sicherheitsbehörde handelnde Stadt Bamberg. Bei einem Eilantrag nach § 80 V 1 Fall 2 VwGO bezüglich einer AoSofVz ist – im Unterschied zum Eilantrag nach § 80 V 1 Fall 1, II 1 Nr. 1–3a VwGO – zunächst auf deren **formelle Rechtmäßigkeit** laut § 80 II 1 Nr. 4, III VwGO abzustellen. **Zuständig** für den Erlass der AoSofVz ist gemäß § 80 II 1 Nr. 4 VwGO die Stadt Bamberg als Ausgangsbehörde.[522] Beim **Verfahren** bedarf es nach h. M. mangels eigenständiger Regelung und damit mangels Verwaltungsaktcharakters der AoSofVz keiner Anhörung nach Art. 28 I BayVwVfG, und auch dessen analoge Anwendung scheitert am Fehlen einer planwidrigen Regelungslücke (vgl. Rn. 350). Die besonderen **Formerfordernisse** (→ Schriftform und hinreichende, aber nicht unbedingt inhaltlich richtige Begründung) des § 80 III VwGO sind erfüllt (hier kann nicht auf den „strengen" Eilfall nach § 80 III 2 VwGO abgestellt werden). Die AoSofVz ist demnach formell rechtmäßig.

**370** Bei § 80 V 1 Fall 2 VwGO ist (im Unterschied zum Fall 1, wo es wegen der gesetzgeberischen Grundentscheidung in § 80 II 1 Nr. 1–3a VwGO, dass diese Fälle immer „eilen", nur auf den ersten Aspekt ankommt) bei der **Interessenabwägung** im Regelfall auf eine summarische Prüfung der Erfolgsaussichten in der Hauptsache (→ dabei dient

---

522 Ausweislich von § 80 II 1 Nr. 4 VwGO (mit einer Zuständigkeit auch der Widerspruchsbehörde) und von § 80b VwGO kann die AoSofVz grundsätzlich bis zum rechtskräftigen Urteil ergehen.

Art. 20 III GG als Anknüpfungspunkt) und dann noch auf die Eilbedürftigkeit abzustellen. Die **Erfolgsaussichten in der Hauptsache** beurteilen sich hier nach der bereits direkt oder zumindest inzident erfolgten Prüfung aller anderen Aspekte (insbesondere der Sachentscheidungsvoraussetzungen) maßgeblich nach dem Maßstab des § 113 I 1 VwGO und somit nach der Rechtswidrigkeit des Verwaltungsaktes und einer dadurch bei D verursachten Rechtsverletzung. Angesichts der oben bei der ersten Aufgabe „ermittelten" Rechtmäßigkeit des Aufenthaltsverbotes wäre die Anfechtungslage des D jedoch unabhängig von seiner dann auch fehlenden Rechtsverletzung im Ergebnis unbegründet.

Je nach der Sachverhaltsgestaltung liegt hier zudem die für eine AoSofVz nötige **Eilbedürftigkeit** vor, weswegen die Interessenabwägung insgesamt zu Lasten des D (oder eben zu seinen Gunsten) ausgeht.[523] Das Ergebnis zur zweiten Aufgabe ist demzufolge, dass zwar die Sachentscheidungsvoraussetzungen des Eilantrages des D auf Wiederherstellung der aufschiebenden Wirkung seiner noch einzulegenden Anfechtungsklage vorliegen, dieser Antrag jedoch letztlich unbegründet und damit nicht Erfolg versprechend ist (wie gezeigt wurde, ist aber gerade im Hinblick auf die gebotene Eilbedürftigkeit auch das gegenteilige Ergebnis gut vertretbar).

Bei der **dritten Aufgabe** geht es darum, die Möglichkeiten des O bezüglich der Freier zu bestimmen. Der Oberbürgermeister – gefragt ist nur nach ihm, nicht nach der Kommunalaufsichtsbehörde, die sozusagen „hinter ihm steht" – könnte sowohl abstrakte (was aufgrund der Tatsache vorzuziehen ist, dass damit auf einmal eine Vielzahl von Adressaten erreicht wird) als auch konkrete, auf den Einzelfall bezogene Maßnahmen treffen. Dazu bedarf er jedoch jeweils einer Rechts- oder Ermächtigungsgrundlage (→ Vorbehalt des Gesetzes), und er muss dann auch deren formelle sowie materielle Vorgaben einhalten (→ Vorrang des Gesetzes). Als **Ermächtigungsgrundlage** für ein „Betätigungsverbot" der Freier kommt eine **Sperrgebietsverordnung** nach Art. 297 EGStGB hier nicht in Betracht, weil O explizit nicht das Verhalten der sich prostituierenden Drogenabhängigen regeln will. Im Übrigen fehlte aber auch seine Zuständigkeit für den Erlass der entsprechenden (Ausnahme-)Verordnung, die Art. 297 I 1 EGStGB bzw. § 1 S. 2 Verordnung über das Verbot der Prostitution[524] der Staatsregierung bzw. den Regierungen zuweist.[525] Der Erlass einer allgemeinen **Gefahrenabwehrverordnung** durch O käme zwar – gestützt auf die „Eilfallkompetenz" des (Ober-)Bürgermeisters nach Art. 42 II LStVG – formal in Frage, wenn denn hier ein Eilfall vorliegt, scheidet aber mangels entsprechender materieller Rechtsgrundlagen in Art. 12 ff. LStVG aus.[526]

---

523 Im Ergebnis wird hier damit das inhaltliche Vorliegen der im Rahmen der Begründung nur „formal" nötigen Eilbedürftigkeit – nun also deren inhaltliche „Richtigkeit" – untersucht. Diese „Eilbedürftigkeit" wird weniger streng gesehen als die nach Art. 3 PAG, 37 III 1 GO oder 28 II Nr. 1 BayVwVfG (oder – noch strenger – in § 80 III 2 VwGO), zumal die Bürgerin bzw. der Bürger insoweit als „Gegenmittel" den Eilantrag nach § 80 V 1 Fall 2 VwGO hat und sonst Verwaltungsakte gemäß § 80 I VwGO oft lange Zeit nicht vollziehbar wären, was gerade im Bereich der (effektiven) Gefahrenabwehr passt.

524 *Ziegler/Tremel* 595. Art. 297 I 1 EGStGB weist die Zuständigkeit der Staatsregierung zu, lässt in seinem Abs. 2 aber eine „Weiterdelegation" auf andere Behörden zu. Die bayerische Verordnung enthält in ihrem S. 1 sodann in Ausfüllung der Möglichkeiten des Art. 297 I 1 EGStGB ein generelles Verbot, in Gemeinden bis zu 30.000 Einwohnern der Prostitution nachzugehen. Davon lässt S. 2 Befreiungen durch die Regierung zu. Zur verfassungsrechtlichen Beurteilung von Sperrgebietsverordnungen im Hinblick auf die Grundrechte der Betroffenen (insbesondere Art. 12 I GG) *BVerfG*, DVBl. 2009, 841 ff. So darf beispielsweise nicht die ganze Stadt zum „Sperrgebiet" erklärt werden, sondern es muss „Freiräume" für die Prostitution geben.

525 Ein Verstoß gegen eine Sperrgebietsverordnung ist nach § 184f StGB für die Prostituierte und nach §§ 184f, 26/27 StGB für den Freier als Ausübung der verbotenen Prostitution bzw. Anstiftung oder Beihilfe dazu strafbar und wäre insofern auch nach dem Aspekt der Gefahr für die öffentliche Sicherheit.

526 Zu beachten ist, dass es für den Erlass von Gefahrenabwehrverordnungen sowohl einer formellen (→ Art. 42 ff. LStVG) als auch einer materiellen (→ Art. 12 ff. LStVG) Ermächtigung bedarf.

Insbesondere die Art. 19 VI, 23 und 26 LStVG kommen dafür in diesem Fall nicht in Frage.[527]

**373** In Betracht zu ziehen ist jedoch noch der Erlass einer **auf Art. 7 II LStVG gestützten Maßnahme** durch O, die sich entweder – als **Einzelverwaltungsakt** – an einen einzelnen Freier oder – als „Sammel-" bzw. **Allgemeinverfügung** laut Art. 35 S. 2 BayVwVfG – an einen bestimmten oder wenigstens bestimmbaren Personenkreis in einem konkreten Fall (etwa an alle Freier, die an einem Tag im „kritischen" Gebiet angetroffen werden → dann ist es eine konkret-generelle Regelung) richtet.[528] Nicht unterlaufen werden darf dabei aber der Unterschied zwischen einer Rechtsverordnung (→ sie wirkt abstraktgenerell) und einer Allgemeinverfügung,[529] so dass ein generelles „Betätigungsverbot" für alle Freier auf diesem Weg nicht möglich ist. Es kommt vielmehr nur für bestimmte Orte etc., nicht jedoch für ganz Bamberg in Betracht und muss eben wie bei einem Verkehrszeichen zumindest konkret-generell wirken. Je nach der eigenen Wertung „trägt" Art. 7 II LStVG mithin nur Einzelverwaltungsakte oder auch örtlich beschränkte, d. h. etwa nur auf eine Straße bezogene – ein weiter gefasster „Geltungsbereich" geht dagegen nicht mehr –, Allgemeinverfügungen.

**374** Im Rahmen der **formellen Rechtmäßigkeit eines „Betätigungsverbotes" für Freier** ergibt sich die Zuständigkeit der Stadt Bamberg als örtlicher Sicherheitsbehörde für den Erlass einer solchen Verfügung aus Art. 6, 7 II LStVG, 3 I Nr. 1 bzw. 3a, 4 BayVwVfG (→ Verbandskompetenz). Sofern es sich dabei noch um eine laufende Angelegenheit i. S. des Art. 29, 37 I 1 Nr. 1 GO handelt, was sich im konkreten Einzelfall gerade unter Hinweis auf die Häufigkeit einer solchen Maßnahme und auf ihre geringe Bedeutung für die Stadt bejahen lässt, ist auch die Organkompetenz des O gegeben. Ersatzweise kann auch noch auf seine Eilfallkompetenz nach Art. 37 III 1 GO rekurriert werden (eine a. A. ist jedoch jedenfalls für die Allgemeinverfügung gut vertretbar, so dass O mit ihr dann nur Einzelakte erlassen kann).[530] Beim **Verfahren** ist die grundsätzlich gebotene (→ Art. 28 I BayVwVfG) Anhörung jedes einzelnen Freiers im Eilfall etwa bei einem Antreffen der jeweiligen Person vor Ort laut Art. 28 II Nr. 1 BayVwVfG je nach den konkreten Umständen verzichtbar. Beim Erlass einer Allgemeinverfügung oder vieler gleichartiger Verwaltungsakte kann insoweit zudem auf Art. 28 II Nr. 4 BayVwVfG als weitere Ausnahme zur Erleichterung der Verwaltungstätigkeit rekurriert werden. Hin-

---

527 Weitere Ansatzpunkte für ein allgemeines Vorgehen des O gegen die Freier wären noch: Verkehrsschilder als Allgemeinverfügungen (statt mit einem Park- nunmehr mit einem „Sexverbot"? – es gibt aber einen „numerus clausus" zulässiger Verkehrsschilder in der StVO), Art. 33 PAG (Videoüberwachung; hier wäre das grundsätzlich nur als Weisung des O an die Polizei nach Art. 10 S. 2 LStVG, aber nicht „selbst" möglich), Art. 15 BayStrWG (zur Beschränkung des Gemeingebrauches) oder § 30 I 3 StVO (straßenverkehrsrechtliches Vorgehen). Diese Normen passen aber alle „nicht so genau" auf den hiesigen Fall und das Ziel des O. Art. 7, 57 GO erlauben dagegen als Teil der Leistungsverwaltung gar keine Eingriffsmaßnahmen (→ wegen der „Wesentlichkeit" der Regelungen bedürfte es näherer Vorgaben im Gesetz).
528 Ein rechtsgestaltender Klausurfall über den Entwurf einer Allgemeinverfügung (nach hessischem Recht) wird von *Reimer/Zimmermann*, LKRZ 2015, 81 ff., besprochen.
529 Vgl. dazu etwa *Kingreen/Poscher*, Polizei- und Ordnungsrecht, § 23 Rn. 7 f., sowie die Diskussion um Alkoholverbote in Städten mittels einer Allgemeinverfügung statt einer Rechtsverordnung als „Rechtsformmissbrauch", der an dieser Stelle oder erst bei der Rechtsfolge angesprochen werden kann; vgl. zu diesem Problemkreis *Hebeler/Schäfer*, DVBl. 2009, 1424 ff., und noch näher in Fall 19.
530 Die in einem Eilfall daneben bestehende *zusätzliche* Zuständigkeit der Polizei nach Art. 3 PAG schließt ein Tätigwerden des O als Sicherheitsbehörde nicht aus, was sich aus einer Auslegung des Art. 3 PAG ergibt: Der Wortlaut ist insoweit zwar nicht so klar, aber sowohl der Normzweck (→ es geht um eine möglichst effektive Gefahrenabwehr mit dazu „breiter" Zuständigkeit) als auch die Systematik (→ Art. 10 S. 1 LStVG wäre sonst sinnlos; vgl. auch das Weisungsrecht der Sicherheitsbehörde gegenüber der Polizei nach Art. 10 S. 2 LStVG, 9 II POG) streiten dafür. Ein gegenteiliger Beschluss des Stadtrates würde O im Übrigen am Handeln hindern. Der Hinweis im Sachverhalt auf die Aufsichtsbehörde ist letztlich irrelevant und soll nur verdeutlichen, dass allein O zu prüfen ist und „freie Hand" hat.

Fall 4: Das umkämpfte kommunale Drogenhilfezentrum

sichtlich der gebotenen **Form** gilt, dass Art. 37 II 1 BayVwVfG auch mündliche Verwaltungsakte zulassen würde. Bei schriftlichen Verwaltungsakten ist zudem Art. 39 I (bzw. bei Allgemeinverfügungen II Nr. 5 i. V. mit Art. 41 III 2 BayVwVfG, wenn sie nicht doch wieder individuell bekannt gemacht wurden) BayVwVfG zu beachten. Ein „Betätigungsverbot" für einen oder alle Freier ist also formell rechtmäßig möglich.

Für die **materielle Rechtmäßigkeit eines „Betätigungsverbotes" für Freier** setzt Art. 7 II Nr. 1 (die Nr. 3 ist enger und hier mangels erkennbarer Gesundheitsschäden nicht erfüllt) LStVG voraus, dass rechtswidrige Taten, die den Tatbestand eines Strafgesetzes oder einer Ordnungswidrigkeit verwirklichen, verhütet oder unterbunden werden sollen.[531] Eine **Belästigung der Allgemeinheit nach § 118 OWiG** (Hauptanwendungsfall heute sind die sogenannten „Flitzer") ist zum einen grundsätzlich im Hinblick auf die Anwendbarkeit der Norm stark in Zweifel zu ziehen: Die öffentliche Sicherheit wird – zumindest bei Art. 11 I PAG – mit dem Tatbestandsmerkmal der „öffentlichen Ordnung" begründet, weswegen vorrangig andere geschriebene Rechtsnormen geprüft werden sollten. Zum anderen begegnen aber auch die Merkmale „grob ungehörige Handlung" und – vor allem – „geeignet, die Allgemeinheit zu belästigen oder zu gefährden," im hiesigen Fall dadurch großen Bedenken, dass letztlich doch immer nur einzelne Personen betroffen sind. Daher wird dieser Ordnungswidrigkeitentatbestand hier nicht verwirklicht.[532] In Betracht kommt aber, dass der von den Freiern hervorgerufene Verkehr als **„unnützes Hin- und Herfahren"** bei einer Belästigung anderer gegen § 30 I 3 StVO verstößt und eine Ordnungswidrigkeit nach §§ 49 I Nr. 25 StVO, 24 StVG darstellt. Die Freier fahren jedoch nicht in diesem Sinn „unnütz" hin und her; vielmehr suchen sie gerade nach „Dienstleisterinnen" bzw. „Dienstleistern". Bei ihrem Hin- und Herfahren sprechen die Freier jedoch auch „unbescholtene" Mädchen und Frauen an, deren Ehre und Allgemeines Persönlichkeitsrecht aus Art. 2 I i. V. mit Art. 1 I GG bzw. Art. 101 i. V. mit Art. 100 BV verletzt sein könnte, was eine zumindest konkludente **Beleidigung nach § 185 StGB** bedeuten würde. Hier lässt sich zwar gut vertreten, dass die Schwelle der bloßen (alltäglichen) Belästigung überschritten wurde, denn es muss sich niemand als „käuflich" ansehen und in aufdringlicher Weise „anmachen" lassen. Gerade beim „Drogenstrich" ist auch eine Unterscheidung zwischen „Dienstleisterinnen" bzw. „Dienstleistern" und „unbescholtenen" Bürgerinnen und Bürgern oft nur schwer möglich. Der objektive Tatbestand und die Rechtswidrigkeit lassen sich damit bejahen. Es fehlt aber in jedem Fall am **Vorsatz** (und der Schuld) der Freier, die gerade auf der Suche nach Prostituierten sind und nicht Dritte beleidigen wollen, wenn man insoweit kein „billigendes Inkaufnehmen" annimmt. Es lässt sich jedoch erwägen, bei Art. 7 II Nr. 1 LStVG – wie fast überall (eine Ausnahme bildet insoweit nur die Figur des Zweckveranlassers) im Polizeirecht – auf das subjektive Element zu verzichten. Dem widerspricht jedoch möglicherweise der Wortlaut des Art. 7 II Nr. 1 LStVG (aber: sprechen das „Alter" der Norm und der Stand der damaligen Strafrechtsdogmatik nicht doch wieder für das Gegenteil?). Letztlich kann die Frage, ob regelmäßig nur die objektiven Aspekte (also auch die Rechtswidrigkeit), nicht aber die subjektiven (also auch nicht die Schuld) einer Strafrechtsnorm im Polizeirecht zu prüfen sind, offenbleiben, wenn ein anderer Straftatbestand verwirklicht wird. Schließlich legen die im Sachverhalt mitgeteilten Wirkungen des Freierverhaltens auf die Schülerinnen und Schüler der benachbarten Schule den **Jugendschutz** (→ Art. 6 I, II GG, 126 III 1 BV) als gefährdetes Rechts-

---

[531] Zu beachten ist die engere Fassung gegenüber Art. 11 I PAG: Es muss hier für jedes gefährdete Rechtsgut (das für Art. 11 I PAG allein ausreichte) immer noch ein schützender Straf- oder Ordnungswidrigkeitentatbestand und dessen drohende (→ „Gefahr") Verwirklichung gefunden werden. Das gilt in gleicher Weise, wenn man statt Art. 11 I auf Art. 11 II PAG rekurriert (zu deren Verhältnis schon in Rn. 245).

[532] Zu Zulässigkeit und Grenzen behördlicher Bettelverbote im öffentlichen Raum im Kontext des § 118 OWiG *Enzensperger*, NJW 2018, 3550 ff.

gut nahe,⁵³³ wodurch es dann auch zu einer Straftat nach § 184g StGB kommt. Dabei kann man den einzelnen Freier durchaus als Gehilfen oder Anstifter der **jugendgefährdenden Prostitution** ansehen. Insoweit handeln die Täter und ihre Gehilfen bzw. Anstifter im Hinblick auf die Tatumstände (insbesondere im Wissen um die weithin bekannte und renommierten Schule in der Nähe) zumindest auch bedingt vorsätzlich, so dass tatsächlich hier und insgesamt offenbleiben kann, ob dieses subjektive Element überhaupt wirklich nötig ist. Der objektive und der subjektive Tatbestand sind vielmehr ohnehin ebenso wie die Rechtswidrigkeit und Schuld gegeben. Die Freier sind auch **Verhaltensstörer** (vgl. Art. 9 I 1 LStVG).

**376** Weitere Tatbestandsvoraussetzungen, die einer gesonderten Prüfung bedürften (eine „Maßnahme" wurde schon inzident bejaht, deren Erforderlichkeit zur Gefahrenabwehr ist Teil der Verhältnismäßigkeitsprüfung auf Rechtsfolgenseite, kann aber auch schon im Tatbestand untersucht werden; vgl. ähnlich Art. 17 I Nr. 2 PAG, wo die Erforderlichkeit verschärft schon als das Tatbestandsmerkmal „unerlässlich" auftaucht), enthält Art. 7 II LStVG nicht. Daher ist nunmehr die **Rechtsfolge** in den Blick zu nehmen und zu fragen, ob O beim Erlass der geplanten Maßnahme(n) sein **Ermessen** fehlerfrei i. S. des Art. 40 BayVwVfG ausübt. Insoweit lässt der Sachverhalt keine Anhaltspunkte für mögliche Ermessensfehler erkennen; insbesondere ist keine Ermessensüberschreitung hinsichtlich des Entschließungsermessens (→ „Ob") bei der Frage der **Verhältnismäßigkeit** (Art. 8 LStVG) ersichtlich. Denn zum einen ist die getroffene Maßnahme (obwohl es möglicherweise noch erfolgversprechendere gäbe) nicht schlechterdings ungeeignet, und zum anderen muss die (mögliche – bei Jugendlichen ist das allerdings sehr fraglich) Berufsfreiheit der Prostituierten jedenfalls im konkreten Fall hinter den Belangen des Jugendschutzes zurücktreten. Auch beim Auswahlermessen (→ „Wie") ist die von O angedachte **Störerauswahl** zwischen den Freiern und den sich prostituierenden Drogenabhängigen nicht offensichtlich fehlerhaft – beide sind Verhaltensstörer, beide sind „nah dran" an der Gefahr und zur effektiven Gefahrbeseitigung in der Lage. O hat insoweit vielmehr ein Wahlrecht. Das dabei anzulegende Hauptkriterium der Effizienz der Gefahrenabwehr wird durch seine Auswahlentscheidung nicht verletzt, zumal es insoweit zu keiner Ermessensreduzierung auf Null gekommen ist.⁵³⁴

**377** Als **Ergebnis** zur dritten Aufgabe ergibt sich damit, dass O im Einzelfall mit einzelnen Verfügungen oder (je nach der eigenen Argumentation) auch mit einer Allgemein- bzw. „Sammelverfügung", gestützt auf Art. 7 II Nr. 1 LStVG, in rechtmäßiger Weise gegen das Verhalten der Freier im Umkreis des Drogenhilfezentrums vorgehen kann.

### Fall 5: Die gebremste Spritzerin⁵³⁵

**378** Susanne F. ist ausgebildete Arzthelferin. Nach einigen Jahren intensiver Tätigkeit verliert sie jedoch aufgrund verschiedener Umstände die Freude an ihrem Beruf. Sie eröffnet daher – auch weil sie sich angesichts der aktuellen Mode davon höhere Einkünfte verspricht – in Cham ein Piercingstudio. Um das für das Einsetzen von Körperschmuck nötige Löchern oder Durchbohren von Hautpartien und anderen Körperstellen für ihre Kundinnen und Kunden angenehmer zu gestalten, verwendet Susanne F. zur örtlichen Betäubung mittels Injektion das rezeptfreie, aber apotheken-

---

533 Vgl. dazu *OVG Münster*, NVwZ-RR 2012, 516 ff.; *VGH Mannheim*, NVwZ 2001, 1299 f.
534 Nur bei einer solchen Ermessensreduzierung auf Null wäre – das ist gerade das Wesen des Ermessens – die Störerauswahl falsch und rechtswidrig.
535 Vgl. zum Originalfall *VGH Kassel*, NJW 2000, 2760 f.; *VG Gießen*, NJW 1999, 1800 ff.; *Jahn*, JuS 2002, 173 ff.; ferner *VGH Mannheim*, NVwZ-RR 2005, 725 f.; vgl. in Bayern bezüglich einer ähnlichen Konstellation mit sogenanntem „Permanent Make-Up" *VG München*, BeckRS 2002, 28037.

pflichtige Arzneimittel Lidocain, das sie aus ihrer früheren Tätigkeit gut kennt und trotz seiner nicht unerheblichen Gefahren bei nicht ordnungsgemäßer Anwendung für geeignet hält. Die von ihr geschmückten Kundinnen und Kunden sind auch alle sehr zufrieden und empfehlen sie weiter. Umso ärgerlicher ist es daher für Susanne F., dass ihr das Landratsamt Cham ohne „Vorwarnung" mit einem am 26.1.2023 zugestellten Bescheid das weitere Betreiben des Piercingstudios unter Anwendung von örtlicher Betäubung untersagt. Susanne F., die nicht im Besitz der nach § 1 I Heilpraktikergesetz erforderlichen Erlaubnis sei, wird aufgefordert, ihr Piercingstudio unverzüglich, spätestens aber zwei Tage nach Zustellung der Verfügung, zu schließen oder sich gegenüber dem Landratsamt schriftlich zu verpflichten, auf den Gebrauch von Betäubungsmitteln bei den Piercingtätigkeiten zu verzichten. Die sofortige Vollziehbarkeit dieser Verfügung wird mit ordnungsgemäßer Begründung wegen Eilbedürftigkeit der Sache zudem im gleichen Bescheid angeordnet.

Susanne F. ist darüber empört. Sie macht geltend, das Landratsamt sei unzuständig. Außerdem sei sie beim Piercen weder als Heilpraktikerin tätig, noch sei das allgemeine Gewerberecht auf sie anwendbar. Nachdem sie Klage gegen den Bescheid des Landratsamtes erhoben und zudem, um ihr Piercingstudio nicht sofort schließen zu müssen, auch noch das VG Regensburg im Eilrechtsschutz mit dieser Angelegenheit befasst hat, ist sie jedoch nicht alle Sorgen los. Denn das VG folgt in letzterem Verfahren der Argumentation im angefochtenen Ausgangsbescheid und weist den Antrag von Susanne F. mit einem ihr am 28.1.2023 zugegangenen Beschluss als unbegründet ab. Ein befreundeter Rechtsanwalt rät ihr noch am gleichen Tag, den nächsten Schritt zu wagen und in dieser Angelegenheit mit seiner Hilfe den VGH anzurufen.

Halten Sie diesen Rat für richtig, so dass Susanne F. ihn befolgen sollte?

§ 1 I, II Gesetz über die berufsmäßige Ausübung der Heilkunde ohne Bestallung (Heilpraktikergesetz) von 1939 in seiner aktuellen Fassung lautet:

(1) Wer die Heilkunde, ohne als Arzt bestallt zu sein, ausüben will, bedarf dazu der Erlaubnis.

(2) Ausübung der Heilkunde im Sinne dieses Gesetzes ist jede berufs- oder gewerbsmäßig vorgenommene Tätigkeit zur Feststellung, Heilung oder Linderung von Krankheiten, Leiden oder Körperschäden bei Menschen, auch wenn sie im Dienste von anderen ausgeübt wird.

Eine „Erste Bundesdurchführungsverordnung zum Heilpraktikergesetz" legt in ihrem § 11 II fest, dass das jeweilige Landratsamt für den Vollzug dieses Gesetzes zuständig ist.

## Die Gliederungsübersicht zu Fall 5:

**A. Sachentscheidungsvoraussetzungen des Rechtsbehelfes bzw. Rechtsmittels**
**I. Eröffnung des Verwaltungsrechtsweges**
   **Problem:** Prüfung des Verwaltungsrechtsweges in der zweiten Instanz

**II. Statthafter Rechtsbehelf**
**III. Beschwerdeberechtigung und Beschwerdebefugnis**
**IV. Form und Frist**
  1. Einlegung der Beschwerde
     **Problem:** Eigenständige Einlegung durch Susanne F. selbst
  2. Begründung

V. Beteiligten- und Prozessfähigkeit
VI. Zuständiges Gericht
B. Begründetheit der Beschwerde
I. Sachentscheidungsvoraussetzungen des Eilrechtsschutzantrages
   **Problem:** Prüfung des Verwaltungsrechtsweges in der zweiten Instanz
   1. Statthaftigkeit des Antrages
      **Problem:** Abgrenzung § 80 V 1 VwGO von § 123 I VwGO
   2. Antragsbefugnis
   3. Beteiligten- und Prozessfähigkeit
   4. Allgemeines Rechtsschutzbedürfnis
      a. § 80 VI 1, IV 1, II 1 Nr. 1 VwGO
      b. § 80 V 2 VwGO
      c. Offensichtlich fehlende Sachentscheidungsvoraussetzungen der Hauptsache
   5. Objektive Antragshäufung
II. Begründetheit des Eilrechtsschutzantrages
   1. Richtiger Antragsgegner
   2. Formelle Rechtmäßigkeit der AoSofVz
      a. Zuständigkeit
      b. Verfahren
         **Problem:** Notwendigkeit einer Anhörung
      c. Form
   3. Interessenabwägung
      a. Ermächtigungsgrundlage
         aa. § 15 II 1 GewO
            **Problem:** Hat Susanne F. ein Gewerbe ausgeübt?
         bb. Art. 7 II LStVG
            **Problem:** Lückenschluss durch Generalklausel oder Sperrwirkung?
      b. Formelle Rechtmäßigkeit des Betätigungsverbotes und der Schließungsverfügung
         aa. Zuständigkeit
         bb. Verfahren
            **Problem:** Fehlende Anhörung
         cc. Form
      c. Materielle Rechtmäßigkeit des Betätigungsverbotes und der Schließungsverfügung
         aa. Gefahr für Leben oder Gesundheit von Menschen
            **Problem:** Piercen als Ausübung der Heilkunde?
         bb. Susanne F. als richtige Adressatin
         cc. Rechtsfolge: Ermessensfehler
            (1) Entschließungsermessen („Ob")
            (2) Auswahlermessen („Wie") und legitimer Zweck
               (a) Geeignetheit
               (b) Erforderlichkeit
               (c) Angemessenheit

**380** Als Einstieg kann festgestellt werden, dass der Rat des mit Susanne F. befreundeten Anwaltes richtig ist,[536] wenn der von ihm empfohlene Rechtsbehelf gegen die Entschei-

---

[536] Dieser Beginn des Obersatzes geht auf die (besondere) Fallfrage im Sachverhalt ein, was durchaus zu empfehlen ist.

dung des VG beim VGH Erfolg hat. Hierbei geht es (als besonderer Rechtsbehelf gegen eine gerichtliche Entscheidung, die von einer höheren Instanz inhaltlich überprüft wird → sogenannter „Devolutiveffekt"[537]) um ein **Rechtsmittel**, das Erfolg hat, wenn seine Sachentscheidungsvoraussetzungen vorliegen und es überdies begründet ist.

Im Rahmen der **Sachentscheidungsvoraussetzungen des Rechtsmittels beim VGH** ist zunächst fraglich, ob der VGH als zweite Gerichtsinstanz wegen § 17a V GVG in analoger Anwendung i. V. mit § 173 S. 1 VwGO (das „entsprechend" dort reicht insoweit noch nicht aus) die **Eröffnung des Verwaltungsrechtsweges** überhaupt prüft. Dazu müssten die Voraussetzungen einer Analogie (in der Norm ist die Rechtsfolge nur für „die Entscheidung in der Hauptsache" angeordnet) gegeben sein. Für eine planwidrige Regelungslücke bei vergleichbarer Interessenlage spricht, dass § 17a V GVG auch und gerade im Eilverfahren der gesetzgeberisch intendierten Beschleunigung und Schaffung von Rechtssicherheit dient.[538] Sieht man das dennoch anders (man sollte die Frage nicht offenlassen), bedarf es mangels einer aufdrängenden Sonderzuweisung nach § 40 I 1 VwGO einer öffentlich-rechtlichen Streitigkeit nichtverfassungsrechtlicher Art ohne abdrängende Sonderzuweisung. Vorliegend geht es um die gefahrenabwehrrechtliche Untersagung des Weiterbetriebes des Piercingstudios von Susanne F. in der bisherigen Form durch eine staatliche Instanz. Damit liegt noch ungeachtet der konkret einschlägigen Ermächtigungsgrundlage (möglich ist insoweit aber auch ein Verweis auf die GewO und das LStVG) eine nach öffentlichem Sonderrecht zu beurteilende und damit öffentlich-rechtliche Streitigkeit vor, die mangels doppelter Verfassungsunmittelbarkeit und mangels prinzipaler Rechtssatzkontrolle des formellen Gesetzgebers nichtverfassungsrechtlicher Art ist (oder man stellt das einfach nur ohne Definition fest). Eine abdrängende Sonderzuweisung fehlt, so dass der Verwaltungsrechtsweg über die Generalklausel der VwGO eröffnet ist. Gegen den verwaltungsrichterlichen Beschluss in dem hier von Susanne F. in der ersten Instanz eingeschlagenen Eilrechtsschutzverfahren ist nach § 146 I VwGO die Beschwerde das (einzige) **statthafte Rechtsmittel** (bzw. Rechtsbehelf).[539] Susanne F. ist als unterlegene Antragstellerin des erstinstanzlichen Verfahrens **beschwerdeberechtigt** (vgl. § 63 VwGO zu den „Beteiligten des Verfahrens") sowie beschwert und damit insgesamt **beschwerdebefugt**.[540]

Besondere Sachentscheidungsvoraussetzung (die allgemeinen sind nahezu gleich wie in der ersten Instanz[541]) der Rechtsmittel ist die (doppelte) Wahrung von **Form und Frist**. Die Frist zur **Einlegung** begann gemäß §§ 57 I, II, 58 VwGO, 222 I ZPO, 187 I BGB am Tag nach der Bekanntgabe (→ das ist die Zustellung analog § 116 I 2 VwGO) der

---

537 Zu den beiden Begriffen „Rechtsbehelf" und „Rechtsmittel" sowie ihren typischen (nicht zwingenden) Kennzeichen (Devolutiv- und Suspensiveffekt) näher in Fall 14. § 149 VwGO betrifft zwar den „Suspensiveffekt" der Beschwerde, ist hier aber im Hinblick auf die Ablehnung der Wiederherstellung der aufschiebenden Wirkung inhaltlich nicht erfüllt.
538 Allerdings dezidiert a. A. *Ruthig*, in: *Kopp/Schenke*, Anh. § 41 Rn. 2a, aber m. w. N. zur h. M.
539 Auch bei der Prüfung ihrer Statthaftigkeit kann auf das Begehren abgestellt werden (eine Verweisung im Recht der Beschwerde auf §§ 88, 122 I VwGO fehlt allerdings – im Unterschied zur Berufung und Revision mit §§ 125 I, 141 VwGO). Ausführlich zur Beschwerde und Revision im Verwaltungsprozess *Geis/Thirmeyer*, JuS 2013, 799 ff. Was konkret die richtige „Art" des Eilantrages in der ersten Instanz war, ist hier noch unerheblich; dazu erst bei Rn. 385.
540 Die letzten beiden Aspekte können auch getrennt geprüft werden. Bei der Beschwer geht es hier um eine *formelle* (→ Susanne F. war Prozesspartei, deren Antrag nicht vollumfänglich entsprochen wurde). Lediglich beim Rechtsmittel des Beigeladenen, der nicht zwingend einen eigenen Antrag stellen muss, wird dagegen eine *materielle* Beschwer (→ er muss durch die Entscheidung eventuell in eigenen Rechten oder Interessen negativ betroffen sein) verlangt.
541 Die weitere Prüfung sollte dann am besten mit der nachfolgenden (Rn. 385 ff.) zu den Sachentscheidungsvoraussetzungen der ersten Instanz abgeglichen werden, um unnötige Doppelungen bzw. Wiederholungen zu vermeiden und hier nur das zu anzusprechen, was in der zweiten Instanz anders als in der ersten ist.

Entscheidung samt Rechtsbehelfsbelehrung als dem „fristauslösenden Ereignis", also am 29.1.2023 zu laufen. Susanne F. kann ihre Beschwerde am 28.1.2023 mithin noch innerhalb der an sich am 11.2.2023, wegen des Samstages nach §§ 57 II VwGO, 222 II ZPO (§ 193 BGB bedarf es angesichts dieser vorrangigen Regelung hier gar nicht) dann aber erst am Montag, 13.2.2023, um 24 Uhr endenden Zweiwochenfrist des § 147 I 1 VwGO formgerecht einlegen. Dabei kann sie die Beschwerde laut § 147 I 1, II VwGO sowohl beim VG („iudex a quo") als auch beim VGH („iudex ad quem") einlegen.[542] Fraglich ist hierbei jedoch, ob Susanne F. die Beschwerde wirksam selbst einlegen kann oder dafür eines **Rechtsbeistandes** bedarf. § 147 I 2 VwGO verweist insoweit auf § 67 IV VwGO, der für Beschwerden einen Anwaltszwang begründet. Die Beschwerde kann zwar auch beim VG eingelegt werden, wofür nach § 67 I VwGO eigentlich kein Anwaltszwang besteht, so dass diese Prozesshandlung wirksam wäre. Diesem Ansatz steht jedoch seit längerer Zeit die eindeutige Regelung in § 67 IV 2 VwGO entgegen, die auf die Beschwerdeeinlegung zielt.[543] Somit müsste sich Susanne F. schon zur Beschwerdeeinlegung anwaltlich vertreten lassen. Sie muss diese Beschwerde aber auch innerhalb der Monatsfrist des § 146 IV 1 VwGO formgerecht **begründen**; sonst ist sie unstatthaft. Diese Prozesshandlung ist, wenn sie gesondert erfolgt (was möglich ist), nach § 146 IV 2 VwGO beim VGH vorzunehmen, wo laut § 67 IV 1 VwGO der Anwaltszwang gilt, so dass auch hier der befreundete Rechtsanwalt für Susanne F. tätig werden sollte, wofür er (wie für den ersten Schritt der Einlegung) noch genügend Zeit hat.[544]

**383** Die **Beteiligten- und Prozessfähigkeit** von Susanne F. folgt aus §§ 61 Nr. 1 Fall 1, 62 I Nr. 1, 67 IV 1, 2 VwGO, die des Freistaates Bayern aus §§ 61 Nr. 1 Fall 2, 62 III VwGO, (Art. 47 III BV, § 36 I 2 VwGO,) Art. 13 AGVwGO, § 3 (I 1 Nr. 1,) III 1 LABV bei Vertretung durch eine Landesanwältin bzw. einen Landesanwalt (mit dem Privileg des § 67 IV 4 VwGO). **Zuständiges Gericht** (diese Frage betrifft die zweite Instanz und unterfällt darum nicht §§ 173 S. 1 VwGO, 17a V GVG analog) ist laut §§ 146 I, 46 Nr. 2, 184 VwGO, Art. 1 I AGVwGO der VGH München. Die Sachentscheidungsvoraussetzungen der Beschwerde sind demnach gegeben bzw. jedenfalls noch zu erfüllen.

**384** Die Beschwerde gegen den angefochtenen Beschluss des VG Regensburg ist auch **begründet**, wenn dieser zu Unrecht in seiner ablehnenden Form erging, also falsch ist (→ der Satz gilt so für alle Rechtsmittel). Das ist wiederum der Fall, wenn für den ursprünglichen Eilrechtsschutzantrag von Susanne F. die Sachentscheidungsvoraussetzungen vorliegen und er auch begründet ist.[545]

**385** Im Rahmen der **Sachentscheidungsvoraussetzungen des Eilrechtsschutzantrages** ist zunächst zu prüfen, was Susanne F. mit ihrem Antrag beim VG erreichen will (es

---

542 Der Unterschied zur Berufung, die nach § 124a II 1 VwGO nur beim VG eingelegt werden kann, erklärt sich damit, dass dort VG die Rechtskraft seiner Entscheidung überwacht, während hier die mit Blick auf Art. 19 IV GG zu fordernde Beschleunigungsmöglichkeit auch die direkte Anrufung des VGH erlaubt.
543 So auch *Hartung/Schramm*, in: *Posser/Wolff*, § 67 Rn. 46.
544 Die kürzere Einlegungsfrist erklärt sich mit dem Bestreben, schnell Rechtssicherheit (beim Urteil: Rechtskraft) zu schaffen, während die Begründung einen erhöhten (Zeit-)Aufwand erfordert. Die spätere Abgabe der Begründung nur noch beim VGH liegt darin begründet, dass die Akten dann bereits dort sind. Die auch in diesem Prozess mögliche „Abhilfe" durch das VG nach § 148 VwGO betrifft in der Regel nur klar zu Tage liegende sachliche Fehler; vor allem aber ist die Vorschrift laut § 146 IV 5 Hs. 2 VwGO in Eilverfahren ohnehin unanwendbar.
545 Die Prüfung des richtigen (Beschwerde-)Gegners erfolgt sinnvollerweise erst im Rahmen der Begründetheit der erstinstanzlichen Entscheidung. Trotz der Angabe im Sachverhalt, das VG habe den Eilantrag als unbegründet abgewiesen, müssen auch dessen Sachentscheidungsvoraussetzungen geprüft werden, zumal ein solcher Fehler „gleichwertig" ist und die vorinstanzliche Entscheidung richtig bzw. falsch „macht". Es kommt insoweit also nur auf deren Tenor bzw. Ergebnis, nicht auf ihre Begründung an.

geht hierbei um die **Statthaftigkeit des Antrages**; vgl. §§ 122 I, 88 VwGO).[546] Das muss man wissen, um die beiden – § 47 VI VwGO kommt hier offensichtlich nicht in Betracht – denkbaren Arten des Eilrechtsschutzes nach § 80 V 1 und § 123 I VwGO voneinander abzugrenzen, wobei Erstere gemäß § 123 V VwGO vorrangig ist. Ein guter Merksatz dabei ist, dass § 80 V 1 VwGO immer dann als Eilrechtsbehelf zur Anwendung kommt, wenn es in der Hauptsache um eine Anfechtungsklage geht (dazu auch § 80 I 1 VwGO sozusagen als „Indiz").[547] Hier möchte Susanne F. die sofortige Vollziehung des ihr gegenüber ausgesprochenen Betätigungsverbotes und der Schließungsverfügung verhindern. Sie hat dazu die betreffenden Maßnahmen, die jeweils einen belastenden Verwaltungsakt i. S. des Art. 35 S. 1 BayVwVfG darstellen (es sind zwei Regelungen und keine zusätzliche „Auflage"; zu deren „Inhalt" noch unten), mit (Anfechtungs-)Klagen angegriffen; es handelt sich mithin um eine sogenannte Anfechtungssituation. Die aufschiebende Wirkung dieser Anfechtungsklagen (→ § 80 I 1 VwGO als Regelfall) ist hier durch die AoSofVz seitens des Landratsamtes gemäß § 80 II 1 Nr. 4 VwGO entfallen, so dass das Begehren von Susanne F. jeweils auf deren Wiederherstellung durch das VG nach § 80 V 1 Fall 2 VwGO gerichtet ist (→ es sind zwei Eilanträge; s. dazu Rn. 390).

Die **Antragsbefugnis** ist analog § 42 II VwGO allein schon nach der Adressatentheorie (→ belastende Verwaltungsakte) gegeben. Susanne F. könnte außerdem durch das Betätigungsverbot und die Schließungsverfügung in ihren (Grund-)Rechten auf Berufs- und Wettbewerbsfreiheit (aus Art. 12 I, 2 I GG; denkbar ist daneben – bei dessen „Akzeptanz" – auch ein Eingriff in den eingerichteten und ausgeübten Gewerbebetrieb i. S. des Art. 14 I GG) sowie in ihrem subjektiv-öffentlichen Recht aus § 1 GewO verletzt sein. 386

Die **Beteiligten- und Prozessfähigkeit** in erster Instanz folgte für Susanne F. wieder aus §§ 61 Nr. 1 Fall 1, 62 I Nr. 1 (nun aber ohne § 67 IV) VwGO, die des Freistaates Bayern nunmehr jedoch aus §§ 61 Nr. 1 Fall 2, 62 III VwGO, (Art. 47 III BV, § 36 I 2 VwGO,) Art. 13 AGVwGO, § 3 I 1 Nr. 1, II 1 LABV bei seiner Vertretung „durch die Ausgangsbehörde", also das Landratsamt, das seinerseits zur Herstellung der Prozessfähigkeit – das Amt „kann nicht sprechen" – durch den Landrat vertreten wird (→ Art. 37 VI LKrO für den Leiter der Staatsbehörde; Art. 35 I LKrO betrifft hingegen die Vertretung des Kreises durch ihn bei Selbstverwaltungsaufgaben). 387

Das **allgemeine Rechtsschutzbedürfnis** besteht, wenn es für Susanne F. keinen „einfacheren Weg" zu ihrem Ziel gibt und ihr Antrag auch nicht aus anderen Gründen im Hinblick auf die von ihr erstrebte Verbesserung ihrer Rechtsstellung von vornherein „sinnlos" ist. Sie muss mangels der Einschlägigkeit von § 80 VI 1, IV 1, II 1 Nr. 1 VwGO im Umkehrschluss dazu keinen **vorherigen Aussetzungsantrag** bei der Behörde stellen. Außerdem hat sie bereits die statthaften **Anfechtungsklagen** gegen das Betätigungsverbot und die Schließungsverfügung **erhoben**, was sie wegen der klaren Aussage des § 80 V 2 VwGO im Unterschied zur streitigen Situation beim Widerspruch nach h. M. allerdings noch gar nicht unbedingt vorab (später aber schon) tun musste.[548] 388

Ihre Anfechtungsklagen haben überdies allein wegen der AoSofVz und nicht etwa wegen ihrer **offensichtlich** (→ das ist selten; sonst sind „Fehler" an dieser Stelle irrelevant) **fehlenden Sachentscheidungsvoraussetzungen** z. B. bezüglich der Frist, die hier ge- 389

---

546 Analog § 17a V GVG i. V. mit § 173 S. 1 VwGO erfolgt natürlich auch hier keine Rechtswegprüfung in Bezug auf die erste Instanz. Wegen § 17a V GVG i. V. mit § 83 S. 1 VwGO – wiederum analog – wird aber zudem auch die erstinstanzliche Zuständigkeit (im Unterschied zu der des VGH; vgl. Rn. 383) nicht untersucht.
547 § 80a VwGO erfasst sodann die sogenannten Drittanfechtungsfälle im Eilrechtsschutz (vgl. auch § 80 I 2 VwGO).
548 Vgl. zu der vereinzelt geführten Diskussion, ob eine teleologische Reduktion der Norm angezeigt ist, Fall 12 Rn. 519.

mäß §§ 74 I 2, 68 I 2 Fall 1 VwGO, Art. 12 II AGVwGO i. V. mit §§ 57 II VwGO, 222 I ZPO, 187 f. BGB gewahrt wurde, keine aufschiebende Wirkung (so die h. M. unter Verweis auf die sonst eingetretene Bestandskraft und den Zweck des § 80 I VwGO, wonach es beim Rechtsschutz im Eilverfahren nicht „mehr" als in der Hauptsache gibt), weshalb ihre Eilanträge darum mit Blick auf ihr Rechtsschutzziel nicht „sinnlos" sind und Susanne F. das nötige Rechtsschutzbedürfnis aufweist.

**390** Gegenstand des Verfahrens sind bei strenger Betrachtung zwei Verwaltungsakte, so dass eine **objektive Antragshäufung** analog § 44 VwGO angenommen werden kann, deren Voraussetzungen jedoch vorliegen.[549] Die Sachentscheidungsvoraussetzungen der erstinstanzlichen Eilrechtsschutzanträge von Susanne F. sind demgemäß zu bejahen.

**391** Die Eilanträge von Susanne F. sind auch **begründet**, wenn sie sich gegen den **richtigen Antragsgegner** richten und **die AoSofVz formell rechtswidrig ist** oder eine **Interessenabwägung** ergibt, dass das Suspensivinteresse von Susanne F. das öffentliche Sofortvollzugsinteresse überwiegt.[550]

**392** **Richtiger Antragsgegner** ist dabei analog § 78 I Nr. 1 VwGO der Freistaat als Rechtsträger des hier zur Erfüllung staatlicher (nicht: von Kreis-)Aufgaben – dem Vollzug des Sicherheitsrechts (das ist der Regelfall; eine enge Ausnahme bildet die „örtliche Polizei" nach Art. 83 I BV für die Gemeinden) – für ihn handelnden Landratsamtes (→ Art. 37 I 2 LKrO: als „Staatsbehörde").[551]

**393** Weiterhin müsste die **formelle Rechtmäßigkeit der AoSofVz** gegeben sein. **Zuständig** für den Erlass der AoSofVz ist nach § 80 II 1 Nr. 4 VwGO (unabhängig von der „inhaltlichen" Zuständigkeit für den konkreten Fall; es geht um eine bloße Annexkompetenz) unter anderem die Ausgangsbehörde, hier also das handelnde Landratsamt. Beim **Verfahren** stellt sich das Problem, dass Susanne F. überhaupt nicht und daher auch nicht zum Erlass der AoSofVz angehört wurde. Insoweit lässt sich aber einwenden, dass die AoSofVz mangels eigenständiger Regelung (gegenüber den von ihr lediglich „beschleunigten" Verfügungen) kein Verwaltungsakt ist[552] und deshalb hier schon keine Anhörungspflicht aus Art. 28 I BayVwVfG bestand. Bei einer anderen Sicht der Dinge (oder einer analogen Anwendung der Vorschrift → wegen der formalen Vorgaben in § 80 II 1 Nr. 4, III VwGO ist die Voraussetzung der planwidrigen Regelungslücke hier allerdings sehr fraglich) muss, um vorliegend einen Rechtsverstoß zu verneinen, Art. 28 II Nr. 1 BayVwVfG (analog) für die Entbehrlichkeit einer Anhörung genannt werden. Für die **Form** der AoSofVz sind schließlich die Vorgaben des § 80 III 1 VwGO zu beachten. Es bedarf dazu einer schriftlichen, schlüssigen und hinreichenden – die Behörde muss

---

549 Konsequenterweise muss man dann jedoch auch schon oben und nachfolgend von zwei Eilrechtsschutzanträgen, Beschlüssen und Beschwerden reden. Gut vertretbar ist es aber auch, mangels der Ergebnisrelevanz dieses Punktes in der Verfügung des Landratsamtes nur eine Regelung mit zwei Varianten zu sehen und deshalb durchweg im Singular zu bleiben.

550 Diesen Aspekt sollte man besser nicht als „materielle Rechtmäßigkeit der AoSofVz" bezeichnen, zumal es eine Abwägungs- bzw. „Ermessensentscheidung" des VG ist und sie auch bei § 80 V 1 Fall 1 VwGO (also ohne AoSofVz) erfolgt. Streitig ist allerdings, welche Rechtsfolge die nur formelle Rechtswidrigkeit einer AoSofVz hat (→ kommt es zu einer Wiederherstellung der aufschiebenden Wirkung oder zur bloßen Aussetzung durch das Gericht zur „Nachbesserung"? Art. 45 BayVwVfG passt jedenfalls mangels eines Verwaltungsaktes nicht). In der Klausur sollte man daher am besten zunächst so offen wie oben (das heißt: ohne die jeweilige Rechtsfolge des Verstoßes) formulieren.

551 Zu beachten ist, dass demgegenüber der Landrat an sich nur vom Volk direkt gewählter (*kommunaler*) Wahl) Beamter des Landkreises ist (Art. 31 S. 1 LKrO). Nur durch seine Stellung als Leiter des Landratsamtes als *Staats*behörde kommt er selbst in die Doppelstellung bzw. Janusköpfigkeit (vgl. zu Art. 37 VI LKrO schon in Rn. 387).

552 H. M.; vgl. *W.-R. Schenke*, in: *Kopp/Schenke*, § 80 Rn. 82, m. w. N. auch zu der mangels Regelungslücke abzulehnenden analogen Anwendung des Art. 28 I BayVwVfG.

sich nach dem Normzweck erkennbar des Ausnahmecharakters ihrer Entscheidung im Hinblick auf § 80 I VwGO bewusst sein –, aber nicht notwendig inhaltlich richtigen Begründung des Sofortvollzuges, die hier vorliegt. Die AoSofVz ist formell rechtmäßig.

Die nunmehr anzustellende **Interessenabwägung** zwischen dem Suspensivinteresse von Susanne F. und dem öffentlichen Sofortvollzugsinteresse orientiert sich im Rahmen einer summarischen Prüfung (also nur nach dem Akteninhalt, ohne Beweiserhebung etc.) vorrangig – vgl. noch am Ende der Prüfung zu der bei der AoSofVz überdies noch nötigen Eilbedürftigkeit – an den Erfolgsaussichten in der Hauptsache. Nur bei einem offenen Ausgang dieser Prüfung werden die Folgen der jeweiligen gerichtlichen Entscheidung mit in die Betrachtung einbezogen.[553] Angesichts der im Übrigen bereits geprüften Voraussetzungen für einen Erfolg in der Hauptsache ist vorrangig nach dem **Maßstab des § 113 I 1 VwGO** zu fragen, ob das von Susanne F. angefochtene Betätigungsverbot und die Schließungsverfügung für ihr Piercingstudio **rechtswidrig** sind und sie **in ihren Rechten verletzen**.

**394**

**Ermächtigungsgrundlage** für das Betätigungsverbot und die Schließungsverfügung könnte sowohl eine Norm des Gewerbe- als auch des Polizeirechts sein. Nach dem Spezialitätsgrundsatz (vgl. auch Art. 7 II LStVG) ist allerdings das Gewerberecht vorrangig zu prüfen. In Betracht kommt daher, das Betätigungsverbot und die Schließungsverfügung wegen des Fehlens einer gewerberechtlich vorausgesetzten Erlaubnis auf **§ 15 II 1 GewO** zu stützen. Das setzt zum einen voraus, dass Susanne F. ein **Gewerbe** ausgeübt hat. Zum anderen müsste dieses Gewerbe **erlaubnispflichtig** und Susanne F. **ohne diese Erlaubnis tätig geworden sein.** Damit stellt sich die Frage, ob das von ihr angebotene Piercen von der Erlaubnispflicht in § 1 I Heilpraktikergesetz erfasst wird. Diese Frage kann jedoch (hier noch) offenbleiben, wenn das Piercen in keinem Fall von § 15 II GewO erfasst wird. Ist das von Susanne F. vorgenommene Piercen schon tatbestandlich kein von § 1 II Heilpraktikergesetz erfasster Heilberuf, scheitert die Anwendung des § 15 II 1 GewO an der von dieser Norm vorausgesetzten **Erlaubnispflicht**.[554] Fällt es hingegen als „Heilberuf" unter die Erlaubnispflicht des § 1 I Heilpraktikergesetz, müsste es sich beim Piercen auch noch um ein **Gewerbe** i. S. der GewO handeln. Der Begriff des „Gewerbes" laut § 1 I GewO bemisst sich nach der Gewerbsmäßigkeit (positiv) und der Gewerbsfähigkeit (negativ). Erstere erfasst jede dauerhafte, auf die Erzielung einer Lebensgrundlage gerichtete entgeltliche und nicht verbotene (→ das ist enger als bei dem grundrechtlich geschützten „Beruf"; hier gibt es auch nicht die Gefahr eines Berufsverbotes) selbstständige (→ das ist ein zusätzliches Merkmal gegenüber Art. 12 I GG) Tätigkeit. Zu ihrer Gewerbsfähigkeit darf sie zudem weder ein freier Beruf noch Urproduktion (→ Landwirtschaft und Fischerei) noch die Verwaltung eigenen Vermögens sein. Dem Nichtvorliegen des Merkmals des „freien Berufes" steht jedoch entgegen, dass das Heilpraktikertum gerade als ein sogenanntes freies Gewerbe (→ „Heilberuf") angesehen wird, auf das die GewO und damit auch ihr § 15 II 1 keine Anwendung

**395**

---

[553] Zu beachten ist an dieser Stelle der Unterschied zur einstweiligen Anordnung nach § 32 BVerfGG mit der dort anzustellenden doppelten Folgenabwägung. Die Sachentscheidungsvoraussetzungen der Hauptsache, die entweder parallel zum Eilverfahren sind (→ Verwaltungsrechtsweg, Klagebefugnis, Beteiligten- und Prozessfähigkeit) oder schon dort im Rahmen des allgemeinen Rechtsschutzbedürfnisses geprüft wurden (→ die Anfechtungsklage darf nicht doch eines Vorverfahrens bedürfen und nicht offensichtlich verfristet sein; vgl. Rn. 389), müssen hier nicht unbedingt erwähnt werden. Sie können aber natürlich (unter „Verlust" einer Gliederungsebene) auch nochmals kurz angedeutet werden. Die ebenfalls bereits oben beim Eilantrag (Rn. 392) erwähnte Passivlegitimation bedarf auch keiner erneuten Nennung mehr.

[554] Ob ein Gewerbe (ausnahmsweise) erlaubnispflichtig ist, ergibt sich aus den §§ 29 ff. GewO bzw. aus gewerberechtlichen Nebengesetzen (so spricht § 15 II 1 GewO von der Erlaubnis „zur Ausübung eines Gewerbes").

finden (→ § 6 I 2 Hs. 2 GewO als Hinweis).⁵⁵⁵ § 15 II GewO passt mithin in keiner denkbaren Variante auf diesen Fall. Daher kann offenbleiben, woran seine Heranziehung scheitert.⁵⁵⁶

**396** Fraglich ist, ob die damit aufgetretene Lücke mit den allgemeinen Regeln des Polizei- und Sicherheitsrechts – hier mangels der Einschlägigkeit von spezielleren Standardmaßnahmen mit der Generalklausel des **Art. 7 II LStVG** – geschlossen werden kann oder ob das speziellere Recht (insbesondere bei seiner Tatbestandsmäßigkeit § 1 I Heilpraktikergesetz i. V. mit § 6 I 2 Hs. 2 GewO) insoweit sperrt.⁵⁵⁷ Dem steht jedoch entgegen, dass der Gesetzgeber mit § 6 GewO keine abschließende Regelung treffen wollte, die der GewO vergleichbare Ordnungsmaßnahmen nach anderen (Spezial-)Gesetzen ausschließen sollte. Vielmehr sollte für die dort genannten freien Berufe gerade das speziellere Fachrecht zum Zuge kommen. Wenn das Heilpraktikergesetz selbst dafür keine besondere Regelung enthält, findet – mangels Anwendbarkeit der GewO (s. Rn. 395) – hier dann das allgemeine LStVG Anwendung, so dass vorliegend auf den (auch verfassungsmäßigen) Art. 7 II LStVG (i. V. mit § 1 I Heilpraktikergesetz) abzustellen ist.

**397** Das Betätigungsverbot und die Schließungsverfügung müssten zunächst **formell rechtmäßig** sein. Die **Zuständigkeit** des Landratsamtes für den Erlass des Betätigungsverbotes und der Schließungsverfügung folgt auf den ersten Blick aus § 11 II der im Sachverhalt genannten „Ersten Bundesdurchführungsverordnung zum Heilpraktikergesetz". Allerdings müsste es sich dazu bei der Tätigkeit von Susanne F. um eine von diesem Gesetz erfasste Tätigkeit der Heilpraxis handeln.⁵⁵⁸ Man kann darauf hinweisen, dass der Landesgesetz- und -verordnungsgeber diese vom Bund an sich kompetenzwidrig (→ nach Art. 83 f. GG vollziehen die Länder regelmäßig die Bundesgesetze und legen dafür auch die zuständigen Behörden sowie das Verwaltungsverfahren fest) selbst zugewiesene Aufgabe beim Landratsamt als Staatsbehörde (oben Rn. 392) belassen hat. Alternativ kann man jedoch auch mit Art. 6 LStVG „operieren", sofern sich hier die Aufgabeneröffnung für die Sicherheitsbehörde, also eine abstrakte Gefahr für die öffentliche Sicherheit oder Ordnung bzw. ein Handeln zur Gefahrenabwehr, darlegen lässt. Das ist der Fall, so dass die Zuständigkeit des Landratsamtes als „sachnächster" Behörde (→ die Kundschaft von Susanne F. kommt aus dem gesamten Landkreis) ebenso wie die örtliche nach Art. 3 I Nr. 1 BayVwVfG anzunehmen ist.

**398** Beim **Verfahren** stellt sich das Problem, dass Susanne F. nicht angehört wurde – laut dem Sachverhalt ergingen das Betätigungsverbot und die Schließungsverfügung für sie „ohne Vorwarnung". Die vom Landratsamt getroffenen Maßnahmen stellen jedoch, wie schon bei der Statthaftigkeit der Rechtsbehelfe in Rn. 385 erwähnt wurde, belastende Verwaltungsakte nach Art. 35 S. 1 BayVwVfG dar, so dass es an sich einer Anhörung

---

555 So auch *VGH Kassel*, NJW 2000, 2760 f.; *VG Stade*, NJW 1990, 789 f. („Geistheiler"); a. A. *VG Gießen*, NJW 1999, 1800 ff.
556 Die Untersagung nach § 35 GewO gilt dagegen für alle Gewerbearten und greift ein, wenn der Gewerbetreibende unzuverlässig ist. Ihrer Anwendung stehen hier aber die gleichen Einwände wie bei § 15 II 1 GewO entgegen. Auf einen Verstoß gegen § 14 GewO kann bei Art. 7 II LStVG hingegen nicht rekurriert werden, denn sonst würde die Wertung des § 15 GewO unterlaufen, der nur bei erlaubnispflichtigen Gewerben die Schließung vorsieht.
557 Zu dieser „Sperrwirkung" einer spezielleren Norm, die etwa im Fall der Standardmaßnahmen der besonderen Grundrechtsrelevanz einer Regelung Rechnung trägt, insbesondere gegenüber der Generalklausel schon oben in Rn. 164.
558 Art. 7 II LStVG stellt insoweit auf die „Sicherheitsbehörden" ab, die in Art. 6 LStVG allgemein, im Einzelfall aber auch spezialgesetzlich bestimmt sind. Auch Art. 6 LStVG legt allerdings noch nicht fest, welche der dort genannten „Instanzen" für einen konkreten Fall zuständig ist. Das folgt entweder erst aus einer Standardmaßnahme (vgl. z. B. Art. 26 II LStVG: „Gemeinden oder Landratsämter") oder gemäß dem Effektivitätsgrundsatz danach, in wessen „Gebiet" die Gefahr lauert (insoweit gilt der Vorrang der niedereren Ebene, also eine Art „Subsidiarität"; s. Art. 44 LStVG).

nach Art. 28 I BayVwVfG bedurft hätte. Wegen der Eilbedürftigkeit der Maßnahmen kann hier aber auf Art. 28 II Nr. 1 BayVwVfG rekurriert werden.[559] Die **Form** der schriftlichen und begründeten Verwaltungsakte (Art. 37 II 1, 39 I BayVwVfG) begegnet ebenfalls keinen Bedenken. Die Verwaltungsakte sind demnach formell rechtmäßig.

Ferner müsste die **materielle Rechtmäßigkeit**[560] der an Susanne F. gerichteten Verwaltungsakte gegeben sein. Der hier mangels eines im Sachverhalt mitgeteilten Straf- bzw. Ordnungswidrigkeitentatbestandes – dazu noch Rn. 401 – nicht nach seiner Nr. 1, sondern nur nach seiner Nr. 3 in Betracht zu ziehende Art. 7 II LStVG setzt tatbestandlich eine konkrete **Gefahr für Leben oder Gesundheit von Menschen** voraus. Zu denken wäre hier angesichts der Gefahren durch eine unsachgemäße Anwendung von Lidocain (nicht durch das rezeptfreie Mittel selbst) seitens Susanne F. an eine solche Gefahr, wenn ein Verstoß von ihr gegen die Erlaubnispflicht des § 1 I Heilpraktikergesetz vorläge und damit gleichsam nach der gesetzlichen „Vermutung" (→ das Argument ist: Es gäbe keine Erlaubnispflicht, wenn sie nicht als Sachkundenachweis nötig wäre) die konkrete Gefahr unsachgemäßer Anwendung von Lidocain quasi indiziert würde. Spätestens an dieser Stelle muss damit geklärt werden, ob dieses Gesetz tatsächlich auf das Handeln von Susanne F. anwendbar ist; sonst muss die Gesundheitsgefahr konkret begründet werden (wofür der Sachverhalt aber nichts „hergibt", was der Grund und der Hinweis für den hier gewählten Weg über die gesetzliche „Vermutung" ist).

**399**

Dazu müsste das von ihr vorgenommene Piercen gemäß der Definition in § 1 II Heilpraktikergesetz der Ausübung der **Heilkunde** dienen, was jede berufs- oder gewerbsmäßig vorgenommene Tätigkeit zur Feststellung, Heilung oder Linderung von Krankheiten, Leiden oder Körperschäden bei Menschen ist, auch wenn sie im Dienste von anderen ausgeübt wird. Das **bloße Piercen** dient jedoch nicht im vorgenannten Sinn der Feststellung oder Heilung (usw.) von Krankheiten, sondern allein der „Verschönerung" der Betroffenen (das ist bei zusätzlichen „heilenden" Eingriffen wie etwa Schönheitsoperationen oder dem Entfernen von Warzen anders). Dass heilkundliche Fachkenntnisse hier nachhaltige Körperschäden verhindern, reicht insoweit nicht aus.[561]

**400**

Erfolgt hingegen das **Piercen unter örtlicher Betäubung mittels Injektion**, verhindert die Tätigkeit des Spritzens den Eintritt von Schmerzen und lässt sich damit unter den Begriff der „Heilkunde" subsumieren.[562] Die nicht als Ärztin bestallte Susanne F. übt damit einen Heilberuf **ohne die nach § 1 I Heilpraktikergesetz erforderliche Erlaubnis** aus. Dass sie möglicherweise – so im Originalfall – als gelernte Arzthelferin einen

**401**

---

559 Diese Vorschrift greift nicht nur zugunsten der Polizei. Sonst, aber nicht hilfsweise oder parallel (um klare Ergebnisse und Handlungsanweisungen für die Beteiligten zu erzielen), ist schließlich noch eine Nachholung der fehlenden Anhörung nach Art. 45 I Nr. 3, II BayVwVfG denkbar. Im Übrigen stellt sich hier nicht das Problem, ob die Nachholung der Anhörung durch einen bloßen Widerspruch möglich ist (nach h. M. geht das wegen des Verlustes einer „Ermessensebene" bei der Nachholung durch die Widerspruchsbehörde identisch ist mit der Ausgangsbehörde und diese nicht eine gebundene Entscheidung trifft). Vorliegend gibt es diesen Akt nicht, sondern nur den Eilantrag bzw. die Klage beim VG, die nicht bei der Behörde eingelegt werden und daher nicht heilen können (h. M.). Die Eilfälle in Art. 28 II Nr. 1 BayVwVfG, 3 PAG und § 80 II 1 Nr. 4 VwGO unterscheiden sich nur in Nuancen (→ es fragt sich, ob ein abstrakter oder konkreter Bezug gefordert ist).

560 Statt dem hiesigen ist eventuell auch der für das PAG entwickelte „bayerische" Aufbau möglich (vgl. *Heckmann*, in: *Becker/Heckmann/Kempen/Manssen*, 3. Teil, Rn. 83). Der gewählte Aufbau ist aber in jedem Fall konsequent einzuhalten und nicht mit dem anderen zu „mischen".

561 A. A. *VG Gießen*, NJW 1999, 1800 ff.; ähnlich wie hier die h. M. für die Sehschärfenbestimmung durch einen Optiker: *Marcks*, in: *Landmann/Rohmer*, § 6 Rn. 61 f. m. w. N., wonach es sich dabei insbesondere um eine Feststellung i. S. von § 1 II Heilpraktikergesetz handelt, die erst einen körperlichen Eingriff voraussetzt.

562 So auch *VGH Kassel*, NJW 2000, 2760 (2761); anders aber für bloße Vereisungssprays etc. Es handelt sich mithin um eine „Gratwanderung"; ebenso *Marcks*, in: *Landmann/Rohmer*, § 6 Rn. 61 m. w. N.

sogenannten Spritzenschein hat, ist unerheblich, zumal dieser allenfalls das Spritzen nach ärztlicher Delegation und Überwachung „deckt". Damit begründet sie eine konkrete Gefahr und wegen des mit der Betäubung verbundenen Risikos eben auch eine solche für die Gesundheit und das Leben von Menschen mit dem zumindest apothekenpflichtigen Medikament. Zudem besteht hier eine offensichtliche Fortsetzungsgefahr.[563]

**402** Susanne F. ist als Verhaltensstörerin nach Art. 9 I 1 Fall 1 LStVG – der mangels spezieller Regelung im Heilpraktikergesetz hier unmittelbar anwendbar ist – **richtige Adressatin** der vom Landratsamt getroffenen Maßnahmen (dieser Punkt wird auch als „Richtung der Maßnahme" bezeichnet und gehört zum Tatbestand).

**403** **Rechtsfolge** des Art. 7 II (Nr. 3) LStVG ist, dass das Landratsamt nach pflichtgemäßem Ermessen die erforderlichen Maßnahmen – hier das Betätigungsverbot und die Schließungsverfügung – treffen durfte. Fraglich ist, ob ihm dabei **Ermessensfehler** unterlaufen sind (vgl. Art. 40 BayVwVfG, § 114 S. 1 VwGO).[564] Solche Ermessensfehler kommen zum einen hinsichtlich des **Entschließungsermessens** (→ das „Ob"; insoweit sollte bei Anhaltspunkten differenziert werden) in Betracht. Wegen der von einer unsachgemäßen Anwendung des hier verwendeten Betäubungsmittels ausgehenden nicht unerheblichen Gesundheitsgefahren (dazu bereits in Rn. 401) ist das Ermessen des Landratsamtes insoweit jedoch auf Null reduziert.

**404** Das **Auswahlermessen** (→ das „Wie") könnte vom Landratsamt jedoch fehlerhaft ausgeübt worden sein. Zu denken ist hier vor allem an einen Verstoß gegen den Grundsatz der Verhältnismäßigkeit (Art. 8 LStVG → das wäre eine Ermessensüberschreitung), der zur Erreichung des **legitimen Zweckes** (hier des Schutzes der Allgemeinheit vor Gesundheitsgefahren) geeignete, erforderliche und angemessene Maßnahmen verlangt. Das angeordnete Betätigungsverbot für Susanne F. und die Verpflichtung, ihr Piercingstudio binnen zweier Tage zu schließen, sind jedoch **geeignet**, den andauernden Rechtsverstoß im Hinblick auf die fehlende Erlaubnis zu beenden. Mangels eines milderen, gleich effektiven Mittels sind die getroffenen Maßnahmen auch **erforderlich**. Das Landratsamt hat Susanne F. insbesondere noch ein „Hintertürchen" in Gestalt einer „Abwendungsbefugnis" (vgl. Art. 5 II 2 PAG als Ansatz; es handelt sich also um keine Bedingung etc.; die geforderte Schriftlichkeit zu Beweiszwecken ist nicht zu beanstanden) eröffnet, indem es ihr zugestanden hat, nach einer entsprechenden schriftlichen Selbstverpflichtung dazu weiterhin – nun allerdings ohne Betäubung mittels Spritze – zu piercen. Damit wird der Verstoß gegen § 1 I Heilpraktikergesetz bereits „abgestellt" (dieser Aspekt kann auch erst in der Angemessenheit erwähnt werden). Trotz ihrer Fachkunde als ehemaliger Arzthelferin zeigt sich Susanne F. im Übrigen völlig uneinsichtig, so dass es der vorgenommenen Schritte bedarf.[565] Angesichts der von der unsachgemäßen Verwendung des Betäubungsmittels ausgehenden Gefahren einerseits und der Möglichkeiten von Susanne F. andererseits, eine Erlaubnis nach § 1 I Heilpraktikergesetz zu erlangen bzw. ohne vorheriges Spritzen zu piercen, ist die vom Landratsamt getroffene Maßnahme auch **angemessen**. Sie beschränkt vor allem auch nicht über Gebühr die Grundrechte

---

563 § 5 Heilpraktikergesetz enthält in der Realität sogar eine Regelung zur Strafbarkeit des Verstoßes gegen die Erlaubnispflicht, so dass mit diesem Wissen auch der Weg über Art. 7 II Nr. 1 LStVG gangbar wäre (vgl. Rn. 399).

564 Ob bei der Ermessensentscheidung auch (potenzielle) zukünftige Gesetze berücksichtigt werden müssen, bespricht *Polzin*, DÖV 2014, 1007 ff.

565 Es könnte – ähnlich wie im Baurecht bei der Nutzungsuntersagung nach Art. 76 S. 2 BayBO, bei der neben der formellen (→ Genehmigungspflichtigkeit) als Tatbestandsmerkmal jedenfalls im Rahmen der Verhältnismäßigkeit und damit einer Ermessensgrenze zusätzlich die materielle Illegalität (→ Genehmigungsfähigkeit) untersucht wird, könnte noch an die „sanftere" Alternative gedacht werden, die nötige Heilpraktikererlaubnis zu erteilen, wenn Susanne F. darauf einen Anspruch hat. Hier liegen deren Voraussetzungen (insbesondere zur Ausbildung etc.) aber erkennbar nicht vor.

von Susanne F.[566] aus **Art. 12 I GG** (→ es geht um eine bloße Regelung der Berufsausübung) und **Art. 14 I GG** (wenn es ihn als insoweit geschütztes Recht überhaupt gibt, was sehr umstritten ist, betreffen die Maßnahmen des Landratsamtes lediglich den eingerichteten und ausgeübten Gewerbebetrieb, der hier aber nicht in seinem Bestand bedroht ist). Die getroffene Maßnahme ist damit insgesamt auch bezüglich des „Wie" verhältnismäßig – die Freiwilligkeit ihrer „Opfer" ist insoweit angesichts von deren zu vermutender Unkenntnis über die ihnen drohenden Gefahren dagegen ohne rechtlichen Belang.

Die an Susanne F. gerichteten Verwaltungsakte sind damit **rechtmäßig** (und daher nicht rechtsverletzend). Ihre dagegen erhobenen (Anfechtungs-)Klagen bleiben deshalb in der Hauptsache ohne Erfolg. Bei solchen offensichtlich rechtmäßigen Verwaltungsakten überwiegt auch im Fall einer AoSofVz nach § 80 II 1 Nr. 4 VwGO jedenfalls bei einer Eilbedürftigkeit wie hier (→ das ist die „Interessenabwägung im Übrigen") das **öffentliche Sofortvollzugsinteresse**. Die Interessenabwägung geht damit im Gesamtergebnis zu Lasten von Susanne F. aus, so dass ihre Eilanträge auf Wiederherstellung der aufschiebenden Wirkung ihrer Anfechtungsklagen unbegründet und damit erfolglos waren. Danach hat das VG in seinem Beschluss (oder seinen Beschlüssen) erster Instanz richtig entschieden, als es die Eilanträge von Susanne F. abgelehnt hat. Ihre hiergegen erhobene(n) Beschwerde(n) zum VGH ist (bzw. sind) demgemäß unbegründet und daher trotz Vorliegens ihrer Sachentscheidungsvoraussetzungen erfolglos. Bezogen auf die Fallfrage gilt daher: Zur Vermeidung weiterer (Anwalts- und Gerichts-)Kosten sollte Susanne F. nicht auf den Rat des mit ihr befreundeten Anwaltes hören.

**405**

## Fall 6: Das Kennzeichenlesegerät[567]

Harald S. ist begeisterter Autofahrer. Er fühlt sich jedoch in seiner Freiheit durch die in letzter Zeit auf zahlreichen Straßen rund um die bayerische Stadt M installierten, auf Art. 39 PAG (in der damaligen mit Wirkung ab dem 25.5.2018 gültigen Fassung) gestützten Kennzeichenlesegeräte, die „Bewegungsprofile" von seinen Spritztouren erstellen könnten, in seiner nicht nur automobilen Freiheit eingeschränkt und erhebt deshalb am 15.8.2018 Verfassungsbeschwerde beim Bundesverfassungsgericht. Hat er damit Erfolg?

**406**

Art. 39 PAG lautete in seiner damaligen Fassung wie folgt:

(1) Die Polizei kann durch den verdeckten Einsatz automatisierter Kennzeichenerkennungssysteme bei Vorliegen entsprechender Lageerkenntnisse in den Fällen des Art. 13 Abs. 1 Nr. 1 bis 5 Kennzeichen von Kraftfahrzeugen sowie Ort, Datum, Uhrzeit und Fahrtrichtung erfassen. Zulässig ist der Abgleich der Kennzeichen mit polizeilichen Fahndungsbeständen, die erstellt wurden
1. über Kraftfahrzeuge oder Kennzeichen,
    (a) die durch Straftaten oder sonst abhandengekommen sind oder
    (b) hinsichtlich derer auf Grund tatsächlicher Anhaltspunkte anzunehmen ist, dass sie bei der Begehung von Straftaten benutzt werden,
2. über Personen, die ausgeschrieben sind
    (a) zur polizeilichen Beobachtung, gezielten Kontrolle oder verdeckten Registrierung,

---
566 Ein Grundrecht kann auch selbst als Ermessensschranke gewählt und „darin" die Verhältnismäßigkeit geprüft werden (vgl. dazu schon Fn. 519).
567 Vgl. *BVerfGE* 120, 378 ff.; *BVerfG*, NJW 2019, 827 ff., mit Besprechung von *Mauthofer/Schmid*, BayVBl. 2019, 838 ff.; *BVerwG*, NVwZ 2015, 906 ff.; *Guckelberger*, NVwZ 2009, 352 ff.; *Glaser*, Jura 2009, 742 (744 ff.); *Roßnagel*, NJW 2008, 2547 ff.; zu einem Klausurfall zur hessischen Parallelvorschrift ferner *Böhm/Kant*, LKRZ 2009, 116 ff.

(b) aus Gründen der Strafverfolgung, Strafvollstreckung, Auslieferung oder Überstellung,
(c) zum Zweck der Durchführung ausländerrechtlicher Maßnahmen,
(d) wegen gegen sie veranlasster polizeilicher Maßnahmen der Gefahrenabwehr.
Ein Abgleich mit polizeilichen Dateien, die zur Abwehr von im Einzelfall oder im Hinblick auf bestimmte Ereignisse allgemein bestehenden Gefahren errichtet wurden, ist nur zulässig, wenn dies zur Abwehr einer solchen Gefahr erforderlich ist und diese Gefahr Anlass für die Kennzeichenerfassung war. Die Kennzeichenerfassung darf nicht flächendeckend eingesetzt werden.

(2) Maßnahmen nach Abs. 1 dürfen nur von den in Art. 36 Abs. 4 Satz 2 und 3 genannten Personen angeordnet werden. Art. 36 Abs. 4 Satz 4 gilt entsprechend.

(3) Die nach Abs. 1 erfassten Kennzeichen sind nach Durchführung des Datenabgleichs unverzüglich zu löschen. Soweit ein Kennzeichen in den abgeglichenen Fahndungsbeständen oder Dateien enthalten und seine Speicherung oder Nutzung im Einzelfall zur Abwehr einer Gefahr oder für Zwecke, zu denen die Fahndungsbestände erstellt oder die Dateien errichtet wurden, erforderlich ist, gelten abweichend hiervon Art. 54 Abs. 1 und 2 sowie die Vorschriften der StPO. Außer in den Fällen des Abs. 1 Satz 2 Nr. 2 Buchst. a dürfen Einzelerfassungen nicht zu einem Bewegungsbild verbunden werden. Abgleiche nach Abs. 1 dürfen nicht protokolliert werden."

Die aktuelle Fassung des Art. 39 PAG bleibt bei der Bearbeitung außer Betracht. Im Folgenden wird auf die damalige Fassung abgestellt.

**407** Die Gliederungsübersicht zu Fall 6:

**A. Zulässigkeit der Verfassungsbeschwerde**
**I. Zuständigkeit des BVerfG**
**II. Beschwerde und Prozess- bzw. Postulationsfähigkeit von Harald S.**
**III. Tauglicher Beschwerdegegenstand:** Akt öffentlicher Gewalt
**IV. Beschwerdebefugnis**
**1. Mögliche Verletzung des Allgemeinen Persönlichkeitsrechts**
**2. Eigene Betroffenheit**
**3. Gegenwärtige Betroffenheit**
**4. Unmittelbare Betroffenheit**
Problem: „self-executing"-Norm oder Ausnahme

**V. Erschöpfung des Rechtsweges und Subsidiarität der Verfassungsbeschwerde**

Problem: Ausnahmen vom Subsidiaritätsvorbehalt

**VI. Form und Frist**
**VII. Allgemeines Rechtsschutzbedürfnis**
**B. Begründetheit der Verfassungsbeschwerde**
**I. Schutzbereich des Allgemeinen Persönlichkeitsrechts**
Problem: Verschiedene „Arten" des Allgemeinen Persönlichkeitsrechts
Problem: „Gefährdungslage" für das Persönlichkeitsrecht hier ausreichend?

**II. Eingriff**
**III. Verfassungsrechtliche Rechtfertigung**
**1. Schranke**
Problem: Festlegungen des *BVerfG* zur Schranke des Persönlichkeitsrechts

2. **Formelle Verfassungsmäßigkeit der Schranke**
   **Problem:** Gesetzgebungskompetenz
3. **Materielle Verfassungsmäßigkeit der Schranke – Schranken-Schranke der Verhältnismäßigkeit**
   a. Anlasslose Kontrollen unabhängig von dem Gewicht bedrohter Rechtsgüter
   b. Schleierfahndung
   c. Polizeiliche Kontrollstellen

Die Verfassungsbeschwerde von Harald S. hat Erfolg, wenn sie zulässig und begründet ist.[568] Ihre **Zulässigkeit** bemisst sich nach Maßgabe der Art. 93 I Nr. 4a GG, §§ 13 Nr. 8a, 90 ff. BVerfGG. Dabei folgt die (grundsätzliche) **Zuständigkeit des BVerfG** für die Entscheidung über Verfassungsbeschwerden aus den ersten beiden genannten Normen. Die **Beschwerdefähigkeit** von Harald S. als natürliche Person, Grundrechtsträger und damit „Jedermann" i. S. des § 90 I BVerfGG ist gegeben. Gleiches gilt mangels entgegenstehender Anhaltspunkte für seine **Prozessfähigkeit**. Mangels Anwaltszwanges ist Harald S. dabei bis zur mündlichen Verhandlung (vgl. § 22 I 1 Hs. 2 BVerfGG) auch selbst **postulationsfähig**. Als tauglicher **Beschwerdegegenstand** seiner Verfassungsbeschwerde kommt hier als Akt der (bayerischen und damit auch deutschen) öffentlichen Gewalt der Erlass des Art. 39 PAG durch die Legislative in Betracht. Die **Beschwerdebefugnis** von Harald S. setzt voraus, dass er durch die angegriffene Gesetzesbestimmung möglicherweise selbst, gegenwärtig und unmittelbar in seinen Grundrechten verletzt ist. Die in Art. 39 PAG geregelte Kennzeichenerfassung verletzt Harald S. eventuell in seinem **Allgemeinen Persönlichkeitsrecht** aus Art. 2 I i. V. mit Art. 1 I GG.[569] Als Halter und (vor allem) Fahrer eines in Bayern genutzten Pkw ist Harald S. insoweit auch **selbst** in eigenen Grundrechten **betroffen bzw. beschwert**. Seine **gegenwärtige Betroffenheit** folgt aus der derzeitigen Geltung des Art. 39 PAG. Fraglich ist jedoch, ob Harald S. durch Art. 39 PAG auch **unmittelbar** in seinem Allgemeinen Persönlichkeitsrecht **betroffen** ist. Die unmittelbare Betroffenheit setzt bei einer Verfassungsbeschwerde direkt gegen ein Gesetz grundsätzlich voraus, dass für den Grundrechtseingriff keine weiteren Einzelakte mit einem Spielraum des auf Staatsseite Handelnden mehr erforderlich sind, die Norm also *„self-executing"* ist.[570] Die Erfassung des Kennzeichens (von Harald S.) bedarf hier noch weiterer Vollzugsakte, nämlich des Installierens der Geräte, des Startens und der Auswertung; doch lässt das *BVerfG* insoweit Ausnahmen für den Fall zu, dass der Beschwerdeführer regelmäßig keine Kenntnis von diesen Vollzugsakten erlangt. Dann genügt die Darlegung, dass er mit einiger Wahrscheinlichkeit – der nötige Grad hängt von der Möglichkeit ab, im Einzelfall die Betroffenheit darzulegen – von den auf die angegriffene Norm gestützten Vollzugsmaßnahmen in seinen Grundrechten berührt sein wird.[571] Harald S. weiß vorliegend nicht, ob und wann sein Kennzeichen erfasst wird, da die stationären Geräte nicht immer in Betrieb und die mobilen (etwa in einem Streifenwagen der Polizei) nicht erkennbar sind. Insofern ge-

---

568 Im Originalfall hat das *BVerfG* zugleich über die hessische und die schleswig-holsteinischen Normen zu den Kennzeichenlesegeräten geurteilt. Im letzten Verfahren ging es nunmehr um die Regelungen aus Bayern und Baden-Württemberg.
569 Demgegenüber scheidet eine Verletzung von Art. 2 II 2 GG (Harald S. beruft sich auf seine „Freiheit") und Art. 11 I GG erkennbar ebenso aus wie ein Verstoß gegen Art. 14 I GG (die Nutzung des Autos bleibt für Harald S. möglich). Denkbar ist auch noch die Erwähnung von Art. 2 I GG (als „Fortbewegungsfreiheit" oder „Grundrecht auf Mobilität"), der allerdings – entweder in der Sache oder bereits „formell" (als Auffanggrundrecht) – hinter Art. 2 I i. V. mit 1 I GG zurücktritt, wenn in deren Schutzbereich eingegriffen wird. Auch ein Verstoß gegen Art. 3 I GG in Bezug auf Radfahrende ist jedenfalls bei entsprechenden Hinweisen im Sachverhalt diesbezüglich „Rüge" denkbar.
570 Vgl. nur m. w. N. *Kingreen/Poscher*, Grundrechte, Rn. 1498 f.
571 Vgl. *BVerfGE* 109, 279 (307 f.); 113, 348 (363).

nügt für seine unmittelbare Betroffenheit durch Art. 39 PAG der Hinweis, dass er seinen Pkw in Bayern nutzt; er muss nicht auch noch behaupten (und sich damit möglicherweise selbst bezichtigen), wegen einer Straftat etc. bereits im polizeilichen Fahndungscomputer erfasst zu sein.

**409** Die **Erschöpfung des** (direkten) **Rechtsweges** gemäß Art. 94 II 2 GG, § 90 II 1 BVerfGG ist gegen ein formelles Gesetz wie hier nicht möglich. Der vom *BVerfG* für Rechtssatzverfassungsbeschwerden entwickelte **Grundsatz der Subsidiarität der Verfassungsbeschwerde** (er zielt auf indirekten Rechtsschutz zur auch hier denkbaren Aufbereitung des Sachverhaltes für das BVerfG)[572] wurde vorliegend nicht gewahrt (allerdings wäre eine Unterlassungsklage auch kaum praktisch erfüll- und ein Feststellungsurteil zumindest nicht vollstreckbar, denn wie soll nur das Auto von Harald S. nicht erfasst werden). Zu prüfen ist daher, ob eine Ausnahme – das *BVerfG* geht im Originalfall nicht darauf ein, ob es sie auf § 90 II 2 BVerfGG stützt – greift. Es ist in der verfassungsgerichtlichen Rechtsprechung anerkannt, dass ein Beschwerdeführer den Rechtsweg nicht beschreiten kann und muss, wenn er keine Kenntnis von der ihn an sich erst unmittelbar belastenden Maßnahme hat bzw. er zwar eventuell nachträglich von der Maßnahme erfährt, das Gesetz insoweit aber so zahlreiche Ausnahmen von der grundsätzlichen Pflicht zur Benachrichtigung enthält, dass eine effektiver (vgl. dazu Art. 19 IV GG) fachgerichtlicher Rechtsschutz nicht gewährleistet ist.[573] Art. 39 I PAG sieht den verdeckten Einsatz der automatisierten Kennzeichenerkennungssysteme und damit der Datenerhebung vor, so dass im obigen Sinn eine Lücke beim Fachrechtsschutz droht, die hier durch die direkte Zulassung der Verfassungsbeschwerde von Harald S. geschlossen wird.[574] Dieser muss schließlich noch die **Formvorgabe** in §§ 23 I, 92 BVerfGG beachten und die **Jahresfrist**[575] des § 93 III BVerfGG ab dem Inkrafttreten des Art. 39 PAG wahren. Letzteres ist wegen der Geltung der Norm ab dem 25.5.2018 hier am 15.8.2018 noch möglich. Das **allgemeine Rechtsschutzbedürfnis** von Harald S. als noch aktiver Fahrer besteht mangels Erledigung der Rechtsfrage fort (und muss auch gar nicht unbedingt erwähnt werden). Seine Verfassungsbeschwerde ist damit zulässig.

**410** Die Verfassungsbeschwerde ist **begründet**, wenn Art. 39 PAG Harald S. tatsächlich in seinem aus Art. 2 I i. V. mit 1 I GG abgeleiteten Allgemeinen Persönlichkeitsrecht verletzt. Das ist der Fall bei einem verfassungsrechtlich nicht gerechtfertigten Eingriff in den Schutzbereich dieses Grundrechts. Der **Schutzbereich** des Allgemeinen Persönlichkeitsrechts[576] umfasst als dessen „Ableger" unter anderem das Grundrecht auf informationelle Selbstbestimmung.[577] Dieses vom *BVerfG* entwickelte Recht stellt die Reaktion auf die Gefährdungen der Persönlichkeit durch die Bedingungen moderner Datenverarbeitung dar.[578] Wichtig ist dabei, dass schon eine bloße Gefährdungslage ausreicht,

---

572 Dazu m. w. N. *Kingreen/Poscher*, Grundrechte, Rn. 1507; *Peters/Markus*, JuS 2013, 887 ff.
573 S. dazu *BVerfGE* 109, 279 (306 f.); 113, 348 (362 f.).
574 Die Bundesverfassungsbeschwerde ist bei „Angriffen" gegen Landesakte nicht gegenüber der Landesverfassungsbeschwerde oder der Popularklage subsidiär. Das belegen § 90 III BVerfGG mit dem Wahlrecht des Beschwerdeführers und der Umkehrschluss zur explizit anderen Regelung in Art. 93 I Nr. 4b GG, § 91 S. 2 BVerfGG. Die Landesverfassungsgerichte gehören aber auch nicht zum fachgerichtlichen Rechtsschutz (obwohl die Popularklage sogar direkt ein Gesetz „angreift").
575 Weiterführend zur Jahresfrist für Rechtssatzverfassungsbeschwerden bei Gesetzesänderungen *Bonhage/Dietrich*, NVwZ 2017, 1352 ff.
576 Gemeint ist an dieser Stelle das verfassungsrechtliche Allgemeine Persönlichkeitsrecht. Zum bürgerlich-rechtlichen Allgemeinen Persönlichkeitsrecht *Ehmann*, JURA 2011, 437 ff.
577 Vgl. dazu *Frenz*, JA 2013, 840 ff.
578 Weiterführend zum Freiheitsschutz in den globalen Kommunikationsinfrastrukturen *Hoffmann-Riem*, JZ 2014, 53 ff.; außerdem zur Rechtsstaatlichkeit und zum Grundrechtsschutz in der digitalen Gesellschaft *Papier*, NJW 2017, 3025 ff.; vgl. auch *Hebeler/Berg*, JA 2021, 617 (619 ff.), allgemein zum Recht auf informationelle Selbstbestimmung.

die bereits im Vorfeld konkreter Bedrohungen von Rechtsgütern bestehen kann. Die elektronische Datenverarbeitung kennzeichnet sich dadurch, dass die Daten schnell abrufbar und vielfältig nutz- sowie verknüpfbar sind. Die damit einhergehende erhöhte Gefahrenlage wird durch diesen gesteigerten, bereits auf der Stufe der Gefährdung des Persönlichkeitsrechts beginnenden Grundrechtsschutz berücksichtigt.[579] Dieser Schutz ist hierbei – gerade wegen der oben genannten vielfältigen Nutzbarkeit der Daten – nicht auf sensible Daten beschränkt.[580] Schließlich entfällt er auch nicht nur deshalb, weil die Information ohnehin öffentlich zugänglich ist. Vielmehr schützt das Recht auf informationelle Selbstbestimmung das Interesse der Einzelnen, dass personenbezogene Informationen nicht im Zuge automatisierter Informationserhebung zur Speicherung und Weiterverarbeitung erfasst und verwendet werden.[581] Die Kennzeichen sind den jeweiligen Haltern individuell zugeordnet. Mit ihnen lassen sich deren Name, Anschrift sowie weitere Informationen ermitteln.[582] Damit fällt die Durchführung einer Kennzeichenkontrolle nach Art. 39 PAG in den Schutzbereich des Rechts auf informationelle Selbstbestimmung, denn mit ihr werden einzelne, jeweils einem Fahrzeug und über dieses dem jeweiligen Halter zuordenbare Kraftfahrzeugkennzeichen erfasst und zur öffentlichen Aufgabenwahrnehmung mit weiteren Daten abgeglichen. Insoweit handelt es sich um die Verarbeitung personenbezogener Daten.

In diesen Schutzbereich müsste Art. 39 PAG **eingreifen**. Ein Eingriff liegt zunächst in der **Erfassung** personenbezogener Daten, wodurch die Daten überhaupt erst für die Behörden verfügbar werden. An der Eingriffsqualität fehlt es lediglich, sofern Daten ungezielt und allein technikbedingt zunächst miterfasst, aber unmittelbar nach der Erfassung technisch wieder anonym und ohne Erkenntnisinteresse für die Behörden ausgesondert werden.[583] Für sogenannte Nichttrefferfälle sieht Art. 39 III 1 PAG zwar die sofortige Löschung der Daten vor, während in Trefferfällen die Daten laut Art. 39 III 2 i. V. mit Art. 54 I, II PAG gespeichert werden können. Obgleich die Daten in den meisten Fällen sofort gelöscht werden, könnte ein Eingriff nichtsdestotrotz gegeben sein: Bei einer Gesamtbetrachtung mit Blick auf den durch den Überwachungs- und Verwendungszweck bestimmten Zusammenhang hat sich das behördliche Interesse an den betroffenen Daten bereits derart verdichtet, dass ein Betroffensein in einer einen Grundrechtseingriff auslösenden Qualität unabhängig davon, ob sich als Ergebnis der Kontrolle ein Trefferfall ergibt oder nicht, zu bejahen ist.[584] Wenn gezielt mittels Datenabgleiches Personen im öffentlichen Raum daraufhin überprüft werden, ob sie oder die von ihnen mitgeführten Sachen polizeilich gesucht werden, besteht an deren Daten auch dann ein verdichtetes behördliches Interesse, wenn diese Daten im Anschluss an die Überprüfung unmittelbar wieder gelöscht werden.[585] Die Einbeziehung der Daten von Personen, deren Abgleich letztlich zu Nichttreffern führt, erfolgt zudem nicht ungezielt und allein technikbedingt, sondern ist notwendiger und gewollter Teil der Kontrolle und gibt ihr als Fahndungsmaßnahme erst ihren Sinn. Weitere Eingriffe liegen in dem **Abgleich** der Daten sowie (gegebenenfalls) in der folgenden **Verwendung** der

---

579 Grundlegend *BVerfGE* 65, 1 (42) – Volkszählungsurteil; zur Verfassungsmäßigkeit der staatlichen Volkszählung 2011 durch die Auswertung vorhandener Register und ergänzende Individualbefragungen *BVerfG*, BayVBl. 2019, 229 ff.
580 *BVerfG*, NJW 2019, 827 (828 f.).
581 Nach *BVerfGE* 65, 1 (45), gibt es keine unabhängig vom Verwendungskontext schlechthin belanglosen personenbezogenen Daten mehr; das bestätigt dann nochmals *BVerfG*, NJW 2019, 827 (828 f.).
582 *BVerfG*, NJW 2019, 827 (829).
583 *BVerfG*, NJW 2008, 1505 (1506 f.); *BVerfG*, NJW 2019, 827 (829). In diesem Kontext sind die von der bayerischen Polizei auf der Basis des Art. 33 IV PAG seit Neuerem eingesetzten sogenannten „Bodycams" ebenfalls von Bedeutung. Vgl. dazu etwa *Schenke*, VerwArch 2019, 436 (470).
584 *BVerfG*, NJW 2019, 827 (829).
585 So trotz entgegenstehender vorheriger Rechtsprechung *BVerfG*, NJW 2019, 827 (829).

gefilterten Daten.[586] Daher sind solche in das Grundrecht auf informationelle Selbstbestimmung eingreifenden Maßnahmen rechtfertigungsbedürftig.[587]

**412** Für die **verfassungsrechtliche Rechtfertigung** bedarf es einer Grundrechtsschranke, die tauglich, also ihrerseits formell und materiell verfassungsgemäß ist. Als **Schranke** des Grundrechts auf informationelle Selbstbestimmung hat das *BVerfG* „festgelegt", dass die oder der Einzelne „solche Beschränkungen (ihres bzw.) seines Rechts hinnehmen muss, die auf einer verfassungsmäßigen gesetzlichen Grundlage beruhen" – mit anderen Worten: Es besteht ein grundsätzlich einfacher Gesetzesvorbehalt wie die „verfassungsmäßige Ordnung" bei Art. 2 I GG, dem Art. 39 PAG als gesetzliche Bestimmung hier zunächst einmal genügt.

**413** Art. 39 PAG muss weiterhin aber für seine „Qualität" als wirksame Schranke auch selbst verfassungsgemäß und damit tauglich sein. Zunächst muss die Schranke des Grundrechts auf informationelle Selbstbestimmung dazu **formell verfassungsgemäß** sein. Bedenken bereitet insoweit mangels entsprechender Anhaltspunkte nicht das Gesetzgebungsverfahren (zumal das BVerfG unter Heranziehung von Art. 28 I 1 GG allenfalls extreme Verstöße bei dieser für ein Landesgesetz grundsätzlich nach dem Landesverfassungsrecht zu beurteilenden Frage monieren würde), sondern die **Gesetzgebungskompetenz**. Es könnte hier der Einsatz der Kennzeichenlesegeräte zu solchen Polizeitätigkeiten ermöglicht werden, für die dem Bund die Gesetzgebungskompetenz zusteht.

**414** Insoweit könnte der Kompetenz der Länder, Kraftfahrzeugkennzeichenkontrollen zur Fahndung nach Personen und Sachen gesetzlich zu regeln, die Gesetzgebungskompetenz des Bundes zur Regelung des Straßenverkehrs nach **Art. 74 I Nr. 22 GG** entgegenstehen. Diese Norm zielt jedoch auf das Straßenverkehrsrecht als Sicherheitsrecht und dient allein dazu, verkehrsspezifische Gefahren zu verhindern,[588] wohingegen es bei der Kennzeichenkontrolle gemäß Art. 39 PAG gerade nicht darum geht.

**415** Weiterhin könnte die konkurrierende Gesetzgebungskompetenz des Bundes nach **Art. 74 I Nr. 1 GG** („gerichtliches Verfahren") und die auf dieser Grundlage erlassenen Bundesvorschriften zum Strafverfahrensrecht einer Kompetenz des bayerischen Gesetzgebers verhindern. Eine „Sperrwirkung" wäre gegeben, wenn Art. 39 PAG als Regelung des strafrechtlichen Verfahrens zu beurteilen wäre, da der Bund durch das StGB und die StPO – insbesondere §§ 94, 111k StPO – seine Kompetenz in diesem Bereich auch erkennbar abschließend genutzt hat. Abzugrenzen ist daher die dem Bund zugewiesene Materie der Strafverfolgung von der den Ländern obliegenden Gefahrenabwehr. Die Kompetenz des „gerichtlichen Verfahrens" i. S. des Art. 74 I Nr. 1 GG erstreckt sich auf die Aufklärung und Aburteilung von Straftaten, die in der Vergangenheit begangen wurden (repressive Polizeitätigkeit).[589] Die Gefahrenabwehr ist hingegen auf die Beseitigung und Verhinderung von Gefahren sowie Störungen der öffentlichen Sicherheit und Ordnung gerichtet, also auch auf die Verhinderung von Straftaten.[590] Zu beachten ist, dass beide Materien oft nahe zusammenliegen und sich überschneiden können. Die Abgrenzung ist nach dem sich aus der Norm ergebenden Zweck vorzunehmen.[591] Mit dem Verweis des Art. 39 I 1 PAG auf Art. 13 I Nr. 1–5 PAG wird zugleich auf die Zwecke

---

586 Hierzu generell *Rademacher/Perkowski*, JuS 2020, 713 (718).
587 Das *BVerfG* verlagert hier insgesamt den Eingriff in Art. 2 I i. V. mit Art. 1 I GG in Abweichung zu seiner früheren Rechtsprechung weiter nach vorne. Hintergrund ist, die Fortbewegung der Bürgerinnen und Bürger zu gewährleisten, ohne dass sie beliebiger staatlicher Registrierung und so einem Gefühl ständigen Überwachtseins ausgesetzt sind.
588 *BVerfG*, Beschl. v. 18.12.2018 – Az.: 1 BvR 142/15, Rn. 60 (juris).
589 *BVerfG*, Beschl. v. 18.12.2018 – Az.: 1 BvR 142/15, Rn. 67 (juris).
590 *BVerfG*, Beschl. v. 18.12.2018 – Az.: 1 BvR 142/15, Rn. 69 (juris).
591 *BVerfG*, Beschl. v. 18.12.2018 – Az.: 1 BvR 142/15, Rn. 63 (juris).

der Identitätsfeststellung verwiesen, die ihrem Schwerpunkt nach alle eine präventive Zielrichtung verfolgen. Der anschließende Datenabgleich mit den in Art. 39 I 2 PAG genannten Datenbeständen verfolgt ebenfalls präventive Zwecke, denn es sollen auch damit die in Art. 13 I Nr. 1–5 PAG genannten Ziele erreicht werden. Dass der Gesetzgeber zudem Datenbestände in die Regelung mit einbezogen hat, die auf strafrechtlichen Ausschreibungen beruhen, ändert nichts daran, dass der diesbezügliche Datenabgleich der Verfolgung der zuvor genannten präventiven Zwecke dient, so dass Art. 74 I Nr. 1 GG keine Gesetzgebungskompetenz des Bundes für die Kennzeichenkontrollen begründet, sondern diese Regelungsmaterie vielmehr gemäß Art. 30, 70 I GG grundsätzlich bei den Ländern verbleibt.

**416** Genauer in den Blick zu nehmen ist aber noch der Verweis in Art. 39 I 1 PAG auf Art. 13 I Nr. 5 PAG, der auch der Verhütung oder Unterbindung der unerlaubten Überschreitung der Landesgrenze dient. Da der Grenzschutz nach **Art. 73 I Nr. 5 GG** in den ausschließlichen Zuständigkeitsbereich des Bundes fällt, war der Freistaat mithin dafür nicht gesetzgebungskompetent.[592] Insoweit ist die Schranke des Grundrechts auf informationelle Selbstbestimmung also formell verfassungswidrig und damit allein deswegen nicht tauglich.[593]

**417** Art. 39 PAG muss für seine Tauglichkeit als Schranke schließlich auch noch **materiell verfassungsgemäß** sein und dazu insbesondere den insoweit bestehenden materiellen „Schranken-Schranken" – also den Grenzen, welche die Verfassung für die bei einer Schranke grundsätzlich mögliche Einschränkung des jeweiligen Grundrechts zieht – genügen. Insbesondere (denkbar wären daneben das Gebot effektiven Rechtsschutzes und das Bestimmtheitsgebot, zu deren Erwähnung die konkrete Norm des Art. 39 PAG jedoch nicht unbedingt Anlass gibt) müsste die Vorschrift verhältnismäßig sein. Die Anforderungen an diese Prüfung hängen dabei vom **Gewicht des Grundrechtseingriffes** ab. Indizien für einen gewichtigen Eingriff im Bereich des Datenschutzes sind:
– die Persönlichkeitsrelevanz der erhobenen und der daraus eventuell gewonnenen Daten,
– die Anlassbezogenheit und Häufigkeit der Erhebung wegen möglicher Einschüchterungseffekte und wegen „Gefühlen" des Überwachtwerdens (die allesamt zu einer Art „Selbstzensur" und damit zu einer Beschränkung der Freiheit führen können),
– die Heimlichkeit (und die damit problematische bzw. sogar fehlende „Abwehrbarkeit") der Datenerhebung und
– die an die Datenerhebung anschließenden Konsequenzen etwa durch mögliche Folgemaßnahmen oder die Verknüpfung mit anderen Daten (→ „Bewegungsprofile" oder „Bewegungsbilder"[594].

**418** Bei Art. 39 PAG liegt die **Rechtfertigungsschwelle** insoweit sehr hoch, da es nicht nur um das Auffinden gestohlener Pkw und damit um die Belastung eines eng begrenzten (Täter-)Kreises geht, sondern die erhobenen Daten für weitere Zwecke genutzt werden. So ist es nicht ausgeschlossen, dass neben der bloßen Tatsache, dass das Kennzeichen „gesehen" wurde, weitere Daten erfasst werden. Hinzu kommt, dass die Erhebung heimlich erfolgen und im Extremfall gerade wegen ihrer fehlenden zeitlichen Begrenzung fast zu einer Art „technischer Observation" führen kann. Diesen hohen Anforderungen müsste Art. 39 PAG im Hinblick auf die aus dem Rechtsstaatsprinzip in Art. 20 III GG

---

592 Vgl. hierzu im Kontext der Verfassungsmäßigkeit der bayerischen Grenzpolizei *BayVerfGH*, Entsch. v. 28.8.2020 – Az.: Vf. 10-VIII-19; Vf. 12-VII-19, Rn. 74 ff. (juris).
593 Als Folge dieser Rechtsprechung wurde Art. 39 I 2 PAG neu gefasst und die „Reichweite" des Verweises auf Art. 13 I Nr. 5 PAG stark (auf Europa- und Bundesfernstraßen) beschränkt.
594 Vgl. in diesem Zusammenhang auch Art. 39 III 2 PAG n.F., der mit Blick auf die Anforderungen des *BVerfG* nunmehr „Bewegungsbilder" explizit untersagt.

abgeleitete Schranken-Schranke der Verhältnismäßigkeit genügen. Problematisch könnte dabei sein, dass Art. 39 PAG vorsieht, dass die Überwachung **anlasslos**, überall und unabhängig davon stattfinden darf, ob gewichtige Rechtsgüter bedroht sind und Schutz bedürfen.[595] Zunächst ist die Verhältnismäßigkeit vor diesem Hintergrund zu untersuchen. Das Gesetz dient dabei der Prävention von Straftaten. Das ist im Grundsatz ein **legitimes Ziel**, und die Regelungen sind auch **geeignet**, dieses Ziel zu erreichen. Zwar gäbe es mildere Mittel wie eine verdachtsbezogene Kennzeichenkontrolle, die aber weniger effektiv wären, so dass das Gesetz zur Verwirklichung seines Zweckes ebenfalls **erforderlich** ist. Problematisch könnte jedoch die **Angemessenheit** der Regelung sein. Dem Ziel umfassender Prävention von Straftaten unabhängig von den konkret betroffenen gewichtigen Rechtsgütern steht das Grundrecht auf informationelle Selbstbestimmung entgegen, das auch das Recht umfasst, frei agieren und sich frei fortbewegen zu können, ohne dabei ständig das Gefühl zu haben, vom Staat stets überwacht zu werden und Rechenschaft über die eigene Rechtschaffenheit ablegen zu müssen. Wägt man nun die angestrebte allgemeine Sicherheit vor Straftaten gegen dieses Grundrecht ab, das letztlich auch die Freiheitlichkeit des Gemeinwesens schützt, und beachtet man dabei die Schwere des Grundrechtseingriffes durch das Gesetz gegenüber allen Menschen, das eine anlasslose Überwachung und somit eine anlasslose Einschränkung dieses Grundrechts ermöglicht, so überwiegt das Grundrecht auf informationelle Selbstbestimmung das (staatliche) Streben nach Sicherheit. Anders wäre das nur zu sehen, wenn das Gesetz statt allgemeiner „Strafprävention" nur bestimmte und gewichtige Rechtsgüter bzw. Grundwerte (wie Leben, Körper, Gesundheit, den Bestand des Bundes und der Länder oder erhebliche Sachwerte) schützen würde oder der Abwehr konkreter oder zumindest typisierter oder latenter Gefahrenlagen (also z. B. an Kriminalitätsschwerpunkten oder bei einem konkreten Verdacht) diente.[596] So allerdings stellt die betreffende Norm die Bevölkerung unter eine Art „Generalverdacht". Art. 39 PAG ist deshalb in Bezug auf die Zielsetzung der allgemeinen Prävention von Straftaten nicht (mehr) verhältnismäßig, der Eingriff somit nicht verfassungsrechtlich gerechtfertigt.

**419** Neben den allgemeinen Einsatzformen der Kennzeichenlesegeräte sieht Art. 39 I PAG durch den Verweis auf Art. 13 I Nr. 5 PAG ihren Einsatz aber gerade auch im Kontext der **Schleierfahndung** vor. Möglicherweise ist das Gesetz mit Blick auf die Zielsetzung, eine Schleierfahndung im Grenzgebiet zu ermöglichen, verfassungsgemäß. Bei ihr werden in der Form einer allgemeinen Fahndung verdeckt („verschleiert") verdachtsunabhängige Personenkontrollen durchgeführt. Auch zur Erreichung dieses Zieles müsste die gesetzliche Regelung dann aber geeignet, erforderlich und angemessen, kurz: verhältnismäßig i. S. des Verhältnismäßigkeitsprinzips aus Art. 20 III GG sein. Zwar ist das Ziel einer Schleierfahndung zur Gefahrenabwehr in Bezug auf grenzüberschreitende Kriminalität generell legitim, und die Regelungen sind auch geeignet sowie erforderlich; fraglich bleibt jedoch wiederum ihre Angemessenheit. Auch insoweit könnte problematisch sein, dass die Kennzeichenerfassung anlasslos erfolgt. Anders als bei der „allgemeinen Bewertung" in Rn. 418 ist hier jedoch zu beachten, dass es keine innereuropäischen Grenzkontrollen mehr gibt. Für die dadurch hinzugewonnene Freiheit und den damit verbundenen Verzicht des Staates auf Kontrollmöglichkeiten kann die Kennzeichenkontrolle einen Ausgleich darstellen, so dass dieser Eingriff doch noch angemessen sein könnte. Eine solche Ausgleichsfunktion kann der Kennzeichenkontrolle aber nur im Bereich von bis zu 30 km Entfernung von der Grenze zukommen, weshalb eine unbegrenzte Einsatzmöglichkeit mit derselben Argumentation wie oben wiederum an der Angemessenheit scheitert. Weiter konfligiert sie häufig aber auch damit, dass die EU im

---

595 S. als „Reaktion" des Gesetzgebers auf das *BVerfG* hierzu wieder Art. 39 III 2 PAG n. F. („Einzelerfassungen").
596 *BVerfG*, Beschl. v. 18.12.2018 – Az.: 1 BvR 142/15, Rn. 95 (juris).

Kontext der Regelungen zum entsprechenden „Schengen-Raum" Anforderungen an den Grenzschutz aufgestellt hat, wonach Maßnahmen wie die Schleierfahndung höchstens die Intensität von Grenzkontrollen haben dürfen (das *BVerfG* bezieht das in seine Prüfung der Verfassungsmäßigkeit der Norm als „begrenzenden Faktor" mit ein).

Weiter ermöglicht das Gesetz in Bayern über die Inbezugnahme von Art. 13 I Nr. 4 PAG auch noch die Kennzeichenerfassung an sogenannten **polizeilichen Kontrollstellen**. Diese dürfen ihrerseits nur beim Vorliegen einer konkreten Gefahr für die öffentliche Sicherheit oder Ordnung (etwa im Vorfeld von „Problemspielen" im Fußball mit gewaltbereiten „Fans") errichtet werden. Somit wird in diesem Fall auch die Kennzeichenerfassung nur bei Vorliegen einer konkreten Gefahr durchgeführt. Insoweit ist das Gesetz im Unterschied zur anlasslosen Kennzeichenerfassung (vgl. Rn. 418) angemessen und der Eingriff in die informationelle Selbstbestimmung an sich gerechtfertigt.[597] Weitere Voraussetzung dafür ist jedoch noch, dass die Regelungen zum Datenabgleich verfassungskonform dahingehend ausgelegt werden, dass die Kennzeichen nur mit Datenbanken abgeglichen werden dürfen, die auch mit dem konkreten Kontrollzweck zusammenhängen.[598] Wird damit an einer solchen Kontrollstelle der Einlass zu (etwa „gewaltbereiten") Versammlungen i. S. des Art. 8 GG überprüft, ist wegen der notwendigen konkreten Gefahr, deren Prävention die Erfassung der Kennzeichen der anfahrenden Kraftfahrzeuge dient, sogar dieser Eingriff in Art. 8 GG verfassungsrechtlich gerechtfertigt. Nach alledem ist im hiesigen Fall der Eingriff in die informationelle Selbstbestimmung durch Art. 39 PAG verfassungsrechtlich nicht gerechtfertigt, soweit auf Art. 13 I Nr. 5 PAG verwiesen wird und die Norm anlasslose Kontrollen unabhängig davon, ob gewichtige Rechtsgüter bedroht sind, ermöglicht. Das Grundrecht von Harald S. auf informationelle Selbstbestimmung als Ausprägung seines Allgemeinen Persönlichkeitsrechts ist mithin verletzt und seine Verfassungsbeschwerde gegen Art. 39 I PAG (in der damaligen – inzwischen darum „entschärften" – Fassung) deswegen begründet.

## Fall 7: Die Identitätsfeststellung bei Lorenz W.[599]

Lorenz W. ist Staatsangehöriger der Elfenbeinküste; er hält sich zum Studium rechtmäßig in Deutschland auf. Er lebte vor seinem Umzug nach München in Regensburg, wohin er ab und zu auch noch zurückkehrt, um alte Freunde zu treffen. Bei einem dieser Besuche wurde er nach dem Aussteigen aus dem Zug beim Gang in die Stadt noch auf dem Bahnhofsvorplatz von zwei Polizistinnen angehalten. Als seine Personalien festgestellt werden sollten, bemerkte eine der Beamtinnen, dass sich in seinem Pass die Klebefolie über dem Bild gelöst hatte. Außerdem war in seinem Studentenausweis das Geburtsdatum handschriftlich verändert worden. Daraufhin nahmen die Beamtinnen Lorenz W. mit zur Wache, um seine Identität festzustellen. Er durfte die Wache erst am Folgetag um 4 Uhr morgens verlassen. Zur Begründung hieß es, in letzter Zeit sei es am Regensburger Bahnhof vermehrt zur Festnahme von Schwarzafrikanern wegen Verstößen gegen das Betäubungsmittelgesetz gekommen. Lorenz W. ist empört und begehrt Rechtsschutz. Zu Recht?

### Zusatzfrage:
Eine vollstreckte freiheitsentziehende Maßnahme wie z. B. der „Unterbindungsgewahrsam" gemäß Art. 17 I Nr. 2 PAG für einen Betrunkenen, der Straftaten zu begehen droht, wird von dem Betroffenen auch nicht im Nachhinein nach Art. 18, 97 I,

---

597 *BVerfG*, Beschl. v. 18.12.2018 – Az.: 1 BvR 142/15, Rn. 128 ff. (juris).
598 *BVerfG*, Beschl. v. 18.12.2018 – Az.: 1 BvR 142/15, Rn. 107 ff. (juris).
599 S. *OVG Hamburg*, NVwZ-RR 2003, 276 f.

V, 98 I, II Nr. 1 bzw. Nr. 2 PAG vor dem AG zur gerichtlichen Überprüfung gestellt. Vielmehr wird von ihm nur der zwei Monate später erlassene Kostenbescheid zur „Abrechnung" der Maßnahme vor dem VG angegriffen. Darf das VG dann die Rechtmäßigkeit der freiheitsentziehenden Maßnahme noch selbst prüfen?

**422** Die Gliederungsübersicht zu Fall 7:

**A. Sachentscheidungsvoraussetzungen eines Rechtsbehelfes**
**I. Eröffnung des Verwaltungsrechtsweges**
 **Problem:** Abdrängende Sonderzuweisung für gewahrsamsbegründende Maßnahmen
 **Problem:** Werden unterschiedliche Streitgegenstände „verklammert"?

**II. Statthafter Rechtsbehelf**
1. Ursprünglich: Anfechtungsklagen
2. Mittlerweile
 a. Feststellungsklagen
 b. Fortsetzungsfeststellungsklagen

**III. Klagebefugnis**
**IV. Besonderes Feststellungsinteresse**
**V. Vorverfahren und Klagefrist**
 **Problem:** Geltung der §§ 68 I 1, 74 I 2 VwGO bei einer Fortsetzungsfeststellungsklage

**VI. Beteiligten- und Prozessfähigkeit**
**VII. Zuständiges Gericht**
**VIII. Objektive Klagehäufung**

**B. Begründetheit der verwaltungsgerichtlichen Fortsetzungsfeststellungsklagen**
**I. Richtiger Klagegegner**
**II. Rechtmäßigkeit der Verwaltungsakte**
1. Ermächtigungsgrundlage
2. Formelle Rechtmäßigkeit der Verwaltungsakte
 a. Zuständigkeit
 b. Verfahren
 c. Form
3. Materielle Rechtmäßigkeit der Verwaltungsakte
 a. Tatbestandsvoraussetzungen des Art. 13 I Nr. 2a aa PAG
  aa. Ort, von dem aufgrund tatsächlicher Anhaltspunkte anzunehmen ist, dass dort Personen Straftaten verabreden, vorbereiten oder verüben
  bb. „Sich Aufhalten" an diesem Ort
 b. Tatbestandsvoraussetzungen des Art. 13 I Nr. 1a PAG
  aa. Gefahr für die öffentliche Sicherheit und Ordnung
  bb. Störereigenschaft
 a. Folgemaßnahmen nach Art. 13 II PAG
  **Problem:** Konnexität zur Identitätsfeststellung erforderlich?
 b. Rechtsfolge

Fall 7: Die Identitätsfeststellung bei Lorenz W.

III. Rechtsverletzung
1. Art. 11 GG bzw. Art. 109 I BV
2. Art. 2 II 1 GG bzw. Art. 102 I BV
3. Art. 3 III (I) GG bzw. Art. 118 II (I) BV
C. Sachentscheidungsvoraussetzungen der amtsgerichtlichen Rechtsbehelfe gegen das Verbringen zur Wache und das dortige Festhalten über mehrere Stunden
I. Rechtswegeröffnung
II. Statthafter Rechtsbehelf
III. Weitere Sachentscheidungsvoraussetzungen
D. Begründetheit der amtsgerichtlichen Fortsetzungsfeststellungsklagen
I. Richtiger Klagegegner
II. Rechtmäßigkeit des Festhaltens
1. Ermächtigungsgrundlage
2. Formelle Rechtmäßigkeit
3. Materielle Rechtmäßigkeit
   a. Tatbestandsvoraussetzungen
      aa. Anderweitige Identitätsfeststellung unmöglich
      bb. Vorgaben des Art. 18 I 6 PAG
      cc. Konnexität
         **Problem:** Verhältnis (Konnexität) zu der „Grundmaßnahme"
   b. Rechtsfolge
4. Rechtswidrigkeit und Rechtsverletzung

Lorenz W. kann erfolgreich um Rechtsschutz nachsuchen, wenn hierfür die Sachentscheidungsvoraussetzungen vorliegen und die eingelegten Rechtsbehelfe zudem auch begründet sind.[600] Bei den **Sachentscheidungsvoraussetzungen** ist zunächst wiederum die Eröffnung des **Verwaltungsrechtsweges** in Ermangelung einer aufdrängenden Sonderzuweisung an den Vorgaben des § 40 I 1 VwGO zu messen, was hier zu einem positiven Ergebnis führt, geht es doch um eine hoheitliche (subordinationsrechtliche; zu ihrem gefahrenabwehrrechtlichen „Gehalt" gleich) und damit öffentlich-rechtliche Maßnahme nichtverfassungsrechtlicher Art. Außerdem will die Polizei gerade keine Straftaten verfolgen, sondern ihnen vorbeugen, so dass auch die abdrängende Sonderzuweisung des § 23 I 1 EGGVG nicht eingreift. Allerdings ist zu beachten, dass für die gewahrsamsbegründenden Maßnahmen mit freiheitsentziehendem Charakter i. S. des Art. 104 GG, 102 BV in **Art. 18, 97 I, V, 98 I, II Nr. 2 PAG** als Besonderheit in Bayern umfassend selbst für eine „Fortsetzungsfeststellungsklage" eine abdrängende Sonderzuweisung nach § 40 I 2 VwGO enthalten ist.[601] Wegen der unterschiedlichen Streitgegenstände (es geht hier um einen Vorgang, aber verschiedene Maßnahmen der Polizei; vgl. zudem Art. 97 V PAG als zusätzliches Argument) „bündelt" bzw. „verklammert" § 173 S. 1 VwGO i. V. mit **§ 17 II 1 GVG** die Rechtswege nicht wieder beim VG, wie es bei verschiedenen Ermächtigungs-/Anspruchsgrundla-

---

600 Diese vage Formulierung des Obersatzes lässt noch offen, welche Rechtsbehelfe passen. Sie verwendet wegen der verschiedenen polizeilichen Maßnahmen den Plural und berücksichtigt zudem das Problem der abdrängenden Sonderzuweisung und damit der Rechtswegspaltung bereits hier sprachlich.
601 Für die Situation vor der PAG-Novelle 2021 *Berner/Köhler/Käß*, Art. 18 Rn. 12 ff., insbesondere 16 m. w. N. Allgemein zum präventiv-polizeilichen Gewahrsam *Guckelberger*, JURA 2015, 926 ff.

gen für *einen* Streitgegenstand der Fall ist.⁶⁰² Das Verbringen zur Wache und das dortige Festhalten über mehrere Stunden (vgl. auch Art. 13 II 4, 97 PAG) sind daher abgedrängt. Für die Identitätsfeststellung und das dazu vorgenommene Anhalten ist hingegen der Verwaltungsrechtsweg nach § 40 I 1 VwGO eröffnet. Für die Bestimmung des **statthaften Rechtsbehelfes** ist nach dem Begehren von Lorenz W. zu fragen (§ 88 VwGO). **Ursprünglich** wollte er die polizeilichen Maßnahmen angreifen. Diese treffen dabei als die Anordnung, dass die Identität festgestellt wird und dass als Begleitmaßnahme die Person anzuhalten hat (bzw. beides zu dulden ist; das ist nicht in der ersten Regelung mit enthalten wie die Duldung der Verwahrung in der Sicherstellung), Regelungen und greifen in Rechte von Lorenz W. ein. Daher sind sie belastende Verwaltungsakte nach Art. 35 S. 1 BayVwVfG. Statthafte Rechtsbehelfe dagegen waren Anfechtungswidersprüche bzw. in Bayern heutzutage regelmäßig **Anfechtungsklagen** laut § 42 I Fall 1 VwGO. **Mittlerweile** haben sich diese Verwaltungsakte aber erledigt (vgl. Art. 43 II BayVwVfG → ihre Regelungswirkung ist weggefallen; die Identitätsfeststellung ist kein Dauerverwaltungsakt). So kann er in dieser Situation prinzipiell entweder Widerspruch dagegen einlegen oder gleich das VG mit einer Fortsetzungsfeststellungsklage anrufen. Die Antwort auf die Frage, ob hier ungeachtet von § 68 I 2 Fall 1 VwGO, Art. 12 II AGVwGO ein Widerspruch überhaupt noch in Betracht kommt, fällt uneinheitlich aus. Die h. M. verneint das Erfordernis und damit die Statthaftigkeit eines Widerspruches schon nach dem vorrangigen § 68 I 1 VwGO aber jedenfalls dann, wenn – wie vorliegend – die Erledigung bereits vor der Klageerhebung eingetreten ist, da dann das Vorverfahren sinnlos sei. Zudem sei die Feststellung der Rechtswidrigkeit eines Verwaltungsaktes nicht vordringliche Aufgabe der Behörde; ihrer Entscheidung komme auch ein geringeres Gewicht als einem Urteil des VG zu.⁶⁰³ Daher kann (und muss) Lorenz W. nach h. M. unmittelbar eine Anfechtungsklage in Gestalt einer Fortsetzungsfeststellungsklage analog § 113 I 4 VwGO erheben. Die dafür erforderliche **Klagebefugnis** gemäß § 42 II VwGO erwächst ihm nach der Adressatentheorie allein schon aus seiner Stellung als Betroffener der beiden Maßnahmen.

**424** Für die Fortsetzungsfeststellungsklage bedarf es analog § 113 I 4 VwGO darüber hinaus auch noch eines **berechtigten Interesses an der begehrten Feststellung**. Die Rechtsprechung erkennt dafür folgende **Fallgruppen an**:⁶⁰⁴

1. Es lässt sich eine **Präjudizialität** der im Verwaltungsprozess geklärten Fragen für einen zu erwartenden und nicht offensichtlich aussichtslosen Schadensersatz- oder Entschädigungsprozess begründen. Das gilt aber nur, wenn die Erledigung des Verwaltungsaktes erst nach dem Beginn des Verwaltungsgerichtsverfahrens eintritt. Lediglich dann soll der Kläger nicht mehr „um die Früchte seines Prozesses gebracht" werden.
2. Es besteht eine hinreichend konkrete **Wiederholungsgefahr.**
3. Der Kläger weist ein schutzwürdiges **Rehabilitations- oder Genugtuungsinteresse**⁶⁰⁵ vor allem im Hinblick auf verletzte Grundrechte oder eine Diskrimi-

---

602 Angesichts dieser Rechtswegspaltung ist eine getrennte Prüfung (→ unter den Gliederungspunkten C. und D. für die abgedrängten Maßnahmen bzw. Verfahren) „sauberer". Bei Zeitmangel ist aber zur Not auch eine gemeinsame Prüfung möglich. Denkbar wäre zuletzt im Hinblick auf die „Konnexität" (s. unten Rn. 429) zunächst eine Prüfung der Begleitmaßnahme und inzident dann der Grundmaßnahmen. Danach könnte bei deren Prüfung nach oben verwiesen werden. Dadurch wird aber die „Normlogik" des Art. 13 PAG und das „Rangverhältnis" der Maßnahmen umgedreht (zu den Folgen der Rechtswegspaltung im Hinblick auf die Konnexität in quasi umgekehrter Konstellation beim Kostenbescheid vgl. die Ausführungen zur Zusatzfrage in Rn. 434 ff.).
603 Das ist stRspr. seit *BVerwGE* 26, 161 ff.; a. A. *W.-R. Schenke*, in: *Kopp/Schenke*, vor § 68 Rn. 2 m. w. N. Der Feststellung fehlt im Unterschied zur Baugenehmigung gerade die gestaltende Regelungswirkung.
604 Vgl. dazu nur m. w. N. *Schenke*, Verwaltungsprozessrecht, Rn. 579 ff.
605 Die Diskriminierung muss dabei „öffentlich" erfolgt sein, die Ungleichbehandlung nicht.

Fall 7: Die Identitätsfeststellung bei Lorenz W.

rung bzw. Bloßstellung in der Öffentlichkeit auf (die Aspekte lassen sich auch in zwei Fallgruppen trennen).

4. Es geht um den Fall einer **typischerweise kurzfristigen Erledigung** und dabei fehlende Kenntnis des Betroffenen, wodurch normaler „präventiver" (= vorbeugender Eil-) oder „repressiver" (= nachgängiger) Rechtsschutz (auch im Eilverfahren) nie möglich, also eine Rechtsschutzlücke zu schließen ist (so etwa bei der heimlichen Telefonüberwachung etc., von der eine betroffene Person – wenn überhaupt – erst nach ihrer Erledigung erfährt; teilweise ist man hier sogar „großzügiger").[606]

Vorliegend kann auf die hinreichend konkrete Wiederholungsgefahr bei Lorenz W. (der wohl wieder den Zug benutzen wird, wenn er das regelmäßig tut und nunmehr nicht Deutschland verlässt etc.) sowie auf seine Diskriminierung (und Art. 3 I, III GG) abgestellt werden, wenn der Sachverhalt so verstanden wird, dass es „Zeugen" gab, um das Fortsetzungsfeststellungsinteresse zu bejahen (eine a. A. ist aber auch vertretbar). Für die **Klagefrist** ist zu klären, ob hier in Ermangelung eines Widerspruchsverfahrens § 74 I 2 VwGO, berechnet ab dem Erlass des angefochtenen Verwaltungsaktes, gilt. Laut dem *BVerwG* greift § 74 VwGO bei einer Erledigung des Verwaltungsaktes vor der Klageerhebung innerhalb der Klagefrist allerdings überhaupt nicht.[607] Denn es gebe kein Bedürfnis zum Schutz der Bestandskraft und Rechtssicherheit der – erledigten – Regelung (mehr), wie es bei der klassischen Anfechtungsklage bestehe. Daher gelte insoweit nur die von Zeit- und Umstandsmomenten abhängige (in der Regel aber – orientiert an § 58 II VwGO – einjährige) Grenze der Verwirkung, die hier noch nicht überschritten ist.[608] Beide Prozessparteien (auf der Beklagtenseite ist das der Freistaat) sind **beteiligtenfähig** (§ 61 Nr. 1 Fall 1 bzw. § 61 Nr. 1 Fall 2 VwGO). Lorenz W. ist nach § 62 I Nr. 1 VwGO **prozessfähig**; der Freistaat Bayern muss dafür gemäß § 62 III VwGO, Art. 13 S. 1, 2 AGVwGO i. V. mit § 3 I 1 Nr. 1, II 1, 6 LABV durch die Leitung des jeweiligen Polizeipräsidiums vertreten werden. Die angesichts der Ortsangabe zu prüfende **Zuständigkeit** des VG Regensburg für die Fortsetzungsfeststellungsklagen (als fortgesetzte Anfechtungsklagen) folgt aus §§ 45, 52 Nr. 3 S. 1 (S. 2 gilt trotz Art. 1 II POG nicht für die Polizei, die in diesem Sinn in Präsidien „untergliedert" ist[609]) VwGO, Art. 1 II Nr. 2 AGVwGO. Die Sachentscheidungsvoraussetzungen der Fortsetzungsfeststellungsklagen liegen demgemäß vor. Mit Ausnahme der zum AG abgedrängten (Haft-)Maßnahmen ist für die beim VG verbleibenden Maßnahmen (→ Identitätsfeststellung und Anhalten) dabei eine laut § 44 VwGO mögliche **objektive Klagehäufung** gegeben. Die Sachentscheidungsvoraussetzungen der Fortsetzungsfeststellungsklagen beim VG liegen somit vor.

Die **verwaltungsgerichtlichen Fortsetzungsfeststellungsklagen** des Lorenz W. sind begründet, wenn sie sich gegen den richtigen Klagegegner wenden, die angefochtenen, mitt-

---

606 Nach *BVerfG*, NVwZ 2007, 807 f., darf schließlich auch die fehlerhafte Behandlung eines Rechtsbehelfes, die zur Erledigung führt, im Hinblick auf Art. 19 IV GG nicht dem Kläger angelastet werden.
607 *BVerwGE* 109, 203 (207). Ein Lauf der Frist erst ab der Erledigung erscheint als eher zufällig und wenig sinnvoll.
608 Vgl. *BVerwGE* 109, 203 (207). Zur Verwirkung m. w. N. *W.-R. Schenke*, in: *Kopp/Schenke*, § 76 Rn. 2.
609 Denkbar wäre hier zwar auch § 52 Nr. 3 S. 2 Fall 1 VwGO dadurch, dass die Polizeiinspektion als Behörde den Verwaltungsakt erlassen hat und gemäß Art. 3 I POG im gesamten Freistaat, also in mehreren VG-Bezirken zuständig ist. Zumindest von ihrem Wortlaut her passt die Norm; man könnte höchstens überlegen, sie teleologisch dadurch zu reduzieren, dass die Polizei damit immer einen Sonderfall darstellt. Allerdings soll die Norm es der Bürgerin bzw. dem Bürger erleichtern, Klagen an ihrem Wohnsitz zu erheben, weshalb eine Reduktion für polizeiliche Maßnahmen ausscheidet. Das führt dann aber zu der abstrusen Situation, dass ein Aschaffenburger, der in Passau von einer polizeilichen Maßnahme betroffen ist, beim VG Würzburg klagen kann, ja muss (für „Nichtbayern" gilt das laut § 52 Nr. 3 S. 3 VwGO freilich nicht). Daher spricht am Ende vielleicht doch mehr für eine teleologische Reduktion. Eine „h. M." dazu gibt es im Freistaat allerdings offenbar bisher nicht.

lerweile erledigten Verwaltungsakte rechtswidrig waren und Lorenz W. dadurch in seinen Rechten verletzt haben (§ 113 I 1, 4 VwGO analog). **Richtiger Klagegegner** ist nach § 78 I Nr. 1 VwGO – es handelt sich immer noch um Anfechtungsklagen – der Freistaat Bayern als Rechtsträger der handelnden Polizei gemäß Art. 1 II POG. Für die **Rechtmäßigkeit** der Identitätsfeststellung (→ das „Ob") und des Anhaltens als ihrer Begleitmaßnahme (→ das „Wie") ist nötig, dass sie sich auf eine (oder mehrere) taugliche Ermächtigungsgrundlage(n) stützen können und formell sowie materiell rechtmäßig sind. Als **Ermächtigungsgrundlage** der Identitätsfeststellung und des Anhaltens als ihrer Begleitmaßnahme kommt vorliegend Art. 13 I Nr. 1a oder 2a aa und II PAG in Frage, wobei die Nr. 2 wegen ihrer geringeren Voraussetzungen Vorrang hat (Art. 12 PAG erlaubt nur die Frage, Art. 13 PAG hingegen auch die Überprüfung). Zur Frage nach deren **formeller Rechtmäßigkeit** ist zu sagen, dass die **Zuständigkeit** der Polizei sich aus Art. 13 I Nr. 2a aa, II PAG ergab. Sie durfte hier auch nach Art. 2 I (→ es geht um die „polizeiliche Aufgabe" mit einer abstrakten Gefahr für die öffentliche Sicherheit oder Ordnung bzw. einer Maßnahme zur Gefahrenabwehr – statt der Repression etc.), 3 PAG (→ „Eilfall"), 3 I POG (→ örtlich) tätig werden. Die **Anhörung** des Lorenz W. vor dem Erlass dieser belastenden Verwaltungsakte war zwar gemäß Art. 28 I BayVwVfG grundsätzlich erforderlich, hier aber nach Art. 28 II Nr. 1 BayVwVfG wegen des Eilfallcharakters der Maßnahmen (man könnte hieran in Bezug auf die Identitätsfeststellung zweifeln, bei der aber mutmaßlich auch „geredet", Lorenz W. also angehört wurde; anders jedoch beim Anhalten) entbehrlich. Für die **Form** stellt Art. 37 II 1 BayVwVfG keine Vorgaben auf. Die Verwaltungsakte an Lorenz W. waren mithin formell rechtmäßig.

**427** Für die **materielle Rechtmäßigkeit** der erledigten Verfügungen müssen zunächst die **Tatbestandsvoraussetzungen des Art. 13 I Nr. 2a aa PAG** vorliegen. Der Bahnhof in Regensburg ist ein **Ort, von dem aufgrund tatsächlicher Anhaltspunkte anzunehmen ist, dass dort Personen Straftaten verabreden, vorbereiten oder verüben.** Denn es muss nicht durch rechtskräftige Gerichtsurteile belegt sein, dass dort Straftaten begangen werden; tatsächliche (objektive) Anhaltspunkte wie die vorliegenden reichen nach dem Gesetzeswortlaut dafür aus. Der „Bahnhof" ist auch hinreichend als ein solcher gefährlicher Ort bestimmt und klar umrissen. Lorenz W. muss sich ferner an diesem Ort **aufgehalten** haben. Im Gesetz ist das Tatbestandsmerkmal, das ausweislich seiner Begründung gerade Razzien an bestimmten Orten ermöglichen soll, ohne dass von den sich dort aufhaltenden Personen eine konkrete Gefahr ausgeht, nicht näher bestimmt. Abzugrenzen ist es jedoch vom bloßen „Antreffen", vom „Sich Befinden" oder vom „Sein" an einem bestimmten Ort und verlangt daher mehr. Vom Wortlaut her deutet es auf ein „Verweilen" oder Ähnliches, also einen längeren Aufenthalt an diesem Ort, hin. Beurteilungsmaßstab ist dabei der äußere Anschein, nicht die konkrete Beobachtung durch die Polizei. Lorenz W. wollte hier aber zielgerichtet und ohne jede Verzögerung den Bahnhofsbereich verlassen. Sein bloßer Gang durch die Bahnhofshalle und über den Bahnhofsvorplatz begründet damit noch kein „Sich Aufhalten" an diesem gefährlichen Ort (anders z. B. beim Schlendern, Ansprechen von Leuten, eventuell auch beim Stehen in einer Warteschlange, nicht aber beim Umsteigen; fraglich wäre das bloße Warten auf einen Zug). Damit fehlte es bereits an einer Tatbestandsvoraussetzung des Art. 13 I Nr. 2 a aa PAG als einer denkbaren Ermächtigungsgrundlage der Identitätsfeststellung.[610]

**428** Weiterhin kommt als (allgemeinere) Ermächtigungsgrundlage **Art. 13 I Nr. 1a PAG** in Betracht. Er ist allerdings mangels einer dort erforderlichen (insoweit ist das parallel bei

---

[610] Auf den Störer bzw. Verantwortlichen bzw. die „Richtung der Maßnahme" darf bei Art. 13 I Nr. 2 ff. PAG (ähnlich wie z. B. bei Art. 12 oder 15 PAG) nicht gesondert eingegangen werden, ist dieser Punkt doch schon im Tatbestand mit „einer Person, die ..." erwähnt (s. insoweit auch Art. 7 IV, 8 IV, 10 III PAG). Vgl. aber *VGH Mannheim*, NVwZ-RR 2011, 231 ff., zur Personenidentitätsfeststellung bei einem Anscheinsstörer.

Fall 7: Die Identitätsfeststellung bei Lorenz W.

der Nr. 6, die an Art. 2 II PAG anknüpft) konkreten **Gefahr für die öffentliche Sicherheit oder Ordnung** (es geht hier auch um keine Anscheinsgefahr) ebenfalls schon tatbestandlich nicht erfüllt.[611] Hinzu kommt, dass diese Gefahr – selbst bei ihrem Vorliegen – nicht von Lorenz W. nach Art. 7, 8 oder 10 PAG zu „**verantworten**" ist (bei Nr. 1 ist im Unterschied zur Nr. 2 der Störer zu prüfen; vgl. schon oben Rn. 427), so dass diese Maßnahme der Polizei gegen Lorenz W. allein deshalb materiell rechtswidrig war. Da hier jedoch ein umfassendes Gutachten verlangt wird, ist weiter zu prüfen, zumal der Sachverhalt auch Anlass dazu bietet.

**429** Als Rechtsfolge des Art. 13 I PAG sind neben der bloßen Identitätsfeststellung **Maßnahmen gemäß Abs. 2** möglich, wobei nach dem Sachverhalt unklar bleibt, was genau hier von den beiden Polizeibeamtinnen gemacht wurde.[612] Die getroffenen polizeilichen Maßnahmen enthielten jedoch, soweit ihre Rechtmäßigkeitsprüfung nicht zum AG abgedrängt ist, jedenfalls ein „Anhalten" nach S. 2 Fall 1, wobei insofern keine weiteren Tatbestandsmerkmale zu erfüllen waren und auch keine zusätzlichen Fehler der Polizei bei der Ermessensbetätigung erkennbar sind. Die Begleitmaßnahme teilt aber das Schicksal der Grundmaßnahme (→ hier gibt es im Unterschied zur Situation bei der Vollstreckung – dazu Rn. 270 – das Art **„Konnexität"**; s. insoweit auch das Wort „erforderlich" in Art. 13 II 1 PAG). Sie ist also ebenfalls materiell rechtswidrig (obwohl das Anhalten hier sogar eventuell vorausging). Unterstellt, der Tatbestand liegt vor (→ das wird zumindest in einem „Hilfsgutachten" untersucht), ergeben sich dann bei der mangels ihrer Sinnhaftigkeit bei diesem Ergebnis ansonsten nicht mehr geprüften **Rechtsfolge** und bei dem dazu auf seine fehlerfreie Betätigung hin untersuchten Ermessen bezüglich des „Ob" und „Wie" (einschließlich im Bedarfsfall der Störerauswahl) des Einschreitens Bedenken zur Verhältnismäßigkeit der Maßnahme (→ Ermessensüberschreitung). An dieser Stelle kann dann – sofern es darauf noch ankommt – der diskriminierende Charakter der Maßnahme als Fehler in Gestalt eines Ermessensfehlgebrauches bejaht werden, wenn man nicht mit der Praxis als Begründung die „polizeiliche Erfahrung" anführt.[613] Die Verwaltungsakte waren also materiell rechtswidrig.

**430** Zum Erfolg seiner Klage müssen die beiden Verwaltungsakte **Lorenz W.** aber auch noch **in seinen Rechten verletzt** haben (§ 113 I 1 direkt und S. 4 VwGO analog). Eine Verletzung in **Art. 11 GG** bei der Eröffnung des sachlichen Schutzbereiches (was hier bei der kurzen Dauer der Maßnahme durchaus in Zweifel gezogen werden kann) mit dem Anhalten scheidet für Lorenz W. als Nichtdeutschen – zu beachten ist insoweit die Angabe im Sachverhalt – von vornherein aus. In Betracht kommt jedoch insoweit – wiederum bei Bejahung des sachlichen Schutzbereiches – **Art. 109 I BV**, so dass zu klären ist, welches Konkurrenzverhältnis insoweit zu Art. 11 GG besteht. Weitergehende landesverfassungsrechtliche Grundrechtsgewährleistungen sind jedoch nach der Sonderregel des **Art. 142 GG** unschädlich, der Art. 31 GG an dieser Stelle verdrängt.[614] Sachlich

---

611 Ein anderes Ergebnis ließe sich nur begründen, wenn man in der gerade bei der Identitätsfeststellung entdeckten möglichen Passfälschung, die aber eben auch erst *nach* dem Handeln der Polizei offenbar wird (und daher für die vorangehende Identitätsfeststellung nichts mehr „rettet"), die ausreichende (Anscheins-)Gefahr einer Straftat sähe. Das gilt im Übrigen ebenso für die im Hinblick auf ihre Verfassungsmäßigkeit ohnehin fragwürdige (Rn. 250) „drohende Gefahr" laut Art. 13 I Nr. 1 lit. b PAG (s. zur Definition Art. 11a I Nr. 2 PAG).
612 Zur Freiheitsentziehung durch die Polizei zum Zweck der Identitätsfeststellung *BVerfG*, JA 2011, 714 ff. (*Muckel*).
613 Vgl. zum sogenannten „racial profiling" zuletzt *OVG Münster*, NVwZ 2018, 1497 ff., mit Anm. *Kerkemeyer*; *OVG Koblenz*, NJW 2016, 2820 ff.; *Hebeler*, JA 2019, 237 f.; *Waldhoff*, JuS 2019, 95 f.; *Pettersson*, ZAR 2019, 301 ff.
614 Vgl. *Korioth*, in: *Dürig/Herzog/Scholz*, GG Art. 142 Rn. 14: Bundesgrundrechte gewährleisten einen Mindeststandard; einen „Mehrwert" der Landesgrundrechte schließt Art. 142 GG trotz seines insoweit – scheinbar – engeren Wortlautes dadurch aber nicht aus.

geht es hier aber gerade nicht um die Freizügigkeit. Auf der „GG-Ebene" kann sich Lorenz W. daneben bzw. zumindest stattdessen im Hinblick auf das Anhalten möglicherweise auf **Art. 2 II 2 GG** (oder Art. 102 I BV), jedenfalls aber insgesamt und damit auch für die Identitätsfeststellung auf **Art. 2 I** eventuell bezüglich der Daten auch noch i. V. mit Art. 1 I GG bzw. auf Art. 101 i. V. mit Art. 100 BV berufen. In Bayern wird Art. 101 BV allein dann jedoch zumindest vom spezielleren Art. 109 I BV (sofern dieses Grundrecht einschlägig ist) verdrängt. Denkbar wäre auch ein Rekurs auf **Art. 3 I** (was ist das Differenzierungskriterium?) bzw. sogar **3 III GG** (Art. 118 I, II BV; dieser Eingriff wäre nie zu rechtfertigen). Die verwaltungsgerichtlichen Fortsetzungsfeststellungsklagen von Lorenz W. sind also wegen der Rechtswidrigkeit der Identitätsfeststellung und der bei ihm dadurch bewirkten Rechtsverletzung auch begründet und daher erfolgreich.

**431** Überdies sind die Sachentscheidungsvoraussetzungen **eines amtsgerichtlichen Rechtsbehelfes gegen das Verbringen zur Wache** und das dortige **Festhalten über mehrere Stunden** zu prüfen. Der **ordentliche Rechtsweg** ist nach der (hier) „aufdrängenden Sonderzuweisung" (statt des § 13 GVG) in Art. 18, 97 V, 98 I, II Nr. 2 PAG **eröffnet**. Statthafter Rechtsbehelf sind auch insoweit Fortsetzungsfeststellungsklagen gegen die zwei bereits erledigten Verwaltungsakte (mit der Regelung, zur Wache mitzukommen und zu bleiben – sonst droht ihre Vollstreckung[615]) der Polizei mit „Haftcharakter". Als **weitere formale Sachentscheidungsvoraussetzungen** enthält Art. 97 PAG i. V. mit dem FamFG nur Vorgaben zum **Kläger bzw. Antragsteller**, zur **Frist**, zum **besonderen Feststellungsinteresse** (jeweils in Art. 97 V 1 PAG; für Letzteres greifen dann im Ergebnis auch die in Rn. 424 genannten Fallgruppen der Rechtsprechung, wobei angesichts der betroffenen Grundrechte meist jedenfalls das Fortsetzungsfeststellungsinteresse wegen eines schweren Grundrechtseingriffes vorliegen dürfte) und zur **Form** (→ Art. 97 V 2 PAG), die hier als gewahrt zu unterstellen sind. Die Sachentscheidungsvoraussetzungen der amtsgerichtlichen Fortsetzungsfeststellungsklagen liegen also vor.

**432** Die amtsgerichtlichen Fortsetzungsfeststellungsklagen sind begründet, wenn die Passivlegitimation gegeben ist und die Verwaltungsakte mit Haftcharakter rechtswidrig sowie dadurch rechtsverletzend waren. **Richtiger Beklagter** (wenn er denn auch hier geprüft wird) ist wiederum der Freistaat Bayern. Als Besonderheit ist dabei nun noch die **Rechtmäßigkeit** des Festhaltens (der sogenannten „Sistierung") und des Zur-Wache-Bringens (der „Verbringung") von Lorenz W. zu prüfen. Hinsichtlich der Bestimmung der Ermächtigungsgrundlagen ist zu beachten, dass es bei Lorenz W. zum einen um ein gegenüber dem bloßen Anhalten länger andauerndes und intensiveres **Festhalten** und zum anderen um eine **Verbringung zur Dienststelle** ging. Letztere fällt weder unter Art. 14 noch unter Art. 16 noch unter Art. 17 PAG (oder „alle zusammen"). Sie ist zwar als solche nicht explizit in Art. 13 II 1 und 3 PAG genannt, aber nach ganz einhelliger Meinung von der Norm umfasst,[616] so dass auch dafür die Vorgaben in Art. 13 II 3 PAG zu beachten waren (hier ging es immer noch um Prävention). Weiterhin erfolgte dabei auch schon (konsequenterweise – s. oben Rn. 423 zur Einschlägigkeit von Art. 13 II 4 PAG) mit dem Verbringen auf die Wache zugleich eine **Freiheitsentziehung** i. S. der Art. 104 GG, 102 BV und 97 I PAG, so dass für beide polizeilichen Maßnahmen zudem noch die Vorgaben der Art. 19, 20 PAG erfüllt sein mussten. Die **formelle Rechtmäßigkeit** der beiden Maßnahmen ist dann ebenfalls (s. oben Rn. 426) zu bejahen.

**433** Für die **materielle Rechtmäßigkeit** der beiden Maßnahmen sind zunächst die **Tatbestandsvoraussetzungen** zu prüfen. Bezüglich des **Festhaltens** und der **Verbringung**

---

[615] Irrelevant für die Regelung ist dabei, ob der Adressat ihr freiwillig folgt; dann entfällt lediglich die Vollstreckung.

[616] Vgl. nur *Berner/Köhler/Käß*, Art. 13 Rn. 30; eine Minusmaßnahme lässt sich angesichts der doch anderen, aber vergleichbaren Eingriffsintensität nicht bejahen, allenfalls eine Art „Begleit- oder Folgemaßnahme".

*Fall 7: Die Identitätsfeststellung bei Lorenz W.*

bestand bei Lorenz W. die (konkrete) Möglichkeit von Passfälschungen, so dass eine anderweitige Identitätsfeststellung z. B. durch die Vorlage eines gültigen Passes[617] ausschied. Für das Festhalten als **Freiheitsentziehung** wurden „inhaltlich" zudem insbesondere die Vorgaben des Art. 97 III PAG (und Art. 19, 20 PAG) gewahrt. Aber auch bei diesen Begleitmaßnahmen besteht wiederum (vgl. Rn. 429) eine Art **„Konnexität"** zur Identitätsfeststellung als Grundmaßnahme, die letztlich aus dem Wesen dieser Schritte als bloßer „Begleitmaßnahmen" zur Identitätsfeststellung folgt, so dass sie insoweit deren rechtliches Schicksal teilen und wie diese materiell rechtswidrig sind. Als **Rechtsfolge** (wenn sie noch geprüft wird) besteht an sich ein **Ermessen** der Polizeibeamtinnen, das fehlerhaft ausgeübt worden sein könnte, was, isoliert betrachtet, jedoch wiederum nur hinsichtlich des in der Begründung der Maßnahme genannten allein an der Hautfarbe orientierten Vorgehens, das einen Ermessensfehlgebrauch darstellt, der Fall ist. Hierzu sind wie oben beide Ergebnisse vertretbar – die Gerichte sind insofern in der Praxis jedoch sehr streng. Die Begleitmaßnahmen mit Haftcharakter waren damit insgesamt zwar, isoliert betrachtet, rechtmäßig; sie teilen aber eben das „Schicksal" ihrer Grundmaßnahme und sind daher letztlich doch rechtswidrig sowie im Hinblick auf Art. 104 I GG, der insoweit spezieller als Art. 2 II 2 GG ist, und Art. 102 BV (unabhängig von der Nationalität) auch **rechtsverletzend**. Insgesamt sind daher sowohl die verwaltungs- als auch die amtsgerichtlichen Fortsetzungsfeststellungsklagen von Lorenz W. begründet. Er kann mit ihnen deshalb erfolgreich um Rechtsschutz nachsuchen.

Zur **Zusatzfrage**: Ein Sonderproblem stellt sich bei einem **Kostenbescheid** zur „Abrechnung" (vgl. Art. 75 III PAG) einer vollstreckten freiheitsentziehenden Maßnahme z. B. nach Art. 17 I Nr. 2 PAG – z. B. eben wie hier den „Unterbindungsgewahrsam" für einen Betrunkenen, der Straftaten zu begehen droht. Wenn diese Maßnahme nicht direkt nach Art. 18 I, 97, 98 I, II Nr. 1 (in einer Situation mit Haftbefehl) bzw. Art. 18, 97 (III), V, 98 I, II Nr. 2 PAG (ohne Haftbefehl) vor dem AG, sondern nur der darauffolgende Kostenbescheid (für ihn gilt die abdrängende Sonderzuweisung nicht) vor dem VG angegriffen wird (eventuell lässt sich dann dieses Problem sogar auch auf die obige „Konnexitäts-Konstellation" in Rn. 429 und 433 übertragen), ist zu klären, ob dann das VG die Rechtmäßigkeit der freiheitsentziehenden Maßnahme noch selbst prüfen darf. **434**

Ausgangspunkt ist dabei wieder der allgemeine (an sich: vollstreckungsrechtliche) Merksatz, dass es auf der „Tertiärebene" der Kosten im Unterschied zur Sekundärebene der „Vollstreckung" (auf der nach der auch in Bayern h. M. die Rechtmäßigkeit der Grundverfügung irrelevant ist) einer **rechtmäßigen Primär- (und Sekundär-)Maßnahme** bedarf. Es besteht also eine **Konnexität** auf der Tertiärebene, wie auch Art. 16 V KG zeigt, oder, anders ausgedrückt, es gibt keine Kostentragungspflicht, sehr wohl aber eine grundsätzliche Befolgungspflicht für rechtswidrige Verwaltungsakte (beachtlich ist insoweit im Übrigen als Grund auch die Titelfunktion des Verwaltungsaktes für ein effektives Verwaltungshandeln). Zu prüfen ist daher an sich im Rahmen der materiellen Rechtmäßigkeit des Kostenbescheides zunächst die Rechtmäßigkeit der – wenn es sie gab – „abgerechneten" Vollstreckungsmaßnahme und – darin sozusagen inzident, sonst nur – der („abgerechneten") Ingewahrsamnahme des Bescheidadressaten. Hinzu kommen auf dieser „Ebene" des Gutachtens dann noch die Kostenhöhe und das bezüglich der Kostenerhebung fehlerfrei ausgeübte Ermessen. Nach der Rechtsprechung des *OVG Lüneburg* (früher)[618] und der bayerischen *VG*[619] ist jedoch fraglich, ob das VG die Rechtmäßigkeit der zugrunde liegenden freiheitsentziehenden Maßnahme (anders als bei ei- **435**

---

617 Nicht amtliche „Papiere" wie Studierendenausweise etc. haben jedenfalls eine geringere Beweiskraft.
618 *OVG Lüneburg*, NVwZ-RR 2006, 34 ff. Anders dann unter Verweis auf *BVerfG*, NVwZ 2010, 1482 ff. Rz. 49 ff., jedoch *OVG Lüneburg*, NVwZ-RR 2014, 552 (553).
619 *VG Augsburg*, Urt. v. 20.5.2010 – Az.: Au 5 K 10.284 (juris); offengelassen hingegen in Urt. v. 17.03. 2011 – Az.: Au 5 K 10.1189 (juris); *VG Ansbach*, Urt. v. 22.11.2011 – Az.: AN 1 K 11.01549 (juris).

ner Vollstreckung) überhaupt prüfen darf.[620] Ansatzpunkt dieser Auffassung ist die abdrängende Sonderzuweisung i. S. des § 40 I 2 VwGO in Art. 97 V, 98 I, II Nr. 2 PAG, wonach über die Rechtmäßigkeit einer Freiheitsentziehung allein die AG in einem Verfahren nach dem FamFG entscheiden (davon wird der Kostenbescheid nach dem KG nicht erfasst). Es entspreche zwar einem allgemeinen Grundsatz des Prozessrechts, dass dem Gericht eines jeden Gerichtszweigs die Inzidentprüfungskompetenz auch für rechtswegfremde Vorfragen zustehe, sofern die an sich zuständigen Gerichte über diese Frage noch nicht rechtskräftig befunden hätten.[621] Eine Ausnahme von diesem Grundsatz gelte jedoch dann, wenn gesetzlich etwas anderes bestimmt sei oder die Vorfrage in Wahrheit die Hauptfrage, d. h. den eigentlichen Kern der Streitigkeit bilde. Letzteres sei auch hier dadurch der Fall, dass es nach Art. 104 II GG bei einer Freiheitsentziehung einer gerichtlichen Entscheidung bedürfe. Zwar seien Streitigkeiten über die Zulässigkeit einer polizeilichen Freiheitsentziehungsmaßnahme öffentlich-rechtlicher Natur und damit an sich gemäß § 40 I 1 VwGO Sache der VG; die Polizeigesetze aller Bundesländer (hier Art. 97 V, 98 I, II Nr. 2 PAG) erklärten jedoch die AG für sachlich zuständig.[622] Diese Lösung sei aufgrund dessen gewählt worden, dass die AG im Allgemeinen ortsnäher als die VG seien und auch sonst über Freiheitsentziehungen entschieden.[623]

**436** Diese „**Trennungstheorie**" hebt nun darauf ab, das bayerische Recht erstrecke – ebenso wie in Niedersachsen,[624] Berlin und Hamburg – die amtsgerichtliche Zuständigkeit darüber hinaus ausdrücklich auch auf das nachträgliche Rechtsschutzverfahren für eine abgeschlossene Freiheitsentziehung (vgl. Art. 97 V, 98 I, II Nr. 2 PAG zu dieser „Fortsetzungsfeststellungsklage"). Damit stehe ein einheitlicher Rechtsweg zur Verfügung, so dass ein Nebeneinander der Gerichtsbarkeiten mit sich möglicherweise widersprechenden Entscheidungen vermieden werden könne. In den übrigen Bundesländern blieben dagegen für Klagen, die auf die nachträgliche Feststellung der Rechtswidrigkeit einer polizeilichen Freiheitsentziehung gerichtet seien, mangels einer Sonderregelung die VG zuständig.[625] Angesichts der Tatsache, dass der bayerische Gesetzgeber somit ausdrücklich der ordentlichen Gerichtsbarkeit das Entscheidungsmonopol über die Rechtmäßigkeit einer polizeilichen Freiheitsentziehung eingeräumt habe, seien – so diese Ansicht – die VG auch nicht befugt, nachträglich die Rechtmäßigkeit einer polizeilichen Ingewahrsamnahme als Vorfrage im Rahmen einer Anfechtungsklage gegen die Heranziehung zu den Kosten der Ingewahrsamnahme zu prüfen.[626] Dagegen lässt sich jedoch einwenden, dass die Gefahr sich widersprechender Gerichtsentscheidungen, wie sie von den soeben zitierten Gerichten befürchtet wird, schon gar nicht besteht, falls es – wie hier – während der Ingewahrsamnahme zu keiner Entscheidung des AG gekommen ist und auch nicht mehr kommen kann. Ist die Freiheitsentziehung vor dem Ergehen einer

---

620 Bei einem Gewahrsam nach Art. 17 I Nr. 4 PAG würde das VG aber in jedem Fall die mit dem Gewahrsam „vollstreckte" Platzverweisung auf ihre Rechtmäßigkeit prüfen; insofern „sperrt" Art. 97 V PAG nicht.
621 S. *Ruthig*, in: *Kopp/Schenke*, § 40 Rn. 42. Letztlich folgt das bereits aus §§ 173 S. 1 VwGO, 17 II 1 GVG.
622 Vgl. *Graulich*, in: *Lisken/Denninger*, Kap. E, Rn. 542.
623 Vgl. *Berner/Köhler/Käß*, Art. 18 Rn. 16; allgemein ferner *Finger*, JuS 2005, 116 (119).
624 Dort aber eben nunmehr anders (vgl. Fn. 618) das *OVG Lüneburg*, NVwZ-RR 2014, 552 (553).
625 Differenzierend *Finger*, JuS 2005, 116 (119 f.).
626 Insoweit „bündelt" bzw. „verklammert" § 173 S. 1 VwGO i. V. mit § 17 II 1 GVG die verschiedenen *Tatbestandsmerkmale*, die eben unterschiedlichen *rechtlichen Gesichtspunkte* (wie etwa Anspruchsgrundlagen; vgl. Rn. 423) sind, dann nicht wieder. Die Norm passt insofern auch nicht analog und würde im Übrigen mutmaßlich von Art. 18 PAG verdrängt (der wiederum Art. 12 KG „aussticht"). Unklar bleibt aber, ob die Entscheidung des AG dann für das VG bei seinem Urteil zum Kostenbescheid bindend ist (wodurch erfolgt das? – umgekehrt erwächst ein „positives" Fortsetzungsfeststellungsurteil in Rechtskraft und hätte mit bedeuglich der Rechtswidrigkeit der Identitätsfeststellung das AG bei seinem Urteil). Alternativ hätte diese Sichtweise zur Folge, dass das VG bei der Prüfung des Kostenbescheides die Rechtmäßigkeit des Gewahrsams gar nicht prüfen dürfte (selbst wenn das AG ihn zuvor sogar für rechtswidrig erklärt hat; passt das jedoch zu Art. 20 III GG?).

gerichtlichen Entscheidung beendet, kann die festgehaltene Person nach Art. 97 V 1 PAG, wenn hierfür ein berechtigtes Interesse besteht, innerhalb eines Monates nach der Beendigung der Freiheitsentziehung die Feststellung beantragen, dass die Freiheitsentziehung rechtswidrig gewesen ist. Wenn der Betroffene die als eine Art „Klagefrist" wirkende Monatsfrist des Art. 97 V 1 PAG ungenutzt verstreichen lassen hat, sind eine Anrufung und damit auch eine (unter Umständen anders lautende) Entscheidung des AG nicht mehr möglich (es gibt grundsätzlich auch keine Wiedereinsetzung in den vorigen Stand für ihn). Ein Bedürfnis, dem VG diesbezüglich die Prüfungskompetenz hinsichtlich der Rechtmäßigkeit der Ingewahrsamnahme im Rahmen des häufig erst deutlich später ergehenden Kostenbescheides abzusprechen, besteht damit hier nicht. Auch der insoweit zur Begründung der in Rn. 435 f. skizzierten Position vorgebrachte Einwand, die obige Ansicht sichere die Bestandskraft der Grundverfügung (ist sie eingetreten, ist das VG insoweit in der Tat gebunden), vermag schon dadurch nicht zu überzeugen, dass der Kostenbescheid die Rechtmäßigkeit der Grundverfügung als eigene Tatbestandsvoraussetzung hat (s. dazu oben Rn. 435 zu dieser „Konnexität" nach Art. 16 V KG). Vor allem aber kann mangels einer Rechtsbehelfsbelehrung ungeachtet der Erledigung (nach ihr ist ohnehin keine Bestandskraft mehr möglich) die Frist in §§ 74 I 2, 58 II VwGO vor seiner Erledigung noch gar nicht abgelaufen und deswegen der Grundverwaltungsakt der Ingewahrsamnahme (zum Verwaltungsaktscharakter bereits oben in Rn. 431) noch gar nicht bestandskräftig geworden sein. Das gilt selbst dann, wenn die besondere Klagefrist in Art. 97 V 1 PAG, die trotz Art. 19 I 1 Hs. 2 PAG (mit einer Belehrungspflicht) nicht an äußere Merkmale wie eine Rechtsbehelfsbelehrung anknüpft – das ist ein Grund für diesen „Meinungsstreit", zumal sonst gar keine Unterschiede auftreten könnten –, abgelaufen ist. Daher spricht im Ergebnis viel dafür, in dieser Konstellation eines Kostenbescheides Art. 97 V, 98 I, II Nr. 2 PAG teleologisch zu reduzieren und insoweit nicht anzuwenden. Sonst muss der Betroffene nicht nur den Gewahrsam hinnehmen, sondern auch noch zusätzlich dessen Kosten tragen, ohne seine Rechtmäßigkeit jedenfalls in diesem Kontext prüfen zu können (andernfalls muss er „vorsorglich" – ohne zu wissen, ob ein Kostenbescheid folgt – das AG anrufen), so dass schließlich auch Art. 19 IV GG die hiesige Auffassung bestätigt.[627]

## Fall 8: Die ungeliebten Hütchenspieler[628]

Sergej I. gehört zur sogenannten Hütchenspielerszene im Bereich des Bahnhofsviertels der bayerischen Stadt F. Zu Beginn des Jahres 2023 wurde er mehrfach beim Hütchenspiel angetroffen, bei dem Passantinnen und Passanten aufgefordert werden, ihre Aufmerksamkeit gegen einen entsprechenden Geldeinsatz unter Beweis zu stellen und nach schnellem Hin- und Herschieben der Hütchen durch Sergej I. zu sagen, unter welchem Hütchen sich ein bestimmter Gegenstand befindet. Ein richtiger Tref-

---

627 So im Ergebnis auch *BVerfG*, NVwZ 2010, 1482 (1483 ff. Rz. 49 ff.). Dieses Problem ist im Übrigen in der Begründetheitsprüfung zu Beginn der materiellen Rechtmäßigkeit des Kostenbescheides (nicht beim Verwaltungsrechtsweg, wird doch die Anfechtung des Kostenbescheides nie von Art. 18 II PAG erfasst) nach der Darstellung der Konnexität (als deren Ausnahme) zu erörtern. Schließt man sich dabei trotz der Argumentation in Rn. 436 der in Rn. 435 vorgestellten Auffassung des bayerischen VG an, so ist nachfolgend regelmäßig (vor allem aber bei einem entsprechenden Bearbeitervermerk, dass alle Rechtsfragen zu erörtern sind) trotzdem zumindest „hilfsgutachtlich" (das Wort muss nicht verwendet werden und wirkt eher ungelenk) die Rechtmäßigkeit der Ingewahrsamnahme zu prüfen (oder die Frage bleibt offen, bis klar ist, ob sie im Hinblick auf das Ergebnis überhaupt entschieden werden muss).

628 Vgl. *VGH Kassel*, NVwZ 2003, 1400 ff.; *VGH Mannheim*, NVwZ 2003, 115 ff. (zur Parallelsituation beim Vorgehen gegen Punker); *VG Frankfurt a. M.*, NVwZ-RR 2002, 575 f.; NVwZ 2003, 1407 f.; umfassend *Hecker*, NVwZ 2003, 1334 ff.

fer beruht aufgrund der „Fähigkeiten" von Sergej I. dabei aber allein auf Zufall. Sergej I. erhielt damals jeweils polizeiliche Platzverweise.

Am 23.3.2023 erließ die Polizei gegenüber Sergej I. mit schriftlichem und begründetem Bescheid ein Aufenthaltsverbot für ein Jahr, mit dem ihm untersagt wurde, sich zwischen 14 und 4 Uhr – seinen besten „Geschäftszeiten" – in einem genau bezeichneten Teil des Bahnhofsviertels in F aufzuhalten. Als Begründung wurde angeführt, es handele sich bei dem Aufenthaltsverbot um eine Maßnahme der Gefahrenabwehr, um die von Sergej I. unmittelbar hervorgerufenen Gefahren durch die Durchführung des Hütchenspieles zu beseitigen. Denn dieses stelle kein unbedenkliches Geschicklichkeitsspiel, sondern vielmehr „eine Straftat bzw. Ordnungswidrigkeit" dar. Die konkrete Gefahr ergebe sich aus den mehrfachen Verstößen gegen die Platzverweise in der Vergangenheit, was ein erneutes Einschreiten erforderlich mache. Die getroffene Maßnahme sei schließlich auch verhältnismäßig, da der woanders wohnende Sergej I. das Bahnhofsviertel nur für das Hütchenspiel aufsuche und dabei wichtige Rechtsgüter gefährde.

Sergej I. war entsetzt über das Vorgehen der Polizei, zumal seine Verwandtschaft im Bahnhofsviertel wohnt und die Ärztin seiner Kinder dort ihre Praxis hat. Er legte deshalb umgehend Klage ein. Es ist ein Gutachten zu den Erfolgsaussichten der Klage zu erstellen.

Varianten: Ändert sich das Ergebnis in materieller Hinsicht, wenn
1. sich der Sachverhalt im Jahr 2016 so zuträgt, als es Art. 16 II 1 Nr. 2a PAG noch nicht gab?
2. Sergej I. sich nicht dem Hütchenspiel widmet, sondern heute das Aufenthaltsverbot für seine eheliche Wohnung erhält, weil er dort regelmäßig seine Frau verprügelt, die deshalb schon öfters ins Frauenhaus fliehen musste?

Art. 16 PAG lautete im Jahr 2016:

„[1]Die Polizei kann zur Abwehr einer Gefahr eine Person vorübergehend von einem Ort verweisen oder ihr vorübergehend das Betreten eines Orts verbieten. [2]Die Platzverweisung kann ferner gegen Personen angeordnet werden, die den Einsatz der Feuerwehr oder von Hilfs- oder Rettungsdiensten behindern."

Auf das Gewaltschutzgesetz wird hingewiesen.

**438** Die Gliederungsübersicht zu Fall 8:

**Ausgangsfall:**

**A. Sachentscheidungsvoraussetzungen der Klage**

**I. Verwaltungsrechtsweg**

**II. Statthaftigkeit**

**III. Klagebefugnis**

**IV. Beteiligten- und Prozessfähigkeit**

**V. Klagefrist**

**B. Begründetheit der Klage**

**I. Passivlegitimation**

**II. Taugliche Ermächtigungsgrundlage**

**III. Formelle Rechtmäßigkeit**

1. **Zuständigkeit der Polizei**
2. **Verfahren**
   Problem: Anhörung

3. Form
IV. Materielle Rechtmäßigkeit
1. Tatbestandsvoraussetzungen
2. Rechtsfolge
   Problem: Beachtung des Art. 16 II 3 PAG
   Problem: Beachtung des Grundsatzes der Verhältnismäßigkeit

Variante 1:
Ermächtigungsgrundlage
1. Art. 16 PAG a. F.
2. Art. 11 PAG

Variante 2:
I. Ermächtigungsgrundlage
   Problem: Verhältnis von §§ 1 f. GewSchG zu Art. 16 PAG
II. Formelle Rechtmäßigkeit
III. Materielle Rechtmäßigkeit

Die Klage von Sergej I. hat Erfolg, wenn ihre Sachentscheidungsvoraussetzungen vorliegen und sie begründet ist. Im **Ausgangsfall** ergibt sich dabei hinsichtlich der **Sachentscheidungsvoraussetzungen der Klage**, dass diese gegen die an Sergej I. adressierte gefahrenabwehrrechtliche Verfügung gerichtet und für ihn damit in Ermangelung einer aufdrängenden Sonderzuweisung nach § 40 I 1 VwGO der Verwaltungsrechtsweg eröffnet ist. **Statthaft** ist gemäß § 42 I Fall 1 VwGO gegen den Verwaltungsakt des Platzverweises die Anfechtungsklage. Die Klage wurde von dem als Adressaten nach § 42 II VwGO dazu **befugten** Sergej I. eingelegt. Er ist als natürliche Person **beteiligten- und prozessfähig** (§§ 61 Nr. 1 Fall 1, 62 I Nr. 1 VwGO). Für den Freistaat Bayern folgt das aus §§ 61 Nr. 1 Fall 2, 62 III VwGO, (Art. 47 III BV, § 36 I 2 VwGO,) Art. 13 S. 1, 2 AGVwGO i. V. mit § 3 I 1 Nr. 1, II 1, 6 LABV (bei Vertretung durch den/die Polizeipräsidenten/-in). Auch die **Frist** ist nach dem Maßstab des § 74 I 2 VwGO – ein Vorverfahren ist gemäß § 68 I 2 Fall 1 VwGO, Art. 12 II bzw. I AGVwGO nicht statthaft – gewahrt. Die Sachentscheidungsvoraussetzungen der Anfechtungsklage liegen damit insgesamt vor.

Für die **Begründetheit der Anfechtungsklage** gilt, dass sie nach § 113 I 4 VwGO zu bejahen ist, wenn sie sich gegen den richtigen Beklagten richtet, der angefochtene Verwaltungsakt rechtswidrig ist und Sergej I. dadurch in seinen Rechten verletzt ist. **Passivlegitimiert** ist der Freistaat Bayern als Rechtsträger (§ 78 I Nr. 1 VwGO) der Polizei gemäß Art. 1 II POG. Der angefochtene Verwaltungsakt ist rechtswidrig, wenn er sich nicht auf eine taugliche Ermächtigungsgrundlage stützen lässt (Vorbehalt des Gesetzes) oder seine formellen oder materiellen Rechtmäßigkeitsvoraussetzungen nicht vorliegen (Vorrang des Gesetzes). Bezüglich der **tauglichen Ermächtigungsgrundlage** ist gemäß dem Spezialitätsgrundsatz nach den hier nicht einschlägigen Spezialgesetzen an eine **Standardmaßnahme** des PAG zu denken. In Betracht kommt dabei in der **ersten Fallvariante** als **Ermächtigungsgrundlage** Art. 16 II 1 Nr. 2a PAG. Dessen Verfassungsmäßigkeit wird zwar vereinzelt in Zweifel gezogen, mehrheitlich aber bejaht.[629] Weiterhin

---

629 Zur Gesetzgebungskompetenz des Landes trotz Art. 73 I Nr. 3 GG (der Bund ist nur für die typischerweise bundeseinheitlich zu regelnden Beschränkungen zuständig; hier steht aber die Gefahrenabwehr im Vordergrund) bereits in Rn. 360 und ferner *Hecker*, NVwZ 2003, 1334 (1335); daneben wird die materielle Frage gestellt, ob mit dieser (dann gleichheitswidrigen) Norm gerade (nur) bestimmte politisch missliebige Personen wie z. B. Punks vertrieben werden sollen.

ist die **formelle Rechtmäßigkeit** der Verfügung in den Blick zu nehmen. Die **Zuständigkeit** der Polizei folgt dabei daraus, dass die Polizei gemäß Art. 16 II 1, 2 I, 3 PAG in einem Eilfall zur Gefahrenabwehr gehandelt hat. Beim **Verfahren** kann die Anhörung von Sergej I. entweder unterstellt werden, oder sie ist nach Art. 28 II Nr. 1 BayVwVfG entbehrlich, zumindest aber noch in den zeitlichen Grenzen des Art. 45 II i. V. mit I Nr. 3 BayVwVfG nachholbar. Die Vorgaben zur **Form** in Art. 37 II 1, 39 I BayVwVfG wurden ebenfalls gewahrt. Im Rahmen der **materiellen Rechtmäßigkeit** sind sodann die Tatbestandsvoraussetzungen der hier anzuwendenden Norm zu prüfen. Es muss also die konkrete Gefahr bestehen, dass Sergej I. im Bereich des Bahnhofsviertels eine Straftat begehen wird. Die handelnde Behörde kann sich hier darauf berufen, Sergej I. schon mehrfach in dem relevanten Viertel beim Hütchenspiel angetroffen zu haben, so dass auch die Prognose, er werde dort künftig weiterhin dieser Tätigkeit nachgehen, rechtlich nicht zu beanstanden ist. Das Hütchenspiel, das als Täuschung der Mitspieler über ihre Gewinnchancen und damit als Betrug nach § 263 StGB[630] oder als verbotenes Glücksspiel gemäß § 284 StGB[631] gewertet wird, stellt auch eine Straftat dar. Die Maßnahme durfte zudem gegen Sergej I. als **Verhaltensstörer** nach Art. 7 PAG gerichtet werden.

**441** Auf der **Rechtsfolgenseite** ist fraglich, ob die Behörde mit dem erlassenen Verwaltungsakt **ermessensfehlerfrei gehandelt** hat. Zu beanstanden ist insoweit die Nichtbeachtung des Art. 16 II 3 PAG, nach dem ein Aufenthaltsverbot die Dauer von drei Monaten nicht überschreiten darf. Diese Vorgabe, die eine Ausgestaltung des in Art. 4 PAG anklingenden **Verhältnismäßigkeitsprinzips** darstellt und eine lange geltende pauschale Verfügung, bei der z. B. nicht regelmäßig überprüft wird, ob die abzuwehrende Gefahr überhaupt noch vorliegt, verhindern soll, hat die Polizei, indem sie das Verbot für ein Jahr ausgesprochen hat, nicht eingehalten. Problematisch ist überdies, dass die Polizei bei ihrer Entscheidung nicht erkennbar berücksichtigte, dass die Familienangehörigen von Sergej I. im „Sperrgebiet" leben bzw. er dort z. B. im Hinblick auf die Ärztin der Kinder Termine wahrzunehmen hat. Bei derartigen begründeten Anliegen hätte die Polizei zur Wahrung des Grundsatzes der Verhältnismäßigkeit zumindest **Ausnahmen** in ihrer Verbotsverfügung vorsehen müssen. Insgesamt ist das Aufenthaltsverbot damit aufgrund des dargelegten Ermessensfehlers materiell rechtswidrig. Es verletzt Sergej I. zumindest in seiner Allgemeinen Handlungsfreiheit aus Art. 2 I GG. Demnach ist seine Anfechtungsklage begründet und hat deswegen auch Erfolg.

**442** In der **Variante 1** stellt sich vor allem die Frage nach dem Vorliegen einer Ermächtigungsgrundlage. In Betracht kommt in Ermangelung von dessen Abs. 2 nur Art. 16 I PAG. Diese Norm erfasst allerdings schon nach ihrem Wortlaut nur vorübergehende Verweisungen; sie ist wegen des mit ihr verbundenen nicht unerheblichen Eingriffs in Art. 2 II, 11 I GG auch eng auszulegen und bildet im vorliegenden Fall damit keine passende Ermächtigungsgrundlage. Nunmehr könnte aber noch die **Generalklausel** des Art. 11 PAG herangezogen werden. Fraglich ist dabei jedoch, ob hier die von der Rechtsfolge her nicht einschlägige Standardmaßnahme des Art. 16 PAG insoweit **sperrt**. Das bestehende Subsidiaritätsverhältnis lässt Art. 11 PAG hinter Art. 16 PAG zurücktreten, selbst wenn dieser nicht die gewünschte Rechtsfolge „liefert". Denn diese Norm ist gerade wegen ihrer Grundrechtsnähe für Platzverweisungen (aller Art, also auch für Aufenthaltsverbote) abschließend. Insoweit kann auch nicht auf eine neue, atypische Situation rekurriert werden, da der Gesetzgeber in anderem Zusammenhang (in Abs. 2) selbst die Notwendigkeit der speziellen Regelung von Platzverweisungen und Betretungsverboten bejaht hat. Zudem wäre es systematisch kaum einsichtig, warum der Gesetzgeber das weniger gravierende Einschreiten der Polizei in Art. 16 PAG speziell

---

630 So *LG Frankfurt a. M.*, NJW 1993, 945 ff.
631 Vgl. *BGHSt* 36, 74 ff.

geregelt, das im Hinblick auf Art. 11 (für Deutsche) bzw. Art. 2 I GG sogar grundrechtsintensivere hingegen Art. 11 PAG „überlassen" haben sollte. Der Landesgesetzgeber ist im Übrigen eben im Hinblick auf diese Position der Rechtsprechung inzwischen auch aktiv geworden (vgl. dazu den Ausgangsfall).[632] Mangels Vorliegens einer Ermächtigungsgrundlage ist das Aufenthaltsverbot daher in der Variante 1 rechtswidrig ergangen.

Bei der **zweiten Fallvariante** stellt sich wieder die Frage nach der **Ermächtigungsgrundlage**. Hier ist die so genannte **Wohnungsverweisung** von Sergej I. an sich auf die Spezialvorschriften der §§ 1 f. GewSchG zurückzugreifen. Darauf gestützte Maßnahmen kann aber nur das AG anordnen, was einige Zeit in Anspruch nimmt. Für diese „Zwischenzeit" greift dann sozusagen zum Lückenschluss Art. 16 II 1 Nr. 2a PAG ein und lässt vorübergehende Regelungen durch die Polizeibehörden zu, wobei sich die Polizei bei der Befristung daran orientieren muss, innerhalb welcher Zeitspanne gerichtlicher Schutz nach dem GewSchG erreichbar ist.[633] Die Norm ist von der Gesetzgebungskompetenz des Landes für das Polizeirecht gedeckt, da das GewSchG des Bundes, das sich auf den Kompetenztitel des Art. 73 I Nr. 3 GG stützt, erkennbar nicht abschließend ist. Das Land wird hier quasi im Vorfeld des GewSchG zur Gefahrenabwehr tätig. Im konkreten Fall liegen die formellen und materiellen Voraussetzungen für eine Wegweisung von Sergej I. demnach vor. Sie kann also rechtmäßig ergehen.

**443**

## Fall 9: Die Erziehung eines Motorradfahrers[634]

Freddy K. war in den letzten Tagen bereits zweimal wegen zu schnellen Fahrens mit seinem Motorrad von der Polizei verwarnt und mit einem Bußgeld belegt worden. Das fiel dem Beamten B auf, als er aufgrund einer Entscheidung seines Dienstvorgesetzten zusammen mit einem Kollegen an einer als Unfallschwerpunkt bekannten Stelle Freddy K. auf seiner „Höllenmaschine" anhielt. Nachdem Freddy K. wieder recht schnell, aber noch im erlaubten (Geschwindigkeits-)Rahmen unterwegs gewesen war, stellte B in Vollzug einer zuvor getroffenen internen Entscheidung der Polizei das Motorrad von Freddy K. sicher, um ihn, der von B der Gruppe der „Hardcore-Raser" zugerechnet wurde, zu einer „anständigeren Fahrweise zu erziehen". Freddy K. fügte sich zunächst seinem Schicksal und sah zu, wie sein Motorrad per Spezialfahrzeug auf das Gelände der örtlichen Polizeidienststelle befördert wurde, von wo er es drei Tage später wieder abholen konnte. Als er kurz danach jedoch einen Kostenbescheid über 224,65 € für die Sicherstellung und Verwahrung seines Motorrades erhält, platzt ihm der Kragen, und er möchte sich gegen das polizeiliche Tun, das ihn zu Unrecht als „Raser" brandmarke und zusätzlich mit erheblichen Kosten belaste, wehren. Auf welche Art und Weise kann er das klageweise mit Aussicht auf Erfolg tun?

**444**

**Zusatzfrage:**

P ist als beamteter Kriminalobermeister beim Fahndungskommissariat des Polizeipräsidiums München tätig. Als er von einem Einsatz mit dem Dienstwagen zum Polizeipräsidium zurückfuhr, verursachte er im Kreuzungsbereich zweier Straßen einen Zusammenstoß mit einem von rechts kommenden Pkw. Zu dem Unfall kam es, weil P in den Kreuzungsbereich einfuhr, obwohl die Ampel für ihn rotes Licht zeigte.

---

632 Einen alternativen Weg weist das *VG Frankfurt a. M.*, NVwZ 2003, 1407 f., nach dem ein auf die hessische Generalklausel der Polizei gestütztes befristetes Mitwirkungs- und Betätigungsverbot für Hütchenspieler in einem bestimmten Bereich möglich ist. Das erscheint jedoch als eine Art (nichtiges) „Umgehungsgeschäft".
633 *Wollenschläger*, in: *Huber/Wollenschläger*, § 4 Rn. 134.
634 *VGH München*, NJOZ 2009, 2695 ff.

Ein dringendes dienstliches Bedürfnis i. S. des § 35 I, VIII StVO bestand für das Überfahren des Lichtzeichens nicht. Der Schaden an dem von P geführten Dienstwagen wurde von einem Sachverständigen auf 5.800 Euro geschätzt. Der Polizeipräsident von München forderte P mit Leistungsbescheid überraschend zur Zahlung von 2.900 Euro auf. P, der das Geld nicht bezahlen will, ist der Ansicht, dass die Geltendmachung der Forderung nicht durch Leistungsbescheid erfolgen dürfe und dass er außerdem den Unfall nicht grob fahrlässig herbeigeführt habe, da er in der Eile seines Dienstgeschäftes die Ampelanlage völlig übersehen habe. Der Polizeipräsident von München meint dagegen, grundsätzlich habe ein Beamter seinem Dienstherrn den durch seine Pflichtverletzung entstandenen Schaden zu ersetzen, wenn die Pflichtverletzung grob fahrlässig erfolgt sei. Das Übersehen eines Rotlichtes sei geradezu ein Schulbeispiel für eine grob fahrlässige Pflichtverletzung. Muss P die 2.900 Euro zahlen?

**445** Die Gliederungsübersicht zu Fall 9:

**A. Die Sicherstellung des Motorrades**
**I. Sachentscheidungsvoraussetzungen einer Klage**
1. Eröffnung des Verwaltungsrechtsweges
2. Statthafter Rechtsbehelf
3. Klagebefugnis
4. Besonderes Fortsetzungsfeststellungsinteresse
5. Beteiligten- und Prozessfähigkeit
6. Vorverfahren und Klagefrist

**II. Begründetheit einer Fortsetzungsfeststellungsklage**
1. Richtiger Beklagter
2. Ermächtigungsgrundlage für die Sicherstellung
   **Problem:** Anwendungsbereich des Art. 25 PAG
3. Formelle Rechtmäßigkeit des polizeilichen Handelns
   a. Zuständigkeit
   b. Verfahren
   **Problem:** Anhörung im Sicherheitsrecht
4. Materielle Rechtmäßigkeit
   a. Konkrete und gegenwärtige Gefahr für die öffentliche Sicherheit oder Ordnung
   b. Störereigenschaft
   c. Rechtsfolge
      aa. Ermessensausfall/-nichtgebrauch
      bb. Ermessensfehlgebrauch
      cc. Ermessensüberschreitung wegen Unverhältnismäßigkeit

**B. Die Verwahrung des Motorrades**
**I. Sachentscheidungsvoraussetzungen einer Klage**
1. Eröffnung des Verwaltungsrechtsweges
2. Statthafter Rechtsbehelf
   **Problem:** Verwahrung als Verwaltungsakt?
3. Feststellungsinteresse und Klagebefugnis
   **Problem:** Notwendigkeit der Klagebefugnis bei einer Feststellungsklage
4. Beteiligten- und Prozessfähigkeit
5. Rechtsschutzbedürfnis

Fall 9: Die Erziehung eines Motorradfahrers

II. **Begründetheit der Feststellungsklage**
1. **Richtiger Beklagter**
2. **Rechtswidrigkeit des Verwahrungsverhältnisses gemäß Art. 26 I 1 PAG**

C. **Der Kostenbescheid**
I. **Sachentscheidungsvoraussetzungen einer Klage**
1. **Eröffnung des Verwaltungsrechtsweges**
2. **Statthafter Rechtsbehelf**
3. **Klagebefugnis**
4. **Klagefrist**
5. **Beteiligten- und Prozessfähigkeit**
6. **Objektive Klagehäufung**

II. **Begründetheit der Anfechtungsklage**
1. **Richtiger Beklagter**
2. **Ermächtigungsgrundlage des Kostenbescheides**
3. **Formelle Rechtmäßigkeit des Kostenbescheides**
   a. Zuständigkeit
   b. Verfahren
   c. Form
4. **Materielle Rechtmäßigkeit des Kostenbescheides**
   a. Konnexitätsprinzip
      **Problem:** Was besagt der Grundsatz der Konnexität?
   b. Tauglicher Adressat des Kostenbescheides
   c. Rechtsfolge
5. **Rechtsverletzung**

**Zusatzfrage:**
I. **Ermächtigungsgrundlage des Leistungsbescheides**
II. **Formelle Rechtmäßigkeit des Leistungsbescheides**
1. **Zuständigkeit**
2. **Verfahren**
3. **Form**

III. **Materielle Rechtmäßigkeit des Leistungsbescheides**
1. **Tatbestandliche Voraussetzung**
2. **Rechtsfolge**
3. **„Verwaltungsaktbefugnis"**
   **Problem:** Woher kommt die Verwaltungsaktbefugnis gegenüber dem Beamten?

Freddy K. kann sich hier möglicherweise **gegen mehrere polizeiliche Maßnahmen** 446 zur Wehr setzen. Seine diesbezüglichen Klagen (→ es geht um eine zulässige objektive Klagehäufung nach § 44 VwGO) haben Erfolg, wenn ihre Sachentscheidungsvoraussetzungen vorliegen und sie begründet sind.[635]

---

635  Aus Gründen der besseren Übersichtlichkeit erfolgt hier eine getrennte Darstellung der drei (das Anhalten ist in der Sicherstellung als „Minus" enthalten) denkbaren Klagen (und daher vorab die Erwähnung der objektiven Klagehäufung, um sie nicht zu vergessen). Eine gemeinsame Prüfung der Klagen ist auch möglich; sie ist vielleicht sogar etwas „schneller", dafür aber auch „verschachtelter", und bei den nur für eine der (verschiedenen) Klagen einschlägigen Sachentscheidungsvoraussetzungen muss das deutlich gemacht werden.

**447** Zunächst müssten die **Sachentscheidungsvoraussetzungen** einer Klage hinsichtlich der **Sicherstellung** des Motorrades vorliegen. Die Eröffnung des **Verwaltungsrechtsweges** richtet sich dabei mangels aufdrängender Sonderzuweisung nach § 40 I 1 VwGO. Streitentscheidend sind Normen des Gefahrenabwehrrechts (genauer dazu dann im Folgenden), wegen des präventiven Charakters des polizeilichen Handelns nicht die §§ 74 StGB, 111a ff. StPO, 21 III StVG. Aus dem gleichen Grund handelt es sich auch nicht um einen Fall der abdrängenden Sonderzuweisung nach § 23 I 1 EGGVG,[636] so dass die Voraussetzungen der Generalklausel erfüllt sind.

**448** Bei der Frage nach dem **statthaften Rechtsbehelf** empfiehlt sich die „historische Darstellung". Die *ursprüngliche* Anfechtungsklage nach § 42 I Fall 1 VwGO gegen die Sicherstellungsverfügung als belastenden Verwaltungsakt mit der Verfügung „Geben Sie her!" bzw. der konkludenten Duldungsverfügung bezüglich der Wegnahme *und* der Verwahrung (als „Rechtsgrund für das Behalten"; so die h. M.; wenn die Sicherstellung ein bloßer Realakt wäre, könnte der Bürger jederzeit mit dem öffentlich-rechtlichen Erstattungsanspruch die Herausgabe der jeweiligen Sache verlangen) hat sich erst mit der Rückgabe des Motorrades (und damit dem Ende der Verwahrung; wegen des „Rechtsgrundes" nicht schon mit deren Beginn) erledigt.[637] Damit bleibt *jetzt* nur noch eine Fortsetzungsfeststellungsklage analog § 113 I 4 VwGO (→ es kam zu einer Erledigung der Regelung bzw. des Verwaltungsaktes vor der Klageerhebung), die immer noch eine Anfechtungsklage, allerdings (und nur) mit anderem Tenor, ist.

**449** Freddy K. ist als Adressat der Sicherstellung nach § 42 II VwGO **klagebefugt.** Sein **besonderes Fortsetzungsfeststellungsinteresse** analog § 113 I 4 VwGO folgt hier weder aus einer konkreten Wiederholungsgefahr (dafür ist der Sachverhalt zu „vage") noch aus einem bezüglich des betroffenen Grundrechts bzw. der konkreten Folgen hinreichend schweren Grundrechtseingriff. Laut dem *VGH München*[638] ergibt es sich aber aus dem diskriminierenden Charakter der Sicherstellung – Freddy K. wurde der Szene der „Hardcore-Raser" zugerechnet –, der mangels Ausspruches im Urteilstenor auch nicht allein durch die Anfechtung (bzw. bei ihrer Begründetheit auch die Kassation) des Kostenbescheides beseitigt wird (diese Begründung mutet jedoch als etwas fragwürdig an).

**450** Freddy K. ist als natürliche Person **beteiligten- und prozessfähig** (§§ 61 Nr. 1 Fall 1, 62 I Nr. 1 VwGO). Für den Freistaat Bayern folgt das aus §§ 61 Nr. 1 Fall 2, 62 III VwGO, (Art. 47 III BV, § 36 I 2 VwGO,) Art. 13 S. 1, 2 AGVwGO i. V. mit § 3 I Nr. 1, II 1, 6 LABV (bei Vertretung durch den/die Polizeipräsidenten/-in). Eines **Vorverfahrens** bedarf es bei einer Fortsetzungsfeststellungsklage mit einer Erledigung *vor* der Klageerhebung nach h. M. ebenso wenig, wie in dieser Konstellation eine **Klagefrist** nach § 74 I 2 VwGO zu wahren ist.[639] Die Sachentscheidungsvoraussetzungen der Anfechtungsklage in Gestalt einer Fortsetzungsfeststellungsklage liegen demnach vor.

---

[636] Vgl. zum Rechtsweg bei doppelfunktionalen Maßnahmen der Polizei *OVG Lüneburg*, DÖV 2014, 129; Art. 12 I POG beinhaltet keine weitergehende Regelung als aufdrängende Sonderzuweisung; er ist auch von seiner Gesetzgebungszuständigkeit fraglich und muss hier nicht erwähnt werden.

[637] Fraglich ist die Erledigung bei einer illegalen Wiederbeschaffung (auch mittels Täuschung) der Sache durch den Berechtigten oder ihrem Diebstahl durch einen Dritten. Obwohl die Kosten der Verwahrung noch nicht erhoben wurden, kann hingegen die Erledigung eintreten. Die andere Einordnung der Sicherstellung als Real- und der Verwahrung als Verwaltungsakt überzeugt demgegenüber nicht.

[638] *VGH München*, NJOZ 2009, 2695 (2696). Der *VGH* stellt auch auf „Zeugen der Folgen" für Freddy K. ab.

[639] Diese beiden Ausnahmen greifen aber nur, wenn die Erledigung innerhalb der Widerspruchs- (sofern es sie gibt) bzw. Klagefrist eintritt. Sonst wird der Verwaltungsakt bereits dann bestandskräftig und ist deshalb unanfechtbar (insoweit ist die Wahrung der Klagefrist sozusagen unausgesprochen doch zu prüfen). Verwirkung tritt frühestens mit dem Ablauf der hier sonst gültigen (→ § 58 II VwGO) Jahresfrist ein. Vgl. dazu schon im Einzelnen in Rn. 423 bzw. 425.

**451** Die Fortsetzungsfeststellungsklage ist **begründet**, wenn sie sich gegen den richtigen Beklagten wendet, der von Freddy K. angefochtene polizeiliche Verwaltungsakt rechtswidrig war und ihn dadurch in seinen Rechten verletzt hat (§ 113 I 1 direkt und S. 4 VwGO analog). **Richtiger Beklagter** ist der Freistaat Bayern (§ 78 I Nr. 1 VwGO, Art. 1 II POG). Als **Ermächtigungsgrundlage** für die Sicherstellung kommt hier statt Art. 25 I Nr. 1a PAG auch eine „Sicherstellung" als „Vollstreckung" einer anderen Grundverfügung in Betracht. Die Abgrenzung von Art. 25 PAG (der selbst auch noch vollstreckt werden kann) zur „Vollstreckung" einer Grundverfügung – sie ist nötig – und der Anwendungsbereich des Art. 25 PAG bei Abschleppmaßnahmen sind streitig. Die **h. L.**[640] geht davon aus, Art. 25 PAG komme nur zur Anwendung, wenn die Polizei mit dem Abschleppen in erster Linie einen eigenen Gewahrsam an dem Fahrzeug begründen wolle. Daher sei nur das Verbringen an einen bewachten Ort tatbestandsmäßig, nicht aber das bloße „Versetzen" des Fahrzeuges um einige Meter (der Verstoß gegen Art. 26 I 1 PAG ist dagegen „unwichtig").[641]

**452** Dagegen betont der **VGH München**,[642] entscheidend sei nicht der Wille der Polizei zur Gewahrsamsbegründung, sondern ihr Handeln zur Gefahrbeseitigung, wozu auch die Sicherstellung ein Mittel sei (vgl. dazu insbesondere Art. 25 I Nr. 1a PAG). Selbst wenn dazu auch nur kurz der Gewahrsam, also die Verfügungsgewalt, des Berechtigten unterbrochen werde – z. B. um ein Fahrzeug zu „versetzen" –, könne auch Art. 25 PAG vorliegen. Letztere Sichtweise führt dann aber dazu, dass bei nahezu jeder Abschleppmaßnahme eine Sicherstellung (die allerdings selbst schon ein gewisses „Vollzugselement" – etwa beim Ergreifen der Sache – enthält) in Betracht zu ziehen ist. Wenn es aber bereits zuvor eine Grundmaßnahme (z. B. ein Wegfahrgebot „per" Verkehrszeichen) – gegebenenfalls bei Art. 9 und Art. 70 II PAG auch nur eine „fiktive Grundverfügung" – gab, wird regelmäßig diese beim Abschleppen „vollstreckt", so dass für eine Sicherstellung als *weitere* Primärmaßnahme kein Raum mehr ist.[643] Vorliegend ging es den Polizisten erkennbar allein darum, den Gewahrsam an dem Motorrad zu erlangen, um dadurch eine erneute (zu schnelle) Fahrt von Freddy K. auf seinem Motorrad zu verhindern; sie wollten keinen anderen Verwaltungsakt „vollstrecken". Es fand auch keine bloße „Versetzung" statt, also ist nach beiden „Sichtweisen" auf Art. 25 I Nr. 1a PAG abzustellen.

**453** Zur **formellen Rechtmäßigkeit** des polizeilichen Handelns ist festzuhalten: Es wurden die Vorgaben zur Zuständigkeit der Polizei für die Gefahrenabwehr (das ist die Abwehr einer [mindestens] abstrakten Gefahr [ex ante] für die öffentliche Sicherheit – hier durch „Raser" im Straßenverkehr – oder Ordnung) in diesem Eilfall gewahrt (vgl. Art. 1, 2 I, 3 PAG).[644] Die örtliche Zuständigkeit folgt aus Art. 3 I POG. Auch beim **Verfahren** ist nichts zu bemängeln, folgt hier doch die Entbehrlichkeit der Anhörung zur Sicherstellung als belastendem Verwaltungsakt (mit der Regelung, die Wegnahme und die an-

---

[640] Vgl. *Knemeyer*, Rn. 525; *Gornig/Jahn*, S. 281; *Senftl*, in: *Möstl/Schwabenbauer*, Art. 25 PAG Rn. 8.
[641] Ebenso *Heckmann*, in: *Becker/Heckmann/Kempen/Manssen*, 3. Teil, Rn. 545 ff.
[642] VGH München, NVwZ 1990, 180 f.; NJW 2001, 1960 f.
[643] Fraglich ist, ob der Streit hier überhaupt (kurz) dargestellt wird. Er spielt wegen der zuletzt genannten (und auch vom *VGH* geteilten) Einschränkung in der Praxis nur höchst selten, nämlich bei der „echten" Sicherstellung eines Fahrzeuges *mit* „Versetzen", eine Rolle. Regelmäßig wird „vollstreckt" *oder* „mitgenommen".
[644] Es ist denkbar, bereits hier eine (abstrakte) „Gefahr" und deren Bezugspunkte, die „öffentliche Sicherheit oder Ordnung", zu definieren und die Fallkonstellation sozusagen als abstrakte darunter zu subsumieren. Tauchen die betreffenden Begriffe in der Ermächtigungsgrundlage noch einmal als konkrete Gefahr etc. auf, ist es aber auch völlig ausreichend, hier festzustellen, dass und warum es um Gefahrenabwehr (das ist nach Art. 2 I PAG die Aufgabe der Polizei) geht, und dann unten detaillierter zu prüfen. Bei Ermächtigungsgrundlagen wie etwa Art. 12 ff. PAG ohne eine entsprechende Gefahr im Tatbestand ist hingegen „eleganter", das entsprechende Definitionswissen hier anzubringen. Eine „Organzuständigkeit" gibt es bei der Polizeibehörde (anders als bei der Gemeinde) nicht.

schließende Verwahrung zu dulden) wegen des Eilfalles aus Art. 28 I, II Nr. 1 BayVwVfG (eine a. A. ist unter Hinweis auf eine mögliche „schnelle Anhörung" vertretbar). Insoweit sollte man auf die häufige Parallele und stimmige Argumentation im Verhältnis zu Art. 3 PAG achten (allerdings ist die Gefahr hier laut dem Normtext konkret, im Übrigen auf dieser Stufe aber ohnehin noch als tatsächlich gegeben zu unterstellen). Besondere **Formvorgaben** gibt es ausweislich von Art. 37 II 1 BayVwVfG gerade nicht. Die Sicherstellungsverfügung ist formell rechtmäßig.

**454** Bei der **materiellen Rechtmäßigkeit** der Sicherstellungsverfügung bedarf es **tatbestandlich** (jeweils ex ante) einer **konkreten** (→ anders als oben bei Art. 2 I PAG) und **gegenwärtigen** (hier steht die Gefahr- bzw. Schadensrealisierung unmittelbar bevor) **Gefahr für die öffentliche Sicherheit oder Ordnung** (vgl. Art. 11 I PAG mit einer Legaldefinition des Begriffes der „Gefahr"), wobei die öffentliche Sicherheit vorrangig vor der öffentlichen Ordnung zu prüfen ist.[645] Zur Wiederholung hier nochmals die Begriffsbestimmung:

**Definition der öffentlichen Sicherheit:**
**1.** *(objektiv)* die Unverletzlichkeit der gesamten Rechtsordnung, also alle Ge- und Verbote, insbesondere aus dem Straf- und Ordnungswidrigkeitenrecht (nicht aber aus bloßen Verwaltungsakten); die Rechtsordnung ist dabei als Ausdruck des institutionalisierten Staatswillens geschützt,
**2.** *(objektiv)* der Bestand und die Funktionsfähigkeit des Staates – das heißt: die verfassungsmäßige Ordnung, die Volksvertretungen, Regierungen, Behörden, Universitäten usw. – und seiner Einrichtungen sowie Veranstaltungen, wozu z. B. auch die öffentliche Wasserversorgung zählt, sowie
**3.** *(subjektiv)* die Rechte der Allgemeinheit (wie etwa die Volksgesundheit) und die subjektiven Rechte und Rechtsgüter des Einzelnen, also Leben, Gesundheit, Ehre, Freiheit, Vermögen und andere immaterielle Rechte. Erfasst werden damit eventuell auch Grundrechtsbeeinträchtigungen durch Dritte.

Hier kommen grundsätzlich, bezogen auf das **Schutzgut der öffentlichen Sicherheit**, ein Verstoß gegen die StVO sowie die durch die „rasende" Fahrweise von Freddy K. bedingte Gefährdung anderer Verkehrsteilnehmer (eher nicht er selbst) als berührte Schutzgüter der öffentlichen Sicherheit in Betracht. Freddy K. fuhr unmittelbar vor der Sicherstellung aber nicht zu schnell, so dass die betreffende **Gefahr** (derzeit) weder konkret noch gegenwärtig ist. Sein Verhalten in der Vergangenheit begründet gerade nach den erteilten Verwarnungen und Bußgeldern keine mit dem Menschenbild des GG von der Rechtstreue des Einzelnen zu vereinbarende Vermutung für eine Gefahr oder eine entsprechende Anscheinsgefahr, dass er auch künftig mit der erforderlichen Wahrscheinlichkeit gegen Verkehrsregeln verstoßen und dadurch andere Verkehrsteilnehmer gefährden wird. Insoweit passt der Grundsatz „ne bis in idem" dagegen als vergleichbarer Gedanke nur im repressiv ausgerichteten Strafrecht. Beachtlich als ausdrückliches „Gegenbeispiel" und besondere Ausnahme ist aber die explizit konträre Regelung für den Gewahrsam in Art. 17 I Nr. 2c PAG (vgl. dazu schon Rn. 200).

**455** Bei einer („hilfsweisen") Bejahung der erforderlichen konkreten und gegenwärtigen Gefahr ist dann konsequenterweise auch die hier nötige (s. Art. 7 IV PAG → Art. 25 I Nr. 1 ist neben Art. 11 und 13 I Nr. 1 PAG nahezu der einzige Fall, den die Norm nicht erfasst; anders jedenfalls bei Art. 25 I Nr. 3 und meistens auch Nr. 2 PAG) Verhaltens**störereigenschaft** von Freddy K. nach Art. 7 I PAG gegeben.

---

645 Ausführlich zum Gefahrbegriff im Polizei- und Sicherheitsrecht oben Rn. 105 ff.; siehe dazu auch *Krüger*, JuS 2013, 985 ff.

Dann bliebe (wiederum „hilfsgutachterlich") im Rahmen der **Rechtsfolge** das Ermessen nach Art. 5 PAG auf seine fehlerfreie Ausübung hin zu untersuchen. Mangels Erkennbarkeit z. B. aus den Behördenakten – und damit Beweisbarkeit; es gab bloß die Entscheidung der Vorgesetzten über ein Vorgehen wie bei Freddy K. – kann hier schon die Ausübung des Ermessens überhaupt verneint und damit der seltene Fall eines völligen **Ermessensausfalles** bzw. **-nichtgebrauches** angenommen werden.[646] Lässt man das außer Acht, wurde die Polizei aber erkennbar nur tätig, um Freddy K. zu „erziehen" bzw. ihn für seine bisherige Fahrweise letztlich zu „bestrafen", so ist das durchaus eine sachfremde Erwägung (→ für die Verkehrserziehung sieht das Verkehrsrecht besondere Instrumente vor) und damit ein **Ermessensfehlgebrauch**. Schließlich ist gerade in Bezug auf das „Wie" noch die **Verhältnismäßigkeit** (Art. 4 PAG; sonst kann auf Art. 20 III GG oder auf die Grundrechte und deren diesbezügliche Schranken-Schranke abgestellt werden) als möglicherweise überschrittene Schranke des Ermessens und damit eine **Ermessensüberschreitung** zu prüfen. Unterstellt man ihm hier ein gefährliches Fahrverhalten, sind insoweit keine Bedenken angezeigt (andererseits erscheint angesichts des derzeit rechtmäßigen Verhaltens von Freddy K. zumindest die Erforderlichkeit der Maßnahme als fraglich; eine falsche Störerauswahl scheidet hingegen aus; die Polizei darf mit Freddy K. als einem Vertreter der „Raser-Szene" beginnen). 456

Die Sicherstellungsverfügung war damit im **Ergebnis** materiell rechtswidrig und hat Freddy K. dadurch zumindest in seinem Recht aus Art. 2 I GG verletzt. Seine diesbezügliche Fortsetzungsfeststellungsklage ist daher – wenn ihre Sachentscheidungsvoraussetzungen (insbesondere das besondere Fortsetzungsfeststellungsinteresse) vorliegen – begründet. 457

Hinsichtlich der **Verwahrung** des Motorrades müssten ebenfalls die **Sachentscheidungsvoraussetzungen** einer Klage vorliegen. Die Eröffnung des Verwaltungsrechtsweges bestimmt sich mangels aufdrängender Sonderzuweisung wieder nach § 40 I 1 VwGO. Die hier einzig problematische (Art. 26 PAG ist öffentliches Sonderrecht) abdrängende Sonderzuweisung aus § 40 II 1 Fall 2 VwGO greift schon mangels „vermögensrechtlicher Ansprüche aus öffentlich-rechtlicher Verwahrung" (→ über sie soll an sich wegen ihrer Sachnähe zum Zivilrecht von dem dafür zuständigen ordentlichen Gericht entschieden werden) nicht ein.[647] 458

Hinsichtlich des **statthaften Rechtsbehelfes** ist zu beachten, dass das öffentlich-rechtliche Schuldverhältnis der Verwahrung keine eigene Regelung enthält; es wird bereits durch die Sicherstellungsverfügung begründet, die gleichsam den Grund zum „Behaltendürfen" im Rahmen der Verwahrung[648] liefert. Mangels Verwaltungsaktscharakters kommt daher nur eine Feststellungsklage[649] nach § 43 I VwGO auf Nichtbestehen dieses 459

---

646 So im Originalfall *VGH München*, NJOZ 2009, 2695 (2697), da dort eine Ermessensprüfung nach der Aktenlage nicht möglich war. Um sinnvoll weiter prüfen zu können (→ der Sachverhalt enthält noch weitere Gesichtspunkte), wird nunmehr jedoch ein Ermessensgebrauch unterstellt.

647 § 40 II 1 Fall 2 VwGO wurde lange entgegen dem Wortlaut und ohne nennenswerte Argumente so verstanden, als erfasse er traditionell keine Ansprüche „aus öffentlich-rechtlicher Verwahrung". Nach der nunmehr h. M. sollen jedoch „vermögensrechtliche Ansprüche aus öffentlich-rechtlicher Verwahrung" zu den Zivilgerichten abgedrängt sein. Davon sind insbesondere Ansprüche auf Rückgabe, Schadenersatz oder Aufwendungsersatz im Zusammenhang mit der Verwahrung umfasst; vgl. dazu *OVG Lüneburg*, NVwZ-RR 2015, 760; *KG Berlin*, NJW 2015, 2437 (2438). Hierfür spricht neben dem Wortlaut insbesondere der Sinn und Zweck des § 40 II 1 VwGO, der aus prozessökonomischen Gründen eine „Verdoppelung" des Rechtsweges ausschließen will, die sich sonst aus der Konkurrenz von Verwahrungs- und Amtshaftungsansprüchen ergeben würde; so m. w. N. *KG Berlin*, NJW 2015, 2437 (2438).

648 Ein Verwahrungsverhältnis kann neben einem (Sicherstellungs-)Verwaltungsakt wie hier auch durch einen Vertrag (z. B. konkludent durch die Abgabe des Mantels an der Garderobe der staatlichen Oper etc.) begründet werden.

649 Zu der atypischen Feststellungsklage s. *Engels*, NVwZ 2018, 1001 ff.

Rechtsverhältnisses bzw. nach seiner (untechnisch gesprochen:) „Erledigung" auf seine Rechtswidrigkeit in Betracht. Mangels einer anderen denkbaren Klagemöglichkeit (etwa einer Leistungsklage) ist auch dem Subsidiaritätsgrundsatz des § 43 II 1 VwGO Genüge getan. Das **Feststellungsinteresse** i. S. von § 43 I VwGO umfasst dabei – „großzügiger" als bei § 256 ZPO und § 113 I 4 VwGO – jedes rechtliche, wirtschaftliche oder ideelle Interesse.[650] Für Freddy K. lässt sich hier mit Blick auf seine möglicherweise verletzten Grundrechte aus Art. 14 I, 2 I GG das Vorliegen eines solchen (rechtlichen) Feststellungsinteresses bejahen. Ob daneben analog § 42 II VwGO noch seine **Klagebefugnis** zu fordern ist (die dann aber auch regelmäßig vorliegt), kann letztlich angesichts der Tatsache, dass sie mit obigen Argumenten jedenfalls zu bejahen ist, sogar offenbleiben.[651] Zur **Beteiligten- und Prozessfähigkeit** von Freddy K. und dem Freistaat Bayern s. bereits oben in Rn. 450. Als problematisch erscheint allerdings noch das **Rechtsschutzbedürfnis** von Freddy K. für eine gesonderte Feststellungsklage in Bezug auf die Rechtswidrigkeit der Verwahrung neben der Fortsetzungsfeststellungsklage bezüglich der Sicherstellung; der *VGH München* spricht das jedoch – vermutlich mit den obigen (Rn. 449) Erwägungen zum Fortsetzungsfeststellungsinteresse – gar nicht erst an. Die Sachentscheidungsvoraussetzungen der Feststellungsklage liegen also vor (oder nicht).

**460** Die Feststellungsklage ist **begründet**, wenn sie sich gegen den richtigen Beklagten wendet und die Verwahrung rechtswidrig war (nicht nötig ist hingegen eine dadurch hervorgerufene Rechtsverletzung). **Richtiger Beklagter** ist nach dem Gedanken des Rechtsträgerprinzips in der VwGO (vgl. dazu nur §§ 47 II 2, 78 I 1 Nr. 1 VwGO) der Freistaat Bayern (→ Art. 1 II POG). Möglicherweise war das **Verwahrungsverhältnis gemäß Art. 26 I 1 PAG rechtswidrig**. Während die Vorgaben in Art. 26 I 2, II, IV PAG keine (formellen) Rechtmäßigkeitsanforderungen (sondern ähnlich wie Art. 9 I 2 PAG nur Amtspflichten) aufstellen, ist damit an sich nur zu fragen, ob in materieller Hinsicht eine **Konnexität** zu der (hier rechtswidrigen) Sicherstellungsverfügung besteht (und sich diese eventuell bereits aus der genannten Norm, aber eher nicht aus Art. 26 II PAG ergibt). In Anbetracht der Tatsache, dass nach Art. 28 I, II 1 PAG bereits automatisch bei einem Wegfall der Voraussetzungen der Sicherstellung nach Art. 25 I Nr. 1a PAG – oder auch und erst recht dann, wenn die Voraussetzungen nie vorlagen – ein Rückgabeanspruch entsteht und die Verwahrung damit rechtswidrig wird, kommt es darauf jedoch letztlich überhaupt nicht mehr an (→ die Konnexität liegt gerade darin).[652] Angesichts der von Anfang an rechtswidrigen Sicherstellungsverfügung war auch die Verwahrung des Motorrades von Freddy K. materiell rechtswidrig. Seine diesbezügliche Feststellungsklage ist demnach ebenfalls begründet.

**461** Schließlich müssten auch hinsichtlich des **Kostenbescheides**[653] die **Sachentscheidungsvoraussetzungen** einer Klage gegeben sein. Die **Eröffnung des Verwaltungsrechtsweges** richtet sich mangels aufdrängender Sonderzuweisung (Art. 12 III KG ist wie Art. 12 I POG mit den oben in Rn. 447 mit Fn. 636 genannten Argumenten keine solche) nach § 40 I 1 VwGO. Es geht um das Kosten- und Polizeirecht als öffentliches (nichtverfassungsrechtliches) Sonderrecht; § 23 I 1 EGGVG greift hier nicht ein. Proble-

---

650 Vgl. dazu mit Beispielen *Detterbeck*, Rn. 1402.
651 Als ein Argument *für* das Erfordernis der Klagebefugnis wird die Verhinderung von Popularklagen angeführt. Insoweit soll eine vergleichbare Interessenlage wie bei der Anfechtungs- und Verpflichtungsklage vorliegen; vgl. etwa *BVerwG*, NVwZ 2008, 423 (424). *Dagegen* spricht aber, dass wegen des Erfordernisses des Feststellungsinteresses tatsächlich keine planwidrige Regelungslücke gegeben ist; insofern reicht das Feststellungsinteresse aus, um Popularklagen zu verhindern.
652 Wird während der Verwahrung die Sache beschädigt, wird die Verwahrung dadurch nicht rechtswidrig. Es bleiben aber Ansprüche daraus wegen der Amtshaftung und analog §§ 280 ff. BGB möglich. Wenn die Sicherstellung bereits bestandskräftig ist, „überwindet" das die Konnexität auch nicht mehr.
653 Allgemein zu Kosten der Gefahrenabwehr sowie explizit zum Kostenbescheid *Kugelmann/Alberts*, JURA 2013, 898 ff.

matisch könnte einzig wiederum § 40 II 1 VwGO sein. Würde man „vermögensrechtliche Ansprüche" i. S. der Norm auf die Anfechtung von Kostenbescheiden erstrecken, wäre „ungezielt" jeder Kostenbescheid nach einer Sicherstellung bzw. Verwahrung davon erfasst. Es erscheint auf den ersten Blick als wenig plausibel, warum hierfür die ordentlichen Gerichte zuständig sein sollten. Allerdings könnte man im Fall eines Annexantrages nach § 113 I 2 VwGO auf die Rückzahlung der auf einen Kostenbescheid hin beglichenen Summe durchaus argumentieren, dass hierbei ein vermögensrechtlicher Anspruch in Folge öffentlich-rechtlicher Verwahrung geltend gemacht wird. Dennoch entspricht es der ganz h. M., dass solche Konstellationen, die wenig Bezug zu Rückgabe, Schadenersatz oder Aufwendungsersatz[654] im Zusammenhang mit der Verwahrung aufweisen, nicht unter den Wortlaut fallen. Auch unter Berücksichtigung des Zweckes des § 40 II 1 VwGO, der eine Bündelung der dortigen Ansprüche etwa mit Amtshaftungsansprüchen beabsichtigt (vgl. Rn. 647), erscheint eine Erstreckung auf die Rückgängigmachung vollzogener Kostenbescheide als wenig sinnvoll.[655]

**462** **Statthafter Rechtsbehelf** gegen den Kostenbescheid als belastenden Verwaltungsakt ist die Anfechtungsklage nach § 42 I Fall 1 VwGO. Der Kostenbescheid hat sich auch nach einer Bezahlung der jeweiligen Forderung dadurch noch nicht erledigt, dass er als Rechtsgrund für das „Behalten" der Zahlung durch den Staat fortwirkt (das gehört zu seiner Regelung).[656] Freddy K. ist als Adressat des Kostenbescheides **klagebefugt** laut § 42 II VwGO. Die **Klagefrist** des § 74 I 2 VwGO – ein Vorverfahren ist hier nach § 68 I 2 Fall 1 VwGO, Art. 12 I, II AGVwGO[657] unstatthaft – kann noch gewahrt werden. Freddy K. sowie der Freistaat sind **beteiligten- und prozessfähig** (s. oben Rn. 450). Spätestens hier sollten nun die Voraussetzungen des **§ 44 VwGO** für die objektive Klagehäufung geprüft und bejaht werden. Vor allem ist das gleiche jeweils nach §§ 45, 52 Nr. 3 S. 1 bzw. Nr. 5 VwGO örtlich zuständige VG zur Entscheidung berufen. Die Sachentscheidungsvoraussetzungen der Anfechtungsklage liegen demnach vor.

**463** Die Anfechtungsklage ist **begründet**, wenn sie sich gegen den richtigen Beklagten wendet, der von Freddy K. angefochtene polizeiliche Kostenbescheid rechtswidrig ist und ihn dadurch in seinen Rechten verletzt (§ 113 I 1 VwGO). **Richtiger Beklagter** ist nach § 78 I Nr. 1 VwGO wiederum der Freistaat Bayern als Rechtsträger der handelnden Polizei (Art. 1 II POG). Die **Ermächtigungsgrundlage** des Kostenbescheides ist Art. 28 V 1, 2, 4 PAG, KG, Art. 93 (S. 1, 3, 4) PAG, PolKV.[658] Bei der **formellen Rechtmäßigkeit** des Kostenbescheides wurden die Vorgaben zur Zuständigkeit der Polizei als „Annex" zur Zuständigkeit für den Erlass der Grundverfügung in einem Eilfall (vgl. Art. 1 I KG: „die Behörde, die handelt, erhebt auch die Kosten dafür") eingehalten. Beim **Verfahren**

---

654 S. hierzu m. w. N. *OVG Lüneburg*, NVwZ-RR 2015, 760; *KG Berlin*, NJW 2015, 2437 (2438).
655 Zu denken wäre insoweit allenfalls an eine teleologische Reduktion auf Ansprüche im Verhältnis zwischen der Bürgerin bzw. dem Bürger und dem Staat (nicht umgekehrt).
656 Bei erfolgter Zahlung kommt zusätzlich ein Annexantrag nach § 113 I 2 VwGO in Frage.
657 Die Verwaltung (vgl. insoweit den Erlass zum Vollzug des Art. 12 AGVwGO vom 6.9.2016, AllMBl. S. 2077, Ziffer 2.4.2., für kommunale Kostenbescheide als „Kommunalabgabenrecht i. w. S.") und Gerichte dehnen Art. 12 I 1 Nr. 1 AGVwGO trotz seines Ausnahmecharakters teilweise im Hinblick auf die bei Kosten- ebenso wie bei Abgabenbescheiden häufig auftretenden „Rechenfehler" zugunsten der Wahlmöglichkeit des Bürgers (trotz des Wortes „Kommunalabgabenrecht" teils sogar auf Kostenbescheide der Polizei) aus. Wenn Freddy K. aber dennoch direkt Klage erhebt, ist das Vorverfahren ausweislich von Art. 12 I 3 AGVwGO entbehrlich.
658 *Ziegler/Tremel* 574. Zur Verwaltungsaktbefugnis noch näher in der Zusatzfrage (Rn. 469). Die Ermächtigungsgrundlage für einen Kostenbescheid findet sich immer im Kontext der „abgerechneten Maßnahme" (hier der Sicherstellung und Verwahrung in Art. 28 PAG; z. B. für die Ersatzvornahme in Art. 72 I 2, 3 PAG). An sich sind Verwaltungshandlungen, die unter Art. 3 I KG fallen (hier Nr. 2 bzw. spezieller Nr. 10), kostenfrei. Laut Art. 93 S. 1 PAG wird davon allerdings abgewichen, sofern eine Befugnis wie etwa Art. 28 V 1 PAG etwas anderes bestimmt.

kann die hier offenbar fehlende (→ Freddy K. „platzt" beim Erhalt des damit für ihn offenbar überraschenden Kostenbescheides „der Kragen") und auch nicht gemäß Art. 28 II Nr. 1 oder 5 BayVwVfG entbehrliche Anhörung jedenfalls noch nach Art. 45 I Nr. 3, II BayVwVfG nachgeholt werden.[659] Gegen die gewählte **Form** des Kostenbescheides laut Art. 37 II 1, 39 I BayVwVfG gibt es (was angesichts des Sachverhaltes zu unterstellen ist) keine Bedenken. Der Kostenbescheid ist formell rechtmäßig bzw. kann es mit der nötigen Nachholung der Anhörung von Freddy K. zumindest noch werden.

**464** Im Rahmen der **materiellen Rechtmäßigkeit** des Kostenbescheides stellt sich zunächst– auch wenn hier keine Vollstreckung vorausgegangen ist (in jeder Sicherstellung ist selbst schon ein „Vollstreckungselement" enthalten) – das parallele Problem, dass auf der (Quasi-)Tertiärebene, auf der „nur noch" über die (nicht mehr „eilige") Tragung der Kosten zu entscheiden ist, ein **Konnexitätsprinzip** besteht. Es besagt, dass ein rechtmäßiger Kostenbescheid neben der „richtigen" Erhebung der Kosten ineinander „geschachtelt" und ausgehend von der „abgerechneten" Maßnahme eine **rechtmäßige Primär-** und – soweit erfolgt (hier mangels Widerstandes von Freddy K. eben nicht) – **Sekundärmaßnahme** gleichsam als ungeschriebene Tatbestandsvoraussetzung verlangt. Normativ belegen lässt sich diese doppelte Konnexität auf der Tertiärebene[660] durch Art. 28 V 4 PAG, 16 V KG.[661] Hier sind sowohl die Sicherstellungsverfügung als auch die Verwahrung rechtswidrig (vgl. oben Rn. 457 und 460),[662] weshalb der im Übrigen bis dahin „fehlerfreie" Kostenbescheid allein deshalb (materiell) rechtswidrig ist. Fraglich ist jedoch, ob neben diesem nun noch weitere (davon unabhängige) „Fehler" vorliegen.

**465** Freddy K. war – unabhängig von der Rechtmäßigkeit der Kostenforderung – als (Verhaltens- und Zustands-)Störer[663] auch der (materiell) „richtige" Schuldner i. S. des Art. 2 I KG bezüglich der polizeilichen Maßnahme und damit **tauglicher Adressat** des Kostenbescheides. Als **Rechtsfolge** ergibt sich nach h. M. ein Ermessen der Behörde, ob sie die Kosten geltend macht. Dieses Ermessen wurde vorliegend fehlerfrei ausgeübt.[664] Der Kostenbescheid ist im Ergebnis dennoch materiell rechtswidrig. Eine Rechtsverletzung

---

659 Selbst wenn es hier um die Kosten einer Vollstreckungsmaßnahme (→ Sekundärebene, die hier als Besonderheit ausgefallen ist) ginge, stellt der Kostenbescheid keine Maßnahme mehr *in*, sondern erst *nach* der Vollstreckung dar, so dass Art. 28 II Nr. 5 BayVwVfG darauf nicht anwendbar wäre. Art. 46 BayVwVfG findet nach h. M. keine Anwendung, wenn es um einen Ermessensverwaltungsakt geht (so auch bei Kosten; vgl. etwa Art. 93 S. 5 KG).
660 Auf der Sekundärebene der Vollstreckung wird die diesbezügliche Einschränkung des Rechtsstaatsprinzips des Art. 20 III GG, 3 I 1 Fall 1 BV mit der gesetzlichen Wertung (jedenfalls für die Polizei – vgl. § 80 II 1 Nr. 2 VwGO, dessen „Aussagegehalt" sonst unterlaufen würde; für die Sicherheitsbehörde lässt sich damit aber auch das Gegenteil begründen) gerechtfertigt. Ferner wird auf die schnelle und nur so effektive Abwehr der anderen Rechtsgüter drohenden Gefahren, das Schweigen des Gesetzes in Art. 70 I PAG (wonach nur die sofortige Vollziehbarkeit des Verwaltungsaktes vonnöten ist) und den Umkehrschluss zum Sofortvollzug nach Art. 70 II PAG verwiesen. Auf der Tertiärebene der Kosten greift diese Rechtfertigung hingegen nicht mehr (dort ist es nur gerecht, dass der Pflichtige lediglich die Kosten rechtmäßigen Staatshandelns trägt; vgl. Art. 16 V KG). Diese Konnexität sollte in der Klausur auch (so) begründet werden.
661 Zum Verhältnis zwischen Grundverwaltungsakt und anschließenden Vollstreckungsmaßnahmen auch Weber, VR 2012, 270 ff.
662 Weitere Fehler „aus dem Kostenbescheid selbst" können z. B. falsche Kostenpositionen oder -höhen sein. Art. 3 KG ist hier durch Art. 93 S. 1 PAG i. V. mit Art. 28 V 1 PAG „gesperrt" (s. schon Fn. 658). Die Kosten der Verwahrung können im Übrigen – je nach eigener Auffassung – der Sicherstellung zugerechnet oder über Art. 28 V 2 PAG (als eigene „Anspruchsgrundlage") erhoben werden. Hier wäre dann bei Zweifeln etwa auch zu klären, ob das im Sachverhalt erwähnte Spezialfahrzeug für den Transport des Motorrades nötig war. Das ist hier wie bei der Kostenhöhe (Rn. 465) zu bejahen.
663 S. zum Vorgehen bei mehreren Störern im Ermessen (→ „Störerauswahl") Schoch, Jura 2012, 685 ff.
664 Im Rahmen der als mögliche Ermessensüberschreitung zu prüfenden Frage nach der Verhältnismäßigkeit können sich Gesichtspunkte wie etwa der nicht zurechenbar gesetzte Anschein bzw. Verdacht einer Gefahr bzw. Störereigenschaft auswirken, so dass eine Anscheinsgefahr und ein Gefahrenverdacht bzw. die

von Freddy K. als Adressaten durch den rechtswidrigen Kostenbescheid lässt sich zumindest unter Verweis auf Art. 2 I GG begründen.[665] Eine diesbezügliche Anfechtungsklage ist demzufolge begründet und auch erfolgreich.

**466** Schließlich ist noch die **Zusatzfrage** zu lösen. P muss den Betrag von 2.900 Euro zahlen, wenn der Leistungsbescheid rechtmäßig und damit nicht erfolgreich mit einer Anfechtungsklage „vernichtbar" ist, was eine taugliche Ermächtigungsgrundlage wie auch die formelle und materielle Rechtmäßigkeit des Leistungsbescheides voraussetzt. Ermächtigungsgrundlage des Bescheides gegenüber P ist hier § 48 S. 1 BeamtStG.[666]

**467** Im Rahmen der **formellen Rechtmäßigkeit** des Leistungsbescheides folgt die **Zuständigkeit** des Polizeipräsidenten als Dienstvorgesetzten und damit Vertreter des Freistaates als Dienstherrn des P (das bedarf keiner näheren Begründung aus dem Gesetz) aus §§ 48, 2 BeamtStG i. V. mit Art. 3 S. 1 BayBG. Beim **Verfahren** ist problematisch, dass eine Anhörung des P entgegen Art. 28 I BayVwVfG trotz des Charakters des Leistungsbescheides als belastenden Verwaltungsaktes nicht erfolgt ist und auch kein Fall des Art. 28 II, III BayVwVfG vorliegt. Es kommt jedoch noch eine Heilung nach Art. 45 I Nr. 3, II BayVwVfG in Betracht (Art. 46 BayVwVfG würde bei einer Ermessensnorm wie hier wiederum nicht eingreifen). Die Vorgaben zur **Form** in Art. 37 II 1, 39 I BayVwVfG wurden gewahrt. Der Leistungsbescheid ist damit formell rechtmäßig, wenn die Anhörung nachgeholt wird.

**468** Der Leistungsbescheid ist jedoch **materiell rechtswidrig**, wenn die Leistungspflicht des P nach § 48 S. 1 BeamtStG nicht bestand. Dazu könnte entweder der Tatbestand der Ermächtigungsgrundlage nicht erfüllt oder die gewählte Rechtsfolge nicht von ihr gedeckt sein oder die „Verwaltungsaktbefugnis" der Polizei fehlen. **Tatbestandliche Voraussetzung** ist eine vorsätzliche oder grob fahrlässige Pflichtverletzung durch P. Grob fahrlässig handelt, wer die im Verkehr erforderliche Sorgfalt in besonders schwerem Maß verletzt und nicht beachtet, was im gegebenen Fall jedem einleuchten muss. Ein dienstliches Bedürfnis i. S. von § 35 I, VIII StVO für das Überfahren der Rot zeigenden Lichtzeichenanlage bestand für den Polizeibeamten außerhalb eines Einsatzes nicht, weswegen P die gleiche Sorgfaltspflicht wie jeden anderen Staatsbürger traf. Er hätte vor der Kreuzung anhalten müssen (vgl. § 37 II Nr. 1 StVO). Dem steht auch seine Einlassung mit der Eile des Dienstgeschäftes nicht entgegen, denn sie rechtfertigt es jedenfalls nicht, in eine Kreuzung bei Rot geschalteter Lichtzeichenanlage einzufahren. Das Verhalten des P war mithin grob fahrlässig. Er hat als **Rechtsfolge** damit seinem Dienstherrn, dem Freistaat Bayern, den vollen Schaden in Höhe von 5.800 Euro zu ersetzen.[667]

---

Stellung als Anscheins- oder Verdachtsstörer zwar die Inanspruchnahme mittels der *Primärmaßnahme* und (soweit erforderlich) der *Vollstreckung*, bei fehlender Zurechenbarkeit aber eben (aus Gründen der „Gerechtigkeit") nicht auch noch die Auferlegung der *Kosten*tragungspflicht ermöglichen (vgl. insoweit auch Art. 2 I 1 KG als Anhaltspunkt).

665 Art. 14 I GG, der nicht das Vermögen als solches, sondern nur Einzelpositionen schützt, scheidet im Hinblick auf die Geldzahlungspflicht aus.

666 Das ist die zweite fürs Examen wichtige Norm des BeamtStG neben dessen § 54 unter anderem mit einer aufdrängenden Sonderzuweisung zum VG in Abs. 1. Die Gesetzgebungskompetenz des Bundes für das für Landesbeamtinnen und Landesbeamte maßgebliche BeamtStG folgt aus Art. 74 I Nr. 27 GG. Für Bundesbeamtinnen und Bundesbeamte gilt dazu das BGG.

667 Der Leistungsbescheid ist nicht dadurch rechtswidrig (oder zumindest nicht rechtsverletzend), dass der Polizeipräsident – etwa wegen Gedanken wie beim „innerbetrieblichen Schadensausgleich" im Arbeitsrecht – nicht den gesamten Schadensbetrag in Höhe von 5.800 Euro eingefordert hat (sonst würde P dadurch trotz der klaren Festlegung in § 48 S. 1 BeamtStG zur Ersatzpflicht ganz von ihr frei). Die Festsetzung von nur 2.900 Euro schließt dann mit ihrer Bestandskraft – ungeachtet von Art. 48, 49 BayVwVfG (fraglich ist, ob es sich um einen begünstigenden oder belastenden Verwaltungsakt handelt) – eine höhere Forderung aus.

**469** Damit ist allerdings noch nicht gesagt, ob der Freistaat Bayern die danach bestehende Schadensersatzforderung durch einen Zahlungsbefehl in Form eines Verwaltungsaktes geltend machen durfte (→ das ist die Frage nach der **„Verwaltungsaktbefugnis"**).[668] So ermächtigt § 48 S. 1 BeamtStG den Dienstherrn jedenfalls nicht explizit dazu, einen Schadensersatzanspruch mittels eines Leistungsbescheides durchzusetzen. Bedenken ergeben sich daher aus dem Umstand, dass sich der Adressat des Bescheides gegen den Verwaltungsakt wehren und unter Umständen klagen muss, wenn er dessen Unanfechtbarkeit, Bestandskraft und damit dessen Durchsetzbarkeit (→ beachtlich ist seine Titelfunktion) verhindern will, was einen klaren Nachteil für ihn darstellt.[669] Dementsprechend hält eine in der Literatur vertretene Ansicht den Erlass eines Leistungsbescheides – auch gegenüber Beamtinnen und Beamten – für unzulässig.[670] Eine derartige Betrachtungsweise übersieht indes, dass § 48 S. 1 BeamtStG das Handeln eines Beamten bei der Erfüllung seiner Dienstgeschäfte im Rahmen eines öffentlich-rechtlichen Rechtsverhältnisses betrifft, dessen Rechtsbeziehungen durch parlamentsgesetzliche Regelungen und darauf gestützte Rechtsverordnungen sowie durch abstrakt-generelle wie konkret-individuelle Dienstbefehle gestaltet sind. Charakteristikum eines derartigen Dienst- und Treueverhältnisses zwischen dem Beamten P und seinem Dienstherrn ist daher ein Verhältnis der Über- und Unterordnung. In solchen subordinationsrechtlichen Rechtsverhältnissen ist die subordinationsrechtliche Regelung durch Verwaltungsakt „in allen Richtungen" üblich. Deshalb spricht manches dafür, dass der Dienstherr zumindest kraft **Gewohnheitsrechts** befugt ist, die sich im Verhältnis hoheitlicher Überordnung ergebenden Rechtsfragen durch Leistungsbescheid geltend zu machen.[671] Der aus Art. 20 III GG herzuleitende Grundsatz des Vorbehalts des Gesetzes als „Aufhänger" des Erfordernisses einer Verwaltungsaktbefugnis bezieht sich vor allem darauf, dass eine parlamentarisch legitimierte Grundlage vorhanden sein muss, um der Verwaltung eine Handlungsmöglichkeit zu eröffnen. Diese ergibt sich hier schon aus dem Beamtenverhältnis bzw. ist dort gleichsam „angelegt", weshalb der Vorbehalt des Gesetzes ihr nicht entgegensteht. Oder (so die h. M.) ihm wird bereits durch § 48 S. 1 BeamtStG genügt.[672] Damit steht fest, dass der Polizeipräsident im konkreten Fall auch befugt war, die Schadensersatzverpflichtung des P durch einen Leistungsbescheid festzusetzen. Der Leistungsbescheid ist damit insgesamt formell und materiell rechtmäßig (und von einer Verwaltungsaktbefugnis gedeckt), so dass P die 2.900 Euro bezahlen muss.

---

668 Dieser Aspekt kann auch schon im Rahmen der Ermächtigungsgrundlage als dort weiteres Erfordernis erörtert werden.
669 Ein zusätzliches Argument gegen die Verwaltungsaktbefugnis des Staates könnte aus der ansonsten fast völlig sinnentleerten Formulierung am Ende von § 54 I BeamtStG gezogen werden, wo von „Klagen des Dienstherrn" die Rede ist (auch die Vorläufernorm des § 126 II BRRG enthielt sie schon). Zwingend ist das allerdings nicht. Zur Verwaltungsaktbefugnis im Rahmen eines durch einen öffentlich-rechtlichen Vertrag begründeten Rechtsverhältnisses *Payandeh*, DÖV 2012, 590 ff.
670 Vgl. *Wacke*, DÖV 1966, 311 (315); *Dietlein*, DVBl. 1964, 923 f. Die Problematik stellt sich mangels eines Verwaltungsaktes – es fehlt an der Außenwirkung – hingegen nicht bei rein innerdienstlichen Maßnahmen.
671 So *BVerwGE* 28, 1 ff.; 71, 354 (357 ff.); *VGH München*, DVBl. 1966, 151 ff.; *Bethge/Detterbeck*, JuS 1991, 226 (227); *Maurer/Waldhoff*, § 10 Rn. 34.
672 Im *Ausgangsfall* folgt die Verwaltungsaktbefugnis für den Erlass eines Kostenbescheides hingegen entweder aus dem Wort „erheben" in Art. 1 I 1 KG, systematisch aus Art. 12 III KG oder wiederum aus Gewohnheitsrecht.

## Fall 10: Die erboste Universitätspräsidentin[673]

Ferdinand P. studiert im vierten Semester BWL an der Universität in Passau und ist stolzer Eigentümer eines aufreizend roten Porsche. An einem trüben Maitag des Jahres 2023 eilte er, wieder mal spät dran, in die Universität und stellte den Porsche ohne Berechtigung auf dem mit dem Schild „Privatgrundstück! Unberechtigt parkende Fahrzeuge werden kostenpflichtig abgeschleppt" gekennzeichneten, eingefriedeten Parkplatz der Universität Passau ab. Es störte Ferdinand P. beim flotten Einparken auch nicht, dass er auf der ordnungsgemäß gekennzeichneten Parkbucht der Universitätspräsidentin zum Halten gekommen war. Als diese später mit ihrem Audi auf den Parkplatz fuhr und ihren persönlichen Standplatz durch das südwestdeutsche Produkt von Ferdinand P. belegt vorfand, ärgerte sie sich maßlos über diese Missachtung ihrer präsidialen Würde und parkte trotz vieler anderer (aber „rangniederer") freier Parkplätze unmittelbar hinter dem Wagen von Ferdinand P., der damit blockiert war. Als der eifrige Student später seine Karosse besteigen wollte, stellte er fest, dass ihn der Audi am Wegfahren hinderte. In seiner Not – er hatte andernorts eine weitere wichtige Veranstaltung, die er nur per Pkw zu erreichen meinte – rief er die Polizei, die dank des Nummernschildes die Universitätspräsidentin sehr schnell als Halterin des Audi ermittelte, sie aber trotz längerer Suche in der Universität nicht zu erreichen vermochte. Ihre Sekretärin konnte auch ihre Pkw-Schlüssel nicht finden. Daraufhin riefen die Polizeibeamten ein Fahrzeug der stadtbekannten Abschleppfirma S zu Hilfe, das den Audi fachgerecht auf den Haken nahm und so dem überglücklichen Ferdinand P. seine (auto-)mobile Freiheit wiedergab.

Die Universitätspräsidentin hatte den ersten Schock nach dem Ende eines anstrengenden Arbeitstages gerade verdaut, als sie ihr Auto nicht mehr auf dem Parkplatz vorfand, da traf sie schon der zweite: Der Bedienstete der Firma S, zu der sie die von ihr wegen des mutmaßlichen Diebstahls ihres Pkw kontaktierte Polizei schickte, eröffnete ihr nämlich, sie erhalte ihr Auto erst wieder, wenn sie die Abschleppkosten in Höhe von 312,56 € in bar oder per Kreditkarte entrichte. Zähneknirschend kommt sie dieser „Raubritter-Forderung" nach, um ihren Audi wieder zu bekommen. Sie ist aber nicht gewillt, die Angelegenheit, die sie als „Wegelagerei" empfindet, auf sich beruhen zu lassen und sinnt auf „Rache" in Gestalt einer Klage gegen das Land auf Rückzahlung der von ihr kassierten Abschleppkosten. Wird sie damit Erfolg haben?

### Die Gliederungsübersicht zu Fall 10:

A. Sachentscheidungsvoraussetzungen der Klage(n)
I. Eröffnung des Verwaltungsrechtsweges
II. Statthaftigkeit der Klage(n)
   Problem: Worauf genau zielt das Begehren der Universitätspräsidentin?
III. Klagebefugnis
IV. Vorverfahren
V. Klagefrist
VI. Beteiligten- und Prozessfähigkeit
VII. Rechtsschutzbedürfnis

---

673 Vgl. *OVG Saarlouis*, NJW 1994, 878 ff.; *Gornig*, JuS 1995, 208 ff.

**B. Begründetheit der Klagen**
**I. Richtiger Klagegegner**
**II. Ermächtigungsgrundlage des Kostenbescheides**
   **Problem:** Richtige Ermächtigungsgrundlage des Kostenbescheides
   **Problem:** Abgrenzung der bloßen Sicherstellung zur „Vollstreckung"
   **Problem:** Abgrenzung von unmittelbarer Ausführung, Ersatzvornahme und Sofortvollzug
**III. Formelle Rechtmäßigkeit des Kostenbescheides**
   **1. Zuständigkeit**
   **2. Verfahren**
   **3. Form**
**IV. Materielle Rechtmäßigkeit des Kostenbescheides**
   **Problem:** Konnexität zwischen den „Ebenen"
   **1. Ermächtigungsgrundlage der „abgerechneten" unmittelbaren Ausführung**
   **2. Formelle Rechtmäßigkeit der unmittelbaren Ausführung**
      a. Zuständigkeit
      b. Verfahren
      **Problem:** Erforderlichkeit der Anhörung bei der unmittelbaren Ausführung
   **3. Materielle Rechtmäßigkeit der unmittelbaren Ausführung**
      a. (Fiktive) Ermächtigungsgrundlage des unmittelbar ausgeführten (fiktiven) Wegfahrgebotes
      b. Formelle Rechtmäßigkeit des unmittelbar ausgeführten (fiktiven) Wegfahrgebotes
         aa. Zuständigkeit
         bb. Verfahren und Form
      c. Materielle Rechtmäßigkeit des unmittelbar ausgeführten (fiktiven) Wegfahrgebotes
         aa. Konkrete Gefahr für die öffentliche Sicherheit und Ordnung
            (1) Eigentumsbeeinträchtigung des Ferdinand P.
            (2) Störung des Straßenverkehrs nach § 1 II StVO
            (3) Nötigung des Ferdinand P. gemäß § 240 StGB
               (a) Objektiver Tatbestand
               (b) Subjektiver Tatbestand
               (c) Rechtswidrigkeit des Handelns der Universitätspräsidentin
                  (aa) Rechtfertigung aus § 32 StGB oder § 859 III BGB
                  (bb) Verwerflichkeit nach § 240 II StGB
         bb. Universitätspräsidentin als (fiktive) Störerin
         cc. Rechtsfolge: Ermessen fehlerhaft ausgeübt?

**472** Die Klage(n) der Universitätspräsidentin hat (haben) Erfolg, wenn ihre Sachentscheidungsvoraussetzungen vorliegen und sie begründet ist (sind). Bei den **Sachentscheidungsvoraussetzungen der Klage(n)** muss zunächst die **Eröffnung des Verwaltungsrechtsweges** in Ermangelung einer aufdrängenden Sonderzuweisung gemäß § 40 I 1 VwGO geprüft werden, die hier aber recht schnell bejaht werden kann. Denn es geht um eine öffentlich-rechtliche Streitigkeit nichtverfassungsrechtlicher Art, und zwar eine Erstattungsforderung, die sich auf den öffentlich-rechtlichen und der Gefahrenabwehr dienenden (weshalb § 23 I 1 EGGVG ausscheidet) Akt des Abschleppens und dessen „Abrechnung" bzw. Kostenerhebung bezieht. Nach h. M. greift hier auch nicht die abdrängende Sonderzuweisung nach § 40 II 1 Fall 2 VwGO ein, da das Verwahrungsverhältnis nicht im Vordergrund steht und es in dieser Norm auch nicht um eine Erstattung, wie sie hier die Universitätspräsidentin verlangt, geht.[674]

**473** Zur Bestimmung der **Statthaftigkeit der Klage(n)** kommt es primär auf das klägerische Begehren an (vgl. § 88 VwGO). Die Universitätspräsidentin begehrt an sich die Rückzahlung von 312,56 € und damit nicht den Erlass eines Verwaltungsaktes, sondern eine Leistung (→ Zahlung) als Realakt. Statthafte Klageart wäre damit die **allgemeine Leistungsklage**. Hier ergibt sich jedoch die Besonderheit, dass sie zur Zahlung der Abschleppkosten überhaupt erst durch einen von S – der mangels eigener Entscheidung nicht als Beliehener (also ist die Polizei die Erlassbehörde) und mangels Hilfe zu einer Behördenentscheidung insoweit (anders als beim Abschleppen) auch nicht als Verwaltungshelfer, sondern nur als schlichter (Erklärungs-)Bote der Polizei[675] tätig wurde – übermittelten **Kostenbescheid** verpflichtet wurde. Dieser bildet, auch wenn er real der Universitätspräsidentin gar nicht ausgehändigt wurde (→ es war ein mündlicher bzw. sogar konkludenter Verwaltungsakt, der gleichsam in der Zahlungsaufforderung durch S bekannt gegeben wurde), den Rechtsgrund der Zahlung bzw. des Behaltendürfens und muss zuerst beseitigt werden, bevor die Rückzahlung möglich ist. Um ihr Begehren vollumfänglich zu erfüllen, muss die Universitätspräsidentin deswegen den (noch nicht erledigten) Kostenbescheid nach § 42 I Fall 1 VwGO **anfechten** und die Rückzahlung als **Annexantrag** nach § 113 I 2 VwGO in der Gestalt der allgemeinen Leistungsklage beantragen. Der Annexantrag kann insoweit unbedingt oder bedingt gestellt werden; vorrangig ist in jedem Fall die Anfechtungsklage zu prüfen.[676]

**474** Die **Klagebefugnis** nach § 42 II VwGO für die Anfechtungsklage folgt daraus, dass der sie belastende (→ Art. 2 I GG, 101 BV) Kostenbescheid an die Universitätspräsidentin als Privatperson adressiert war. Für die Leistungsklage als Annexantrag kann analog § 42 II VwGO auf ihren möglichen Rückzahlungsanspruch verwiesen werden. Ein **Vorverfahren** (für die Anfechtungsklage) war hier nach § 68 I 2 Fall 1 VwGO, Art. 12 II, I AGVwGO unstatthaft. Die **Klagefrist** – sie gilt ohnehin nur für die Anfechtungsklage – bemisst sich grundsätzlich nach § 74 I 2 VwGO, beträgt jedoch mangels einer erkennbar dem konkludenten (von S übermittelten) Verwaltungsakt beigefügten Rechtsbehelfsbelehrung nach § 58 II VwGO sogar ein Jahr ab der Bekanntgabe des Verwaltungsaktes und ist bei einer Klageerhebung jetzt deswegen offensichtlich noch gewahrt.

**475** Die Universitätspräsidentin als Privatperson – nach §§ 61 Nr. 1 Fall 1, 62 I Nr. 1 VwGO – sowie der Freistaat Bayern – nach §§ 61 Nr. 1 Fall 2, 62 III VwGO, (Art. 47 III BV, § 36 I 2 VwGO,) Art. 13 AGVwGO, 3 I 1 Nr. 1, II 1, 6 LABV (letztlich also vertreten durch die Leiterin bzw. den Leiter des Polizeipräsidiums Niederbayern) – sind **beteiligten- und prozessfähig**. Das VG Regensburg ist gemäß §§ 45, 52 Nr. 3 S. 1 (Anfechtungs-

---

674 Beim öffentlich-rechtlichen Erstattungsanspruch als streitentscheidender „Norm" muss im Übrigen immer so vorgegangen werden, weil sonst kein Unterschied zu §§ 812 ff. BGB besteht. Vgl. dazu ferner *VGH Kassel*, DÖV 1963, 389 f.

675 Das soll weniger als ein Verwaltungshelfer sein (was man aber auch anders sehen kann). *Berner/Köhler/Käß*, Art. 28 Rn. 13, sprechen bezüglich der Zahlung von einem „Empfangsbevollmächtigten". Die von S erhobenen Kosten orientieren sich im Übrigen an der PolKV. Unklar ist, ob eine eigenmächtige „Mehrforderung" des Boten auch im Verwaltungsrechtsweg zurückgefordert werden kann (→ Risikosphäre?).

676 § 113 I 2 VwGO betrifft ebenso wie der Annexantrag nach § 113 IV VwGO aus Gründen der Prozessökonomie eine Art „Stufenklage", wobei er nur für den (Vollzugs-)Folgenbeseitigungs- und den Erstattungsanspruch spezieller ist. Zugleich handelt es sich um einen gesetzlich besonders geregelten Fall der objektiven Klagehäufung (§ 44 VwGO), die nicht gesondert zu erwähnen ist. Nachfolgend werden beide Klagen zusammen geprüft (was in der Regel allenfalls für den Annexantrag ratsam ist). Dabei ist aber zwischen ihren Sachentscheidungsvoraussetzungen bzw. deren normativer „Herleitung" zu differenzieren.

klage) bzw. 5 (Leistungsklage; beide sind insoweit getrennt zu prüfen[677]) VwGO, Art. 1 II Nr. 2 AGVwGO **zuständig**. Das **Rechtsschutzbedürfnis** verlangt für die Leistungsklage einen vorherigen Antrag der Universitätspräsidentin bei der Polizei auf Rückzahlung, den sie, falls das nicht bereits geschehen ist, noch stellen müsste. Dann liegen alle Sachentscheidungsvoraussetzungen ihrer objektiv gehäuften Klagen vor.

**476** Die Klagen auf Anfechtung des Kostenbescheides und Rückzahlung der Abschleppkosten sind **begründet**,[678] wenn sie sich gegen den richtigen Beklagten richten und die Universitätspräsidentin einen Anspruch auf die begehrte Rückzahlung der 312,56 € hat. Grundlage dafür ist ein öffentlich-rechtlicher Erstattungsanspruch, der – ähnlich wie im Zivilrecht die Leistungskondiktion nach § 812 I 1 Fall 1 BGB – zur Voraussetzung hat, dass das Land über die Firma S als „Empfangsbevollmächtigte" die 312,56 € von der Universitätspräsidentin ohne Rechtsgrund empfangen hat. Diese Leistung erfolgte ohne Rechtsgrund, wenn der als Grundlage für die Zahlung dienende Kostenbescheid rechtswidrig, für die Universitätspräsidentin dadurch rechtsverletzend und deshalb nach § 113 I 1 VwGO aufzuheben ist. Somit ist nach der Passivlegitimation primär die Rechtmäßigkeit des Kostenbescheides zu prüfen. **Richtiger Klagegegner** ist hier gemäß § 78 I Nr. 1 VwGO (bzw. bei der Leistungsklage nach seinem Rechtsgedanken) der Freistaat Bayern als Rechtsträger der handelnden Polizei (vgl. Art. 1 II POG).

**477** Die Kostentragungspflicht und damit die **Ermächtigungsgrundlage** für den Kostenbescheid ergeben sich aus der zugrunde liegenden „abgerechneten" Maßnahme. Bei der Beurteilung der damit entscheidenden Abschleppmaßnahme muss an dieser Stelle daher zunächst festgestellt werden, dass es sich hierbei um eine Art „Vollstreckungsmaßnahme" (im weiteren Sinn) handelt, mit der als Hauptziel ein – möglicherweise fiktives – Wegfahrgebot vollzogen und dann ein Verwahrungsverhältnis (→ Art. 26 PAG) begründet wurden. Hier ging es den Polizisten in erster Linie darum, dass der Audi der Universitätspräsidentin weggefahren wurde. Die entsprechende „Verfügung" erging nur aufgrund der Tatsache nicht, dass die Universitätspräsidentin nicht da war, wurde dann aber als fiktive Grundverfügung „vollstreckt". Mithin ist hier nicht auf Art. 25 PAG als weitere Grundverfügung (→ die Universitätspräsidentin war immer noch nicht da), sondern auf die Vorschriften zur „Vollstreckung" abzustellen (vgl. dazu schon oben Rn. 451 f.). Abzugrenzen sind damit an dieser Stelle als Nächstes für den hauptsächlichen Gegenstand des mit dem Kostenbescheid „abgerechneten" polizeilichen Handelns, die Abschleppmaßnahme (die auch die wesentlichen Kosten verursacht; für die anschließende Verwahrung gelten dann parallele Voraussetzungen), die verschiedenen Möglichkeiten der „Vollziehung": im normalen **gestreckten Vollstreckungsverfahren** nach Art. 70 ff. PAG, im **abgekürzten Vollstreckungsverfahren** nach Art. 70 ff., 76 I 3 PAG (ohne Androhung), im **Sofortvollzug** ohne Grundverfügung nach Art. 70 II, 71 ff. PAG und als **unmittelbare Ausführung** ohne Grundverfügung gemäß Art. 9 PAG.[679]

**478** Ermächtigungsgrundlage für das polizeiliche Vorgehen sind hier in Ermangelung eines zu vollstreckenden Grundverwaltungsaktes (s. Rn. 477: Es fehlt insoweit an der Rege-

---

677 (Nur) Theoretisch ist hier ein „Auseinanderfallen" der beiden Klagen denkbar. Fraglich ist, ob § 113 I 2 VwGO oder §§ 83 S. 1 VwGO, 17 II 1 GVG die beiden Streitgegenstände wieder „verklammern" würden, was sich argumentativ mit dem Normzweck des § 113 I 2 VwGO durchaus begründen lässt (streitig).

678 Hier sind verschiedene Aufbaumöglichkeiten denkbar: Auch wenn die Universitätspräsidentin eine Anfechtungsklage mit einem Annexantrag erhebt, kann gleich auf ihr eigentliches Hauptbegehren – die Rückzahlung der 312,56 € – eingegangen werden, da beide Anträge, wie sich sogleich im Text zeigen wird, über den öffentlich-rechtlichen Erstattungsanspruch miteinander verknüpft sind. Ansonsten ist es jedoch auch möglich, in zwei Teilen mit zwei Obersätzen erst die Anfechtung des Kostenbescheides und dann den Annexantrag auf Rückzahlung zu prüfen.

679 Vgl. dazu auch die Übungsklausur von *Seidl/Bartsch*, JURA 2011, 297 ff.

Fall 10: Die erboste Universitätspräsidentin    **479**

lung und dem dafür nötigen Adressaten sowie ihrer Bekanntgabe; die Schilder auf dem Parkplatz zum Privateigentum bzw. Präsidentinnenparkplatz sind keine Verwaltungsakte der Universität; die Polizei vollstreckt sie zudem nicht) nicht Art. 70 I, 71 ff. PAG i. V. mit einer Grundmaßnahme nach Art. 11 ff. PAG. Angesichts der Tatsache, dass es an einem tauglichen Adressaten fehlt, dessen Wille mit Verwaltungszwang gebeugt werden soll, und der Grundverwaltungsakt nicht allein aus Gründen der Eilbedürftigkeit (sondern eben wegen der Abwesenheit der Universitätspräsidentin; „nicht rechtzeitig" in Art. 70 II PAG ist dabei deutlich strenger als bei Art. 9 I 1 PAG zu verstehen) unterbleibt,[680] scheidet auch ein Sofortvollzug ohne Grundverwaltungsakt nach Art. 70 II PAG i. V. Art. 11 ff. PAG aus. Deshalb handelt es sich nach der hier favorisierten Abgrenzungstheorie in derartigen Fällen mangels Adressaten der Verfügung zum Wegfahren (→ die Universitätspräsidentin ist „weg") um eine **unmittelbare Ausführung** nach Art. 9 I 1 Fall 2 PAG („durch einen Beauftragten").[681] Daneben können (müssen aber nicht) auch noch die anderen Abgrenzungstheorien (vgl. Rn. 285) angesprochen werden: *Heckmann*[682] betont insoweit den sich aus dem Wortlaut des Art. 70 II PAG ergebenden **Vorrang der unmittelbaren Ausführung** nach Art. 9 I PAG („… insbesondere weil Maßnahmen gegen Personen nach den Art. 7 bis 10 nicht oder nicht rechtzeitig möglich sind oder keinen Erfolg versprechen …" – dazu passt aber auch noch die oben favorisierte „Abgrenzungstheorie"; Art. 72 PAG stellt zwar auf die „Handlung" ab, meint aber letztlich mit Blick auf das Ziel, die Gefahr abzuwehren, dasselbe) gegenüber dem Sofortvollzug. Allerdings ist die Deutung des Wortes „insbesondere" nicht eindeutig: Bezeichnet es ein Regelbeispiel oder eine bloße Ausnahme? Auch die von *Knemeyer* favorisierte Abgrenzung nach dem (mutmaßlichen) Willen der Universitätspräsidentin (Probleme sind dabei, worauf er bezogen und wie er ex ante zu ermitteln ist) käme hier mangels Hinweises auf die Uneinsichtigkeit der Universitätspräsidentin zum Ergebnis, dass ihr Wille nicht nach Art. 70 II PAG gebeugt werden müsste. Die Kostentragungspflicht und damit die **Ermächtigungsgrundlage** für den Kostenbescheid gegen die Universitätspräsidentin ergeben sich also hier aus Art. 9 II PAG i. V. mit Art. 1 ff. KG, 93 S. 3 PAG, § 1 Nr. 1 PolKV.[683] Die überdies nötige **Verwaltungsaktsbefugnis** zur Erhebung der Kosten per Bescheid (dazu schon Rn. 469) lässt sich aus Formulierungen wie „erheben Kosten" bzw. „werden erhoben" in Art. 9 II 1 PAG, 1 I 1 KG ableiten.

Bei der Frage nach der **formellen Rechtmäßigkeit des Kostenbescheides** ist zunächst  **479**
festzustellen, dass für seinen Erlass nach Art. 9 I PAG, 1 I 1 KG (bzw. nach dem Gewohnheitsrechtssatz, dass die handelnde Behörde auch die Kosten festsetzt) die Polizei zuständig war. Bezüglich des **Verfahrens** ist die Anhörung der Universitätspräsidentin zum Kostenbescheid zu untersuchen. Sie wurde vor der „konkludenten Übergabe" des Bescheides durch S und vor allem vor dessen Erlass nicht angehört.[684] Auch ein Fall des Art. 28 II Nr. 1 BayVwVfG liegt hier nicht vor. Die unmittelbare Ausführung ist überdies schon keine „Maßnahme der Verwaltungsvollstreckung" (→ kein Zwangsmittel), so dass Art. 28 II Nr. 5 BayVwVfG hier nicht direkt eingreift. Eine analoge Anwendung der Norm auf Fälle des Art. 9 PAG „gilt" jedenfalls nicht mehr für die Tertiärebene der Kosten als Maßnahme *nach* (und eben nicht mehr *in*) der (Quasi-)Vollstreckung. Die

---

680 Der Verwaltungsakt wird hier auch nicht der Sekretärin der Universitätspräsidentin bekannt gegeben.
681 Vgl. *VGH München*, NVwZ 1990, 180 f.; ebenso *Heckmann*, in: Becker/Heckmann/Kempen/Manssen, 3. Teil, Rn. 279 ff. und 554.
682 *Heckmann*, in: Becker/Heckmann/Kempen/Manssen, 3. Teil, Rn. 283. Er prüft wohl auch zuerst, ob ein Grundverwaltungsakt vollstreckt wird.
683 *Ziegler/Tremel* 574.
684 Eine Anhörung durch S (→ als Bote bzw. – hier eher nicht – Verwaltungshelfer) käme ohnehin nur bei einer Weiterleitung des Gehörten an die Polizei vor dem Erlass des Verwaltungsaktes in Frage. Bei einer alleinigen Entscheidung des S „über das Gehörte" müsste er hingegen insoweit selbst entscheidungsbefugt, also Beliehener sein, was er hier jedoch nicht ist.

damit fehlende Anhörung der Universitätspräsidentin kann aber noch mit heilender Wirkung gemäß Art. 28 I, 45 I Nr. 3, II BayVwVfG nachgeholt werden. Bei der **Form** wurde beim Erlass „nach außen" Art. 37 II 1 BayVwVfG beachtet. Der Kostenbescheid kann mithin noch formell rechtmäßig werden.

**480** Bei der **materiellen Rechtmäßigkeit der unmittelbaren Ausführung** ist zu beachten, dass für Art. 9 PAG auch das ungeschriebene allgemeine (vollstreckungsrechtliche) Prinzip gilt, dass es auf der „Tertiärebene" (hier ist sie mangels echter Primärebene quasi fiktiv) der Kosten einer rechtmäßigen Primär- und Sekundärmaßnahme bedarf (überdies gilt die Vorgabe des Art. 16 V KG auch hier). Mithin besteht wie beim Kostenbescheid in der „klassischen" Vollstreckung auch bei Art. 9 PAG eine Art **doppelte „fiktive oder Quasi-Konnexität"**, wobei die erste Ebene eben nur „fiktiv" ist. Im Fall des Art. 9 I PAG muss diese fiktive Grundverfügung die Pflicht zur Erfüllung einer vertretbaren Handlung begründen, was hier das Wegfahrgebot auch tut. Zu prüfen ist zunächst die **Rechtmäßigkeit der unmittelbaren Ausführung** der Abschleppmaßnahme (daneben dann noch auf dieser „Ebene" des Gutachtens: die Kostenhöhe und das bei Kostenanforderungen trotz der unklaren Gesetzesformulierung „erheben" immer bestehende Ermessen).[685]

**481** **Ermächtigungsgrundlage** der *„abgerechneten"* unmittelbaren Ausführung ist Art. 9 I 1 PAG (i. V. mit Art. 11 PAG). Die **formelle Rechtmäßigkeit der unmittelbaren Ausführung** müsste gegeben sein. Zuständig ist insoweit nach Art. 9 I 1, 2 I, 3 PAG die Polizei. Hinsichtlich des Verfahrens ist die sofortige Benachrichtigung der Universitätspräsidentin über die unmittelbare Ausführung gemäß Art. 9 I 2 PAG keine Rechtmäßigkeitsvoraussetzung; ihre Nichtbeachtung begründet allenfalls Amtshaftungsansprüche. Es bedarf mangels des Verwaltungsaktscharakters der unmittelbaren Ausführung (→ keine Regelung, kein Adressat) auch keiner Anhörung. Voraussetzung für die **materielle Rechtmäßigkeit der unmittelbaren Ausführung** ist, dass alle Rechtmäßigkeitsvoraussetzungen einer Standardmaßnahme nach den Art. 12 ff. PAG oder der Generalklausel des Art. 11 PAG erfüllt sind (→ das ist Ausfluss der doppelten „Quasi-Konnexität") und die Behörde nur mangels erreichbaren Adressaten keine entsprechende Anordnung trifft. Hier war die Universitätspräsidentin als Quasi-Adressatin unauffindbar, so dass sich Letzteres hier einfach bejahen lässt. Genauer zu prüfen ist hingegen die **Rechtmäßigkeit der fiktiven Grundverfügung**.

**482** Die **(fiktive) Ermächtigungsgrundlage** des unmittelbar ausgeführten (fiktiven) **Wegfahrgebotes** ist mangels Einschlägigkeit der Art. 12 ff. PAG hier Art. 11 I PAG. Es gibt dabei gerade kein Verkehrszeichen etc. (sonst passte vorliegend auch keine unmittelbare Ausführung). Bei der **formellen Rechtmäßigkeit des unmittelbar ausgeführten (fiktiven) Wegfahrgebotes** ist festzustellen, dass die Polizei nach Art. 11 I, 2 I, 3 PAG in diesem Eilfall für die Gefahrenabwehr zuständig war. Eine **Anhörung** der Universitätspräsidentin ist nicht zu prüfen. Sie wäre mangels eines Adressaten auch sinnlos (→ es geht nur um eine „fiktive" Grundverfügung). Gleiches gilt dann auch im Hinblick auf die **Form**. Das unmittelbar ausgeführte (fiktive) Wegfahrgebot war also formell rechtmäßig.

**483** Weiterhin müsste die **materielle Rechtmäßigkeit des unmittelbar ausgeführten (fiktiven) Wegfahrgebotes**, hier aus Art. 11 I PAG, gerichtet auf das Wegfahren als vertretbare Handlung, vorliegen. Art. 11 I PAG verlangt im **Tatbestand** dafür eine konkrete Gefahr für die öffentliche Sicherheit (oder Ordnung). Die Definition derselben erfolgt mit Hilfe ihrer Schutzgüter.

---

685 Vgl. dazu als „Merkposten" Art. 93 S. 5 PAG und allgemeine Billigkeitserwägungen.

Fall 10: Die erboste Universitätspräsidentin

**484** Denkbar ist zunächst eine **Eigentumsbeeinträchtigung** des Ferdinand P., der sein Auto nicht mehr nutzen kann. Hier – nach a. A. dagegen schon in Rn. 482 bei der Frage der Zuständigkeit (vgl. dazu Rn. 36) – stellt sich hinsichtlich der Aufgabeneröffnung der Polizei das Problem der Subsidiarität polizeilichen Handelns zum Schutz privater Rechtsgüter nach **Art. 2 II PAG**: Zu klären ist mithin, ob von Ferdinand P. verlangt werden kann, dass er vorrangig selbst aktiv wird (z. B. selbst ein Unternehmen mit dem Abschleppen des Audi der Universitätspräsidentin beauftragt) oder (zivil-)gerichtlichen Rechtsschutz anstrebt. Diese Frage kann (zunächst und „elegant") offenbleiben, wenn durch das Parken des Audi auch Allgemeingüter tangiert sind. Gleiches gilt auch für eine Eigentumsbeeinträchtigung der Universität selbst durch das vorschriftswidrige Parken der Universitätspräsidentin.

**485** Eine **Behinderung des Straßenverkehrs nach § 1 II StVO** (als nicht Art. 2 II PAG unterfallendes objektives Schutzgut der öffentlichen Sicherheit) scheitert daran, dass der eingefriedete Parkplatz der Universität weder zum öffentlichen Verkehrsraum gewidmet noch tatsächlich durch ein entsprechendes langwährendes Dulden der Universität dazu geworden ist (das aufgehängte Schild „Hier gilt die StVO" ist keine „Widmung", sondern nur die Ausübung des Hausrechts bzw. die Aufstellung von „AGB"). Daher scheidet auch ein gefährlicher Eingriff in den Straßenverkehr durch Hindernisbereiten nach § 315b I Nr. 2 StGB von vornherein aus.

**486** Weiterhin könnte jedoch eine **Nötigung** des Ferdinand P. nach § 240 I StGB durch die Universitätspräsidentin mittels Zuparkens von dessen Pkw vorliegen. § 240 I StGB ist dabei als objektiver Aspekt Teil des Schutzgutes der öffentlichen Sicherheit, so dass Art. 2 II PAG auch hier irrelevant ist. Zu prüfen ist jedoch, ob dieser Straftatbestand verwirklicht wurde. Der **objektive Tatbestand** ist dadurch erfüllt, dass physische Gewalt Ferdinand P. am Wegfahren hindert.[686] Im Rahmen des **subjektiven Tatbestandes** ist fraglich, ob die Universitätspräsidentin hinsichtlich des „Einsperrens" des Ferdinand P. jedenfalls bedingt vorsätzlich gehandelt hat, wofür nach der Sachverhaltsgestaltung alles spricht.[687] Überdies ist die **Rechtswidrigkeit** ihres Handelns zu prüfen. Eine Rechtfertigung aus **§ 32 StGB** (Notwehr) oder **analog § 859 III BGB** scheitert daran, dass das Zuparken des Porsche die Störung des Eigentums (der Universität) bzw. des Besitzes am Parkplatz (der Universitätspräsidentin) nicht beseitigt. Es perpetuiert bzw. prolongiert sie im Gegenteil sogar noch. Zu klären ist, ob außerdem das nach **§ 240 II StGB** erforderliche Merkmal der **Verwerflichkeit** vorliegt. Abzustellen ist aus Gründen einer schnellen und effektiven Gefahrenabwehr in derartigen Fällen darauf, ob es aus der Sicht einer idealtypischen Durchschnittsbeamtin gute Gründe für die Verwerflichkeit

---

[686] Bei Sitzblockaden wird regelmäßig das Problem der bloß psychischen Gewalt diskutiert: Der Fahrer in der ersten Reihe der wartenden Autos überfährt wegen der psychischen Hemmschwelle „in sich" keinen Menschen, obwohl er es physisch könnte. Nach dem *BVerfG* ist das im Hinblick auf Art. 103 II GG keine Gewalt; laut *BGH* wird aber der Fahrer in der zweiten usw. Reihe durch die vor ihm stehenden Pkw mittels physischer Gewalt zum Anhalten genötigt (die Fahrer in der ersten Reihe sind dabei dann „absichtslos-dolose Werkzeuge"); letztlich wurde das auch von *BVerfG*, JZ 2011, 685 ff., gebilligt. Die Frage stellt sich hier wegen des Pkw als physischen Hindernisses und damit „absoluter Gewalt" aber gar nicht.

[687] Nach h. M. sind der subjektive Tatbestand einer Strafrechtsnorm und die Schuld bei der Prüfung des Tatbestandsmerkmales „öffentliche Sicherheit" hier und in vergleichbaren Fällen im PAG abweg wegen der Effizienz des Polizeihandelns ohnehin irrelevant. Das ist kein Widerspruch zu der möglicherweise „vollständigen" Prüfung der Straftatbestände im Rahmen des Art. 7 II Nr. 1 LStVG (vgl. dort Rn. 375). Der dortige Tatbestand ist insoweit vom Gesetzgeber offenbar bewusst „enger" formuliert worden, und es kann mangels eines Eilfalles bei Art. 7 II Nr. 1 LStVG vom Normanwender bei der Sicherheitsbehörde im Unterschied zu Polizist(inn)en vor Ort eine genauere Subsumtion verlangt werden. Allerdings könnte unter Verweis auf Art. 11 II 1 Nr. 1 PAG auch genau andersherum argumentiert werden. Die Rechtswidrigkeit ist hingegen wieder zu prüfen (vgl. Art. 11 II 1 Nr. 1, S. 2 PAG, 7 II Nr. 1 LStVG: „rechtswidrige Taten").

gibt. Hier sind zwar beide Ansichten vertretbar, viel spricht aber für die Verwerflichkeit, wenn man berücksichtigt, dass es sich beim Zuparken des Porsche ohne wirkliche Parkplatznot um kein übliches, sondern um ein gezielt gegen Ferdinand P. (zu dessen „Bestrafung") gerichtetes Verhalten handelt. Es war der Universitätspräsidentin in der konkreten Situation durchaus zumutbar, zunächst auf einen anderen Parkplatz zu fahren, dann die Polizei oder gleich den Abschleppwagen zu rufen und Ferdinands störendes Vehikel abschleppen zu lassen. Ihr Hausrecht gibt ihr hier keine weitergehenden Befugnisse. Daran ändert auch die Frechheit des Ferdinand P. nichts, auf einem fremden Parkplatz zu parken: Selbsthilfe erlaubt das BGB nur in sehr engen Grenzen, Selbstjustiz überhaupt kein Gesetz (→ es gibt daher auch keinen Regress). Diese Wertung ist angesichts der Unüblichkeit des präsidialen Vorgehens auch für die vor Ort entscheidenden Polizeibeamten erkennbar. Wegen der verwerflichen und damit rechtswidrigen Verwirklichung des objektiven Tatbestandes des § 240 I StGB lässt sich so eine Gefahr für die öffentliche Sicherheit bejahen (bei einer anderen Sachverhaltsgestaltung – wenn etwa sonst kein freier Parkplatz mehr verfügbar ist – mag das hingegen anders sein). Daher kommt es gar nicht auf eine Entscheidung darüber an, ob Art. 2 II PAG einer Berufung auf das Eigentum entgegensteht.

**487** Die Universitätspräsidentin war (fiktiv) **Störerin** nach Art. 7 I (→ durch ihr Parken) und gegebenenfalls auch gemäß Art. 8 I PAG (→ als Halterin oder zumindest Besitzerin des Audi). **Rechtsfolge** des Art. 11 I PAG ist ein **Ermessen** der Polizei (vgl. Art. 5 I PAG), das nicht i. S. von § 114 S. 1 VwGO, Art. 40 BayVwVfG fehlerhaft ausgeübt worden sein darf. Ein Hauptaugenmerk liegt dabei (Stichwort: keine Ermessensüberschreitung) auf der **Verhältnismäßigkeit** (→ Art. 4 PAG) beim „Ob" und „Wie" des Einschreitens als Grenze des Ermessens. Hier war jedoch kein milderes Mittel als das fiktive Wegfahrgebot nutzbar (die Frage des Abschleppens betrifft doch gerade erst die Sekundärebene). Das unmittelbar ausgeführte fiktive Wegfahrgebot genügte damit den Anforderungen des Art. 11 I PAG (→ „fiktive Primärebene"). Angesichts des bei ihrer Anwendung (also auf der Sekundärebene) ebenfalls „richtig" ausgeübten Ermessens war auch die unmittelbare Ausführung nach Art. 9 I 1 PAG rechtmäßig, so dass der darauf bezogene Kostenbescheid (→ Tertiärebene) ebenfalls materiell rechtmäßig ist, soweit die geltend gemachten Kosten zutreffen und sein Erlass nicht ermessensfehlerhaft war, was hier beides zu unterstellen ist.[688]

**488** Im **Ergebnis** ist die Anfechtungsklage der Universitätspräsidentin folglich unbegründet, und der Kostenbescheid besteht als Rechtsgrund der geleisteten Zahlung fort. Demzufolge ist auch der Annexantrag der Universitätspräsidentin nach § 113 I 2 VwGO unbegründet. Insgesamt sind daher beide Klagen trotz Vorliegen ihrer Sachentscheidungsvoraussetzungen unbegründet und folglich ohne Erfolgsaussicht. Die Universitätspräsidentin muss also ihre Rachegelüste anderweitig befriedigen, will sie sich nicht noch mehr (insbesondere über die ihr nach § 154 I VwGO im Fall ihres Unterliegens aufzuerlegenden Kosten des Gerichtsverfahrens) aufregen.

---

[688] Auf der Ebene der unmittelbaren Ausführung könnte zwar zunächst die Erforderlichkeit des Abschleppens hinterfragt werden. Mangels Schlüssels und Universitätspräsidentin kam aber keine mildere „Ausführung" in Frage. Die Einschaltung des S als Dritten und möglichen „Kostentreibers" (die Behörde muss dabei schon den preisgünstigsten der effektiven Anbieter wählen) kann ebenso angesprochen werden; sie ändert jedoch gerade auch unter Berücksichtigung der in Art. 28 V 3 PAG enthaltenen Wertung nach h. M. insoweit nichts am Ergebnis. Diskutiert werden sollte (zumindest bei entsprechenden Anhaltspunkten im Sachverhalt) schließlich, ob ein bloßes „Versetzen" des Pkw nicht zur Gefahrbeseitigung ausgereicht hätte. Die Zulässigkeit der „Forderungssicherung" durch die Mitnahme des Pkw als „Pfand" bzw. Zurückbehaltungsrecht wurde hier gerade schon unter Verweis (so die h. M.) auf Art. 28 V 3 PAG erklärt.

## Fall 11: Abgeschleppt[689]

Sandra P. ist Eigentümerin und Halterin des Geländewagens mit dem amtlichen Kennzeichen AIC-SP 208. Am 19.5.2022 parkte sie dieses Fahrzeug um 19.41 Uhr in der Universitätsstraße in Augsburg in einem Bereich, der mit dem Zeichen 286 (eingeschränktes Halteverbot) gekennzeichnet ist. Dort fiel das rosa lackierte Fahrzeug um 20.45 Uhr zwei Polizeibeamten auf, die sofort einen Abschleppwagen anforderten. Um 21.02 Uhr schleppte dieser das Fahrzeug ab. Wegen Überfüllung des Firmengeländes des Abschleppunternehmens wurde das Fahrzeug ausnahmsweise nicht dort hinterstellt, sondern auf einem nahegelegenen öffentlichen Großparkplatz abgesetzt, wo Sandra P. es am Folgetag wieder abholte.

Eine Woche später erhält sie von der Polizeidirektion Augsburg einen Kostenbescheid, in dem sie zur Zahlung von 152,56 € an Abschleppkosten aufgefordert wird. Sandra P. fühlt sich dadurch ungerecht behandelt, hatte sie doch an der Windschutzscheibe einen Zettel mit dem Inhalt „Bin auf Krankenbesuch. Wenn der Pkw im Weg ist, bitte anrufen: 0177/34343456" angebracht, den die Polizeibeamten aber offenbar nicht beachtet hätten.

1. Ist es sinnvoll, dass Sandra P., wie ihr rechtskundiger Freund ihr rät, Klage gegen den Bescheid erhebt?

2. Sandra P. ist dem Rat ihres Freundes gefolgt. Das tat sie auch, um – wie er ihr erklärt hat – erst einmal die 152,56 € nicht zahlen zu müssen, da sie gerade etwas knapp bei Kasse ist. Umso erstaunter ist sie daher, als ihr wenige Tage später ein Schreiben der Polizeidirektion Augsburg mit dem Betreff „Zahlungserinnerung" ins Haus flattert, in dem ausgeführt wird, ihre Klage ändere nichts daran, dass sie sofort zahlen müsse. Jetzt ist auch ihr Freund ratlos. Daher die Frage an Sie: Was kann Sandra P. nun noch machen?

**Die Gliederungsübersicht zu Fall 11:**

**Frage 1:**
**A. Sachentscheidungsvoraussetzungen der Klage**
I. Eröffnung des Verwaltungsrechtsweges
II. Sachliche und örtliche Zuständigkeit des Gerichts
II. Statthafter Rechtsbehelf
III. Klagebefugnis
IV. Beteiligten- und Prozessfähigkeit
V. Klagefrist
**B. Begründetheit der Klage**
I. Richtiger Beklagter
II. Rechtmäßigkeit des Kostenbescheides
1. Ermächtigungsgrundlage des Kostenbescheides
   **Problem:** Abgrenzung Vollstreckung ./. Sicherstellung
2. **Formelle Rechtmäßigkeit des Kostenbescheides**
   a. Zuständigkeit
   b. Verfahren
   c. Form

---
[689] Vgl. dazu *BVerwG*, DVBl. 2002, 1560 f., mit Anm. *Schwabe*; *VGH München*, BeckRS 2017, 133208; *VG München* BeckRS 2016, 51688; BeckRS 2004, 32941.

3. **Materielle Rechtmäßigkeit des Kostenbescheides**
   **Problem:** Doppelte Konnexität
   a. Ermächtigungsgrundlage der „abgerechneten" Vollstreckungsmaßnahme
   b. Formelle Rechtmäßigkeit der „abgerechneten" Vollstreckungsmaßnahme
      aa. Zuständigkeit
      bb. Verfahren
      cc. Form
   c. Materielle Rechtmäßigkeit der „abgerechneten" Vollstreckungsmaßnahme
      aa. Allgemeine Vollstreckungsvoraussetzungen
         (1) Sofortige Vollziehbarkeit der Grundverfügung „der Polizei"
             **Problem:** Ist das ein „Verwaltungsakt der Polizei" i. S. des Art. 70 I PAG?
         (2) Vollstreckung noch erforderlich; Gefahr besteht fort
         (3) Ordnungsgemäßes Vollstreckungsverfahren: Androhung
      bb. Besondere Vollstreckungsvoraussetzungen
      cc. Rechtmäßigkeit der Primärmaßnahme
          **Problem:** Bestandskraft der Primärmaßnahme versus Erledigung
          **Problem:** Wann erfolgt die Bekanntgabe eines Verkehrsschildes?
          (1) Ermächtigungsgrundlage des Verkehrsschildes
          (2) Formelle Rechtmäßigkeit des Verkehrsschildes
          (3) Materielle Rechtmäßigkeit des Verkehrsschildes
      dd. Pflichtiger auf der Sekundärebene
      ee. Rechtsfolge des Art. 72 PAG auf der Sekundärebene
          (1) „Karenzzeit"
              **Problem:** Sofortiges Abschleppen ohne weitere Gefahr erlaubt?
          (2) Zettel an der Windschutzscheibe
              **Problem:** Anruf vor dem Abschleppen erforderlich?

**Frage 2:**
A. **Aufschiebende Wirkung der Anfechtungsklage**
I. § 80 II 1 Nr. 4 VwGO
II. § 80 II 1 Nr. 2 VwGO
III. § 80 II 1 Nr. 1 VwGO
IV. § 80 II 1 Nr. 3 oder 3a VwGO
B. **(Eil-)Rechtsbehelf „gegen die auf Zahlung beharrende Polizei"**
   **Problem:** Eilantrag auf Feststellung der aufschiebenden Wirkung?

**491** Bei der Beantwortung der **ersten Frage** gilt es festzuhalten, dass es sinnvoll ist, Klage (vgl. die explizite Fragestellung; zudem zielt erst die Frage 2 auf Eilrechtsschutz) zu erheben, wenn sie zum Erfolg führt, was wiederum der Fall ist, wenn ihre Sachentscheidungsvoraussetzungen vorliegen und sie begründet ist.

**492** Hinsichtlich der **Sachentscheidungsvoraussetzungen der Klage** ist zu erwähnen, dass der **Verwaltungsrechtsweg** mangels aufdrängender Sonderzuweisung nach § 40 I 1 VwGO in dieser gefahrenabwehrrechtlichen Streitigkeit eröffnet ist; insbesondere greift § 23 I 1 EGGVG nicht ein.[690] **Sachlich und örtlich zuständig** ist hier das VG Augsburg

---

690 Bei einer „dazwischengeschalteten" Verwahrung ist § 40 II 1 VwGO zu erwähnen (→ hier geht es hingegen nur um eine Versetzung).

gemäß §§ 45, 52 Nr. 3 S. 1 VwGO, Art. 1 II Nr. 6 AGVwGO.[691] **Statthafter Rechtsbehelf** gegen den Kostenbescheid als (nicht erledigten) belastenden Verwaltungsakt ist die Anfechtungsklage nach § 42 I Fall 1 VwGO. Wegen des belastenden Charakters des Kostenbescheides ist Sandra P. als dessen Adressatin auch nach § 42 II VwGO **klagebefugt**. Sie ist überdies nach §§ 61 Nr. 1 Fall 1, 62 I Nr. 1 VwGO und der Freistaat Bayern gemäß §§ 61 Nr. 1 Fall 2, 62 III VwGO, (Art. 47 III BV, § 36 I 2 VwGO), Art. 13 AGVwGO, § 3 II 1, 6 LABV (letztlich also vertreten durch den Präsidenten bzw. die Präsidentin des Polizeipräsidiums Augsburg) **beteiligten- und prozessfähig**. In Ermangelung eines Vorverfahrens (→ § 68 I 2 Fall 1 VwGO, Art. 12 II bzw. I 1 Nr. 1, 3 AGVwGO) muss Sandra P. die **Klagefrist** des § 74 I 2 VwGO einhalten.[692] Die Sachentscheidungsvoraussetzungen ihrer Klage sind demzufolge gegeben.

Die Anfechtungsklage ist gemäß § 113 I 1 VwGO **begründet**, wenn sie sich gegen den richtigen Beklagten richtet, der angefochtene Kostenbescheid rechtswidrig ist und dadurch Sandra P. in ihren Rechten verletzt. **Richtiger Beklagter** ist hier nach dem Rechtsträgerprinzip in § 78 I Nr. 1 VwGO der Freistaat Bayern als Rechtsträger der handelnden Polizei (→ Art. 1 II POG). Für die Prüfung der **Rechtmäßigkeit** des Bescheides ist zunächst die **Ermächtigungsgrundlage** des Kostenbescheides zu ermitteln und dazu die damit „abgerechnete" Verwaltungsmaßnahme – hier das Abschleppen – zu betrachten.

Dabei bedarf es dann der Abgrenzung einer möglichen „Vollstreckung" von einer „blanken" Sicherstellung (dazu schon in Rn. 477). Hier gibt es mit dem Verkehrszeichen, das Sandra P. als Fahrerin auch bekannt gegeben und damit wirksam wird, bereits eine Grundverfügung (gegebenenfalls auch nur eine fiktive),[693] die durchgesetzt wird, und es geht der Polizei nicht um die – auch nur kurzzeitige – Gewahrsamsbegründung zur Gefahrenabwehr, so dass **Art. 25 PAG** nicht in Frage kommt. Innerhalb der drei möglichen Arten der „Vollstreckung" scheiden wegen des Verkehrszeichens als Sandra P. bekannt gegebener Grundverfügung dann auch noch **Art. 9 I PAG** von vornherein ebenso aus (→ der Zweck kann durch die Inanspruchnahme des nach dem Verkehrszeichen Pflichtigen erreicht werden) wie ein Sofortvollzug nach **Art. 70 II PAG**. Mangels Androhung der Vollstreckung erfolgte das Abschleppen hier im Wege der Ersatzvornahme im abgekürzten Verfahren (dazu in Rn. 500) gemäß **Art. 76 I 3, 72 PAG**. Die Kostentragungspflicht und damit die Ermächtigungsgrundlage für den Kostenbescheid ergeben sich folglich insgesamt aus Art. 70 I, 71 I Nr. 1, 72 I 2, 3, 93 (S. 3) PAG, KG und PolKV.[694]

Überdies müsste der **Kostenbescheides formell rechtmäßig** sein. Die **Zuständigkeit** der Polizei ergibt sich aus Art. 72 I 2 PAG i. V. mit dem KG (dort vor allem dessen Art. 1 I 1), bzw. nach allgemeinen kostenrechtlichen Grundsätzen „rechnet" die Behörde „ab", die vollstreckt bzw. die Kosten auslösende Maßnahme getroffen hat. Hinsichtlich des **Verfahrens** ist zu beachten, dass die fehlende, aber nötige Anhörung von Sandra P.

---

691 Vgl. zu der hier gewählten Prüfungsreihenfolge § 17a GVG, der dabei über § 173 S. 1 bzw. § 83 S. 1 VwGO Anwendung findet. Bei diesem Vorgehen wird im Rahmen des § 52 VwGO die Klageart allerdings bereits im Vorgriff genannt. Von daher ist auch ein anderer (logischerer) Aufbau sehr gut möglich.
692 Eingehend zur Klagefrist im verwaltungsgerichtlichen Verfahren *Koehl*, VR 2018, 217 ff.
693 Das Verkehrszeichen mit dem eingeschränkten Parkverbot stellt insoweit einen Verwaltungsakt dar. Ob es ein Verwaltungsakt der Polizei ist, kann (bei Bejahung der Frage) schon hier oder erst unten im Tatbestand angesprochen werden. Zum Rechtsschutz gegen Verkehrszeichen – die Adressatentheorie reicht auch insoweit zur Begründung der Klagebefugnis aus –, *BVerwG*, DÖV 2004, 166 f.; zur Klagefrist noch näher in Rn. 504. Zum Verkehrsschild als Allgemeinverfügung *BVerwG*, JuS 2011, 953 ff. (*Waldhoff*).
694 Das *VG Gießen*, NVwZ-RR 2003, 212 f., lässt hingegen die Frage nach der „richtigen" Ermächtigungsgrundlage für den Kostenbescheid letztlich sogar offen, zumal die Behörde diese bei ihrem Tätigwerden oft auch noch nicht kenne – so sei z. B. noch unklar, wer gefahren ist –; die Normen seien überdies „austauschbar", solange ihre Voraussetzungen gleich seien. Diese Rechtsauffassung ist aber insgesamt durchaus „etwas" fraglich und in der Klausur der Sachverhalt überdies eindeutig bzw. ein „Sich-Drücken" um diese Frage schlicht unzulässig.

(→ Art. 28 I BayVwVfG) noch im Lauf des Klageverfahrens (oder sogar noch bis zum Ende der mündlichen Verhandlung in der zweiten Instanz) nachgeholt werden kann (vgl. Art. 45 I Nr. 3, II BayVwVfG).[695] Auch die Vorgaben zur **Form** (Art. 37 II 1, 39 I BayVwVfG) wurden hier gewahrt. Die formelle Rechtmäßigkeit des Kostenbescheides ist damit zumindest noch möglich.

**496** Die **materielle Rechtmäßigkeit des Kostenbescheides** setzt neben der Störereigenschaft von Sandra P. als der Pflichtigen der vollstreckten Handlung die richtige Kostenhöhe und Ermessensausübung bei der Kostenerhebung – beides ist hier zu unterstellen – sowie schließlich gleichsam als ungeschriebene Voraussetzung die Rechtmäßigkeit der „abgerechneten" Vollstreckungsmaßnahme voraus. Denn ausweislich von Art. 16 V KG gilt insoweit der „Grundsatz der (doppelten) **Konnexität**".[696]

**497** **Ermächtigungsgrundlage der „abgerechneten" Vollstreckungsmaßnahme** sind Art. 70 I, 71 I Nr. 1, 72 PAG (es gibt hier den Grundverwaltungsakt „Verkehrszeichen", der zunächst „klassisch" vollstreckt wird). Die **formelle Rechtmäßigkeit der „abgerechneten" Vollstreckungsmaßnahme** müsste gegeben sein. Die **Zuständigkeit** der Polizei für die Vollstreckung folgt hier schon als Annex aus Art. 70 I PAG. Zum **Verfahren** ist zu beachten, dass die bei Vorliegen eines weiteren Verwaltungsaktes im Rahmen der Vollstreckung[697] nötige Anhörung von Sandra P. nach Art. 28 I BayVwVfG jedenfalls nach Art. 28 II Nr. 5 BayVwVfG bei dieser Maßnahme „in" der Verwaltungsvollstreckung entbehrlich war.[698] Die nach Art. 37 II 1 BayVwVfG nötige (und freie) **Form** wurde gewahrt. Die Vollstreckungsmaßnahme ist demzufolge formell rechtmäßig.

**498** Im Rahmen der **materiellen Rechtmäßigkeit der „abgerechneten" Vollstreckungsmaßnahme** sind zunächst die **Allgemeinen Vollstreckungsvoraussetzungen** zu prüfen. Das mit dem Verkehrszeichen als vollstreckbarer Primärmaßnahme ausgesprochene Wegfahrgebot (nach drei Minuten) war gemäß (oder analog) § 80 II 1 Nr. 2 VwGO (→ das Verkehrszeichen als „Polizistenersatz"; dazu nochmals in Rn. 505) i. S. des Art. 70 I PAG **sofort vollziehbar** (und wurde – s. Rn. 504 – auch bekannt gegeben, ist aber noch nicht bestandskräftig). Es bestand zudem kein Vollstreckungshindernis.[699] Ein Problem ist insoweit allerdings, dass Art. 70 I PAG einen **„Verwaltungsakt der Polizei"** voraussetzt, hier

---

695 Hier greift weder Art. 28 II Nr. 1 noch Nr. 5 BayVwVfG (beachtlich: „nach" statt „in"; vgl. dazu auch *VGH München*, NVwZ-RR 2009, 787 f., bezüglich Art. 21a VwZVG), und eine Heilung allein durch die Klageerhebung kommt nicht in Betracht: Es ist keine Anhörung *durch die Behörde*; die Zustellung der Klage genügt nicht; das belegt zudem auch Art. 45 II BayVwVfG, dessen „Dauer" sonst sinnlos wäre.

696 Das Erfordernis der Konnexität kann auch mit der Begrifflichkeit der (rechtmäßigen) „Amtshandlung" nach Art. 1 I 1, 16 V KG begründet werden.

697 Hier liegt mit der Festsetzung oder der Anwendung des Zwangsmittels trotz der „ausgefallenen" Androhung zumindest eine Regelung vor; streitig ist nur, ob nicht sogar beide jeweils eine eigenständige Regelung enthalten.

698 Angesichts dessen kann letztlich offenbleiben (wegen der „Freiheit" des Art. 37 II 1 BayVwVfG ebenso bei der Form), ob und welche „Stufe" im Vollstreckungsverfahren eine Regelung enthält und damit einen Verwaltungsakt darstellt. Bei strenger Betrachtung ist das bei der Androhung durchaus zweifelhaft (sie „wiederholt" nur den Grundverwaltungsakt, allerdings stellt Art. 38 I 1 VwZVG sie ihm beim Rechtsschutz gleich), während bei den folgenden „Stufen" oft ihre Bekanntgabe fehlt (wird sie fingiert? was ist zudem die Regelung der Festsetzung?). Egal ist dabei für die Anhörungspflicht allerdings, dass diese(r) Verwaltungsakt(e) der abwesenden Sandra P. gar nicht hätte(n) bekannt gegeben werden können (die Anhörung muss laut Art. 28 I BayVwVfG ohnehin *davor* erfolgen). Zu beachten ist außerdem, dass das eigentliche Vollstreckungsverfahren nach dem PAG (und die Form nach Art. 76 PAG) wegen seiner Grundrechtsrelevanz als materieller Aspekt (ohne Anwendung der Art. 45, 46 BayVwVfG) geprüft wird.

699 Ein Beispiel hierfür ist die Inanspruchnahme nur eines dinglich Berechtigten für die Beseitigung (etwa den Abriss) einer gefährlichen Sache, ohne dass die Mitberechtigten eine Duldungsverfügung erhalten. Diese Anordnung ohne gleichzeitige Duldungsverfügung wäre nicht rechtswidrig, sondern lediglich nicht vollstreckbar. Zur a. A. (die Verfügung ist nach Art. 44 II Nr. 5 BayVwVfG bzw. § 44 II Nr. 5 VwVfG nichtig) s. allerdings *Beckermann/Wenzel*, DVBl. 2017, 1345 ff.

jedoch ein von der Stadt Augsburg als Straßenverkehrsbehörde aufgestelltes (dazu unten Rn. 506) Verkehrszeichen vollstreckt wird. Insoweit bedarf es nach h. M. jedoch einer „funktionellen Betrachtung" dergestalt, dass das Verkehrszeichen nur den früher allgegenwärtigen Polizisten (→ den „Schutzmann an der Ecke") ersetzt und daher wie eine Polizeimaßnahme zu behandeln ist, um ungewollte „Vollstreckungslücken" zu vermeiden.[700]

Fraglich ist allerdings, ob tatsächlich „Vollstreckungslücken" drohen oder nicht auch alternative Wege zur Verfügung stehen. Dem Rechtsgedanken und materiellen Sinn nach wird hier damit konsequenterweise geprüft, ob die Voraussetzungen für eine Analogie – eine planwidrige Regelungslücke bei vergleichbarer Interessenlage – gegeben sind. Zunächst zu der erstgenannten Voraussetzung: Die Straßenverkehrsbehörde könnte „ihr" Verkehrsschild nach dem **VwZVG** selbst vollstrecken. Zwar kann die Polizei ihr dazu nach Art. 2 III, 67 ff. PAG, 4 ff. BayVwVfG (gegebenenfalls dauerhafte Amts- bzw.) **Vollzugshilfe** oder nach Art. 37 II VwZVG **Vollstreckungshilfe** (vgl. Rn. 50 und 292) leisten, doch fehlt es hier schon an einer entsprechenden Hilfeleistung auf Ersuchen der Straßenverkehrsbehörde, wenn die Polizisten eigenständig entscheiden.[701] In anderen Bundesländern wird in solchen Konstellationen die **unmittelbare Ausführung nach Art. 9 I PAG** genutzt, die damit einen weiteren Anwendungsfall erhält: „Eine andere als die Erlassbehörde vollstreckt den (Grund-)Verwaltungsakt". Die Übersicht (Rn. 284) wäre dann entsprechend zu ergänzen (vgl. dazu dort schon die „weiteren Anwendungsfälle" des Art. 9 I PAG). In Bayern hat sich dieser Weg aber bisher nicht durchgesetzt. Manche[702] stellen unter Berufung auf den *VGH München*[703] hier zwar in Abgrenzung zu Art. 70 II PAG auch auf Art. 9 I PAG ab. Sie gehen dabei aber sinnwidriger Weise – Art. 9 I PAG setzt doch gerade voraus, dass es keinen Grundverwaltungsakt gibt – wegen des Verstoßes gegen das Verkehrszeichen und der damit verbundenen Ordnungswidrigkeit nach der StVO von einer inhaltlich identischen fiktiven „hier gerechtfertigten weiteren polizeilichen Anordnung nach Art. 11 I und II PAG" aus. Das ermögliche eine unmittelbare Ausführung (→ Art. 9 I PAG dient offenbar zu ihrer „Vollstreckung"). Im Ergebnis sind die beiden alternativen Wege grundsätzlich ebenfalls gangbar, so dass das Argument der „drohenden Vollstreckungslücken" für die „h. M." in Bayern nicht so recht überzeugt. Gewichtiger erscheint da schon – als Argument für die vergleichbare Interessenlage – der bereits oben bei § 80 II 1 Nr. 2 VwGO herangezogene Gedanke des Verkehrsschildes als „Polizistenersatz", der hier dann parallel an- und konsequent fortgeführt werden kann. Ein „Verwaltungsakt der Polizei" liegt vor (oder eben nicht; beide Positionen sind hierzu vertretbar).[704]

Die **Vollstreckung** ist auch noch **erforderlich**; die Gefahr besteht im Moment fort. Die an sich gebotene **Androhung** des Zwangsmittels (Art. 71 II, 76 PAG) als weitere allgemeine Vollstreckungsvoraussetzung[705] ist hier nach Art. 76 I 3 PAG **entbehrlich**, zumal sie den

---

700 So *Heckmann*, in: *Becker/Heckmann/Kempen/Manssen*, 3. Teil, Rn. 564. Das erklärt vermutlich, warum *Heckmann* bei Abschleppmaßnahmen häufiger auf Art. 25 bzw. Art. 11 PAG abstellt, um so diese „Bredouille" zu vermeiden.
701 In diesem Sinn auch *Lang*, in: *Seidel/Stendel/Lang*, S. 342 ff. Rn. 20 ff.
702 *Lang*, in: *Seidel/Stendel/Lang*, S. 342 f. Rn. 20 f. Offenbar wird danach die Allgemeinverfügung gleichsam auf Sandra P. „konkretisiert".
703 *VGH München*, BayVBl. 1991, 433 (434).
704 Dazu auch das noch schwieriger zu begründende, jedoch vom *VGH München* gebilligte (hier aber irrelevante und daher in der Klausur nicht zu erwähnende) „Münchener Modell", bei dem ein Sicherheitsdienst telefonisch der Polizei Parkverstöße meldet und diese ihn dann beauftragt, ein Abschleppunternehmen zu bestellen: Obwohl die Polizei nie vor Ort war und nie dort über die „Vollstreckung" entschieden hat, wird eine Maßnahme *der Polizei* angenommen. Dazu *Heckmann*, in: *Becker/Heckmann/Kempen/Manssen*, 3. Teil, Rn. 565. Zum Verbot der gänzlichen Überlassung hoheitlicher Aufgaben an private Personen ohne gesetzliche Grundlage aber *OLG Frankfurt a. M.*, Beschl. v. 3.1.2020 – Az.: 2 Ss-OWi 963/18 (juris).
705 Wegen seiner großen Grundrechtsrelevanz wird das Vollstreckungsverfahren materiell „eingeordnet" (dazu schon in Fn. 243, Rn. 273). Zum auch hier schon möglichen „Handy-Zettel" erst unten in Rn. 510.

Parkverstoß nur noch perpetuieren würde.[706] Außerdem ist sie wegen der Abwesenheit von Sandra P. im konkreten Fall auch gar nicht möglich (sie ist „untunlich"). Hier geht es damit um ein sogenanntes abgekürztes (→ nicht um ein gestrecktes) Verfahren.[707] Die **weiteren „Verfahrensstufen"**[708] wurden beachtet (bei Fehlern sind sie nach h. M. allerdings nicht unbedingt isoliert anzufechten, obwohl ihre Bestandskraft denkbar ist).

**501** **Besondere Vollstreckungsvoraussetzungen** des konkret gewählten Zwangsmittels „Ersatzvornahme" sind hier die Vorgaben des Art. 72 I PAG. Sandra P. ist der Pflicht zur Erfüllung einer vertretbaren Handlung – es geht um das Wegfahren des Geländewagens – nicht nachgekommen.

**502** Auf der Tertiärebene der Kosten bedarf es weiterhin als (besonderen) Grundsatzes des Vollstreckungsrechts nach h. M. – nochmals sei das Stichwort der (doppelten) „Konnexität" erwähnt – im Unterschied zur Sekundärebene der Vollstreckung auch noch der **Rechtmäßigkeit der Primärmaßnahme** (zur Erinnerung: es gibt wegen des Rechtsstaatsprinzips keine Kostentragungs-, aber wegen der Effektivität der Gefahrenabwehr eine grundsätzliche Befolgungspflicht für rechtswidrige Verwaltungsakte).[709] Hier ist also grundsätzlich die Rechtmäßigkeit des im Verkehrszeichen ausgedrückten Wegfahrgebotes zu untersuchen.

**503** Fraglich ist an dieser Stelle dann aber als Besonderheit zu dem eben Gesagten, ob der vorliegende Verwaltungsakt „Verkehrszeichen" überhaupt noch weiter auf seine Rechtmäßigkeit zu untersuchen oder nicht bereits **bestandskräftig** geworden ist. Ein damit verknüpftes bzw. vorgelagertes Problem ist die Frage, ob die Grundverfügung sich mit ihrer Erfüllung, Vollstreckung oder unmittelbaren Ausführung vor (oder auch nach) der Klageerhebung **erledigt** und folglich nun nicht mehr angefochten oder bestandskräftig werden kann. Die h. M. verneint hier eine Erledigung nach Art. 43 II BayVwVfG als Wegfall der Regelungswirkung mit dem Argument, von der Grundverfügung gingen weitere rechtliche Wirkungen aus, sie sei immer noch „Grundlage" für den Kostenbescheid, und ihre „Titelfunktion" als Verwaltungsakt müsse beachtet werden.[710] Ob diese „Konstruktion" aber im Hinblick auf die Vorgaben des Art. 16 V KG überzeugt, der nicht zwingend die fehlende Bestandskraft voraussetzt, und nicht durch den vom Adressaten versäumten Rechtsschutz gemäß § 80 V 1 Fall 1 VwGO gegen die Grundverfügung „ausgehebelt" wird, erscheint als sehr fragwürdig. Im Übrigen ist auch unklar, wann sich – wie hier – eine Allgemeinverfügung überhaupt erledigt. So wäre auch eine „relative Erledigung" für einen Adressaten denkbar. Hinzu kommt, dass das Verkehrszeichen ein Dauerverwaltungsakt ist, der sich darum an sich nie erledigt. Eine vermeintliche Erledigung des Verkehrszeichens als Grundverfügung steht der Bestandskraft nach h. M. hier also nicht als Hindernis entgegen.

**504** Die Bestandskraft tritt mit der Unanfechtbarkeit eines Verwaltungsaktes ein. Diese beurteilt sich nach dem **Ablauf der Klagefrist** (in Bayern; sonst der Widerspruchs- und dann der Klagefrist) gemäß § 74 I 2 VwGO einen Monat bzw. in Ermangelung einer Rechtsbehelfsbelehrung (→ § 58 II VwGO) ein Jahr nach der Bekanntgabe des Verkehrs-

---

706 So *VG München*, BeckRS 2010, 143948 Rn. 15. Dieses Argument spricht aber immer gegen die Androhung und ist daher insgesamt fragwürdig. Zum „Handy-Zettel" und seiner Verortung schon in Fn. 705.
707 Wegen der Sonderregeln beim unmittelbaren Zwang in Art. 81 PAG könnte die Androhung auch eine besondere Vollstreckungsvoraussetzung sein.
708 Bei ihnen stellt sich oft beim Abschleppen die Frage nach der Bekanntgabe gegenüber dem inzwischen abwesenden Fahrer, welche die Praxis jedoch geflissentlich ignoriert (am besten so auch in der Klausur). Bei der Festsetzung treten dabei allenfalls Probleme auf, wenn zuvor etwas anderes angedroht wurde.
709 Vgl. *VGH Mannheim*, NVwZ-RR 2008, 700 f., mit Anm. *Durner*, JA 2009, 911 f.
710 Vgl. *BVerwG*, JuS 2009, 368 f. (*Waldhoff*). Hintergrund der Problematik ist, dass das Verkehrszeichen als Allgemeinverfügung fast wie eine Verordnung wirkt, aber ein Verwaltungsakt ist.

zeichens.[711] Während die **Bekanntgabe** desselben als solche nach Art. 43 I, 41 BayVwVfG von niemandem angezweifelt wird, ist deren **Zeitpunkt** sehr umstritten: Denkbar sind insoweit als Zeitpunkte für den Fristbeginn die Aufstellung des Verkehrszeichens oder die erstmalige oder auch jede weitere Kenntnisnahmemöglichkeit (sprich: Heranfahrt an das Schild). Dieser Punkt war lange zwischen den verschiedenen *OVG* und *VGH* umstritten; das *BVerwG* hatte sich lange um eine Entscheidung „gedrückt",[712] bis es vom *BVerfG* unmissverständlich dazu aufgefordert wurde.[713] Folgende Aspekte sind hier maßgeblich (und sollten zumindest kurz erläutert werden):[714] Teils wird für den Zeitpunkt der Bekanntgabe auf die **Aufstellung des Verkehrsschildes** als den entscheidenden und klar ermittelbaren (s. dazu bei der Gegenansicht) Behördenakt (vgl. Art. 41 III 2 BayVwVfG) abgestellt.[715] Dagegen sieht das *BVerwG*[716] die **erstmalige Kenntnisnahmemöglichkeit** als entscheidend an, wobei das „Übersehen" wegen der in der StVO begründeten Pflicht jedes Autofahrers zur Aufmerksamkeit unbeachtlich sein soll. Nur diese Sicht sei in systematischer Hinsicht mit Art. 19 IV GG zu vereinbaren und eine bloße „Absicherung" des Bürgers über Art. 51 BayVwVfG angesichts von dessen strengen Voraussetzungen unzureichend. Dagegen kann jedoch die mögliche „Elastizität" dieser Vorschrift betont und moniert werden, dass die neue „h. M." insgesamt verwaltungsrechtssystematisch unpassend ist. Sie macht die Allgemeinverfügung zu einer „Ansammlung" von vielen Einzelverfügungen an jeden Verkehrsteilnehmer (mit „relativer Bestandskraft") und verwischt zudem die Parallele der Allgemeinverfügung als genereller Regelung zum Gesetz, das ebenfalls nur öffentlich bekannt gemacht und lediglich binnen einer Jahresfrist ab diesem Zeitpunkt (s. §§ 47 II 1 VwGO, 93 III BVerfGG) angegriffen werden kann. Schließlich lässt sich auch noch das praktische Problem der Feststellung anführen, wann die erste „Heranfahrt" an das Verkehrsschild tatsächlich stattgefunden hat.[717] Gegen **jede Heranfahrt als neue Bekanntgabe** lässt sich schließlich einwenden, dass damit entgegen der gesetzlichen Intention nie Bestandskraft eintritt. Die Antwort auf die Frage nach dem Zeitpunkt der Bekanntgabe (und im Grund zuvor nach der Erledigung) und damit nach der Bestandskraft kann hier aber letztlich **offenbleiben**, wenn die Primärmaßnahme ohnehin rechtmäßig ist.[718]

Die **Ermächtigungsgrundlage für die Primärmaßnahme „Verkehrszeichen"** ist § 41 I StVO i. V. mit Anlage 2 Nr. 63 (das Verkehrszeichen „stammt" – s. Rn. 498 – von der Straßenverkehrsbehörde und nicht von der Polizei, so dass Art. 11 I PAG nicht für diese Behörde genutzt werden kann, auch wenn das Schild den Polizei-Verwaltungsakt ersetzt). Anders fällt die Antwort jedoch aus,[719] wenn im Rahmen des Art. 9 I PAG eine „Parallelverfügung" der Polizei zum Verkehrsschild angenommen wird; diese muss dann – als zur Ermächtigungsgrundlage allein passende *fiktive* Verfügung – auf Art. 11 PAG gestützt werden.

Die **Primärmaßnahme** „Verkehrszeichen" müsste auch **formell rechtmäßig sein.** Für die Aufstellung ist die Stadt Augsburg (sachlich) als untere Straßenverkehrsbehörde gemäß

---

711  Fragen der Zulässigkeit von Rechtsbehelfen gegen Verkehrszeichen besprechen *Weidemann/Barthel*, JA 2014, 115 ff.
712  So etwa offengelassen in *BVerwGE* 102, 316 ff.
713  *BVerfG*, NJW 2009, 3642 ff.
714  Siehe hierzu auch bereits die Ausführungen bei Rn. 282 f.
715  Eingehend *Kümper*, JuS 2017, 731 (733 ff.); *Stelkens*, NJW 2010, 1184 ff. Vgl. dazu auch *VGH Mannheim*, JZ 2009, 738 f., mit klar ablehnender Anmerkung von *Bitter/Goos*.
716  *BVerwG*, NJW 2011, 246 ff.; zustimmend *Muckel*, JA 2011, 477 f.
717  Vgl. zu alledem insbesondere *Ehlers*, JZ 2011, 155 ff.; es kommt insoweit – nach dem Sinn und Zweck der Bekanntgabe – auf die Person des Fahrers an; andere „Mitfahrende" sind unerheblich. Zum Abschleppen aus einer nachträglich errichteten Halteverbotszone s. *BVerwG*, NVwZ 2018, 1661.
718  Durch diesen „pfiffigen Kunstgriff" des Offenlassens muss die Entscheidung zwischen den Alternativen möglicherweise nicht getroffen werden.
719  Mit *Lang*, in: *Seidel/Stendel/Lang*, S. 342 f. Rn. 20 f.; s. dazu schon oben bei Rn. 499.

§§ 44 I 1 StVO, Art. 4 I 1, 3 I i. V. mit 2 Nr. 2 ZustGVerk[720] (hier mit der Besonderheit der kreisfreien Stadt Augsburg, die – vgl. Art. 9 I GO – die Aufgaben der Kreisverwaltungsbehörde erfüllt) und (örtlich) nach Art. 3 I Nr. 1 BayVwVfG **zuständig**.[721] Beim **Verfahren** ist eine Anhörung nach Art. 28 I, II Nr. 4 BayVwVfG entbehrlich. Hinsichtlich der **Form** ist Art. 37 II 1 BayVwVfG zu erwähnen, der auch ein Blechschild „abdeckt", das zwar schon als schriftliche Regelung angesehen werden kann; die Begründungspflicht entfällt hier aber trotzdem laut Art. 39 I, II Nr. 5 (→ öffentliche Bekanntgabe durch die bloße Aufstellung – so der Sonderfall bei Verkehrsschildern[722]) BayVwVfG. Die Primärmaßnahme „Verkehrszeichen" ist demzufolge formell rechtmäßig.

**507** Bei der materiellen Rechtmäßigkeit der Primärmaßnahme „Verkehrszeichen" ist zunächst der Tatbestand zu prüfen, wobei hier nichts Gegenteiliges in Bezug auf die Voraussetzungen der Ermächtigungsgrundlage (etwa: das Verkehrszeichen ist an diesem Ort „falsch") ersichtlich ist. Sandra P. wird als Halterin und Fahrerin des Geländewagens und damit als Störerin nach Art. 7 I, 8 I PAG bzw. (bei der Straßenverkehrsbehörde eventuell passender) Art. 9 I, II LStVG in Anspruch genommen.[723] Die Primärmaßnahme „Verkehrszeichen" ist rechtmäßig; also kommt es auf den Moment der Bekanntgabe, die mögliche Erledigung und die Bestandskraft gar nicht an.

**508** **Pflichtiger** auf der **Sekundärebene** ist Sandra P. als Störerin. **Rechtsfolge des Art. 72 PAG** ist (auch auf der Sekundärebene) ein Ermessen der Polizei darüber, ob und wie sie vollstreckt – hier also hinsichtlich des Abschleppens im Wege der Ersatzvornahme. Zu prüfen sind mithin mögliche Fehler.

**509** Denkbar erscheint insoweit ein Verstoß gegen den Grundsatz der **Verhältnismäßigkeit** in Art. 4 PAG als eventuell überschrittene Ermessensgrenze in zweierlei Hinsicht: Zum einen ist zu hinterfragen, welche „**Karenzzeit**" die Polizeibeamten ab dem Beginn des Parkens verstreichen lassen mussten, bevor sie abschleppen ließen. Laut dem *VGH Kassel* und dem *VG Gießen* (im Originalfall und dort für Hessen)[724] ist es den Behörden nicht zumutbar und entspricht auch nicht effektiver Gefahrenabwehr, wenn noch länger zuge-

---

720 *Ziegler/Tremel* 860.
721 Die Zuständigkeit kann im Hinblick auf Art. 83, 84 I GG nur im Landesrecht geregelt sein. Zu beachten ist im Übrigen an dieser Stelle nochmals der nur schwer auflösbare „Widerspruch" zu Rn. 498 („Verwaltungsakt der Polizei"), der aber Konsequenz der obigen weiten Interpretation des „Verwaltungsaktes der Polizei" und daher an dieser Stelle hinzunehmen ist.
722 Abgeleitet wird das aus dem Wort „Aufstellung" in § 45 IV StVO. Sonst passte Art. 41 IV BayVwVfG. Zur Wirksamkeit von aufgestellten Verkehrszeichen nach dem Sichtbarkeitsgrundsatz *Hebeler*, JA 2016, 957 ff. (Anmerkung zu *BVerwGE* 154, 365 ff.); vgl. ferner *Weber*, VR 2018, 44 ff. Zur Frage, ob die ordentliche Gerichtsbarkeit bei der Verhängung eines Bußgeldes bzw. Fahrverbotes für einen Verstoß gegen die durch Verkehrszeichen getroffene Anordnung prüfen muss, ob dieses rechtmäßig aufgestellt worden ist, *Rebler*, JuS 2017, 1178 ff. An der Schriftform könnte man hier in Bezug auf Art. 37 III BayVwVfG zweifeln.
723 Die Frage der Verantwortlichkeit (→ „Richtung der Maßnahme") ist, wenn überhaupt, nur hier sinnvoll zu prüfen. Das Problem der hiesigen Fallkonstellation ist allerdings, dass sich die Allgemeinverfügung (s. dazu schon den „Streit" oben in Rn. 504 bei ihrer Bekanntmachung) an alle richtet, während sich das daraus herausgelesene Wegfahrgebot auf Sandra P. konzentriert, also gleichsam eine individuelle Verfügung „wird", zu deren Rechtmäßigkeit ein „passender" Störer bzw. Pflichtiger gehört. Kommt der Pflichtige vor dem Abschleppwagen, zahlt er nur die Kosten der „Leerfahrt". Vgl. dazu *OVG Münster*, DÖV 2014, 128: Ausnahmsweise dürfen Kosten für eine Leerfahrt nicht erhoben werden, wenn das Abschleppfahrzeug ohne Einbußen für eine effektive Aufgabenerfüllung auf Kosten eines anderen Pflichtigen unmittelbar anderweitig eingesetzt werden kann. *VGH München*, BayVBl. 2014, 88 f., sieht die Erhebung der Kosten letztlich für eine „Teilleerfahrt" im Fall eines Anschlussabschleppauftrages (nur für die Anfahrt) als verhältnismäßig an.
724 *VGH Kassel*, NVwZ-RR 1999, 23 ff.; insoweit besteht eine argumentative Nähe zum Zweckveranlasser. *VG Gießen*, NVwZ-RR 2003, 212 f., ohne Eingehen auf den möglichen Widerspruch zur Argumentation bei der Androhung, die wegen der Eilbedürftigkeit entfallen soll. Anders allerdings dann *VGH München*, BeckRS 2005, 16112 Rn. 19.

wartet wird, weshalb ohne eine konkrete Verkehrsbehinderung (so etwa beim Parken auf der Feuerwehrzufahrt oder auf einem Behindertenparkplatz → dort kann sofort abgeschleppt werden) wie hier **ab einer Stunde Wartezeit** abgeschleppt werden darf. Ein weiterer Gesichtspunkt ist insofern die Verhinderung einer „negativen Vorbildwirkung" durch das folgenlose Falschparken. Danach ist die Verhältnismäßigkeit hier anzunehmen, auch wenn unklar ist, wie die „Anfangszeit" ermittelt wurde (vermutlich durch eine entsprechende Einlassung von Sandra P.). Das *BVerwG* hat hingegen entschieden,[725] dass ein bloßer Verkehrsverstoß allein regelmäßig nicht ausreicht; es bedarf danach immer zusätzlich noch einer **konkreten Verkehrsbehinderung** (mutmaßlich einer mit „Öffentlichkeitsbezug"; sonst widerspräche es Art. 2 II PAG). Eine konkrete Verkehrsbehinderung durch Sandra P. gibt es hier aber nicht. Das Abschleppen ihres Geländewagens ist nach dieser Sicht also unverhältnismäßig. Mit entsprechender Argumentation sind so beide Ergebnisse vertretbar.[726]

Fraglich ist, ob die Polizisten aufgrund des **Zettels an der Windschutzscheibe** mit der Handynummer von Sandra P. (unabhängig von ihrem „Motiv") hinter ihr her telefonieren mussten, bevor sie den Geländewagen abschleppen ließen. Trotz weiter Verbreitung von Handys blieben die Erfolgsaussichten aber ungewiss. Es geht legitimerweise beim Abschleppen auch um spezial- und generalpräventive Zwecke; sonst hat bald jeder so einen Zettel und parkt fast „gefahrlos" überall, zumal das trotzdem verhängte Verwarnungsgeld als „Vorstufe" zum Bußgeld im Rahmen eines Ordnungswidrigkeitenverfahrens (das als repressives Instrument neben das präventive Abschleppen tritt) kaum höher als die innerstädtischen Parkgebühren ist). Außerdem würden Dritte ohne Handy benachteiligt (das *VG Gießen* betont insoweit,[727] wenn es schon keine Gleichbehandlung im Unrecht gebe, dann „erst recht keine Ungleichbehandlung im Unrecht"). Deswegen verneint die h. M. grundsätzlich eine „Nachforschungspflicht" der Polizei. Etwas anderes gilt nur, wenn der Zettelinhalt die sofortige Wegfahrbereitschaft erkennbar macht.[728] Hier ist das nach den strengen diesbezüglichen Kriterien der Rechtsprechung (→ Klar sein muss beim Lesen des Zettels: Wo ist Sandra P.? Bis wann ist sie dort? Wie schnell kann sie zurückkommen und die Gefahr beseitigen?) eher zu verneinen.[729]

Die im abgekürzten Verfahren vollzogene Ersatzvornahme des durch das Verkehrszeichen ausgesprochenen Wegfahrgebotes war damit rechtmäßig (sofern man nicht dem

---

[725] *BVerwG*, NJW 2011, 246 ff., für Hamburg; der Verhältnismäßigkeitsgrundsatz nach Art. 20 III GG ist aber Bundesrecht, also trotz des im Landesrecht „spielenden" Falles gemäß § 137 I Nr. 1 VwGO im Revisionsverfahren zu prüfen („revisibel"); ähnlich entschied das *BVerwG*, NJW 2014, 2888 ff.: Von einer Abschleppmaßnahme an einem Taxistand sei abzusehen, wenn eine Beeinträchtigung des reibungslosen Taxenverkehrs ausgeschlossen sei. Ansonsten sei ein Abschleppen aber auch ohne die Einhaltung einer bestimmten Wartezeit verhältnismäßig; das *OVG Greifswald*, NJW 2015, 2519, entschied wiederum, dass es auf das Vorliegen einer konkreten Verkehrsbehinderung nicht ankomme, wenn mit dem „funktionswidrigen" Parken eine Funktionsbeeinträchtigung der Verkehrsfläche verbunden sei. Zuletzt hat *BVerwG*, NJW 2018, 2910 ff., für das Abschleppen bei einem nachträglich nach dem „legalen" Parken aufgestelltem Halteverbotszeichen mit ähnlicher Argumentation eine „Karenzzeit" von drei Tagen bejaht.
[726] Die Bestimmung einer „h. M." für Bayern ist schwierig. Daher sollte wie sonst auch statt des „Referates von Meinungen" schlicht anhand der Sachargumente entschieden werden, welcher Position man sich anschließt. Dazu mit einem anderen Beispiel *Kramer*, Rn. 5 f.
[727] *VG Gießen*, NVwZ-RR 2003, 212 f.; vgl. auch m. w. N. *VG München*, BeckRS 2014, 119251 Rn. 27
[728] Ebenso *Schmidbauer, in: Schmidbauer/Steiner*, Art. 25 Rn. 160 ff.; eine vorangehende Benachrichtigung des Kfz-Halters oder jedenfalls deren Versuch hat der *VGH München*, BayVBl. 2015, 238 ff., auch bei einer Abschleppmaßnahme zur Eigentumssicherung (das Fenster des Fahrzeuges stand offen) für erforderlich gehalten.
[729] Dieser Aspekt kann auch bereits bei der Entbehrlichkeit der Androhung erörtert werden; so auch *VG München*, BeckRS 2010, 143948 Rn. 15. Das bloße „Versetzen" statt der ebenfalls möglichen Mitnahme des Pkw stellt im Übrigen insoweit kein zusätzliches Problem dar.

*BVerwG* folgt), so dass der in der Höhe zutreffende und ermessensfehlerfrei[730] erlassene Kostenbescheid auch materiell rechtmäßig und die dagegen gerichtete Anfechtungsklage von Sandra P. mithin unbegründet ist. Sandra P. sollte sie daher grundsätzlich (vgl. aber noch Frage 2) nicht erheben.

**512** Im Rahmen der **Frage 2** ist zum einen zu klären, ob die „Zahlungserinnerung" der Polizeidirektion Augsburg zutrifft, und zum anderen, was gegebenenfalls von Sandra P. dagegen unternommen werden kann. Fraglich ist also zunächst, ob die Anfechtungsklage von Sandra P. **aufschiebende Wirkung** hat. Eine explizite AoSofVz gemäß **§ 80 II 1 Nr. 4 VwGO** gibt es hier nicht. Aus § 80 III VwGO lässt sich überdies ableiten, dass eine „konkludente" Anordnung, in diesem Fall etwa durch die „Zahlungserinnerung", nicht in Betracht kommt. Es liegt auch kein Fall des **§ 80 II 1 Nr. 2 VwGO** vor, denn der Kostenbescheid kommt zwar von der Polizei; es geht aber nicht um das vom Gesetz geforderte *„unaufschiebbare* Handeln eines Polizei*vollzugs*beamten".[731] Weiterhin kommt **§ 80 II 1 Nr. 1 VwGO** in Betracht. Die Kosten der Ersatzvornahme sind jedoch keine „öffentlichen Kosten", denn der Begriff ist wiederum eng auszulegen.[732] Er soll die Finanzierung notwendiger Staatsaufgaben gewährleisten, so dass Maßstab ist, ob der Staat auf die Zahlung existenziell angewiesen ist und die Einnahmen für ihn im Haushalt im Einzelnen genauer „planbar" sind (so ist das bei *generell*, nicht aber im Einzelfall erhobenen Zahlungen wie z. B. Abgaben). Nicht dazu zählen die *einzelnen* Kosten von Vollstreckungsmaßnahmen oder die *einzelne* Kostenentscheidung beim Verwaltungsakt. Erfasst werden demgegenüber eben allgemeine Steuern, Gebühren, öffentliche Beiträge, Sonderabgaben, wenn für sie die VwGO gilt – vieles ist hier streitig (so bei den Abwasser-, Stellplatz- oder Ausgleichsabgaben). Für **§ 80 II 1 Nr. 3 VwGO** mangelt es an einer entsprechenden landesrechtlichen Regelung im PAG. Sie ist wegen § 80 II 1 Nr. 2 VwGO für Maßnahmen der Polizei *zur Gefahrenabwehr* auch nicht nötig, fehlt aber in ähnlich pauschaler Weise im LStVG für die Sicherheitsbehörde, die sich nur wie andere Behörden bei der Vollstreckung für Maßnahmen „in" derselben auf Art. 21a S. 1 VwZVG stützen kann. Auch **§ 80 II 1 Nr. 3a VwGO** scheidet hier aus. Die Anfechtungsklage von Sandra P. hat daher aufschiebende Wirkung; sie muss nicht sofort zahlen. Die „Zahlungserinnerung" (das ist kein Verwaltungsakt, sondern eine bloße Mitteilung ohne Regelung) trifft nicht zu.

**513** Die „klassischen" Eilanträge nach § 80 V 1 VwGO passen angesichts der fortbestehenden aufschiebenden Wirkung ihrer Anfechtungsklage, die weder angeordnet noch wiederhergestellt werden kann, in diesem Fall nicht. Um sie vor dem drohenden Vollzug des Verwaltungsaktes trotz der ihr aus Gründen des effektiven Rechtsschutzes nach Art. 19 IV GG gewährten aufschiebenden Wirkung zu bewahren, sollte Sandra P. einen **Antrag** analog § 80 V 1 VwGO **auf Feststellung der aufschiebenden Wirkung ihrer Anfechtungsklage** stellen. Er hätte mit den in Rn. 512 angestellten Erwägungen Erfolg.[733]

---

730 Hier können „rechtfertigende" Gründe des Falschparkens berücksichtigt werden (vgl. Art. 93 S. 5 PAG).
731 S. *VGH Mannheim*, BeckRS 2019, 16766. Insgesamt gilt für § 80 II VwGO als Ausnahme zur Grundregel des § 80 I 1 VwGO, dass dessen Tatbestände im Hinblick auf Art. 19 IV GG restriktiv auszulegen sind. Ausnahmsweise ist die Rechtsprechung zumindest bei § 80 II 1 Nr. 2 VwGO aber aus Gründen der Praktikabilität eher „großzügig" und fasst darunter – analog – auch das Verkehrszeichen (s. oben Rn. 498) und die abgelaufene Parkuhr als „Polizistenersatz" – aber eben nur im Kontext der (eiligen und möglichst effizienten) Gefahrenabwehr.
732 So m. w. N. *W.-R. Schenke*, in: *Kopp/Schenke*, § 80 Rn. 63; a. A. zwar zunächst *VGH München*, NVwZ-RR 1994, 618 f., dann jedoch aufgegeben von *VGH München*, NVwZ-RR 2009, 787 (788).
733 S. *VGH München*, NVwZ-RR 2009, 787, auch zum Rechtsschutzbedürfnis, wenn die Behörde die aufschiebende Wirkung des Rechtsbehelfes leugnet. Im Unterschied zu § 80 V 1 VwGO direkt erfolgt in diesem Fall der analogen Anwendung der Norm im Rahmen der Begründetheit des Eilantrages keine Interessenabwägung, sondern schlicht die Prüfung, ob § 80 II 1 VwGO eingreift (bei der Statthaftigkeit im Rahmen der Sachentscheidungsvoraussetzungen wird dagegen nur geprüft, welcher Antrag „passt"; sonst bliebe auch nichts mehr für die Begründetheit übrig). Der auf § 80 V 1 VwGO gerichtete Eilantrag einer „Naturpartei" würde vom VG in dieser Situation analog § 88 VwGO umgedeutet.

## Fall 12: Das tolle Radarwarngerät ist weg![734]

Sascha S. liebt insbesondere schnelle Autos. Als hinderlich erweisen sich dabei nur die allerorts verfügten Beschneidungen seiner Freiheit in Gestalt der Geschwindigkeitsbeschränkungen und die zur Überwachung von deren Einhaltung vermehrt eingesetzten Radarmessgeräte. Um nicht, wie es in der Vergangenheit schon des Öfteren geschehen ist, weiterhin viel Geld für Blitzlichtbilder von sich hinter dem Steuer zu bezahlen, hat sich Sascha S. im Internet ein Radarwarngerät ersteigert, mit dem er seinen schnellsten Flitzer bestückt. Das Gerät ortet rechtzeitig „Radarfallen" und warnt Sascha S. mit einem Piepston vor ihnen, so dass er die installierten Kameras freundlich winkend mit der vorgeschriebenen Geschwindigkeit passieren kann.
Seine Freude währt jedoch nicht lange, denn bei einer Routinekontrolle auf Alkohol im Straßenverkehr (vor der ihn das Gerät nicht gewarnt hat) entdeckt eine kundige Polizeibeamtin das Gerät, stellt es nach Ausbau sicher und kündigt Sascha S. an, das Gerät werde vernichtet. Hierüber erhält er in der Folgezeit auch einen schriftlichen Bescheid, der mit der Ankündigung garniert wird, es werde in dieser Sache zudem noch ein Ordnungswidrigkeitenverfahren gegen ihn in Gang gesetzt.
Letzteres betrachtet Sascha S. als unabänderliche und „gerechte" Folge seines Tuns, denn er habe ja auch viele Bußgelder mit Hilfe des Gerätes gespart. Er will aber nicht einsehen, dass er das Gerät nicht wiederbekommt, um es zumindest möglichst kurzfristig zum Kaufpreis „weiterzuverticken". Dazu beruft er sich auch darauf, dass nach dem Europäischen Unionsrecht (konkret der Richtlinie 2014/53/EU) und seinem deutschen Umsetzungsgesetz in Gestalt des FUAG (was zutrifft) der Besitz derartiger Funk- und Fernmeldeanlagen nicht verboten sei. Deshalb möchte er gegen die Bescheide insoweit vorgehen. Was muss bzw. kann er vor Gericht tun, um sein Warngerät sofort zurückzubekommen? Auf §§ 24 StVG, 23 Ic, 49 I Nr. 22 StVO wird hingewiesen.

**Die Gliederungsübersicht zu Fall 12:**

A. Sachentscheidungsvoraussetzungen des Rechtsbehelfes
I. Eröffnung des Verwaltungsrechtsweges
II. Statthafter Rechtsbehelf
   **Problem:** Abgrenzung der Eilrechtsschutzrechtsbehelfe

III. Antragsbefugnis
IV. Beteiligten- und Prozessfähigkeit
V. Rechtsschutzbedürfnis
1. § 80 VI i. V. mit IV, II 1 Nr. 1 VwGO
2. § 80 V 2 VwGO
3. Keine offensichtliche Verfristung der Hauptsache

B. Begründetheit der Anträge auf Anordnung der aufschiebenden Wirkung
I. Richtiger Antragsgegner
II. Interessenabwägung
1. Ermächtigungsgrundlage der Bescheide
2. Formelle Rechtmäßigkeit der Bescheide

---
734 Vgl. *VGH München*, BeckRS 2019, 13686; *VGH Mannheim*, NVwZ-RR 2003, 117 f.; *VG Aachen*, NVwZ-RR 2003, 684 ff.

a. Zuständigkeit
b. Verfahren
   **Problem:** Anhörungserfordernis
c. Form
3. **Materielle Rechtmäßigkeit der Bescheide**
   a. Sicherstellung des Radarwarngerätes
      aa. Gegenwärtige Gefahr für die öffentliche Sicherheit
      bb. Störereigenschaft
      cc. Konflikt zwischen StVG und Unionsrecht bzw. dem FUAG als Umsetzungsgesetz
      dd. Rechtsfolge
   b. Die „Androhung" bzw. Anordnung der Vernichtung
      aa. Art. 27 IV 1 Nr. 1 PAG
      bb. Konnexität
      cc. Störereigenschaft
      dd. Ermessensfehler

**516** Sascha kann erfolgreich gegen die Bescheide vor Gericht vorgehen und das Warngerät schnell zurückbekommen,[735] wenn ihm ein (Eil-)**Rechtsbehelf** zur Verfügung steht, dessen Sachentscheidungsvoraussetzungen vorliegen und der auch begründet ist.

**517** Im Rahmen der **Sachentscheidungsvoraussetzungen** dieses Rechtsbehelfes ist der **Verwaltungsrechtsweg** in Ermangelung einer aufdrängenden Sonderzuweisung gemäß § 40 I 1 VwGO eröffnet, geht es doch um auf öffentlich-rechtlichen Normen des PAG (als Sonderrecht des Staates) beruhenden Maßnahmen und um eine nichtverfassungsrechtliche Streitigkeit. Auch § 23 I 1 EGGVG als abdrängende Sonderzuweisung ist hier nicht erfüllt, zumal die Ordnungswidrigkeit von Sascha nicht zur Überprüfung gestellt und das Warngerät insoweit auch nicht als Beweismittel für repressive Zwecke der Polizei sichergestellt wird.

**518** Ausgangspunkt für die Bestimmung des **statthaften Rechtsbehelfes** ist immer das Begehren des um Rechtsschutz Nachsuchenden, hier also von Sascha (§§ 88, 122 I VwGO). Er greift verschiedene polizeiliche Maßnahmen im Eilrechtsschutz an, wobei es für die durch § 123 V VwGO gebotene Abgrenzung zwischen § 80 V 1 und § 123 I VwGO (§ 47 VI VwGO scheidet erkennbar aus) auf die statthafte Klageart in der Hauptsache ankommt. Ein Eilantrag nach § 80 V 1 VwGO setzt insoweit eine Anfechtungssituation und damit belastende Verwaltungsakte voraus. Die **Sicherstellung** ist ein solcher belastender Verwaltungsakt, die **Verwahrung** nach h. M. hingegen nur ein Realakt, der durch die Sicherstellung „in Gang gesetzt" wird (→ zur Begründung des Verwahrungsverhältnisses; fällt die Sicherstellungsverfügung weg, endet automatisch auch das Verwahrungsverhältnis; vgl. Art. 28 I 1 PAG), so dass es nicht gesondert angegriffen werden muss. Die „Androhung" bzw. Anordnung der **Vernichtung** ist demgegenüber wieder wie die Sicherstellung ein belastender Verwaltungsakt. Also sind hier zwei „Regelungen" in der Hauptsache anzufechten bzw. auf ihre Rechtmäßigkeit zu prüfen. Der „zwischengeschaltete" Realakt der Verwahrung teilt im Regelfall ihr Schicksal, ist aber jedenfalls im Rahmen des § 80 V 1 VwGO unerheblich.[736] Weiterhin ist zu beachten, dass Widersprüche gegen die polizeilichen Bescheide nach § 68 I 2 Fall 1 VwGO, Art. 12 II, I AGVwGO unstatthaft sind und mögliche Anfechtungsklagen gemäß § 80 II 1 Nr. 2 VwGO keine aufschiebende Wirkung entfalten. Sascha hat also auf dem Wege allein über die Hauptsa-

---

735 Zum Herausgabeanspruch nach Art. 28 I 1 PAG in solchen Fällen *VGH München*, BayVBl. 2011, 312 f.
736 Zur Klassifizierung von Eingriffen als Verwaltungsakt oder Realakt *Beckmann*, NVwZ 2011, 842 ff.

che keine Möglichkeit, schnell – laut dem Sachverhalt möchte er das „sofort" – wieder an sein Warngerät zu kommen. Daher sollte Sascha zugleich mit den Anfechtungsklagen Eilanträge auf Anordnung der aufschiebenden Wirkung seiner Anfechtungsklagen nach § 80 V 1 Fall 1 VwGO stellen.[737] Bei den zwei derart angegriffenen Maßnahmen der Polizei, der Sicherstellung und der Androhung der Vernichtung (→ die als „Bescheid" bezeichnet werden; also ist auch der Singular möglich),[738] handelt es sich im Übrigen um eine zulässige **objektive Antragshäufung** analog § 44 VwGO.

Die beiden polizeilichen Maßnahmen sind an Sascha adressiert und können ihn deswegen zumindest in seinem Grundrecht auf Allgemeine Handlungsfreiheit aus Art. 2 I GG bzw. 101 BV belasten. Für diese Anträge verfügt er daher über die analog § 42 II VwGO erforderliche **Antragsbefugnis**. Sascha (§§ 61 Nr. 1 Fall 1, 62 I Nr. 1 VwGO) und der Freistaat Bayern (§§ 61 Nr. 1Fall 2, 62 III VwGO i. V. mit [Art. 47 III BV, § 36 I 2 VwGO,] Art. 13 S. 1, 2 AGVwGO, § 3 I, II 1, 6 LABV) sind – bei Vertretung des Freistaates durch den Leiter/die Leiterin des Polizeipräsidiums – zudem **beteiligten- und prozessfähig**. Eine wichtige Sachentscheidungsvoraussetzung in Verfahren des einstweiligen Rechtsschutzes ist schließlich noch die Frage nach dem **allgemeinen Rechtsschutzbedürfnis** des Antragstellers. Es fehlt, wenn ihm ein „einfacherer Weg" zu seinem Ziel zur Verfügung steht oder sein Antrag offensichtlich „sinnlos" ist (also seine Rechtsstellung nicht zu verbessern vermag). **§ 80 VI i. V. mit IV, II 1 Nr. 1 VwGO** ist hier nicht einschlägig, ein vorheriger Antrag auf Aussetzung der Vollziehung bei der Behörde mithin (im Umkehrschluss) vorliegend nicht zwingend nötig.[739] Hier stellt sich aber das Problem, dass Sascha **noch keine Anfechtungsklagen gegen die polizeilichen Maßnahmen erhoben** hat. Daher kann das VG auch gar keine aufschiebende Wirkung (wovon auch?) anordnen, so dass die Anträge nach § 80 V 1 Fall 1 VwGO an sich „sinnlos" sind. Hier bedarf es einer Normauslegung zur Lösung des Problems (s. schon Rn. 368): Der Gesetzgeber stört sich ausweislich von § 80 V 2 VwGO (→ Wortlaut) offenbar nicht an diesen dogmatischen Bedenken und lässt den Eilantrag nach S. 1 bereits vor der Klageerhebung zu, sofern man diese Norm hier nicht mit dem etwas fragwürdigen Argument (→ Sinn und Zweck bzw. Systematik) einschränkt, sie sei auf die Situation eines vorherigen Widerspruches gemünzt. Dagegen spricht jedoch (→ Systematik oder Entstehungsgeschichte), dass bei der „Öffnung" des § 68 I VwGO durch dessen S. 2 § 80 V 2 VwGO nicht angepasst wurde, also unverändert fortgelten sollte. Ein teleologisches Argument für die einschränkende Auslegung, das insbesondere beim Widerspruch angeführt wird, aber natürlich auch hier gilt, ist eben, dass ohne den Hauptsacherechtsbehelf der „Trä-

---

[737] Bezweifelt werden kann zwar, ob auch die Anordnung der Vernichtung eine unaufschiebbare Polizeimaßnahme i. S. des § 80 II 1 Nr. 2 VwGO ist (sonst würde zum vorläufigen Schutz von Sascha gemäß § 80 I 1 VwGO insoweit die Erhebung einer Anfechtungsklage genügen). Die h. M. ist aber großzügig. Offenbleiben kann zudem, ob Sascha bei Erfolg seiner Eilanträge überhaupt sein Warngerät sofort herausbekäme (es würde eher an dritter Stelle hinterlegt, um seine Weiterveräußerung durch Sascha zu verhindern). Der Sachverhalt ist aber in jedem Fall so zu verstehen, dass die Eilanträge zu prüfen sind, zumal ein anderer Weg in Richtung dieses Zieles nicht erkennbar ist: Eine Leistungsklage auf Herausgabe in der Hauptsache (hier als Annexantrag nach § 113 I 2 VwGO; er ist im Verhältnis zu § 113 IV VwGO spezieller; bzw. ein Eilantrag nach § 123 I 2 VwGO) scheitern an der sofort vollziehbaren Sicherstellungsverfügung als „Rechtsgrund zum Behalten". Außerdem könnte Sascha wegen des Verbotes der Vorwegnahme der Hauptsache statt der („vorläufigen") Herausgabe an ihn insoweit auch nur die schon erwähnte Hinterlegung des Gerätes bei einem Dritten verlangen, die ihm aber keine Verbesserung der Lage bringt.

[738] Die Sicherstellung hat sich im Übrigen noch nicht erledigt, dauert doch ihre Regelung zumindest als der „Befehl", (auch) die Verwahrung zu dulden, noch an. Sie muss zur Verhinderung ihrer Bestandskraft (rechtzeitig) angegriffen werden; sonst kann der Herausgabeanspruch nach Art. 28 I 1 PAG nicht auf das Nichtvorliegen ihrer Voraussetzungen gestützt werden. Der Anspruch besteht dann erst, wenn der (bei einer rechtswidrigen Sicherstellung meist zu Unrecht bejahte) Sicherstellungsgrund tatsächlich wegfällt.

[739] Bei seiner Einschlägigkeit könnte § 80 VI VwGO theoretisch auch schon im Rahmen der Statthaftigkeit des Antrages erörtert werden. Allerdings betrifft er nur die Frage, ob der Eilantrag jetzt schon (nicht: überhaupt) möglich ist.

ger" der anzuordnenden bzw. wiederherzustellenden aufschiebenden Wirkung fehlt. Allerdings ist das doch eine sehr formale Sicht (→ was ist der „Mehrwert" eines Blattes mit dem bloßen Wort „Widerspruch" oder „Klage"?). Vorzugswürdig erscheint daher die nicht teleologisch reduzierte Anwendung des § 80 V 2 VwGO. Auch im Übrigen ist das Rechtsschutzbedürfnis von Sascha zu bejahen, haben doch seine noch zu erhebenden **Klagen nur aufgrund der gesetzlichen AoSofVz** nach § 80 II 1 Nr. 2 VwGO und nicht etwa wegen offensichtlich fehlender Sachentscheidungsvoraussetzungen (vor allem – alle anderen Sachentscheidungsvoraussetzungen wurden zuvor schon geprüft – aufgrund ihrer offensichtlichen Verfristung und der damit eingetretenen Bestandskraft, derentwegen dann in der Hauptsache nichts mehr zu erreichen wäre, weshalb dann auch der Eilrechtsschutz nicht weiter gehen kann) **keine aufschiebende Wirkung**.[740] Für die Eilanträge von Sascha liegen demnach alle Sachentscheidungsvoraussetzungen vor.

**520** Die Anträge nach § 80 V 1 Fall 1 VwGO sind **begründet**, wenn sie sich gegen den richtigen Antragsgegner wenden und das Aussetzungsinteresse von Sascha das öffentliche Interesse am Sofortvollzug der Grundverwaltungsakte überwiegt. **Richtiger Antragsgegner** ist analog § 78 I Nr. 1 VwGO der Freistaat Bayern als Rechtsträger der handelnden Polizei (→ Art. 1 II POG). Bei der nunmehr gebotenen **Interessenabwägung** (als eigener Ermessensentscheidung des VG) überwiegt mit Blick auf Art. 20 III GG das Aussetzungsinteresse von Sascha das öffentliche Interesse am Sofortvollzug der Verwaltungsakte in diesen Fällen regelmäßig dann, wenn den Hauptsacherechtsbehelfen von Sascha Erfolgsaussichten zukommen, also sich vor allem die angefochtenen Bescheide bei summarischer Prüfung als rechtswidrig erweisen und Sascha dadurch in seinen Rechten verletzen (§ 113 I 1 VwGO).

**521** Die angegriffenen Verwaltungsakte sind rechtswidrig, wenn sie auf keiner wirksamen Ermächtigungsgrundlage beruhen (→ Vorbehalt des Gesetzes) oder formell oder materiell rechtswidrig sind (→ Vorrang des Gesetzes). Mangels einschlägiger Spezialgesetze (etwa für die Sicherstellung von Tieren, Presseerzeugnissen[741] oder Post; anders, wenn sie z. B. auf der Straße liegen und dadurch eine Unfallgefahr begründen) muss hinsichtlich der **Ermächtigungsgrundlage der Bescheide** auf das PAG zurückgegriffen werden. Dabei ist nochmals zu beachten, dass die Bescheide mehrere polizeiliche Maßnahmen enthalten, die auf verschiedene Ermächtigungsgrundlagen gestützt sind: Es geht um die Sicherstellung (Art. 25 PAG), die – hier nicht anzugreifende – Verwahrung (Art. 26 PAG) und zuletzt um die Vernichtung des Radarwarngerätes (Art. 27 PAG).

**522** Im Rahmen der **formellen Rechtmäßigkeit** ist zunächst die **Zuständigkeit** der Polizei zu prüfen, die vorliegend aus Art. 25, 27 IV i. V. mit Art. 2 I, 3 PAG folgt.[742] Die an sich im **Verfahren** nötige Anhörung (Art. 28 I BayVwVfG) von Sascha bei der Sicherstellung war nach Art. 28 II Nr. 1 BayVwVfG entbehrlich. Zu beachten ist aber, dass für die Anordnung der Vernichtung die Norm an sich mangels der Eilbedürftigkeit dieser Maßnahme nicht mehr greift (damit ist aber eigentlich auch schon die Zuständigkeit der Polizei für diesen Eilfall fraglich). Aus der gesetzlichen Wiederholung des Anhörungserfordernisses in Art. 27 IV 2, II PAG wird jedoch deutlich, dass der Gesetzgeber trotz des

---

740 Die ersten beiden Punkte betreffen den Teilaspekt des allgemeinen Rechtsschutzbedürfnisses, dass „kein einfacherer Weg zum Ziel" bestehen darf, während der dritte (und gegebenenfalls auch schon der zweite) auf die „Sinnlosigkeit" des Antrages als Grund für ein fehlendes Rechtsschutzbedürfnis abhebt.
741 Vgl. dazu *Groß*, VR 2009, 411 ff.
742 Es bedarf neben der konkreten Ermächtigungsgrundlage (die im PAG immer die Polizei nennt) noch der Prüfung von Art. 2 I, 3 PAG. Ausführlich kann da bereits eine abstrakte Gefahr für die öffentliche Sicherheit oder Ordnung untersucht werden. Das Vorliegen der „Gefahr" wird aber „konkret" noch im materiellen Kontext betrachtet, so dass an dieser Stelle auch der Hinweis reicht, dass bereits beim Verwaltungsrechtsweg (→ kein Fall des § 23 I 1 EGGVG) das präventive Handeln der Polizei bejaht wurde.

an sich eher zu verneinenden Eilfalles aus Zweckmäßigkeitsgründen und wegen des Sachzusammenhanges von der Zuständigkeit der Polizei und der fehlenden Anhörungspflicht nach Art. 28 II Nr. 1 BayVwVfG auch für die Vernichtung ausgegangen ist, wozu er dann mit Art. 27 IV 2, I PAG eine Rückausnahme geschaffen hat.[743] Es fehlt mithin am Erfordernis der Anhörung nach Art. 28 I, II Nr. 1 BayVwVfG; deren Notwendigkeit ergibt sich hier jedoch aus Art. 27 IV 2, II PAG. Sie ist hier erkennbar noch nicht erfolgt; es besteht aber noch die Heilungsmöglichkeit nach Art. 45 I Nr. 3, II BayVwVfG. Die gewählte **Form** der Polizeimaßnahmen wird von Art. 37 II 1, 39 I BayVwVfG gedeckt. Die Bescheide sind also formell rechtmäßig (bzw. noch zu heilen).

Bei der **materiellen Rechtmäßigkeit der Bescheide** ist zwischen beiden polizeilichen Maßnahmen zu differenzieren. Zunächst erfolgt die Prüfung der **Sicherstellung** des Radarwarngerätes, **wobei** die entscheidende **Tatbestandsvoraussetzung** des hier einschlägigen Art. 25 I Nr. 1a PAG das Vorliegen einer **gegenwärtigen Gefahr für die öffentliche Sicherheit** ist. Zur **öffentlichen Sicherheit** gehören klassischerweise drei Schutzgüter (vgl. dazu ausführlich in Rn. 98 ff. und zuletzt Rn. 454), die hier allesamt berührt sind.

Das Radarwarngerät ist betriebsbereit. Damit bleiben permanente Verstöße von Sascha gegen Regeln der StVO sanktionslos (was die **geschriebene Rechtsordnung** tangiert), so dass er seine Fahrweise nicht ändert und durch die Regelverstöße Leben und Gesundheit der anderen Verkehrsteilnehmer gefährdet (womit er **subjektive Rechte und Rechtsgüter der Einzelnen** gefährdet). Zudem leidet so die Funktionsfähigkeit der polizeilichen Verkehrsüberwachung (als Teil der **„Funktionsfähigkeit des Staates und seiner Einrichtungen"**; so ist das wohl auch bei sogenannten „Blitzerwarnungen" im Radio). Seit vielen Jahren ist die Nutzung von Radarwarngeräten in Kraftfahrzeugen überdies durch § 23 Ic StVO verboten. Ein Verstoß hiergegen verwirklicht den Tatbestand der Ordnungswidrigkeitennorm des § 24 StVG i. V. mit § 49 I Nr. 22 StVO (und verstößt damit wieder gegen die **geschriebene Rechtsordnung**). Angesichts der Fahrbereitschaft des Pkw und der Nutzbarkeit des Warngerätes (nicht nötig ist dagegen dessen fester Einbau) liegt auch eine **gegenwärtige Gefahr** für die öffentliche Sicherheit vor.[744]

Als **Pflichtiger** einer Sicherstellung kommt regelmäßig (so auch hier) der Eigentümer bzw. Besitzer als Zustandsstörer nach Art. 8 I PAG in Betracht. Außerdem ist Sascha durch den Einbau und die Nutzung des Gerätes aber auch noch Verhaltensstörer nach Art. 7 I PAG.

Zu klären ist jedoch, ob es hier nicht zu einem **Konflikt des StVG und der StVO** mit dem die Richtlinie 2014/53/EU[745] in nationales Recht umsetzenden **FUAG** kommt, nach dem der Besitz derartiger Anlagen nicht verboten ist. Träfen diese Normen eine abschließende Regelung zum grundsätzlichen „Erlaubtsein" des Besitzes von Radarwarngeräten, würden sie als spezielleres (und wohl auch jüngeres) Gesetz das StVG (und

---

743 Zur Gewährleistung effektiven Rechtsschutzes wird der in der Vernichtung liegende Verwaltungsakt mit der Duldungspflicht hinsichtlich des Eigentumseingriffes auf ihre „Androhung" vorverlagert; sie kann dann aber nicht zugleich die Anhörung dazu sein. Art. 27 IV 2, II PAG könnte zwar auch so verstanden werden, dass nur die Anhörung zu dem dann regelmäßig in Abwesenheit des Betroffenen ergehenden „Vernichtungs(verwaltungs)akt" vorgeholt werden soll. Dann macht aber zum einen dessen Bekanntgabeprobleme, und zum anderen müsste als Rechtsbehelf in der Hauptsache dann eine vorbeugende Unterlassungsklage erhoben werden, die in der Praxis aber auf die Nichternennung von Beamten beschränkt ist.
744 Zur Sicherstellung von Geld *VGH München*, BayVBl. 2012, 429 ff. Dabei ist es unerheblich, dass das Warngerät bei einer (ebenfalls präventiven Zwecken dienenden) Alkoholkontrolle entdeckt wurde, denn insoweit gibt es kein Verwertungsverbot; die Sicherstellung erfolgte hier auch nur mit präventivem Ziel.
745 Richtlinie 2014/53/EU des Europäischen Parlamentes und des Rates vom 16. April 2014 über die Harmonisierung der Rechtsvorschriften der Mitgliedstaaten über die Bereitstellung von Funkanlagen auf dem Markt und zur Aufhebung der Richtlinie 1999/5/EG, ABl. L 153 vom 22.5.2014, S. 62.

damit die StVO) insoweit verdrängen. Sie zielen als Umsetzungsakt des europäischen Rechts (Art. 288 III AEUV), das deshalb zu ihrer Auslegung heranzuziehen ist, auf einen freien Wettbewerb mit diesen Waren (in Europa) ab, hindern aber nicht daran, den Besitz und die Nutzung derartiger Geräte aus sonstigen Gründen – z. B. zur Abwehr einer (anderen) Gefahr für die öffentliche Sicherheit oder Ordnung – zu verbieten und die Geräte zu vernichten (vgl. die diesbezüglich ähnlichen Rechtfertigungsgründe für Einschränkungen der vertraglich gesicherten Grund- bzw. Marktfreiheiten und hier konkret Art. 36 AEUV zur Warenverkehrsfreiheit nach Art. 34 AEUV). Es besteht mithin gar kein Konflikt.[746]

**527** Die **Rechtsfolge** ist ein Ermessen der Polizei bei ihrem Handeln. Hier sind jedoch diesbezüglich keine Fehler beim „Ob" (Entschließungs-) oder beim „Wie" (Auswahlermessen) erkennbar. Die Sicherstellungsverfügung gegenüber Sascha ist damit materiell und folglich insgesamt rechtmäßig.

**528** Zu prüfen ist schließlich noch die **Rechtmäßigkeit der „Androhung" bzw. Anordnung der Vernichtung** des Radarwarngerätes. Hier ist angesichts der bei lebensnaher Auslegung zu erwartenden Weiternutzung des Warngerätes zum gleichen Zweck durch den potenziellen Käufer des von Sascha angebotenen Gerätes als Tatbestandsmerkmal der **Vernichtungsgrund** der permanenten Polizeiwidrigkeit laut Art. 27 IV 1 Nr. 1 PAG einschlägig. Anders wäre es nur, wenn Sascha überzeugend belegen könnte, dass er das Gerät zur Nutzung in einem Staat, wo dessen Einsatz nicht verboten ist, verkauft. Es darf hier mithin nach h. M. unterstellt werden, dass Sascha „böse" ist, obwohl das nicht unbedingt zum Menschenbild des GG passt (aber insoweit der Lebenserfahrung entspricht). Die Vernichtung dient im Übrigen der dauerhaften Durchsetzung des sonst kaum „beherrschbaren" Nutzungsverbotes per Sicherstellung, löst also wieder keinen Konflikt mit dem FUAG bzw. der betreffenden europäischen Richtlinie aus. Die aus Art. 28 I PAG ableitbare **Konnexität zur Rechtmäßigkeit der zugrunde liegenden Sicherstellungsverfügung** ist ebenfalls gewahrt (vgl. Rn. 527). Sascha ist als Eigentümer und Zustandsstörer nach Art. 8 I PAG – Art. 27 II PAG regelt nur die Anhörung und Bekanntgabe; setzt ihn also voraus – auch insofern der richtige **Störer**. **Ermessensfehler** auf der Rechtsfolgenseite sind ebenfalls nicht ersichtlich.[747] Auch in Bezug auf die (angedrohte) Vernichtung ist die Rechtmäßigkeit mithin zu bejahen.

**529** Als **Gesamtergebnis** folgt daraus dann: Die von der Polizei getroffenen Regelungen sind insgesamt rechtmäßig und die Anfechtungsklagen des Sascha daher unbegründet, so dass die Interessenabwägung anhand der Erfolgsaussichten in der Hauptsache zu seinen Lasten ausgeht (einer zusätzlichen Prüfung der Eilbedürftigkeit bedarf es hier im Unterschied zur AoSofVz nach § 80 II 1 Nr. 4 VwGO – vgl. dazu etwa Rn. 356 – nicht). Sein Eilantrag bzw. seine Eilanträge nach § 80 V 1 Fall 1 VwGO ist bzw. sind damit unbegründet und auch erfolglos.

---

746 Stellt man nur auf die Richtlinie ab, und wäre sie im konkreten Fall unmittelbar anwendbar, bestünde insoweit laut *EuGH* ein – hier aber letztlich bezüglich der „Geltung" des Art. 25 PAG „unschädlicher" – Anwendungsvorrang des (sekundären) Unionsrechts. Dieser Punkt kann auch schon bei der Prüfung einer Gefahr für die öffentliche Sicherheit (→ unter dem Schutzgut „geschriebenes Recht") oder auch erst beim Ermessen angesprochen werden. Eine Vorlagepflicht zum *EuGH* bestünde allerdings selbst bei einer bejahten Unionsrechtswidrigkeit der deutschen Norm bzw. der Einzelmaßnahme nur nach Art. 267 III AEUV für die letzte Gerichtsinstanz in Deutschland.

747 Denkbar wäre es zwar, in der sofort vom Polizisten verfügten Vernichtung des Warngerätes einen Ermessensausfall zu sehen; allerdings ist der Sachverhalt für diese Ausnahme eher zu „dünn". Auch die als Ermessensgrenze im Rahmen der Verhältnismäßigkeit relevante (dazu schon Rn. 355 und 404) Abwendungsbefugnis des Art. 5 II 2 PAG liefert mangels effektiver Kontrollierbarkeit der Vernichtung des Warngerätes durch Sascha selbst kein abweichendes Ergebnis.

## Fall 13: Der transparente Polizeiapparat[748]

Nachdem sich in der näheren Vergangenheit vermehrt Unmut innerhalb der bayerischen Bevölkerung bezüglich Fällen von Polizeigewalt gegen unbescholtene Bürgerinnen und Bürger breitgemacht hat, die mangels Identifizierungsmöglichkeiten der einzelnen Beamtinnen und Beamten nicht verfolgt werden konnten, fühlt sich der bayerische Gesetzgeber zum Handeln verpflichtet.

Er erlässt deshalb in formell ordnungsgemäßer Weise den neuen (fiktiven) Art. 6a PAG, wonach Polizeibeamte grundsätzlich – Ausnahmen bestehen etwa für verdeckte Ermittlungen – verpflichtet sind, während der Ausübung ihres Dienstes Namens- bzw. Dienstnummernschilder zu tragen, um eine Identifizierung einzelner Amtsträger zu ermöglichen. Die neue Norm lautet auszugsweise wie folgt:

Art. 6a PAG – Legitimations- und Kennzeichnungspflicht
(1) Polizeibeamte des Freistaates Bayern tragen bei Amtshandlungen in Bayern an ihrer Dienstkleidung ein Namensschild (namentliche Kennzeichnungspflicht). Die namentliche Kennzeichnungspflicht gilt nicht, soweit im Einzelfall der Zweck der Amtshandlung oder überwiegende schutzwürdige Belange des Polizeibeamten dadurch beeinträchtigt werden könnten. In diesen Fällen tragen die Polizeibeamten anstelle des Namensschildes ein Schild mit einer zur nachträglichen Identifizierung geeigneten fünfstelligen Dienstnummer (Dienstnummernschild). (...)
(4) Die personenbezogenen Daten eines Polizeibeamten sind mit der Vergabe und vor der Benutzung von Dienstnummern und taktischen Kennzeichnungen zu erheben und zu speichern. Zweck der Erhebung ist die Sicherstellung einer nachträglichen Identifizierung eines Polizeibeamten bei der Durchführung von Amtshandlungen. Diese personenbezogenen Daten dürfen nur genutzt werden, wenn
1. tatsächliche Anhaltspunkte die Annahme rechtfertigen, dass bei der Durchführung einer Amtshandlung eine strafbare Handlung oder eine nicht unerhebliche Dienstpflichtverletzung begangen worden und die Identifizierung auf andere Weise nicht oder nur unter erheblichen Schwierigkeiten möglich ist, oder
2. dies zur Abwehr einer gegenwärtigen Gefahr für Leib, Leben oder Freiheit einer Person erforderlich ist.

Manfred P., der Polizist in Bayern ist, ist hierüber sehr aufgebracht. Er hat insbesondere große Bedenken, er müsse fortan stets im Rahmen seiner privaten Lebensgestaltung Bedrohungen in Folge der Ausübung seines Berufes fürchten. Zudem seien er sowie seine Kolleginnen und Kollegen durch die Kennzeichnungspflicht unter Generalverdacht gestellt, sie würden das Gesetz brechen, was gerade ihnen, denen doch die Aufgabe als Hüter der Gesetze obliege, nicht zugemutet werden könne.

Wenige Tage nach dem Inkrafttreten des neuen Art. 6a PAG überlegt er, was er nun am besten gegen diese „gesetzgeberische Unverschämtheit" tun könne. Er möchte sich dabei aus den genannten grundsätzlichen Erwägungen gegen das Gesetz wehren, ohne dass es besondere (Härtefall-)Gründe in seiner Person oder ähnlich relevante Tatsachen in seinem konkreten Fall gibt.
1. Hätte ein Vorgehen von Manfred P. gegen das Gesetz vor dem BVerfG Aussicht auf Erfolg?
2. Könnte er mit Erfolg auch vor dem BayVerfGH gegen Art. 6a PAG vorgehen?

---

[748] Der Fall basiert auf *LVerfG LSA*, Urt. v. 7.5.2019 – Az.: LVG 4/18 (juris); *BVerwG*, Urt. v. 26.9.2019 – Az.: 2 C 32.18 und 2 C 33.18 (juris).

**531** Die Gliederungsübersicht zu Fall 13:

Frage 1:
A. Zulässigkeit der Verfassungsbeschwerde
I. Zuständigkeit des BVerfG
II. Beschwerdefähigkeit des P.
III. Tauglicher Beschwerdegegenstand: Akt öffentlicher Gewalt
IV. Beschwerdebefugnis
   Problem: Grundrechtsfähigkeit von Beamtinnen und Beamten
1. Mögliche Verletzung des Berufsfreiheit
   Problem: Schutzbereich der Berufsfreiheit für Beamtinnen und Beamte eröffnet?
2. Mögliche Verletzung des Grundrechts auf informationelle Selbstbestimmung
3. Eigene, gegenwärtige und unmittelbare Betroffenheit
V. Erschöpfung des Rechtsweges und Subsidiarität der Verfassungsbeschwerde
   Problem: Ausnahme vom Subsidiaritätsvorbehalt
VI. Form und Frist
B. Begründetheit der Verfassungsbeschwerde
I. Schutzbereich des Allgemeinen Persönlichkeitsrechts: Grundrecht auf informationelle Selbstbestimmung
II. Eingriff
III. Verfassungsrechtliche Rechtfertigung
1. Schranke
2. Formelle Verfassungsmäßigkeit der Schranke
   Problem: Gesetzgebungskompetenz des bayerischen Gesetzgebers
3. Materielle Verfassungsmäßigkeit der Schranke – Schranken-Schranke der Verhältnismäßigkeit

Frage 2:
A. Zulässigkeit der bayerischen Verfassungsbeschwerde
   Problem: Beschwerdegegenstand

B. Zulässigkeit der Popularklage
I. Zuständigkeit des BayVerfGH
II. Klageberechtigung
III. Klagegegenstand
IV. Klagebefugnis
V. Form
C. Begründetheit der Popularklage

**532** Bei **Frage 1** ist ein Vorgehen von Manfred P. vor dem BVerfG erfolgreich, wenn dessen Zulässigkeitsvoraussetzungen vorliegen und es begründet ist. In Betracht kommt hier eine Verfassungsbeschwerde in Form der Rechtssatzverfassungsbeschwerde, deren Zulässigkeit sich nach Art. 93 I Nr. 4a GG, §§ 13 Nr. 8a, 90 ff. BVerfGG beurteilt. Die **Zuständigkeit** des BVerfG für Verfassungsbeschwerden besteht nach Art. 93 I Nr. 4a GG, § 13 Nr. 8a BVerfGG. Hierbei kommt die **Beschwerdefähigkeit** laut § 90 I BVerfGG „jedermann", also auch P, der als natürliche Person (dazu noch in Rn. 533) grundrechts- und damit beschwerdefähig ist, zu. Tauglicher **Beschwerdegegenstand** ist nach § 90 I BVerfGG jeder Akt der (dreigeteilten → Art. 1 III, 20 III GG) öffentlichen Gewalt, hier mit Art. 6a PAG eine Maßnahme der Legislative (s. dazu auch §§ 93 III, 95 III BVerfGG).

Eine wichtige Voraussetzung ist sodann die **Beschwerdebefugnis** des P. Zu prüfen ist dabei, ob die **Möglichkeit einer Grundrechtsverletzung** durch Art. 6a PAG besteht. Problematisch könnte insoweit die Beamteneigenschaft des P sein. Im Grundsatz gilt, dass Träger der Staatsgewalt nicht grundrechtsfähig sind. Der Staat hat per se keine Gegenrechte gegen sich selbst (→ hier greift das sogenannte „Konfusionsargument"). Polizeibeamtinnen bzw. Polizeibeamte sind Staatsdiener und erfüllen Staatsaufgaben. Deshalb wurde früher vertreten, dass ihnen keine Grundrechte zustünden, sondern diese mit jedem Dienstbeginn gleichsam „an der Eingangstür zur Polizeiwache abgegeben" würden. Begründet wurde das mit dem **„besonderen Gewaltverhältnis"**, in dem die Polizeibeamten zum Staat stehen. Diese Herangehensweise übersieht allerdings, dass hinter jeder Polizeibeamtin und hinter jedem Polizeibeamten auch ein Mensch steht. Als Argument gegen eine pauschale „Grundrechtsunfähigkeit" kann hierbei Art. 18 GG herangezogen werden, wonach das BVerfG im Einzelfall eine Grundrechtsverwirkung aussprechen kann (was in der Praxis jedoch noch nie passiert ist). Mit der früheren Sicht wären die Grundrechte der Beamtinnen und Beamten wegen ihres „besonderen Gewaltverhältnisses" gegenüber dem Staat aber faktisch von Natur aus „verwirkt", was so vom GG nicht vorgesehen ist. Damit lässt sich dieser Ansatz auch im Hinblick auf Art. 18 GG nicht mehr halten. Fraglich ist anschließend daran, ob sich Beamtinnen und Beamte demzufolge sogar ganz unbeschränkt auf Grundrechte berufen können. Zur Erhaltung der Funktionsfähigkeit des Staates soll und darf aber nicht jede noch so kleine dienstliche Maßnahme, wie z. B. ein Arbeitsauftrag, von ihnen (unter Berufung auf Art. 2 I GG) abgewehrt werden können, und das unzweifelhaft bestehende und vom GG (vgl. etwa Art. 33 GG) anerkannte besondere Verhältnis zwischen dem Staat und seinen „Staatsdienern" muss auch in irgendeiner Form berücksichtigt werden. Um ein ausgeglichenes Ergebnis zu erzielen, wird deswegen heutzutage regelmäßig zwischen dem sogenannten **„Grundverhältnis"** und dem **„Dienstverhältnis"** differenziert: Wenn eine Maßnahme nur das „Dienstverhältnis" betrifft, ist die Beamtin bzw. der Beamte insoweit nicht grundrechtsfähig. Wenn sich eine Maßnahme jedoch darüber hinaus, insbesondere in den „Freizeitbereich" hinein (→ das ist das „Grundverhältnis"; die Person ist dann auch „als Mensch" davon betroffen) auswirkt, dann kann sich auch eine Beamtin bzw. ein Beamter zur Abwehr eines solchen Eingriffes auf die Grundrechte berufen. Manfred P. könnte hier die Möglichkeit einer Verletzung seiner Berufsfreiheit aus Art. 12 I GG sowie seines Allgemeinen Persönlichkeitsrechts aus Art. 2 I i. V. mit Art. 1 I GG rügen. Bei der möglichen Verletzung der **Berufsfreiheit** stellt sich allerdings aufbauend auf der Frage, ob sich Beamten generell auf Grundrechte berufen können, noch die Folgefrage, ob Art. 12 I GG auch für sie Schutzwirkung entfaltet. Dadurch, dass das Beamtenverhältnis ein besonders ausgestaltetes Dienst- und Treueverhältnis ist, wird es oft nicht unter den klassischen Beruf (→ „zum Broterwerb") subsumiert. Zudem wird Art. 33 GG durchaus überzeugend von vielen als lex specialis zu Art. 12 I GG angesehen.[749] Damit ist dann hier schon keine Möglichkeit einer Verletzung von Rechten aus Art. 12 I GG gegeben. Der speziellere Art. 33

---

[749] Das *BVerfG* und die Literatur gehen allerdings mehrheitlich davon aus, dass Art. 12 I und Art. 33 GG nebeneinanderstehen; vgl. *BVerfGE* 108, 282 (295); *Brosius-Gersdorf*, in: *Dreier*, Art. 33 Rn. 210; *Ruffert*, in: BeckOK, Art. 12 Rn. 43: Der Schutzbereich (des Art. 12 I GG) sei auch bei dem Staat vorbehaltenen Berufen (Beamter, Soldat, Richter) eröffnet; das gilt ebenso bei „staatlich gebundenen" Berufen, d. h. dann, wenn der Gesetzgeber dem Berufsinhaber öffentliche Aufgaben überträgt, die er dem eigenen Verwaltungsapparat vorbehalten könnte, und zu diesem Zweck die Ausgestaltung des Berufes dem öffentlichen Dienst annähert (vgl. dazu *BVerfGE* 73, 301 [315 f.]). Selbst wenn Art. 12 I GG nach dieser Sicht nicht per se von Art. 33 GG verdrängt wird, wäre hier Art. 2 I i. V. mit Art. 1 I GG aber trotzdem spezieller.

GG, der als grundrechtsgleiches Recht in Art. 93 I Nr. 4a GG genannt ist, ist nach überwiegender Auffassung dann aber noch in den Fällen teleologisch zu reduzieren, in denen er nicht Abwehrrechte aller gegen den Staat normiert. So wäre das etwa auch in dem Fall, in dem Manfred P. eine mögliche Verletzung von Art. 33 IV GG (des sogenannten „Funktionsvorbehaltes" geltend machen würde). Jedenfalls hinsichtlich des Allgemeinen Persönlichkeitsrechts wäre die Möglichkeit einer Grundrechtsverletzung jedoch gegeben, und Manfred P. wäre als Polizist durch die angegriffene unmittelbar das Kennzeichnungsgebot normierende gesetzliche Regelung, die keine weiteren zwischengeschalteten Vollzugsakte voraussetzt und damit sozusagen „*self-executing*" ist, auch **selbst, unmittelbar und gegenwärtig beschwert**. Seine Beschwerdebefugnis ist somit insgesamt zu bejahen.

**534** Die in § 90 II 1 BVerfGG normierte **Rechtswegerschöpfung** kann bei einem Vorgehen direkt gegen ein förmliches Gesetz nicht erfüllt werden. Daneben wird vom *BVerfG* als ungeschriebene Zulässigkeitsvoraussetzung aber grundsätzlich stattdessen verlangt, vor einer Verfassungsbeschwerde indirekten Rechtsschutz etwa über eine Feststellungsklage nach § 43 I VwGO zu suchen (das ist der sogenannte **Grundsatz der Subsidiarität der Verfassungsbeschwerde**). Begründet wird das Erfordernis damit, dass so die Fachgerichte den Sachverhalt aufbereiten könnten und das BVerfG insoweit entlastet werde. Im konkreten Fall bedarf es für die Beurteilung des „*self-executing*"-Gesetzes (vgl. Rn. 533) allerdings keiner weiteren Aufklärung des konkreten Sachverhaltes in Bezug auf Manfred P.; es geht um grundsätzliche Fragen. Das würde für den Beschwerdeführer also einen „Umweg" darstellen, weshalb das Erfordernis einer vorhergehenden Feststellungsklage hier zu verneinen ist. Folglich wäre die Verfassungsbeschwerde bei Wahrung der Vorgaben zu **Form und Frist** (§§ 23 I, 92, 93 III BVerfGG) zulässig.

**535** Die Verfassungsbeschwerde ist **begründet**, wenn Manfred P. durch Art. 6a PAG tatsächlich in seinen Grundrechten verletzt ist. In Betracht kommt hier eine Verletzung seines Allgemeinen Persönlichkeitsrechts aus Art. 2 I i. V. mit 1 I GG etwa im Hinblick auf das Recht am eigenen Namen. Das ist der Fall, sofern ein nicht gerechtfertigter Eingriff in dessen Schutzbereich vorliegt. Bei der Prüfung des Art. 2 I i. V. mit Art. 1 I GG ist für die Unterscheidung des „klassischen" Allgemeinen Persönlichkeitsrechts und des Rechts auf informationelle Selbstbestimmung – das Recht auf Integrität informationstechnischer Systeme kommt hier nicht in Frage – auf den Schwerpunkt abzustellen. Bei dem vorliegenden Gesetz steht der Datenschutz im Vordergrund. Somit ist das Grundrecht auf informationelle Selbstbestimmung naheliegender. Danach hat jede Person das Recht, selbst zu entscheiden, wann sie ihre Daten und damit auch ihren Namen preisgibt und wann nicht. Beim verpflichtenden Tragen eines Namensschildes ist durch die Zuordnung des Namens zu der bestimmten Person der **Schutzbereich** des Grundrechts eröffnet. Das könnte auch bereits bei der Pflicht zum Tragen eines bloßen Dienstnummernschildes der Fall sein. Durch die Nummer und das Datum lässt sich zumindest mittelbar ebenfalls der Name der Polizeibeamtin bzw. des Polizeibeamten feststellen, so dass auch hier der Schutzbereich berührt ist. Ein **Eingriff** liegt in jeder Verkürzung des Schutzbereiches. Durch die normierte Pflicht werden die Selbstbestimmung und die Verfügungsgewalt über die eigenen Daten eingeschränkt. Dabei ist zu beachten, dass ein Eingriff nach dem *BVerfG* schon sehr „früh" zu bejahen ist.[750] Durch die daraus erwachsende Gefahr der „Selbstzensur" (→ so etwa in den klassischen Datenschutzfällen: Man geht zu keiner Demonstration mehr, oder man sagt nichts mehr, wenn der Staat weiß, wer man ist), die auch hier das Verhalten der Polizistinnen und Polizisten gerade außerhalb des Dienstes beeinflussen könnte, liegt ein Eingriff bereits dann vor, wenn ein „Gefühl des Überwachtseins" entsteht. Folglich ist ein Eingriff bei der hier in Rede stehenden Norm mit der möglichen Identifizierung sowohl hinsichtlich des Na-

---

[750] Vgl. zuletzt und m. w. N. *BVerfG*, Beschl. v. 18.12.2018 – Az.: 1 BvR 142/15, Rn. 51, 98 (juris).

mens- als auch des Dienstnummernschildes gegeben. Bei der **verfassungsrechtlichen Rechtfertigung** kommt es zunächst auf die Einschränkbarkeit des Grundrechts an. Das Recht auf informationelle Selbstbestimmung wird auf Art. 2 I i. V. mit Art. 1 I GG gestützt, wobei insbesondere durch die Reihenfolge der beiden Art. (vom *BVerfG*) festgelegt wird, dass insoweit die Schranken des Art. 2 I GG gelten sollen. Damit ist das Recht auf informationelle Selbstbestimmung grundsätzlich einschränkbar und unterliegt einem einfachen Gesetzesvorbehalt. Bei einer „*self-executing*" Norm wie hier kommt es dabei nicht auf die konkrete Anwendung der Vorschrift an, sondern diese ist allein die taugliche Schranke, wenn sie selbst verfassungsgemäß ist. Ein Gesetz (als Schranke) wiederum ist verfassungsgemäß, wenn es formell und materiell der Verfassung entspricht.

Aufgrund des unterstellten formell ordnungsgemäßen Gesetzgebungsverfahrens kommt es für die **formelle Verfassungsmäßigkeit der Schranke** nur auf die **Gesetzgebungskompetenz** des Freistaates an. Grundsätzlich liegt sie laut Art. 30, 70 I GG bei den Ländern. Eine Ausnahme zugunsten des Bundes gilt aber, wenn einer der Kompetenztitel der Art. 73 f. GG einschlägig ist. Hinter der hier zu prüfenden Norm steht der Gedanke des Rechtsstaatsgebotes: Sie soll einerseits die Polizistinnen und Polizisten dazu motivieren, rechtmäßig zu handeln, indem Maßnahmen gerade bei Großeinsätzen einfacher einzelnen Personen zugeordnet werden können. Andererseits soll den Bürgerinnen und Bürgern das Vorgehen gegen eine rechtswidrige Polizeimaßnahme erleichtert werden. Das Gesetz dient damit der Prävention und der Strafverfolgungsvorsorge. Während die Prävention von Straftaten (als Gefahrenabwehr) exklusiv in den Kompetenzbereich der Länder fällt, unterliegt laut Art. 74 I Nr. 1 GG die Strafverfolgung der konkurrierenden Gesetzgebungskompetenz des Bundes. Prinzipiell ist die Prävention auch über Instrumente der Repression möglich. Vor allem aber dient das Gesetz hier zunächst der Ermöglichung von Strafverfahren. Damit steht bei ihm der Repressionsgedanke im Vordergrund (eine a. A. ist vertretbar; so hat das *BVerfG* z. B. bei Kennzeichenlesegeräten die „Strafverfolgungsvorsorge" weit gefasst und den Ländern insoweit die Gesetzgebungskompetenz zuerkannt, obwohl die Geräte vor allem auch dem Auffinden gestohlener Fahrzeuge dienen sollen;[751] denkbar wäre auch die Einordnung der Frage als Annex zur Gefahrenabwehrkompetenz der Länder), und es liegt ein Fall der konkurrierenden Gesetzgebungskompetenz des Bundes vor. Das Land hat die Gesetzgebungskompetenz hierfür nur, solange und soweit der Bund von seiner Kompetenz keinen Gebrauch gemacht hat. Bezüglich der Namensschilder von *Landes*polizeikräften gibt es aber noch keine abschließende Regelung des Bundes, so dass der Landesgesetzgeber hier befugt war, eine Regelung für seine Polizeikräfte zu treffen.

Um auch im Übrigen als Schranke zu taugen, muss die einschränkende Norm des PAG zudem materiell verfassungsgemäß sein, wobei insbesondere ihre Vereinbarkeit mit der Schranken-Schranke der **Verhältnismäßigkeit** zu prüfen ist. Der **legitime Zweck** lässt sich damit begründen, dass Art. 6a PAG die individuelle Verantwortlichkeit bei Vorfällen zwischen einzelnen Polizeibeamten und Bürgern klären und damit allgemein sowie im Einzelfall die Erwartung pflichtgemäßen Verhaltens bestätigen und sichern soll.[752] **Geeignet** ist die Regelung, wenn sie diesem Zweck generell dienlich ist. Durch die mögliche Identifizierung der einzelnen Polizistin bzw. des einzelnen Polizisten kann sie oder er im Bedarfsfall strafrechtlich verfolgt werden. Der Einwand, zumindest das Dienstnummernschild könne man sich – gerade „im Eifer des Gefechtes" – schlecht merken, und es sei deshalb ineffizient, lässt sich dabei zumindest mit der aus dem Gewaltenteilungsprinzip des Art. 20 II GG abgeleiteten Einschätzungsprärogative des

---

751 *BVerfG*, Beschl. v. 18.12.2018 – Az.: 1 BvR 142/15, Rn. 68 (juris).
752 *LVerfG LSA*, Urt. v. 7.5.2019 – Az.: LVG 4/18 (juris).

Gesetzgebers entkräften. Die Regelung ist ferner **erforderlich**, falls es kein milderes Mittel gibt, um gleich effektiv den Zweck zu erreichen. Zuerst stellt sich insoweit die Frage, ob die Polizei selbst auch ohne eine solche Identifizierungsmaßnahme Auskunft über Beamtinnen und Beamten, die an einer Maßnahme beteiligt waren, geben könnte und würde. Gerade bei Großeinsätzen lassen sich jedoch einzelne Maßnahmen jedoch später nicht zurückverfolgen und einzelnen Akteuren zuordnen, so dass dieses Mittel nicht gleich effektiv wäre. In Betracht kämen als mildere Mittel noch das Tragen von Kameras, Decknamen oder Farben durch die Polizistinnen und Polizisten. Jedoch bestehen bei allen diesen Mitteln Missbrauchsgefahren. Insbesondere bei einer Kennzeichnung mittels Namens stellt sich zudem noch die Frage, ob nicht die Kennzeichnung per Dienstnummernschild generell ein milderes Mittel darstellt. Dagegen lässt sich allerdings in der Tat einwenden, dass sich eine Nummer viel schwerer als ein Name merken lässt und eine Hemmschwelle der bzw. des Einzelnen bestehen könnte, tatsächlich Auskunft über die eine Nummer tragende Person einzuholen. Jedenfalls wieder unter Berufung auf die Einschätzungsprärogative des Gesetzgebers kann auch die Erforderlichkeit bejaht werden. Die **Angemessenheit** bemisst sich durch eine Güterabwägung. Dabei steht auf Seiten der „öffentlich gemachten" Polizeibeamten ein sensibler Grundrechtseingriff und auf Seiten der Bürger deren Interesse, vor rechtswidrigen Maßnahmen der Polizei geschützt zu werden. Für das Überwiegen des ersten Interesses spricht, dass auch von den von der Polizeimaßnahme betroffenen Bürgern eine Missbrauchsgefahr ausgehen kann. So macht es die Identifizierung den Betroffenen leichter, einer Polizeibeamtin oder einem Polizeibeamten etwas „anzuhängen" oder in deren bzw. dessen Privatleben einzugreifen. Übergriffe in das Privatleben sind zudem durch gezielte Aktionen gegen einzelne Polizisten denkbar, durch die diesen eine Gefahr für Leib oder gar Leben drohen könnte. Allerdings besteht hierfür keine sehr hohe Wahrscheinlichkeit, und solche Gefahren können darum als eher gering angesehen werden. Für die Interessen der Bürgerinnen und Bürger spricht zudem, dass durch die Schilder die Hemmschwelle der Polizeibeamtinnen und Polizeibeamten, rechtswidrig zu handeln, angehoben wird, woraus ein höherer Schutz gegen den Missbrauch staatlicher Gewalt und die erhöhte Wahrscheinlichkeit pflichtgemäßen Verhaltens, das gerade den Zweck der gesetzlichen Regelung ausmacht (vgl. dazu auch schon Rn. 536 f.), resultiert. Zudem wird hierdurch mehr Bürgernähe und Transparenz sichergestellt. Die Regelung ist somit im Ergebnis angemessen sowie verhältnismäßig und die Verfassungsbeschwerde von Manfred P. damit unbegründet.

**538** Denkbar wäre bei **Frage 2** ein Vorgehen vor dem BayVerfGH. Wegen des Grundsatzes der **Trennung der Verfassungsräume** könnte Manfred P. ein solches sogar parallel zu einem Vorgehen vor dem BVerfG anstreben. Es gibt dabei nur die Einschränkung, dass in dem Moment, in dem eines der beiden Verfassungsgerichte seinem Rechtsbehelf stattgegeben und Art. 6a PAG für verfassungswidrig erklärt hat, bei dem anderen Gericht der Beschwerde- bzw. Klagegegenstand sowie das Rechtsschutzbedürfnis entfallen und so der dortige Rechtsbehelf unzulässig würde. Im hiesigen Fall käme zunächst **eine bayerische Verfassungsbeschwerde** nach Art. 66, 120 BV i. V. mit Art. 2 Nr. 6, 51 ff. VfGHG als tauglicher Rechtsbehelf in Frage. Allerdings ist bei dieser, anders als bei der Verfassungsbeschwerde auf der Bundesebene, **Beschwerdegegenstand** nur eine Maßnahme oder Unterlassung einer (Verwaltungs-)Behörde oder eines Gerichts (Justizbehörde) des Freistaates, was hier mit der Norm als Maßnahme der bayerischen Legislative nicht der Fall ist. Die bayerische Verfassungsbeschwerde wäre demnach unzulässig.

**539** Stattdessen könnte eine **Popularklage** gemäß Art. 98 S. 4 BV, 2 Nr. 7 VfGHG der richtige Rechtsbehelf sein. Die Zulässigkeit einer Popularklage bemisst sich nach Art. 98 S. 4 BV i. V. mit Art. 2 Nr. 7, 55 VfGHG. Die **Zuständigkeit** des BayVerfGH für sie folgt aus Art. 98 S. 4 BV, 2 Nr. 7 VfGHG. Laut Art. 98 S. 4 BV, 55 I 1 VfGHG ist „jedermann" und somit auch Manfred P. **klageberechtigt**. **Tauglicher Klagegegenstand** sind gemäß Art. 55 I 1 VfGHG alle Normen des bayerischen Landesrechts. Hier geht es um ein formelles Landesgesetz, das einen tauglichen Klagegegenstand bildet. Um **klagebefugt** zu sein, muss Manfred P. die Möglichkeit der Verletzung eines (wegen des „Wesens" der Popularklage allerdings nicht zwingend seines) durch die BV gewährten Grundrechts darlegen. Hier kommt parallel zu dem in Rn. 533 Ausgeführten eine Verletzung des Grundrechts auf informationelle Selbstbestimmung, das in der BV aus Art. 101 i. V. mit Art. 100 BV herausgelesen wird, in Betracht. Mangels einer **Frist** ist darüber hinaus nur noch auf die Wahrung der in Art. 14 I 1 VfGHG normierten **Form** erforderlich. Bei Einhaltung dieser Voraussetzungen wäre die Popularklage von Manfred P. damit ebenfalls zulässig.

Die Popularklage ist bei einem tatsächlichen Verstoß gegen die BV **begründet**. Hierbei kann auf die obige Prüfung (Rn. 535 ff.) verwiesen werden. Das Grundrecht auf informationelle Selbstbestimmung ist auf bayerischer Ebene insofern gleichlaufend zu dem grundgesetzlich verankerten Recht (vgl. dazu auch Art. 31 GG). Somit wäre auch eine Popularklage vor dem BayVerfGH im Ergebnis unbegründet.

## Fall 14: Ein Schreck in der Morgenstunde[753]

Suleiman Ö. ist Vorsitzender des Türkischen Heimatbundes e.V. in Bayreuth. Nachdem der Bundesinnenminister den „Verband der islamischen Vereine und Gemeinden e.V." – besser bekannt als „Kalifatstaat" – verboten hatte, ersuchte er die Landesministerien um Mitwirkung bei der Bekämpfung von Unterorganisationen dieses als verfassungsfeindlich eingestuften Vereines. Dazu wurde den Ländern eine Liste der verdächtigen Gruppen mit der Bitte um umgehende Durchsuchung von deren Räumen und um Beschlagnahme von Beweismaterial übermittelt.
Obwohl der Türkische Heimatbund nicht auf dieser Liste stand, klingelte am 20.3.2023 ein Großaufgebot der Polizei um 5.45 Uhr bei Suleiman Ö. und zeigte seiner allein anwesenden (Suleiman Ö. war geschäftlich unterwegs), völlig verdutzten Ehefrau einen auf Antrag der Regierung von Oberfranken vom zuständigen Richter beim VG Bayreuth unterschriebenen Durchsuchungs- und Beschlagnahmebeschluss. Als Suleiman Ö. von seiner Reise zurückkehrt und seine verstörte Frau in der völlig durchwühlten Wohnung, aus der aber keine Gegenstände mitgenommen wurden, antrifft, ist er erbost und fordert eine dem deutschen Rechtsstaat würdige gerichtliche Überprüfung des Vorfalles.
Hat sein diesbezügliches Begehren beim VGH oder beim VG Aussicht auf Erfolg?[754]

### Die Gliederungsübersicht zu Fall 14:

A. **Sachentscheidungsvoraussetzungen eines Rechtsbehelfes**
I. **Eröffnung des Verwaltungsrechtsweges**
1. §§ 173 S. 1 VwGO, 17a V GVG (analog)
2. § 40 I 1 VwGO

---

[753] S. *VGH Mannheim*, NVwZ 2003, 368 ff.; *VGH München*, NVwZ-RR 2003, 847 f.; *VG Ansbach*, BeckRS 2019, 8744.
[754] Der Fall entstammt (bewusst) einem „Exotengebiet". Es geht nicht um das Abprüfen von Spezialwissen, sondern um die Fertigkeiten des Transfers bekannter Lösungsansätze auf neue Konstellationen sowie des Auffindens und Anwendens unbekannter Rechtsvorschriften.

**II. Statthaftigkeit des Rechtsbehelfes**
1. § 88 VwGO
2. Erledigung
   Problem: Macht eine Erledigung die Beschwerde unstatthaft?

**III. Beschwer**

**IV. Form- und Fristvorgaben**

**V. Zuständiges Gericht**

**VI. Beteiligten- und Prozessfähigkeit**

**B. Begründetheit der Beschwerde**

**I. Ermächtigungsgrundlage des Beschlusses des VG**

**II. Formelle Rechtmäßigkeit des Beschlusses des VG**
1. Zuständigkeit nach der gesetzlichen Aufgabenzuweisung
   Problem: Zuständigkeit zur Antragstellung beim VG
2. Zuständigkeit über das Institut der Amtshilfe

**III. Materielle Rechtmäßigkeit des Beschlusses des VG**

**543** Das auf gerichtliche Überprüfung der Durchsuchung (und der Beschlagnahme von Beweisstücken) gerichtete Begehren von Suleiman Ö. hat – wie alle gerichtlichen Rechtsbehelfe – **Erfolg**, wenn für einen entsprechenden Rechtsbehelf die Sachentscheidungsvoraussetzungen vorliegen und er außerdem noch begründet ist.

**544** Bei den **Sachentscheidungsvoraussetzungen eines Rechtsbehelfes** müsste zunächst der **Verwaltungsrechtsweg eröffnet** sein. Hier gibt es mehrere „Wege zum Ziel", wobei der erste sicher der „eleganteste" ist (angesichts der hier eher unbekannten Materie ist es aber nicht negativ zu bewerten, wenn er in dieser Konstellation nicht gesehen wird): So geht es als Besonderheit um einen Beschluss des VG Bayreuth, der jetzt überprüft werden soll, also um ein Rechtsmittel, weshalb bei analoger Anwendung der **§§ 173 S. 1 VwGO, 17a V GVG** (direkt passen die Vorschriften nur für klassische Hauptsacheverfahren; die Regelungslücke ist aber planwidrig und das Interesse an der Beschleunigung gleich; vgl. dazu schon Rn. 381) auf die Prüfung dieser Voraussetzung ganz verzichtet wird. Sieht man das nicht, bleibt als zweiter Weg mangels aufdrängender Sonderzuweisung (§ 4 II 1 VereinsG ist eher nicht so einzuordnen; er setzt die Eröffnung des Verwaltungsrechtsweges voraus) nur die Anwendung des **§ 40 I 1 VwGO**. Ein Aspekt des besonderen Polizei- und Sicherheitsrechts ist der gefahrenabwehr- und damit sonderrechtliche Teil des Vereinsrechts, der im VereinsG und nicht in den §§ 21 ff. BGB geregelt ist und hier als „Auslöser" sowie Hintergrund der Durchsuchung und Beschlagnahme bei Suleiman Ö. die streitentscheidenden Normen „stellt" (auf die StPO wird dort nur verwiesen). Stellt man schließlich – sozusagen als dritte Möglichkeit – allein auf das polizeiliche Handeln (→ das „Wie") ab, sind hier die **Art. 23 f. PAG i. V. mit § 40 I 1 VwGO** zur Eröffnung des Verwaltungsrechtsweges einschlägig. Diese Sichtweise greift aber an sich schon dadurch zu kurz, dass der Hauptgegenstand des staatlichen Handelns die auf Antrag der Regierung richterlich angeordnete Durchsuchung und Beschlagnahme ist (→ also gleichsam das „Ob"; der beantragte richterliche Beschluss nimmt dann den sonst denkbaren polizeilichen Verwaltungsakt mit der Regelung, dass die Durchsuchung zu dulden ist, vorweg).

**545** Beschreitet man einen der „Wege" über § 40 I 1 VwGO, ist die Streitigkeit ferner **nichtverfassungsrechtlicher Art**. Obwohl § 23 I 1 EGGVG mangels Repression nicht passt, enthält das Landesrecht zwar mit Art. 24 I, 98 I PAG eine **abdrängende Sonderzuwei-**

**sung**, die hier aber von § 4 II 1 VereinsG als lex specialis gesperrt ist. Dieser Pfad ist außerdem insgesamt gerade dadurch verbaut, dass die Polizei nur mittels Vollzugshilfe für die vereinsrechtlich zuständige Behörde tätig wurde, Suleiman Ö. aber das „Ob" dieser Maßnahme angreifen will. So besteht auch keine abdrängende Sonderzuweisung, weshalb in jedem Fall der Verwaltungsrechtsweg nach § 40 I 1 VwGO eröffnet ist.

Im Rahmen der **Statthaftigkeit des Rechtsbehelfes ist** nach § 88 VwGO vom Begehren von Suleiman Ö. auszugehen. Er will die ihm bzw. seiner Frau „widerfahrene" Maßnahme auf ihre Rechtmäßigkeit hin überprüfen lassen. Grundlage für sie ist ein **Beschluss des VG Bayreuth** über die Zulässigkeit der Wohnungsdurchsuchung und die Beschlagnahme von Beweismaterial, der auf § 4 II 1, IV 1, 2 VereinsG gestützt ist (ein Verwaltungsakt scheitert insoweit am Behördenbegriff des Art. 1 II BayVwVfG; dem Antrag der Regierung fehlt hingegen die Außenwirkung gegenüber Herrn Ö.). Ein Rechtsmittel gegen diesen Beschluss ist im VereinsG nicht speziell vorgesehen, so dass die allgemeinen Regeln der VwGO gelten, wonach gegen Beschlüsse der VG nach § 146 I VwGO die **Beschwerde** das statthafte Rechtsmittel ist.

Ein Problem (das auch als „Beschwer" oder „Rechtsschutzbedürfnis" erörtert werden kann) könnte sich hier allerdings daraus ergeben, dass der Beschluss des VG mit der Vollendung der von ihm erfassten polizeilichen Maßnahmen sozusagen seine **Erledigung** gefunden hat. Das wäre anders, wenn bei Suleiman Ö. etwas beschlagnahmt worden wäre, denn in diesem Fall gäbe es für die Polizei aus dem Beschluss des VG immer noch einen „Rechtsgrund" für das Behaltendürfen beschlagnahmter Gegenstände. Hier ist wegen seiner Erledigung eine Beschwerde gegen den Beschluss mangels einer § 113 I 4 VwGO entsprechender Regelung in §§ 146 ff. VwGO an sich „sinnlos" und daher unstatthaft. Dagegen spricht jedoch – in Parallele zur Fortsetzungsfeststellungsklage – das Gebot effektiven Rechtsschutzes des Art. 19 IV GG, dem das *BVerfG* entnimmt, dass bei derartig tief greifenden Grundrechtseingriffen, wie sie regelmäßig mit Wohnungsdurchsuchungen und Beschlagnahmen verbunden sind, und der typischerweise bestehenden Unmöglichkeit, vor ihrem Vollzug ein Gericht anzurufen, ein effektiver Grundrechtsschutz auch noch nachträglich durch die Fachgerichte gewährleistet werden muss (das begründet zugleich das – je nach „Geschmack" nicht gesondert zu prüfende – **„besondere Fortsetzungsfeststellungsinteresse"**).[755] Zwar steht dem wiederum der Umstand entgegen, dass bereits eine richterliche Prüfung durch das VG stattgefunden hat und Art. 19 IV GG keinen „Anspruch auf mehrere Instanzen" gibt. Allerdings wurde Suleiman Ö. dort nicht angehört, und es kam zu einem Eingriff in das besonders wichtige Grundrecht des Art. 13 GG (→ als ein solches erachtet es jedenfalls das *BVerfG*). Die Beschwerde nach § 146 I VwGO ist mithin trotz der Erledigung des Beschlusses (sozusagen als „Fortsetzungsfeststellungsbeschwerde") der statthafte Rechtsbehelf.[756]

Suleiman Ö. ist von dem Beschluss als Adressat betroffen bzw. (formal – dazu Rn. 381) **beschwert** (abgeleitet aus dem Begriff der „Beschwerde"; möglich ist aber auch „beschwerdebefugt"). Er muss die **Form- und Fristvorgaben** des § 147 VwGO, die von der „Erledigung" des Beschlusses (anders als beim Verwaltungsakt bzw. der Anfechtungsklage) nicht berührt werden, beachten, wobei hier im Unterschied zu den Beschwerden gegen Beschlüsse nach §§ 80 V 1, 123 I VwGO die gesonderte Begründungsfrist des § 146 IV VwGO nicht gilt (→ Wortlaut und Normzweck sind eindeutig; hier bedarf es keiner schnellen Entscheidung mehr). Insofern tritt bezüglich der Begründung dann

---

755 Vgl. *BVerfGE* 96, 27 (41), für die entsprechenden Maßnahmen nach der StPO.
756 „Adressat" des *VG*-Beschlusses war hier zunächst Suleiman Ö., als Mitinhaberin des Gewahrsams dann aber auch seine allein anwesende Ehefrau. Wäre niemand zu Hause gewesen, und hätte die Polizei deshalb die Tür gewaltsam geöffnet, hätte mangels Willensbeugung bei einer Person eine unmittelbare Ausführung nach Art. 9 PAG vorgelegen (die eventuell „in" Vollzugshilfe erfolgt wäre; s. unten Rn. 550).

auch keine „Präklusion" ein (wenn Herr. Ö. nichts vorträgt, entscheidet der VGH nach Aktenlage). **Zuständiges Gericht** für die Beschwerdeentscheidung ist der VGH nach §§ 46 Nr. 2, 146, 184 VwGO, Art. 1 I AGVwGO. Die Einlegung beim VG ist laut § 147 I 1 VwGO aber möglich (→ die Akten werden dann weitergeleitet). Die **Beteiligten- und Prozessfähigkeit** von Suleiman Ö. und dem Freistaat Bayern folgt – bei Vertretung des Freistaates durch eine Person der Landesanwaltschaft – aus §§ 61 Nr. 1 Fall 1 bzw. 2, 62 I Nr. 1 bzw. III VwGO i. V. mit (Art. 47 III BV, 36 I 2 VwGO,) Art. 13 S. 1 AGVwGO, 3 I 1 Nr. 1, III 1 LABV. Es kann dabei sogar im Hinblick auf die Vertretung offenbleiben, ob der Freistaat als „Rechtsträger" des entscheidenden VG (→ Art. 92 GG; das wäre hier ein Sonderfall) oder der den entsprechenden Antrag stellenden Regierung als Staatsbehörde nach Art. 35 ff. BezO (so die h. M.) Beschwerdegegner ist. Dabei ist allerdings zu beachten, dass Suleiman Ö. dem **Vertretungszwang** nach §§ 147 I 2, 67 IV 1, 2 VwGO (→ Postulationsfähigkeit) unterliegt, während der Freistaat insoweit durch § 67 IV 4 VwGO privilegiert wird. Die Sachentscheidungsvoraussetzungen der Beschwerde liegen mithin vor.

**549** Die Beschwerde ist – wie jedes Rechtsmittel – dann **begründet**, wenn der angegriffene Beschluss des VG Bayreuth falsch[757] ist, also die dort getroffene Anordnung der Wohnungsdurchsuchung und Beweismittelbeschlagnahme (in diesem Fall der „Erledigung") rechtswidrig war. **Ermächtigungsgrundlage des Beschlusses des VG** war dabei § 4 II 1, IV VereinsG.[758] **Bei der formellen Rechtmäßigkeit des Beschlusses des VG** ist problematisch, ob die dazu befugte Verbotsbehörde i. S. der Ermächtigungsgrundlage den Antrag beim VG Bayreuth gestellt hat. **Zuständig** dafür ist nach §§ 4 II 1, 3 II 1 VereinsG entweder die **oberste Landesbehörde** (Nr. 1) oder der **Bundesinnenminister** (BMI; Nr. 2), wobei hier wegen der bundesweiten Ausdehnung des „Kalifatstaates" auch für die „Ableger" bzw. Untergruppen nur Letzterer in Frage kommt. Eine Delegierung dieser Position auf eine Mittelbehörde wie die Regierung ist danach nicht vorgesehen. Selbst hat der BMI als Verbotsbehörde den Antrag beim VG Bayreuth aber nicht gestellt. Die Zuständigkeit für die Antragstellung obliegt ferner der nach § 4 I 1 VereinsG ersuchten Behörde, was hier für die Regierung bezüglich der Durchsuchung bei Suleiman Ö. nicht der Fall ist.

**550** Die antragstellende Regierung könnte jedoch im Wege der **Amtshilfe** für den BMI als Verbotsbehörde (vgl. dazu Rn. 549) tätig geworden sein. Eine hier nicht einschlägige spezielle Regelung dazu trifft bereits der § 4 I 1 VereinsG. Vorliegend könnte aber dann noch das allgemeine Institut der Amtshilfe zum Einsatz kommen (solange damit nicht die grundsätzliche Zuständigkeitsverteilung umgangen und z. B. die gesamte Entscheidung auf die helfende Behörde verlagert wird). Zu unterscheiden ist dabei generell nach folgenden Gesichtspunkten zwischen Amts- und Vollzugshilfe (s. dazu bereits Rn. 325), während die **Amtshilfe** auf einem Ersuchen bzw. einer Bitte, die **Weisung** dagegen auf einer zwingenden Verpflichtung bzw. einem „Befehl" beruht:

---

[757] Im Unterschied zu anderen Rechtsmitteln (vgl. dazu etwa Rn. 384 ff.) sind hier weder die Sachentscheidungsvoraussetzungen der ersten Instanz (vorliegend gab es auch gar kein klassisches Verfahren dort, sondern das VG hat den staatlichen Akt überhaupt erst „initiiert", statt ihn zu kontrollieren) zu untersuchen, noch ist trotz des Charakters der Beschwerde als subjektives Verfahren der „richtige Beschwerdegegner" (der sonst bei der Beschwerde auch erst im Rahmen der ersten Instanz sinnvoll zu bestimmen. Die Prüfung orientiert sich dabei an der eines Verwaltungsaktes. Möglich ist aber auch eine Untersuchung der Entscheidung auf ihre „formale" und „materielle" Richtigkeit (Ersteres zielt auf Fehler bei der Zuständigkeit und beim Verfahren, wie auch § 124 II Nr. 5 VwGO zeigt) bzw. auf die Sachentscheidungsvoraussetzungen und Begründetheit des Beschlusses.

[758] Zu beachten ist hier nochmals der Unterschied zu Art. 24 I, 92 II 1, I PAG, der sich schon beim Rechtsweg auswirkt (vgl. Rn. 545). Bereits an dieser Stelle kann im Rahmen der Verfassungsmäßigkeit der Ermächtigungsgrundlage auch schon der unten in Rn. 552 erwähnte Konflikt mit Art. 13 GG erörtert werden.

Die **Amtshilfe** nach Art. 4 ff. BayVwVfG stellt eine Hilfe auf Ersuchen zwischen Behörden zur Erfüllung öffentlicher Aufgaben dar. Nach Art. 4 II **Nr. 1** BayVwVfG gibt es sie nicht in Weisungsverhältnissen, wenn eine Weisung erteilt wurde (also ein „Selbsteintrittsrecht" der weisenden Behörde besteht; diese Ausnahme gilt nach h. M. „in beiden Richtungen", also wegen Art. 9 II POG, 10 S. 2 LStVG sowohl zwischen Sicherheitsbehörde und Polizei als auch umgekehrt; zu Ausnahmen bei der Vollzugshilfe s. noch unten). Laut der **Nr. 2** ist sie ebenfalls nicht möglich, wenn die handelnde Behörde aus „eigenem Recht" – sprich: aus eigener Zuständigkeit – wie z. B. die Polizei nach Art. 3 PAG in Eilfällen handelt (auch dabei ist es unerheblich, dass trotz deren Eilfallzuständigkeit auch die Sicherheitsbehörde zuständig bleibt). Es gibt die Amtshilfe in **einfacher** (→ innerbehördlich ohne Außenwirkung) und **gesteigerter** Form (→ mit Rechtswirksamkeit und Außenwirkung gegenüber dem Bürger); bei Letzterer benötigt die helfende Behörde eine **eigene Ermächtigungsgrundlage** (vgl. Art. 7 I BayVwVfG) und die ersuchende auch eine, wenn sie selbst eine Regelung trifft.

Die **Vollzugshilfe** ist eine wegen der Häufigkeit ihres „Auftretens" speziell normierte, mit weiteren Befugnissen versehene und daher nochmals gesteigerte Amtshilfe. Sie ist kein Fall von Art. 4 II Nr. 2 BayVwVfG, sondern gesondert geregelt. Deshalb müssen die Art. 4 ff. BayVwVfG bei ihr auch erfüllt sein, wenn nicht die Art. 2 III i. V. mit Art. 67 ff. PAG spezieller sind (eine solche „Spezialregelung" könnte z. B. sein, dass die Polizei trotz Art. 4 II Nr. 1 BayVwVfG [s. oben] der Sicherheitsbehörde Vollzugshilfe leistet, sofern sie in einem nicht eiligen Fall unterstützend tätig wird; das gilt mutmaßlich auch in Bezug auf Nr. 2). Zu beachten ist insbesondere der gespaltene Rechtsschutz (vgl. dazu auch Art. 7 II 1, 2 BayVwVfG): Hinsichtlich der konkreten Vollzugsmaßnahme (→ „Wie") ist der Rechtsträger der handelnden Behörde (hier mithin derjenige der Polizei → also der Freistaat Bayern; Art. 1 II POG) Klagegegner, hinsichtlich des „Ob" dagegen der Rechtsträger der Behörde, der beim Vollzug ihrer Verfügung geholfen wird. Regelmäßig ist die Vollzugshilfe in der Gestalt der Vollstreckungshilfe zu beobachten.

**Beispiel:** Die Abschiebung (= Vollstreckung der Ausweisung) eines von der Ausländerbehörde ausgewiesenen Ausländers (→ „Ob") durch Gewaltanwendung als Vollzugs- bzw. Vollstreckungshilfe (dazu Rn. 292) der Polizei (→ „Wie").

Ein solches Vorgehen im Wegen der „allgemeinen Amtshilfe" ist grundsätzlich trotz der Spezialregelung zur „besonderen Amtshilfe" beim Vereinsverbot in § 4 II 1, I 1 VereinsG zur „ersuchten Stelle" möglich.

Unabhängig davon, ob die Amtshilfe gemäß Art. 4 II Nr. 1 BayVwVfG hier wegen des möglicherweise zwischen dem Staatsministerium und der Regierung von Oberfranken denkbaren Weisungsverhältnisses innerhalb dieser Sicherheitsbehörden (vgl. Art. 6 LStVG; wenn diese hier aktiv werden) überhaupt möglich ist, setzt eine Antragstellung durch die Regierung im Wege der Amtshilfe aber jedenfalls voraus, dass es ein entsprechendes **Hilfe- bzw. Ermittlungsersuchen** der an sich zuständigen Verbotsbehörde gibt. Denn sie ist und bleibt die „Herrin des Ermittlungs- und Verbotsverfahrens". Sie allein entscheidet daher darüber, ob ein Antrag nach § 4 II 1 VereinsG beim VG gestellt wird, wenn sie diese Frage nicht auch delegiert hat (vgl. § 4 II 1 VereinsG: „ersuchte Stelle"). Genau daran fehlt es aber hier, wenn der BMI den Länderbehörden bereits detailliert durch eine Liste vorgibt, gegen welche Vereine genau sie ermitteln und vorgehen sollen. Für eine Ausdehnung des Ermittlungsumfanges durch die Länderbehörden nach eigenem Gusto über die auf der Liste aufgeführten Untergliederungen hinaus bleibt da kein Raum mehr, so dass die Regierung hier nicht im Wege der Amtshilfe für den BMI als Verbotsbehörde den entsprechenden Antrag beim VG stellen konnte. Der

Beschluss des VG Bayreuth ist mangels wirksamer Antragstellung durch die dazu sachlich zuständige bzw. befugte Behörde somit bereits formell rechtswidrig.[759]

**552** Zur **materiellen Rechtmäßigkeit** des Beschlusses des VG bedarf es laut § 4 II 1 VereinsG nur der entsprechenden „Überzeugung" der antragstellenden Behörde. Wegen des mit dem Beschluss verbundenen erheblichen Grundrechtseingriffes in Art. 13 GG bzw. Art. 106 III BV ist in verfassungskonformer Auslegung daneben aber zumindest noch ein „Verdacht im Hinblick auf die für ein Vereinsverbot nach § 3 VereinsG nötigen Voraussetzungen" zu fordern (s. dazu zudem § 4 IV 2 VereinsG), der hier vorliegt, wenn der Verein von Suleiman Ö. als „Ableger" des „Kalifatstaates" angesehen wird (der Sachverhalt ist insofern allerdings nicht ganz eindeutig und kann eventuell auch anders verstanden werden).[760]

**553** Als **Ergebnis** ist damit festzuhalten, dass es in formeller Hinsicht an der erforderlichen Antragsbefugnis der Regierung fehlte, der dennoch positiv über den Antrag entscheidende Beschluss des VG Bayreuth war und ist mithin allein deshalb – auf seine materielle Rechtmäßigkeit kommt es letztlich also gar nicht mehr an – formell rechtswidrig und damit falsch (davon zu trennen ist allerdings die hier nicht aufgeworfene Frage, ob in der Wohnung gefundene Beweismittel deshalb unverwertbar wären). Die hiergegen erhobene Beschwerde des Suleiman Ö. ist demzufolge auch begründet. Sie hat dank des Vorliegens ihrer Sachentscheidungsvoraussetzungen also insgesamt Erfolg.

**554** Ergänzend sei noch auf Folgendes hingewiesen: Wird der Sachverhalt wegen der **Zeitangaben** („5.45 Uhr morgens") dagegen so verstanden, dass Suleiman Ö. zugleich auch noch Rechtsschutz gegen die näheren Umstände der Durchsuchung und Beschlagnahme (das **„Wie"**) begehrt – dagegen spricht aber, dass es ihm erkennbar (nur) um die Feststellung der Rechtswidrigkeit der Maßnahme insgesamt, also das eigentliche „Ob", geht – so ist zu fragen, welcher Rechtsweg und Rechtsbehelf dafür in Betracht kommt. Die Zeit der „Vollstreckung" durch die Polizei muss das VG über den Verweis in § 4 IV 4 VereinsG auf die entsprechende Anwendung der StPO und damit die Voraussetzungen des § 104 StPO bereits mit prüfen und gegebenenfalls im Tenor berücksichtigen (es ergeht insoweit dann ein einheitlicher Beschluss; die entsprechenden Voraussetzungen des § 104 StPO können hier wegen der Gefahr im Verzug auch noch bejaht werden). Eingedenk der Ausführungen in Rn. 550 zum gespaltenen Rechtsschutz bei der hier von der Polizei erfüllten Vollstreckungshilfe lässt sich aber auch ein gesonderter Rechtsbehelf gegen das eigentliche „Wie", also die Durchsuchung und Beschlagnahme seitens der Polizei, begründen. Dabei wären dann nach § 4 IV 1, 4 VereinsG die maßgeblichen Bestimmungen der StPO entsprechend anzuwenden, wobei mangels eines Verweises auf die dortigen besonderen Rechtsschutzmöglichkeiten nur eine bloße Feststellungsklage nach § 43 VwGO (vgl. zur ähnlichen Konstellation bei der Verwahrung Rn. 459) beim VG in Betracht kommt (s. oben Rn. 544: Es gibt keinen weiteren Verwaltungsakt der Polizei, wenn man in die Maßnahme der Vollzugshilfe keine *weitere* Duldungsverfügung [mit welchem zusätzlichen „Inhalt"?] hineinliest, gegen die analog § 113 I 4 VwGO eine Fortsetzungsfeststellungsklage statthaft wäre). Ein „Annexantrag" beim VGH scheidet hier mangels einer vorangehenden VG-Entscheidung zu diesem Punkt aber aus. Es be-

---

759 Die örtliche Zuständigkeit des VG Bayreuth nach § 4 II 1 VereinsG ist hingegen zu bejahen. Der festgestellte formelle Fehler ist im „grundrechtssensiblen Bereich" der Durchsuchung so wichtig, dass er sich im Ergebnis auswirkt (ähnlich einer Nichteinschlägigkeit von Art. 45, 46 BayVwVfG) und von Suleiman Ö. erfolgreich gerügt werden kann (vgl. insoweit die parallele Wertung beim sehr grundrechtsintensiven Vollstreckungsverfahren, das daher sogar eine materielle allgemeine Vollstreckungsvoraussetzung ist; dazu Rn. 273).

760 Zum Verbot des „Kalifatstaates" als Vereinsverbot laut § 3 VereinsG *BVerwG*, DVBl. 2003, 873 ff. = NVwZ 2003, 986 ff.; *BVerfG*, NJW 2004, 47 ff.; zum Vereinsverbot des „Bandidos M.C." *Albrecht*, VR 2013, 8 ff.

steht zwar eine Konnexität zwischen dem „Ob" und dem „Wie" der hier in Rede stehenden Maßnahme; wegen der Billigung ihres „Ob" durch das VG muss dessen Beschluss zur Vermeidung seiner insoweit dann auch auf das „Wie" ausstrahlenden (also „konnexen") Bestandskraft aber mit angegriffen werden (eine Ausnahme könnte der Fall bilden, dass bei ihm nicht noch eigene Fehler aufgetreten sind).

## Fall 15: Das Versammlungsverbot gegen rechts[761]

Ein Gastwirt aus Vilshofen an der Donau (Landkreis Passau) zeigt im Mai 2023 beim Landratsamt Passau für den 3.10.2023 zwei „Veranstaltungen" an: In einem umgebauten Schweinestall soll zunächst ein „politisches Konzert Gleichgesinnter" stattfinden. Anschließend bietet eine dem Gastwirt nahestehende Gruppe eine Demonstration unter dem Motto „Nationaler Herbstmarsch – für Frieden, Freiheit und Gerechtigkeit" an. Der zuständigen Sachbearbeiterin kommen Bedenken, als sie einen Bericht des ARD-Magazin „Kontraste" sieht, wonach in der Vergangenheit Teilnehmer eines derartigen Konzertes in Vilshofen wiederholt Hassgesänge auf Juden von sich gegeben und ausländerfeindliche Parolen gerufen haben. Die Zuhörerinnen und Zuhörer haben ferner unverhohlene Sympathie für das Dritte Reich gezeigt. Bei dem Besitzer des Stalles wurden von der Polizei unlängst überdies illegale Waffen und diverses NS-Propagandamaterial sichergestellt. Presseveröffentlichungen der Veranstalter der Demonstration ist zu entnehmen, dass die bislang noch nicht strafrechtlich in Erscheinung getretene Gruppe einer rechtsextremistischen Ideologie anhängt, die nationalsozialistische Gewaltherrschaft verherrlicht und diese in Deutschland wiedererrichten möchte.

Die Sachbearbeiterin im Landratsamt überlegt nunmehr, ob sie neben dem Konzert auch diese Versammlung wegen einer Gefahr für die öffentliche Sicherheit oder Ordnung verbieten kann, ohne dass bisher erkennbar wäre, dass die Beteiligten bei oder im Umfeld der geplanten Demonstration Straftaten verüben werden. Ihre Überlegungen gehen dahin, dass eine wehrhafte Demokratie trotz des „Verbotsmonopols" des BVerfG für Parteien nicht jede Aktion dulden müsse, die ihr Ansehen, ihre Grundwerte und sogar ihren Bestand untergraben könne.

Ist ein Verbot der beiden Veranstaltungen kurz nach deren Anzeige in rechtmäßiger Weise möglich?

### Die Gliederungsübersicht zu Fall 15:

**A. Das Konzert im ehemaligen Schweinestall**
**I. Ermächtigungsgrundlage**
1. **Formelle Verfassungsmäßigkeit der Ermächtigungsgrundlage**
2. **Materielle Verfassungsmäßigkeit der Ermächtigungsgrundlage**
   **Problem:** Rechtfertigung der Verbotsgründe aus kollidierendem Verfassungsrecht

**II. Formelle Rechtmäßigkeit eines Versammlungsverbotes**
1. **Zuständigkeit**
2. **Verfahren**
3. **Form**

---

[761] Vgl. *OVG Weimar*, NVwZ-RR 2003, 207 ff.; allgemein zum (damals besonders aktuellen) Problem rechtsradikaler Demonstrationen *Hoffmann-Riem*, NJW 2004, 2777 ff.; *Rühl*, NVwZ 2003, 531 ff.; *Beljin/Micker*, JuS 2003, 660 (665 f.); *Sander*, NVwZ 2002, 831 ff.; *Dörr*, VerwArch 2002, 485 ff., alle m.w.N.

**III. Materielle Rechtmäßigkeit eines Versammlungsverbotes**
1. **Tatbestandsvoraussetzungen des Art. 12 I BayVersG**
   a. Anwendbarkeit der Norm
   b. Verbotsgründe
      aa. Art. 12 I Nr. 3 BayVersG
      bb. Art. 12 I Nr. 4 BayVersG
2. **Rechtsfolge**

**B. Die anschließende Demonstration als „Nationaler Herbstmarsch"**
I. **Ermächtigungsgrundlage** (und ihre Verfassungsmäßigkeit)
II. **Formelle Rechtmäßigkeit eines Versammlungsverbotes**
III. **Materielle Rechtmäßigkeit eines Versammlungsverbotes**
1. **Tatbestandsvoraussetzungen des Art. 15 I, II BayVersG**
   a. Öffentliche Versammlung
   b. Konkrete unmittelbare Gefahr für die öffentliche Sicherheit oder Ordnung
      aa. Konkrete unmittelbare Gefahr für die öffentliche Sicherheit
      bb. Konkrete unmittelbare Gefahr für die öffentliche Ordnung
         **Problem:** Ist die öffentliche Ordnung bei rechtsradikalen Demonstrationen in Gefahr?
   c. Art. 15 I a. E., 12 I Nr. 4 BayVersG
   d. Art. 15 II Nr. 2 BayVersG
2. **Rechtsfolge**

**557** Zu prüfen ist die **Rechtmäßigkeit** der beiden erwogenen (getrennt zu betrachtenden) Versammlungsverbote.[762] Ein Versammlungsverbot ist als belastender Verwaltungsakt rechtmäßig, wenn es sich auf eine taugliche Ermächtigungsgrundlage (→ Vorbehalt des Gesetzes) stützen kann sowie deren formellen und materiellen Anforderungen genügt (→ Vorrang des Gesetzes).[763]

**558** Hinsichtlich des **Konzertes im ehemaligen Schweinestall** kommt als spezielle **Ermächtigungsgrundlage** für eine Versammlung in geschlossenen Räumen nur Art. 12 I Nr. 3 oder 4 BayVersG in Betracht. Diese Vorschrift müsste **verfassungsgemäß** sein. Dieser Prüfungsschritt empfiehlt sich insbesondere für fiktive, neue[764] oder besonders grundrechtsintensive Normen[765] (zumindest der dritte Fall liegt hier wegen Art. 8 GG und der auf seine Bedeutung als Kommunikationsgrundrecht gestützten „Wechselwirkungslehre" vor) sowie natürlich bei entsprechenden Hinweisen im Sachverhalt.

**559** Bezüglich der **formellen Verfassungsmäßigkeit** gilt, dass die Gesetzgebungskompetenz für das Versammlungswesen mittlerweile bei den Ländern liegt (vgl. Art. 30, 70 I GG statt Art. 72 I, 74 I Nr. 3 GG a. F.). Zum Gesetzgebungsverfahren sind hier keine Probleme erkennbar. Bei der **materiellen Verfassungsmäßigkeit** ist ein Verstoß gegen Art. 8 I GG zu erwägen, wobei der Eingriff in das Versammlungsgrundrecht durch die bloße Ermächtigungsgrundlage (zudem mit dem Ermessen als Rechtsfolge) an sich fraglich

---
[762] Zu typischen Rechtsfragen bei Demonstration und Gegendemonstration s. *Ullrich*, DVBl. 2012, 666 ff.
[763] Zu beachten ist die auf die materielle Rechtslage beschränkte Fragestellung. Der Obersatz zieht die Prüfung für beide Verbote und ihre Voraussetzungen sozusagen „vor die Klammer".
[764] Zum BayVersG s. *Scheidler*, BayVBl. 2009, 33 ff., und NVwZ 2009, 429 ff.; *Hanschmann*, DÖV 2009, 389 ff., und *Arzt*, DÖV 2009, 381 ff. Zu dessen einstweiliger teilweiser Außerkraftsetzung BVerfG, NVwZ 2009, 441 ff.
[765] Vgl. besonders in Bezug auf die Versammlungsgesetze der Länder auch *Schäffer*, DVBl. 2012, 546 ff.

ist. Er kann nur mit der „Gefahr für die Grundrechtsausübung" bejaht werden.[766] Bei seiner verfassungsrechtlichen Rechtfertigung muss dann beachtet werden, dass die Versammlungsfreiheit in geschlossenen Räumen schrankenlos gewährt wird, so dass zu klären ist, wie die einzelnen Verbotsgründe des Art. 12 I BayVersG zu rechtfertigen sind[767] (es genügt allerdings auch die Prüfung von Nr. 3 und 4, wenn nur diese als Ermächtigungsgrundlage herangezogen werden).[768] Für **Art. 12 I Nr. 1 BayVersG** kann dabei auf das gleichsam kollidierende Verfassungsrecht der Art. 18, Art. 21 IV (umstritten ist, ob dieser Gedanke auch auf eine verfassungsfeindliche, aber nicht verbotene Partei wie nunmehr die NPD anwendbar ist) und Art. 9 II GG (vgl. Art. 1 II BayVersG) verwiesen werden. **Art. 12 I Nr. 2 und 3 BayVersG** konkretisieren die normative Begrenzung des Schutzbereiches des Art. 8 I GG („friedlich und ohne Waffen"), greifen also schon gar nicht in den Schutzbereich der Versammlungsfreiheit ein. **Art. 12 I Nr. 4 BayVersG** schließlich ist am schwierigsten zu rechtfertigen. Die dort genannten Straftatbestände lassen sich jedoch dem Rechtsstaatsprinzip bzw. den hinter ihnen stehenden individuellen oder kollektiven Schutzgütern zuordnen, die ihrerseits regelmäßig Verfassungsrang genießen. Art. 12 (Nr. 3 und 4) BayVersG ist bzw. sind demgemäß hier eine taugliche Ermächtigungsgrundlage.

Die **formelle Rechtmäßigkeit** eines Versammlungsverbotes müsste gegeben sein. **Zuständig** für den Erlass von Versammlungsverboten gemäß Art. 12 I BayVersG ist laut Art. 24 II 1 BayVersG die Kreisverwaltungsbehörde, also das Landratsamt (in kreisfreien Städten sind das nach Art. 9 I GO diese selbst)[769] und hier gemäß Art. 3 I Nr. 1 BayVwVfG das des Landkreises Passau, in dem Vilshofen liegt. Für das einzuhaltende **Verfahren** ist vor allem darauf zu achten, dass der Gastwirt als Veranstalter grundsätzlich nach Art. 28 I BayVwVfG vor dem Erlass des Verbotsverwaltungsaktes anzuhören ist. Eine Entbehrlichkeit der Anhörung nach Art. 28 II Nr. 4 BayVwVfG scheidet mangels Allgemeinverfügung aus (Adressat der Verbotsverfügung ist allein der Veranstalter; die anderen Versammlungsteilnehmer sind nur mittelbar davon betroffen; der Veranstalter ist für sie auch kein Empfangsbote). Denkbar wäre jedoch ein Eilfall i. S. des Art. 28 II Nr. 1 BayVwVfG. Er darf aber nicht erst durch ein Zuwarten herbeigeführt werden – hier geht es im Mai um einen „Herbstmarsch" am 3.10.2023, also ist keine „sofortige Entscheidung geboten". Die hier gar nicht nötige (Art. 13 I BayVersG gilt dafür nicht; vgl. die Überschrift des Dritten Teiles des BayVersG) Anzeige[770] des Konzertes als Versammlung ersetzt die Anhörung nicht, zumal der „Anzeiger" mit ihr noch nichts zu dem von ihm gar nicht erwarteten Versammlungsverbot sagt. Bei der **Form** ist Art. 37

**560**

**560**

---

[766] Diese Frage stellt sich jedoch häufig bei abstrakten Prüfungen. Bei ihrer Verneinung muss das Problem dann bei der konkreten Maßnahme im Kontext der Tauglichkeit der Schranke ohnehin angesprochen werden (wo dann der konkrete Eingriff gleichsam auf die Schranke „rückbezogen" wird).
[767] Vgl. zum Zusammenspiel von Versammlungsfreiheit und Versammlungsgesetz *Froese*, JA 2015, 679 ff. (allerdings zum Versammlungsgesetz des Bundes).
[768] Stützt man die Versammlungsfreiheit auf Art. 113 BV, scheint dieses Grundrecht wegen Art. 98 S. 2 BV als leichter einschränkbar, was aber vom *BayVerfGH* zur Vermeidung der „Brechung" des bayerischen Grundrechts nach Art. 31 GG – Art. 142 GG „rettet" nur weitergehende, nicht hinter dem „GG-Niveau" zurückbleibende Grundrechtsgewährleistungen, wie sie hier mit der leichteren Einschränkbarkeit vorlägen – durch eine am Inhalt des GG orientierte verfassungskonforme Auslegung vermieden wird.
[769] Das Landratsamt handelt dabei als Staatsbehörde; vgl. *Heckmann*, in: Becker/Heckmann/Kampen/Manssen, 3. Teil, Rn. 409, und Art. 9 I GO als „Indiz". Die Kreisverwaltungsbehörde ist jedoch nur bis zum Versammlungsbeginn sachlich zuständig. Ab dem Beginn der Versammlung ist (auch) die Polizei sachlich zuständig, laut *VGH München*, BayVBl. 2016, 303 ff., sogar trotz Art. 24 II 2 BayVersG ganz allein.
[770] Der Begriff der „Anzeige" in Art. 13 BayVersG vermeidet den Konflikt mit Art. 8 I GG, in dem von einer nicht nötigen „Anmeldung" die Rede ist. Die Anzeige dient sowohl der Information der Versammlungsbehörde (die so auch über Maßnahmen nach dem BayVersG „nachdenken" kann) als auch der Vorbereitung der Polizei zum Schutz der Versammlung und ist daher verfassungsrechtlich „in Ordnung".

II 1 (und eventuell Art. 39 I) BayVwVfG zu beachten. Mit einer Anhörung des Gastwirtes ist das Versammlungsverbot also formell rechtmäßig möglich.

**561** Für die **materielle Rechtmäßigkeit** eines Versammlungsverbotes müssten zunächst die Tatbestandsvoraussetzungen des Art. 12 I BayVersG vorliegen. Zur **Anwendbarkeit der Norm** muss es sich bei dem Konzert um eine **öffentliche Versammlung** handeln, die **in geschlossenen Räumen** stattfindet. In Art. 2 I BayVersG ist die „Versammlung" legal als „Zusammenkunft von mindestens zwei Personen zur gemeinschaftlichen, überwiegend auf die Teilhabe an der öffentlichen Meinungsbildung gerichteten Erörterung oder Kundgebung" definiert. Grundsätzlich fallen damit Konzerte (oder Theateraufführungen) mangels einer Meinungsbildung – es geht (nur) um den Kunstgenuss – nicht unter den Versammlungsbegriff (bei einem Konzert mit anschließender politischer Debatte ist eventuell auch nur Letztere eine Versammlung). Hier handelt es sich aber um eine Veranstaltung, mit der gerade gezielt eine politische Überzeugung kundgetan und der entsprechende Inhalt gerade über die Musik „transportiert" werden soll, so dass der Versammlungsbegriff doch erfüllt wird (auch die Musikgruppe gehört dann zu den Versammlungsteilnehmenden). Diese Versammlung findet öffentlich i. S. des Art. 2 II BayVersG, d. h. ohne enge Zugangsbeschränkung (die Erhebung von Eintrittsgeldern oder das Erfordernis einer Mitgliedschaft zumindest bei großen Vereinen ist insoweit unerheblich) in dem alten Stall und damit in einem geschlossenen Raum statt.[771] Geplant ist hier auch ein vollständiges **Verbot** der Veranstaltung im Vorhinein, keine bloße Beschränkung oder eine Auflösung nach ihrem Beginn.[772] Art. 12 I BayVersG ist demzufolge auf diesen Fall anwendbar. Zu prüfen ist nun allerdings, ob ein **Verbotsgrund** nach Art. 12 I Nr. 3 oder 4 BayVersG vorliegt. Tatsachen, aus denen sich ergibt, dass der Veranstalter oder sein Anhang einen **gewalttätigen Verlauf der Veranstaltung anstreben (Nr. 3)** sind hier trotz der Vorkommnisse in der Vergangenheit und der Waffenfunde nicht bekannt.[773] Aus den festgestellten Tatsachen ergibt sich aber, dass der Veranstalter und sein Anhang (→ die anderen mutmaßlichen Teilnehmenden) Ansichten vertreten und Äußerungen (mutmaßlich mehrerer Teilnehmender) dulden werden, die jedenfalls den (**objektiven**) **Tatbestand** des § **130 StGB** (Volksverhetzung) und damit ein von Amts wegen zu verfolgendes Vergehen („Offizialdelikt") zum Gegenstand haben (**Nr. 4**). Eventuell kommen auch noch die §§ **86, 86a StGB** (Verbreitung nationalsozialistischen Gedankengutes über Propagandamittel und Kennzeichen verfassungswidriger Organisationen) in Frage.[774] **Adressat** der Verbotsverfügung ist der Gastwirt als (mutmaßlicher) Veranstalter (→ einen „Störer" braucht es nicht).

**562** **Rechtsfolge** ist bei bejahtem Tatbestand ein **Ermessen** der Verwaltung, das nicht i. S. des Art. 40 BayVwVfG fehlerhaft ausgeübt werden darf. Beim Entschließungsermessen (→ „Ob") ergeben sich insoweit keine Bedenken, wohingegen sich beim Auswahlermes-

---

771 Zur Versammlungsfreiheit auf fremdem Eigentum *BVerfG*, NJW 2015, 2485 f. („Passauer Bierdosen-Flashmob"); *Wendt*, NVwZ 2012, 606 ff.
772 Zur Anwesenheit der Polizei bei öffentlichen Versammlungen in geschlossenen Räumen *Riedel*, BayVBl. 2009, 391 ff.
773 Die beim Besitzer des Stalles aufgefundenen Waffen können mangels entsprechender „Vorerfahrungen" aus der Vergangenheit nicht mit dem Gastwirt und der Versammlung im alten Stall in Verbindung gebracht werden. Daher scheidet auch die Nr. 2 aus. Anders wäre es eventuell, wenn kurz vor der Versammlung Waffen gefunden würden. Die „Verwendungsabsicht" dürfte im Vorfeld einer Versammlung allerdings nur selten zu belegen sein. Zum Versammlungsausschluss wegen des Mitführens von Anscheinswaffen *VGH Kassel*, NVwZ-RR 2011, 519 ff. Ein weiterer Klausurfall zur Auflösung einer Versammlung findet sich bei *Müller/Kepper*, VR 2012, 202 ff.
774 Hier liegen die erforderlichen „Tatsachen" wegen der versammlungsspezifischen „Vorerfahrungen" aus der Vergangenheit vor. Der Wahrheitsgehalt der Berichterstattung muss im Zweifelsfall allerdings überprüft werden (es gilt nach Art. 24 I 1 BayVwVfG der Untersuchungs- oder Amtsermittlungsgrundsatz); vgl. dazu *Müller*, JuS 2014, 324 ff. Gegebenenfalls ist hier also weiteres belastendes Material vonnöten.

sen (→ „Wie") im Hinblick auf Ermessensgrenzen als Problem der Verhältnismäßigkeit – gerade unter Berücksichtigung der „Wechselwirkungslehre" für Art. 5 I, 8 I GG – die Frage stellt, ob statt des Verbotes als ultima ratio auch eine „Beschränkung" genügen würde. Hier scheinen jedoch nach den Vorerfahrungen nur das Verbot als hinreichend effektiv und eine „Beschränkung" mangels Kontrollmöglichkeit nicht durchsetzbar zu sein. Auch im Übrigen sind keine Ermessensfehler ersichtlich. Das Konzert im alten Schweinestall kann daher – bei einer noch nötigen Anhörung – rechtmäßig verboten werden.

**Für die anschließende Demonstration als „Nationaler Herbstmarsch"** (Versammlung unter freiem Himmel) **kommt als** spezielle **Ermächtigungsgrundlage** nur Art. 15 I oder II BayVersG in Betracht, der, gestützt auf den Gesetzesvorbehalt in Art. 8 II GG, keinen materiellen verfassungsrechtlichen Bedenken bezüglich der Versammlungsfreiheit nach Art. 8 I GG begegnet.

Hinsichtlich der **formellen Rechtmäßigkeit eines Versammlungsverbotes** kann auf die Prüfung in Rn. 560 verwiesen werden. Auch hier ist im Übrigen die **Anhörung** der Gruppe als der eigentlichen Veranstalterin (der Gastwirt ist nur ihr „Bote", was jedoch abhängig von der konkreten Anzeige ist) nicht bereits durch die Anzeige der Demonstration[775] erfolgt, zumal diese kein Antrag auf ihre Genehmigung, sondern vielmehr „automatische" bzw. zwingende Rechtsfolge des Art. 13 I BayVersG ist.

Für die **materielle Rechtmäßigkeit** eines Versammlungsverbotes müssten die Tatbestandsvoraussetzungen des Art. 15 I, II BayVersG vorliegen. Die Demonstration ist eine **öffentliche** (vgl. zur Geltung des Merkmals auch hier Art. 2 III BayVersG) **Versammlung** i. S. des Art. 2 I, II BayVersG. Sie findet zudem **unter freiem Himmel** statt. Sie müsste allerdings auch eine konkrete unmittelbare Gefahr für die öffentliche Sicherheit oder Ordnung i. S. des Art. 15 I BayVersG darstellen. Eine **konkrete unmittelbare Gefahr für die öffentliche Sicherheit** setzt eine beim Versammlungsbeginn unmittelbar bevorstehende Gefährdung bzw. Schädigung der dortigen Rechtsgüter voraus, zu denen wie im „eigentlichen" Polizeirecht das geschriebene Recht mit allen Ge- und Verboten, der Bestand des Staates und seiner Einrichtungen sowie die Individualrechtsgüter zählen.[776] Eine solche Gefahr scheidet hier bislang mangels erkennbarer Verstöße gegen geltendes Recht wie z. B. Strafvorschriften aus. Eine Zurechnung des Fehlverhaltens des Gastwirtes auf die Gruppe erscheint als problematisch. Vielmehr besteht angesichts des Menschenbildes des GG zunächst sogar die Vermutung, dass sich diese rechtskonform verhalten werde. Auch ein Fall des Art. 12 I BayVersG zum Versammlungsverbot in geschlossenen Räumen oder die unzumutbare Beeinträchtigung von Rechten Dritter sind zumindest im jetzigen Vorfeldstadium (→ „zur Zeit des Erlasses der Verfügung") noch nicht ersichtlich. Fraglich ist jedoch, ob ein Verbot nicht darauf gestützt werden kann, dass die mit der Versammlung transportierten Inhalte und Botschaften den Wertmaßstäben des GG zuwiderlaufen und damit die **öffentliche Ordnung unmittelbar gefährden** (damit ginge es hier um die im Sachverhalt erwähnte „wehrhafte Demokratie").[777] Zur öffentlichen Ordnung gehören alle ungeschriebenen Regeln, die nach der Mehrheitsauffassung für ein gedeihliches Zusammenleben der Menschen eine schier

---

775 Die Anzeige nach Art. 13 BayVersG ist kein Verfahrenserfordernis für das Verbot. Im Fall des Art. 13 III BayVersG kann sie bei jeder bayerischen Polizeidienststelle erfolgen.
776 Im Unterschied zur *gegenwärtigen* Gefahr ist bei der *unmittelbaren* Gefahr der Betrachtungszeitpunkt ein anderer (→ im Vorfeld statt im Moment der Versammlung), der Gefahren- bzw. Risikograd aber gleich. Im Gegensatz zu Art. 12 I BayVersG ist hier zudem nur von „Umständen" statt von „Tatsachen" die Rede, was wegen der leichteren Einschränkbarkeit des Versammlungsrechts in dieser Konstellation mit dem einfachen Gesetzesvorbehalt des Art. 8 II GG „im Rücken" als niedrigere Hürde angesehen werden kann.
777 Dazu auch *Masing*, JZ 2012, 585 ff; Art. 18 GG ist insoweit kein Indiz für die „Grenze des Erlaubten".

unerlässliche Voraussetzung bilden. Stellt man auf die Würde der Opfer der NS-Gewaltherrschaft und deren Allgemeines Persönlichkeitsrecht ab, fehlt es bereits daran, dass diese Schutzgüter ungeschrieben sind. Das *OVG Münster* hat sich insoweit hingegen immer wieder auf die Konkretisierung „verfassungsimmanenter Schranken" durch Art. 15 I BayVersG bzw. (insoweit deckungsgleich) § 15 I VersG berufen. Es übergehe „das historische Gedächtnis der Verfassung, öffentliches Eintreten für nationalsozialistisches Gedankengut als politisch missliebig zu bagatellisieren"[778] und nicht mit den Mitteln des (Bay-)VersG zu bekämpfen. Das *BVerfG* hat derartige Entscheidungen stets mit dem Argument aufgehoben, was unter den Schutz von Art. 5 II GG (zu dem zur Einschränkung der Meinungsfreiheit nötigen allgemeinen Gesetz) falle, könne nicht über Art. 8 II GG verfolgt bzw. „bekämpft" werden.[779] Solange andere Rechtsgüter dadurch nicht gefährdet würden, könne niemand zur Loyalität mit den Verfassungswerten gezwungen werden. Die anderen Rechtsgüter könnten hinreichend über die bestehenden (oder zu schaffenden) und insoweit auch abschließenden Straftatbestände (und dann die öffentliche Sicherheit) geschützt werden. Es spricht sich damit gegen eine extensive Interpretation der öffentlichen Ordnung aus; wie beim Laserdrome[780] ist aus seiner Sicht vielmehr der Gesetzgeber zum Handeln aufgerufen.[781] Schließlich sei das Versammlungsverbot ohnehin nur die ultima ratio, wenn mildere Mittel (insbesondere „Beschränkungen" z.B. mit einem Redeverbot für bestimmte Personen) nicht gegriffen hätten. Mit den obigen Argumenten kann ein Versammlungsverbot hier damit nicht auf eine unmittelbare Gefahr für die öffentliche Sicherheit oder Ordnung und folglich auch nicht auf den „Grundfall" in Art. 15 I BayVersG gestützt werden. Mangels Straftaten scheidet hier auch (noch) **Art. 15 I a.E., 12 I Nr. 4 BayVersG** aus (dazu schon oben im Text). Mit einer entsprechenden Begründung (und einem eventuell „dichteren" Sachverhalt) kann aber in Bezug auf die Versammlung (als „Täter") **Art. 15 II Nr. 2 BayVersG** bejaht werden, was durch die Veröffentlichungen der Gruppe bestätigt wird.[782]

**566** Wenn der vom *OVG Münster* vertretenen Auffassung oder dem „Weg" über Art. 15 II Nr. 2 BayVersG gefolgt und damit der Tatbestand bejaht wird, ist die Frage der **Rechtsfolge** wie oben in Rn. 562 mit dem Ergebnis zu beurteilen, dass hier keine Ermessensfehler vorliegen. Der angemeldete „Nationale Herbstmarsch" kann demzufolge nach der mehrheitlichen Auffassung zur geltenden Rechtslage ebenfalls schon in rechtmäßiger Art und Weise verboten werden (eine a.A., die vom Landratsamt erst noch weitere Ermittlungen zum Sachverhalt verlangt, ist jedoch, wie in Rn. 565 aufgezeigt wurde, ebenfalls gut vertretbar).

---

778 S. etwa *OVG Münster*, Beschl. v. 30.4.2001 – Az.: 5 B 585/01, Rn. 10 ff. (juris), auch zum Folgenden.
779 Vgl. nur *BVerfG*, BeckRS 2008, 30821.
780 Zu der ähnlichen Diskussion um die „öffentliche Ordnung" im Laserdrome-Fall etwa *BVerwG*, BeckRS 2002, 20589; 2007, 22742; *Kramer/Strube*, ThürVBl. 2003, 265 ff.
781 Die „öffentliche Ordnung" verliert durch die (hier sogar vom *BVerfG* geforderte) „Verrechtlichung" immer mehr und im Versammlungsrecht sogar völlig an Bedeutung. Sie findet heute im allgemeinen Polizeirecht vor allem noch bei der unfreiwilligen Obdachlosigkeit ohne Gesundheitsgefahr, die in einem Sozialstaat mehrheitlich als „unerträglich" angesehen wird, Anwendung (dazu schon Rn. 103). Frühere weitere Beispiele wie der „Zwergenweitwurf" oder das „Schlammcatchen nackter Frauen" lassen sich demgegenüber entweder unter die „öffentliche Sicherheit" subsumieren (→ als Verletzung der Menschenwürde; streitig ist insoweit deren Verzichtbarkeit) oder werden hier gar nicht mehr erfasst.
782 Art. 15 II Nr. 1 BayVersG scheidet trotz der Demonstration am Tag der Deutschen Einheit am 3.10.2023 hingegen zunächst (noch) aus. Hierzu müsste die Sachbearbeiterin im Landratsamt erst noch weitere Ermittlungen anstellen, um mehr „Material" für ein darauf gestütztes Verbot an der Hand zu haben.

## Fall 16: Tumulte bei der Ehrenpromotion[783]

Der Fachbereich Rechtswissenschaft der bayerischen Universität in S beschließt im Jahr 2020 auf Anregung der um die Verbesserung der transatlantischen Beziehungen bemühten Bundesregierung, dem (damals) amtierenden amerikanischen Präsidenten die Ehrenpromotion zu verleihen. Es herrscht unter den Verantwortlichen große Freude, als *Donald Trump* zusagt, zur feierlichen Übergabe der Promotionsurkunde am 1.8.2020 nach S zu kommen. Allerdings teilen nicht alle Bürgerinnen und Bürger der Stadt S diese Freude: So nutzt der zu den mit einer besonderen Eintrittskarte zu der Feier geladenen Gästen zählende Wissenschaftliche Assistent Thomas R. die Gelegenheit, als Mr. *Trump* den Saal betritt, ein unter seinem Anzug in den Saal geschmuggeltes Transparent mit der Aufschrift „Auch die USA müssen den Völkerstrafgerichtshof anerkennen!" zu entrollen. Anwesende Polizeibeamtinnen entreißen Thomas R. jedoch sofort –noch bevor der Text erkennbar ist – das Transparent und stellen es für die Dauer der Ehrenpromotionsfeier sicher. Erst danach erhält der verdutzte Assistent sein Transparent zurück.
Auch außerhalb des Festsaales kommt es zu Missfallenskundgebungen gegen den amerikanischen Gast: Die beiden politisch aktiven Jurastudierenden Ferdinand P. und Margitta B. halten, nachdem sie erst kurz davor von der Feier erfahren und sich unter die große Menge der Schaulustigen vor dem Universitätsgebäude gemischt haben, beim Eintreffen der Staatskarossen mit dem künftigen Ehrendoktor und weiterer Prominenz als „Mahnwache" Schilder mit Texten wie *„Trump,* der Kriegstreiber, verdient keinen Ehrentitel" und „Bad Ami, go home!" hoch. Polizisten in Uniform vor Ort fordern die beiden Demonstrierenden mehrfach höflich auf, die Plakate nicht weiter hochzuhalten. Als das nicht fruchtet, stellen sie auch diese Plakate sicher, damit der amerikanische Präsident „die Verunglimpfung eines Staatsoberhauptes" gar nicht erst sehe und die deutsch-amerikanischen Beziehungen nicht wieder belastet würden.
Nach einer unruhigen Nacht beschließen alle drei Gegner des neuen Ehrendoktors der Universität S, das polizeiliche Vorgehen einer verwaltungsgerichtlichen Würdigung unterziehen zu lassen. Thomas R. findet, er habe mit seinem Transparent ein legitimes politisches Anliegen vorgebracht, das z.B. auch die Europäische Union mittrage. Daher sei es völlig unangebracht gewesen, ihn „wie einen Terroristen" zu behandeln und ihm ohne jede Vorwarnung gewaltsam das sachlich formulierte Spruchband zu entreißen. Die beiden Studierenden berufen sich darauf, als Teilnehmende einer Versammlung vor dem Universitätsgebäude seien sie vor „polizeilichen Übergriffen" dieser Art geschützt gewesen. Sie hätten zudem nur von ihrer Meinungsfreiheit Gebrauch gemacht. Auch wenn sie ihre Schilder noch nicht wiederbekommen haben, wollen sie vordringlich geklärt haben, dass die Polizei nichts gegen sie tun dürfen hätte.
Wie wird das kurz nach der Ehrenpromotionsfeier von ihnen deshalb angerufene VG über die Klagen der drei entscheiden?

---

783 Vgl. *BVerwG,* BeckRS 9998, 58433; *Rozek,* JuS 2002, 470 ff. (mit einer ähnlichen Original-Examensklausur aus Sachsen).

**568** Die umfangreiche **Gliederungsübersicht zu Fall 16:**

**1. Teil:   Die Klage von Thomas R.**
A. Sachentscheidungsvoraussetzungen der Klage
I. Eröffnung des Verwaltungsrechtsweges
1. Keine aufdrängende Sonderzuweisung
2. Voraussetzungen des § 40 I 1 VwGO – insbesondere keine abdrängende Sonderzuweisung nach § 23 I 1 EGGVG

II. Statthafte Klageart
III. Klagebefugnis für die „ursprüngliche" Klage
IV. Besonderes Fortsetzungsfeststellungsinteresse
1. Wiederholungsgefahr
2. Bedeutung für einen späteren Schadenersatzprozess
3. Rehabilitationsinteresse
   a.  Art. 5 I 1 GG
   b.  Art. 8 I GG

V.   Vorverfahren, §§ 68 ff. VwGO
VI.  Klagefrist, § 74 I VwGO
VII. Beteiligten- und Prozessfähigkeit
B. Begründetheit der Klage
I. Klagegegner, § 78 I Nr. 1 VwGO
II. Ermächtigungsgrundlage
1. Vollstreckung nach Art. 70 II, 71 I Nr. 3, 75, 77 ff. PAG
2. „Einfacher" Verwaltungsakt: Art. 25 PAG statt BayVersG

III. Formelle Rechtmäßigkeit der Sicherstellungsverfügung
1. Zuständigkeit
2. Verfahren
3. Form

IV. Materielle Rechtmäßigkeit der Sicherstellungsverfügung
1. Tatbestand: Unmittelbare Gefahr für die öffentliche Sicherheit oder Ordnung
   a.  § 185 I StGB
   b.  **Anscheinsgefahr** hinsichtlich § 185 I StGB
   c.  Art. 2 II PAG
2. Thomas R. als **Verhaltensstörer**
3. Rechtsfolge: Ermessen – Verhältnismäßigkeit als Grenze
   a.  Eignung, Erforderlichkeit und Angemessenheit
   b.  Zeitliches Übermaßverbot

**2. Teil:   Die Klagen von Ferdinand P. und Margitta B.**
A. Sachentscheidungsvoraussetzungen der Klagen
I. Eröffnung des Verwaltungsrechtsweges
II. Statthafte Klageart
III. Klagebefugnis für die „ursprüngliche" Klage
IV. Besonderes Fortsetzungsfeststellungsinteresse analog § 113 I 4 VwGO
1. Wiederholungsgefahr

2. **Bedeutung für einen späteren Schadenersatzprozess**
3. **Rehabilitationsinteresse**
   a. Art. 5 I 1 GG
   b. Art. 8 I GG
V. **Vorverfahren, §§ 68 ff. VwGO**
VI. **Klagefrist, § 74 I VwGO**
VII. **Subjektive Klagehäufung von Ferdinand P. und Margitta B.**
VIII. **Beteiligten- und Prozessfähigkeit**
B. **Begründetheit der Klagen**
I. **Klagegegner, § 78 I Nr. 1 VwGO**
II. **Ermächtigungsgrundlage**
III. **Formelle Rechtmäßigkeit der Sicherstellungsverfügung**
1. **Zuständigkeit der Polizei**
2. **Verfahren: Frage der Anhörung**
3. **Form**
VI. **Materielle Rechtmäßigkeit der Sicherstellungsverfügung**
1. **Unmittelbare Gefahr für die öffentliche Sicherheit oder Ordnung**
   a. § 185 I StGB
   b. Rechtfertigung der Texte durch Art. 5 I 1, 8 I GG
2. **Die Studierenden als Verhaltensstörer**
3. **Rechtsfolge: Ermessen**

Im **ersten Teil** ist die **Klage von Thomas R.** näher zu untersuchen. Sie hat Erfolg, wenn ihre Sachentscheidungsvoraussetzungen vorliegen und sie außerdem begründet ist. Im Rahmen der **Sachentscheidungsvoraussetzungen der Klage** ist zunächst die **Eröffnung des Verwaltungsrechtsweges** in den Blick zu nehmen. Eine aufdrängende Sonderzuweisung kommt hier nicht in Frage. Die **Voraussetzungen des § 40 I 1 VwGO** liegen vor, denn es geht um die präventive und damit öffentlich-rechtliche Sicherstellung eines Spruchbandes. Auch wenn sich Thomas R. insofern auf seine Grundrechte berufen sollte, handelt es sich hier weder um einen doppelt verfassungsunmittelbaren Streitgegenstand noch um eine prinzipale Rechtssatzkontrolle des formellen Gesetzgebers und damit um keine verfassungsrechtliche Streitigkeit. Vorliegend kommt auch nicht die abdrängende Sonderzuweisung aus **§ 23 I 1 EGGVG** zur Anwendung, da die Polizei hier ausschließlich präventiv und nicht repressiv tätig wurde. Hinsichtlich der **statthaften Klageart** ist festzustellen, dass Thomas R. sein Spruchband während der Feier nicht zeigen konnte. Ungeachtet ihrer genauen Ermächtigungsgrundlage handelt es sich bei dieser Maßnahme um einen Verwaltungsakt, trifft doch die handelnde Behörde mit der Sicherstellung die in die Rechtssphäre von Thomas R. eingreifende Regelung eines Einzelfalles. Mit der Rückgabe des Transparentes hat sich diese „Beschlagnahme" dann allerdings bereits vor der Klageerhebung wieder erledigt, so dass statthafte Klageart die Fortsetzungsfeststellungsklage analog § 113 I 4 VwGO ist.[784] Die **Klagebefugnis** von Thomas R für seine ursprüngliche Anfechtungsklage gemäß § 42 II VwGO ergibt sich hier aus der sogenannten Adressatentheorie; zudem ist eine Verletzung seiner Grundrechte aus Art. 5 I 1 und Art. 8 I GG (s. Rn. 570) zumindest möglich.

---

[784] In einer ausformulierten Klausurlösung ist es eventuell angezeigt, kurz die analoge Anwendung der Vorschrift anhand der Voraussetzungen – planwidrige Lücke und vergleichbare Interessenlage – zu begründen.

**570** Das weiterhin nach der Erledigung der ursprünglichen Anfechtungsklage erforderliche **besondere Fortsetzungsfeststellungsinteresse analog § 113 I 4 VwGO** stellt gegenüber dem „einfachen" Feststellungsinteresse des § 43 I VwGO erhöhte Anforderungen, die in die Prüfung der klassischen Fallgruppen münden. Für eine **Wiederholungsgefahr** ist dabei allerdings nichts ersichtlich; die bloß theoretische Möglichkeit eines vergleichbaren Sachverhaltes in der Zukunft genügt nicht. Auch die denkbare **präjudizielle Bedeutung für einen Schadenersatzprozess** kann das besondere Feststellungsinteresse hier nicht begründen, wenn die Erledigung bereits vor dem Beginn des Verwaltungsgerichtsprozesses eingetreten ist, Thomas R. durch einen vollständigen Verweis auf den Zivilrechtsweg also keine „Verluste" erlitte. Für ein **Rehabilitationsinteresse** erweist sich ein diskriminierender Charakter der Sicherstellung für Thomas R. hingegen als denkbar, auch wenn sein persönlicher Eindruck (Behandlung „wie ein Terrorist") als überzogen erscheint. Außerdem kommt ein nachhaltiger Grundrechtseingriff in Betracht. Im Hinblick auf **Art. 5 I 1 GG** diente das Spruchband nämlich unabhängig vom „Wert" seiner Aussagen der Meinungsäußerung und -kundgabe. Dagegen wurde Thomas R. nicht an der weiteren Teilnahme an der Feier gehindert; sein Versammlungsrecht aus Art. 8 I GG (sofern die Promotionsfeier überhaupt in den sachlichen Schutzbereich des Grundrechts fällt; dazu noch näher in Rn. 573) wurde hinsichtlich des „Ob" mithin nicht tangiert. Fraglich ist jedoch, ob er bezüglich des „Wie" seiner freien Teilnahme an der Promotionsfeier mit dem Transparent eingeschränkt wurde, wobei hier aber jedenfalls der das Transparent und die damit verbundene individuelle Meinungsäußerung erfassende Art. 5 I 1 GG als spezieller gelten kann. Je nach der eigenen „Strenge" bei dieser Fallgruppe (die damit allerdings in praktisch jeder polizeirechtlichen Fallkonstellation eingreift; dazu Rn. 424) kann auch noch auf die **typische Erledigung von polizeilichen Verwaltungsakten vor möglicher Rechtsschutzerlangung** rekurriert werden. Damit lässt sich das erforderliche besondere Feststellungsinteresse insgesamt auf jeden Fall begründen.

**571** Bei einer Erledigung des Verwaltungsaktes vor der Klageerhebung (und gegebenenfalls schon vor der Widerspruchseinlegung) wie hier, bedarf es nach h. M. – unabhängig von dessen Statthaftigkeit nach § 68 I 2 Fall 1 VwGO, Art. 12 II AGVwGO – schon grundsätzlich keines **Widerspruchsverfahrens** laut § 68 I 1 VwGO, sofern die Erledigung innerhalb der Widerspruchsfrist eintritt. Das Verfahren ist nämlich dann in der VwGO nicht vorgesehen und zudem „sinnlos", kann verbindlich doch nur das VG die Rechtswidrigkeit des erledigten Verwaltungsaktes feststellen. Nach h. M. gilt für die Fortsetzungsfeststellungsklage dann außerdem keine **Klagefrist** nach § 74 I VwGO.[785] Thomas R. und der Freistaat Bayern sind **beteiligten-** (§ 61 Nr. 1 Fall 1 bzw. 2 VwGO) **und prozessfähig** (§ 62 I Nr. 1 bzw. III VwGO), wobei der Freistaat nach (Art. 47 III BV, § 36 I 2 VwGO,) Art. 13 AGVwGO, § 3 I 1 Nr. 1, II 1 und 6 LABV durch die Leitung des jeweiligen Polizeipräsidiums vertreten wird. Insgesamt liegen die Sachentscheidungsvoraussetzungen für die Klage von Thomas R. mithin vor.

**572** Seine Klage ist analog § 113 I 4 VwGO auch **begründet**, wenn sie sich gegen den richtigen Beklagten richtet, die angefochtene Sicherstellungsverfügung rechtswidrig war und ihn in seinen Rechten verletzt hat, wobei Letzteres bei deren Rechtswidrigkeit zumindest wegen des bereits oben erwähnten Grundrechts aus Art. 5 I 1 GG (zu dessen „Vorrang" vor Art. 8 I GG Rn. 570) zu bejahen wäre. Der Freistaat Bayern als Rechtsträger der Polizei ist gemäß Art. 1 II POG richtiger **Klagegegner** i. S. des § 78 I Nr. 1 VwGO. Zunächst muss zur Klärung der Frage nach der Rechtmäßigkeit der Sicherstellung deren **Ermächtigungsgrundlage** bestimmt werden. Fraglich ist dazu an der Stelle, ob es sich bei der „Beschlagnahme" um einen klassischen („einfachen") Verwaltungsakt oder um einen solchen als Maßnahme in der Verwaltungsvollstreckung handelt. Die h. M. liest in die Vorschriften über die Sicher-

---

[785] Vgl. dazu nochmals *BVerwG*, BeckRS 1999, 30066926. Insoweit auch schon Fall 7 (Rn. 423 und 425).

stellung wie z. B. Art. 25 PAG selbst schon ein gewisses „Vollstreckungselement" hinein, so dass es hier an sich beim „einfachen" Verwaltungsakt bleibt. Angesichts der – allerdings von Thomas R. möglicherweise subjektiv übersteigerten – Sachverhaltsgestaltung („gewaltsam entrissen") erscheint es jedoch auch als gut vertretbar, nach der gängigen Lesart zwischen Grundverfügung und Vollstreckung zu unterscheiden und hier Letztere wegen der Anwendung von körperlicher Gewalt anzunehmen. Dann bliebe vorliegend in Ermangelung eines zuvor erlassenen Grundverwaltungsaktes als Ermächtigungsgrundlage für das polizeiliche Vorgehen nur die **Anwendung unmittelbaren Zwanges im Sofortvollzug nach Art. 70 II, 71 I Nr. 3, 75, 77 ff. PAG**, der neben seinen in diesen Normen aufgeführten (hier unproblematischen) Vollstreckungsvoraussetzungen bedingt, dass die Rechtmäßigkeitsanforderungen der fiktiven und nur wegen ihrer Eilbedürftigkeit nicht erlassenen Grundverfügung erfüllt wurden, so dass dann auch hiernach die sogleich erwähnten Voraussetzungen zu prüfen sind.

Nimmt man demgegenüber einen **bloßen Verwaltungsakt** an, so ist unmittelbar dessen Ermächtigungsgrundlage zu benennen: Wegen des Spezialitätsgrundsatzes ist primär auf das **BayVersG** abzustellen, so dass gegebenenfalls eine „Minusmaßnahme" zu Art. 12 I BayVersG gegen Thomas R. in Betracht kommt, wenn es um eine Veranstaltung in geschlossenen Räumen geht. Das setzt allerdings gerade voraus, dass es sich bei der Feier überhaupt um eine Versammlung i. S. des BayVersG handelt. Nach der Begriffsbestimmung in Art. 2 I BayVersG, die der „Linie" des *BVerfG* seit seiner Entscheidung zur „Love-Parade"[786] folgt, fehlt es dafür aber an der kollektiven öffentlichen Meinungsbildung und -kundgabe. Überdies wäre wegen der für die Teilnahme an der Feier erforderlichen Einladung die **Öffentlichkeit der Versammlung** (vgl. Art. 2 II BayVersG) zu verneinen, so dass spätestens daraus folgt, dass das BayVersG unanwendbar ist.[787] Damit kann mangels spezieller Regelung für die „Beschlagnahme" auf die Ermächtigungsgrundlage zur Sicherstellung im Polizeirecht nach **Art. 25 PAG** abgestellt werden.[788]

Für die **formelle Rechtmäßigkeit der Sicherstellungsverfügung** ergibt sich die **Zuständigkeit der Polizei aus Art. 25, 2 I, 3 PAG**. Beim **Verfahren** war die Anhörung von Thomas R. nach Art. 28 II Nr. 1 BayVwVfG entbehrlich, ebenso (ohne dass ein derartiger Fehler allerdings Auswirkungen gehabt hätte) die Ausstellung einer Bescheinigung über die Sicherstellung des Spruchbandes gemäß Art. 26 II 2 PAG. Besondere Anforderungen an die **Form** bestehen laut Art. 37 II 1 BayVwVfG nicht.

Zur **materiellen Rechtmäßigkeit der Sicherstellungsverfügung** bedarf es zunächst als **Tatbestandsvoraussetzung** des Art. 25 I Nr. 1a PAG einer gegenwärtigen Gefahr für die öffentliche Sicherheit oder Ordnung. Zu diesem Schutzgut gehören alle geschriebenen Ge- und Verbote, der Bestand des Staates und seiner Einrichtungen sowie alle privaten Rechtsgüter. Hier stellt sich damit als Anknüpfungspunkt für eine solche Gefahr die Frage, ob Thomas R. durch sein Tun einen Straftatbestand verwirklicht hat. In Betracht kommt eine Beleidigung nach § 185 StGB.[789] Der von Thomas R. verfasste Text

---

786  Vgl. hierzu *BVerfG*, NJW 2001, 2459 ff.
787  Beachtlich ist dann jedoch noch, dass wegen des vorbehaltlos gewährten Schutzes des Art. 8 I GG für derartige nichtöffentliche Versammlungen in geschlossenen Räumen schon kollidierende Verfassungsgüter zur Rechtfertigung eines dennoch vorgenommenen Eingriffes bedroht sein müssten. Hier geht es aber gerade nicht um einen „versammlungsspezifischen" Eingriff, so dass Art. 8 I GG gar nicht berührt ist.
788  An dieser Stelle könnte kurz noch die Verfassungsmäßigkeit dieser Norm im Hinblick auf Art. 8 GG (zu dessen „Nichtberührung" schon in Fn. 787) und Art. 5 I 1 GG erörtert werden. Im Übrigen entfaltet das auf diese Konstellation unanwendbare BayVersG keine Sperrwirkung im Hinblick auf diese „Nicht-Versammlung" (s. dazu schon Rn. 313). Selbst bei seiner Anwendbarkeit würde es hier aber Art. 25 PAG nicht „sperren". Insgesamt greift hier also die „Polizeifestigkeit der Versammlung" (dazu Rn. 313) nicht.
789  Bis ins Jahr 2017 war sogar vorrangig vor §§ 185 ff. StGB eine Beleidigung ausländischer Staatsorgane nach § 103 I StGB a. F. (der dann jedoch aufgehoben worden ist) zu prüfen.

„Auch die USA müssen den Völkergerichtshof anerkennen!" stellt jedoch keine herabwürdigende oder beleidigende Äußerung über den (damaligen) amerikanischen Präsidenten dar, so dass § 185 StGB hier ausscheidet. Zu erwägen ist jedoch, ob die handelnden Polizeibeamtinnen davon ausgehen durften, dass das noch nicht entrollte Transparent beleidigende und nicht von Art. 5 I 1, 8 I GG gedeckte Texte enthielt und damit gegen § 185 StGB verstieß. Dann läge eine (ausreichende) **Anscheinsgefahr** vor. Abzustellen ist insoweit auf den Durchschnittsbeamten vor Ort bei verständiger Würdigung des Falles aus seiner ex-ante-Perspektive. Bei einer solchen Betrachtung erscheint die Bewertung der Beamtinnen nachvollziehbar, hatte Thomas R. doch das Transparent, das an sich schon für eine akademische Feier unüblich ist, heimlich in den Saal geschmuggelt, so dass gerade vor dem Hintergrund der teils hitzigen Debatten um die Anerkennung des UN-Völkerstrafgerichtshofes durch die USA und der ohnehin angespannten deutsch-amerikanischen Beziehungen mit einem beleidigenden Inhalt des Spruchbandes zu rechnen war.

**576** Fraglich ist dann in diesem Zusammenhang jedoch, ob nicht **Art. 2 II PAG** dem polizeilichen Einschreiten entgegensteht, kann Mr. *Trump* doch vorrangig selbst gerichtlich zum Schutz seiner (vermeintlich tangierten) Ehre gegen Thomas R. vorgehen. Dagegen spricht aber, dass die Polizei hier nicht (nur) zum Schutz der privaten präsidialen Ehre, sondern auch im öffentlichen Interesse tätig wurde. Thomas R. war durch sein Tun nach verständiger ex-ante-Bewertung der Beamtinnen vor Ort überdies (Anscheins-)Verhaltensstörer gemäß Art. 7 PAG und damit richtiger Adressat der Verfügung. **Rechtsfolge** des Art. 25 I Nr. 1a PAG war dann ein Ermessen der Beamtinnen über ihr Einschreiten, das sie fehlerfrei ausgeübt haben müssten. Zu problematisieren ist hier vor allem die **Verhältnismäßigkeit**: Das „Einkassieren" des Spruchbandes war zwar **geeignet, erforderlich und angemessen**, um die (scheinbar bestehende) Gefahr für die öffentliche Sicherheit abzuwehren. Fraglich ist jedoch, ob die Sicherstellung auch noch verhältnismäßig war, nachdem die Beamtinnen den strafrechtlich irrelevanten Inhalt des Transparentes gesehen hatten. Insofern kommt ein Verstoß gegen das **zeitliche Übermaßverbot** in Betracht. Abzustellen ist insoweit für die Beurteilung einer Fortsetzungsfeststellungsklage bei einem Dauerverwaltungsakt wie der Sicherstellung immer auf den Zeitpunkt seiner Erledigung.[790] In diesem Moment hatte Thomas R. aber bereits einen Rückgabeanspruch nach Art. 28 II, I PAG, denn seitdem der Inhalt des Spruchbandes klar war, bestand offensichtlich keine weitere (Anscheins-)Gefahr mehr. Demnach war die Aufrechterhaltung der Sicherstellungsverfügung über den Zeitpunkt hinaus, zu dem entdeckt wurde, dass das Transparent von Thomas R. „harmlos" war, rechtswidrig[791] und verletzte ihn, wie schon eingangs der Prüfung erwähnt wurde, in seinem Grundrecht aus Art. 5 I 1 GG. Seine Fortsetzungsfeststellungsklage ist damit auch begründet und deswegen erfolgreich.

**577** Der **zweite Teil** der Prüfung widmet sich nunmehr den **Klagen von Ferdinand O. und Margitta B.** Die beiden Studierenden haben vor Gericht Erfolg, wenn die Sachentscheidungsvoraussetzungen ihrer Klagen vorliegen und diese außerdem begründet sind. Bei den **Sachentscheidungsvoraussetzungen** ergibt sich die **Eröffnung des Verwaltungsrechtsweges** aus denselben Erwägungen wie in Rn. 569 bei Thomas R. Zur Bestimmung der **statthaften Klageart** ist nach § 88 VwGO vom Begehren der Kläger auszugehen. Die wenden sich hier zwar (mittelbar) auch gegen die noch fortdauernde Sicherstellungsverfügung als Verwaltungsakt, primär geht es ihnen aber darum zu klären, ob das polizeiliche Verbot, die Schilder während der Ankunft des amerikanischen

---

790 Vgl. *BVerwGE* 77, 70 (73).
791 Denkbar wäre es allenfalls, die Rückgabe des Transparentes erst nach dem Ende der Veranstaltung zur Vermeidung von weiterer Unruhe im Festsaal als ausreichend anzusehen.

Präsidenten hochzuhalten, rechtmäßig war. Sie wehren sich damit gegen den nicht mehr fortdauernden „Teil" der Sicherstellungsverfügung, denn dieser Verwaltungsakt hat sich schon durch Zeitablauf erledigt, so dass auch für sie nur eine Fortsetzungsfeststellungsklage analog § 113 I 4 VwGO in Frage kommt. Die **Klagebefugnis für die ursprüngliche Klage** folgt hier wiederum aus der Adressatentheorie; zudem ist eine Verletzung der Grundrechte der Studierenden aus Art. 5 I 1, 8 I GG möglich. Die Prüfung des **besonderen Fortsetzungsfeststellungsinteresses** analog § 113 I 4 VwGO orientiert sich erneut an den klassischen Fallgruppen: Für eine **Wiederholungsgefahr** ist nichts ersichtlich, und auch die **präjudizielle Bedeutung** für einen späteren Schadenersatzprozess scheidet wie in Rn. 570 aus. Beim **Rehabilitationsinteresse** ist ein diskriminierender Charakter der Sicherstellung ebenfalls nicht erkennbar. In Betracht kommt aber ein nachhaltiger Grundrechtseingriff im Hinblick auf **Art. 5 I 1 GG**, dienen doch auch diese Schilder, unabhängig vom „Wert" ihrer Aussagen, der Meinungsäußerung und -kundgabe. Fraglich ist daneben, ob die „Mahnwache" der beiden Studierenden unter **Art. 8 I GG** fällt. Das lässt sich trotz der nur zwei „Teilnehmenden" – die anderen Schaulustigen wollen nicht protestieren – wegen ihrer Zielrichtung, der Teilhabe an der öffentlichen Meinungsbildung, bejahen.[792] Im Übrigen kann auch hier wieder möglicherweise auf die Fallgruppe der **typischen Erledigung von polizeilichen Verwaltungsakten vor einer möglichen Rechtsschutzerlangung** zurückgegriffen werden.

Eines **Vorverfahrens** gemäß §§ 68 ff. VwGO bedarf es nach h. M. bei dieser bereits vor der Klageerhebung erledigten Anfechtungsklage nicht, und auch die **Klagefrist** des § 74 I VwGO findet danach in derartigen Konstellationen keine Anwendung (s. dazu jeweils schon Rn. 571). Durch die Verknüpfung der Klagen von Ferdinand P. und Margitta B. kommt es hier zu einer **subjektiven Klagehäufung**, deren Voraussetzungen aus § 64 VwGO i. V. mit §§ 59, 60 ZPO aber vorliegen. Die beiden Studierenden und der Freistaat Bayern sind schließlich auch **beteiligten-** (§ 61 Nr. 1 Fall 1 bzw. 2 VwGO) **und prozessfähig** (§ 62 I Nr. 1 bzw. III VwGO; zu Details s. wiederum bereits Rn. 571). Die Sachentscheidungsvoraussetzungen ihrer Klagen liegen demzufolge vor.

Die Klagen der Studierenden sind ferner analog § 113 I 4 VwGO auch **begründet**, wenn sie sich gegen den richtigen Beklagten richten, die angefochtene Sicherstellungsverfügung für die Zeit des Protestes rechtswidrig war und Ferdinand P. sowie Margitta B. in ihren Rechten verletzt hat, wobei Letzteres bei ihrer Rechtswidrigkeit im Hinblick auf die Grundrechte der Art. 5 I 1, 8 I GG zu bejahen wäre. **Klagegegner** nach § 78 I Nr. 1 VwGO ist insoweit ebenfalls wie im ersten Teil der Freistaat Bayern als Rechtsträger der handelnden Polizei gemäß Art. 1 II POG. Wegen des Spezialitätsgrundsatzes ist zur Ermittlung der **Ermächtigungsgrundlage** primär auf das BayVersG abzustellen, zumal die „Mahnwache", wie im Hinblick auf Art. 8 GG bereits in Rn. 577 erläutert wurde, eine öffentliche Versammlung unter freiem Himmel i. S. des BayVersG darstellt. Zur Rechtfertigung des polizeilichen Handelns könnte damit Art. 15 II BayVersG dienen. Diese Vorschrift verweist zwar insoweit auf Art. 15 I BayVersG; aber auch die dort vorgesehenen Rechtsfolgen scheinen wegen ihrer Intensität nicht zu passen. Die h. M. sieht die Norm insoweit jedoch nicht als abschließend an, sondern ermöglicht es der Behörde, gerade im Hinblick auf die gebotene Verhältnismäßigkeit ihrer Maßnahmen, mildere Mittel aus dem allgemeinen Polizeirecht anzuwenden (die sogenannten **Minusmaßnahmen**), für die keine Sperrwirkung bestehen soll (dazu im Ansatz schon Rn. 314).[793] Anknüpfungspunkt dafür ist dann der Begriff der „Beschränkung" in Art. 15 I VersG i. V. mit der entsprechenden PAG-Norm, hier also Art. 25 PAG für die

---
792  Ebenso *Kingreen/Poscher*, Grundrechte, Rn. 953 ff.
793  Vgl. dazu grundlegend *BVerfGE* 69, 315 (353); *BVerwGE* 64, 55 (58).

Sicherstellung der Schilder. Ermächtigungsgrundlage ist damit Art. 15 I BayVersG i. V. mit Art. 25 PAG.

**580** Für die **formelle Rechtmäßigkeit der Sicherstellungsverfügung** ist zuerst die **Zuständigkeit der Polizei** zu begründen. An sich sind gemäß Art. 15 I i. V. mit Art. 24 II 1 BayVersG die Kreisverwaltungsbehörden für Beschränkungen und demzufolge auch für die Minusmaßnahmen zuständig; doch greift hier die Eilfallzuständigkeit der Polizei nach Art. 24 II 2 BayVersG ab dem Versammlungsbeginn ein, um die Effektivität der Gefahrenabwehr zu gewährleisten.[794] Zum **Verfahren** ist festzuhalten, dass beide Studierende durch die mehrfache Aufforderung der Polizisten, die Schilder nicht weiter hochzuhalten, sogar angehört wurden, obwohl das laut Art. 28 II Nr. 1 BayVwVfG möglicherweise gar nicht nötig war. Bei der **Form** tun sich auch keine Bedenken auf.

**581** Im Rahmen der Prüfung der **materiellen Rechtmäßigkeit der Sicherstellungsverfügung** ist erneut eine gegenwärtige Gefahr für die öffentliche Sicherheit oder Ordnung **Tatbestandsvoraussetzung** der Sicherstellung als „Minusmaßnahme" nach Art. 15 I BayVersG i. V. mit Art. 25 PAG, so dass auch hier der Frage nachzugehen ist, ob eine **gegenwärtige Gefahr für die öffentliche Sicherheit oder Ordnung** – wiederum in Gestalt der unmittelbar drohenden Verwirklichung eines Straftatbestandes – vorliegt. Denkbar ist dabei, dass die beiden Studierenden durch das Hochhalten ihrer Schilder objektiv und rechtswidrig den Tatbestand des § 185 StGB verwirklicht haben. Die Aussagen „Kriegstreiber" und „Bad Ami" stellen, auch ohne, dass Präsident *Trump* sie zur Kenntnis genommen hat, krasse Unwerturteile dar, die den objektiven Tatbestand der Norm erfüllen. Auf die subjektive Seite kommt es wegen der zur effektiven Gefahrenabwehr einzunehmenden ex-ante-Sicht eines verständigen Durchschnittsbeamten gar nicht an; sie wäre im Übrigen bei den beiden Demonstranten aber auch gegeben. Fraglich ist jedoch, ob die Texte auf den Schildern nicht **von Art. 5 I 1 GG und bzw. oder Art. 8 I GG gedeckt** waren. Dagegen spricht aber, dass Art. 5 II GG als Schranke die allgemeinen Gesetze aufführt, zu denen auch § 185 StGB zählt. Insoweit ist dann jedoch noch nach der „Wechselwirkungslehre" zwischen der Meinungsfreiheit und den Gründen für ihre Beschränkung (mit einem „gewissen Vorrang" für Erstere wegen ihrer besonderen Bedeutung als Kommunikationsgrundrecht) abzuwägen, wofür sich hier als einfachgesetzlicher Maßstab § 193 StGB über die Wahrnehmung berechtigter Interessen anbietet.[795] Dabei ist im vorliegenden Fall zwar kaum fraglich, dass die hinter den Plakaten „versteckte" Kritik an der Politik der USA ein berechtigtes Interesse ist; doch erscheint die von den Studierenden gewählte plakative und beleidigende Ausdrucksweise in jedem Fall als überzogen. Sie stellt eine sogenannte Formalbeleidigung dar und wird daher nicht mehr von Art. 5 I 1 GG gedeckt. Für Art. 8 I GG gilt dasselbe, denn durch die Abgabe der Beleidigung im Rahmen einer Versammlung wird diese inhaltlich nicht „besser".

**582** Die Studierenden sind durch ihr Tun Verhaltensstörer i. S. des ergänzend zum BayVersG anwendbaren Art. 7 PAG und damit richtige Adressaten der polizeilichen Verfügung. **Rechtsfolge** des Art. 15 I BayVersG i. V. mit Art. 25 PAG ist ein Ermessen der Polizisten über ihr Einschreiten, das diese fehlerfrei ausgeübt haben müssten. Zu prüfen ist auch hier (kurz) die Verhältnismäßigkeit als Ermessensgrenze beim „Ob" und beim „Wie". Das „Einkassieren" der Schilder war allerdings geeignet und angesichts der Weigerung der Studierenden zum freiwilligen Verzicht auch erforderlich, um die von den Schildern ausgehende Gefahr für die öffentliche Sicherheit abzuwehren. Selbst im Hinblick auf die betroffenen Grundrechte war es, wie bereits in Rn. 581 im Zusammenhang mit

---

[794] Dazu *Kniesel/Braun/Keller*, Rn. 442. Zu der offenbar noch „strengeren" Sicht (ab dem Versammlungsbeginn ist nur noch die Polizei zuständig) des *VGH München* vgl. Fn. 769.
[795] S. dazu näher *Ipsen*, Rn. 487 ff.

§ 185 StGB erläutert wurde, auch angemessen. Soweit die Studierenden die Sicherstellung mit ihren Fortsetzungsfeststellungsklagen „angefochten" haben, ist diese damit rechtmäßig, und ihre Klagen sind deswegen unbegründet sowie im Ergebnis erfolglos.

## Fall 17: Ab an die Leine[796]

Der Vorsitzende der Verwaltungsgemeinschaft Wallerstein (Landkreis Donau-Ries), Max Ludwig, sieht auf seinem Sonntagsspaziergang in der Mitgliedsgemeinde Maihingen auf dem Grundstück des Landwirtes Berger einen großen, freilaufenden Rottweiler. Für diesen Hund besitzt Herr Berger die erforderliche „Erlaubnis" als „Unbedenklichkeitsbescheinigung" nach Art. 37 I LStVG für seine Haltung.
Schon am darauffolgenden Montag erlässt Ludwig dessen ungeachtet für die Verwaltungsgemeinschaft W. einen Bescheid, mit dem Herr Berger als der Halter des Hundes zu einem Wesenstest i. S. des § 1 II 1 der Verordnung über Hunde mit gesteigerter Aggressivität und Gefährlichkeit (HuV) verpflichtet wird. Sollte der Wesenstest negativ ausfallen, so ordnet der Bescheid weiterhin – ebenfalls auf der Grundlage von Art. 18 II LStVG – die sichere Verwahrung des Hundes innerhalb des Haltergrundstückes sowie für das Ausführen des Hundes außerhalb des Grundstückes in bewohnten Gebieten einen Leinenzwang und die Führung durch eine zuverlässige Person an. Außerdem gestattet er dann den Auslauf nur außerhalb bewohnter Gebiete und spricht schließlich noch die Verpflichtung aus, den Hund außerhalb bewohnter Gebiete an die Leine zu nehmen, wenn sich ein Mensch nähert oder eine sonstige Situation das aus Sicherheitsgründen erfordert. Gegen diesen Bescheid erhebt Herr Berger umgehend Klage zum VG Augsburg. Wie wird das Gericht entscheiden?
§ 1 II 1 der auf Art. 37 I 2 Hs. 2 LStVG gestützten HuV lautet dabei seit mehreren Jahren:

„Bei den folgenden Rassen von Hunden wird die Eigenschaft als Kampfhunde vermutet, solange nicht der zuständigen Behörde für die einzelnen Hunde nachgewiesen ist, dass diese keine gesteigerte Aggressivität und Gefährlichkeit gegenüber Menschen oder Tieren aufweisen: (…) – Rottweiler."

**Die Gliederungsübersicht zu Fall 17** lautet:

A.  Sachentscheidungsvoraussetzungen der Klage
I.  Eröffnung des Verwaltungsrechtsweges
II.  Sachliche und örtliche Zuständigkeit des Gerichts
III.  **Statthafter Rechtsbehelf**
IV.  **Klagebefugnis**
V.  **Vorverfahren**
VI.  **Klagefrist**
VII.  **Beteiligten- und Prozessfähigkeit**
B.  Begründetheit der Klage(n)
I.  **Richtiger Beklagter**
   **Problem:** „Rolle" der Verwaltungsgemeinschaft: Abgrenzung übertragener oder eigener Wirkungskreis der Mitgliedsgemeinde

---
[796] Vgl. dazu *VGH München*, NVwZ-RR 2004, 490 ff.; zum Innenverhältnis von Verwaltungsgemeinschaft und Mitgliedsgemeinde s. *Kahl*, BayVBl. 1997, 298 ff.

II. **Ermächtigungsgrundlage des Bescheides**
III. **Formelle Rechtmäßigkeit des Bescheides**
1. **Zuständigkeit**
    a. Verbandskompetenz
    b. Organkompetenz
2. **Verfahren**
3. **Form**

IV. **Materielle Rechtmäßigkeit des Bescheides**
1. **Tatbestandsvoraussetzungen des Art. 18 II LStVG**
    a. Für den Wesenstest
       **Problem:** Anforderungen an die Gefahr in Bezug auf den Wesenstest
    b. Für die weiteren Regelungen
2. **Richtiger Adressat**
3. **Rechtsfolge**

**585** Das VG wird der Klage des Herrn Berger stattgeben, wenn ihre Sachentscheidungsvoraussetzungen vorliegen und sie begründet ist. Zunächst müssten also die **Sachentscheidungsvoraussetzungen** der Klage gegeben sein. **Die Eröffnung des Verwaltungsrechtsweges** richtet sich mangels aufdrängender Sonderzuweisung nach der Generalklausel. Es handelt es sich hier um eine **öffentlich-rechtliche Streitigkeit** (→ es geht um Sicherheitsrecht) nichtverfassungsrechtlicher Art, für die keine abdrängende Sonderzuweisung besteht, weshalb der Verwaltungsrechtsweg nach § 40 I 1 VwGO damit eröffnet ist. **Sachlich** (oder: instanziell) **zuständig** ist laut § 45 VwGO das VG. **Örtlich zuständig** ist für den Landkreis Donau-Ries nach § 52 Nr. 3 S. 1 VwGO, Art. 1 II Nr. 6 AGVwGO das VG in Augsburg.

**586** Die **Statthaftigkeit** des Rechtsbehelfes richtet sich nach dem klägerischen Begehren (→ § 88 VwGO), das hier auf die vollumfängliche Beseitigung des Schreibens der Verwaltungsgemeinschaft Wallerstein gerichtet ist. Diese hat als Behörde i. S. des Art. 1 II BayVwVfG den nach außen gezielt als Regelung wirkenden belastenden Verwaltungsakt nach Art. 35 S. 1 BayVwVfG erlassen, so dass hier eine Anfechtungsklage nach § 42 I Fall 1 VwGO statthaft ist.[797] Die **Klagebefugnis** von Herrn Berger laut § 42 II VwGO folgt daraus, dass er Adressat des ihn belastenden Verwaltungsaktes und damit möglicherweise in Art. 2 I GG verletzt ist. Ein **Vorverfahren** findet nicht statt (§ 68 I 2 Fall 1 VwGO i. V. mit Art. 12 II AGVwGO). Die **Klagefrist** nach § 74 I 2 VwGO von einem Monat ab der Bekanntgabe des Verwaltungsaktes wurde hier eingehalten (vgl. dazu die Angabe im Sachverhalt: „umgehend"). Die **Beteiligten- und Prozessfähigkeit** von Herrn Berger folgt aus §§ 61 Nr. 1 Fall 1, 62 Nr. 1 VwGO, die der Verwaltungsgemeinschaft aus § 61 Nr. 1 Fall 2 VwGO, Art. 1 II 1 VGemO, § 62 III VwGO, Art. 6 I, IV 1, 10 II VGemO, 36 I KommZG bei ihrer Vertretung durch den Gemeinschaftsvorsitzen-

---

[797] Es gibt hier keine gesetzliche oder behördlich angeordnete sofortige Vollziehbarkeit und darum keinen Eilrechtsschutz. Denkbar sind auch mehrere Regelungen und damit Verwaltungsakte sowie Klagen (→ dann geht es um eine objektive Klagehäufung laut § 44 VwGO, was jedoch allenfalls im Rahmen der Kostenentscheidung eine Bedeutung hat). Hier wurde bei dieser Sicht nach dem ersten Hauptverwaltungsakt zum Wesenstest mit Hilfe einer Bedingung (wenn der Wesenstest negativ ausfällt) eine Reihe weiterer Hauptverwaltungsakte zur Haltung des Hundes i. w. S. erlassen (Rn. 594). Ein Vorgehen gegen die HuV entspricht dagegen nicht dem Begehren von Herrn Berger und ist zudem bereits verfristet.

den.⁷⁹⁸ Die Sachentscheidungsvoraussetzungen für die Anfechtungsklage des Herrn Berger sind hier demzufolge gegeben.

Die Klage ist gemäß § 113 I 1 VwGO **begründet**, wenn sie sich gegen den richtigen Beklagten wendet, der Bescheid rechtswidrig und der Kläger Herr Berger dadurch in seinen Rechten verletzt ist. **Richtiger Beklagter** ist nach dem Rechtsträgerprinzip des § 78 I Nr. 1 VwGO die den Bescheid erlassende Verwaltungsgemeinschaft Wallerstein, wenn sie im eigenen Namen und nicht für die (dann selbst – und allein; nicht alle Mitgliedsgemeinden – zu verklagende) Mitgliedsgemeinde Maihingen gehandelt hat.⁷⁹⁹ Nach Art. 4 I 1 VGemO (und gemäß ihrem Sinn → vgl. Art. 1 VGemO) übernimmt die Verwaltungsgemeinschaft die – jeweils aus der Sicht der Mitgliedsgemeinden betrachtet – **Aufgaben des übertragenen Wirkungskreises** von der Mitgliedsgemeinde und erfüllt sie im eigenen Namen. Demgegenüber werden die **Selbstverwaltungsaufgaben** weiterhin von der Mitgliedsgemeinde verantwortet, für welche die Verwaltungsgemeinschaft lediglich als deren Behörde auftritt (→ dazu Art. 4 II 1, 2 VGemO; sie ist damit auch deren „Briefkasten" bzw. „Büro").

Bei Anordnungen zur Hundehaltung gemäß Art. 18 II und Art. 7 II Nr. 3 LStVG wie hier ist demzufolge im Einzelfall genau zu prüfen, ob sie dem **eigenen oder übertragenen Wirkungskreis** der Mitgliedsgemeinde zuzurechnen sind. Die Abgrenzung, ob eine Aufgabe in den eigenen oder in den übertragenen Wirkungskreis fällt, lässt sich trotz der gesetzlichen Umschreibungen nicht eindeutig ziehen. Die „Indizien", dass nach Art. 83 I BV „die örtliche Polizei" (diese beurteilt sich inhaltlich trotzdem nach dem LStVG) und nach Art. 57 I GO „Einrichtungen zur Aufrechterhaltung der öffentlichen Sicherheit und Ordnung" in den eigenen Wirkungskreis der Gemeinde fallen, führen nicht zwangsläufig dazu, dass dementsprechend Anordnungen auf dem Gebiet der öffentlichen Sicherheit und Ordnung immer dem eigenen Wirkungskreis der Gemeinde zuzuordnen sind. Vielmehr können Anordnungen, welche die Gemeinden als untere Sicherheitsbehörden zur Abwehr von Gefahren und zur Beseitigung von Störungen nach Art. 6 LStVG treffen, je nach der Art und Tragweite der konkreten Anordnung und dem rechtlichen Gesamtzusammenhang, in dem sie ergehen, dem eigenen oder dem übertragenen Wirkungskreis zugeordnet werden. Letzteres ist in der Praxis sogar der Regelfall, frei nach dem Motto „ganz Bayern ein Raum der Sicherheit" (vgl. dazu ferner Art. 42 I 2 LStVG als Indiz in diese Richtung, wenn er nicht im Hinblick auf Art. 83 I BV verfassungskonform enger ausgelegt oder diese Norm als Ausnahme nach den Normtext „soweit nicht durch Gesetz etwas anderes bestimmt ist" aufgefasst wird). Anknüpfungspunkt für den eigenen Wirkungskreis sind nach Art. 7 GO i. V. mit Art. 83 I BV die Angelegenheiten der „**örtlichen Gemeinschaft**", also diejenigen Bedürfnisse und Interessen, die gerade in der örtlichen Gemeinschaft wurzeln oder auf sie einen spezifischen Bezug haben, die also den Gemeindeeinwohnenden als solchen gemeinsam sind, indem sie das Zusammenleben und -wohnen der Menschen in der (politischen) Gemeinde betreffen.⁸⁰⁰ Hier ist das Ziel der Anordnung nicht allein der Schutz der Gemeindeeinwohnenden nach Art. 15 I GO oder ortsfremder Personen, die sich in der

---

798 Bei dem in Bayern üblichen Aufbau mit der Einordnung der „Passivlegitimation" als erste Begründetheitsvoraussetzung (sonst wird sie bereits und nur hier geprüft) ist wegen gegenteilige Angaben im Sachverhalt zu unterstellen, dass der Kläger den materiell „Richtigen" verklagt. Dann ist (formal) dessen Beteiligten- und Prozessfähigkeit zu prüfen. Eine Beiladung der Mitgliedsgemeinde (§ 65 I VwGO) ist nicht angezeigt (→ zum Zweck der Verwaltungsgemeinschaft, die Gemeinden zu entlasten, s. Art. 1 I VGemO).

799 Der Regelfall ist die Klage gegen den Rechtsträger der handelnden Behörde. Der ist hier aber wegen des „Ianuskopfes" der handelnden Verwaltungsgemeinschaft (ähnlich wie beim Landratsamt) erst noch zu bestimmen.

800 So *BVerfG*, NVwZ 1989, 347 (4. Leits.).

Gemeinde aufhalten. Vielmehr sollen generell alle Personen, die mit dem betreffenden Hund – auch außerhalb des Gemeindegebietes (es kommt angesichts der „Beweglichkeit" eines Hundes auch nicht darauf an, dass er von Herrn Ludwig auf einem Grundstück in Maihingen angetroffen wird; abzustellen ist insoweit ohnehin nicht unbedingt auf den konkreten Hund) – zusammentreffen, geschützt werden. Damit geht die Tragweite der Anordnung über das Gemeindegebiet hinaus. Nach ihr muss der Hund künftig überall angeleint ausgeführt werden. Es ist demnach der übertragene Wirkungskreis eröffnet, so dass die Verwaltungsgemeinschaft im eigenen Namen gehandelt hat (vgl. Art. 4 I 1 VGemO) und deswegen auch die richtige Klagegegnerin ist.

**589** **Ermächtigungsgrundlage** für die in dem Bescheid getroffenen Anordnungen (es kann darum eben auch von mehreren Verwaltungsakten die Rede sein; vgl. dazu schon Rn. 586 mit Fn. 797) ist hier nach der Wahl der Verwaltungsgemeinschaft Art. 18 II LStVG.[801] Im Rahmen der **formellen Rechtmäßigkeit** des Bescheides ist sodann bei ihrer **Zuständigkeit** zwischen der Verbands- und der Organkompetenz zu unterscheiden. Für die **Verbandskompetenz** ist primär auf Art. 6 (und 18 II) LStVG und das Handeln als örtliche Sicherheitsbehörde – das ist zunächst immer die einzelne Gemeinde – zur Gefahrenabwehr oder das Vorliegen einer abstrakten Gefahr für die öffentliche Sicherheit oder Ordnung abzustellen. Bei der Prüfung der „Verlagerung" dieser Aufgabe von der Mitgliedsgemeinde auf die Verwaltungsgemeinschaft kann sodann zunächst auf die Ausführungen zur Passivlegitimation (oben in Rn. 588) verwiesen werden. Auszuschließen ist hier lediglich noch ihre Unzuständigkeit (die nach h. M., allerdings ohne nähere Begründung, nicht zum „Beklagtenwechsel", sondern nur zur Rechtswidrigkeit der Bescheide führte; eine andere Position und damit die Prüfung auch dieses Aspektes bei der Passivlegitimation sind jedoch gut vertretbar) für den Fall, dass es um eine Aufgabe geht, die nach Art. 4 I 3 VGemO i. V. mit der Verordnung über Aufgaben der Mitgliedsgemeinden von Verwaltungsgemeinschaften bei der Gemeinde Maihingen verbleibt. Nach § 1 Nr. 8 der genannten Verordnung (als Ergänzung zur Ausnahme für ihren Erlass) obliegt zwar auch der Vollzug von Satzungen[802] und Verordnungen des übertragenen Wirkungskreises weiterhin der Mitgliedsgemeinde. Hier geht es aber nicht um die Anordnung aufgrund einer von der Gemeinde nach Art. 18 I LStVG erlassenen Verordnung, sondern um eine direkt auf Art. 18 II LStVG gestützte Anordnung im Einzelfall. Also ist die Verwaltungsgemeinschaft sachlich zuständig. Deren örtliche Zuständigkeit folgt schließlich aus Art. 3 I Nr. 1 BayVwVfG.

**590** Die **Organkompetenz** des Gemeinschaftsvorsitzenden ergibt sich aus Art. 6 I, IV 1, 10 II VGemO i. V. mit Art. 36 II KommZG, 37 GO (analog), wonach der Gemeinschaftsvorsitzende alle Angelegenheiten in eigener Zuständigkeit erledigt, die nach der Gemeindeordnung kraft Gesetzes dem ersten Bürgermeister obliegen. Ob es sich vorliegend um eine laufende Angelegenheit i. S. von Art. 37 I 1 Nr. 1 GO (analog) handelt, richtet sich im Bereich der in die Verbandskompetenz der Verwaltungsgemeinschaft fallenden Angelegenheiten des übertragenen Wirkungskreises danach, ob sie für die Verwaltungsgemeinschaft keine grundsätzliche Bedeutung haben und keine erheblichen Verpflichtungen mit sich bringen. Angesichts der Tatsache, dass die Anordnung hier nur einen

---

[801] Umstritten ist, ob die Überprüfung der Gefährlichkeit von Hunden auf Art. 18 II LStVG gestützt werden kann oder als Gefahrerforschungsmaßnahme auf Art. 7 II Nr. 3 LStVG zurückzugreifen ist – dafür etwa m. w. N. *Schwabenbauer*, in: *Möstl/Schwabenbauer*, Art. 18 LStVG Rn. 115. Für die weitere Prüfung wird hier aber unterstellt, dass die von der Behörde gewählte Norm (Art. 18 II LStVG) hier „passt". Zur Abgrenzung von Gefahrenabwehrverordnungen und Einzelfallanordnungen bei Leinen- und Maulkorbzwang für Hunde z. B. *VGH München*, NVwZ-RR 2017, 784 ff., ferner *Waldhoff*, JuS 2018, 93 ff.

[802] An sich betreffen Satzungen nur Selbstverwaltungsangelegenheit (und Verordnungen den übertragenen Wirkungskreis); der Sinn der Erwähnung von Satzungen in Art. 4 I 1 VGemO erschließt sich daher nicht sofort. Er soll offenbar Satzungen bei Aufgaben der „örtlichen Polizei" (Art. 83 I BV) miteinschließen.

Fall 17: Ab an die Leine

einzigen Hund betrifft und auch nicht davon auszugehen ist, dass es sich um den ersten derartigen Fall im Bereich der Verwaltungsgemeinschaft Wallerstein handelt (→ das ist quasi der „gesunde Fall"), ist ein in die Organkompetenz des Gemeinschaftsvorsitzenden (bei einer Gemeinde in die des Bürgermeisters) fallendes „Alltagsgeschäft" zu bejahen. Falls aber eine Routineangelegenheit verneint wird (und nur dann, eher nicht alternativ), folgt die gesetzliche, das heißt: nicht von einer Übertragung durch die Gemeinschaftsversammlung (→ Art. 6 IV 1, 10 II VGemO, 36 III KommZG) abhängige, Zuständigkeit des Vorsitzenden aus der Dringlichkeit der Anordnung. Sie lässt ein Zuwarten bis zur Beschlussfassung in der nächsten Sitzung der Gemeinschaftsversammlung nicht zu (Art. 6 IV 1, 10 II VGemO, 36 II KommZG, 37 III 1 GO [analog]).[803]

Beim **Verfahren** bedurfte es vor dem Erlass des Bescheides einer Anhörung des Herrn Berger nach Art. 28 I BayVwVfG. Sie ist nur dann, wenn kein Eilfall nach Art. 28 II Nr. 1 BayVwVfG vorliegen sollte (das ist zu entscheiden; jedes Ergebnis ist insoweit jedoch begründbar) noch gemäß Art. 45 I Nr. 3, II BayVwVfG mit heilender Wirkung nachzuholen. Die gewählte **Form** begegnet keinen Bedenken; die nach Art. 37 II 1, 39 I BayVwVfG erforderliche Begründung des schriftlichen Bescheides ist zu unterstellen. Der Bescheid ist damit formell rechtmäßig oder kann es jedenfalls noch werden.

**591**

Der Bescheid müsste außerdem **materiell rechtmäßig** sein, wofür zunächst die **Tatbestandsvoraussetzungen** des Art. 18 II LStVG gegeben sein müssen. Die Anordnung der Verwaltungsgemeinschaft in Bezug auf den **Wesenstest** dient auf den ersten Blick i. S. des Tatbestandes dem Schutz von Leben, Gesundheit und Eigentum, wobei insbesondere dem Leben und der Gesundheit ein hoher Stellenwert zukommt. Dem steht die Stärke des Eingriffes in Bezug auf den Hundehalter gegenüber, die mit den genannten Schutzgütern abzuwägen ist. Bei dem Hund handelt es sich um einen Rottweiler. Mit Wirkung vom 1.11.2002 hat der bayerische Verordnungsgeber Rottweiler in den auf Art. 37 I 2 Hs. 2 LStVG gestützten § 1 II HuV[804] mit der Vermutung ihrer Kampfhundeeigenschaft aufgenommen. Sachgrund (i. S. des Art. 3 I GG) war dafür, dass nach (damals) neuen Erkenntnissen davon auszugehen war, „dass Rottweiler aufgrund ihres Temperamentes im Zusammenspiel mit ihrer rassespezifischen Muskel- und Beißkraft eine besondere Gefahr für Mensch und Tier darstellen können. So kam es in den letzten Monaten vermehrt zu Angriffen von Rottweilern, Opfer waren dabei überwiegend Kinder".[805] Angesichts der Vorfälle mit gefährlichen Hunden, insbesondere mit Rottweilern, welche die Bevölkerung nicht ohne Grund sensibilisiert haben, ist die Wahrscheinlichkeit hoch, dass der Hund, wenn er sich frei, ohne Aufsicht und ohne Maulkorb im Gemeindegebiet bewegt, in naher Zukunft durch sein freies Herumlaufen bei Unbeteiligten Angst oder gar einen Schock hervorruft, was als Gesundheitsbeeinträchtigung anzusehen ist. Insofern lag zumindest die für den Erlass der Rechtsverordnung nach Art. 37 I 2 Hs. 2 LStVG erforderliche **abstrakte Gefahr** vor.

**592**

Diese abstrakte Gefahr reicht hier für den Verwaltungsakt aber noch nicht aus; vielmehr ist ähnlich wie bei Art. 11 PAG, 7 II LStVG und den meisten Standardmaßnahmen eine **konkrete Gefahr** vonnöten.[806] Insoweit kann hier zwar darauf abgestellt werden, dass der *konkrete* Rottweiler ein großer Hund mit enormer Beißkraft ist und dass das gerade von einem solchen Hund wahrgenommene ängstliche Verhalten etwa von Kindern bei ihm weitere Reaktionen hervorrufen kann, die wiederum die Angst und den Schrecken

**593**

---

803 Der Nichterlass einer AoSofVz spricht nicht gegen die Annahme eines Eilfalles (ihr Erlass ist optional).
804 BayGVBl. 1992, 268.
805 Pressemitteilung des *Bayerischen Staatsministeriums des Innern* vom 2.10.2002 zum Erlass der HuV.
806 Dazu, zum gleichen Grad der Wahrscheinlichkeit der Realisierung der Gefahr, aber zu den unterschiedlichen Bezugspunkten der Gefahrenprognose anschaulich *VGH München*, NVwZ-RR 2011, 193 ff. Für Art. 18 I LStVG reicht hingegen wieder eine abstrakte Gefahr aus, für Abs. 2 nicht (vgl. den Wortlaut).

bei den betroffenen Menschen vergrößern.⁸⁰⁷ Das ist hundetypisch (insoweit kann auch noch auf die Rechtsprechung des *BGH* verwiesen werden, der im Zusammenhang mit der Tierhalterhaftung entscheidend auf die Unberechenbarkeit des Verhaltens eines Tieres abstellt).⁸⁰⁸ Mit Blick auf den Schutzzweck der Norm, den Schutz der Allgemeinheit vor frei herumlaufenden gefährlichen Hunden, sind die von ihnen hervorgerufenen, „hundegerechten" Reaktionen selbst bei Dritten dann auch ihnen bzw. ihren Haltern zuzuordnen. Laut dem *VGH München*⁸⁰⁹ sind deshalb alle großen Hunde *konkret* gefährlich. Letztlich wird damit aber auch hier – ohne einen wirklichen Blick auf das konkrete Tier – mit *abstrakten* Erwägungen argumentiert, was jedoch im Ergebnis damit zu erklären ist, dass eine „niedrigschwelligere" Ermächtigungsgrundlage für den der Ermittlung der Gefährlichkeit dienenden Wesenstest etwa als „Minusmaßnahme" fehlt. Juristisch „sauberer" ist es daher, statt der „vollwertigen" konkreten Gefahr lediglich einen entsprechenden – allerdings eben wiederum auf den *konkreten* Rottweiler bezogenen – bloßen **Gefahrenverdacht** anzunehmen. Dieser lässt sich hier mit der Größe, Rasse und dem Freilauf des Hundes und eventuell auch der bisher nicht durch einen Wesenstest widerlegten Vermutung in § 1 II 1 HuV begründen. Zu dessen weiterer Erforschung, ob eine Gefahr vorliegt, dient dann der Wesenstest, an dem Herr Berger mitwirken muss.

**594** Die **weiteren Regelungen** im Bescheid sind mit dem Wesenstest über eine Bedingung i. S. des Art. 36 II Nr. 2 BayVwVfG (→ das ist hier ein negatives Ergebnis des Wesenstestes) verbunden und lassen sich bei dessen negativem Ausgang ebenso wie dieser selbst zur Abwehr einer – nunmehr tatsächlich – *konkreten* Gefahr für die öffentliche Sicherheit (zu den betroffenen Rechtsgütern schon oben Rn. 592) rechtfertigen. Herr Berger ist als Halter des Hundes (→ Zustandsstörer) auch der **richtige Adressat** nach Art. 9 II 1, 2 LStVG.

**595** **Rechtsfolge** des Art. 18 II LStVG ist ein Ermessen der Behörde, das sie hier beim „Ob" und beim „Wie" hinsichtlich beider Regelungsbestandteile nicht erkennbar i. S. der § 114 S. 1 VwGO, Art. 40 BayVwVfG fehlerhaft ausgeübt haben darf. Insbesondere ist dabei zu berücksichtigen, dass der Wesenstest und bei dessen negativem Ausgang auch der Leinenzwang sowie die Verpflichtung zur sicheren Unterbringung – an sich sind das ohnehin Selbstverständlichkeiten, die von einem verantwortungsvollen Halter erwartet werden dürfen – eine äußerst geringe Eingriffsintensität aufweisen, so dass auch keine Bedenken bezüglich der Verhältnismäßigkeit bzw. Angemessenheit der behördlichen Forderungen bestehen. Ermessensfehler liegen damit keine vor, und die Rechtsfolge „passt".⁸¹⁰ Der Bescheid an Herrn Berger ist daher auch materiell rechtmäßig und nicht rechtsverletzend, weshalb für seine Klage zwar die Sachentscheidungsvoraussetzungen vorliegen, sie aber unbegründet ist und daher keinen Erfolg haben wird.

---

807  Innerhalb von bewohnten Gebieten geht von großen Hunden auch dann eine konkrete Gefahr aus, wenn es bislang noch nicht zu Beißvorfällen gekommen ist; vgl. dazu *VGH München*, BeckRS 2020, 2670.
808  Vgl. dazu m. w. N. *Kunze*, NJW 2001, 1608 (1612); ferner auch noch *BVerfG*, NVwZ 2004, 597 (601).
809  *VGH München*, NVwZ-RR 2004, 490 ff., jedoch nur bezogen auf den Wesenstest, nicht dessen Folgen.
810  Eine gesonderte Prüfung der Grundrechte (Art. 14 I oder Art. 2 I GG bzw. Art. 12 I GG, wenn der Landwirt den Hund benötigt; dazu auch Art. 37 II 1 Hs. 2 LStVG zum „Wachhund") verspricht hier mangels deren besonderen „Gewichtes" gegenüber der reinen Verhältnismäßigkeitsprüfung keinen zusätzlichen Gewinn (anders bei Grundrechten ganz ohne oder nur mit qualifiziertem Gesetzesvorbehalt oder etwa Art. 8 I GG mit seiner „Wechselwirkungslehre"; vgl. dazu auch Rn. 365 mit Fn. 719).

# Fall 18: Das Brückenverbot zum Jahreswechsel[811]

Zur Verhütung von Gefahren für Leben und Gesundheit bei unorganisierten Silvesterfeiern erlässt der Stadtrat der bayerischen Stadt P, gestützt auf Art. 23 I 1 LStVG, eine Verordnung, die am 6.12.2022 im Amtsblatt der Stadt P bekannt gemacht wird:

### § 1  Betretungsverbot

Zur Verhütung von Gefahren für Leben, Gesundheit, Eigentum und Besitz ist es jeweils im Zeitraum vom 31. Dezember ab 23:00 Uhr bis zum 1. Januar um 1:00 Uhr verboten, die M-Brücke sowie den Bereich der Brückenköpfe Süd und Nord zu betreten oder mit Fahrrädern zu befahren. Zulässig bleibt das zügige Überqueren der Brücke mit Kraftfahrzeugen.
In begründeten Fällen können die vor Ort anwesenden Polizeikräfte Ausnahmen für das zügige Überqueren der Brücke zu Fuß oder mit dem Fahrrad zulassen. (...)

### § 3  Inkrafttreten

Diese Verordnung tritt am Tag nach ihrer Bekanntmachung in Kraft.

In der Beschlussvorlage für die Stadtratssitzung vom 27.11.2022 wurde der Erlass der Verordnung damit begründet, dass in den vergangenen Jahren jedes Mal auf der M-Brücke – einer für Fußgänger, Radfahrer und den Straßenverkehr zugänglichen Brücke – eine unorganisierte Silvesterfeier mit bis zu 3.000 Teilnehmenden stattgefunden habe. Die Feiernden hätten dicht gedrängt auf der Brücke gestanden und Getränke in Gläsern und Flaschen sowie Feuerwerkskörper mitgebracht. Um Mitternacht seien die Feuerwerkskörper abgeschossen und dabei auch innerhalb der Menschenmenge gezündet worden. Dadurch und nicht zuletzt auch durch den hohen Alkoholpegel einzelner Teilnehmender habe sich eine hohe Gefahr für die sich auf der Brücke aufhaltenden Personen ergeben. In einer derart unübersichtlichen und ungeordneten Situation könne es schnell zu Panikreaktionen kommen, wobei Personen in den eiskalten Fluss unter der Brücke stürzen könnten. Durch die dicht gedrängten Menschenmassen auf der M-Brücke könnten außerdem Fahrzeuge des Rettungsdienstes, der Polizei und der Feuerwehr die auf der anderen Seite der M-Brücke liegenden Stadtteile nicht erreichen und müssten einen größeren Umweg auf sich nehmen.
Schon in den vorherigen Jahren hatten sich die Verantwortlichen mehrfach mit der Problematik befasst, aber keine Sperrung der Brücke für notwendig gehalten, um die Sicherheit der Teilnehmer der Silvesterfeier und der Bewohner der jenseitigen Stadtteile zu gewährleisten. Stattdessen wurde schon im Jahr 2013 ein Sicherheitskonzept der Stadt P für die Silvesterfeier erstellt. Darin ist ausgeführt, dass in der Silvesternacht jenseits der Brücke ein eigener Löschzug mit vier Fahrzeugen bereitstehen solle, der notfalls durch weitere städtische Feuerwehren mit Zufahrt über einen Umweg von etwa 5 km verstärkt werden könne. Ebenso werde dort vorübergehend ein Rettungswagen stationiert, wobei weitere Rettungsfahrzeuge notfalls über denselben Umweg herangeführt werden könnten. Auch die Polizei sei mit mehreren Beamten vor Ort präsent. Zum Schutz der Teilnehmenden der Silvesterfeier auf der M-Brücke würden Polizeibeamtinnen sowie Polizeibeamte eingesetzt und ein Krankenwagen sowie ein Boot der Wasserrettung vorgehalten. Durch diese Maßnahmen wurden nach der damaligen Einschätzung der Stadt P die bestehenden Risiken für die Teilnehmenden und Anwohnenden auf ein annehmbares Maß reduziert.

---

811   Der Sachverhalt ist der Hauptsacheentscheidung des *BayVerfGH*, NVwZ-RR 2018, 953 ff., und der vorherigen Ablehnung einer einstweiligen Anordnung (*BayVerfGH*, NVwZ-RR 2018, 593 ff.) nachgebildet.

Nach der neuen Einschätzung der Stadt P ist allerdings die Zu- und Abfahrt für den Stadtteil jenseits der M-Brücke über diese im Zeitraum von ca. 22.30 Uhr bis 2.00 Uhr angesichts der Menschenmassen nicht möglich, so dass die – trotz Stationierung einiger Einsatzfahrzeuge von Feuerwehr, Rettungsdienst und Polizei vor Ort – entstandene deutliche Verzögerung der Einsatzkräfte im Hinblick auf mögliche Gefahren für Leben und Gesundheit der Bewohnerinnen und Bewohner auf der anderen Seite der Brücke nicht mehr hinnehmbar sei. So müssten beispielsweise die Rettungsdienstfahrzeuge das Klinikum auf der anderen Seite des Flusses erreichen, wobei sich die Anfahrt von 2 km auf 4,9 km verlängere. Entsprechendes gelte für die Einsatzfahrzeuge der Polizei. Alle diese Umstände haben die Stadt P nunmehr zum Erlass der Verordnung bewegt.

A und B beabsichtigen beide, den Jahreswechsel auf der M-Brücke zu feiern und dabei insbesondere Alkohol zu konsumieren und Feuerwerk abzubrennen. Sie sind der Auffassung, das in der Rechtsverordnung der Stadt P neuerdings enthaltene Verbot, die M-Brücke im Zeitraum vom 31. Dezember jedes Jahres um 23.00 Uhr bis zum 1. Januar um 1.00 Uhr zu betreten oder mit Fahrrädern zu befahren, verstoße gegen Grundrechte der Bayerischen Verfassung. So müsse doch beispielsweise sonst der sogenannte „Fünferlsteg", bei dem es sich anders als bei der M-Brücke ausschließlich um eine – auch noch deutlich kleinere – Fußgängerbrücke handele, ebenso gesperrt werden. Zudem halten sie das Betretungsverbot für überzogen, da bislang noch nie etwas auf der M-Brücke passiert sei. Beim Blättern durch die Bayerische Verfassung hat A auch kein Grundrecht auf Leben oder körperliche Unversehrtheit entdeckt, weswegen er sich fragt, ob eine Gefahr für diese Rechtsgüter überhaupt als Rechtfertigung für die Verordnung der Stadt P herangezogen werden darf.

Zudem sei etwa in der bayerischen Stadt W eine Regelung getroffen worden, durch die in der Silvesternacht von 22.00 Uhr bis 2.00 Uhr lediglich das Mitführen und Abbrennen von Feuerwerkskörpern und das Mitführen von Glasflaschen, Gläsern, Bierkrügen und sonstigen zerbrechlichen Getränkeverpackungen in bestimmten Bereichen der Innenstadt – unter anderem eben auch auf einer für Fußgänger und Radfahrer bestimmten Brücke – verboten werde, wobei die Stadt die Einhaltung der Verbote an Zugangssperren durch Sicherheitspersonal kontrollieren lasse.

Außerdem gehen A und B von einer Verletzung des Rechtsstaatsprinzips aus, da die Verordnung den Rahmen der Ermächtigungsnorm überschreite, wobei sie auch bezweifeln, ob Art. 23 I 1 LStVG überhaupt statt anderer möglicher Normen die richtige Rechtsgrundlage für § 1 der Verordnung darstelle.

Sie erheben deshalb am 11.12.2022 eine Popularklage mit dem Ziel, dass die Rechtsverordnung der Stadt P vom BayVerfGH für nichtig erklärt wird, hilfsweise sämtliche in den Zuständigkeitsbereich der Stadt P fallenden Zugänge zu anderen Flüssen, an denen ebenfalls mit der Begehung von Silvesterfeierlichkeiten zu rechnen ist, in vergleichbarer Weise gesperrt werden.

Hat die von A und B erhobene Popularklage Aussicht auf Erfolg?

Von der Verfassungsmäßigkeit der Rechtsgrundlage des § 1 der Verordnung ist in jedem Fall auszugehen. Ebenso ist zu unterstellen, dass A und B bei ihren Anträgen die nötige Form eingehalten haben.

Fall 18: Das Brückenverbot zum Jahreswechsel

Die **Gliederungsübersicht zu Fall 18** lautet:

**A. Erfolgsaussichten des Hauptantrages**
**I. Zulässigkeit der Popularklage**
1. Zuständigkeit des BayVerfGH
2. Klageberechtigung
3. Partei- und Prozessfähigkeit
4. Klagegegenstand
5. Klagebefugnis
6. Form

**II. Begründetheit der Popularklage(n)**
1. **Verstoß gegen das Rechtsstaatsprinzip (Art. 3 I 1 Fall 1 BV)**
   a. Taugliche Rechtsgrundlage des § 1 der Verordnung
   b. Vereinbarkeit des § 1 der Verordnung mit Art. 23 I 1 LStVG
      aa. Anforderungen an das Vorliegen einer abstrakten Gefahr
      bb. Abgrenzung zum Gefahrenverdacht
2. **Verstoß gegen Art. 101 BV** – Rechtfertigung und Verhältnismäßigkeit
   a. Verfolgung eines verfassungslegitimen Zieles
   b. Geeignetheit
   c. Erforderlichkeit
   d. Angemessenheit
3. **Verstoß gegen Art. 118 I BV**

**B. Erfolgsaussichten des Hilfsantrages – Zulässigkeit**
**I. Zuständigkeit, Klageberechtigung, Partei- und Prozessfähigkeit, Form und Frist**
**II. Klagegegenstand**

Der Hauptantrag von A und B hat Erfolg, wenn er zulässig und begründet ist. Im Rahmen der **Zulässigkeit der Popularklage** ergibt sich die **Zuständigkeit des BayVerfGH** für die Popularklage aus Art. 98 S. 4 BV, 2 Nr. 7 VfGHG. **Klageberechtigt** ist gemäß Art. 55 I 1 VfGHG „jedermann". Bei natürlichen Personen gilt das unabhängig von der Staatsangehörigkeit, selbst wenn sie in Bayern keinen Wohnsitz haben und auch sonst zum Freistaat Bayern nicht in konkreten Rechtsbeziehungen stehen. A und B sind als natürliche Personen damit in jedem Fall klageberechtigt. Die **Partei- und Prozessfähigkeit** beurteilt sich nach Art. 30 I VfGHG i. V. mit §§ 61 und 62 VwGO. Danach sind A und B jeweils nach § 61 Nr. 1 Fall 1 VwGO beteiligten- sowie nach § 62 I Nr. 1 VwGO prozessfähig.[812] **Klagegegenstand** einer Popularklage zum BayVerfGH können gemäß Art. 55 I 1 VfGHG **alle Normen des bayerischen Landesrechts** („eine Rechtsvorschrift des bayerischen Landesrechts") sein. Dazu zählen vor allem formelle, aber auch materielle vor- und nachkonstitutionelle Gesetze des bayerischen Landesrechts, mithin auch § 1 der städtischen Verordnung. Die Norm ist bereits **existent,** das heißt, verkündet worden. Damit liegt ein tauglicher Klagegegenstand vor. Die **Klagebefugnis** bei der Popularklage setzt keine *eigene* Beschwer des Klägers voraus. Die Popularklage ist vielmehr ein objektives Verfahren zum Schutz der BV und vor allem ihrer Grundrechte. Gemäß Art. 98 S. 4 BV, 55 I 2 VfGHG muss der Kläger aber darlegen, dass die Möglichkeit der Verletzung eines (nicht: seines) durch die BV gewährten

---

[812] Wegen der Verweisung in Art. 30 I VfGHG auf die VwGO kann an dieser Stelle auch kurz auf die Streitgenossenschaft („subjektive Klagehäufung") zwischen A und B gemäß §§ 64 VwGO, 59 ff. ZPO eingegangen werden (dann ist fortan auch besser von „Klagen" die Rede). Unbedingt zwingend ist dieser Schritt aber nicht.

Grundrechts besteht. Das von der Bundesverfassungsbeschwerde bekannte Merkmal der „gegenwärtigen" und zumeist auch das der „unmittelbaren Betroffenheit" spielt hier dagegen keine Rolle; es geht in der Sache vielmehr um eine abstrakte Normenkontrolle (der Bürgerin bzw. des Bürgers). A und B werden durch das Betretungsverbot der M-Brücke in § 1 der Verordnung daran gehindert, Silvester, wie von ihnen geplant, auf der M-Brücke zu feiern. Dadurch erscheint zumindest eine Verletzung der Allgemeinen Handlungsfreiheit aus Art. 101 BV als möglich, die auch die Teilnahme an öffentlichen Vergnügungen schützt.[813] Zudem könnte angesichts der unterschiedlichen Behandlung der M-Brücke gegenüber anderen Brücken – wie etwa des „Fünferlsteges" – eine Verletzung des Gleichheitssatzes aus Art. 118 I BV vorliegen. Auf das von ihnen zudem genannte Rechtsstaatsprinzip des Art. 3 I 1 Fall 1 BV können sich A und B mangels eines subjektiven Rechts an dieser Stelle dagegen nicht berufen. Die Popularklage bedarf gemäß Art. 14 I VfGHG der **Schriftform**. An die **Substanziierung des Klagevortrages** sind dabei einige Anforderungen zu stellen. So muss die Klageschrift die beanstandete Rechtsnorm und das verletzte Grundrecht möglichst unter Angabe der verletzten Verfassungsvorschrift eindeutig bezeichnen und erkennen lassen, inwiefern eine Grundrechtsverletzung vorliegt und ob es der zur Überprüfung gestellte Sachverhalt als möglich erscheinen lässt, dass der Schutzbereich der bezeichneten Grundrechtsnorm berührt wird. A und B haben die Form des Art. 14 I VfGHG laut den Sachverhaltsangaben aber in jedem Fall gewahrt. Eine **Klagefrist** ist bei der Popularklage nicht vorgesehen.[814] Die Popularklage ist demnach zulässig.

**599** Die Popularklage ist bei einem tatsächlichen Verstoß gegen die BV auch **begründet**. Ist eine Popularklage in zulässiger Weise erhoben worden, prüft der BayVerfGH die angegriffenen Vorschriften doch wieder anhand aller einschlägigen Normen der BV, auch soweit diese – wie das schon erwähnte Rechtsstaatsprinzip (Art. 3 I 1 BV) – keine Grundrechte verbürgen.[815]

**600** Zunächst könnte dabei tatsächlich ein **Verstoß gegen das Rechtsstaatsprinzip** (Art. 3 I 1 Fall 1 BV)[816] vorliegen. Werden Vorschriften einer Rechtsverordnung in zulässiger Weise mit der Popularklage angegriffen, so prüft der BayVerfGH auch – obwohl das an sich eine Frage des einfachen Rechts ist –, ob sie auf einer ausreichenden gesetzlichen Ermächtigung beruhen und sich in deren Rahmen halten. Fehlt es daran, verstößt die abgeleitete Rechtsvorschrift gegen das Rechtsstaatsprinzip und ist schon deshalb materiell verfassungswidrig und nichtig, ohne dass es noch darauf ankommt, ob durch sie in der BV verbürgte Grundrechte verfassungswidrig eingeschränkt werden.[817] Ein Verstoß gegen das Rechtsstaatsprinzip liegt dabei eben dann vor, wenn sich die Rechtsverordnung auf keine verfassungsmäßige Rechtsgrundlage stützt oder § 1 der Verordnung nicht mit dieser Rechtsgrundlage vereinbar ist.

---

813  *Lindner*, in: *Lindner/Möstl/Wolff*, Art. 101 Rn. 15. Die Versammlungsfreiheit nach Art. 113 BV scheidet dagegen mangels einer Versammlung mit dem zentralen Ziel der Teilhabe an der öffentlichen Meinungsbildung (→ als „Merkposten" dient dabei die Definition in Art. 2 I BayVersG) aus. Art. 109 BV zur Freizügigkeit schützt nur längerfristige Aufenthalte an einem Ort (→ parallel zum „Sich Niederlassen").

814  Das folgt aus dem Zweck der Popularklage. Ob der Punkt erwähnt wird (→ „den Aufbau nicht begründen"), ist eher eine „Geschmackssache".

815  Vgl. *BayVerfGH*, BeckRS 2005, 148794; 2018, 2122 Rn. 38; NVwZ-RR 2018, 457 Rn. 70. Zum parallelen „Trick" bei der abstrakten Normenkontrolle nach Art. 93 I Nr. 2 GG (dort wird dieser Punkt als „Vorfrage" bezeichnet) *BVerfG*, BeckRS 1999, 21881 Rn. 112 ff.; dazu *Kramer*, JuS 2001, 962 (963 ff.); *Sachs*, JuS 2000, 398 f.; *Tillmanns*, NVwZ 2002, 1466 ff.

816  Ebenso möglich ist die inzidente Prüfung eines Verstoßes gegen das Rechtsstaatsprinzip im Rahmen der Prüfung der Allgemeinen Handlungsfreiheit in Art. 101 BV als materielle Schranken-Schranke. Dadurch wird die Prüfung allerdings sehr „verschachtelt", weswegen hier der Verstoß gegen das Rechtsstaatsprinzip vorab („prinzipal") untersucht wird.

817  *BayVerfGH*, NVwZ-RR 2018, 457 Rn. 70; *VGH München*, BeckRS 2018, 11762 Rn. 94.

Es müsste für § 1 der Verordnung eine **taugliche Rechtsgrundlage** geben. Die Stadt P hat sich insoweit auf **Art. 23 I 1 LStVG** gestützt.[818] Danach können die Gemeinden zur Verhütung bestimmter Gefahren Verordnungen und Einzelfallanordnungen für Menschenansammlungen erlassen. Art. 23 I LStVG würde als Rechtsgrundlage der Verordnung zwar grundsätzlich vom Tatbestand her passen, ist aber im Hinblick auf seinen Wortlaut sehr unbestimmt, wenn die Verordnung gerade auf ein Betretungsverbot abzielt. Als naheliegender erscheint daher **Art. 26 LStVG**, der zur Verhütung von Gefahren für Leben oder Gesundheit durch Verordnung das Betreten und Befahren bewohnter oder unbewohnter Grundstücke oder bestimmter Gebiete auf die voraussichtliche Dauer der Gefahr verbietet. Erfasst werden davon auch Gefahren, die nicht schon durch das Betreten bzw. Befahren selbst entstehen, sondern erst durch den bzw. bei dem darauffolgenden Aufenthalt (hier auf der Brücke als bestimmtem Gebiet). Dem würde auch Art. 26 I 2 LStVG nicht entgegenstehen, der von der h. M. sehr eng ausgelegt wird (hier geht es gerade nicht um die Nutzung der Brücke für Straßenverkehrs-, sondern für Aufenthaltszwecke). Durch den Aufenthalt einiger Menschen allein auf der M-Brücke entsteht jedoch gerade keine Gefahr. Vielmehr geschieht das – wenn überhaupt – erst durch die Massen an Menschen, die sich auf der Brücke zusammenfinden, was doch für eine Heranziehung des Art. 23 I 1 LStVG spricht. Auch führt allein die Existenz des Art. 26 I 1 LStVG noch nicht zu dem Umkehrschluss, dass Betretungsverbote nicht auch von Art. 23 I 1 LStVG erfasst sein sollen; die Norm entfaltet insoweit keine Sperrwirkung. Angesichts der Tatsache, dass es sich spezifisch um Gefahren durch eine große Anzahl von Menschen handelt, ist deswegen trotz seines unbestimmten Wortlautes auf Art. 23 I 1 LStVG als Rechtsgrundlage abzustellen. Jedoch könnte angesichts des an Silvester stattfindenden Alkoholkonsums **Art. 30 LStVG** als wiederum speziellere Rechtsgrundlage in Betracht kommen, wonach die Gemeinden durch Verordnung auf bestimmten öffentlichen Flächen außerhalb von Gebäuden und genehmigten Freischankflächen den Verzehr alkoholischer Getränke verbieten können. Auf diese Ermächtigung könnte jedoch nur ein Verbot, alkoholische Getränke auf der Brücke zu konsumieren, gestützt werden, nicht aber deren Sperrung für Menschenansammlungen, die zudem der Abwehr nicht primär alkoholbedingter Gefahren dienen soll. Zudem findet Silvester jedes Jahr „von alleine" statt und wird nicht „veranstaltet", so dass auch **Art. 19 LStVG** keine taugliche Rechtsgrundlage der städtischen Verordnung darstellt. Rechtsgrundlage des § 1 der Verordnung ist daher Art. 23 I 1 LStVG, von dessen Verfassungsmäßigkeit laut dem Sachverhalt auszugehen ist.

**601**

Ferner müsste § 1 der Verordnung **mit Art. 23 I 1 LStVG vereinbar** sein. Die Gemeinden können nach dieser Norm Verordnungen zur Verhütung von Gefahren für Leben, Gesundheit, Sittlichkeit, ungestörte Religionsausübung, Eigentum oder Besitz erlassen. Der Erlass der Verordnung durch die Stadt P setzt somit eine **Gefahr** für die öffentliche Sicherheit und Ordnung voraus.[819] Entsprechend ihrem Charakter als abstrakte Rechtsvorschrift genügen dabei „**abstrakte" Gefahren**, die generell aus bestimmten Arten von Handlungen oder Zuständen mit hinreichender Wahrscheinlichkeit zu entstehen pflegen. Es muss sich um eine nach der Lebenserfahrung begründete **Befürchtung eines Schadenseintrittes** handeln; diese genügt aber auch. Die Anforderungen an die Wahrscheinlichkeit des Schadenseintrittes sind dabei abhängig von der Bedeutung der gefährdeten Rechtsgüter. Je höher diese in ihrer Bedeutung einzuschätzen sind, umso geringer sind die Anforderungen, die an die Wahrscheinlichkeit eines Schadenseintrittes

**602**

---

818  Art. 15 BayVersG als speziellere Norm scheidet hier mangels einer Versammlung aus (s. oben Fn. 813 zu Art. 113 BV).

819  Zur Prüfung dieser einfachrechtlichen Frage (als Teilaspekt der materiellen Rechtmäßigkeit) bereits oben in Rn. 600. Eine komplette Prüfung der formellen und materiellen Rechtmäßigkeit nimmt der *BayVerfGH* – mutmaßlich mit Blick auf die Möglichkeit einer Normenkontrolle nach § 47 I Nr. 2 VwGO, Art. 5 S. 1 AGVwGO durch den VGH – hier hingegen nicht vor.

gestellt werden können. Geht es um den Schutz besonders hochwertiger Rechtsgüter, wie etwa das Leben und die Gesundheit von Menschen, so kann auch die entferntere Möglichkeit eines Schadenseintrittes zum Erlass einer sicherheitsrechtlichen Verordnung ausreichen. Diese Betrachtungsweise ergibt sich aus dem Grundsatz der Verhältnismäßigkeit, der hier eine Abwägung des Ranges und der Bedeutung der zu schützenden Rechtsgüter gegenüber den Einschränkungen der betroffenen Freiheitsgrundrechte erfordert. Die geringeren Anforderungen an die Wahrscheinlichkeit des Schadenseintrittes bei Gefährdungen der Gesundheit und unter Umständen des Lebens von Menschen folgen auch aus der – ähnlich wie in Art. 2 II 1 GG – durch Art. 99 BV begründeten Pflicht des Staates, sich schützend und fördernd vor diese Rechtsgüter zu stellen.[820]

**603** Ist die Behörde jedoch mangels genügender Erkenntnisse über die Einzelheiten der zu regelnden Sachverhalte oder über die maßgeblichen Kausalverläufe zu der erforderlichen Gefahrenprognose nicht imstande, so liegt keine Gefahr, sondern – allenfalls – ein **Gefahrenverdacht** vor.[821] Die Erfahrungen der letzten Jahre bestätigen hier, dass die M-Brücke bereits seit längerer Zeit ein bevorzugter Ort ist, an dem Einwohnerinnen und Einwohner sowie Gäste sich zum Jahreswechsel in größerer Zahl zusammenfinden und aus der Menge heraus Feuerwerkskörper gezündet werden und am Boden Flaschen abgestellt sind. Es entspricht ferner allgemeiner Lebenserfahrung, dass sich unter den Teilnehmenden derartiger Feierlichkeiten gerade in der Silvesternacht auch alkoholisierte Personen befinden und dass Feuerwerkskörper zwischen den Anwesenden explodieren können. Selbst wenn die Menschen auf der Brücke dabei nicht als „kompakte Masse" dicht zusammenstehen, sondern in Gruppen, kann es durch zwischen die Teilnehmenden fallende Feuerwerkskörper oder durch Auseinandersetzungen unter Beteiligung alkoholisierter Personen zu Fluchtreaktionen kommen. Das kann wiederum andere Teilnehmende „mitreißen" und zu gefährlichen Situationen führen, die Verletzungen oder sogar den Tod von Menschen zur Folge haben können. Dass es bis jetzt zu keinem derartigen Unfall gekommen ist, widerlegt nicht die Prognose, es könnten unter bestimmten – bisher nicht eingetretenen – Umständen mit hinreichender Wahrscheinlichkeit Menschen Schäden erleiden.

**604** Ebenso wenig zu beanstanden ist die Einschätzung der Stadt P, dass im Zeitraum von ca. 22.30 Uhr bis 2.00 Uhr die Zu- und Abfahrt für den Stadtteil jenseits der M-Brücke über diese nicht möglich ist und sich dadurch die **Erreichbarkeit** für von der Innenstadt kommende Fahrzeuge des Rettungsdienstes, der Polizei und der Feuerwehr **verschlechtert**, weil diese einen Umweg von ca. 5 km nehmen müssten. Die dadurch bedingten Verzögerungen könnten durch die entsprechend dem im Jahr 2013 erarbeiteten Sicherheitskonzept jenseits der Brücke stationierten Einsatzfahrzeuge von Feuerwehr, Rettungsdienst und Polizei nur verringert werden, was nach der neuen Einschätzung der Stadt P gerade nicht ausreichend wäre. So müssten beispielsweise die Rettungsdienstfahrzeuge ebenso wie die Einsatzfahrzeuge der Polizei im Notfall das Klinikum auf der anderen Seite des Flusses erreichen, wobei sich die Anfahrt von 2 km auf 4,9 km verlängern würde. Auf der Basis dieser Maßstäbe ist die Stadt P deshalb nachvollziehbar davon ausgegangen, dass bei den unorganisierten Silvesterfeierlichkeiten auf der M-Brücke kein bloßer Gefahrenverdacht (→ die Sachlage ist klar und nur der Wahrscheinlichkeitsgrad offen), sondern eine **abstrakte Gefahr** für Leben und Gesundheit der Teilnehmenden, aber auch der Bewohnerinnen und Bewohner des jenseitigen Stadtteils gegeben ist. Die Stadt P ist beim Erlass der Rechtsverordnung aufgrund sachgerechter Erwägungen davon ausgegangen, dass bei den Silvesterfeiern auf der M-Brücke eine abstrakte Gefahr

---

820 *BayVerfGH*, NVwZ-RR 1995, 262 (271); *Münkler*, in: *Möstl/Schwabenbauer*, Art. 23 LStVG Rn. 20.
821 *BVerwG*, NVwZ 2003, 95 ff.

für Leib und Leben vorliegt.[822] Die angegriffenen Regelungen beruhen auf einer ausreichenden gesetzlichen Ermächtigung (Art. 23 I 1 LStVG) und halten sich in deren Rahmen, so dass das Rechtsstaatsprinzip des Art. 3 I 1 BV nicht verletzt ist.

Überdies kommt eine Verletzung des **Art. 101 BV** durch einen verfassungsrechtlich nicht gerechtfertigten Eingriff in den Schutzbereich der Allgemeinen Handlungsfreiheit in Betracht. Der weite **Schutzbereich** der Allgemeinen Handlungsfreiheit wird durch das mit der Verordnung verbundene zeitweise Verbot, die M-Brücke zu betreten bzw. zu befahren, final, imperativ und unmittelbar verkürzt, so dass auch ein **Eingriff** vorliegt. Zudem müsste dieser Eingriff dann **verfassungsrechtlich nicht zu rechtfertigen** sein. Zu prüfen ist dazu, ob Art. 101 BV einschränkbar und die konkrete Schranke verfassungsgemäß sowie verfassungsgemäß angewendet worden ist. Gegen seinen Wortlaut ist Art. 98 S. 2 BV zumeist als allgemeiner einfacher Gesetzesvorbehalt zu verstehen. Ausnahmen davon sind nur im GG schrankenlos gewährleistete Grundrechte und Grundrechte unter qualifiziertem Gesetzesvorbehalt, für die Art. 98 S. 2 BV grundgesetzkonform in entsprechender Weise ausgelegt wird. Vorliegend ist aber mit Blick auf Art. 2 I GG ein einfacher Gesetzesvorbehalt ausreichend, der zudem auch in Art. 101 BV selbst anklingt. Als **Schranken** dienen hier konkret die Rechtsverordnung der Stadt P und Art. 23 I 1 LStVG als ihre Rechtsgrundlage. Art. 23 I 1 LStVG ist laut dem Sachverhalt formell und materiell verfassungskonform. Zu prüfen bleibt deshalb als materielle **Schranken-Schranke** seine verfassungsgemäße Anwendung im konkreten Fall und dabei insbesondere die Wahrung des **Grundsatzes der Verhältnismäßigkeit** aus Art. 3 I 1 Fall 1 BV beim Erlass der Rechtsverordnung der Stadt P.

Zunächst müsste dazu ein verfassungslegitimes Ziel verfolgt werden. Ein Ziel ist „**legitim**", wenn es nicht eklatant gegen Grundwerte der Verfassung verstößt. § 1 der Verordnung dient seinem Wortlaut nach der Verhütung von Gefahren für Leben, Gesundheit, Eigentum und Besitz, ist mithin ein mit der Verfassung vereinbares Ziel, was insbesondere Art. 100 i. V. mit Art. 101 BV und Art. 103 BV belegen.[823] Ein Mittel ist zur Erreichung dieses gesetzgeberischen Ziels **geeignet**, wenn mit seiner Hilfe der erstrebte Erfolg zumindest gefördert werden kann.[824] Die verfügte Sperrung ist geeignet, die dargestellten Gefahren, die sich aus den nicht organisierten Silvesterfeiern ergeben können, abzuwenden. Sie stellt mithin ein geeignetes Mittel dar.

Eine Regelung ist dann **erforderlich**, wenn kein gleich wirksames, die betroffenen Grundrechte weniger beeinträchtigendes Mittel zur Verfügung steht.[825] Die Gemeinden verfügen nach dem Wortlaut des Art. 23 I LStVG („können") über ein Ermessen, und zwar im Hinblick darauf, *ob* sie eine entsprechende Verordnung erlassen (→ Entschließungsermessen), aber auch im Hinblick darauf, *wie* sie diese ausgestalten (→ Auswahlermessen). Die Verantwortlichen hatten schon in der Vergangenheit mehrfach eine Sperrung der M-Brücke erwogen, waren damals aber immer wieder zum Ergebnis gekommen, dass diese zur Gewährleistung der Sicherheit der Teilnehmenden sowie der Bewohnerinnen und Bewohner nicht notwendig sei. Vielmehr wurde das im Jahr 2013 erarbeitete Sicherheitskonzept für ausreichend gehalten. Danach sind während der Sil-

---

[822] Nun könnte auch noch die Rechtsfolge und in deren Rahmen die Verhältnismäßigkeit erörtert werden (dazu hier erst im Kontext der Grundrechte in Rn. 606 ff.).
[823] Sowohl das Grundrecht auf Leben als auch das auf körperliche Unversehrtheit wurden in der BV nicht ausdrücklich geregelt. Diese Lücke schließt der *BayVerfGH*, indem er beide Grundrechte aus Art. 100 i. V. mit Art. 101 BV (in dieser Reihenfolge) ableitet; vgl. *BayVerfGH*, BeckRS 2018, 25461; NVwZ-RR 2012, 665; Lindner, in: *Lindner/Möstl/Wolff*, Art. 100 Rn. 39. Im Gegensatz dazu wird die – ebenfalls nicht in der BV geregelte – Berufsfreiheit allein in Art. 101 BV „hineingelesen", wohingegen das Allgemeine Persönlichkeitsrecht wiederum aus Art. 101 i. V. mit Art. 100 BV folgt.
[824] *BVerfG*, JZ 1994, 863.
[825] *BVerfG*, DStR 2015, 31 Rn. 142, 144; DVBl. 2008, 1110 ff.; *BayVerfGH*, NVwZ 2006, 1284 ff.

vesterfeier ein eigener Löschzug der Feuerwehr mit vier Fahrzeugen sowie ein Rettungswagen jenseits der Brücke stationiert, wobei notfalls Verstärkung angefordert werden kann – für die sich allerdings ein Umweg von fast 5 km und damit eine zeitliche Verzögerung ergibt. Auch sind Polizeibeamte in den Vororten sowie zum Schutz der Teilnehmenden der Silvesterfeier auf der M-Brücke präsent. Durch diese Maßnahmen muss die M-Brücke gerade nicht gesperrt werden, so dass damit eine **mildere Maßnahme** im Vergleich zu der in der Rechtsverordnung nunmehr vorgesehenen Sperrung der M-Brücke vorliegt. Allerdings kam die Stadt P nun zu der Einschätzung, dass die im Rahmen des Sicherheitskonzeptes vorgesehenen Maßnahmen im Hinblick auf mögliche Gefahren für Leben und Gesundheit der Bewohnerinnen und Bewohner nicht ausreichend seien. Durch die nötigen Umwege entstünden den Einsatzkräften Verzögerungen, so insbesondere den Rettungsfahrzeugen, die unter Umständen das Klinikum auf der anderen Seite des Flusses erreichen müssen und deren Anfahrt sich dabei von 2 km auf 4,9 km verlängere. Die Stadt P als Sicherheitsbehörde besitzt, wie oben ausgeführt, ein **Ermessen** im Hinblick darauf, welches von mehreren möglichen Mitteln sie zur Gefahrenabwehr ergreift. Wenn die Stadt P also nunmehr zu dem Schluss kommt, dass das geltende Sicherheitskonzept – auch in verbesserter Form – nicht ausreicht, um den angestrebten Schutz der Teilnehmenden an den Feierlichkeiten auf der Brücke sowie der Bewohnerinnen und Bewohner jenseits der Brücke auf Dauer (gleich) wirksam zu gewährleisten, so ist diese Einschätzung von ihrem Ermessen gedeckt. Als weitere mögliche mildere Maßnahme käme die **Absperrung der Brücke mit Zugangskontrollen** in Betracht, durch welche die Zahl der Feiernden auf der Brücke notfalls begrenzt, erkennbar alkoholisierte Personen vom Betreten ausgeschlossen und das Mitbringen von Feuerwerkskörpern verhindert werden können. Jedoch kann dadurch allenfalls die Zahl der Menschen auf der Brücke zuverlässig reguliert werden. Für eine Durchsuchung mitgebrachter Taschen und Tüten sowie eine Kontrolle jeder Person auf Alkoholisierung wäre ein unverhältnismäßiger Aufwand erforderlich, der zudem zeitliche Verzögerungen zur Folge hätte und dazu führen könnte, dass sich Menschenansammlungen an den Enden der Brücke bilden oder Feiern dann in diesem Bereich stattfinden. Letztlich liegt es auch im Ermessen der Sicherheitsbehörden, ob sie Verzögerungen bei Rettungs-, Feuerwehr- und Polizeieinsätzen in Kauf nehmen wollen; die Entscheidung, das nicht zu tun, ist jedenfalls nicht willkürlich. Es ist nicht Aufgabe des BayVerfGH, seine eigene Einschätzung von der Effektivität einzelner Maßnahmen an die Stelle derjenigen der zur Beurteilung zuständigen Stellen zu setzen.[826] Die Beurteilung der Stadt P steht auch nicht im Widerspruch dazu, dass **in der Stadt W eine Regelung getroffen wurde**, die in der Silvesternacht von 22.00 Uhr bis 2.00 Uhr das Mitführen und Abbrennen von Feuerwerkskörpern und das Mitführen von Glasflaschen, Gläsern, Bierkrügen und sonstigen zerbrechlichen Getränkeverpackungen in bestimmten Bereichen der Innenstadt und insbesondere auch auf einer Brücke verbietet und die Stadt die Einhaltung der Verbote an Zugangssperren durch Sicherheitspersonal kontrollieren lässt. Wenn die Stadt W sich unter den dortigen Verhältnissen für eine Zulassung von Feiern auf der Brücke entscheidet, bedeutet das nicht zwingend, dass die Einschätzung der Stadt P verfassungsrechtlich bedenklich wäre. Anders als im Fall der M-Brücke steht die fragliche Brücke in W nur Fußgängern und Radfahrern zur Verfügung; die Frage einer Unbenutzbarkeit für Kraftfahrzeuge und bei Rettungsdienst- und Feuerwehreinsätzen stellt sich damit gar nicht in gleicher Weise. Gerade im Hinblick auf das Auswahlermessen der Stadt P ist kein milderes, aber gleich effektives Mittel zur Verhütung von Leben und Gesundheit der Teilnehmenden oder Bewohnerinnen und Bewohner ersichtlich. Die Verordnung ist somit auch erforderlich.

---

826 Vgl. *BayVerfGH*, Entsch. v. 15.7.2004 – Az.: Vf. 1-VII-03, Rn. 111 (juris).

Ihre **Angemessenheit** setzt voraus, dass die Einbußen an grundrechtlich geschützter Freiheit nicht in unangemessenem Verhältnis zu den legitimen Gemeinwohlzwecken stehen, denen die Grundrechtsbeschränkung dient.[827] Bei der Abwägung ist einerseits die zeitlich und räumlich begrenzte Einschränkung der **Bewegungs- und Handlungsfreiheit** der allerdings zahlreichen Personen zu berücksichtigen, die den Jahreswechsel auf der M-Brücke begehen wollen. Andererseits geht es um die Vermeidung schwerwiegender **Gefahren für Leben und Gesundheit von Menschen** sowie die **Erhaltung der Bewegungsfreiheit** von Personen, welche die Stadtteile jenseits der M-Brücke erreichen oder diese verlassen wollen. Angesichts zahlreicher weiterer Möglichkeiten, den Jahreswechsel im Stadtgebiet zu feiern, handelt es sich nur um eine geringfügige Einschränkung, welcher der Schutz gleichwertiger Interessen (Bewegungs- und Handlungsfreiheit der Bewohnerinnen sowie Bewohner) und höher zu bewertender Rechtsgüter (Leben und Gesundheit) gegenübersteht. Die zugunsten einer Sperrung anzuführenden Argumente überwiegen damit die dagegensprechenden Gesichtspunkte, zumal die Nutzung der Brücke zum Feiern des Jahreswechsels zumindest teilweise ihrer Widmung als öffentliche Straße widerspricht. Die Stadt P hat sich schließlich insoweit auch nicht durch ihr Verhalten in früheren Jahren **gebunden**. Die Silvesterfeiern auf der M-Brücke wurden schon bisher als problematisch angesehen, wie die Erarbeitung eines speziellen Sicherheitskonzeptes zeigt; ein Vertrauen darauf, dass die Stadt die Feiern weiter dulden würde, konnte daher nicht entstehen. Die Sperrung der M-Brücke zum Jahreswechsel verstößt nicht gegen den Grundsatz der Verhältnismäßigkeit. Der Eingriff in Art. 101 BV ist daher verfassungsrechtlich gerechtfertigt, so dass dieses Grundrecht nicht verletzt ist.

Weiterhin könnte ein Verstoß gegen den **Gleichheitssatz aus Art. 118 I BV** vorliegen. Dieser untersagt dem Staat (hier dem Normgeber), gleich liegende Sachverhalte, die aus der Natur der Sache und unter dem Gesichtspunkt der Gerechtigkeit eine gleichartige Regelung erfordern, ungleich zu behandeln; dagegen ist wesentlich Ungleiches nach seiner Eigenart verschieden zu regeln. Allerdings nur dann, wenn die äußersten Grenzen dieses Ermessens überschritten sind, d. h. wenn für die getroffene Regelung jeder sachlich einleuchtende Grund fehlt, ist der Gleichheitssatz verletzt.[828] Die Situation, dass zum Jahreswechsel eine größere Zahl von Menschen zusammenkommt, mag zwar auch an anderen Orten der Stadt zu verzeichnen sein. Jeder Ort ist jedoch nach seinen spezifischen Verhältnissen zu beurteilen. Die Gefahr, dass Personen während der Feier in der Menge zu Schaden kommen, und die Einschränkungen bei der Erreichbarkeit eines ganzen Stadtteiles sind nach der nachvollziehbaren Einschätzung der Stadt P nur bei der M-Brücke gegeben. Der von A und B angesprochene „Fünferlsteg" ist eine reine Fußgängerbrücke, so dass sich die Frage einer Überquerung mit Kraftfahrzeugen nicht stellt; der Steg bietet auch viel weniger Menschen Platz, schon deshalb **fehlt** es an einer **Vergleichbarkeit**. Somit liegt keine Ungleichbehandlung von wesentlich Gleichem vor, weswegen die Sperrung allein der M-Brücke in der Silvesternacht nicht willkürlich ist. Wenn man hier stattdessen auf einen sachlichen Grund für die Differenzierung der Brücken abstellte, wäre zu entscheiden, ob nur die „Alte" oder doch – wie mittlerweile nahezu immer (wenngleich mit unterschiedlicher „Prüfungstiefe") – die „Neue Formel" mit zusätzlicher Berücksichtigung der Verhältnismäßigkeit Anwendung findet. Die angegriffenen Regelungen verstoßen nicht gegen den Gleichheitssatz des Art. 118 I BV. Damit ist § 1 der Verordnung der Stadt P über die Sperrung der M-Brücke an Silvester insgesamt mit der BV vereinbar. Die Popularklage von A und B ist im Hauptantrag deswegen unbegründet und hat deshalb keinen Erfolg.

---

[827] *BayVerfGH*, NVwZ 2006, 1284.
[828] Vgl. dazu nur *BayVerfGH*, BayVBl. 2017, 85 (88).

**610** Der **Hilfsantrag** wurde von A und B unter der (innerprozessualen und damit zulässigen) Bedingung der Erfolglosigkeit des Hauptantrages gestellt. Diese ist eingetreten und daher nunmehr der Hilfsantrag zu prüfen. Hinsichtlich der Zuständigkeit des BayVerfGH, der Klageberechtigung, der Partei- und Prozessfähigkeit sowie der Form und Frist kann in die Rn. 598 verwiesen werden. Im Hinblick auf den **Klagegegenstand** beanstanden A und B hier, dass die Stadt P weitere Orte, an denen ebenfalls regelmäßig Silvesterfeierlichkeiten stattfinden, nicht in die von ihr erlassene Verordnung einbezogen hat. Sie erstreben damit ein Tätigwerden des Verordnungsgebers. Auch ein Unterlassen des Normgebers kann Gegenstand einer Popularklage sein, wenn in substanziierter Weise dargelegt wird, der Verordnungsgeber sei aufgrund einer Grundrechtsnorm der BV zum Erlass einer bestimmten Regelung verpflichtet.[829] A und B müssten somit darlegen, dass die Stadt P verfassungsrechtlich zur Ausweitung der Verordnung auf weitere Gebiete verpflichtet ist. Als möglich erscheint eine entsprechende Verpflichtung unter dem Gesichtspunkt der Gleichbehandlung nach Art. 118 I BV. Für die unterschiedliche Behandlung der Brücken im Stadtgebiet liegen jedoch gerade nachvollziehbare Gründe vor. Aus diesem Grund fehlt es bereits an einem zulässigen Klagegegenstand.[830] Im Hinblick auf den Hilfsantrag, der die Sperrung weiterer Orte zum Gegenstand hat, ist die Popularklage von A und B damit bereits unzulässig.

### Fall 19: Umfangreiche Alkoholprobleme[831]

**611** 1. In der bayerischen Stadt Passau häufen sich in letzter Zeit die Probleme mit Jugendlichen, die nach übermäßigem Alkoholkonsum in der Innenstadt „herumlungern", Passantinnen und Passanten anpöbeln sowie durch ihr Gegröle die Anwohnerinnen und Anwohner stören. Außerdem kam es bei einigen Minderjährigen bereits zu erheblichen Gesundheitsgefährdungen durch öffentliches „Komatrinken". Daher ordnet die Stadt Passau an: „Der Konsum von alkoholhaltigen Getränken wird auf öffentlichen Flächen/Straßen in dem (näher bezeichneten) Gebiet ... (Innenstadt) vom Tag nach der Veröffentlichung bis zum 30.4.2024 in der Zeit von 18.00 Uhr bis 07.00 Uhr verboten. Ausgenommen hiervon sind Flächen angrenzender Gaststätten. Die sofortige Vollziehung der Anordnungen wird gemäß § 80 Abs. 2 Satz 1 Nr. 4 VwGO angeordnet. Die Begründung hierfür kann bei der Stadtverwaltung ... eingesehen werden. Rechtsbehelfsbelehrung: ..." Der Text wird in allen Bekanntmachungsorganen der Stadt Passau rechtzeitig veröffentlicht.
Adalbert (A) will trotzdem weiterhin abends sein Bier in der Innenstadt trinken. Er findet die Pauschalierung der Exzesse und die Ausdehnung des Verbotes auf jedermann nicht in Ordnung. Welche Chancen hat er, sich gegen das Vorgehen der Stadt Passau juristisch zur Wehr zu setzen, damit er ab sofort weiterhin abends überall „sein Bierchen zischen" kann?
2. Auch in der bayerischen Stadt Regensburg herrschen vergleichbare Verhältnisse. Dort möchte der Stadtrat allerdings eine bessere Handhabe gegen die „Kampftrinker" haben und erlässt deshalb eine Gefahrenabwehrverordnung mit einem entsprechenden Ordnungswidrigkeitentatbestand. Balduin (B) wird bald danach Alkohol trinkend abends im „Sperrgebiet" angetroffen und erhält daraufhin (inhaltlich zu Recht) einen Bußgeldbescheid. Er will das Bußgeld aber nicht bezahlen, weil er sich in seiner „Trinkfreiheit" verletzt sieht. Sein Kumpel Claus bestärkt ihn in seinem Kamp-

---

[829] StRspr.; vgl. *BayVerfGH*, NVwZ-RR 2018, 457 ff.; BayVBl. 2012, 172 ff.; BeckRS 2011, 47759.
[830] Letzteres kann auch unter dem Prüfungspunkt „Klagebefugnis" geprüft werden.
[831] Vgl. für Bayern *Albrecht*, VR 2012, 41 ff.; ferner *Kramer*, LKRZ 2008, 317 ff.; *Schieder*, BayVBl. 2015, 439 ff. (zu Anforderungen an Alkoholverbotsverordnungen); *Weißenberger*, BayVBl. 2014, 488 ff. (zum damals neuen Art. 30 LStVG).

feswillen und fordert ihn auf, „allen Genießern in Regensburg einen Dienst zu erweisen", indem er juristisch gegen das unsinnige Alkoholverbot ankämpfe. B, der dieses Ziel gerne miterfüllen möchte, fragt (nur!), welcher Rechtsbehelf hier in Frage kommt.

3. Zurück in Passau: Dort trinkt Dagmar (D) trotz des ihr bekannten Verbotes abends in der Innenstadt in aller Öffentlichkeit ihr Bier. Ein noch im „Streifendienst" aktiver Bediensteter des Ordnungsamtes (O) fordert sie daraufhin auf, das Bier sofort wegzuschütten; andernfalls werde er es ihr wegnehmen und eigenhändig vernichten. D ist dazu jedoch nicht bereit und trinkt einfach weiter. Da nimmt ihr O die Flasche gewaltsam weg, leert sie aus und gibt sie sodann der D zurück. Die ist wie vom Donner gerührt und findet, das schlage dem Fass den Boden aus, denn dieser letzte Schritt – die Entscheidung des O, ihr die Flasche gewaltsam zu entwinden und auszuschütten – sei des Guten doch zu viel und rechtswidrig. D will wissen, ob sie ihr noch nicht (völlig) von Alkohol vernebeltes Judiz insoweit trügt.

Beantworten Sie bitte die aufgeworfenen Rechtsfragen!

Die wiederum recht umfangreiche **Gliederungsübersicht zu Fall 19:**

**Aufgabe 1: Der Antrag des A auf Eilrechtsschutz**
**A. Die Sachenentscheidungsvoraussetzungen des Eilrechtsschutzantrages**
**I. Eröffnung des Verwaltungsrechtsweges**
**II. Statthaftigkeit des Antrages,**
  **Problem:** Abgrenzung § 80 V 1 VwGO von § 123 I VwGO
  **Problem:** Vorliegen eines Verwaltungsaktes oder einer Rechtsverordnung
**III. Antragsbefugnis**
**IV. Beteiligten- und Prozessfähigkeit**
**V. Zuständiges Gericht**
**VI. Allgemeines Rechtsschutzbedürfnis**
1. § 80 VI 1, IV 1, II 1 Nr. 1 VwGO
2. § 80 V 2 VwGO
3. Offensichtlich fehlende Sachentscheidungsvoraussetzungen der Hauptsache

**B. Begründetheit des Eilrechtsschutzantrages**
**I. Richtige Antragsgegnerin**
**II. Formelle Rechtmäßigkeit der AoSofVz**
1. Zuständigkeit
2. Verfahren
  **Problem:** Fehlende Anhörung zur AoSofVz
3. Form

**III. Interessenabwägung**
1. Ermächtigungsgrundlage der Allgemeinverfügung
2. Formelle Rechtmäßigkeit der Allgemeinverfügung
  a. Zuständigkeit
  b. Verfahren
  c. Form
3. Materielle Rechtmäßigkeit der Allgemeinverfügung
  a. Belästigung der Passanten und Anwohner als Straftaten
    **Problem:** Belästigungen allein durch das Trinken

    b. Gefahr für die Gesundheit oder das Leben von Menschen
    c. Richtige Adressaten der Maßnahme
    d. Rechtsfolge – Ermessen
        aa. Entschließungsermessen („Ob")
        bb. Auswahlermessen („Wie") – Verhältnismäßigkeit
           (1) Legitimer Zweck
           (2) Geeignetheit
           (2) Erforderlichkeit
           (3) Angemessenheit

**Aufgabe 2: Die Rechtsschutzmöglichkeiten des Balduin (B)**
**Problem:** Begehren des B
1. **Einspruch gegen den Bußgeldbescheid** nach §§ 2, 65 f., 67 OWiG
   **Problem:** Verwerfungsmonopol des VGH
2. **Normenkontrollantrag** nach § 47 I Nr. 2 VwGO, Art. 4 S. 1 AGVwGO
3. **Popularklage** nach Art. 98 S. 4 BV, 2 Nr. 7, 55 VfGHG
   **Problem:** Wirkungen des Normenkontrollantrages

**Aufgabe 3: Rechtmäßigkeit der Vollstreckung des Alkoholverbotes gegenüber Dagmar (D)**
**I. Ermächtigungsgrundlage**
**II. Formelle Rechtmäßigkeit der Anwendung unmittelbaren Zwanges**
1. **Zuständigkeit**
2. **Verfahren**
3. **Form**
**III. Materielle Rechtmäßigkeit der Anwendung unmittelbaren Zwanges**
1. **Allgemeine Vollstreckungsvoraussetzungen**
    a. Vollstreckbare Grundverfügung
    b. Wirksame Grundverfügung
    c. Grundverfügung mit vollstreckbarem Inhalt
    d. Erforderlichkeit der Vollstreckung
    e. Ordnungsgemäß abgelaufenes Vollstreckungsverfahren
        aa. Androhung
        bb. (Festsetzung und) Ordnungsgemäße Anwendung des Zwangsmittels
2. **Besondere Vollstreckungsvoraussetzungen**
    a. Vertretbare oder unvertretbare Handlung, Duldung oder Unterlassung
    b. Ultima-ratio-Prinzip
    c. Nichterfüllung der auferlegten Pflicht
3. **Rechtfolge – Entschließungs- und Auswahlermessen**

**613** Im Rahmen der **Aufgabe 1** gilt es zunächst zu erkennen, dass wegen der angeordneten sofortigen Vollziehbarkeit eine bloße Anfechtungsklage für das Begehren des A nicht ausreicht. Ein daher angezeigter Eilrechtsschutzantrag von A hat Erfolg, wenn seine Sachentscheidungsvoraussetzungen vorliegen und er begründet ist.

**614** Bei den **Sachentscheidungsvoraussetzungen** richtet sich die **Eröffnung des Verwaltungsrechtsweges** mangels aufdrängender Sonderzuweisung nach § 40 I 1 VwGO. Es geht um eine Maßnahme der Stadt als Sicherheitsbehörde zur Gefahrenabwehr (→ öffentliches Sonderrecht), die nichtverfassungsrechtlicher Art ist, und es liegt zudem kein Fall des § 23 I 1 EGGVG vor. Im Rahmen der **Statthaftigkeit des Antrages** ist darauf abzustellen, was A mit seinem Antrag beim VG erreichen will (vgl. §§ 122 I, 88 VwGO). Das muss man wissen, um die beiden – § 47 VI VwGO scheidet erkennbar aus – denkbaren Arten des Eilrechtsschutzes nach § 80 V 1 und § 123 I VwGO voneinander abzugrenzen, wobei Ersterer gemäß § 123 V VwGO vorrangig ist. Merksatz dabei ist, dass § 80 V 1 VwGO immer dann zur Anwendung kommt, wenn es in der Hauptsache um eine Anfechtungsklage geht. Hier wehrt sich A gegen die für sofort vollziehbar erklärte „Anordnung" der Stadt. Diese stellt *ihrer Form nach* einen belastenden Verwaltungsakt in der Gestalt einer personenbezogenen Allgemeinverfügung dar (Art. 35 S. 2 Fall 1 BayVwVfG; der Personenkreis ist dabei allerdings nicht klar bestimmbar), gegen den in der Hauptsache eine Anfechtungsklage in Betracht kommt.[832] Die aufschiebende Wirkung dieser denkbaren Anfechtungsklage des A (→ § 80 I 1 VwGO als Regelfall) ist hier durch die AoSofVz seitens der Stadt gemäß § 80 II 1 Nr. 4 VwGO entfallen, so dass das Begehren von A auf deren Wiederherstellung durch das VG nach § 80 V 1 Fall 2 VwGO gerichtet ist.

Die **Antragsbefugnis** analog § 42 II VwGO ergibt sich daraus, dass A durch das Trinkverbot zu bestimmten Zeiten in der Innenstadt als Adressat – das ist er bei einer Allgemeinverfügung dann, wenn sein Handeln von deren Wirkbereich miterfasst ist – möglicherweise zumindest in seiner Allgemeinen Handlungsfreiheit (oder „Trinkfreiheit") aus Art. 2 I GG verletzt ist. A ist nach §§ 61 Nr. 1 Fall 1, 62 I Nr. 1 VwGO **beteiligten- und prozessfähig**. Die Stadt Passau ist nach § 61 Nr. 1 Fall 2, Art. 1 S. 1 GO beteiligtenfähig, muss aber im Prozess nach § 62 III VwGO, Art. 34 I 2, 38 I, 36 S. 1 GO durch ihren Oberbürgermeister vertreten werden, wobei die nach Art. 38 I 2 GO erforderliche Billigung des Gemeinderates unterstellt werden kann. **Zuständiges Gericht** ist nach § 80 V 1 VwGO („Gericht der Hauptsache") i. V. mit §§ 45, 52 Nr. 1 VwGO, Art. 1 II Nr. 2 AGVwGO das VG Regensburg.

Das **allgemeine Rechtsschutzbedürfnis** setzt voraus, dass es für A keinen „einfacheren Weg" zu seinem Ziel gibt und der Rechtsbehelf nicht völlig „sinnlos" ist. Mangels Anwendbarkeit des **§ 80 VI 1, IV 1, II 1 Nr. 1 VwGO** bedarf es im Umkehrschluss keines vorherigen Aussetzungsantrages an die Behörde. Ausweislich von **§ 80 V 2 VwGO** muss A nach h. M. nicht einmal zuerst die Anfechtungsklage als Hauptsacherechtsbehelf erheben. Die Anfechtungsklage hätte überdies allein wegen der AoSofVz und nicht etwa wegen **offensichtlich fehlender Sachentscheidungsvoraussetzungen**, insbesondere wegen offensichtlicher Verfristung nach §§ 74 I 2, 68 I 2 Fall 1 VwGO, Art. 12 II AGVwGO mit §§ 57 II VwGO, 222 I ZPO, 187 f. BGB, keine aufschiebende Wirkung (so die ungeschriebene Ausnahme der h. M. zu § 80 I VwGO). Das Rechtsschutzbedürfnis von A besteht daher. Die Sachentscheidungsvoraussetzungen seines Antrages auf Wiederherstellung der aufschiebenden Wirkung der Anfechtungsklage liegen somit insgesamt vor.[833]

---

832 Dass es sich hier möglicherweise um einen „Rechtsformfehler" handelt (dazu näher in Rn. 623 bei der Störereigenschaft), spielt an dieser Stelle, wo es für die Bestimmung des statthaften Rechtsbehelfes nur auf das *formal gewählte Institut* ankommt, noch keine Rolle. Ähnliches gilt etwa auch bei der „Kündigung" eines Arbeitsverhältnisses mittels Verwaltungsaktes. Wenn man wegen dieses „Rechtsformfehlers" zur Nichtigkeit der Verfügung kommt (dazu ebenfalls noch näher unten in Fn. 842), wäre hier auch eine Nichtigkeitsfeststellungsklage nach § 43 I VwGO statthaft. Deren Prüfungsumfang ist dann aber auf die Nichtigkeit des Verwaltungsaktes beschränkt, was bei seiner „bloßen" Rechtswidrigkeit ein Risiko darstellt; sie schließt die Anfechtungsklage jedoch nicht aus (und bietet „überschießenden" Rechtsschutz nur nach dem Ablauf der Klagefrist des § 74 I VwGO, der mangels Bestandskraft für nichtige Verwaltungsakte gar nicht greift). Zudem wäre hier fraglich, ob ein Eilrechtsschutz über § 123 I VwGO in Betracht kommt (er ist im Kontext der Feststellungsklage sehr selten; zudem stellt sich das Problem, ob dann § 123 I 1 oder eher 2 VwGO einschlägig ist). Nach dem „Meistbegünstigungsgrundsatz" könnte A hier zwar auch die *„materielle Sicht"* einnehmen und einen Normenkontrollantrag (§ 47 I Nr. 2 VwGO, Art. 5 S. 1 AGVwGO) stellen; er trägt dann aber das Risiko, dass der VGH seine Sicht nicht teilt. Die hier präferierte Anfechtungsklage ist also der sicherere Weg.

833 An sich wäre hier an eine Beiladung aller Adressaten nach § 65 II VwGO zu denken. Sie ist aber faktisch unmöglich. Einen Ausweg bietet insoweit § 65 III VwGO.

**617** Der Antrag von A ist **begründet**, wenn er sich gegen den richtigen Antragsgegner richtet und die AoSofVz formell rechtswidrig ist oder bei einer Abwägung das Suspensivinteresse von A das öffentliche Sofortvollzugsinteresse überwiegt. **Antragsgegnerin** ist in Analogie zu § 78 I Nr. 1 VwGO hier die Stadt Passau als Rechtsträgerin der für sie handelnden Verwaltung.

**618** Für die **formelle** Rechtmäßigkeit der AoSofVz ist zunächst die **Zuständigkeit** für den Erlass der AoSofVz zu prüfen, die sich nach § 80 II 1 Nr. 4 VwGO richtet, so dass die Ausgangsbehörde, also hier die handelnde Stadt Passau, zuständig ist. Beim **Verfahren** stellt sich das Problem, dass A überhaupt nicht und daher auch nicht zum Erlass der AoSofVz angehört wurde. Gegen das Erfordernis einer Anhörung lässt sich aber einwenden, dass die AoSofVz kein Verwaltungsakt ist,[834] weswegen hier schon gar keine Pflicht aus Art. 28 I BayVwVfG bestand. Bei einer anderen Sicht der Dinge muss, um vorliegend einen Rechtsverstoß zu verneinen, als „Erst-Recht-Argument" Art. 28 II Nr. 4 BayVwVfG (→ keine Anhörung bei der Allgemeinverfügung – nötigenfalls analog –) herangezogen werden. Für die **Form** der AoSofVz sind die Vorgaben des § 80 III VwGO zu beachten. Es bedarf grundsätzlich einer schriftlichen, schlüssigen und hinreichenden, aber nicht notwendig inhaltlich richtigen Begründung des Sofortvollzuges. Hier wird in der Bekanntmachung lediglich auf die Einsichtnahmemöglichkeit bei der Verwaltung verwiesen. Daher fragt sich, ob das bei einer für sofort vollziehbar erklärten Allgemeinverfügung zulässig ist. Dazu muss der Sinn der Begründungspflicht ermittelt werden. Sie dient weniger der Information des Empfängers als vorrangig dazu, dass die Behörde mit der Begründung zeigt, dass sie sich des Ausnahmecharakters der AoSofVz bewusst ist (→ „Warnfunktion"). Dieses Ziel wird selbst bei einer existenten, wenn auch nur bei der Behörde einsehbaren Begründung erreicht.[835] Außerdem ist die Veröffentlichung manchmal schwierig. Daher wurde hier § 80 III VwGO Genüge getan. Die AoSofVz ist formell rechtmäßig.

**619** Die nunmehr anzustellende **Interessenabwägung** orientiert sich im Rahmen einer summarischen Prüfung, also nur nach dem Akteninhalt und ohne Beweiserhebung, vorrangig an den Erfolgsaussichten in der Hauptsache und nur ergänzend noch nach der Eilbedürftigkeit. Nur bei offenem Ausgang dieses Verfahrens werden die Folgen der jeweiligen gerichtlichen Entscheidung (ähnlich wie bei § 32 BVerfGG) mit in die Betrachtung einbezogen. Zu fragen ist mithin nach dem Maßstab des § 113 I 1 VwGO zunächst, ob das von A angefochtene Alkoholverbot rechtswidrig ist und ihn dadurch in seinen Rechten verletzt.

**620** **Ermächtigungsgrundlage** für das Alkoholkonsumverbot könnte Art. 30 LStVG sein. Diese Vorschrift enthält im Unterschied zu vielen anderen „Standardmaßnahmen" des LStVG aber keine Ermächtigung zum Erlass von Verwaltungsakten, sondern nur für eine Rechtsverordnung (Abs. 1).[836] Denkbar ist daher mangels besonderer Vorschriften

---

[834] H. M.; vgl. *W.-R. Schenke*, in: *Kopp/Schenke*, § 80 Rn. 82 m. w. N., auch zu der mangels Regelungslücke abzulehnenden analogen Anwendung des Art. 28 I BayVwVfG.

[835] Vgl. *W.-R. Schenke*, in: *Kopp/Schenke*, § 80 Rn. 86, unter Berufung auf *OVG Bremen*, NVwZ 1986, 1038 ff. Denkbar ist auch die analoge Anwendung von Art. 39 II Nr. 5 BayVwVfG, aber dann ist unklar, ob der Normzweck die Analogie trägt.

[836] Der Erlass von Gefahrenabwehrverordnungen ist in Bayern im Unterschied zu anderen Bundesländern nicht pauschal zur Abwehr abstrakter Gefahren für die öffentliche Sicherheit oder Ordnung zulässig. Vielmehr bedarf es einer speziellen Einzelermächtigung in den Art. 12 ff. LStVG oder in Spezialgesetzen (→ Art. 42 I 1 LStVG; dazu *Heckmann*, in: *Becker/Heckmann/Kempen/Manssen*, 3. Teil, Rn. 501 f., besonders auch zum Streit um die „Hundeverordnungen" nach Art. 18 LStVG für alle Hunde einerseits und Art. 37, 37a LStVG besonders für „Kampfhunde" und andere gefährliche Tiere andererseits; dazu schon Rn. 233 und 241 ff.). Es gilt insoweit im Übrigen für eine Landesrechtsverordnung als „Maßstab" nicht unmittelbar Art. 80 I GG, sondern dieser nur über den entsprechend interpretierten Art. 55 Nr. 2 S. 2 BV bzw. mittelbar über Art. 28 I 1 GG von seinen Grundgedanken her.

(zu beachten ist der in Art. 7 II LStVG „anklingende" Spezialitätsgrundsatz; hier wäre das etwa das für die ebenfalls erfassten Erwachsenen nicht einschlägige JuSchG oder das GastG) und mangels anderer passender Standardmaßnahme nur noch die Generalklausel des Art. 7 II LStVG. Zu beachten ist jedoch, dass die vorliegend „von ihrem Sinn her" passende Regelung des Art. 30 LStVG (dazu Rn. 240) mit der bewussten Beschränkung der Maßnahmen auf Rechtsverordnungen durch den Gesetzgeber **Sperrwirkung** gegenüber der Generalklausel (sie wirkt auch gegenüber dem PAG bzw. umgekehrt, was jedoch streitig ist; nicht gesperrt sind hingegen „Flaschen- und Alkoholverbote" mit einem anderen Ziel, etwa bei der Nutzung als „Wurfgeschoss") entfaltet.[837] Dennoch sollte (→ umfassendes Gutachten) unter der Maßgabe weiter geprüft werden, dass Art. 7 II LStVG die passende Ermächtigungsgrundlage darstellt.

Für die **formelle Rechtmäßigkeit** des als Allgemeinverfügung erlassenen Alkoholkonsumverbotes müsste die **Zuständigkeit** der Stadt Passau gegeben sein. Sie folgt vorliegend daraus, dass Art. 7 II LStVG insoweit die Sicherheitsbehörden ermächtigt, zu denen nach Art. 6 LStVG auch die Stadt Passau gehört. Deren Aufgabe ist hier bei der Gefahrenabwehr (das entspricht dem Merkmal der „abstrakten Gefahr für die öffentliche Sicherheit oder Ordnung") eröffnet. Die Abgrenzung zu der subsidiären Zuständigkeit der Polizei regeln die Art. 10 LStVG, 3 PAG (→ nur im Eilfall, wenn keine andere Behörde handelt bzw. handeln kann, wehrt die Polizei die Gefahr ab).[838] Beim **Verfahren** stellt sich das Problem, dass A vor dem Erlass des ihn belastenden Verwaltungsaktes nicht nach Maßgabe des Art. 28 I BayVwVfG angehört wurde, was jedoch nach Art. 28 II Nr. 4 BayVwVfG auch nicht nötig war.[839] Für die **Form** der Allgemeinverfügung schreibt Art. 39 I 1 BayVwVfG bei deren (möglicher, jedoch nicht zwingender; vgl. Art. 37 II 1 BayVwVfG) Schriftlichkeit eine schriftliche Begründung vor, was jedoch durch Art. 39 II Nr. 5 BayVwVfG für die hier gewählte öffentliche Bekanntmachung der Allgemeinverfügung wieder aufgehoben wird. Die Allgemeinverfügung ist mithin formell rechtmäßig.

Hinsichtlich der **materiellen Rechtmäßigkeit** des Alkoholkonsumverbotes kommt bei Art. 7 II **Nr. 1** LStVG (ebenso bei Art. 11 I PAG in Bezug auf die öffentliche Sicherheit) eine **Belästigung der Passanten und Anwohner durch die betrunkenen Menschen** in der Vergangenheit – vgl. etwa § 185 StGB oder § 118 OWiG – in Betracht. Diese Delikte werden jedoch nicht *durch* den Alkoholkonsum verwirklicht; sie haben ihn nur als mittelbare Ursache und erfolgen „bei Gelegenheit" desselben. Sie setzen vielmehr weitere gefährliche und verbotene Handlungen voraus, gegen die im Einzelfall vorgegangen werden kann; die Eingriffsschwelle darf nicht vorverlegt werden.[840] Der damit in Betracht zu ziehende Art. 7 II **Nr. 3** LStVG setzt tatbestandlich eine (spezielle) **Gefahr für die Gesundheit oder das Leben von Menschen** voraus; eine Gefahr für die öffentliche Sicherheit oder Ordnung reicht dagegen hier nicht. Diesbezüglich kann man darauf abstellen, dass der Alkoholkonsum bei einigen Jugendlichen bereits Gesundheitsgefahren ausgelöst hat. Dann greift zwar an sich als „Schranke" der etwa in Art. 2 II PAG niedergelegte Grundsatz ein, dass zunächst jede und jeder selbst für ihr bzw. sein Wohl-

---

837 Hier spielt der mögliche „Rechtsformfehler" (dazu unten in Rn. 623 bei der Störereigenschaft) noch keine zwingende Rolle; er kann jedoch schon erwähnt werden (unten passt er aber „inhaltlich" besser). Der in Art. 7 II LStVG genannte „Einzelfall" erfasst auch die Allgemeinverfügung als Sonderfall des Verwaltungsaktes und schließt nur die Rechtsverordnung aus. Art. 30 LStVG kann man bei einem Verwaltungsakt wie hier dann nicht mehr sinnvoll „analog" weiterprüfen.
838 Diese „Aufgabeneröffnung" der Sicherheitsbehörde ist parallel zu der Situation bei der Polizei (Art. 2 f. PAG) immer, also etwa auch bei einem Abstellen auf Art. 30 LStVG, zu prüfen.
839 Auch hier sollte man zur Stärkung der eigenen Argumentation nicht „hilfsweise", sondern nur, wenn es Not tut, auf die Heilungsmöglichkeit in Art. 45 I Nr. 3, II BayVwVfG verweisen.
840 Ebenso *VGH Mannheim*, BeckRS 1998, 22824.

ergehen verantwortlich ist (→ Subsidiarität staatlicher Gefahrenabwehr; vgl. zudem die Freiheit zur Selbstschädigung nach Art. 2 I GG). Bei einer Selbstgefährdung Minderjähriger und Alkoholisierter bzw. Enthemmter lässt sich aber ein staatliches Handeln auch gegen ihren Willen rechtfertigen (ähnlich die Rechtsprechung zum Suizidversuch als „Hilfeschrei";[841] vgl. auch den staatlichen Auftrag in Art. 7 I GG), so dass hier beide Ergebnisse vertretbar sind.

**623** Bejaht man eine Gefahr i. S. des Art. 7 II Nr. 3 LStVG, können die bisher häufig betrunkenen Menschen als Verhaltensstörer nach Art. 9 I 1 Fall 1 LStVG **richtige Adressaten** der von der Stadt Passau getroffenen Maßnahmen sein. Problematisch ist jedoch, dass die Allgemeinverfügung sich an *jedermann* richtet. In Anspruch genommen werden damit auch „Unschuldige", für die insoweit die strengen Voraussetzungen des Art. 9 III LStVG zu prüfen und vorliegend im Ergebnis zu verneinen sind. Das führt zu dem weiteren – auch gut vorab zu erörternden – Problem, dass hier an sich eine abstrakt-generelle Regelung für die Innenstadt getroffen wurde (ähnlich etwa dem klassischen Taubenfütterungsverbot – dazu Rn. 329 ff. –, nicht konkret-generell wie das für eine Stelle gültige Verkehrszeichen), so dass eine Gefahrenabwehrverordnung das richtige Instrument gewesen wäre. Ein solcher **Rechtsformfehler** führt dann ebenfalls zur Rechtswidrigkeit der getroffenen Regelung.[842]

**624** Unter der Prämisse eines erfüllten Tatbestandes ist hinsichtlich der **Rechtsfolge** zu erkennen, dass nach Art. 7 II Nr. 3 LStVG die Stadt nach pflichtgemäßem Ermessen die erforderlichen Maßnahmen – hier das Alkoholverbot – treffen durfte. Fraglich ist, ob ihr dabei **Ermessensfehler** unterlaufen sind. Solche Ermessensfehler kommen zum einen hinsichtlich des **Entschließungsermessens** („Ob") in Betracht. Trotz der bereits aufgetretenen Gefahren und Störungen lässt es sich kaum vertreten, das Ermessen der Stadt sei insoweit auf Null reduziert; jedenfalls aber wurde es von ihr nicht erkennbar fehlerhaft betätigt. Das **Auswahlermessen** („Wie") könnte jedoch von der Stadt fehlerhaft ausgeübt worden sein. Zu denken ist hier insbesondere an eine Ermessensüberschreitung durch einen Verstoß gegen den Grundsatz der Verhältnismäßigkeit (→ Art. 8 LStVG), der zur Erreichung des **legitimen Zweckes** (hier: – gegebenenfalls – des Schutzes der Allgemeinheit vor Belästigungen und der Jugendlichen vor Gesundheitsgefahren) geeignete, erforderliche und angemessene Maßnahmen verlangt. Das betrifft sowohl die Auswahl des Mittels als auch der in Anspruch genommenen Störerinnen und Störer. Das angeordnete Alkoholverbot für alle Personen zu bestimmten Zeiten in der Innenstadt ist **geeignet**, die jeweiligen Gefahren zu beseitigen (→ „tabula rasa"). Fraglich ist aber bereits, ob es kein milderes, gleich effektives Mittel gibt und deshalb die getroffenen Maßnahmen nicht **erforderlich** sind. In Betracht kommt hier ein einzelfallbezogenes oder stichprobenartiges (→ mit Abschreckungseffekt) Vorgehen nur gegen die einzelnen „Trinksünder" oder zumindest ein Trinkverbot nur für Jugendliche.[843] Die Stadt könnte hier damit argumentieren, dass solche Schritte weniger Erfolg versprechend seien, zumal dann genauere Kontrollen und „Ermittlungen" nötig seien (→ wer trinkt? wie alt ist er? usw.). Zumindest den Überprüfungen sind unter Umständen eben-

---

841 Anders auch hier jedoch *VGH Mannheim*, BeckRS 1998, 22824, in Bezug auf erwachsene Trinker.
842 In diese Richtung, letztlich aber offengelassen von *VGH Mannheim*, NVwZ 2003, 115 ff.; *VG Stuttgart*, Urt. v. 20.12.2002 – Az.: 1 K 5431/02, Rn. 5 ff. (juris). Angesichts der Schwere des Fehlers lässt sich über Art. 44 I BayVwVfG sogar die Nichtigkeit der Regelung begründen. Der bayerische Gesetzgeber hat das zentrale Problem der fehlenden Verordnungsermächtigung durch den Erlass des Art. 30 I LStVG inzwischen zumindest „abgemildert".
843 In der Praxis wurde zudem etwa – erfolglos – ein Einwirken auf den wichtigsten „Alkohollieferanten" der Jugendlichen, einen in der Innenstadt gelegenen Supermarkt mit langen Öffnungszeiten, versucht; im Ergebnis wie hier auch *VGH Mannheim*, BeckRS 1998, 22824; *VG Stuttgart*, Urt. v. 20.12.2002 – Az.: 1 K 5431/02, Rn. 7 (juris), zugunsten der „stillen Zecher".

Fall 19: Umfangreiche Alkoholprobleme **625, 626**

falls alle ausgesetzt, so dass eine Belastung auch dann erfolgt. Eine pauschalierende Regelung wie hier trägt aber jedenfalls nicht „der Vielgestaltigkeit der Lebenssachverhalte in gebotenem Umfang Rechnung". Einzelfallbezogene Anordnungen sind auch nicht generell ungeeignet.[844] Mit entsprechender Argumentation sind damit beide Ergebnisse vertretbar, wobei viel für die fehlende Erforderlichkeit der Regelung spricht. Ähnliches gilt dann auch für die Frage, ob die getroffene Maßnahme **angemessen** und damit verhältnismäßig i. e. S. ist. Hier fallen auf der einen Seite – gegebenenfalls – die Gefahren für die belästigten Anwohnerinnen und Anwohner sowie die (sich selbst gefährdenden) Jugendlichen ins Gewicht. Auf der anderen Seite steht die „Trinkfreiheit" von A und den anderen – zumeist „unschuldigen" – Verbotsempfängerinnen und -empfängern, die sich insoweit auf Art. 2 I GG zurückführen lässt. Auch hier sind mit entsprechender Argumentation beide Ergebnisse vertretbar (etwa: Der oder die Einzelne muss Einschränkungen seiner Handlungsfreiheit hinnehmen, die zudem nur leichter Natur sind, wenn auf diese Weise durchaus erhebliche Gefahren für andere abgewehrt werden können. Andererseits muss der oder die Einzelne seine bzw. ihre Freiheit nicht aufgeben, wenn andere „über die Stränge schlagen", daran aber auch durch – aufwendigere – Einzelmaßnahmen gehindert werden könnten).

Die Allgemeinverfügung ist nach hiesiger Bewertung zumindest nicht vom Tatbestand gedeckt und daher materiell rechtswidrig. Angesichts der materiellen Rechtswidrigkeit der Allgemeinverfügung und der dann ebenfalls zu bejahenden Verletzung „seines" Art. 2 I GG wäre eine (Anfechtungs-)Klage von A in der Hauptsache begründet und damit erfolgreich. Bei offensichtlich rechtswidrigen Verwaltungsakten überwiegt auch im Fall der für eine AoSofVz nach § 80 II 1 Nr. 4 VwGO zusätzlich zu verlangenden **Eilbedürftigkeit** (→ „Interessenabwägung im Übrigen"; sie ist hier nach den Vorfällen in der Vergangenheit mit akuter Wiederholungsgefahr zu bejahen) das private Aussetzungs- gegenüber dem öffentlichen Sofortvollzugsinteresse. Somit geht die anzustellende **Interessenabwägung** zu Lasten der Behörde aus. Der Antrag des A auf Wiederherstellung der aufschiebenden Wirkung seiner Anfechtungsklage ist demnach auch begründet und erfolgreich. **625**

Im Rahmen der **Aufgabe 2** ist (nur) nach dem von B zweckmäßigerweise zu wählenden Rechtsbehelf gefragt. Ausweislich von § 88 VwGO ist insoweit auf sein Begehren abzustellen. B möchte einerseits gegen den Bußgeldbescheid vorgehen, um das Bußgeld nicht zahlen zu müssen. Insoweit kommt als Rechtsbehelf ein **Einspruch gegen diesen Bußgeldbescheid nach §§ 2, 65 f., 67 OWiG** in Betracht, dessen Nichthilfe durch die Verwaltungsbehörde automatisch zu einem Verfahren vor dem AG führt. Dessen Urteil prüft inzident auch die Rechtmäßigkeit der dem Bußgeldbescheid zugrunde liegenden Rechtsverordnung. Insoweit besteht kein den Art. 100 I GG und Art. 65, 92 BV für förmliche Gesetze vergleichbares Verwerfungsmonopol des VGH aus § 47 VwGO (der hat ein solches nur – beschränkt – für die Verwerfung solcher Normen mit „erga-omnes-Wirkung"). Das amtsrichterliche Urteil wirkt allerdings nur „inter partes" und nur bezüglich des konkreten Bußgeldbescheides. Es schützt also weder die Freunde des A noch ihn selbst vor einem (neuen) Bußgeldbescheid. Die Regensburger Rechtsverordnung bleibt vielmehr selbst bei ihrer vom AG festgestellten Rechtswidrigkeit in Kraft. Wählt B deshalb (mit Hilfe eines Anwaltes wegen der ihm vor dem VGH fehlenden Postulationsfähigkeit nach § 67 IV 1, 2 VwGO) den Wege des **Normenkontrollantrages nach § 47 I Nr. 2 VwGO, Art. 4 S. 1 AGVwGO** und greift die auf Art. 30 I, 42 ff. LStVG gestützte Gefahrenabwehrverordnung direkt an, wirkt das entsprechende Urteil „inter omnes". Der VGH verwirft die Verordnung im Fall ihrer Rechtswidrigkeit also zumindest mit Wirkung ex nunc, so dass A und seine Freunde künftig in Regensburg abends **626**

---

844 So auch *VGH Mannheim*, NVwZ 2003, 115 ff.

wieder in der Öffentlichkeit Alkohol trinken können.[845] Davon unberührt bleibt jedoch grundsätzlich der mangels Einspruches bestandskräftig gewordene Bußgeldbescheid, so dass A in diesem Fall das Bußgeld bezahlen muss (vgl. zur Wirkung der Entscheidung des VGH § 47 V 2, 3 i. V. mit § 183 VwGO).[846] Will B also „auf Nummer sicher" gehen und sein Begehren vollumfänglich (sofort) verfolgen, muss er **beide Rechtsbehelfe parallel** einlegen (mit dem Risiko – oder der Chance – unterschiedlicher Ergebnisse bei beiden Gerichten zur Rechtmäßigkeit der Rechtsverordnung; vermutlich wird das AG sein Verfahren jedoch bis zur Entscheidung des VGH aussetzen). Denkbar wäre anstelle des Normenkontrollantrages auch eine **Popularklage** nach Art. 98 S. 4 BV, 2 Nr. 7, 55 VfGHG, die jedoch nur der statthafte Rechtsbehelf wäre, soweit B ausschließlich die Verletzung seiner Grundrechte aus der BV, hier also des Rechts aus Art. 101 BV rügt (vgl. zur Abgrenzung der Popularklage von § 47 I Nr. 2 VwGO den § 47 III VwGO, der die Popularklage in solchen Fällen sogar für vorrangig erklärt bzw. den VGH insoweit an einer Prüfung am Maßstab der BV hindert).

**627** Bei **Aufgabe 3** ist die Rechtmäßigkeit der (letzten) „Vollstreckungsmaßnahme" gegenüber D, die Entscheidung des im Dienst aktiven Vertreters des Ordnungsamtes O, ihr die Flasche gewaltsam zu entwinden und auszuschütten, zu prüfen. Die **Ermächtigungsgrundlage** für diese Vollstreckungsmaßnahme beurteilt sich zunächst einmal nach dem anzuwendenden Vollstreckungsrecht:[847] Abzugrenzen ist bei Landesbehörden zwischen Art. 18 ff. VwZVG und Art. 70 ff. PAG.[848] Hier geht es um die Vollstreckung einer von der Stadt Passau als Sicherheitsbehörde verfügten Pflicht zur Befolgung des Alkoholverbotes durch einen Bediensteten dieser Behörde (des Ordnungsamtes der Stadt). Damit scheidet eine Vollstreckung nach dem „schärferen" PAG von vornherein aus (vgl. Art. 70 I PAG, 18 II VwZVG), so dass auf Art. 18 ff. VwZVG zurückzugreifen ist. Nunmehr ist das einschlägige Zwangsmittel zu bestimmen (vgl. Art. 29 II VwZVG und ähnlich Art. 71 I PAG). Hier geht es beim (gewaltsam erzwungenen) Herausgeben der Flasche der D als unvertretbarer Handlung um die **Anwendung unmittelbaren Zwanges nach Art. 34 S. 1 VwZVG** durch O.

**628** Hinsichtlich der **formellen Rechtmäßigkeit** der Anwendung unmittelbaren Zwanges folgt die **Zuständigkeit** des O als Vertreter des Ordnungsamtes der Stadt Passau aus Art. 30 I 1 i. V. mit Art. 20 Nr. 1 VwZVG, Art. 3 I Nr. 1 BayVwVfG (→ als Anordnungsbehörde; das Merkmal „innerhalb ihres Bereichs" hat dabei keine besondere Bedeutung). Beim **Verfahren** ist nur zu beachten, dass die an sich nach Art. 28 I BayVwVfG erforderliche Anhörung des D nach Art. 28 II Nr. 5 BayVwVfG entbehrlich war. Bedenken bezüglich der **Form** gibt es keine. Die Anwendung unmittelbaren Zwanges ist also formell rechtmäßig.

**629** Zunächst müssen für die **materielle Rechtmäßigkeit** die **allgemeinen** (→ sie gelten für alle Zwangsmittel) **Vollstreckungsvoraussetzungen** vorliegen. Es bedarf dazu einer **vollstreckbaren Grundverfügung** i. S. des Art. 19 I (Nr. 3) VwZVG, die hier mit der Allgemeinverfügung der Stadt Passau, deren sofortige Vollziehbarkeit nach § 80 II 1 Nr. 4 VwGO angeordnet wurde, vorliegt (O vollstreckt sie und erlässt keinen weiteren Verwaltungsakt, dessen Regelung unnötig wäre). Die **Grundverfügung** muss überdies

---

845 Vgl. *OVG Koblenz*, DVBl. 2013, 330 ff., zu einem Normenkontrollantrag gegen eine Gefahrenabwehrverordnung mit einem Alkoholverbot.

846 § 47 VwGO ist in den Sachentscheidungsvoraussetzungen ein *subjektives*, in der Begründetheit hingegen ein *objektives* Verfahren.

847 Allgemein zur Verwaltungsvollstreckung in der Klausur *Muckel*, JA 2012, 272 ff. und 355 ff., sowie *Krüger*, VR 2015, 217 ff.

848 Bei Bundesbehörden fände das VwVG (*Sartorius* 112) bzw. das UmZwG (oder das UmZwGBw; *Sartorius* 115 und 117) Anwendung.

**wirksam**, also bekannt gegeben (→ Art. 41, 43 I, II BayVwVfG) und nicht gemäß Art. 43 III, 44 BayVwVfG nichtig sein. Das ist hier mangels Einschlägigkeit der speziellen (Art. 44 II BayVwVfG) und allgemeinen (Art. 44 I BayVwVfG) Nichtigkeitsgründe trotz der oben bejahten (materiellen) Rechtswidrigkeit der Allgemeinverfügung zu bejahen (eine a. A. ist hierzu angesichts der Schwere des „Rechtsformfehlers" jedoch sehr gut vertretbar; vgl. Fn. 842).[849] Ferner benötigt die **Grundverfügung** einen **vollstreckbaren Inhalt**, mithin einen „Befehl", der auf eine Handlung, Duldung oder Unterlassung gerichtet ist (vgl. Art. 18 I VwZVG). Außerdem darf **kein Vollstreckungshindernis** (so etwa bei mitberechtigten Dritten wie Miteigentümern, die keine Duldungsverfügung erhalten haben) bestehen. Hier stellt die Allgemeinverfügung ein vollstreckbares Alkoholgenussverbot auf und hat damit einen vollstreckbaren Inhalt. Auch ist die **Vollstreckung** hier **noch nötig** i. S. des Art. 19 II VwZVG. Das **Vollstreckungsverfahren** müsste ferner **ordnungsgemäß abgelaufen** sein.[850] Entweder lässt sich dem Verhalten des O (→ die Aufforderung an D) eine **Androhung** der Anwendung unmittelbaren Zwanges nach Art. 36 VwZVG entnehmen, was aber Probleme bezüglich der an sich nötigen Zustellung (vgl. Art. 36 VII VwZVG – es ist eben regelmäßig kein Eilfall; häufig kommt es auch zur Vollstreckungshilfe) der Androhung aufwirft. Oder es wird doch eine Gefahr im Verzug i. S. des Art. 35 VwZVG („drohende Gefahr") angenommen, um auf die Androhung verzichten zu können. Hier stellt sich dann jedoch das Problem, dass Art. 35 VwZVG teilweise gar nicht als Norm zur Entbehrlichkeit der Androhung, sondern als (unglücklich formulierte) Regelung des Sofortvollzuges (parallel zu Art. 70 II PAG) angesehen wird. Dieser Sicht steht allerdings der eindeutige Wortlaut der Art. 35 VwZVG entgegen.[851] An der weiterhin nötigen (als dritte „Stufe" des Vollstreckungsverfahrens) **ordnungsgemäßen Festsetzung und Anwendung des Zwangsmittels** bestehen hingegen keine Zweifel (→ es gab keinen „Exzess" wie etwa ein Schusswaffengebrauch durch O). Die allgemeinen Vollstreckungsvoraussetzungen wurden hier also – wenn die Grundverfügung nicht nichtig ist – durch O gewahrt.

Nun sind noch die **besonderen Vollstreckungsvoraussetzungen** des gewählten Zwangsmittels „unmittelbarer Zwang" zu prüfen. Der unmittelbare Zwang ist auf vertretbare (wie hier eventuell das Ausschütten der Flasche) wie auf **unvertretbare Handlungen**, Duldungen oder Unterlassungen (hier das Unterlassen des Trinkens sowie die Herausgabe der Flasche durch A) anwendbar. Weiterhin bedarf es der Wahrung des **ultima-ratio-Prinzips** (vgl. Art. 34 S. 1 VwZVG). Vorliegend wäre als denkbare (mildere) Alternative das Zwangsgeld zu „langsam", und die Ersatzvornahme passt nur auf vertretbare Handlungen. Schließlich lässt sich für die „Anwendbarkeit" des Zwangsmittels auch die **Nichterfüllung** der durch die Grundverfügung **auferlegten Pflicht** feststellen. Die besonderen Vollstreckungsvoraussetzungen liegen demnach ebenfalls vor.

**630**

---

849 Auf der Sekundärebene der Vollstreckung kommt es im Unterschied zur Tertiärebene der Kosten nach h. M. jedenfalls für die Polizei nicht auf die Rechtmäßigkeit der Grundverfügung an. Das erklärt sich daraus, dass deren Prüfung der Effizienz und Schnelligkeit der Gefahrenabwehr entgegenstünde, was aus dem Sinn des § 80 II 1 Nr. 2 VwGO folgt und erst bei den Kosten wegen des Rechtsstaatsprinzips anders ist (vgl. dort auch explizit Art. 16 V KG, der hier den Umkehrschluss nahelegt). Zudem liegt ein Umkehrschluss zu Art. 70 I PAG, 19 I VwZVG nahe, die genau diese Voraussetzung nicht aufstellen. Es besteht mithin keine Konnexität (dazu Rn. 270). Fraglich ist allenfalls, ob dieses Ergebnis auch ohne § 80 II 1 Nr. 2 VwGO ebenfalls zugunsten einer Vollstreckung durch die Sicherheitsbehörde gilt (so wiederum die h. M. unter Verweis – vor allem – auf die Effektivität der Gefahrenabwehr; streitig ist es bei anderen Behörden wie etwa der Bauaufsicht, wo auch noch das Effizienzargument wegfällt; die Frage nach der Konnexität kann – hier nicht – ganz offenbleiben, wenn der vollstreckte Verwaltungsakt rechtmäßig ist).

850 Ausnahmsweise gilt das wegen der großen Bedeutung der Förmlichkeit (→ die Grundrechtsrelevanz der Vollstreckung) als materielle Voraussetzung – auch um die Anwendung der Art. 45, 46 BayVwVfG auszuschließen.

851 Vgl. aus der Rechtsprechung nur *VG München*, Urt. v. 27.1.2009 – Az.: M 16 K 08.3048, Rn. 18 ff. (juris).

**631** **Rechtsfolge** des Art. 34 S. 1 VwZVG ist ein Ermessen der Behörde (hier des O), das fehlerfrei ausgeübt worden sein muss (Art. 40 BayVwVfG, ähnlich: Art. 5 PAG). Das betrifft sowohl das Entschließungs- (→ „Ob") als auch das Auswahlermessen (→ „Wie") und bezieht sich vor allem auf die **Verhältnismäßigkeit** der konkreten Zwangsmittelanwendung (→ es darf kein „Exzess" bei der Intensität erfolgen), die hier aber – insbesondere nach der „Vorwarnung" (→ „Androhung") – zu bejahen ist.

**632** Die durch O vorgenommene Anwendung unmittelbaren Zwanges nach Art. 34 S. 1 VwZVG erweist sich als **Ergebnis** unabhängig von der (umstrittenen, nach h. M. aber mangels „strenger" Konnexität irrelevanten) Frage nach der Rechtswidrigkeit bzw. der (relevanten) Frage nach der Nichtigkeit der Allgemeinverfügung im Übrigen selbst als rechtmäßig oder mangels eines ordnungsgemäßen Vollstreckungsverfahrens als rechtswidrig (eine a. A. ist hier jedoch ebenso gut vertretbar).

# Anhang: Die Lösung der Wiederholungsfragen

Die „Lösung" der Wiederholungsfragen erfolgt hier nur in Stichworten und unter Angabe der Randnummern im ersten Teil dieses Lehrbuches, unter denen sich weitergehende Ausführungen zum jeweiligen Thema finden.

**Wiederholungsfragen zu § 1**
1. Der Polizeibegriff war in der Antike und auch noch im Mittelalter sehr weit. Dann folgte der für alle Bereiche bevormundende Polizeistaat, bevor § 10 Teil 2 Titel 17 ALR die Wohlfahrtsaufgabe aus dem Polizeibegriff ausnahm. Es schloss sich eine erneute „Rückwärtsbewegung" bis zu den Kreuzbergurteilen und dann nochmals in der NS-Zeit an. Nach dem Zweiten Weltkrieg begann in Bayern die Entpolizeilichung der Verwaltung durch die US-Besatzungsmacht. → Rn. 7 ff.
2. Wichtig sind der sehr weite Polizeibegriff, der über die Aufgabe inhaltlich bestimmte materielle und schließlich der an „der blauen Uniform orientierte" formelle Polizeibegriff. → Rn. 15 ff.
3. Der Begriff der „Doppelfunktion der Polizei- bzw. Gefahrenabwehrbehörden" zielt auf die zwei Aufgaben dieser Behörden, die Gefahrenabwehr (Prävention) und die Verfolgung von Straftaten bzw. Ordnungswidrigkeiten (Repression). → Rn. 17 ff.
4. Die Unterscheidung ist wichtig für die Ermittlung der Ermächtigungsgrundlage, des zutreffenden Rechtsweges und -mittels des möglichen Widerspruches sowie des richtigen Klageantrages. → Rn. 20 f.
5. Die Kriterien für die Differenzierung der beiden Handlungsformen nach der Durchführung einer Maßnahme sind deren Deklarierung nach außen und in Ermangelung einer solchen der Schwerpunkt der Handlung aus der Ex-Ante-Sicht eines verständigen Durchschnittsbürgers. Nach neuerer Rechtsprechung können Maßnahmen in manchen Konstellationen allerdings sowohl nach dem PAG als auch nach der StPO beurteilt werden. → Rn. 23 ff.
6. Der Streit um den Rechtsweg wird vom VG durch einen Beschluss nach §§ 173 S. 1 VwGO, 17a II 1 GVG entschieden. Dagegen gibt es die („sofortige") Beschwerde zum VGH nach §§ 173 S. 1 VwGO, 17a IV 3 GVG, 146 ff. VwGO und gegebenenfalls nach ihrer Zulassung die weitere Beschwerde zum BVerwG nach §§ 173 S. 1 VwGO, 17a IV 4 GVG. → Rn. 29 ff.

**Wiederholungsfragen zu § 2**
1. Die Verteilung der Gesetzgebungs- und Verwaltungskompetenzen im Polizei- und Sicherheitsrecht ergibt sich aus Art. 30, 70 I, 83 GG, das heißt, der Bund ist bei der Gesetzgebung für die im GG enumerativ aufgezählten Bereiche zuständig, während den Ländern außer bei einer umfassenden Bundeskompetenz bzw. -regelung die Schließung der Lücken und die Kompetenz für den gesamten nicht von diesen Normen erfassten Bereich verbleibt. Der Vollzug aller Gesetze erfolgt in der Regel durch die Länder. → Rn. 39 ff.
2. Im Polizei- und Sicherheitsrecht ist bezüglich der Behördenstruktur zwischen unmittelbarer und mittelbarer Verwaltung zu unterscheiden. Hinzu kommt die Aufteilung der Aufgaben auf die Polizei einerseits und die Sicherheitsbehörden andererseits. Zur Aufgabenabgrenzung ist insbesondere der Vorrang der spezialgesetzlichen Zuweisung zu beachten. Der Schlüsselbegriff für die Zuständigkeitsabgrenzung ist der „Eilfall". Der Polizei ist es grundsätzlich nur bei dessen Vorliegen gestattet, zu handeln. Bei Weisungen ergeben sich Probleme, weil nur die Polizeibehörden streng hierarchisch organisiert sind, während bei der Gemeinde als Sicherheitsbehörde im

Fall von Weisungen das kommunale Selbstverwaltungsrecht tangiert sein kann. → Rn. 46 ff.
3. Amtshilfe ist die Hilfe einer Behörde bei der Erfüllung öffentlicher Aufgaben auf Ersuchen einer anderen Behörde im Einzelfall nach Art. 4 ff. BayVwVfG. Bei der Vollzugshilfe (die sozusagen ein Unterfall der Amtshilfe ist) hat eine andere Behörde bereits einen Grundverwaltungsakt erlassen. Es geht sodann nur noch um dessen Vollzug, für den zumeist unmittelbarer Zwang nötig ist, der aber von der ersuchenden Behörde gemäß Art. 67 I PAG nicht selbst angewendet werden kann. Diese Konstellation ist so häufig, dass sie zu einer eigenen Aufgabe der Polizeibehörden geworden ist; vgl. Art. 2 III, 67 ff. PAG. Zu beachten ist dabei jeweils der gespaltene Rechtsschutz. → Rn. 50.
4. Handelt eine Gemeinde als Sicherheitsbehörde, ist wegen Art. 83 I BV zu unterscheiden ob sie im eigenen oder übertragenen Wirkungskreis tätig wird. Bei einer örtlich begrenzten Gefahr ist der eigene, bei einer nicht ortsbezogenen Gefahr – das ist der Regelfall – der übertragene Wirkungskreis betroffen. → Rn. 54.

**Wiederholungsfragen zu § 3**
1. Jede gefahrenabwehrrechtliche Verfügung ist wegen des mit ihr verbundenen Rechtseingriffes regelmäßig eine „Regelung" i.S. des Art. 35 S. 1 BayVwVfG und bedarf im Hinblick auf den Grundsatz vom Vorbehalt des Gesetzes einer Ermächtigungsgrundlage. → Rn. 61.
2. Jede polizei- und sicherheitsrechtliche Verfügung wird in den (gedanklichen) Schritten Ermächtigungsgrundlage – formelle Rechtmäßigkeit (Zuständigkeit, Verfahren, Form) – materielle Rechtmäßigkeit (Tatbestand, Rechtsfolge) geprüft. → Rn. 62.
3. Im Polizeirecht gilt der Opportunitäts- (es gibt Ermessen beim „Ob" und beim „Wie"), im Strafprozessrecht der Legalitätsgrundsatz (mit der Pflicht zum Einschreiten). → Rn. 64.
4. Die Ermessensfehler werden üblicherweise unterteilt in den Ermessensnichtgebrauch (die Behörde merkt überhaupt nicht, dass ihr ein Ermessen zusteht), den Ermessensfehlgebrauch (die Behörde verfolgt sachfremde Ziele) und die Ermessensüberschreitung (die Behörde überschreitet den Rahmen der Ermächtigungsgrundlage). → Rn. 64.
5. Die Ermessensreduzierung auf Null (oder Eins) bezeichnet die Entscheidung einer Behörde, bei der dieser zwar im Gesetz Ermessen eingeräumt wird, bei der sich dieses Ermessen aber wegen einer großen Gefahr für ein wichtiges Rechtsgut zu einer gebundenen Entscheidung verdichtet. Sodann hat die Bürgerin bzw. der Bürger einen entsprechenden Anspruch auf ein Einschreiten, der – sofern es um den Erlass eines Verwaltungsaktes geht – mittels Verpflichtungsklage in Form der Vornahmeklage im Gegensatz zur sonstigen Verpflichtungsklage als bloßer Bescheidungsklage durchgesetzt wird. → Rn. 65.
6. Auch ein Realakt bedarf wegen des Vorbehaltes des Gesetzes bei einem Rechtseingriff einer Ermächtigungsgrundlage. Sonst reicht ausnahmsweise die Aufgabenerfüllung durch die Behörde nebst einer abstrakten Gefahr. → Rn. 71.
7. Zur Abgrenzung von Rechtsverordnungen und Verwaltungsakten dient die „Faustregel", dass jede Anordnung, die keine abstrakt-generelle Regelung enthält, ein Verwaltungsakt ist. Bei Verwaltungsakten ist zu unterscheiden, ob diese konkret-individuell bzw. in Ausnahmefällen abstrakt-individuell wirken (dann ist Art. 35 S. 1 BayVwVfG einschlägig) oder eine konkret-generelle Regelung treffen (dann ist es eine Allgemeinverfügung nach Art. 35 S. 2 BayVwVfG). → Rn. 72.
8. Die inhaltlichen Grenzen von Gefahrenabwehrverordnungen legt Art. 45 I LStVG dahingehend fest, dass sie mit höherrangigem Recht, also insbesondere auch mit ihrer Rechtsgrundlage, vereinbar sein müssen. → Rn. 81.

9. Rechtsverordnungen überprüft der VGH oder inzident z. B. das VG oder AG bei der Nachprüfung eines auf die Verordnung gestützten Aktes wie etwa eines Verwaltungsaktes oder eines Bußgeldbescheides. Auch der BayVerfGH überprüft Rechtsverordnungen, jedoch nur hinsichtlich ihrer Vereinbarkeit mit der BV. → Rn. 91.
10. Aufgrund der überwiegenden Verwaltungsaktsqualität von polizeilichen Maßnahmen ist die grundsätzlich statthafte Klageart die Anfechtungsklage gemäß § 42 I Fall 1 VwGO. Typisch für polizeiliche Maßnahmen ist aufgrund von deren häufiger Eilbedürftigkeit die schnelle und teils „heimliche" Erledigung, weshalb regelmäßig auch im Anschluss daran noch mit der Fortsetzungsfeststellungsklage analog § 113 I 4 VwGO festgestellt werden kann, dass der ergangene Verwaltungsakt rechtswidrig und rechtsverletzend war. Kann hingegen noch gegen eine Verfügung vorgegangen werden, entfällt bei polizeilichen Verfügungen gemäß § 80 II 1 Nr. 2 VwGO regelmäßig die aufschiebende Wirkung von Widerspruch und Anfechtungsklage, weswegen oft Eilrechtsschutz nach § 80 V 1 Fall 1 VwGO, gerichtet auf die Anordnung der aufschiebenden Wirkung, einschlägig ist. Hat der Betroffene den (Verwaltungs-)Rechtsweg erfolglos erschöpft, oder ist ihm das wegen der besonderen Intensität oder der Heimlichkeit einer Maßnahme nicht zumutbar oder möglich, kommt zudem eine Urteils- bzw. Rechtssatzverfassungsbeschwerde gemäß Art. 93 I Nr. 4a GG, gegebenenfalls auch noch mittels einstweiliger Anordnung nach § 32 BVerfGG oder eine Bayerische Verfassungsbeschwerde bzw. Popularklage (samt Eilantrag nach Art. 26 VfGHG) in Betracht. Für Rechtsschutz gegen sicherheitsrechtliche Einzelmaßnahmen kann im Wesentlichen auf die Ausführungen zu den polizeirechtlichen Maßnahmen verwiesen werden, wenn auch im Fall sicherheitsrechtlichen Tätigwerdens weniger oft Eilkonstellationen einschlägig sein werden. Falls Eilrechtsschutz gegen Verwaltungsakte der Sicherheitsbehörden gesucht wird, so ist zu beachten, dass die aufschiebende Wirkung von Widerspruch und Anfechtungsklage nicht schon gemäß § 80 II 1 Nr. 2 VwGO, häufig jedoch gemäß § 80 II 1 Nr. 4 VwGO wegen der Anordnung der sofortigen Vollziehung entfällt. In solchen Fällen ist ein Antrag auf Wiederherstellung der aufschiebenden Wirkung gemäß § 80 V 1 Fall 2 VwGO statthaft. → Rn. 85 f.

**Wiederholungsfragen zu § 4**
1. Die öffentliche Sicherheit umfasst die gesamte Rechtsordnung, den Bestand und die Funktionsfähigkeit des Staates und seiner Einrichtungen sowie die Rechte der Allgemeinheit und die subjektiven Rechte und Rechtsgüter des Einzelnen. → Rn. 98.
2. Die öffentliche Ordnung zielt auf alle ungeschriebenen Regeln, die nach der mehrheitlichen Auffassung für ein gedeihliches Zusammenleben der Menschen schier unerlässlich sind. Der Begriff verliert wegen der Normierungstendenz und des zunehmenden Schutzes privater Rechte über die öffentliche Sicherheit allerdings an Bedeutung. → Rn. 101 f.
3. Gegen die freiwillige Obdachlosigkeit ohne Gesundheitsgefahr kann wegen Art. 2 I GG gar nicht polizei- und sicherheitsrechtlich vorgegangen werden. Die freiwillige Obdachlosigkeit mit Gesundheitsgefahr lässt sich unter die „öffentliche Sicherheit" subsumieren und damit auch gegen den Willen des Betroffenen bekämpfen. Das Gleiche gilt für die unfreiwillige Obdachlosigkeit mit Gesundheitsgefahr. Nur die unfreiwillige Obdachlosigkeit ohne Gesundheitsgefahr fällt heute noch unter den Begriff der „öffentlichen Ordnung". → Rn. 103.
4. Eine „Gefahr" muss gegen die bloße Belästigung bzw. Unbequemlichkeit und gegen die bereits eingetretene Störung, die allenfalls noch repressiv zu „beseitigen" ist, abgegrenzt werden. Sie ist eine auf Tatsachen gestützte Sachlage, bei welcher die idealtypische Durchschnittsbeamtin bzw. der idealtypische Durchschnittsbeamte eine hinreichende Wahrscheinlichkeit für den Eintritt eines Schadens für die öffent-

liche Sicherheit oder Ordnung annehmen kann. Zu unterscheiden ist sie ferner von der (ihr auf der „Primärebene" allerdings gleichgestellten) Anscheinsgefahr, bei der sich die Situation für die Handelnden ex ante als Gefahr darstellt, was sich ex post als unzutreffend erweist, von dem Gefahrenverdacht, bei dem auch die Handelnden schon ex ante Zweifel am Vorliegen einer Gefahr haben, weshalb nur verhältnismäßige Erforschungseingriffe zulässig sind, und von der Putativgefahr, bei der die Beamtin oder der Beamte bereits ex ante in Abweichung vom Idealtypus zu Unrecht eine Gefahr annimmt. → Rn. 105 ff.

**Wiederholungsfragen zu § 5**
1. Bei der Haftung des Zustandsstörers ist zu beachten, dass der unmittelbare Besitzer und der Besitzdiener sowie der Eigentümer und der dinglich Berechtigte einer die Gefahr verursachenden Sache jeweils auch nach einer Dereliktion verantwortlich bleiben. Das gilt aber nicht bei einem Abhandenkommen der Sache. Bei mehreren Berechtigten bedarf es einer Duldungsverfügung gegen die nicht in Anspruch genommenen Mitberechtigten; sonst ist die Vollstreckung nicht möglich. Bei unterbrochener Privatnützigkeit wird die Haftung des Zustandsstörers nach h. M. beschränkt. → Rn. 133 ff.
2. Bei der nur mittelbaren Verursachung einer Gefahr will die h. M. nach der sogenannten Unmittelbarkeitstheorie lediglich den (polizeirechtswidrig) handelnden Letztverantwortlichen in Anspruch nehmen. → Rn. 136.
3. Ein Zweckveranlasser handelt rechtmäßig, bezweckt aber häufig objektiv die Gefahrverursachung durch Dritte als störende Folge seines an sich rechtmäßigen Tuns. Die dogmatische Begründung und Eingrenzung dieser „Figur" ist jedoch äußerst umstritten. → Rn. 137.
4. Die „Legalisierungswirkung der Genehmigung" bedeutet, dass derjenige, der die ihm aus einer Erlaubnis zustehenden rechtlichen Befugnisse in Anspruch nimmt, nicht stört. Vor einem polizei- und sicherheitsrechtlichen Einschreiten muss daher erst die jeweilige Genehmigung beseitigt werden. → Rn. 138.
5. Die Rechtsnachfolge bei der Störereigenschaft vor dem Erlass des jeweiligen Verwaltungsaktes ist beim Zustandsstörer unproblematisch gegeben, da der Rechtsnachfolger selbst zum Zustandsstörer wird. Sie scheidet hingegen beim Verhaltensstörer aus, da der Rechtsnachfolger keinen Kausalbeitrag zu der jeweiligen Gefahr leistet. Bei der Rechtsnachfolge erst nach dem Erlass der betreffenden Verfügung haftet der Rechtsnachfolger eines Zustandsstörers, sofern es um eine vertretbare Handlung geht, kraft eines „dinglichen Annexes"; für die Vollzugsfähigkeit muss aber der alte Verwaltungsakt ihm gegenüber „erneuert" werden. Der Rechtsnachfolger eines Verhaltensstörers muss für vertretbare Handlungen bei einer Gesamtrechtsnachfolge einstehen, sonst nicht. → Rn. 142 ff.
6. Hoheitsträger sind wegen Art. 20 III GG materiell polizeipflichtig, formell dagegen nach bislang h. M. grundsätzlich nicht, da die andernfalls möglicherweise beeinträchtigte Funktionsfähigkeit der Verwaltung selbst ein Schutzgut der öffentlichen Sicherheit ist und die Zuständigkeit für die Gefahrenabwehr bei der jeweiligen Behörde liegt. Außerdem werden im Einzelfall die Rechtspositionen aus Art. 28 II und Art. 5 III GG dagegen angeführt. Seit längerer Zeit sieht das *BVerwG* das aber zumindest für § 24 BImSchG anders. → Rn. 146 f.
7. Hauptkriterium bei der Störerauswahl ist die Effektivität der Gefahrenabwehr; erst danach greifen Hilfskriterien wie die Letztverantwortlichkeit, das Verschulden oder der „Rang" des jeweiligen Störers ein. § 114 S. 1 VwGO lässt dabei vor Gericht nur eine Prüfung auf Ermessensfehler bzw. auf eine Ermessensreduzierung zu. → Rn. 148 f.
8. Mangels eines Adressaten ist die unmittelbare Ausführung kein Verwaltungsakt (daher die Bezeichnung „Ausführung") und mangels Willensbeugung keine Vollstre-

ckungsmaßnahme. Zu ihrer Rechtmäßigkeit bedarf es der Rechtmäßigkeitsvoraussetzungen der (fiktiven) „Ermächtigungsgrundlage", einer vertretbaren Handlung und der Unmöglichkeit einer Anordnung gegenüber dem an sich Pflichtigen. → Rn. 151 ff.
9. Ein Nichtverantwortlicher kann unter den engen Voraussetzungen des Art. 10 PAG in die Pflicht genommen werden, wobei die Unverhältnismäßigkeit der Inanspruchnahme eines „echten" Störers (wie alle Voraussetzungen des Art. 10 PAG) wegen der „Nichtbeteiligung" des Nichtverantwortlichen tendenziell nur restriktiv zu bejahen ist. Seine mögliche Entschädigung beurteilt sich nach Art. 87 PAG, wobei dafür der ordentliche Rechtsweg zu beschreiten ist, Art. 90 PAG. → Rn. 157 ff.

**Wiederholungsfragen zu § 6**
1. Als „Rangfolge" der Ermächtigungsgrundlagen gilt „Spezialgesetz vor Standardmaßnahme vor Generalklausel". Die vorrangige sperrt auch bei dem Nichtvorliegen einer ihrer tatbestandlichen Voraussetzungen die nachrangige Ermächtigungsgrundlage, um keine gesetzgeberischen Wertungen zu unterlaufen. → Rn. 164 ff.
2. Bei der Identitätsfeststellung gemäß Art. 13 PAG geht es um die Identifikation des Adressaten, die häufig als Grundlage für weitere polizeiliche Maßnahmen dient. Das Befragen nach Art. 12 PAG hingegen soll nur eine spätere Kontaktaufnahme ermöglichen, um dann sachdienliche Angaben zu erhalten. → Rn. 167 f.
3. Die Ermächtigungsgrundlage des Art. 13 PAG kollidiert vor allem mit dem Grundrecht auf informationelle Selbstbestimmung (Art. 2 I GG i. V. mit Art. 1 I GG bzw. Art. 101 i. V. mit Art. 100 BV), so dass hinsichtlich der Auslegung der Norm und des Bestimmtheitsgebotes sowie des Grundsatzes der Verhältnismäßigkeit strengere Maßstäbe anzusetzen sind. Bei der Identitätsfeststellung ist zu differenzieren zwischen dem „Befehl", sich auszuweisen und sich zu identifizieren (Art. 13 I PAG), und den Begleitmaßnahmen (Art. 13 II, III PAG). Bei den Maßnahmen nach Art. 13 PAG handelt es sich um Verwaltungsakte i. S. des Art. 35 S. 1 BayVwVfG, die sich regelmäßig noch vor Ort erledigen, so dass Rechtsschutz in der Regel nur über eine Fortsetzungsfeststellungsklage nach § 113 I 4 VwGO (analog) erlangt werden kann. → Rn. 170 ff.
4. Im Rahmen des Art. 14 PAG ist zwischen der Anordnung der erkennungsdienstlichen Maßnahme, die ein mit Zwangsmitteln durchsetzbarer Verwaltungsakt ist, und der nachfolgenden Vornahme der Maßnahme, die als Realakt zu qualifizieren ist, zu unterscheiden. → Rn. 180 ff.
5. Eine Vorladung gemäß Art. 15 PAG wird nach Art. 15 III, 70 ff. PAG mittels Vorführung, per Zwangsgeld oder unmittelbarem Zwang gegen den Willen des Betroffenen durchgesetzt. → Rn. 188.
6. Art. 16 I PAG beinhaltet nur kurzfristige (im Regelfall maximal 24 Stunden dauernde), vorübergehende Maßnahmen, wohingegen die Anordnungen nach Art. 16 II PAG drei Monate lang andauern dürfen, mit der (im Detail umstrittenen) Möglichkeit zur Verlängerung nach Art. 16 II 3 PAG. → Rn. 189 ff.
7. Aus Art. 18, 97 PAG geht hervor, dass in Bayern alle Streitigkeiten, die den Gewahrsam betreffen, insbesondere auch Fortsetzungsfeststellungskonstellationen, den Amtsgerichten zugewiesen sind. → Rn. 202 ff.
8. Zu unterscheiden ist die Durchsuchung von Personen am Körper (Art. 21 PAG) von der Untersuchung des Körpers („im Körper") durch einen Arzt oder eine Ärztin (die ist nach dem PAG nicht möglich; dafür gelten §§ 81a, 81c StPO), der Durchsuchung von Sachen (Art. 22 PAG) und der Durchsuchung von Wohnungen (Art. 23 f. PAG). → Rn. 212 ff.
9. Der Begriff der „Gefahr im Verzug" in Art. 24 I und Art. 95 III PAG ist sehr eng und restriktiv auszulegen; also bedarf die Durchsuchung von Wohnungen regelmäßig der richterlichen Anordnung. → Rn. 219.

10. Die öffentlich-rechtliche „Beschlagnahme" nach Art. 25 ff. PAG gliedert sich in drei Akte: Zunächst erfolgt die Sicherstellung mittels Verwaltungsaktes. Sie sorgt für die sogenannte „Verstrickung" der Sache. Dadurch wird zugleich als Realakt die Verwahrung, ein öffentlich-rechtliches Schuldverhältnis, begründet. Schließlich kommt es zur Verwertung (wieder ein Realakt), gegebenenfalls mit dinglicher Surrogation am Erlös, zur Vernichtung bzw. zur Herausgabe (das ist wiederum ein grundsätzlich mit der Leistungsklage zu begehrender Realakt). Alle diesbezüglichen Ansprüche sind nach h. M. trotz § 40 II 1 VwGO beim VG geltend zu machen. → Rn. 222 ff.
11. Die sicherheitsrechtliche Generalklausel ist in Art. 7 II LStVG geregelt. → Rn. 230, 252.
12. Eine Gemeinde kann das Füttern verwilderter Tauben gemäß Art. 16 LStVG verbieten. → Rn. 232.
13. Art. 18 LStVG enthält zwei Ermächtigungen: Einerseits ermächtigt sie Gemeinden, Verordnungen zu erlassen, die das freie Umherlaufen von großen Hunden und Kampfhunden einschränken, andererseits werden Gemeinden befugt, Anordnungen für den Einzelfall zur Haltung von Hunden zu treffen. → Rn. 233.
14. Die Ermächtigungsgrundlage des Art. 18 I LStVG erfasst nach dessen Wortlaut lediglich große Hunde und Kampfhunde. Im Gegensatz dazu nennen Art. 37, 37a LStVG neben gefährlichen Tieren wildlebender Art nur Kampfhunde, also solche, die in der „Kampfhundeverordnung" nach Art. 37 I 2 Hs. 2 LStVG aufgelistet sind. Art. 37 I 1 LStVG ist als präventives Verbot mit Erlaubnisvorbehalt für das Halten von gefährlichen Tieren einer wildlebenden Art und von Kampfhunden ausgestaltet, um die mit der Haltung dieser Tiere verbundenen Gefahren für bestimmte Rechtsgüter von vornherein einzuschränken. Wichtig ist, dass eine Hundehaltungsuntersagung weder auf die eine noch die andere Vorschrift, sondern nur auf Art. 7 II Nr. 3 LStVG gestützt werden kann. → Rn. 241 ff.
15. Unter einer Vergnügung i. S. des Art. 19 LStVG versteht man Veranstaltungen, die dazu bestimmt und geeignet sind, die Besucherinnen und Besucher zu unterhalten, zu belustigen, zu zerstreuen oder zu entspannen (z. B. Konzerte, Zirkusveranstaltungen, Modeschauen, Volksfeste, Schulabschlussfeiern, Public Viewing, Partys). → Rn. 234.
16. Unter einer „Ansammlung" gemäß Art. 23 LStVG wird das Zusammentreffen einer größeren Anzahl von Menschen im Freien oder in geschlossenen Räumen verstanden. Unerheblich ist dabei, ob die Ansammlung zufällig oder planmäßig stattfindet und welchen Anlass oder Grund sie hat. Im Gegensatz zu einer Versammlung i. S. des BayVersG ist eine gemeinschaftliche Meinungsbildung oder -äußerung in einer bestimmten öffentlichen Angelegenheit nicht gegeben und nicht erforderlich. → Rn. 237.

**Wiederholungsfragen zu § 7**
1. Bevor eine Maßnahme auf die Generalklausel als Ermächtigungsgrundlage gestützt wird, ist wegen deren (gegenüber den Standardmaßnahmen des PAG sogar formeller) Subsidiarität immer zu klären, ob nicht eine speziellere Norm eines anderen Gesetzes oder des PAG den Sachverhalt erfasst bzw. zumindest die Anwendung der Generalklausel „sperrt". → Rn. 245.
2. Die viele Jahre umstrittene Frage nach der hinreichenden Bestimmtheit des Art. 11 I PAG wird heute aufgrund der gefestigten Rechtsprechung zur Norm mehrheitlich bejaht. → Rn. 246.
3. Beide Generalklauseln im PAG stehen nebeneinander und erfassen gleichrangig verschiedene Situationen. Der Tatbestand des Art. 11 I PAG bleibt daher von der Einführung der „drohenden Gefahr" unberührt; eine drohende Gefahr ist schließlich

# Anhang: Die Lösung der Wiederholungsfragen

nur dann eine tatbestandsmäßige Gefahr, wenn das gesetzlich vorgesehen ist. → Rn. 250.
4. Beiden Generalklauseln gemeinsam ist, dass sie subsidiär zu sonstigen Ermächtigungsgrundlagen sind und durch diese gesperrt sein können. Art. 7 II LStVG lässt nur hierauf gestützte Verwaltungsakte zu, während Art. 11 I PAG dazu keine verbindliche Vorgabe macht, so dass auch Realakte hierauf gestützt werden können. Ein weiterer Unterschied ist die abschließende Aufzählung in Art. 7 II LStVG, wohingegen Art. 11 II PAG nicht abschließend ist („insbesondere"). Die Vollstreckung erfolgt einmal nach dem PAG (Art. 70 ff. PAG), bei Art. 7 II LStVG hingegen nach dem VwZVG. → Rn. 251 ff.
5. Unter einer „sicherheitsrechtlichen Anordnung" versteht man Anordnungen für den Einzelfall sowie Verordnungen, d. h. allgemein verbindliche Gebote und Verbote, die für eine unbestimmte Zahl von Fällen an eine unbestimmte Zahl von natürlichen oder juristischen Personen gerichtet sind und gleichbleibend gelten. Anordnungen erfüllen, wenn sie keine Verordnungen sind, also alle Merkmale des Art. 35 S. 1 BayVwVfG bzw. des Art. 35 S. 2 BayVwVfG und stellen einen Verwaltungsakt oder eine Allgemeinverfügung dar. → Rn. 251.

**Wiederholungsfragen zu § 8**
1. Ein Verwaltungsakt ist selbst ein Vollstreckungstitel, so dass es im Unterschied zum Zivilprozess nicht erst noch der Klage auf einen solchen Titel bedarf. Allerdings benötigt die Behörde vor der zwangsweisen Durchsetzung eines Verwaltungsaktes immer eine gesonderte Ermächtigungsgrundlage für die Vollstreckung. → Rn. 255 ff.
2. Zu unterscheiden sind die Ersatzvornahme für alle vertretbaren Handlungen sowie demgegenüber für alle Arten von zu vollstreckenden Pflichten das Zwangsgeld bzw. die Ersatzzwangshaft und der unmittelbare Zwang als ultima ratio mit abschließender Aufzählung seiner zulässigen Mittel. → Rn. 258 ff.
3. Der zu vollstreckende Verwaltungsakt muss für die Vollstreckung nicht rechtmäßig sein, denn auf der sogenannten Sekundärebene der Vollstreckung genügt seine sofortige Vollziehbarkeit bzw. seine Bestandskraft. Erst auf der Tertiärebene der Kosten (wenn es nicht mehr eilt) kommt es auf seine Rechtmäßigkeit an. → Rn. 270, 282.
4. Beim abgekürzten Verfahren unterbleibt zur Beschleunigung in Eilfällen die gesonderte Androhung der Vollstreckung (vgl. Art. 76 I 3 PAG). → Rn. 278.
5. Beim Sofortvollzug nach Art. 70 II PAG fehlt der Grundverwaltungsakt allein wegen der besonderen Eilbedürftigkeit, bei der unmittelbaren Ausführung nach Art. 9 PAG hingegen, weil der Pflichtige nicht verfügbar ist oder die zu vollstreckende Pflicht sich bereits aus dem Gesetz ergibt. Art. 9 PAG ist darüber hinaus einschlägig, wenn dem Pflichtigen der Grundverwaltungsakt gar nicht bekannt gemacht wurde oder ihn eine andere als die Erlassbehörde vollstreckt. → Rn. 279 ff.
6. Art. 29 II VwZVG nennt die möglichen Zwangsmittel, die eingesetzt werden können, um die Vollstreckungsandrohungen zu realisieren. Zwangsmittel sind das Zwangsgeld (Art. 31 VwZVG), die Ersatzvornahme (Art. 32 VwZVG), die Ersatzhaft (Art. 33 VwZVG) und der unmittelbare Zwang (Art. 34 VwZVG). → Rn. 289.

**Wiederholungsfragen zu § 9**
1. Nach dem *BVerfG* und angelehnt daran auch nach Art. 2 I BayVersG ist eine Versammlung jede örtliche Zusammenkunft mehrerer Personen (bzw. von mindestens zwei Personen nach dem BayVersG) zur gemeinschaftlichen Erörterung und Kundgabe mit dem Ziel, an der öffentlichen Meinungsbildung teilzunehmen. Problematisch ist der Versammlungsbegriff damit wegen ihres zunehmenden kommerziellen Charakters nicht mehr nur bei der „Love-Parade", sondern z. B. auch beim Christopher Street Day. → Rn. 303 ff.

2. Versammlungen unter freiem Himmel sind weniger gut kontrollier- und überschaubar. Daher werden sie schon in Art. 8 II GG, aber dann auch im BayVersG weniger geschützt bzw. stärker reglementiert als Veranstaltungen in geschlossenen Räumen. → Rn. 306, 308 ff.
3. Grundsätzlich gilt, dass bei versammlungsspezifischen Gefahren ab dem Beginn bis zur Beendigung der Versammlung die Maßnahmen nach dem spezielleren BayVersG abschließend sind und damit auch gegenüber dem PAG vorrangig bzw. „sperrend" für die Auflösung oder Beschränkung einer Versammlung, was als „Polizeifestigkeit der Versammlung" bezeichnet wird. → Rn. 313 ff.

# Stichwortverzeichnis

Die angegebenen Zahlen beziehen sich auf die jeweiligen Randnummern im Buch.

**A**
Abdrängende Sonderzuweisung 21, 202
Abgekürztes Verfahren 278
Abschleppmaßnahmen 282, 294
– Halteranfrage 298
Altlasten 135
Androhung (Vollstreckung) 274
Anscheinsgefahr 127 f., 575
Anscheinsstörer 139
Aufsichtspflichtiger 132
Ausführung
– unmittelbare 151 ff., 280, 480
Ausführung (Vollstreckung) 276
Auskunftspflicht 166 f., 321

**B**
BBodSchG 118
Befragung 166 f.
Betreuer 132

**C**
Christopher Street Day 304

**D**
Datenerhebung 20
Datenschutz
– Grundrecht auf 170
Datenspeicherung, -verarbeitung und -übermittlung 28
Datenverarbeitung 20, 28
Doppelfunktion der Polizei 17 ff., 323
Duldungsverfügung 67
Durchsuchung 20, 212
– von Personen 20, 213
– von Sachen 215
– von Wohnungen 20, 216

**E**
Entpolizeilichung der Verwaltung 12, 16
Entschädigungsanspruch 162
Erkennungsdienstliche Maßnahmen 20, 181, 186
Ermächtigungsgrundlage 18, 61
Ermessen 64 ff.
– Reduzierung auf Null 65
Ermessensfehler 64
– Ermessensmissbrauch 64
– Ermessensnichtgebrauch 64
– Ermessensüberschreitung 64
Ersatzvornahme 259 f., 280
– im Weg des Sofortvollzuges 281
Ersatzzwangshaft 261 f.

**F**
Fachaufsicht 46
Festsetzung (Vollstreckung) 275
Finaler Rettungsschuss 266
Fiskalisches Verwaltungshandeln 147
Freiheitsbeschränkung 167
Freiheitsentziehung 167, 198

**G**
Gefahr 105 ff.
– Abgrenzung zur Störung 106
– abstrakte 111
– akute 112
– Begriff 107
– besondere Gefahrbegriffe 109 ff.
– drohende 14, 250
– erhebliche 113
– Fehlprognose 117 ff.
– gegenwärtige bzw. drohende 112
– im Verzug 114, 219
– konkrete 110, 249
– latente 115
– ungeschriebene Gefahrbegriffe 117 ff.
Gefahrenabwehr 9, 15, 18, 35, 42
– bayerische Gesetze 42 ff.
– Behördenstruktur 46
– Effektivität 148
– Gefahrenabwehrverordnungen 72
– Normenkontrollverfahren 91
– Vorrang der höheren Ebene 75
Gefahrenverdacht 119, 121
– Kostentragung 121
Gefahrerforschungseingriff 119
Genehmigung
– Legalisierungswirkung der 59 f., 138
Generalklausel 20, 164, 245 ff., 442
– Auffangtatbestand 246
– beschränkte 252
– formelle Subsidiarität 245
Geschäftsführung ohne Auftrag
– öffentlich-rechtliche 141
Geschäftsherr 132
Gesetzesvorbehalt 18, 61
Gesetzgebungskompetenzen 39 ff.
– ausschließliche 40
– konkurrierende 40
Gesetzmäßigkeit der Verwaltung 62
Gewahrsam 20, 198
Gewalt
– Einsatz körperlicher 264
Gewaltmonopol
– staatliches 256

293

**Stichwortverzeichnis**

Gewaltschutzgesetz 443
Grundrecht auf Datenschutz 170
Grundrechte 68, 577

**H**
Halteranfrage 298
Hausbesetzung 36
Herausgabe
– Pflicht zur 227

**I**
Identitätsfeststellung 20, 34, 427
Individualrechte 5, 36
Informationelle Selbstbestimmung 170
Instrumentarium
– gefahrenabwehrrechtliches 59 ff., 326

**J**
Justizverwaltungsakte 21, 323

**K**
Kausalität 136 f.
– Rechtswidrigkeitstheorie 136
– Unmittelbarkeitstheorie 136
Konnexität 50, 128, 270, 435, 460, 464, 480, 496
Kontrollstellen 20
Kostentragungspflicht 128, 141, 156
Kreuzbergurteile 10

**L**
Latenter Störer 136
Legalisierungswirkung der Genehmigung 59 f., 138
Love-Parade 304

**M**
Maßnahmen
– erkennungsdienstliche 181, 186
Minusmaßnahmen 579, 581

**N**
Nichtverantwortlicher
– Inanspruchnahme 157
Notstandspflichtiger 157 ff.

**O**
Obdachlosigkeit 103
– freiwillige 103
– unfreiwillige 103
Öffentliche Ordnung 15, 101 ff.
– Anwendungsbereich 102
– Bestimmtheit 101
– Wandelbarkeit des Begriffes 104
Öffentliche Sicherheit 15, 98 ff.
Opportunitätsprinzip 64

**P**
Parkuhr 269

Pflichterfüllung
– Möglichkeit der 67
Platzverweisung 20, 190, 437, 439 f.
Polizei 5 ff., 17 ff.
– Doppelfunktion der 17 ff., 323
Polizeibegriff 7 ff., 323
– Absolutismus 8
– Antike 7
– Aufklärung 9
– formaler 16, 323
– materieller 15, 323
– Mittelalter 7
– Nachkriegszeit 12
– Nationalsozialismus 11
– Restauration 10
Polizeibehörden 16
Polizeieinsatz (Kosten) 128
Polizeipflichtigkeit von Hoheitsträgern 146 ff., 353
– formelle 147, 354
– materielle 146, 353
Polizeistaat 8
Präjudizialität 424
Prävention 17 ff., 323
Präventives Verbot mit Erlaubnisvorbehalt 60
Primärebene 118
Private Rechte 36
Privatnützigkeit
– Theorie der unterbrochenen 135
Putativgefahr 122

**R**
Räumung 33
Realakt
– gefahrenabwehrrechtlicher 61, 70 f., 89
Recht auf informationelle Selbstbestimmung 170
Rechtsnachfolge 142 ff.
Rechtsweg 21
Repression 17 ff., 35
Repressives Verbot mit Dispensvorbehalt 59
Rettungsschuss
– finaler 266

**S**
Scheingefahr 122
Schusswaffengebrauch 265
Schutz privater Rechte 36
Schutzgüter 97 ff.
Sekundärebene 118
Sicherstellung 20, 222 ff.
Sicherungsverwahrung
– nachträgliche 42
Sofortvollzug 279 ff., 285
Sonderzuweisung
– abdrängende 21, 202
Standardmaßnahmen 164 ff.
Störerauswahl 148 ff., 299
Störereigenschaft 121, 130 ff.
Strafverfolgung 19 ff.

# Stichwortverzeichnis

Suizid
- freiverantwortlicher 126

Surrogation
- dingliche 226

**U**

Unionsrecht 68
Unmittelbare Ausführung 151 ff., 280, 285, 480
Unmittelbarer Zwang 263 ff.

**V**

Verantwortlichkeit 121, 130 ff.
- aufgrund Rechtsnachfolge 142 ff.
- unklare 139

Verdachtsstörer 139
Verfassungsgeschichte 7
Verfügung
- gefahrenabwehrrechtliche 61 f., 64

Verhaltensstörer 132, 143, 145
- Rechtsnachfolge 142 ff.

Verhältnismäßigkeit 66
Verkehrsbehinderung 297
Verkehrszeichen 269
Versammlungsbegriff 303 f.
Versammlungsgesetz 307
- Anzeigepflicht 310
- Aufzeichnungsrechte 309
- Polizeifestigkeit 313
- Zuständigkeit 312

Versammlungsrecht 302 f.
Verwahrung 225 ff.
Verwaltungskompetenzen 39 ff.

Verwaltungsprivatrecht 147
Verwaltungszwang 257
Verwertung 226
Volkszählungsurteil des BVerfG 170
Vollstreckung
- im Polizei- und Ordnungsrecht 255 ff., 476, 479

Vollstreckungshindernis 67, 272
Vollstreckungsverfahren
- abgekürztes 278
- gestrecktes 267 ff.

Vorbehalt des Gesetzes 18, 61
Vorladung 20, 187 f.
Vorrang des Spezialgesetzes 44

**W**

Waffen 265
Wegfahrgebot 295, 297
Wegweisung 443
Widerspruchsverfahren 22

**Z**

Zuständigkeit
- örtliche 51

Zustandsstörer 133
- Rechtsnachfolge 143 f.

Zustandsverantwortlichkeit
- Umfang der 135

Zwang
- unmittelbarer 263 ff.

Zwangsanwendungsmonopol 256
Zwangsgeld 261 f.
Zwangsmittel 162, 169, 258 ff.
Zweckveranlasser 137